中外学者论新帝国主义

程恩富　王中保　主编

Chinese and Foreign Scholars'
Studies on Neo-imperialism

中国社会科学出版社

图书在版编目（CIP）数据

中外学者论新帝国主义 / 程恩富，王中保主编. —北京：中国社会科学出版社，2022.10
ISBN 978-7-5227-0939-0

Ⅰ.①中… Ⅱ.①程…②王… Ⅲ.①帝国主义—研究 Ⅳ.①D033.3

中国版本图书馆 CIP 数据核字（2022）第 194085 号

出 版 人	赵剑英
责任编辑	刘 洋　田 文
责任校对	杨沙沙
责任印制	王 超

出　　版	中国社会科学出版社
社　　址	北京鼓楼西大街甲 158 号
邮　　编	100720
网　　址	http://www.csspw.cn
发 行 部	010-84083685
门 市 部	010-84029450
经　　销	新华书店及其他书店

印　　刷	北京君升印刷有限公司
装　　订	廊坊市广阳区广增装订厂
版　　次	2022 年 10 月第 1 版
印　　次	2022 年 10 月第 1 次印刷

开　　本	710×1000　1/16
印　　张	30
插　　页	2
字　　数	492 千字
定　　价	158.00 元

凡购买中国社会科学出版社图书，如有质量问题请与本社营销中心联系调换
电话：010-84083683
版权所有　侵权必究

序　言

恩格斯有句名言："一个民族要想站在科学的最高峰，就一刻也不能没有理论思维。"列宁指出："把世界历史设想成一帆风顺的向前发展，不会有时向后作巨大的跳跃，那是不辩证的，不科学的，在理论上是不正确的。"20世纪以来的世界历史波澜起伏，中国学者要想站在21世纪科学的最高峰，就必须强调理论思维、理论自觉和理论自信。纵观20世纪以来全球政治经济的治理，大致经历了以下三种类型。

第一，列强争霸或帝国争夺型治理。1900—1945年，伴随着英国霸权地位的日渐衰落和美国等国势力的不断提升，世界强国之间的冲突和竞争加剧，维护国际政治经济体系稳定的国际组织和国际规则缺失，各国之间弱肉强食，单边主义政策盛行，"以邻为壑"式的贸易战与货币战频发，国际政治经济体系剧烈动荡，爆发了两次世界大战及一系列殖民主义战争和一次严重的世界性经济危机。但是，苏联等社会主义国家的诞生，使全球政治经济的民主治理出现了许多积极的因素。

第二，两超阵营型治理。1946—1989年，美苏两个超级大国分别支配了资本主义和社会主义两大阵营，各方都尽力维持着自己的势力范围，维持了世界政治经济体系的一种相对的平衡和稳定。美国以西方世界霸主自居，出于遏制"苏联共产主义扩张"的政治需要，容忍了西欧和日本等国长期的"搭便车"行为，为西方资本主义世界体系提供了诸如自由开放的国际贸易体制、稳定的国际货币体系、国际安全和对外援助等国际公共物品。在军事政治领域，美国组建了北约集团，向其盟国提供安全和核保护伞；在经济贸易领域，美国主导了以GATT为核心的自由贸易体制和国际贸易规则，从而维系了西方资本主义国际体系的某种长期稳定。在此期间，落后国家的民族解放战争也纷纷胜利，第三世界国家作用不断扩大，世界经济政治的民主治理的积极因素持续提升。但是，以美国为首的帝国主义国家长期发动的"冷战"，严重妨碍全球经济、政治和文化进步，并使军备竞赛加剧。

第三，一霸数强型治理。1990年至今，随着冷战的结束，美国成为唯一的超级大国，成为新帝国主义的代表性国家。为了巩固"全球领导地位"，美国不断交替使用"单边主义""多边主义"战略手段阻遏多极化趋势，从立足于联合国转移到国际货币基金组织、世界银行、世界贸易组织、国际能源机构和北约军事组织等，主导国际规则的制定，推行新自由主义、新帝国主义政策，越来越露骨地把接受西方国家的价值观作为它提供对外援助和贷款的先决条件，越来越露骨地把国际政策变成促进或维护其本国实力、遏制或削弱他国实力以实现自己利益的工具，破坏了全球经济、政治和文化的民主治理。这导致维持国际体系稳定的行动能力明显降低，导致全球公共物品供给相对不足，各种全球性问题不断凸现。仅在经济领域，世界范围内的贸易战、金融战、资源战、科技战等就层出不穷。

展望未来，要超越新帝国主义的霸权治理、实现全球经济政治的民主治理，任重而道远。为了提升现时期全球经济政治的民主治理水平，必须首先改革联合国以及国际货币基金组织等国际机构，构建联合国主导型治理框架。应改革联合国安理会的构成和机制，增加发展中国家的理事名额，激励世界各国和地区政治实体共同参与全球事务决策，提高其代表性和决策效率；应改革国际货币基金组织和世界银行的代表机制和表决权等，改变少数富国对重大决策拥有否决权的现状，制定更有效的金融规则和危机处理机制，加强对全球资本流动的监管；应改革世界贸易组织及其规则，保证发展中国家更多地参与决策并从中受益，确保贸易活动不损害民族利益和劳工权益；重新建立联合国领导下的维和部队和国际法律机构，等等。只有这样，才能重新建立一种各国共同协商治理的全球经济政治文化新秩序，公正发展经济全球化、政治民主化、文化多样化、军事自卫化。

对此主题，国外马克思主义和左翼学者发表了许多论著。本书除了本人与他人合写的一篇论文之外，其他文章都是西方学者从多方面研究新帝国主义的最新成果，均译自我主编、王中保研究员任编辑部主任的《国际思想评论》英文国际期刊（在英国出版），可供学者及广大读者研读和参考。有不当之处，欢迎指正。

《世界政治经济学评论》和《国际思想评论》两份国际英文期刊的几位编辑和翻译校对者作出了辛勤的工作，中国社会科学院马克思主义研究院的现任领导高度重视，马克思主义研究学部等资助本书的翻译和出版，并得到中国社会科学出版社的积极支持，在此一并感谢！

程恩富

2022年2月

目　　录

论新帝国主义的五大特征和特性
　　——以列宁的帝国主义理论为基础
　　　　　　　　　　　　　　程恩富　鲁保林　俞使超 / 1

世界危机、货币战争与美国霸权（美元霸权）的终结
　　——对话迈克尔·赫德森
　　　　　　　　　　　　［美］迈克尔·赫德森　董徐霖 / 35

帝国主义与资本主义
　　——其密切关系的再思考
　　　　　　［加拿大］亨利·费尔特迈耶尔　［美］詹姆斯·彼特拉斯 / 58

关于新全球资本主义的争论
　　——跨国资产阶级、跨国政府机构与全球危机
　　　　　　　　　　　　　　　　［美］威廉·罗宾逊 / 84

全球垄断与跨国资产阶级
　　　　　　　　　　　　　　　　［美］杰瑞·哈里斯 / 108

全球化时代的工人阶级状况
　　　　　　　　　　　　　　　　［美］威廉·佩尔兹 / 116

强迫劳动与非自由劳动：一个分析
　　　　　　　　　　　　［英］杰米·摩根　温迪·奥尔森 / 127

危机、资本主义新阶段与寻求社会解放的跨国阶级战略的需求
　　　　　　　　　　　　　　　　［希］乔治·廖达基斯 / 151

意识形态国际教育与帝国的渗透、拉拢与控制
　　　　　　　　　　　　　　　　［美］詹姆斯·克雷文 / 173

资本主义的社会坟墓
　　　　　　　　　　　　　　　　　　　　　　　［美］穆罕默德·阿萨迪 / 189

绿色资本主义能否建成可持续社会？
　　　　　　　　　　　　　　　　　　　　　　　　　［美］杰瑞·哈里斯 / 202

跨国资本家阶级、社会运动与资本主义全球化的替代方案
　　　　　　　　　　　　　　　　　　　　　［英］莱斯利·斯克莱尔 / 220

极权资本主义的最新进展与世界秩序的演进
　　——对社会运动的一些启示
　　　　　　　　　　　　　　　　　　　　　　［希］乔治·廖达基斯 / 238

全球性国家的冲突
　　　　　　　　　　　　　　　　　　　　　　［捷］马雷克·赫鲁贝奇 / 259

丧钟为谁而鸣？
　　——资本、劳动与全球金融危机
　　　　［美］詹姆斯·彼特拉斯　［加拿大］亨利·费尔特迈耶尔 / 278

美国新自由主义政策的危机与修复：2008—2018
　　　　　　　　　　　　　　　　　　　　　　　［美］杰克·拉斯马斯 / 300

经济周期、经济危机、资源掠夺与难民逃离
　　　　　　　　　　　　　　　　　　［芬］富兰克林·奥本-奥多姆 / 344

资本主义历史进程中的剥夺
　　——制度的扩张还是衰竭？
　　　　　　　　　　　　　　　　　　　　　　　　　［巴西］丹尼尔·宾 / 373

野蛮的不平等：资本主义危机与人口过剩
　　　　　　　　　　　　　　　　　［美］威廉·罗宾逊　约瑟夫·贝克尔 / 398

美国的帝国意识与军国主义意识形态
　　——对美国西南部一所大学的大学生的调查
　　　　　　　　　　　　　　［美］艾萨克·克里斯蒂安森　苏海尔·古布兹
　　　　　　　　　　　　　　　　　　　　　　贝弗利·林恩·斯蒂尔斯 / 420

美国帝国主义与特朗普的破坏性行动
　　　　　　　　　　　　　　　　　　　　　　　　［新西兰］蒂姆·比尔 / 442

论新帝国主义的五大特征和特性

——以列宁的帝国主义理论为基础

程恩富[*] 鲁保林[**] 俞使超[***]

摘 要：新帝国主义是垄断资本主义在当代经济全球化、金融化条件下的特殊历史发展阶段，其特征和性质可以概括为五个方面。一是生产和流通的新垄断：生产和流通的国际化和资本集中的强化，形成富可敌国的巨型跨国垄断公司。二是金融资本的新垄断：金融垄断资本在全球经济生活中起决定性作用，形成畸形发展的经济金融化。三是美元和知识产权的垄断：形成不平等的国际分工和两极分化的全球经济和财富分配。四是国际寡头同盟的新垄断："一霸数强"结成的国际资本主义寡头垄断同盟，形成内外垄断剥削和压迫的金钱政治、庸俗文化和军事威胁的经济基础。五是经济本质和大趋势：全球化资本主义矛盾和各种危机时常激化，形成当代资本主义垄断性和掠夺性、霸权性和欺诈性、腐朽性和寄生性、过渡性和垂危性的新态势。

关键词：列宁帝国主义论；新帝国主义特征；新帝国主义特性；金融垄断资本；当代资本主义矛盾；政治经济学原理

资本主义的历史演进形成了若干个不同的具体阶段。20世纪初，资本主义由自由竞争阶段发展到私人垄断阶段，列宁称其为帝国主义阶段。帝国主义时代经济政治发展不平衡规律发生作用，为了重新瓜分世界领土和对外扩张，列强结成不同联盟并展开激烈斗争，催生了两次世界大战。20

---

[*] 程恩富，中国社会科学院大学首席教授、中国社会科学院经济社会发展研究中心主任。
[**] 鲁保林，福建师范大学经济学院教授。
[***] 俞使超，上海财经大学博士生。

世纪上半叶,整个欧亚大陆战争连绵,民族民主革命和共产主义运动高潮迭起。第二次世界大战后,一些经济相对落后的国家先后走向社会主义道路,世界上形成资本主义和社会主义两大阵营的对峙。尽管马克思和恩格斯在《共产党宣言》中宣布资本主义必然被社会主义替代,并在极少数国家得以实现,但整个资本主义和帝国主义体系长期垂而未死,尤其是20世纪80年代至90年代初以来,经历了新自由主义重构和冷战后的帝国主义发展的新阶段——新帝国主义阶段。

列宁在《帝国主义是资本主义的最高阶段》一书中阐述了帝国主义的定义和特征:"如果必须给帝国主义下一个尽量简短的定义,那就应当说,帝国主义是资本主义的垄断阶段……其中要包括帝国主义的如下五个基本特征:(1)生产和资本的集中发展到这样高的程度,以致造成了在经济生活中起决定作用的垄断组织;(2)银行资本和工业资本已经融合起来,在这个'金融资本的'基础上形成了金融寡头;(3)和商品输出不同的资本输出具有特别重要的意义;(4)瓜分世界的资本家国际垄断同盟已经形成;(5)最大资本主义大国已把世界上的领土瓜分完毕。帝国主义是发展到垄断组织和金融资本的统治已经确立、资本输出具有突出意义、国际托拉斯开始瓜分世界、一些最大的资本主义国家已把世界全部领土瓜分完毕这一阶段的资本主义。"[①] 在同年12月发表的文章中,列宁又指出帝国主义的三大特性:"帝国主义是资本主义的特殊历史阶段。这个特点分三个方面:(1)帝国主义是垄断的资本主义;(2)帝国主义是寄生的或腐朽的资本主义;(3)帝国主义是垂死的资本主义。"[②] 我们以列宁的帝国主义理论为基础,结合当代资本主义的新变化进行分析,可以得出:新帝国主义是垄断资本主义在当代经济全球化和金融化条件下的特殊历史发展阶段,其特征和性质可以综合概括为五个方面。

一 生产和流通的新垄断

列宁指出,帝国主义最深厚的经济基础是垄断。这一论断根源于资本主义竞争的基本演化规律:竞争导致生产集中和资本集中,生产和资本集

[①] 《列宁全集》第27卷,人民出版社2017年版,第401页。
[②] 《列宁全集》第28卷,人民出版社2017年版,第69页。

中达到一定程度必然产生垄断。20世纪初，资本主义世界经历了两次巨大的企业兼并浪潮，资本集中和生产集中相互促进，生产活动越来越集中于为数不多的大企业，形成跨部门多产品经营的工业垄断组织，垄断联合代替竞争占统治地位。当资本主义的历史车轮前进到20世纪70年代时，又遭遇了一场长达近10年之久的"滞胀"危机，经济衰退和国内市场竞争压力推动垄断资本在海外寻找新的增长机会。在新一代信息通信技术的支撑下，对外直接投资和国际产业转移不断掀起新的高潮，生产和流通的国际化程度远远超过了过去。垄断资本从生产到流通的各个环节在全球重新布局，生产工序分散化、国际化催生了跨国公司组织和管理的全球价值链分工体系和运营网络。跨国公司通过复杂的供应商关系网络和各种治理模式协调全球价值链，在此种链式分工体系下，中间产品和服务的生产及交易被分割且分散在世界各地，投入和产出的交易在跨国公司的子公司、合同伙伴及供应商的全球生产和服务网络中进行。据统计，全球约60%的贸易为中间产品和服务贸易，全球贸易的80%是通过跨国公司实现的。①

从生产和流通的新垄断来界定，新帝国主义的第一个特征表现为：生产和流通的国际化和资本集中的强化，形成富可敌国的巨型垄断跨国公司。跨国公司是当代国际垄断组织的真正代表，新帝国主义时期巨型垄断跨国公司具有以下特点。

1. 跨国公司数量猛增，生产和流通的社会化、国际化程度更高

20世纪80年代以来，跨国公司作为对外直接投资的载体，逐步成为国际经济交往的主要驱动力量。在80年代，世界范围的投资以前所未有的速度增长，大大快于同期世界贸易和产值等主要经济变量的增速。到了90年代，国际直接投资的规模已经达到空前水平。跨国公司通过对外直接投资，在世界各地建立分公司及附属机构，规模和数量都急剧扩张和增长。1980—2008年，全球跨国公司的数目从1.5万家增至8.2万家，海外子公司数目增长更快，从3.5万家增至81万家。2017年，世界100家最大非金融跨国公司的资产和销售额平均有60%以上在国外，国外雇员也接

---

① 联合国贸易和发展组织：《世界投资报告2013——全球价值链：促进发展的投资与贸易》，经济管理出版社2013年版，第139页。

近60%。① 资本主义生产方式自诞生以来，生产活动集聚、协作以及社会分工的演进导致生产社会化程度越来越高，分散的劳动过程日益走向联合的劳动过程。事实证明，对外直接投资的持续增长，加深了各国之间的经济联系，显著提高了生产和流通体系的社会化、国际化程度，而跨国公司作为微观层面的主导力量在其中发挥了十分关键的作用。生产国际化和贸易全球化几乎重新界定了各国参与国际分工的方式，而参与国际分工的方式又重塑了各国的生产方式和盈利模式。世界绝大多数国家和地区都被整合到跨国公司编织的"密如蛛网"的国际生产和贸易体系之中，成千上万个分布于世界各地的企业则组成全球产业链体系上的一个个价值创造节点。在全球经济中，跨国公司成为国际投资与生产的主要承担者、国际经济行为的核心组织者以及全球经济增长的发动机。跨国公司的迅猛发展表明，在资本全球化的新帝国主义阶段，生产和资本的集中程度越来越高，几万个跨国公司"主导一切"。

2. 跨国垄断资本积累的规模更庞大，形成了跨国公司帝国

当代资本主义的跨国公司虽然数量并不是很多，但实力非常雄厚。由于它们是新技术开发和使用的主力军，控制着营销网络，以及拥有越来越多的自然和金融资源，因而垄断了生产和流通的收益权，具有无可比拟的竞争优势。1980—2013年，受益于市场扩张以及生产要素成本的降低，全球最大的2.8万家公司的利润从2万亿美元增至7.2万亿美元，占全球GDP的比重也从7.6%增至近10%。② 跨国公司不仅与国家权力结盟，而且与全球金融体系联动发展，形成了背后有国家支持的金融垄断组织。垄断资本的全球化、金融化发展，进一步巩固了垄断资本的财富积累。单从销售额这一项指标来看，一些跨国公司的经济规模已经超过了某些发达国家的经济体量。例如，2009年，丰田汽车的年销售额就超过了以色列的国内生产总值。2017年，居世界500强榜首的沃尔玛公司总营收突破5000亿美元，比比利时的GDP还要高。其实，如果把当今的跨国公司和近200

---

① "World Investment Report 2018: Investment and New Industrial Policies", https://unctad.org/en/Pages/DIAE/World%20Investment%20Report/World_Investment_Report.aspx.

② Dobbs, R., T. Koller, S. Ramaswamy, J. Woetzel, J. Manyika, R. Krishnan, and N. Andreula, 2015, "The New Global Competition for Corporate Profits", https://www.mckinsey.com/business-functions/strategy-and-corporate-finance/our-insights/the-new-global-competition-for-corporate-profits.

个国家和地区混合在一起，按照产值进行排名，那么，全球100个最大的"经济实体"中，国家的数量占比不到三成，其余的70%都是跨国公司。如果这样的发展势头持续下去，全球将会出现越来越多的富可超国的跨国公司。虽然产业全球化导致经济活动较为分散，但是投资、贸易、出口和技术转让等还是主要通过巨型跨国公司及其境外分支机构进行的，并且这些跨国垄断企业的母公司仍然集中在少数几个发达资本主义国家中，所以利润也流向了这些国家。2017年，美日德法英进入世界500强企业数约占全球500强企业数的一半。在最大的100家跨国公司中，来自这些国家的就占2/3以上。

3. 跨国公司在各自行业中居于垄断地位，控制和经营国际生产网络

跨国公司巨头资本雄厚、拥有强大科技力量，在全球生产、贸易、投资、金融和知识产权输出领域占据统治地位。垄断所造成的生产规模化效应，扩大了跨国公司的竞争优势。因为"内部实行分工的工人大军越庞大，应用机器的规模越广大，生产费用相对地就越迅速缩减，劳动就更有效率"[1]。跨国公司的高度垄断使得生产集中和市场集中相互促进，加快了资本积累，而竞争和信用作为资本集中的两个强有力的杠杆，又加速了资本积累和集中的趋势。最近30年来，各国推进有关促进投资的政策方案，放宽了针对外国直接投资的诸多限制。发达国家对外直接投资的增长，虽然在不同程度上促进了落后国家的资本形成和人力资源开发，提高了这些国家的出口竞争力，但同时也刺激了大规模的私有化和跨国并购交易的发生，加速了这些国家中小企业的破产或被跨国公司兼并的进程，即便是一些大企业同样难逃被并购的厄运。目前，全球很多行业都已形成了寡头垄断市场结构。例如，全球CPU市场基本为英特尔与阿彻丹尼尔斯米德兰公司（AMD）完全垄断。2015年之前，全球种子和农药市场基本为巴斯夫、拜耳、陶氏、杜邦、孟山都、先正达这六家跨国公司所控制，它们控制着全球农药市场的75%，种子市场的63%以及私营部门种子和农药研究的75%；仅先正达、巴斯夫、拜耳这三家公司就占据了农药市场份额的51%，而杜邦、孟山都、先正达则占据了种子市场份额的55%。[2] 据欧洲

---

[1] 《马克思恩格斯文集》第1卷，人民出版社2009年版，第736页。
[2] ETC Group, 2015, "Breaking Bad: Big Ag Mega-Mergers in Play Dow + DuPont in the Pocket? Next: Demonsanto?", http://www.etcgroup.org/sites/www.etcgroup.org/files/files/etc_breakbad_23dec15.pdf.

医疗器械行业协会统计，2010年，25家医疗器械公司的销售额合计占全球医疗器械市场销售总额的60%以上，前10家跨国公司控制了全球药品和医疗产品市场的47%。作为中国重要粮食作物之一的大豆，其产供销链的所有环节已被5家跨国公司控制，分别是孟山都、阿彻丹尼尔斯米德兰公司、邦吉、嘉吉和路易·达孚，其中孟山都主导种子和生产所需的其他原材料投入方面，阿彻丹尼尔斯米德兰公司、邦吉、嘉吉和路易·达孚等4家公司主导种植、贸易和加工方面，而且这些跨国公司通常通过从合资、合伙、长期合同协议到其他形式的战略联合，组成林林总总的联盟。[①] 在以跨国公司为基础的新帝国主义时期，由于越来越多的社会财富被越来越少的私人资本巨头所占有，垄断资本对劳动的控制和剥削加深，形成世界规模的资本积累，从而加剧了全球某些生产能力过剩和贫富两极分化。

在新帝国主义阶段，信息通信技术飞速发展，互联网的出现极大地压缩了社会生产和流通的时间和空间，跨国兼并、跨国投资、跨国贸易浪潮风起云涌。如此一来，更多非资本主义区域被纳入垄断资本主导的积累过程，极大地强化和扩展了世界资本主义体系。可以说，到了21世纪的经济全球化资本主义时代，生产和流通的社会化、国际化程度又出现了根本性飞跃，大大强化了《共产党宣言》所描绘的格局："一切国家的生产和消费都成为世界性的了。"[②] 垄断资本的全球化要求全球经济政治体制同轨，消除横亘于两种体制之间的制度性障碍。但是，当一些国家抛弃原来的政治制度和经济体制，向资本主义市场经济体制转轨后，也并未获得新自由主义经济学家鼓吹的富足与稳定。相反，新帝国主义舞台上演的尽是霸权主义和垄断资本的横行和狂欢。

二 金融资本的新垄断

列宁指出："生产的集中；从集中生长起来的垄断；银行和工业日益融合或者说长合在一起，——这就是金融资本产生的历史和这一概念的内

---

① 王绍光、王洪川、魏星：《大豆的故事——资本如何危及人类安全》，《开放时代》2013年第3期。

② 《马克思恩格斯文集》第2卷，人民出版社2009年版，第35页。

容。"① 金融资本是银行垄断资本与工业垄断资本融和或混合生长而形成的一种新型资本。20世纪初是资本主义从一般资本统治向金融资本统治的转折点，在最大的几个帝国主义国家中，银行已经由普通的中介企业变成了势力极大的垄断者。不过在第二次世界大战前，由于连绵不断的战争、高昂的信息传输成本，以及贸易保护主义等技术和制度性的障碍，全球投资、贸易、金融、市场的联系还比较松散，经济全球化发育程度尚比较低，阻碍了垄断资本触角的向外延伸。第二次世界大战后，经济全球化在新科技革命的助推下加速发展，到了20世纪70年代初，石油价格的上涨引爆世界性经济危机，出现了通货膨胀和经济停滞并存这一凯恩斯主义经济学无法解释的怪诞现象。为寻找有利可图的投资机会，深陷"滞胀"泥潭中的垄断资本，一方面把传统产业向海外延伸和转移，继续维持其原有的竞争优势；另一方面加速与传统产业脱钩，并力图在金融领域开辟疆土。资本主义全球化和资本主义金融化相互催化、相互支撑，加速了垄断资本的"脱实向虚"和实体经济的空心化进程。由此，20世纪70年代的那次西方经济大衰退，不仅是垄断资本走向国际化的催化剂，也是产业资本金融化转型的起始点。自此，垄断资本加速了从一国垄断向国际垄断，从实体产业垄断向金融产业垄断的"华丽转身"。

从金融资本的新垄断来界定，新帝国主义的第二个特征表现为：金融垄断资本在全球经济生活中起决定性作用，形成畸形发展的经济金融化。

1. 为数不多的跨国银行等金融机构控制着全球经济大动脉

谋求垄断性权力是帝国主义的本性，"大企业，尤其是大银行，不仅直接吞并小企业，而且通过'参与'它们的资本、购买或交换股票，通过债务关系体系等等来'联合'它们，征服它们，吸收它们加入'自己的'集团"②。"银行渠道的密网扩展得多么迅速……把成千上万分散的经济变成一个统一的全国性的资本主义经济，并进而变成世界性的资本主义经济。"③ 在新帝国主义阶段，一小撮跨国公司，其中绝大部分是银行，通过兼并、参与、控股等形式，在全球建立了非常广泛而细密的经营网络，从

---

① 《列宁专题文集·论资本主义》，人民出版社2009年版，第136页。
② 《列宁专题文集·论资本主义》，人民出版社2009年版，第122页。
③ 《列宁专题文集·论资本主义》，人民出版社2009年版，第123—124页。

而不仅控制了无数的中小企业，而且牢牢掌控着全球经济大动脉。瑞士三位学者斯特凡·维塔利（Stefania Vitali）、詹姆斯·B. 格拉特菲尔德（James B. Glattfelder）和斯蒂芬娜·巴蒂斯顿（Stefano Battiston）的研究证实：为数不多的跨国银行几乎支配了全球经济。他们在分析了全球43060家跨国公司和它们之间相互交织的股份关系之后发现：顶端的737家跨国公司控制了全球80%的产值。在进一步拆解这张复杂关系网后，他们得出了一个更加惊人的发现：最核心的147家跨国公司控制了近40%的经济价值，而这147家公司的3/4都是金融中介机构。[①]

2. 金融垄断资本在全球金融市场纵横驰骋

当帝国主义发展到新帝国主义阶段时，金融寡头及其代理人罔顾贸易和投资领域的游戏规则，持续发动货币战、贸易战、资源战、信息战等，恣意掠夺全球资源和财富，无所不用其极。新自由主义经济学家扮演着金融寡头的代言人角色，到处鼓吹垄断寡头支配的金融自由化和金融全球化，诱逼发展中国家放开资本项目限制。因为凡是按照这一套理念行事的国家和地区，其金融监管难度加大，金融系统的隐患增多，金融垄断资本就可以寻找机会掠夺它们的财富。在资本市场，国际金融投资巨头往往能够攻击发展中国家脆弱的金融防火墙，趁机对它们数十年积累起来的资产进行洗劫。因此，金融的全球化和自由化固然搭建了一个统一开放的全球金融体系，但同时也铺就了"中心"地区汲取落后"边缘"地区资源和剩余价值的"绿色"通道。集中在少数国际金融寡头手里并且享有实际垄断权的金融资本，通过对外投资、创办企业、跨国并购等手段，获得愈来愈多的高额垄断利润，不断地向全球征收贡赋，巩固了金融寡头的统治。

3. 生产逻辑让位于投机逻辑，经济金融化畸形发展

金融垄断资本由于摆脱了物质形态的束缚，具有高度灵活性和投机性，是资本的最高和最抽象形态。如果不加以管制，极易背离一国产业的发展目标。第二次世界大战后，在国家干预主义理念的引导下，商业银行

---

① Vitali, S., J. B. Glattfelder, and S. Battiston, 2011, "The Network of Global Corporate Control", *PLoS ONE*, 6 (10), pp. 1–6, https://doi.org/10.1371/journal.pone.0025995.

和投资银行分业经营,证券市场受到严格监管,金融资本的扩张和投机在很大程度上受到制约。20 世纪 70 年代,随着凯恩斯主义的式微,新自由主义开始登台,金融业拉开了去管制化进程的序幕,调节金融市场的基本力量由政府转为市场。在美国,里根政府于 1980 年颁布《储蓄机构取消管制与货币控制法案》,取消存贷款利率管制,直至 1986 年彻底实现利率自由化。1994 年通过《里格—尼尔银行跨州经营与跨州设立分行效率法》,彻底解除银行经营地域范围限制,允许银行跨州开展业务,此举扩大了金融机构之间的竞争。1996 年颁布《全国性证券市场促进法》,大幅取消和放松对证券业的监管。1999 年颁布《金融服务现代化法案》,彻底废除实行近 70 年的分业经营制度。金融自由化的倡导者最初声称,只要政府解除对金融机构和金融市场的监管,就能进一步提高金融资源的配置效率,更好发挥金融刺激经济增长的作用。但是,一旦金融自由化的潘多拉魔盒打开,金融资本就会如同脱缰的野马一样,根本无法驾驭。过度金融化必定会导致经济活动虚拟化和虚拟经济泡沫化。近 30 年来,伴随金融资本崛起的是持续的"去工业化"进程。因为生产性投资机会匮乏,金融资源逐渐远离实体经济,其结果是冗余资本在虚拟经济领域自我循环、过度膨胀、畸形发展。第一,大企业的现金流从固定资本投资转向金融投资,利润的获取渠道越来越多地来自金融活动。1982—1990 年,私人实体经济中几乎 1/4 的工厂和设备投资转向了金融、保险和不动产部门。[1] 例如,全球最大的食品零售商沃尔玛推出了价值 2500 万美元的私募基金。而从 20 世纪八九十年代放松金融管制以来,一些超市开始普遍地向公众提供种类越来越多的金融产品,包括信贷和预付费借记卡,储蓄和支票账户,保险计划甚至家庭抵押贷款。[2] 80 年代后流行的"股东价值最大化"原则导致公司 CEO 的目标短期化,一些 CEO 更愿意把利润用于回购本公司的股票,以推高股价,从而提高自己的薪酬,而不是将利润用于偿还债务或改善公司的财务结构。据统计,449 家在 2003—2012 年上市的标准普尔 500 指数公司一共斥资 2.4 万亿美元来收购自己的股票,占总收益的

---

[1] [美]罗伯特·布伦纳:《全球动荡的经济学》,郑吉伟译,中国人民大学出版社 2012 年版,第 218 页。

[2] Isakson, S. R., 2014, "Food and Finance: The Financial Transformation of Agro-food Supply Chains", *The Journal of Peasant Studies*, 41 (5), pp. 749–775.

54%，还有37%的收益被用于支付股息红利。① 2006年，美国非金融公司的股票回购额高达非住房性投资支出的43.9%。② 第二，金融部门主导了非金融部门的剩余价值分配。非金融企业部门利润中用于支付股息和红利的比重越来越高。20世纪60—90年代，美国公司部门的股息支付率（红利与经调整的税后利润之比）经历了大幅上升，60年代平均为42.4%，70年代为42.3%，而在1980—1989年，股息支付率从未低于44%。1989年，虽然公司利润总额下降了17%，红利总额却上升了13%，股息支付率达到了57%。③ 到了2008年美国金融危机前夕，净红利支出占净税后利润的比重已占公司最终资金分配的80%左右。④ 第三，虚拟经济过度繁荣，完全背离了实体经济的支撑能力。实体经济的停滞萎缩与虚拟经济的过度发展相互并存，两者在一定程度上还表现出恶性互促的趋势。一方面，实体经济的价值实现依赖于资产泡沫膨胀、资产价格攀升所创造的虚假购买力。由于贫富差距持续拉大，金融机构在政府支持下不得不依靠花样繁多的金融创新，去支撑居民透支消费和分散金融风险。另一方面，衍生金融品创新和资产泡沫膨胀所产生的巨额收益和财富效应，又会吸引更多的投资者涌向虚拟经济。在垄断利润的驱使下，名目繁多的衍生金融产品被创造出来。金融产品创新还可以拉长债务链条，转嫁金融风险。例如，次级住房按揭贷款证券化就是如此，通过层层包装，名曰提高信用等级，实则是把高风险转嫁给他人。金融产品的交易越来越脱离生产活动，甚至可以与生产活动没有任何联系，完全就是一种赌博交易。

三　美元和知识产权的垄断

列宁指出："对自由竞争占完全统治地位的旧资本主义来说，典型的

---

① ［美］威廉·拉佐尼克：《只有利润，没有繁荣》，哈佛商业评论网，http://www.hbrchina.org/2014-09-11/2354.html，2014年9月11日。
② ［美］托马斯·I.帕利：《金融化：涵义和影响》，房广顺、车艳秋、徐明玉译，《国外理论动态》2010年第8期。
③ 黄一义：《股东价值最大化由来与发展》，《新财经》2004年第7期。
④ ［美］埃尔多干·巴基尔、艾尔·坎贝尔：《新自由主义、利润率和积累率》，陈人江、许建康译，《国外理论动态》2011年第2期。

是商品输出。对垄断占统治地位的最新资本主义来说，典型的则是资本输出。"① 第二次世界大战后，国际分工的深化和细化将更多不发达国家和地区纳入全球经济网络。表面看来，全球生产网络格局下，每一国家、每一企业都可以发挥比较优势，即便是最不发达的国家，也能依靠廉价的劳动力和资源优势参与国际分工协作，获取最大利益。但是，垄断资本的真正动机是争夺有利的交易平台，攫取高额垄断利润。特别是由于美元霸权和知识产权垄断的存在，国际交换严重不平等。可见，旧帝国主义时期表现为与商品输出并存而又作为特征的是一般资本输出，而新帝国主义时期表现为与商品输出、一般资本输出并存而又作为特征的是美元和知识产权输出。

从美元和知识产权的垄断来界定，新帝国主义的第三个特征表现为：美元霸权和知识产权垄断，形成不平等的国际分工和两极分化的全球经济和财富分配。这从"国家—资本""资本—劳动""资本—资本""国家—国家"四个方面来看，跨国垄断资本和新帝国主义的统治力量在经济全球化、金融自由化条件下得到进一步强化。

1. 在"资本—劳动"关系上，垄断资本的空间扩展使其能够在全球范围内布局产业链，实现"全球劳工套利"

跨国公司通过外包、设立子公司、建立战略联盟等形式把更多国家和企业整合到其主导的全球生产网络之中。资本的全球性积累之所以可能，就在于其拥有一支规模庞大的低成本全球劳动力大军。根据世界劳工组织的数据，1980—2007 年，世界劳动力从 19 亿增长到 31 亿，其中 73% 的劳动力来自发展中国家，仅中国和印度就占了 40%。② 跨国公司都是有组织的实体，而全球劳动者则不可能有效地联合和维护自己的权利，而且由于全球劳动力后备军的存在，资本能够运用分而治之的策略来达到驯服雇佣工人的目的。几十年来，垄断资本把生产部门向南方国家转移，结果造成全球劳工"逐底竞争"，而跨国公司却从中榨取了巨大的"帝国主义租金"。另外，跨国公司拥有很强的游说能力，可以游说发展中国家的政府

---

① 《列宁专题文集·论资本主义》，人民出版社 2009 年版，第 150 页。
② ［美］J. B. 福斯特、R. W. 麦克切斯尼、R. J. 约恩纳：《全球劳动后备军与新帝国主义》，张慧鹏译，《国外理论动态》2012 年第 6 期。

制定有利于资本流动与投资的政策。很多发展中国家的政府为换取 GDP 增长，不仅无视居民社会福利和劳工权益等方面的保护，还会承诺对投资和利润减免税收、给予信贷支持等各种优惠措施，以吸引国际资本投资设厂。因此，生产的全球化使得发达资本主义国家能够在公平贸易的口号下更加"文明"地剥削欠发达国家，而后者为了启动现代化，不得不接受前者的资本输出以及某些不合理的附加条件。

2. 在"资本—资本"关系上，跨国垄断资本支配了全球合作伙伴，金融垄断资本凌驾于产业资本之上

新的国际分工结构仍然延续着旧的不均衡、不平等的结构体系。尽管生产和营销是分散的，但是研发、金融和利润的控制中心仍然是跨国公司。跨国公司通常位于垂直专业化分工链条的最上游，拥有核心部件知识产权，负责制定技术和产品标准，控制着产品的研发设计环节，而它的合作伙伴往往依附于跨国公司，是产品标准和价格的接受者，更多从事劳动密集型的生产加工装配环节的劳动，承担着简单零部件大批量生产的责任。作为跨国公司的代工工厂，这些企业只能赚取微薄的加工利润，而且这些企业里的工人工资水平普遍比较低、劳动强度很大、工作时间很长、工作环境较差。尽管产品的价值主要由代工工厂的生产工人创造，但跨国公司利用不平等的生产网络占有了大部分价值增值。据统计，美国公司的海外利润占比已经从 1950 年的 5% 增加到了 2008 年的 35%，海外留存利润占比从 1950 年的 2% 一度增至 2000 年的 113%。日本企业的海外利润比重从 1997 年的 23.4% 上升到了 2008 年的 52.5%。[1] 跨国公司还常常利用对知识产权的垄断获取巨额回报。知识产权包括产品设计、品牌名称、营销中使用的符号和图像，它们受关于专利、版权和商标的规则和法律保护。联合国贸发会的数字表明，跨国公司的特许权使用费和许可收费已经从 1990 年的 310 亿美元增长到 2017 年的 3330 亿美元。[2]

随着金融自由化的狂飙突进，金融资本从服务于产业资本转变为凌驾

---

[1] 崔学东：《当代资本主义危机是明斯基式危机，还是马克思式危机？》，《马克思主义研究》2018 年第 9 期。

[2] "World Investment Report 2018: Investment and New Industrial Policies", https://unctad.org/en/Pages/DIAE/World%20Investment%20Report/World_ Investment_ Report.aspx.

于产业资本之上,金融寡头和食利者居于统治地位。1987年以后的短短20年间,国际信贷市场的债务从近110亿美元猛增到480亿美元,其增长率远远超出了经济增长率。2007年,全球衍生金融产品市值达681万亿美元,是全球GDP的13倍,是全球实体经济价值的60多倍。①

3. 在"国家—资本"关系上,新帝国主义国家实施新自由主义政策,极力维护垄断资本的利益

20世纪70年代中期以来,因为经济"滞胀",凯恩斯主义被政府弃置不用或少用。现代货币主义、理性预期学派、供给学派等新自由主义经济学,因适应垄断资本全球化金融化拓展的需要,而成了新帝国主义国家的经济理论和政策的宠儿。新自由主义是在金融垄断资本基础上生长起来的上层建筑,从本质上看,它就是维护新帝国主义统治的政策依据和意识形态。20世纪80年代,美国总统里根和英国首相撒切尔夫人是新自由主义风靡全球的旗手,二人推崇现代货币主义、私有产权学派和供给学派的主张,执政期间推行私有化和唯市场化改革,随意放松政府监管,削弱工会和工人阶级维权的反抗力量。罗纳尔·里根就任总统后,立即批准成立了以布什副总统为主任的撤销和放宽规章条例的总统特别小组,该小组主张的法令规章涉及生产安全、劳动保护、消费者利益保护等方面。里根政府还和大资本家联手打击公共部门与私人部门的工会,解雇工会的领导人和组织者,使得本就处于弱势地位的工人阶级更加被动。所谓的"华盛顿—华尔街复合体"(Washington—Wall Street Complex)表明:华尔街的利益就是美国的利益,对华尔街有利的就是对美国有利的,美国政府事实上已成为金融寡头谋取巨额经济政治利益的工具。② 因此,能把政府权力关进笼子的根本不是选民的选票,更不是"三权分立"的民主制度,而是华尔街的金融寡头及其军工复合利益集团。财力雄厚的华尔街财团通过提供竞选献金和操纵媒体,影响着美国的政治进程和政策议题。由于被垄断利益集团套上了"紧箍咒",美国政府在推动经济社会良性发展和改善社会民生

---

① 程恩富、侯为民:《西方金融危机的根源在于资本主义基本矛盾的激化》,《红旗文稿》2018年第7期。

② 鲁保林:《"里根革命"与"撒切尔新政"的供给主义批判与反思——基于马克思经济学劳资关系视角》,《当代经济研究》2016年第6期。

方面很难有所作为。年收入几千万美元的华尔街高管和美国政府高官的身份可以相互转换。例如，第 70 任美国财政部长罗伯特·爱德华·鲁宾曾供职于高盛 26 年，第 74 任财政部长亨利·保尔森曾任高盛集团主席和首席执行官，特朗普政府的不少高官都是垄断企业的高管。正是由于"旋转门"机制的存在，即便政府出台相关金融监管政策，也很难从根本上动摇华尔街金融财阀的利益。而且，每当出现金融危机时，政府还要对华尔街垄断寡头提供紧急援助。有美国学者经过调查发现，美联储曾用秘密的应急贷款来满足华尔街大型利益集团的需求，包括大力支持那些列席地区联储银行理事会的银行家们。2007 年美国次贷危机爆发，华尔街五大投行中的贝尔斯登被摩根大通收购、雷曼兄弟公司宣布破产、美林公司被美国银行收购，但是高盛却幸免于难。其主要原因：一是政府紧急给予高盛商业银行控股公司地位，此举使高盛从美联储获得海量救命资金；另一个是美国证券交易委员会禁止做空金融股。①

4. 在"国家—国家"关系上，新帝国主义的霸主——美国依靠美元霸权和知识产权，攫取全球财富

1944 年 7 月，根据美英政府倡议，44 个国家在美国新罕布什尔州的布雷顿森林商讨战后体系，会议通过了《联合国家货币金融会议最后议定书》《国际货币基金组织协定条款》《国际复兴开发银行协定条款》，统称《布雷顿森林协定》。布雷顿森林体系的核心内容之一是构建以美元为中心的国际货币体系。② 美元与黄金挂钩，其他货币与美元挂钩，美元取代英镑在全球扮演世界货币的角色。美元相对其他货币的特殊优势，决定了美国处于和其他国家不同的特殊地位。据统计，美元占全球货币储备的 70%、国际贸易结算的 68%、外汇交易的 80% 以及国际间银行业交易的 90%。③ 由于美元是国际公认的储备货币和贸易结算货币，美国拿着几乎是零成本印刷出来的美元，不仅可以兑换他国实实在在的商品、资源和劳务，维持长期贸易逆差和财政赤字，而且可以进行跨国投资、并购他国企

---

① 梁燕、唐钰、李萌、王会聪：《"高盛帮"在美国政坛能量有多大》，《环球时报》2017 年 1 月 18 日。

② 参见陈建奇《当代逆全球化问题及应对》，《领导科学论坛》2017 年第 10 期；何秉孟、刘溶沧、刘树成《亚洲金融危机：分析与对策》，社会科学文献出版社 2007 年版，第 66 页。

③ 王佳菲：《美元霸权的谋取、运用及后果》，《红旗文稿》2011 年第 6 期。

业，新帝国主义的掠夺性本质在美元霸权上体现得淋漓尽致。美国还可以通过输出美元获得国际铸币税收益，并能利用美元和美元资产贬值减轻外债。美国共产党经济委员会委员瓦迪·哈拉比认为，美国国际收支账户中，海外净收入 2001 年为 6583 亿美元，2003 年为 8426 亿美元。[①] 美元霸权还造成了财富从债权国向债务国转移，即穷国补贴富国的不公正现象。

20 世纪 90 年代中期以来，国际垄断企业控制了全世界 80% 的专利和技术转让及绝大部分国际知名商标，并据此获得了大量收益。据美国国家科学理事会于 2018 年 1 月发布的《2018 年科学工程技术指标》数据显示，2016 年全球知识产权跨境许可收入总规模达到 2720 亿美元，其中，美国是最大出口国，知识产权出口额占全球总量高达 45%，欧盟占 24%，日本占 14%，而中国占比不足千分之五。与此形成鲜明反差的是，中国对外支付知识产权使用费由 2001 年的 19 亿美元攀升至 2017 年的 286 亿美元，知识产权跨境交易的逆差超过 200 亿美元，同期美国对外许可知识产权每年净收入都接近或超过 800 亿美元。[②]

四 国际寡头同盟的新垄断

列宁指出："最新资本主义时代向我们表明，资本家同盟之间在从经济上瓜分世界的基础上形成了一定的关系，而与此同时，与此相联系，各个政治同盟、各个国家之间在从领土上瓜分世界、争夺殖民地、'争夺经济领土'的基础上也形成了一定的关系。"[③]"金融资本和同它相适应的国际政策，即归根到底是大国为了在经济上和政治上瓜分世界而斗争的国际政策，造成了许多过渡的国家依附形式。这个时代的典型的国家形式不仅有两大类国家，即殖民地占有国和殖民地，而且有各种形式的附属国，它们在政治上、形式上是独立的，实际上却被金融和外交方面的依附关系的

[①] 余斌：《新帝国主义的白条输出》，载程恩富主编《马克思主义经济学研究：第 4 辑·2014》，中国社会科学出版社 2015 年版，第 378 页。
[②] 引自杨云霞《资本主义知识产权垄断的新表现及其实质》，《马克思主义研究》2019 年第 3 期。
[③]《列宁专题文集·论资本主义》，人民出版社 2009 年版，第 163 页。

罗网缠绕着。"① 当今世界，新帝国主义在经济、政治、文化、军事领域已形成新的各种同盟和霸权关系。

从国际寡头同盟的新垄断来界定，新帝国主义的第四个特征表现为："一霸数强"结成的国际垄断资本主义同盟，形成内外垄断剥削和压迫的金钱政治、庸俗文化和军事威胁的经济基础。

1. 以七国集团为主体的国际垄断资本主义经济和政治同盟

现今新帝国主义的国际性垄断经济同盟和全球经济治理框架是以美国为主导，G7（1975年美、英、德、法、日、意六大工业国成立六国集团，次年加拿大加入形成七国集团）及其垄断组织为协调平台，并以其控制的国际货币基金组织、世界银行和世界贸易组织为配合机构的。第二次世界大战后形成的布雷顿森林体系架构下的全球经济治理体系，实质上是一个高级的由美国操纵的，服务于其全球经济政治战略利益需要的资本主义国际垄断同盟。到了20世纪70年代初，美元与黄金脱钩，布雷顿森林货币体系崩溃，七国集团首脑会议相继诞生，担当了加强西方共识，抗衡东方社会主义国家和抵制南方欠发达国家要求改革国际经济政治秩序呼吁的重任。② 随着新自由主义上升为全球经济治理的主导理念，这些多边机构和平台就成了新自由主义在全球传播和扩展的推动力量。它们根据国际金融垄断寡头及其同盟的意愿，软硬兼施，不遗余力地诱逼发展中国家实行金融脱实向虚的自由化、生产要素的私有化、事先不监管的唯市场化和资本项目下的自由兑换等，以方便国际游资进出，通过制造泡沫经济和金融投机，伺机掠夺和控制他国经济，从中牟取暴利。布热津斯基在《大棋局》中也承认："国际货币基金组织和世界银行，可以说代表着'全球'利益，而且它们的构成成分可以解释为世界性。但实际上它们在很大程度上受美国的左右。"③ 20世纪80年代至今，国际货币基金组织和世界银行引诱发展中国家推行新自由主义改革，而当这些国家因私有化、金融自由化改革陷入危机或困境时，国际货币基金组织等机构再以提供贷款援助相要挟，

---

① 《列宁专题文集·论资本主义》，人民出版社2009年版，第172页。
② 参见吕有志、查君红《冷战后七国集团的演变及其影响》，《欧洲》2002年第6期。
③ ［美］布热津斯基：《大棋局：美国的首要地位及其地缘战略》，上海人民出版社2007年版，第24页。

附加各种不合理条件，强迫这些国家接受"华盛顿共识"，进一步加大新自由主义改革力度。1978—1992年，有70多个发展中国家和前社会主义国家执行了国际货币基金组织和世界银行强加的566个结构调整方案。① 例如，20世纪80年代初，国际货币基金组织利用拉美债务危机强迫拉美国家接受新自由主义改革。1979年，美联储为遏制通货膨胀，便推动短期利率从10%上升到15%，最后升到20%以上，而由于发展中国家的现有债务与美国利率挂钩，美国利率每上升一个百分点，第三世界债务国一年多付40亿—50亿美元利息。1981年下半年，拉丁美洲每周要借入10亿美元，大部分用于偿还债务利息；1983年拉丁美洲差不多拿出口收益的一半来偿还债务的利息。② 拉美国家迫于还贷压力不得不接受国际货币基金组织所开的新自由主义改革方案，其主要内容是推行国有企业私有化以及贸易金融自由化，厉行压缩民生福利的经济紧缩政策，减少垄断企业税收，削减政府开支和社会基础投资。在1997年亚洲金融危机中，国际货币基金组织在向韩国提供援助时附加了很多条件，其中包括允许外资持有股份由23%放宽到50%，到1998年12月进一步放宽到55%，允许外国银行在韩国自由设立分行和分支机构。③

2. 以北约国家为主体的国际垄断资本主义军事和政治同盟

北约集团是一个在冷战初期成立的，由美国主导、其他帝国主义国家参与的国际资本主义垄断军事同盟。冷战期间，北约是美国用来主动遏制和抗衡苏联东欧国家，影响和控制西欧国家的主要工具。冷战结束后，华约解散，北约成为美国实现全球战略目标的军事组织，"一霸数强"型资本主义寡头垄断同盟形成。美国前国务卿克里斯托弗说："只有美国才能充当领导者的角色。""发挥美国的领导作用需要我们有值得信赖的武力威胁作为外交的后盾。"④ 1998年12月推出的美国《新世纪国家安全战略》

---

① 李其庆：《全球化背景下的新自由主义》，《马克思主义与现实》2003年第5期。
② ［美］杰弗里·弗里登：《20世纪全球资本主义的兴衰》，杨宇光译，上海人民出版社2017年版，第343—346页。
③ 何秉孟、刘溶沧、刘树成：《亚洲金融危机：分析与对策》，社会科学文献出版社2007年版，第84、91页。
④ 转引自刘振霞《北约新战略是美国霸权主义的体现》，《山西高等学校社会科学学报》1999年第3期。

毫不隐讳地声称，美国的目标是"领导整个世界"，决不允许出现向它的"领导地位"提出挑战的国家或国家集团。① 2018年12月4日，美国国务卿蓬佩奥在布鲁塞尔出席"马歇尔基金会"的演讲时宣称："美国没有放弃其全球领导地位，是在主权国家而非多边体系的基础上重塑二战后的秩序……在特朗普总统的领导下，我们不会放弃国际领导地位和我们在国际体系中的盟友……特朗普正让美国恢复传统的世界中心领导者地位……美国想要领导世界，从现在直到永远。"②

为了称霸全球、领导世界，美国极力推动北约东扩，扩展势力范围，以控制中东欧，压缩俄罗斯战略空间。在美国的操纵下，北约已然成为其实现全球利益的理想军事工具。1999年3月，以美国为首的北约多国部队向南斯拉夫联盟发起大规模空中袭击，这是北约成立50年来第一次对一个主权国家发动军事打击。1999年4月，北约在华盛顿举行首脑会议，正式通过北约的"战略新概念"，其核心内容：一是允许北约对防区以外"涉及共同利益的危机和冲突"进行集体军事干涉，这实质上是把北约由"集体防御"性军事组织变成一个所谓"捍卫共同利益和共同价值观"的进攻性政治军事组织；二是北约的军事行动无须取得联合国安理会的授权。③

除了北约之外，通过双边联盟条约形成的军事盟友主要包括日本、韩国、澳大利亚、菲律宾等国，在其军事盟友国家里都建有美国的军事基地，成为新帝国主义军事同盟的重要构成部分，在全球各地区形成军事威胁和挑衅，导致不少"热战""温战""凉战""新冷战"，加剧新的军备竞赛。而新帝国主义的"国家恐怖主义"行径和反恐双重标准，又造成其他形式的恐怖主义盛行。

3. 以西方普世价值观为主导的文化霸权

除了经济同盟及其霸权和军事同盟及其霸权之外，新帝国主义的特征还表现为以西方普世价值观为主导的文化霸权主义。约瑟夫·奈强调"软

---

① 参见刘振霞《北约新战略是美国霸权主义的体现》，《山西高等学校社会科学学报》1999年第3期。
② 《蓬佩奥扬言美国正建立全球新秩序，对抗中俄伊》，观察者网，https://www.guancha.cn/internation/2018_12_05_482182_s.shtml, 2018年12月5日。
③ 刘振霞：《北约新战略是美国霸权主义的体现》，《山西高等学校社会科学学报》1999年第3期。

实力"就是通过吸引而非强迫或收买的手段来达已所愿的能力,而国家的软实力则主要来自三种资源:文化(在能对他国产生吸引力的地方起作用)、政治价值观(当它在海内外都能真正实践这些价值观时)及外交政策(当政策被视为具有合法性及道德威信时)。① 西方发达国家特别是美国,利用其资本、科技和市场优势对其他弱势国家和地区进行文化渗透,提出"以美国价值观为价值观"的一系列文化"新干涉主义"理论。美国通过向其他国家尤其是发展中国家输出美国的价值观念和生活方式,占领对方的文化市场和信息空间,使美国文化成为世界的"主流文化"。②

文化霸权主义或文化帝国主义通过控制国际舆论场,输出西方的普世价值观,实施和平演变和"颜色革命",以达到尼克松所说的"不战而胜"之战略目的。苏联和东欧社会主义国家的演变是典型案例。众所周知,价值观的渗透通常是缓慢的、长期的和潜移默化的,其传播途径往往潜藏在学术交流、文学作品和电影电视之中。例如,好莱坞就是"美国霸权主义政策的传声筒","好莱坞的电影在向世界各地炫耀着美国的优势,并试图通过这种渠道达到其文化征服的目的"。③ 曾任美国中央情报局高级官员的艾伦·福斯特·杜勒斯说:"如果我们教会苏联的年轻人唱我们的歌曲并随之舞蹈,那么我们迟早将教会他们按照我们所需要他们采取的方法思考问题。"④ 基金会和智库也是新自由主义向外传播的重要推动力量,像福特基金会、洛克菲勒基金会、朝圣山学社、美国国际私营企业中心等通过资助研讨会和学术组织的方式,积极参与推广新自由主义价值观。

列宁曾指出,作为整个20世纪初期特征的已经不是英国独占垄断权,而是少数帝国主义大国为分占垄断权而斗争。⑤ 而冷战结束以来,全球资本主义的特征是美国"独占垄断权",其他强国和大国无意亦无力与美国

---

① 参见王岩《文化软实力指标体系研究综述》,载于程恩富、吴文新主编《马克思主义文化研究》2019年第1期。
② 郝书翠:《让中国特色社会主义文化在当代世界文化百花园里吐蕊争芳——访全国政协常委、民族和宗教委员会主任王伟光教授》,载程恩富、吴文新主编《马克思主义文化研究》2018年第1期。
③ 《伊朗官员抨击好莱坞电影 称其为美霸权主义"传声筒"》,中国日报网,http://www.chinadaily.com.cn/hqJs/JsgJ/2012-02-03/content_5075641.html,2012年2月3日。
④ 转引自肖黎《美国政要和战略家关于对外输出意识形态和价值观的相关论述》,《世界社会主义研究》2016年第2期。
⑤ 参见《列宁专题文集·论资本主义》,人民出版社2009年版,第194页。

全面抗衡，个别国家如日本等曾试图在经济和科技上挑战美国的"垄断权"但最终一败涂地，后来欧元的出现，也未能动摇美国霸权。在军事方面，海湾战争、科索沃战争、阿富汗战争、伊拉克战争、利比亚战争、叙利亚战争等更加助长了美国的单边主义和霸权主义气焰。借助于经济、军事、政治寡头垄断同盟以及文化软实力，美国在全球推销普世价值观，煽动别国街头政治和颜色革命。通过制造发展中国家的债务危机和金融危机，打开他国金融开放的大门。而当其主导的全球治理体系遭遇挑战时，美国就发动贸易战、科技战、金融战和经济制裁，甚至威胁或实际发动军事打击。其中，美元、美军与美国文化是美帝国主义实施霸权的三大支柱，并形成互相配合利用的"硬实力"、"软实力"、"强实力"（经济制裁）、"巧实力"。①

要言之，"一霸数强"结成的国际垄断资本主义同盟，成为内外垄断剥削和压迫的金钱政治、庸俗文化和军事威胁的经济基础，也大大增强了美国作为新帝国主义霸主的地位。

五 经济本质和大趋势

列宁指出，帝国主义是垄断和掠夺的、寄生和腐朽的、过渡和垂死的资本主义。在经济全球化的新帝国主义阶段，当代资本主义经济基本矛盾表现为经济的不断社会化和全球化，与生产要素的私人所有、集体所有和国家所有的矛盾，与国民经济和世界经济的无政府状态或无秩序状态的矛盾。② 新帝国主义排斥国家和国际社会的必要调节，推崇私人垄断资本自我调节，维护私人垄断资本的利益，导致一国和全球的各类矛盾时常激化，经济危机、金融危机、财政危机、社会危机和生态危机成为"流行病"，社会矛盾与各种危机交织，各种危机与资本积累形影相随，形成当代资本主义垄断性和掠夺性、腐朽性和寄生性、过渡性和垂危性的新态势。

从经济本质和大趋势来界定，新帝国主义的四大特性表现为：全球化资本主义矛盾和各种危机时常激化，形成当代资本主义垄断性和掠夺性、

---

① 参见程恩富、李立男《马克思主义及其中国化理论是软实力的灵魂和核心》，《马克思主义文化研究》2019 年第 1 期。

② 参见程恩富《新时代将加速民富国强进程》，《中央社会主义学院学报》2018 年第 1 期。

霸权性和欺诈性、腐朽性和寄生性、过渡性和垂危性的新态势。

1. 新帝国主义是垄断和掠夺的新型资本主义

新帝国主义就其经济实质来说，是建立在巨型跨国公司基础上的金融垄断资本主义。跨国公司生产垄断和金融垄断是从发展到更高阶段的生产和资本集中生长起来的，其垄断程度更深更广，以至于"几乎所有的企业都集中到越来越少的人手中"①。以汽车业为例，汽车行业的 5 大跨国公司几乎占据世界汽车生产份额的一半，而前 10 大企业的生产份额占全球汽车生产的 70%。② 国际金融垄断资本不仅控制了全球的主要产业，而且垄断了几乎所有的原材料来源、各方面的科技人才和熟练体力劳动力，霸占交通要冲和各种生产工具，并通过银行和各种金融衍生品以及种种股份制，支配和占有更多的资本进而掌控着全球的各种秩序。③ 如果以市价总值、公司收入及资产等衡量，世界各地的经济集中度都在上升，百强公司尤甚。2015 年全球百强公司的市值是排名最后 2000 家公司的 7000 多倍，而 1995 年只有 31 倍。④ 根据 2018 年 7 月 19 日《财富》世界 500 强公布数据统计，2017 年，世界 500 强（不含中国公司）的 380 家企业的营收达到 22.83 万亿美元，相当于全球 GDP 的 29.3%，总利润则达到创纪录的 1.51 万亿美元，利润率同比增加了 18.85%。⑤ 利润份额和利润率两项指标的上升集中体现了新帝国主义的掠夺性。由于经济全球化、金融化与新自由主义政策对劳工构成了三重挤压，利润相对于工资迅速增长。⑥

---

① ［美］约翰·贝拉米·福斯特、罗伯特·麦克切斯尼、贾米尔·约恩纳：《21 世纪资本主义的垄断和竞争》（上），金建译，《国外理论动态》2011 年第 9 期。
② ［美］约翰·贝拉米·福斯特、罗伯特·麦克切斯尼、贾米尔·约恩纳：《21 世纪资本主义的垄断和竞争》（上），金建译，《国外理论动态》2011 年第 9 期。
③ 参见李慎明《金融、科技、文化和军事霸权是当今资本帝国新特征》，《红旗文稿》2012 年第 20 期。
④ 《贸易和发展报告 2017》，联合国贸易发展大会网，https://unctad.org/en/PublicationsLibrary/tdr2017_ch.pdf，2017 年。
⑤ 《2018 年财富世界 500 强排行榜》，财富中文网，http://www.fortunechina.com/fortune500/c/2018-07/19/content_311046.htm，2018 年 7 月 19 日。
⑥ 李翀的研究也证明了剩余价值率的上升。据他测算，在 1982—2006 年，美国企业的可变资本从 15056.16 亿美元增加到 60474.61 亿美元，增加幅度为 301.66%。而剩余价值从 6747.06 亿美元增加到 36152.62 亿美元，增加幅度为 435.83%。参见李翀《马克思利润率下降规律：辨析与验证》，《当代经济研究》2018 年第 8 期。

1982—2006年，美国非金融公司部门生产工人的实际工资增长率仅为1.1%，不仅远低于1958—1966年的2.43%，而且低于1966—1982年经济下行时期的1.68%。工资萎缩转化为公司的利润使得利润份额在此期间上升了4.6个百分点，对利润率回升的贡献率高达82%。可以肯定地说，"劳动挤压"对利润率回升起到了关键性作用。① 而且，自2009年经济开始复苏以来，美国经济的平均利润率水平虽然低于1997年的峰值，但还是明显高于处于低谷时的20世纪70年代后期到80年代早期的水平。② 新帝国主义的本质就是控制和掠夺，其"掠夺式积累"特性不仅体现在剥削国内劳工，更体现在对其他国家的疯狂掠夺上。其形式和手段主要包括以下几种。

第一，金融掠夺。"通过金融化的方式控制国际大宗商品的价格进而影响原材料生产国和进口国，攫取巨额暴利；或通过资本的大规模流入和流出，制造金融泡沫和危机，影响他国经济和政治稳定；或通过金融制裁的手段达到不战而屈人之兵的目的。"③ 金融创新导致金融衍生品泛滥，而政府监管滞后又助长了非生产性投机交易浪潮。一小撮处于金字塔顶端的金融寡头和跨国公司受益于金融资产价格膨胀，并从中攫取了与其数量不成比例的社会财富。

第二，公共资源和国有资产的私有化。自"撒切尔—里根主义"成为很多国家制定经济政策的主导理念以来，最近40年全球经历了一场大规模的私有化（民营化）运动，很多欠发达国家的公共资产落入私人垄断资本和跨国垄断企业手中，全球财富不平均水平亦因此飙升。最新发布的《世界不平等报告2018》显示：自20世纪70年代以来，各国私人财富普遍增长，与国民收入之比从200%—350%增长至400%—700%。相反，公共财富几乎都呈下降趋势。美国与英国的公共财富在近年下降至负数，日本、德国和法国的公共财富也仅仅略高于零。有限的公共财富限制了政府调节收入差距的能力。④

---

① 鲁保林：《劳动挤压与利润率复苏——兼论全球化金融化的新自由主义积累体制》，《教学与研究》2018年第2期。
② 参见［荷］古里尔莫·卡尔凯迪、［英］迈克尔·罗伯茨《当前危机的长期根源：凯恩斯主义、紧缩主义和马克思主义的解释》，张建刚译，《当代经济研究》2015年第4期。
③ 谢长安：《金融资本时代下国际竞争格局演变研究》，《世界社会主义研究》2019年第1期。
④ 《世界不平等报告2008（执行摘要）》，世界不平等数据网，https：//wir2018.wid.world/files/download/wir2018-summary-chinese.pdf，2018年。

第三，强化"中心—外围"格局。新帝国主义国家利用其在贸易、货币、金融、军事和国际组织中的优势地位强化"中心—外围"格局，并借此不断榨取外围国家和地区的资源和财富，从而巩固自己的独占或寡占地位，保证其发展和繁荣。剩余价值国际转移率对一般利润率具有正效应。①环顾全球，只有霸权国家才能借助自身的经济、政治和军事实力将不发达国家创造的部分剩余价值转变为自己的国民财富。因此，新帝国主义垄断资本积累的结果，不仅在美国、法国等国内表现为垄断剥削的贫富两极分化和民生受损（波及80个国家的"占领华尔街"国际运动抗议"1%与99%"贫富对立、波及多国的"黄背心运动"等均为表现），而且在全球表现为一极是中心国家总财富和洁净（生态环境财富）等的积累，另一极是众多外围国家相对贫穷、污染等的积累。2017年作为中心国家的七国集团国内生产总值高达36.73万亿美元，全球占比45.5%。②瑞信发布的《全球财富报告2013》显示，世界上最富有的85人所拥有的财富，相当于世界上底层35亿人的资产总和，也就是半数人类的总财富。③

2. 新帝国主义是霸权和欺诈的新型资本主义

世人共知，以美国为代表的帝国主义实行霸权主义、霸凌主义、单边主义，且秉承"双重标准"的外交观，而其欺诈性在美国国务卿蓬佩奥的讲话中得到自认和自夸："我曾担任美国中央情报局（CIA）的局长。我们撒谎、我们欺骗、我们偷窃。我们还有一门课程专门来教这些。这才是美国不断探索进取的荣耀。"④确实在后冷战时代，失去有力制衡的美国独霸世界，依赖军队、美元、外宣、科技"四大优势"，在全球横行霸道，内外欺诈。⑤

---

① 参见王智强《剩余价值国际转移与一般利润率变动：41个国家的经验证据》，《世界经济》2018年第11期。
② The World Bank, "GDP ranking", 世界银行网，https://datacatalog.worldbank.org/dataset/gdp-ranking。
③ 瑞信：《全球财富报告2013》，瑞信网，https://publications.credit-suisse.com/tasks/render/file/? fileID=BCDB1364-A105-0560-1332EC9100FF5C83, 2013年9月10日。
④ 引自2019年4月15日美国国务卿迈克·蓬佩奥在美国得克萨斯州A&M大学（德州农工大学）演讲时回答学生提出的问题，《蓬佩奥终于说出大实话！掌声热烈》，观察者网，https://m.guancha.cn/internation/2019_04_22_498675.shtml, 2019年4月22日。
⑤ 欺骗是用虚假的言行来掩盖事实真相，使人上当受骗；欺诈则更进一步，是用狡诈的手段骗人，是指使人发生错误认识为目的的故意行为。

第一，经济霸权与欺诈。2008年西方金融危机以来，美国贸易政策很快转向单边主义、保护主义和经济霸权主义。相反，中国高举公正的经济全球化和自由贸易旗帜，推进"一带一路"倡议，主张建设以"合作共赢"为核心理念的人类命运共同体。不过，随着美国国际影响力的相对衰落，美国右翼政客和新自由主义的民粹主义对中国影响力不断扩大的焦虑感、不自信感也在升级。因此，他们不遗余力地诽谤和妖魔化中国，给中国贴上各种负面标签。美国前国务卿蒂勒森称中国是"新帝国主义列强"，警告拉美国家不要过度依赖与中国的经济关系，他欺骗地说："虽然贸易会带来利益，但是与中国不公平的贸易已经危害到这些国家的制造业，导致了失业以及工人工资的降低。"①事实上，中国在拉美地区的投资完全遵循商业规则，遵守当地法律法规。据统计，1995—2016年，中国企业为拉美创造了180万个就业岗位。美国2018年3月发布的《对华301调查报告》，指责中国"强制或迫使美国企业转让技术""非法入侵美国商业电脑网络盗取知识产权及敏感商业信息"等，为发动贸易战寻找理由。然而，这些指责纯属谣言，与事实并不相符。美国前财政部长拉里·萨默斯说："你问我中国的技术进步来自哪里。这来自于那些从政府对基础科学的巨额投资中受益的优秀企业家，来自于推崇卓越、注重科学和技术的教育制度。它们的领导地位就是这样产生的，而不是通过在一些美国公司持股产生的。"②美国率先挑起与中国的经贸冲突，其实质和意图非常明显，即以贸易战为先导，逐渐扩大至科技、金融、粮食、资源等领域，实现全面打压和讹诈中国的目的，削弱中国的贸易、金融、产业和科技实力，阻断中国的现代化进程，以确保中国不能构成对其全球霸权地位的所谓挑战。

特朗普政府推行"美国第一"的霸权主义，对各个经济体实施经济制裁，其经贸政策重点针对中国，也波及欧盟、日本、印度、韩国等不少传统盟友，重复经济敲诈和经济遏制的老手法。人们不会忘记，早在20世纪80年代中期，美国就曾逼迫日本签订"广场协议"，并且诱导日本实施

---

① 《美国国务卿蒂勒森为拉美行演讲竟称中国为"新帝国主义列强"》，观察者网，https://www.guancha.cn/internation/2018_02_03_445674.shtml，2018年2月3日。

② 《美前财长萨默斯：中国技术进步靠自己 并非窃自美国》，中国新闻网，http://www.chinanews.com/gj/2018/06-29/8551483.shtml，2018年6月29日。

低利率的货币政策,这套组合拳导致大量外资进入日本,日元短期需求的激增,促使日元兑美元大幅升值,外资的涌入和低利率的货币政策导致日本国内资产价格飞涨。然而,狂欢过后终是一地鸡毛,随着外资在资产价格高位的快速套现和撤离,日本经济遭受巨大挫折,陷入"失落的二十年"。

第二,政治霸权与欺诈。美国一直以来都将自己标榜为民主、自由和平等国家的代表,通过政治和外交等途径,竭力将其政治制度输送给其他发展中国家,特别是其认定的所谓独裁统治国家。美国前总统小布什把伊朗、伊拉克、朝鲜称为"邪恶轴心国",对于这些国家,美国用西方双重"人权标准"等对执政者施加压力,通过资助非政府组织和媒体,进行政治上"不民主""专制"等妖魔化宣传,鼓动异见人士和反对派进行"颜色革命",推翻其合法政府。

为了取悦本国军工、能源垄断集团,美国一直是中东、拉美地区稳定的破坏者和各种麻烦的制造者。叙利亚被美国列为七个邪恶国家之一,美国指责巴沙尔领导的叙利亚政府不合法。然而,美国参议员麦凯恩却一语道破了美国的真实目的:"结束阿萨德政权将斩断真主党至伊朗的生命线,消除对以色列的长期威胁,加强黎巴嫩的主权和独立,挫败伊朗政权的战略意图。这将是一项至关重要的地缘政治胜利。"[1] 在拉美地区,美国不顾联合国大会20多次压倒多数的投票决议,继续对古巴的封锁。美国对委内瑞拉的经济封锁,导致近年委内瑞拉经济形势恶化,而美国副总统彭斯却宣称:"马杜罗当局,这一残酷的独裁统治,削弱了经济,并且其罪行的代价无法用数字描述,超过200万被迫离开该国的难民是其后果之一。美国将继续帮助委内瑞拉人民恢复民主,人民将获得自由。"[2]

现阶段,美国把针对苏联的那一套冷战政策拿来对付中国。美国国务院政策规划事务主任基伦·斯金纳宣称,美中之间的大国竞争是与一种完全不同的文明和意识形态作斗争。[3] 美国统治阶级心里很清楚,社会主义

---

[1] 朱长生:《西方集体黑俄真实目的终于浮出水面》,昆仑策网,http://www.kunlunce.com/myfk/fl1111/2018-04-12/124428.html,2018年4月12日。

[2] 《美副总统:委内瑞拉当局是"残酷独裁"》,观察者网,https://www.guancha.cn/internation/2018_06_28_461799.shtml,2018年6月28日。

[3] 《外媒:美官员兜售中美"文明冲突"论调遭批驳》,百余号网,https://baijiahao.baidu.com/s?id=1632764016889068617&wfr=spider&for=pc,2019年5月6日。

制度优于资本主义制度，社会主义大国像苏联和中国一旦通过和平竞争而富强起来，就难免要反制美国，推动国际经济政治旧秩序改革，因而必须采取"接触+遏制"的双重战略，促使其"和平演变"。

事实上，美国国内的所谓民主政治也不过是徒有虚名。其一，美国的选举过程越来越趋向垄断资产阶级两党的政治斗争。在竞选过程中，作为垄断资产阶级不同派别的候选人，为了赢得选举不惜采取造谣欺骗、人身攻击、诋毁对方的名誉等恶劣手段。特朗普一再强调民主党和媒体大造其谣言，便是统治阶级内部矛盾的公开化明证。当然，特朗普也同样如此。其二，美国所谓的民主政治不过是形式民主和程序民主，形式上票决制实际上已经沦为金钱政治、家族政治和寡头政治，即"实质非民主""垄断资本专制"。

第三，文化霸权与欺诈。美国前国家安全事务助理兹比格纽·布热津斯基认为，"强化美国文化作为世界各国文化'榜样'的地位，是美国维持霸权所必需实施的战略"[1]。美国文化霸权主要表现在媒体、教育的控制及其文艺、文科学术和价值观的国内外宣传。其一，在文艺领域，美国将影视、音乐和文学作品输出至全世界。美国掌控着全球75%左右的电视节目，时代华纳、环球影视、派拉蒙和哥伦比亚等实力强大的影视公司，每年会生产数十部投资上亿美元的大制作电影。美国主流媒体的报道和调研报告主导着世界舆论的走向。其二，在文科学术和教育领域，美国控制着文科权威期刊和精英教育标准，以2020QS世界大学排名为例，排名前三位的均是美国的大学，有助于拥有欺骗和欺诈特性的西方普世价值观、西方宪政观、新自由主义经济观等向世界传播，文科的基本学术观点已俘获国内外的大多数精英和大众。[2] 例如，把庸俗、媚俗、低俗的文艺作品描绘成高雅、优秀、先进的文化，授予奥斯卡奖和诺贝尔文学奖；把导致频频爆发各类经济危机和贫富分化的新自由主义宣扬成促进发展和增加人民福利的科学理论，授予其瑞典中央银行创办的"纪念诺贝尔的经济学奖"。在美国，凡是不符合垄断资产阶级主导的文艺观、文科学术观的作品，便难以在权威媒体传播，相关人士受到排斥、压制或欺诈。其三，在全球网络空间领域，美国处于绝对的控制地位。在全球13台根域名服务器分布

---

[1] 参见张洋、袁媛《美国文化霸权对中国冲击几何》，《人民论坛》2017年第7期。
[2] 参见张洋、袁媛《美国文化霸权对中国冲击几何》，《人民论坛》2017年第7期。

中，有9台直接处于美国公司、高校、政府部门的控制之下，1台直接处于美国非营利机构的控制之下。① 通过这些根服务器，美国能够轻易窃取全球情报、实施网络监控和网络攻击。斯诺登揭秘的"棱镜门"事件显示，美国完全控制了全球网络的硬件和软件，具有完全监控世界和打击其他任何国家的强大网络作战能力。此外，美国控制的"五眼联盟"情报合作机构（含美国、英国、加拿大、澳大利亚和新西兰），进行国内外的大规模监听活动，实行网络霸权和欺诈攻击。②

以美国为代表的文化和文科学术的霸权性和欺诈性，还表现为一贯以意识形态和价值观划界仇视社会主义和共产主义，遏制社会主义国家的发展。过去重点丑化苏联，现在重点丑化中国。早在1990年3月，尼克松就坦诚说道："我们重建同中国的关系，继续向他们施加压力以便他们改弦易辙，这是十分重要的，因为我们将利用这种关系使中国的政策变得温和些。我们必须把我们的眼睛盯住这一主要目标。"③ 受美国文化霸权和欺诈的影响，根据美国独立民调机构皮尤中心的调查数据显示，在中国受过大学及以上教育的群体中，有74%的人十分喜爱美国文化。④ 而在美国留学过的中国文科学者，多数都赞成其制度和基本学术理论，存在不同程度的崇美、媚美或恐美的思想，严重影响对马克思主义文化、社会主义文化和中国传统优秀文化的自信。这是需要中国尽快消除的不良现象。

第四，军事霸权与欺诈。苏联解体以后，美国更加妄自尊大，习惯于诉诸武力或以武力相威胁来处理国际关系。1999年，以美国为首的北约部队打着"人权高于主权"的幌子，轰炸南联盟。2003年，美国无视联合国和其他国家的强烈反对，侵略主权国家伊拉克。事实上，伊拉克战争不仅没有得到联合国安理会的授权，而且美国的军事干涉也毫无法理基础。但是，美国却谎称伊拉克能够制造并且拥有大规模杀伤性化学武器。然而，当占领伊拉克之后，美国并未找到任何可以证明伊拉克能够生产大规模杀伤性化学武器的证据。美国编造这一谎言的根本目的是为了借助军事

---

① 沈逸：《全球网络空间治理原则之争与中国的战略选择》，《外交评论》（外交学院学报）2015年第2期。
② 杨民青：《解码美国网络霸权："网战受害者"拥有十万网军》，环球视野网，http://www.globalview.cn/html/military/info_4641.html，2015年7月23日。
③ 刘连第：《美国政要及报刊谈对中国的和平演变》，《国际资料信息》1991年第8期。
④ 参见张洋、袁媛《美国文化霸权对中国冲击几何》，《人民论坛》2017年第7期。

手段来控制伊拉克的石油资源。

美国一贯强调其利益优先和美军优势不可挑战，尽管其经济实力已相对下降，但仍然大肆扩充军备，大幅度增加国防开支。冷战结束后，美国继续在欧洲、中东和亚太地区制造各种军事威胁和压力。为巩固其霸权地位，美国极力倡导和推动北约东扩，意在把整个中东欧国家纳入该组织，进而扩大北约的势力范围，挤压俄罗斯的战略空间。在中东地区，美国意图通过军事手段颠覆叙利亚和伊朗等他国合法政权，支持该地区的颜色革命。在亚洲地区，除了制造朝鲜半岛的非和平紧张局势之外，还新策动"印太战略"，以牵制中国。"印太战略"明确了美国的防卫盟友和伙伴。盟友包括日本、韩国、澳大利亚、菲律宾、泰国。伙伴为新加坡、中国台湾、新西兰、蒙古，南亚的印度、斯里兰卡、马尔代夫和尼泊尔，东南亚的越南、印度尼西亚、马来西亚，并提出加强与文莱、老挝和柬埔寨的合作。此外，美国将联合传统盟友英国、法国、加拿大，共保所谓印太自由与开放。[①]

随着中国国家实力的上升，一些美国学者热炒"修昔底德陷阱"，声称中美关系也难以跳出这一逻辑。但是，正如中国国家主席习近平指出的："世界上本无'修昔底德陷阱'，但大国之间一再发生战略误判，就可能自己给自己造成'修昔底德陷阱'。"[②] 可以说，美国的军事霸权主义和欺诈性是现阶段全球各种秩序的不确定性、局部战争不断、战争威胁升温和难民问题的根源。

3. 新帝国主义是寄生和腐朽的新型资本主义

列宁指出："帝国主义就是货币资本大量聚集于少数国家……于是，以'剪息票'为生，根本不参与任何企业经营、终日游手好闲的食利者阶级，确切些说，食利者阶层，就大大地增长起来。帝国主义最重要的经济基础之一——资本输出，更加使食利者阶层完完全全脱离了生产，给那种靠剥削几个海外国家和殖民地的劳动为生的整个国家打上了寄生性的烙

[①] 马晓雯：《印太战略新出炉，美国塑造新东方》，华夏时报网，http://www.chinatimes.net.cn/article/87167.html，2019 年 6 月 5 日。

[②] 《习近平在对美国进行国事访问时的讲话》，人民出版社 2015 年版，第 20 页。

印。"① 新帝国主义时代，食利者阶层人数剧增，食利国的性质更加严重，极少数资本主义国家寄生和腐朽的态势进一步加深。具体表现在以下几个方面。

第一，美国依靠美元、军事、知识产权、政治和文化霸权等掠夺全球特别是发展中国家的财富，是全球最大的寄生性和腐朽性国家。以中美之间的贸易为例，中国把利用廉价劳动力、土地、生态资源生产出来的商品卖给美国，美国无须生产这些商品，只需印钞票即可。然后，中国又只能用赚来的美元购买美国国债等虚拟资产，为美国的借贷消费和对外扩张融资。美国输出到中国的是不能保值增值的有价证券，而中国输出到美国的主要是实体性商品和劳务。中国科学院国家健康研究课题组发布的《国家健康报告》显示：美国是全球获取霸权红利最多的国家，中国是全球损失霸权红利最多的国家。2011年，美国霸权红利总量73960.9亿美元，占GDP的比例达到52.38%，平均每天获取的霸权红利为202.63亿美元。而中国总计损失36634亿美元，若按劳动时间计算，中国劳动者有60%左右的工作时间是在无偿为国际垄断资本服务。②

第二，军事开支增长，人民负担加重。新帝国主义主导下的世界大规模刺激先进武器的科技研发和军工产业扩张，因而"垄断资本所支持的军工综合体以及在殖民主义基础上形成的文化霸权，促使西方国家任性地干涉他国事务"③，由此，新帝国主义成了地区动荡和局势不稳定的始作俑者和战争的发动机，在过去30年，美国在13场战争中花费了14.2万亿美元，④ 而美国人民的医疗保障等民生改善问题因财力不足而日益严重。高昂的军费开支成为国家和人民沉重的负担，而寄生于军火产业的垄断企业却因此而发财致富。根据英国国际战略研究所统计，2018年美国军费支出为6430亿美元，2019年将达到7500亿美元，超过紧跟其后的8国军费总和。冷战后，美国先后发动或参与了海湾战争（1991年）、科索沃战争（1999年）、阿富汗战争（2001年）、伊拉克战争（2003年）、利比亚战

---

① 《列宁专题文集·论资本主义》，人民出版社2009年版，第186页。
② 杨多贵、周志田等：《国家健康报告第1号》，科学出版社2013年版，第217页。
③ 韩震：《西方社会乱局的制度性根源》，《人民日报》2016年10月23日。
④ 马云：《过去的全球化由6500个跨国公司来控制》，腾讯网，http://finance.qq.com/a/20170119/000649.htm，2017年1月19日。

争（2011年）、叙利亚战争（2011年至今）共六场战争，① 这是垄断导致经济政治腐朽和寄生于战争的一种表现，是反文明、反人道、反人类命运共同体的野蛮行径，表明新帝国主义是战争频发的首要根源。

第三，财富和收入更加集中于少数拥有金融资产的阶层，形成99%和1%的贫富对立。新帝国主义阶段，生产的社会化、信息化、国际化程度空前提高，人类创造财富的能力比旧帝国主义时期不知要高出多少倍，但是，作为人类共同财富的生产力进步却主要造福于金融寡头，"大部分利润都被那些干金融勾当的'天才'拿去了"②。例如，在2001年，美国1%的最富有人口所持有的金融财富（不包括其房产权益）比80%的最贫穷人口所拥有的金融财富多4倍。美国1%的最富有人口拥有价值1.9万亿美元的股票，这与其他99%的人口所持有的股票价值大致相当。③

第四，垄断阻碍了技术创新及其较快推广。贪婪和寄生决定了金融垄断资本对待技术创新具有二重性：一方面，垄断资本需要并依赖技术创新维持垄断地位；另一方面，垄断地位带来的高额利润意味着其在创新的速度上具有一定惰性。例如，在农药研发领域，1995—2005年，农药研发成本上涨了118%，但绝大多数的研发支出却花在了维持那些专利即将到期的旧化工产品的销售上。由于参与研发的公司数目减少，全球农用化学品的发展都在减速。④ 又如，手机的多项先进功能即使在当年研发成功，但手机生产的垄断企业也要分几年来推广和应用，以促使消费者不断购买新功能手机，年年汲取更多的高额垄断利益。

第五，垄断资产阶级及其代理人制造民众运动中的腐化现象更加严重。列宁早就指出："在英国，帝国主义分裂工人、加强工人中间的机会主义、造成工人运动在一段时间内腐化的这种趋势，在19世纪末和20世纪初以前很久，就已经表现出来了。"⑤ 新帝国主义利用苏联解体东欧剧

---

① 参见朱同根《冷战后美国发动的主要战争的合法性分析：以海湾战争、阿富汗战争、伊拉克战争为例》，《国际展望》2018年第5期。
② 《列宁专题文集·论资本主义》，人民出版社2009年版，第117页。
③ [美] 约翰·贝拉米·福斯特：《资本主义的金融化》，王年咏、陈嘉丽译，《国外理论动态》2007年第7期。
④ ETC Group, 2015, "Breaking Bad: Big Ag Mega-Mergers in Play Dow + DuPont in the Pocket? Next: Demonsanto?", http://www.etcgroup.org/sites/www.etcgroup.org/files/files/etc_ breakbad_ 23 dec15. pdf.
⑤ 《列宁专题文集·论资本主义》，人民出版社2009年版，第192页。

变，分化工人阶级队伍，打击和削弱各国工会，用垄断利润收买个别人的心，培植工人运动和各种民众运动中的机会主义和新自由主义势力，从而造成工人运动和各种民众中出现腐化趋势，导致世界社会主义运动的低潮，以及崇拜或惧怕新帝国主义势力的倾向更为明显和严重。

4. 新帝国主义是过渡和垂危的新型资本主义

列宁发表的《帝国主义是资本主义的最高阶段》揭示了垄断资本主义具有过渡性或垂死性，至今已有100多年。然而，似乎令许多人感到困惑的是，迄今为止，除了极少数国家属于社会主义以外，绝大多数资本主义国家并没有灭亡，而且还获得了不同程度的发展并将继续下去。这就提出了一个十分重要的问题，即如何去判断当代资本主义的过渡性或必亡性发展趋势？遵循历史唯物论的分析方法，新帝国主义的过渡性是指：第一，同世界上任何事物一样，新帝国主义制度也是变化着的，它在人类历史上具有暂时性，不具有永恒性；第二，它的变化发展同样遵循从低级向高级的路线，新帝国主义最终必然通过多种形式的革命而转向社会主义。

在新帝国主义时代，发达资本主义经历了许多重要的技术和制度变革，这在一定程度上为资本主义的进一步发展提供了基础，并延缓了资本主义的灭亡。有资料表明，资本主义国家的工业平均增长速度，在自由竞争的资本主义阶段只有2%左右，而在垄断资本主义阶段，却达到了3%左右。这种速度或快或慢地继续下去，使得列宁所说的它在腐朽状态中保持的时期大大地延长了。这是因为，资本主义国家对生产关系和上层建筑作了不少的调整，如一定程度的宏观经济调控、分配制度和社会保障的改良、金钱政治和家族政治的某种时好时坏的调节等等。尤其是经济全球化对于发达资本主义国家来讲，毫无疑问利要大于弊。因为，在经济全球化进程中，实力雄厚的发达资本主义国家占据着绝对的主导地位。凭借着这种主导地位，发达资本主义国家就可以获得尽可能多的利益。私人垄断资本通过扩大世界市场等经济全球化途径来进行"资本修复"，延续更长的生命周期。"近两年来，特朗普政府鉴于国内危机的加深逆全球化历史潮流，坚持'美国优先'的方针政策，挑起国际经济贸易争端，力图向外摆脱和转嫁国内的危机。"① 美国采用某些保护主义的逆全球化措施的目的，就是企求在经济全球化中缓解国内困境和危机而汲取更多的霸权利益。

不过，新帝国主义和资本主义在一定时期内的发展与其最终必然灭亡这两者之间并不存在矛盾。列宁所说的帝国主义是垂死的资本主义，讲的只是资本主义必然灭亡并由社会主义所取代的趋势，我们不能简单地理解为新帝国主义或所有资本主义国家将顷刻消失。实际上，马克思主义经典作家并没有给出资本主义和帝国主义灭亡的具体时间表。列宁给出的是科学判断："帝国主义是衰朽的但还没有完全衰朽的资本主义，是垂死的但还没有死亡的资本主义。"② 列宁充分地预见到了这个垂死的资本主义很可能还会"拖"一个相当长的时期，甚至也不排斥，在这个垂死的阶段中，资本主义还会得到一定程度的发展。比如，列宁在讲到帝国主义的腐朽性时说："如果以为这一腐朽趋势排除了资本主义的迅速发展，那就错了。不，在帝国主义时代，某些工业部门，某些资产阶级阶层，某些国家，不同程度地时而表现出这种趋势，时而又表现出那种趋势。整个说来，资本主义的发展比从前要快得多"；"它可能在腐烂状态中保持一个比较长的时期（在机会主义的脓疮迟迟不能治好的最坏情况下），但终究不可避免地要被消灭"。③

那么，新帝国主义和当代资本主义新变化为什么不会改变它必然灭亡的历史发展趋势呢？这是因为，资本主义基本矛盾仍然存在并继续发展，资本主义积累规律仍然存在并继续发展，资本主义经济危机仍然存在并继续发展。所以，以19世纪末20世纪初基本形成垄断资本主义为标志，列宁便揭示和宣布：作为垄断资本主义的帝国主义具有寄生性或腐朽性、过渡性或垂死性（必死性），世界处于帝国主义和无产阶级革命的时代，而帝国主义时代的经济政治发展不平衡规律使革命有可能在一国或数国首先胜利。在《共产党宣言》判断资本主义必然灭亡、《资本论》宣布资本主义私有制的丧钟就要敲响了的数十年后，由于列宁领导的无产阶级政党实施正确的战略策略，1917年爆发的十月革命就很快"敲死"了军事封建

---

① 刘明国、杨珺珺：《警惕新一轮更为深重的金融危机——美国后危机时代的经济态势分析》，《海派经济学》2019年第1期。
② 《列宁全集》第29卷，人民出版社2017年版，第479页。
③ 《列宁专题文集·论资本主义》，人民出版社2009年版，第210、212页。

帝国主义国家的沙俄。接着，毛泽东领导的无产阶级政党实施正确的战略策略，"敲死"了国民党统治的半殖民地半封建社会（毛泽东指出，第二次世界大战后中国呈现为封建的、买办的国家垄断资本主义状态）。20 世纪 15 个共产党领导的社会主义国家存在的历史，充分印证了上述理论，而戈尔巴乔夫、叶利钦领导的苏联共产党主动背叛马克思列宁主义，导致苏联和东欧社会主义国家倒退到资本主义国家（白罗斯除外），表明社会主义及其经济制度发展的曲折性和艰难性，但改变不了大时代的性质和总趋势。

1984 年 10 月，邓小平指出："国际上有两大问题非常突出，一个是和平问题，一个是南北问题。还有其他许多问题，但都不像这两个问题关系全局，带有全球性、战略性的意义。"① 1990 年 3 月，邓小平又说："和平与发展两大问题，和平问题没有得到解决，发展问题更加严重。"② 可见，邓小平强调"和平与发展"是当今时代所要解决的两大问题或主题，与列宁说的"战争与革命"两大问题是互相转化和辩证统一的，③ 并没有否定资本主义和新帝国主义趋向社会主义的大时代性质。

因此，依据上述新帝国主义特征和特性的分析，我们认为，新帝国主义既是资本主义从自由竞争、一般私人垄断、国家垄断发展到国际垄断的新阶段，是国际垄断资产阶级的新扩张，也是极少数发达国家主导世界的新体系，是经济政治文化军事霸权主义的新政策；从现阶段国际正义力量和国际阶级斗争的曲折发展来判断，21 世纪是世界劳动阶级和广大人民进行伟大革命和维护世界和平的新时代，是社会主义国家进行伟大建设和快速发展的新时代，是进步的文明国家共同构建人类命运共同体的新时代，是新帝国主义和全球资本主义逐渐向全球社会主义过渡的大时代。

参考文献

《中国如何防范金融风险和抵御新自由主义思潮——〈西部论坛〉主编访谈大卫·科兹教授》，《西部论坛》2018 年第 4 期。

高泽华：《生产社会化理论的本源与分析框架——对于马克思主义经典作家相关论

---

① 《邓小平文选》第 3 卷，人民出版 1993 年版，第 96 页。
② 《邓小平文选》第 3 卷，人民出版 1993 年版，第 353 页。
③ 参见李慎明《对时代和时代主题的辨析》，《红旗文稿》2015 年第 22 期。

述的总结和阐释》,《政治经济学评论》2017 年第 6 期。

何秉孟:《美国金融危机与国际金融垄断资本主义》,《中国社会科学》2010 年第 2 期。

李琮:《当代资本主义阶段性发展与世界巨变》,社会科学文献出版社 2013 年版。

刘明国、杨珺珺:《警惕新一轮更为深重的金融危机——美国后危机时代的经济态势分析》,《海派经济学》2019 年第 1 期。

鲁保林:《利润挤压和利润非挤压:理论与实证》,《教学与研究》2013 年第 9 期。

王岩:《文化软实力指标体系研究综述》,《马克思主义文化研究》2019 年第 1 期。

[英]哈维:《新帝国主义》,初立忠、沈晓雷译,社会科学文献出版社 2009 年版。

世界危机、货币战争与美国霸权（美元霸权）的终结

——对话迈克尔·赫德森

[美] 迈克尔·赫德森* 董徐霖** 著

李淑清*** 译

摘　要：纽约市自由撰稿人董徐霖就世界金融危机、美国金融霸权等主题采访了美国长期经济趋势研究所（ISLET）所长、华尔街金融分析师、美国堪萨斯城密苏里大学杰出的经济学教授迈克尔·赫德森。

关键词：金融危机；货币战争；美元霸权

导　言

2010年11月，韩国首尔二十国集团峰会前夕，全球主流媒体都在谈论货币战争和汇率战争。特别是美联储启动第二轮量化宽松政策（QE2，即美联储采购6000亿美元美国国债，以增加银行流动性，表面上促进其

---

* 迈克尔·赫德森（Michael Hudson），美国长期经济趋势研究所（ISLET）所长、华尔街金融分析师、美国堪萨斯城密苏里大学杰出的经济学教授。著有《超级帝国主义：美帝国的经济战略》（*Super-imperialism*：*The Economic Strategy of American Empire*，1968年）、《援助神话》（*The Myth of Aid*，1971年）、《贸易、发展与外债》（*Trade*，*Development and Foreign Debt*，1992年）和《美国贸易保护主义盛行：1815—1914年》（*America's protectionist Takeoff*：1815 - 1914，2010年）。

** 董徐霖（Dong Xulin），纽约市自由撰稿人、滋根基金会（致力于中国农村教育发展的非营利组织）共同创始人，《篡改历史：性、谎言和兰登书屋的〈毛泽东私人医生回忆录〉》（*Manufacturing History*：*Sex*，*Lies and Random House's* Memoirs of Mao's Physician）（中国研究，1996年）的主编之一。

*** 李淑清，中国农业大学烟台研究院副教授。主要研究方向为世界社会主义运动、国际共产主义运动。主要作品有《21世纪初期发达资本主义国家共产党的现状、问题与前景》《当代世界社会主义通论》（合著）等。本文为中国农业大学烟台研究院重点课程建设项目"中国的发展与现代化"的阶段性成果。

放贷)。二十国集团国家普遍谴责此行为,认为这是不可接受的敌对行为。尽管美国政府辩称这只是美国在其主权范围内实施的一项货币政策,但是,2010 年 11 月 19 日(星期五),美联储主席本·伯南克(Ben Bernanke)在法兰克福发表演讲时称,中国和其他新兴市场国家阻止本国货币随着经济发展而升值,给其本身及世界造成了许多问题。

其他评论员,包括不在美国政府任职的一些著名经济学家,认为推出量化宽松政策不啻发动军事战争。马丁·沃尔夫(Martin Wolf)认为,美国凭借其无限量印钞的能力,必将在任何货币战争中取得胜利。诺贝尔奖获得者保罗·克鲁格曼(Paul Krugman)最近给中国、德国以及美国共和党——实际上,无论是谁,只要是反对美国推出第二轮量化宽松政策(QE2),都会被贴上标签,称他们是准备对美国发动"战争"的"萧条轴心"。实际上,"战争"的说法不仅仅是一种比喻或修辞。保罗·克鲁格曼是民主党自由派成员,他与共和党保守派成员、美国前总统里根的经济顾问委员会主席、哈佛大学教授马丁·费尔德斯坦(Martin Feldstein)最近在华盛顿的一个经济论坛上,就美国经济的暗淡前景达成了"令人不安的共识":他们都认为,只有发动一场"大规模战争",才能打破目前美国经济所深陷的经济困境。而此类战争言论,是在美国政府和华尔街不断向美国人民和世界保证危机已经结束的时候出现的。

迈克尔·赫德森(Michael Hudson)教授是杰出的经济史学家和具有首创精神的思想家。在目前的形势下,他还是对当前危机见解最深刻的评论家之一。在接下来的访谈中,赫德森教授将与读者分享他的见解,回答一系列问题,包括以量化宽松为中心的美国战略的本质、货币战争中对量化宽松的防御,以及对未来的展望——比如在紧张和动荡局势下可能形成的新秩序。在下文的访谈中,董徐霖代表采访者董徐霖,赫德森代表受访者迈克尔·赫德森教授。

以量化宽松为中心的美国掠夺性金融战略的本质

董徐霖:有证据表明,对汇率争端的关注走偏了:美国外交官对中国施加压力只是一种战术举动。许多人认为量化宽松实际上是大规模杀伤性武器。请问您能不能从战略的角度来分析一下:如果量化宽松是一种货币武器，那么，美国在这次"金融战争"中采取了什么战略来使用这个武器？预期目标是什么？它的杀伤力有多大？

赫德森：由于美国实行量化宽松政策，导致美国银行流动性过剩，美元泛滥并冲击全球经济，外国经济体如何应对美国的量化宽松，如今正逐渐演变成货币战争。由此，货币管理者使用廉价的美元信贷大量购买国外资产，从而压低美元汇率（相当于发动货币"战争"）。其他国家持有的美元欠条最终无法得到偿还，而美国或其他美元借款人则获得实际资产。

这就是量化宽松的效果，其动机是美联储试图帮助自己的支持者（美国国内银行）更多获利。量化宽松会导致美元贬值。美联储承认这一点，也承认量化宽松确实是一种帮助美国银行通过向货币投机者或套利者发放贷款来获得更多利润的方式。相对于货币贬值导致通货膨胀率上升而言，这一政策也可能使美国"通过通货膨胀摆脱债务"。美国是以自我为中心，试图通过这种方式帮助美联储的华尔街支持者，但是，外国经济却因此受损。

美联储真正关心的是如何处理房地产泡沫导致的不良抵押贷款。美联储认为，经济复苏需要银行重新开始放贷，刺激房地产业复苏，避免房主以负资产抵押，在这个过程中，把银行从困扰他们的"垃圾抵押贷款"中拯救出来。其设想是，较低的利率将使负债累累的房主能够以较高的价格出售房屋，从而，房主愿意每月支付一定的按揭贷款，而不是违约。

美国最大的银行状况最差，因为它们收购了主要的不良抵押贷款机构。美洲银行收购了国家金融服务公司，该公司是最具掠夺性的欺诈性"次级"贷款商之一。美洲银行的股票（BAC）仅以其账面价值的一半出售，这反映了一个事实，即投资者知道，其所谓的"资本准备金"大多是虚构的估值。花旗银行的股票以低于账面价值20%的价格出售。

美联储正试图帮助这些美国银行"摆脱债务"，这样，这些银行就可以重建资本储备。要做到这一点，他们需要发放更多的信贷——即借款人所欠的债务——来助长新的金融泡沫。这是美国后工业时代的"赚钱"方式，即通过资产价格通胀来赚钱。银行将此称为"创造财富"，但是，这只是体现在资产负债表上的现象，并不涉及对工厂的有形资本投资，也不涉及雇佣劳动力来扩大生产。这里的金融把戏是利用债务杠杆获得"资本"（资产价格）收益。当足够多的借款人试图赶上此次通胀浪潮时，银行便通过将有息贷款附加到经济资产上来积累财富。

债务是银行的"产品",但并不是劳动力制造的产品。因此,在古典经济学中,利息费用是"没有成本价值的价格"要素。美国各银行以0.25%的利率从美联储低成本借款(以低至1%的利率从储户那借款),然后加价放贷,例如,购买收益率为3.5%的美国国债、收益率为4.75%的澳大利亚国债或收益率为12%的巴西国债,获取套利差额,同时对信用卡透支收取29%的利息。

银行还通过贷款给投机者和套利者或者炒外汇来赚钱。当美国银行或银行客户购买澳大利亚债券、欧洲债券或股票时,美元的外流推高了卖方的货币价值,使投机者在获取利率套利之外,还可以获取外汇红利。

投机者及其背后的银行,以及这些银行背后的美联储,都希望从中国获得货币收益。在财政部和奥巴马总统的支持下,美国国会和美联储于最近在韩国首尔举行的二十国集团峰会上,要求中国将人民币升值20%。这将使美国的人民币投机者快速获得外汇收益。但中国2.5万亿美元的外汇储备将会相应地遭受20%的损失,以其本币计价,损失额大约5000亿美元。因此,美国量化宽松导致外国投机性票据信贷涌入中国和其他国家,使这些国家遭受"附带损害"。

对于美国整体经济或是任何健康的经济而言,解决问题的最简单方式是让银行股东和债权人承担损失,而不是试图通过再次推高资产价格和助长金融投机来帮助银行摆脱坏账损失。从单个经济体和全球层面而言,如果发生不良贷款的银行能够降低其资产价值,而且政府能够接管经营最糟糕的银行,那么美元国家就不会发生再通胀。联邦储蓄保险公司(FDIC)本该为每个投保的散户支付最高10万美元的保金,但美国政府表示为避免美元失去其国际储备货币地位,愿意帮助银行和金融业免受损失,尽管大多数美国选民认为银行本就应该承受这些损失。

美国一些政客宣称,没有银行提供信贷(即整个经济债务增加)经济就无法复苏。这意味着美联储应该帮助银行"摆脱负资产"。为此,就有必要为其提供税收优惠和补贴。因此,在实践中,"保护银行业生存能力"意味着拯救银行和华尔街,使其不必承担坏账损失,事实上,也就是使其锁定在过去30多年中所获得的巨大收益。这种补贴给纳税人增加了巨大的成本。这需要他们很多年的工作来补偿金融业非生产性和掠夺性索取。

从某种意义上说，这种支持经济运行方式的错误观点，满足了银行的要求。

背负公共债务将会增加纳税经济体的生活和经营成本，这些债务以债券形式印刷出来，交给银行以抵减其不良贷款（美联储通过"金钱换垃圾"，把美国国债换成不良抵押贷款）。由此产生的紧缩将使经济萎缩，使其更加难以承担债务压力。因此，"拯救金融业"意味着埋葬"实体"经济。这是西方主流经济正统观念的悲剧，最终将导致经济自杀。

支持金融部门意味着从向财富征税转移到向劳动力征税。因此，如果"金融化"的经济系统崩溃，美国经济承受的负担将不仅来自银行和资金管理公司不断增加的债务，还来自为支付对银行的财政援助而增加的税收。这就是美国经济在最富有的1%和最底层的99%人口之间两极分化的原因。最富有的1%美国人在财富回报（利息、股息、租金和资本收益）中所占的份额从1979年的三分之一增加到今天的三分之二，翻了一番。美国处于金字塔顶端的资本家用一部分钱通过资助政治选举获得了国会的控制权，受资助的政治家承诺会通过有利于金融部门的法律，解除对公共机构的限制，救助金融失败者，为金融成功者带来收益，例如，美国国际集团的救助资金给了高盛投资公司和法国的银行家们等。

人们会发现，当政府在全国甚至全球范围内实施扭曲、错误、异常的经济政策时，总会为特定的人带来特殊的利益。观察者能够现实地看到这种自然倾向正在发生。因此，古典经济学应运而生，而且进行了功能分类。然而，100多年来，金融业者和其他既得利益者一直在与古典经济学的不言自明的观点——并非所有收入都是生产性收入，"转移支付"是一种零和经济活动，并不生产价值——进行斗争。这是古典劳动价值理论和经济租金理论（非劳动收入，没有成本价值的"空白"定价要素）的全部内容，其中经济租金理论是古典劳动价值理论的补充。

董徐霖： 那么，量化宽松作为一种大规模杀伤性金融武器，它的威力如何呢？

赫德森： 嗯，它的威力足以削弱美国经济。美联储认为增加信贷会降低长期利率和短期利率。但此举非常不负责任，致使投资者抛售美国国债，将长期债券的利率整整提高了一个百分点。抵押贷款的利率也上升了，所以新购房者无法以给定的利息支出贷到同样多的钱。华尔街美元资本流出，他们认为量化宽松具有通货膨胀倾向，而美国的预算赤字将继续增加。

美元外流将对不抵制美元过剩的外国经济造成负担。需要抵制的不仅是美元过剩本身，还要抵制将其描述为"财富创造"而非寄生关系的金融哲学。

当前的亲银行政策导致全球经济充斥着电子键盘信贷（electronic keyboard credit），这反映了一种被误导的哲学，即如果没有可盈利的金融部门，"实体"经济就无法恢复。这种观点未能认识到金融资本主义与工业资本的脱钩程度。银行并没有为工业提供资金，而是为剥夺资产的企业收购者提供资金。资金管理公司增加了经济体的债务，但这些债务不会提高生产力或增加经济盈余，而仅仅是从资本更新的过程中提取利息和费用。

支撑国民收入和生产账户的"价值中立"（value-free）经济理论认为，每个人的每份收入都是通过提供生产服务获得的。这是后古典经济哲学的精髓，受到了既得利益者的热切拥护。他们将金融部门的收入流描述为提供"服务"的报酬，而不是从生产性经济中掠夺的收入和财富。

中国和其他国家正面临着全球金融寡头传播这种垃圾经济理论的危险。政治家们采用了后工业时代"服务经济"的说辞，将债务杠杆描绘成获得财富和"资本"收益的途径，而不是造成失去家园和劳役偿债的原因，从而说服选民们支持各种短视且自掘坟墓的政策，使银行受益。

幸运的是，其他国家不必让自己以这种方式被摧毁。各国央行和监管机构不会为美国、欧洲及其本国银行提供免费的午餐。政府可以将金融视为一项公共事业，将累积利息视为使用费，而不对经济另外征税。

这将产生三个方面的积极影响：（1）使购房、生活和经营的金融成本降至最低；（2）使政府不必在其他地方征税，也不必在银行贷款出现问题时为其提供财务援助，当今，金融管理不善和"大规模杀伤性金融武器"必将导致经济下滑，这种"武器"已经摧毁了俄罗斯、爱尔兰、冰岛等经济体，在这些经济体中新自由主义（亲银行派）游说者和政治家拥有自由支配的权利；（3）将金融和银行业控制在政府手中，防止金融操作者为了电子键盘信贷而获得土地及土地租赁、工业、矿藏和基础设施的控制权，进而将这种抽租转化为利息支付流。

货币战争中如何防御量化宽松

董徐霖：要想在战争中保护自己，不仅需要制定良好的战略，还需要"知己知彼"。2000多年前传奇军事家孙子便提到了这一点。《广场协议》签订后，日本遭到重创，主要是因为日本错误地理解了其与美国"争端"的实质和美国战略的性质，而致力于保护本国的出口能力。而最终摧毁日本的不是丢失出口市场，却是后广场时代的金融和房地产泡沫。

德国、金砖四国（巴西、俄罗斯、印度和中国）以及其他新兴市场国家吸取了日本的教训。它们非常清楚泡沫的危险，尤其是全球化金融资本的掠夺性。尽管如此，它们可能正面临着非常困难的选择，即在理想情况下，它们希望采取防御战略，同时实现三个不同的目标：保护与出口相关的工作岗位；防止出现金融和房地产泡沫、抵御掠夺性金融攻击；控制通货膨胀。然而，在不太理想的情况下，这些目标很可能会相互矛盾。那么，各国应如何抵御美国的经济攻势呢？

赫德森：实现你刚刚提到的三个目标的关键，就是古典经济学中所讲的，保持价格与成本价值的一致。成本价值即生产的"真实"成本，或者更准确地说，在现代化程度最高、效率最高的生产模式下的再生产成本。这可以分解成当前的劳动力成本加上机器、工厂和原材料消耗成本。

问题在于如何避免技术上非必要的成本。这些成本被古典经济学家定义为经济租金：无需人类劳动、自然免费提供的东西的回报（土地、地下矿藏和燃料），垄断和金融收费（通过给予银行和资金管理公司特权而实现的回报）。

来自美国、英国和其他金融中心的电子键盘信贷，不仅在控制"资本输出"的国家中过剩，而且在不同意实施自我保护政策的东道国也过剩，这反映了金融和其他食利者利益集团控制政府政策的能力。金融侵略总是与心甘情愿的受害者共生，直到被寄生的经济体拥有足够的力量进行抵抗，但为时已晚。"一个巴掌拍不响"，金融侵略既需要掠夺者经济体，也需要东道国。

认识到这一事实，金融掠夺者的做法就像生物界中聪明的寄生虫一样：控制宿主的大脑。同样，金融掠夺者需要获得公共政策控制权，从而使东道国金融防御机制失效。

最近，我们看到爱尔兰人指责他们的政府没有保护本国经济免受掠夺性银行家的伤害，指责欧洲金融委员会向爱尔兰政府保证，可以相信银行的谎言，相信他们的损失不大，不会使爱尔兰失去经济盈余和国家独立。

中国面临的最重要的任务是抵制这种"垃圾经济学"，保持对实体经济的重视，以提高生产力和生活水平，并把成果应用于国内，而不是以金融产品的形式转移到国外。为此，政府应保持对银行和其他金融机构以及国家垄断企业的控制，防止产生寻租空间。调节价格从而尽可能地降低不必要的生产成本。央行应只保留保护本国免受袭击所必要的国际货币储备。对于中国目前的盈余，美国采取了双重标准，不允许中国入股其有价值的行业。因此，中国政府应该从外资银行的所有权开始，以账面价值用美元买断美国在中国的投资。

由于金融化提高了价格，北美和欧洲很难保护其就业。问题在于，由于房产的价值取决于银行贷款的金额，当银行增加住房贷款时，新买家的购房价格上升。当银行发现下一个最大市场是向私有化的基础设施提供贷款时，它们就以保护客户的抽租特权为名进行游说，向通过信贷购买所有权和垄断权的客户提供贷款，最终，将这些垄断和食利者抽取的租金转化为利息支付。因此，金融化有可能摧毁中国的海外市场，造成附带损害。如果放任不管的话，金融化也会在中国国内造成同样的后果。

文明已经发展到了转折点。金融已经成为一种新的战争，它不仅可以摧毁受害者，而且也会摧毁貌似获胜的经济体。就这一点来说，金融动荡不仅仅是包括美国在内的某个特定国家发起的战争。这场战争，将决定社会治理者是创造世袭贵族的金融垄断者，还是由选民为了自己的利益选出的政府，后者将通过提高生产力造福整个社会而不仅仅是服务于金融业。

当你意识到罗马的债权人寡头将所有西方文明拖入近 1000 年的封建制度和贫穷时，你就会明白社会无法抵御金融动荡是多么危险。确保建立合适的防御机制的最佳方法是进行明确的经济分析，并且了解金融理论以及垃圾经济学（最终通常发展为暴力）如何使防御失效的历史知识。

董徐霖：显然，通过大量发行人民币来吸收美国量化宽松政策所带来的过剩美元并不是可行的防御措施。这只会重复通过购买美国国债回收美元的问题。实施更加严格的资本管制似乎至关重要。但在全球背景下，主权国家如何能够独自或以国家集团的形式实施充分的资本控制？

赫德森：中国央行仅仅通过回收流入美国国债或其他美元资产中的美元来阻止人民币升值，问题在于，这相当于放弃了无法兑现的借据承诺。但如果中国不回收这些美元，美元的汇率降低，中国会蒙受损失，而购买了中国资产（或押注人民币升值）的外国人可以将所持的资产换回美元，从而获取暴利。投机者的收益就等于中国央行的损失。所以回收美元是一种失败的提议。

当前，我们最好避免持有任何货币债务票据。1997 年亚洲金融危机后，各国纷纷寻求建立外汇储备以抵御美国和欧洲投机者，这些投机者会掏空那些——因货币疲软或外汇储备不足而无法击败卖空其货币的银行家的——国家的央行。

如今，投机者正在扭转这场赌博：他们把目标转向最富有的央行，这些央行能够吸收过剩的美元，然后在其本国货币（如澳元、巴西雷亚尔等）被迫升值，以美元计价价值大增后，将盈余付给赢家。

在 1971 年之前，此类支出必须以黄金结算，拥有黄金是公认的国际经济实力的体现。如今，这种代理货币已不复存在，美元取代了黄金。因此，政府所能做的就是依靠有形的资本积累和生产性资源，抵制持有外国政府借据的诱惑，除非是正常商业过程中持有自己经济盟友国家的借据。

采取这种应对措施，需要通过资本管制来阻止国际市场上的美元过剩。实施这种管控的唯一方法是维护国家主权，并购买在本国的外国投资。但是，这会被指控破坏全球秩序。然而，"全球秩序"只是美国借机控制外国经济命脉而以几乎免费的电子键盘银行信贷进行出口的委婉说法。

董徐霖：您之前将德国和金砖四国反对美国量化宽松的立场进行了区分。您是在说，德国主要是出于对其出口行业的担忧，而中国、巴西和俄罗斯则可能走上了一条正确的道路，正在建立国家集团，制定可行计划，重点应对华尔街的金融袭击吗？

赫德森：德国和法国确实担心美元疲软会损害其出口，例如空客和波音之间的竞争。但金砖四国和其他国家面临的主要问题是防止美元过剩使其经济"金融化"，即买断其公司和基础设施，使其背负债务和其他攫取性的无价值的"空壳"定价。廉价美元信贷的作用是使自己附于资产上获取利息，就像吸血鬼发现了一个满是半裸游泳者的新海滩。游泳者唯一的防御措施就是穿上厚厚的衣服防止被咬。

未来展望：在紧张和动荡局势中形成新秩序

董徐霖：2010年11月，在接受埃里克·扬森（Eric Janszen）的采访时，您表示我们"将在未来几个月看到巨大的飞跃和结构性变化，尤其是当二十国集团峰会陷入僵局时"。现在我们确实陷入了您所预料的僵局，您能详细说说接下来几个月会发生什么吗？

赫德森：11月24日，中国国家主席胡锦涛访问俄罗斯，与弗拉基米尔·普京（Vladimir Putin）达成协议，未来将以两国本币进行中俄贸易，不再使用美元。该协议将对美元的国际汇率产生影响。

在美国国内，美联储可以简单地将其国内预算赤字货币化。无论是美联储还是其他国家的央行持有美国国债，都没有货币差异。因此，美国国内政府支出不会受影响。但是，如果美元贬值，维持美国849个海外军事基地以及战争支出的费用将会增加。

美元贬值也将为美国的资本外流带来意外的收益，进而导致更多资本主要经由美国国内货币管理机构外流。这将导致世界分裂成不同的货币集团，这些集团可能也会成为军事集团。但是，外国的主要压力在于如何在财政上保护自己。外国政府除非用多余的美元以账面价值回购外资资产，否则其努力不太可能产生真正的效果。

董徐霖：您能否解释一下，您为什么认为已经达到了上限或突破点？通常情况下，金融资本能够影响政治。面对当今如此严重的危机，政府不会尝试增加通胀来抵销债务吗？量化宽松政策已引发货币战争，那么，在经济停滞的情况下（类似于20世纪70年代后期的滞胀），美国的通货膨胀是否会失控？

赫德森：政府正在为债权人纾困，而不是减记债务，从而促使民众购买商品和服务。随着民众和企业开始偿还过去累积的债务，债务开始缩减。不负责任的债权人因发放了无法偿还的不良贷款而得到了补偿。然而，除了这些本已无法偿还的贷款，债务人还发现不仅偿还贷款的义务依然记录在案，而且利息、滞纳金和其他罚款还在不断累积。

通货膨胀应该是由新的贷款引起的，但银行并未放贷。因此，甚至美联储也希望通过通货膨胀来缓解债务压力，但银行正在减少贷款，甚至降低了其客户的信用卡额度。偿还的贷款一直被用于重构银行的资产负债表，被留在 FIRE（金融、保险和房地产）部门。没有债务减记（降低资产价格），就没有收入来提高商品价格。此外，由于雇主没有随着适龄劳动人口的增长雇佣更多的劳动力，工资总额没有上涨，因而无法增加开销。

欧洲的通胀压力更低。掌握了决策权和税收制度控制权的上一代食利阶级就像是征收贡税的封建军事征服者。这是"内部殖民化"，通过税收（征收后，主要支付给了金融部门）降低工资水平，而不是通过降低货币汇率（"外部贬值"），导致欧洲大陆所说的"内部贬值"。但对美国经济来说，美元汇率更容易降低。

我认为，商品价格上涨的唯一原因是货币贬值。债务缠身的经济体失去了在贸易上的竞争力，而违约、破产和丧失抵押品赎回权导致资本外流。货币贬值导致进口商品价格升高。历史上几乎所有的恶性通货膨胀都由汇率暴跌引发，这是因为，人们试图仅通过印钱投入外汇市场来偿还外债。毫无疑问，美国现在正在这么干。如今，美联储的量化宽松纾困政策与华尔街不负责任的信贷泛滥不相上下。

中央银行通过提高利率来稳定汇率是另一种选择，这将在一段时间内吸引国外寻求高利率的"热钱"。但是，高利率降低了房地产、股票和债券的价格，从而加剧抛售，进一步加剧了负资产抵押程度。

因此，像美国这样的金融化经济体（如希腊、拉脱维亚和爱尔兰）难以摆脱债务困境，除非它们明白必然的结局并及时采取行动消除不良债务。然而，这仅是政治解决方案，而非经济解决方案：它违背了债权人对国内政治的控制。所以，我看不到脱困之道。随着债务陷阱越来越深，政府将逐渐崩溃。

董徐霖：所以，您主张违约并彻底注销债务是永久解决当前危机的基本要素？

赫德森：我的基本原则很简单：无法偿还的债务不会得到偿还。任何数学分析都表明，从当今的收入和经济盈余的趋势来看，美国无法偿还暴增的债务。利率已经降到了最低水平，刺激了美国和其他债务缠身经济体的资本外流。在这种情况下，增加信贷或债务不会提高资产价格。艾伦·格林斯潘（Alan Greenspan）所期望的财富创造"乌托邦"是虚幻的垃圾经济学。我们越是假装债务可以得到偿还，政府就越会增加公共债务来拯救华尔街和不良债务，假装经济泡沫是正常现象而不是金融肿瘤。

还有一个问题是，以何种方式清除无法偿还的债务。如果人们认为经济复苏指日可待，他们可能会心甘情愿地降低储蓄，甚至会变卖资产并最大限度地削减开支。然后，当一切尘埃落定，他们会责怪自己弄丢了家园、使自己变得贫穷。金融部门鼓励受害者这种盲目的态度，而不是承认金融系统剥夺了广大负债民众取得成功的机会。将来，是允许通过破产和取消抵押品赎回权将财产转移给债权人并将财富集中在金融寡头手中，还是政府介入，宣布实施债务宽限期，并且重新制定政策以防止上述侵蚀性过程导致社会分裂并陷入长期贫困？

董徐霖： 您在接受扬森另外一次采访时表示，您认为，除非"政治领域"和"金融和经济市场力量运作的制度环境发生巨大变化"，这种下降趋势并不会在去杠杆化后的某个稳定点停止，然后回升。

赫德森： 经济并不真正趋向于均衡，其自然倾向是各种趋势混杂，而不是同时上升或下降。这导致经济体在上限和下限之间徘徊，然后反弹。更具体地说，债务上升的趋势往往比"实体"经济盈余增长的速度更快，这样就导致债务人破产、经济低迷。复利曲线（加上新的信贷）使金融周期飙升至趋势线之上，然后暴跌至趋势线之下。它不会简单地回归正常然后稳定下来。因此，一般均衡理论都具有误导性。

此类错误的经济理论本身动机不良。其目的是使政府持续不作为，而掠夺性金融机构继续从经济收入流中攫取收入，并将债务人的财产转移到债权人手中，包括迫使政府低价出售公共资产。泡沫经济忽视债务约束，丢失了健康的混合经济自始至终一直存在的制衡机制。金融剥削需要政府放松管制，而管制放松则需要垃圾经济学团体宣扬这样一种观点，即只要政府不干预，私营部门就会"创造财富"。

当然，它们创造出的只是债务。过去几十年遗留下来了非常沉重的债务，以至于无法"恢复"原先的状况。当现有债务太多而无法偿还时，无法通过创造更多的信贷（即债务）来让泡沫更加膨胀。

不管怎样，解决今天危机的方法将是经济转型，这将改变制度环境。

但问题在于，这种变化是否会延续寡头政治的趋势，也就是说，是金融食利者上层阶级继续获得政治控制权，还是社会能够重新获得动力并创造没有食利者特权的民主政治。这是古典政治经济学家在 19 世纪末所设想的希望，也是社会民主进步时代想要制度化的内容。

董徐霖：到目前为止，奥巴马总统既没有表现出远见也没有表现出勇气。他是否仍有可能在严峻的现实面前保持清醒，采取一些更大胆、更有效的行动？随着美元贬值以及与欧盟和中国合作的减少，美国经济未来十年是否会有相对的稳定性和适度的增长？

赫德森：奥巴马先生正在宣扬一种错误的经济发展观点。如今，金融化的商业模式将金融和 FIRE（金融、保险和房地产）部门的经营费用与"财富创造"混为一谈，并将财富创造与资产价格上涨相混淆。好像人们可以通过借钱抬高房地产、股票和债券的价格来致富。投机者利用债务杠杆对利率、货币和资产价格的波动进行押注。因此，真正的问题是，这种"赌场资本主义"能否使经济像工业资本主义一样富裕。我们是否已经进入了后工业化的乌托邦，可以依靠资产价格上涨来支付退休金、提供进口资金？

我认为这种想法是疯狂的，而极端愚蠢的是，同样的行为还在继续，幻想这次会得到不同的结果。如果你问，经济债务是否真的能还上？相对于经济盈余而言，偿还的代价是什么？你将会发现这完全是白日梦。没人关心经济能够承受多少财政支出和抽租开销。但这可是古典政治经济学提出的基本问题。

问题是，无论是政府决策者还是学术界，都不愿意研究金融和财政结构如何失常。政府和华尔街的发言人正努力向公众保证，最严重的危险已经避免了，感谢他们最近对高端金融业捐款 13 万亿美元。美联储和大多数主流经济学家没有看到金融、保险和房地产行业的增长是以牺牲"实体"经济为代价的。缺席的业主和购买者提取租金，并将其转化为支付给债权人的利息。然后，银行和资金管理机构将这部分收入重新贷给生产和消费型经济，使其债务负担成倍增加。

这就是"复利魔术"。"复利魔术"之所以叫魔术，是因为它是不真实的，无法持续很长时间。增加的债务负担必将使"实体"经济缩水。1%或 2% 的"实体"增长率无法支撑如今的债务负担。

董徐霖： 会发生什么呢？

赫德森： 债务将继续比"实体"经济增长更快，从生产者和消费者之间的循环流动中转移收益。因此，我们现在是处于后凯恩斯主义时期。凯恩斯将储蓄描述为从收入流中抽取收益，这与"萨伊定律"——生产能够创造自己的需求——相抵触。萨伊认为，工人将收入用于购买自己生产的产品，企业将利润再投资进行扩大生产。但是，凯恩斯在 1936 年发表《通论》时，是大萧条最严重的时期，当时，人们存钱是为了保护自己未来免遭贫困的威胁，并且，由于市场萎缩，很少有企业或个人借贷过多。

如今，人们通过偿还债务来"储蓄"。在这个时代，赚钱的方式是借钱购买价格被抬高的房屋、股票或债券，但所有这些都是债务杠杆。自第二次世界大战以来，每次经济复苏都是从较高的债务水平开始的。现在，如果没有减记，就必须偿还债务。国民收入和生产账户（NIPA）把债务偿还算作"储蓄"，但这和银行储蓄不是一回事。实际上，这是一种针对当前产出的非支出形式。但是，实际上，这些钱被支付给了金融部门，金融部门向借款人提供服务，进一步增加了债务开销，或者被投资到了国外，用于凯恩斯所称的资本外流"漏洞"（Hudson 2006，2008）。因此，期望通过循环流动来帮助经济复苏存在许多"漏洞"，无法像奥巴马政府所承诺的那样发挥作用。

董徐霖： 设计新的体系，需要检查当前系统的起源和发展及问题所在。请问您对美联储成立之前美国财政部的货币政策有何看法？（这个问题在采访"即将到来的金融现实"问题时提出过。）

赫德森： 1907 年股市大崩盘后，美国国家货币委员会召开会议，发布了一系列报告。戴维·金利（David Kinley）撰写了关于财政部的报告，报告了财政部如何履行了后来美联储的几乎所有职能。财政部是代表政府执行这些功能，而不是代表商业银行。当时，财政部未雨绸缪，在全国范围内转移资金以应对"秋季资金外流"，向地区银行提供流动资金。

国家货币委员会的主旨是倡导采用德国和中欧风格的工业银行模式，而不是短期的英国—荷兰商业银行模式。但是，伍德罗·威尔逊（Woodrow Wilson）当选后，民主党人支持英国商业银行的经营方式。美联储自 1913 年成立以来，一直代表私人银行的利益，而不是代表财政部的利益。1951 年，美国财政部与美联储之间达成协议，以对抗通货膨胀的名义，将美国财政部的金融业务转移至美联储。但美联储的政策，尤其是在艾伦·格林斯潘（Alan Greenspan）及其继任者本·伯南克（Ben Bernanke）任职期间的政策，相对于工资和商品价格而言，一直是在抬高资产价格。同时，华尔街还获得了对美国财政部官员和美联储官员任命的否决权。

董徐霖：鉴于这段历史，您是否赞成公私混合经济？

赫德森：历史上所有成功的经济都是混合经济，公有经济和私有经济彼此制衡。但当今的经济处于华尔街的管控之下，华尔街已经接替了政府，用寡头政治取代了民主。人们被告知，"民主的标志"是建立"独立"的中央银行。但是，"独立"意味着来自华尔街的候选人取代了民主选举产生的官员，他们采取的公共政策代表短期投机者和骗子的利益，而不是为了取得长期的、实实在在的增长及提高人们生活水平的公共利益。这就是为什么过去三十年中经济的两极分化如此严重的原因。

从最宽泛的层面回答您的问题，政府也可以像商业银行一样发行电子货币。这样，财政部将不必向债券持有人支付利息。它可以为银行提供贷款，银行加价放出授信贷款。这样可能会引导银行为有形资产的形成提供资金，而不是像目前这样扩大资产泡沫。但是，华尔街和主流经济学家极力反对这一做法，将学术课程变成了垃圾经济学。

我们必须认识到，如今的货币在很大程度上是电子化的。政府有充分的理由提供信用卡服务，因为这已经成为了主要的支付方式。银行已经把其支付处理垄断变成了高利贷和"收费亭"式费用收取活动。如果能够对它们进行监管，就像以前州际商务委员会对铁路进行监管，使价格与实际生产成本保持一致（至少原则上是这样的），那么信用卡的利率和费用将大大降低。高管薪酬、股票期权和股票价格的上涨也会减少。这将通过终结银行垄断信贷处理所带来的"经济租金"来降低经济生活成本和经营成本。

例如，对"流通量"进行监管，责成银行在电子信贷清算后立即向储户提供信贷，不再像"驿马快信"时期那样，银行能够扣留款项以达到自己的目的，而不是服务客户。除了调节价格，使价格与服务的实际成本保持一致之外，政府还应提供自己的系统，降低价格，从而适应市场竞争。

政府信贷通常支持资本投资（公共基础设施通常是最大的资本投资项目），增强社会凝聚力。但商业银行信贷往往用于就地置业。最初的影响是抬高资产价格，但是，债务的增长往往快于支付能力的提高，从而导致抵押品赎回权丧失、社会混乱和经济萎缩。相比之下，政府通过预算赤字为"实体"经济提供资金以促进社会融合，比如建设基础设施、购买商品和服务、雇佣劳动力、进行转移支付等。

董徐霖：这次金融危机会对全球体系造成什么样的持久性影响？随着危机的加深，未来会不会发生大动荡？

赫德森：理想情况下，鉴于历史上发生的经济创伤，人们会拒绝新自由主义"垃圾"经济学，并认识到金融部门必须服从于"实体"生产和消费经济，其目标应该是提高生活水平，而不是提高债务杠杆化的房地产价格和其他资产的价格。这种创伤会使人们回归古典经济学对生产性劳动和非生产性劳动、投资和信贷之间的区分，帮助人们认识到世界混合经济相对于集中的国家计划和集中的金融计划的好处。我们需要建立监管框架，管理从金融到运输和土地所有权的自然垄断，以促进企业发展，而不是提供"免费午餐"和助长价格欺诈。

董徐霖：世界各地的主流经济学家，例如国际货币基金组织、世界经济论坛、《纽约时报》和《金融时报》，以及华盛顿和欧洲各国首都的经济学家，都在讨论重建全球金融秩序的必要性。但是，他们大多坚持新自由主义原则，只是版本略有修改，承认需要增加金融监管来避免系统性风险，即以"改革后"的国际货币基金组织（IMF）和世界贸易组织（WTO）为核心的更安全的贸易和金融体系。您是最早开始批判比较优势和其他新自由主义核心原则的人之一。并且，您的著作《保护主义：美国经济崛起的秘诀》（*America's Protectionist Takeoff*）的中文版刚刚出版。您认为，保护主义贸易和金融政策以及公共基础设施投资是一个国家主权发展的重要组成部分。那么，您对它们在新的金融和贸易秩序中的作用有何看法？

赫德森：南北战争结束后，重视工业的共和党人面临着当时的"新自由主义"，即美国知名大学所教授的英国自由贸易理论的挑战。这些大学大多是培训神职人员的宗教学院，是亲英派的，正如当今的国际货币基金组织、世界银行和世贸组织亲美一样。

美国采取的解决方案是赋予政府赠地的学院和私立商学院（其中最著名的是宾夕法尼亚大学沃顿商学院）权力，允许它们教授替代英国自由贸易学说的保护主义理论。在新学院中配备新近接受培训的、坚信美国保护性关税制度、内部改善和国家银行体系的新人，这要比重新教育那些被反工业民主党自由贸易政策洗脑的教授容易得多。

我认为，像国际货币基金组织和世界贸易组织这样的机构无法进行积极的改革，因为其中有很多被洗脑的新自由主义者。要想改革，必须用新的协议条款替换其原有的协议条款。这可能需要持续数年或数十年，将会遇到亲美外交官和金融说客的抵制，他们会通过各种听证会和"研究"拖延改革进程。

最好是干净利落地建立一个新的国际银行，加速经济发展，其主要目的是帮助各国实现基本粮食生产和其他需求的自给自足。世界需要建立公共基础设施和税收体系来收取经济租金并防止寻租行为，从而消除建立掠夺性"收费站"的机会。将金融视为公共事业，需要政府银行的参与。国内的工业和农业需得到保护。创建这样的机构需要巨大的飞跃，需要提供经济学理论支持，这些理论不同于游说者强加给国际货币基金组织、世界银行和世界贸易组织的垃圾经济学原则。

董徐霖：德国总理默克尔（Angela Merkel）在 2006 年访问华盛顿时提出了《跨大西洋自由贸易协定》的构想，人们甚至谈论建立由民主国家组成的跨大西洋联盟，显然，这是要联合美国和欧盟的力量来对抗崛起中的中国。对此，您有什么看法？

赫德森：跨大西洋联盟实际上意味着北约（NATO）的金融化。这个名称过去代表的是北大西洋公约组织，但现在正在向波斯湾、印度洋甚至太平洋地区延伸，以扩大美国对其军事核心的政治控制。因此，在我看来，跨大西洋联盟是美国军事同盟寡头政治联盟，这些国家的政府对本国民众实施紧缩政策，挤出美元借给美国财政部来扩大美国军事帝国的范围。这有点像一个世纪前人们对英镑区的设想。

除非中国继续将其经济盈余投资给美国财政部，提供无法收回的贷款，购买美国剩余农业产品和其他剩余产品，接受禁止购买美国重要产业的禁令，允许美国投资其关键产业，否则以美国为中心的寡头政治联盟都将认为中国是潜在的敌人。如今，它们像对待敌人一样对待潜在的敌人。在《全球分裂》（*Global Fracture*）一书中，我对这种扭曲的逻辑进行了描述。

美国的目标是创建受"别无选择"原则支配的世界。在这种情况下，中国的最佳选择就是促进构建一个不具有掠夺性的、更协调的世界秩序来吸引盟友。这种经济盟友联盟也具有政治性质。随着上海合作组织（上合组织，SCO）成为新兴的金砖四国货币集团的核心，这已经很自然地发生了。

董徐霖： 随着僵局的继续，一些欧洲评论员担心中美可能会牺牲欧洲的利益来达成协议。那么，您认为最可能的情况是什么呢？是中美共同努力塑造未来，还是欧盟和中国压制美元霸权，或是美国和欧洲结成联盟共同应对中国崛起的威胁呢？

赫德森： 当然是最后一种情况。欧洲正在不惜一切代价追随美国。这种信念源于第二次世界大战和改革者的冷战思维，他们认为，在人们把社会主义与苏联的斯大林主义分离开来之前，真正的社会主义不会取得什么进展。社会民主主义者首先变成了反苏派，加入了美国阵营。

此外，欧洲拒绝了导致了近1000年内耗战争的民族主义。这首先促成了源于社会主义理想的建立欧罗巴合众国的想法的形成。但是，欧洲领导人却放弃了自己的民族主义，将领导权交给了美国。

同时，欧洲的金融寡头控制了欧盟机构，设法推翻了甚至扭转了19世纪末势头强劲的社会民主革命。今天的工党和社会民主党秉持"民主"理念，是为了推动人权发展并解决类似的社会问题，但是，却将经济决策权留给了新自由主义者。直到左翼恢复其最初的经济焦点（19世纪社会主义的焦点），"民主"都将被边缘化。面对复苏的金融食利阶层把经济拉回到封建主义，除了善意的人道主义言论之外，它没有任何真正的作用。

衰退的第一阶段是劳役偿债。许多家庭不得不花费一生的时间来偿还为获得住房、良好的教育、医疗保健等所担负的债务。他们不得不向提取租金的"投资者"支付使用费，以经济收费站取代公共基础设施。

因此，资本主义的特征已经从工业资本主义变为金融资本主义、"赌场资本主义"，现在又变为"食利资本主义"的私有化风格。金融不但侵占了公共领域，还剥夺了政府作为前瞻性规划者的角色。这是通往奴役的新路，即受金融寡头统治。启蒙运动失败了，失去了通向社会主义的道路，而20世纪80年代之前，社会主义看似必然发生。因此，中国及其盟友现在似乎代表了通往未来的道路。这是美国战略家们所担心的，但却是观察家们所希望的，他们认为世界经济应该是多极化的。任何反对新兴中国及其盟国的欧美联盟，如果允许其经济盈余金融化，资产被剥离，必将衰弱——这就是如今正在发生的事情。

从最近一代人来看，拉丁美洲屈服于右翼的后殖民寡头统治和由美国支持的军事独裁统治，而欧洲似乎有可能引领世界沿着社会民主路线前进。但随着委内瑞拉、巴西和洪都拉斯（2009年政变前）民选领导人率先创建"华盛顿共识"的替代方案，这种情况正在发生变化。俄罗斯和中国（以及印度）等金砖国家及其与上合组织的隐性联盟是目前主要的希望，有望实现西方启蒙运动和东方公共改革长期以来追求的事业。

美国人正尽其所能地推迟这件必将发生的事情。但他们所拥有的只是过去力量的残余惯性。美国拥有原子弹和空军，但这只是破坏性的，无法长时间占领和控制。这就是为什么毛泽东称美国为纸老虎。

董徐霖：这场危机是否会导致现有全球体系崩溃？中国准备好迎接这样的结果了吗？

赫德森：体系是可以变革的，不是用来被摧毁的。我认为，中国人认识到，美国财政部并没有任何可预见的手段来偿还欠外国央行的4万亿美元。这意味着美国处理不了无法偿还的借据。更糟糕的是，美国财政部获得的这些贷款，为五角大楼和国务院提供了外汇，用于扩大北约，在世界各地建军事基地，支持寡头政治，将"华盛顿共识"强加给不幸的民众。因此，为了阻止美国军事帝国扩张，要停止给美国欠外国政府的4万亿美元以附加值。

这就是江南（本名刘宜良，Henry Liu）所说的美元霸权。美国全球单边军事主义的替代方法是瓦解世界货币体系。无论各国是否做好准备，这都是无法避免的结果。问题是，在努力取代当前的剥削制度时，应如何进行过渡。

中国正在尽其所能地应对这种情况。中国认为美元是"烫手山芋"，所以，努力使用美元购买长期增长所需的资产（采矿权和其他资本资产），并试图收购那些至少可以用人民币保值的公司。

中国认识到，长期来看，在其他系统准备好之前，当前体系并不会终结。中国已经开始发行以人民币计价的债券，将人民币确立为国际储备货币。某种货币要想成为央行持有的工具，必须有足够的债务供其国际收支盈余进行投资。

在此期间，中国正寻求建立一个多币种的集团，其债务可能会取代美国政府货币化的军事支出。为此，中国已与其他金砖四国结成联盟。如果这一过程进展缓慢，那是因为试图避免激怒美国，避免使美国采取当初对伊朗、伊拉克、古巴等国所采取的行动，这几个国家当时试图避免陷入美元势力范围。

董徐霖： 人们普遍担忧二十国集团僵局的持续会导致保护主义复苏，对此您有什么看法？

赫德森： 人们普遍认识到，二十国集团无法达成令美国谈判代表满意的协议，这正在破坏全球经济。但这不是什么新鲜事。1978年，在我出版《全球分裂》时，这种崩溃已经很明显了。美国外交官正试图维护世界贸易和投资的双重标准。在外贸领域，仅允许美国保护其农业和工业，使用政府资金为技术提供补贴，并保留进口配额和其他非关税壁垒。与此同时，美国坚持要求其他国家对美国出口开放市场，而且不能就转基因肉类和农作物采取防御措施。

国际投资领域也存在类似的不对称现象。美国以"国家安全"为由，阻止其他国家收购其公司，如果把经济定义为总体系统，那么一切都是"国家安全"问题（正如优尼科石油公司拒绝中海油的收购要约）。但是美国外交官却要求其他国家出售其主要基础设施，甚至包括银行，并且不得对其征税或实施监管。

这种世界贸易和投资的双重标准令人再也无法容忍。这是不公平的，也是对整个世界经济的破坏。这就是为什么世界正在分裂成相互竞争的贸易和货币集团。

国际投资实践中的其他缺陷，本身也是错误的。根据现行规定，外国投资者可以将支付的利息作为"可抵税经营成本"进行冲销。矿业公司从其境外银行中心贷款，贷款利息刚好可以冲抵所有报告的当地收入，从而实现免税经营。这给人的感觉是，大型跨国公司根本没有获得任何应纳税净收入。这对东道国是不公平的，这样就将国际投资变成了一种攫取性寄生现象。

国际投资者的另一个策略是在避税岛上设立"转让定价"办事处。他们使用的方法是低价购买生产国的石油、矿产、种植作物和劳动密集型手工艺品，然后让这些假的中间人加价转售给自己在高收入国家的零售点。这给人一种错觉，即投资者在生产国和消费国都没有赚钱。这些避税岛上的中间人（石油和采矿业的"方便旗"）不缴纳所得税，实际上欺骗了消费国和生产国的税收官员。因此，当人们谈论全球经济分裂成相互竞争的阵营或引发新一轮保护主义时，他们的意思是指旧的双重标准正在终结，各国正在刺破垃圾会计的企业外壳。

我的《保护主义：美国经济崛起的秘诀》一书描述了1815—1914年美国如何通过补贴工农业，进行资本积累而致富。我的《贸易、发展与外债》一书追溯了17世纪和18世纪英国如何在重商主义政策下建立了自己的工业。历史上每一种成功的经济都是混合经济。

在农业中尤其如此，每个部门的现代化都需要花钱。政府对这种投资的补贴越多，越是保护自己的市场，拒绝那些对本国资本积累进行补贴的国家参与，它们的经济就会越有竞争力。

当今世界，处于主导地位的经济体不愿意看到其他国家变得更具竞争力，他们想增加其他国家的依赖性。因此，当今世界贸易谈判者面临的真正问题是：自给自足还是依赖。我的书以及经济理论的历史评论对每一种选择需要付出的经济代价进行了阐述。

董徐霖：最后，您能否解释一下美国霸权如何结束以及全球经济/金融新秩序如何取代其位置，从而把这场货币战争放在更大的历史背景下看待？如果现有体系的崩溃是这场危机的必然结果，那么您认为取代它的将是什么体系？为帮助建立一个更好的全球体系，全世界的进步力量能够做些什么？

赫德森：21世纪的前十几年有望成为一个历史性的转折点。古老的阿兹特克日历预测2013年将会发生大灾难。从金融角度来看，西方世界似乎正走向没落。

问题是，欧洲及其殖民地区的后封建既得利益集团（现已获得美国外交支持）是否能成功逆转长期以来启蒙运动为经济和政治改革所进行的斗争。世界是否会通过古典经济学和进步时期的改革最终废除私有化食利者的特权和抽租特权，从而重新向社会主义发展，将经济从封建主义以及罗马帝国的倾向于债权人的法律的遗留问题中解救出来？

未能做到这一点的国家，将走向军事化的劳役偿债。中国、俄罗斯、东欧、南亚和拉丁美洲的首要任务是获得经济控制权并实施累进税制。一个世纪前，欧洲、美国和世界其他国家似乎曾朝着这一目标前进。想在这场战争中取得胜利，需要挑战"华盛顿共识"，该共识以金融利益集团为后盾，将他们的经济权力转化为立法权力，使其反启蒙运动最终取得成功。

"华盛顿共识"是一项削减财富税和高收入阶层税收的政策，将财政负担转移到劳动力身上，通过向买家提供信贷将公共企业私有化，从而将基础设施转变为"收费站经济"，从公共交通、水资源和其他基本需求中收取费用（经济租金），而在此之前政府一直免费或以优惠价格（或成本价格）提供这些服务。但是，"金融化"通过增加生活和经营成本削弱了经济的竞争力。

从历史上看，这并非不可避免。半个世纪以前，世界发展的路径并非如此。反启蒙运动的历史可以追溯到1980年前后，1973年阿连德总统被遵循芝加哥大学掠夺性金融政策的"自由市场"新自由主义者推翻后，智利在枪口下为反启蒙运动进行了最后的彩排。解决问题的良方是恢复18世纪到第一次世界大战期间指导西方改革的政治理念。

不可避免的是，既得利益者会进行反击，捍卫他们世袭的特权（同时通过出售这些特权使其"民主化"，从而成为新自由主义"市场"的一部分），甚至宣称这些特权是高效的。这种反启蒙运动的成功并不是由经济效率推动的内在进化趋势。但既得利益集团是有能力发挥破坏作用的。在世界范围内，这是当前他们最有力的策略。

如今的国际冲突不是"文明冲突"，而是经济体系的冲突。旧的食利主义寡头正在与试图将社会从食利者开销、资产倒卖和债务紧缩中解放出来的古典经济改革家们进行斗争。从这个角度来看，自1980年以来的新自由主义崛起并不能反映"华盛顿共识"理论的有效性，而仅能反映它审查其他观点的能力。食利者的战略得到了美国军事和政治力量的支持。其目的是防止受害者发现（实际上是重新发现）近几个世纪发展起来的替代逻辑。这就是经济思想史和经济史研究被从学术课程中删除的原因。

一个世纪前开始，以这种经济逻辑改革的社会民主党和其他进步团体，不得不努力将其改革与苏联的斯大林主义错误路线相区分，甚至为此支持美国的冷战立场，使美国得以以自由市场的名义进行寡头金融侵略，这根本不是民主政治，而是寡头政治。

反食利者改革复兴的知识前提是将古典政治经济学和进步时代社会学分析重新纳入学术课程，并将其转化为财政和金融改革。这将打破新自由主义脆弱的学术基础，让人们了解既得利益者的掠夺性和其亲债权人的性质。他们所谓的"改革"与最初的自由主义者倡导的自由市场完全相反。

参考文献

Hudson, M., 2006, "Saving, Asset-Price Inflation, and Debt-Induced Deflation", in *Money, Financial Instability and Stabilization Policy*, edited by L. R. Wray and M. Forstater, Cheltenham: Edward Elgar, pp. 104 – 124.

Hudson, M., 2008, "Trends That Can't Go On Forever, Won't: Financial Bubbles, Trade and Exchange Rates", in *Finance-Led Capitalism?*, edited by E. Hein, T. Niechoj, P. Spahn and A. Truger, Marburg: Metropolis-Verlag, pp. 249 – 272.

（此文原载于英文期刊 *International Critical Thought*
《国际思想评论》2011 年第 1 卷第 1 期）

帝国主义与资本主义
——其密切关系的再思考

[加拿大]亨利·费尔特迈耶尔[*] [美]詹姆斯·彼特拉斯[**] 著

任瑞敏[***] 译

摘 要：在有关帝国主义的文献中，帝国主义和资本主义的关系往往有着根本性的混淆，本文旨在消除这种混淆。本文由三部分组成：第一部分阐述我们对资本主义与帝国主义关系的立场；第二部分讨论马克思主义关于帝国主义争论的要点；第三部分回顾资本主义发展过程中帝国主义在拉丁美洲的不同表现形式。本文的主要关注点是当前资本主义发展形势下帝国主义的表现形式，也就是攫取资本主义（extractive capitalism）。当前形势的特点是，新自由主义作为经济模式已经消亡，世界市场对能源、矿产和其他"自然"资源的需求不断增长——这就是自然资源开发的政治经济学（通过大规模投资来获取土地和必需资源、出口的初级商品）。我们对所称的"攫取性帝国主义"（extractivist imperialism）的基本动因的考查是以南美洲为背景的，南美洲的资本主义在新千年有迄今为止最为高级的表现形式，但仍然是倒退的。我们把对这些动因的分析总结为12个论点。

关键词：攫取资本主义；攫取性帝国主义；后新自由主义国家；自然

---

[*] 亨利·费尔特迈耶尔（Henry Veltmeyer），墨西哥萨卡特卡斯自治大学发展研究中心高级研究教授、加拿大圣玛丽大学荣誉教授，他撰写和编辑了40多本关于拉丁美洲和世界发展的书籍，包括《拉丁美洲的新攫取主义和人类发展：古巴革命的教训》。

[**] 詹姆斯·彼特拉斯（James Petras），美国纽约州立大学宾汉姆顿分校社会学荣誉教授，他就世界事务动态和拉丁美洲发展问题撰写和合著了60多本书，包括《美洲的攫取帝国主义》（与亨利·费尔特迈耶尔合著，2014年由博睿出版社出版）。彼特拉斯所著期刊文章和政治著作可以在 www.rebelion.org 获取。

[***] 任瑞敏，复旦大学理论经济学博士后。主要研究方向为《资本论》与当代经济。

资源开发；资源掠夺；（再）初级化；抵抗

在本论文中，我们将阐明帝国主义与资本主义的密切关系，并消除一些与之有关的困惑。文献中对这两个概念的理解和使用存在两个主要问题。在政治学的自由传统中，帝国权力的作用表现以及与之相关的动因往往与资本主义及其经济动因相割裂，从而将帝国主义简化为强国的国家利益保护者出于对权力的渴望或纯粹出于地缘政治考虑而寻求统治世界。相反，在马克思主义政治经济学传统中，新帝国主义的世界体系理论家则表现为相反的趋向，往往忽视国家作为阶级权力工具的制度特殊性，将帝国主义简化为纯粹的经济动态，从根本上将帝国主义与资本主义混为一谈。在本文中，我们认为资本主义和帝国主义密切相关，但分别在地缘经济学和资本的地缘政治学中适用不同的动因，需要明确区分。我们以拉丁美洲为背景提出这一问题，参照资本主义发展进程和在时空维度上的相关动态。但是，我们首先需要讨论马克思主义者关于帝国主义的几个争论点，然后再回顾帝国主义在拉丁美洲资本主义发展的不同阶段上的显著特征。

马克思主义关于帝国主义的争论：分歧点

几乎所有当代帝国主义理论，无论衍生自（新）马克思主义还是（新）自由主义，都没有对帝国主义国家执政集团的阶级特征和政治特征及其政策进行哪怕是最粗略的社会学分析（Harvey 2003；Magdoff 2003；Amin 2001；Panitch and Leys 2004；Foster 2006；Hardt and Negri 2000）。当代关于帝国主义国家的理论也是如此，基本上没有制度分析和阶级分析。[①]大多数帝国主义理论家都采用一种经济简化论，轻视或忽略帝国强权的政治和意识形态维度，在提到"投资""贸易"和"市场"等类别时是抽象的，将其表现为历史上空洞的实体以跨越时空进行比较。他们根据一般经济类别，例如"金融""制造""银行业"和"服务"，来解释阶级关系和相关动因的变化，而不去分析资本主义发展和阶级形成的政治经济学背

[①] 马克思主义者关于帝国主义的理论倾向于关注其经济动因，尽管在帕尼奇（Panitch）提出这一观点并主张建立帝国主义国家理论的必要性时，显然不知道彼特拉斯和莫利（Petras and Morley 1981，1-36）在更早的时候便对帝国主义进行了更深刻的分析。

景，以及财富的性质和来源，如非法毒品交易、洗钱、房地产投机等（Panitch and Leys 2004）。代表统治阶级帝国主义利益的执政资本主义政治家的政治和经济取向发生转变，导致其他资本家和帝国主义中心发生联系，从而对世界大国的格局产生了重大影响。但这些转变往往被抽象地表述为资本流动而被经济统计指标所掩盖。

  当代帝国主义理论一般都忽略了帝国主义政策在社会政治和意识形态上的权力配置，以及世界银行等国际金融机构在塑造新世界秩序的制度和政策框架上的作用。新的世界秩序不仅提供了一个全球治理体系，而且还为全球资产阶级在不同的组织阵营中对劳工发动的阶级斗争提供了规则。大多数当代及有关帝国权力动因的最新研究，着眼于设想军事力量在保护和促进美国地缘政治利益及中东和其他资本积累区垄断资本的地缘经济利益中的作用表现，或主导全球经济的大型跨国公司的经济运作。关于中东地区，主要研究的问题是激进伊斯兰信徒（及其国际恐怖主义势力）对世界上最大的化石燃料储藏地之一以及帝国主义统治世界的计划的威胁。"新帝国主义"理论家将支配全球经济的跨国公司视为世界资本主义体系中帝国力量的主要运营机构，它们取代了民族国家在推进资本积累并寻求统治世界中的权力。尽管自由主义传统的理论家和分析家还在关注美国外交政策动态中的帝国主义影响，传统的国际政治经济学和进行批判性发展研究的马克思主义者则继续将分析重点放在国家权力的动因上，而"新帝国主义"理论家的研究重点则几乎完全集中于垄断资本的全球化动因。

  然而，帝国主义权力关系的动因既有政治上的，也有经济上的，并且实际参与了国家的政治机器。关于经济动因，正如列宁在一个非同寻常的背景下所提出的理论，它们源于资本对利润和生产性投资以及廉价原材料、劳动力和市场的追求。根据这些动因，特别是与工业资本和金融资本的融合、资本的输出和垄断资本的出现有关的动因，列宁从理论上说明了帝国主义是资本主义的最高形式，是资本主义基本发展规律的表现。然而，尽管自由主义的帝国主义理论家倾向于强调帝国主义的政治性质，并将帝国主义的政治层面与其经济动因相分离，单纯地把帝国主义看作对世界统治的追求，或是出于地缘政治战略和国家利益的考虑，但追随列宁的马克思主义理论家认识到，帝国主义国家是资本主义发展的重要代理机构，是为资本服务的政治和军事力量的根本来源，以确保资本的统治。①

从马克思主义的角度来看，帝国主义因其与资本主义的联系而被认识，以及帝国主义国家体系的代理机构——国家权力的表现——在保证资本积累所需的条件方面发挥作用。在关于帝国主义是资本的承载者，是资本主义发展的代理机构的观点上并没有达成共识。例如，威廉·罗宾逊（William Robinson）对哈特和内格里（Hardt and Negri 2000）和其他世界体系理论家所提出的论点进行了扩展，即"全球资本主义的阶级关系现在如此深地内化在每个民族国家中，使帝国主义作为外部支配的经典形象已经过时了"（Robinson 2007，7）。② 尽管还不清楚这些阶级关系可能是什么，也不清楚在这种情况下帝国主义将表现出怎样的形式（资本对劳动的支配？），罗宾逊认为，实际上"民族资本主义垄断"不再需要"求助于国家"。其必然结果是，国家不再需要承担打造帝国的责任，帝国权力的表现也不再关涉资本积累的动力。③ 在罗宾逊的表述中"民族国家体系……不再是资本主义发展的组织原则，也不再是塑造社会和阶级力量以及政治动力上的主要制度框架"（Robinson 2007，8）。

就跨国资本和"全球整合企业"，罗宾逊提出了另外一个假设，也是其他世界体系理论家所共有的，即"若要找到 21 世纪全球社会和政治动因的根源"，则应抛弃列宁和希法亭构筑于马克思主义理论传统基础上的帝国主义经典论述。基于这个假设，各国国家资本和经济相互竞争、核心

---

① 除了从地缘政治利益或对权力本身的理性追求角度看待帝国主义的理论外，自由主义的帝国主义理论家经常借助于文化的甚至心理学的"解释"，将其视作对权力的心理驱动，或像拉扎克（Razack 2004）一样，认为"帝国理念""深信……支配他人的权利……"拉扎克（2004，9-10）对以下理论的阐述如果不是荒谬的也是空想的和完全不科学的：帝国主义不仅仅是关于积累的，而是关于帝国的概念本身……帝国是一种感觉结构，一种根深蒂固的为了他人利益而支配他人的需要和权利的信念，他们应该心存感激。

② 罗宾逊在此处贬低的帝国主义作为"外部统治"的"形象"与他出于某种原因与之联系的"新帝国主义"理论有关，即"21 世纪的世界资本主义的组成包括国内资本和不同的相互影响的国家经济，也是对各国政府在追求国家利益的驱动下对世界政治的现实主义分析"（Robinson 2007，11）。事实上，罗宾逊把当代关于帝国主义的各种理论，无论是马克思主义、结构主义还是现实主义理论混在一起，这完全建立在共同假设的基础之上，是有问题的和可笑的，用梅克辛斯·伍德（Wood 2003，23）的话说："资本主义经济的国家组织依然顽固地存在着。"

③ "跨国（化）资本"世界体系理论家如威廉·罗宾逊（Robinson 2007）和"新帝国主义"理论家如大卫·哈维（Harvey 2003）的观点是相符的，即认为资本是"经济的"且生来便是"全球的"（而不再是民族的形式），而国家是"政治的"且生来便是"民族性的"（基于领土的和"地缘政治的"），因而它们追求显著不同的"权力逻辑"（尽管哈维认为两者相互联系）。

资本主义力量冲突并剥削周边地区以及"以民族国家为中心框架的全球动力分析"的理论传统是完全无用的,按照罗宾逊的说法,它无法掌握当代资本主义发展的根本动力(Robinson 2007,6-7)。①

如果像罗宾逊所主张的那样,资本不再需要帝国主义国家,那么,这是否意味着帝国主义将会消亡,还是像克拉雷(Klare 2003,51-52)所主张的那样,表现出"地缘政治竞争"的形式,"强国和新兴强国之间争夺领土、资源和包括港口在内的重要地理位置……及其他财富和影响力来源的控制权"。这又是否意味着像罗宾逊和有些人——包括阿明(Amin 2001)、阿瑞吉(Arrighi 2005a,2005b)、福斯特(Foster 2003)和其他自2001年以来大量出现在"新帝国主义"文献中的人——所建议或主张的那样,帝国主义主要通过跨国(化)公司以经济的形式打造了一个没有帝国主义的帝国,就像哈特和内格里所说的,或是像罗宾逊所说的,是超越帝国主义的资本主义。

与这种简化论的帝国主义观点相反,我们认为帝国权力主要是由帝国国家及其被视为已知的政策塑造的,其中官方话语中所称的"国家利益"与资产阶级的"私有部门"在经济和政治关切及利益上是一致的。尽管有相反的观点,但考虑到其经济和政治两方面的动因及实际运作(投资、生产、销售),帝国主义和以前一样,致力于尽可能多地以任何方式推进资本积累——渗透现有市场并开发新市场,在满足非人道需求的前提下以尽可能人道的方式剥削劳动力,尽可能从直接生产者那里榨取剩余价值,并根据需要获得或加工原材料和矿产。就资产阶级而言,个人和组织成员的目标和议程是积累资本。就帝国国家和它的代理人和代理机构,包括世界银行和国际安全与发展合作机构在内的相关机构而言,其议程仅包括为资本铺平道路,为经济和社会发展创造必要的条件。然而,两者均没有将生产力发展不平衡以及社会问题(社会不平等、失业、贫穷、社会和环境恶化等)列入议程。而是相反,认为这些情况是资本主义发展的意外或"结构性"后果,是发展中不可避免的和可接受的成本,需加以管理,并且出于安全和发展的考虑,需要在可能的情况下降低此类成本。

在这些战略和结构条件下,仅仅从资本流入(外商直接投资、银行贷

---

① 在对"新帝国主义"理论的批判中,罗宾逊合并(和混淆)了马克思主义者的传统观点,把"结构主义者""现实主义者"和"新马克思主义者"混为一谈。

款、证券投资等）和资本流出（利润、利息支付等）的经济角度来衡量帝国主义的影响是有启发性的，但不是特别有用。[①] 这是因为，帝国主义是关涉阶级和国家权力的，也是政治学和政治经济学的主要问题——是国民核算分析中忽视的问题。这里讨论的不仅仅是资本主义发展不平衡的结构动力问题，即安德烈·冈德·弗兰克（Andre Gunder Frank）所称的"欠发达状态的发展"（development of underdevelopment），而且还有社会和国际权力关系，以及帝国和国内阶级之间、官员和帝国代表之间、"新兴经济体"及"发展中社会"国家之间的竞争。随着当前经济的高速增长和世界体系中南部边缘国家的发展，这些关系非常有活力，不断变化。如今，这些关系绝不能再描述为支配和从属关系。此外，全球统治阶级（投资者、金融家、大银行家、实业家等）的成员不仅在同一部门之间相互竞争，还在世界资本主义和帝国主义体系下的不同国家之间展开竞争。这不仅是资本主义内部或帝国主义内部的竞争问题，还是一个嵌入到世界体系的资本—劳动关系的社会结构和国际关系的经济结构之中的发展和政治问题。例如，在富有活力和不断变化的阶级关系的复杂体系中，在国际关系中处于从属地位的国家官员坚持技术转化、管理和营销知识，以增强其资本家的竞争力，使其能够赚取利润、抽取租金，进而服务于"国家利益"。

至于国家间的"支配"和"依赖"关系，在南—北分界线上，全球生产结构和支配与依赖的国际关系是动态的，并随着时间推移不断变化，部分原因是受帝国权力支配的民族国家对地缘政治和经济的关切，导致其国家政界人士寻求相对的自治和对国家利益的保护。随着这些分界线上的国家的"发展"导致既有帝国主义国家和新兴资本主义国家之间的关系发生了质的变化。[②] 因此，只分析资本流入和流出的理论——将"东道国"视为"空白要素"——或是只关注基于固定国际分工的全球生产结构的理论，无法解释边缘国家和地区的资本主义发展动因。[③] 这种经济理论也无

---

① 先前研究的作者也是这样做的——衡量了美国帝国主义在拉丁美洲造成的影响和后果——但该经济分析（Petras and Veltmeyer 2005b，2007b）是根据美国国家权力在军事力量、意识形态霸权（全球化）、政策议程强制执行和外交政策层面上的表现进行的。
② 高增长的东亚国家（中国、日本、韩国）是摆脱依赖转向独立高增长经济体的最佳例证（《金融时报》2010年3月25日，2010年2月22日）。关于中国的报道，见《金融时报》2011年1月21日发表的"中国塑造世界"。
③ 每月评论出版社从保罗·巴兰（Paul Baran）的《增长的政治经济学》（1957年）开始，着重强调了外国资本的"单方面"影响。

法解释世界资本主义体系的动因,例如经济力量为何从北美和西欧转向亚洲——更确切地说转向中国和印度。

资本主义发展、阶级斗争和帝国主义

唯物史观构成了马克思主义作为一门社会科学的基础,马克思认为在资本主义发展(即生产力发展)的每一阶段,[①] 都可以发现相对应的阶级关系和阶级斗争体系。对马克思来说,这是源自生产力和生产关系之间根本冲突的基本原则问题。但是他本可以作出以下补充,即在资本主义发展的每一阶段,都可以发现相应的和以对进步的抵抗力量为基础的独特的阶级斗争形式,同样帝国主义也有不同的形式,这无疑应被视为国家权力服务于资本的表现——以促进其在国际关系领域的发展,并确保帝国主义演变成为世界体系。也就是说,国家权力在寻求世界统治过程中的作用——建立世界体系霸权——是资本主义发展的必要条件。资本主义要求国家不仅要为资本积累过程建立必要条件,还要确保资本主义的必然扩张——将资本劳动关系和经济剥削机制(从直接生产者的劳动中榨取剩余价值)——推广至世界体系。

列宁〔Lenin(1916)1963〕从理论上将国家权力服务资本的表现看作资本主义发展过程中的最高级阶段,包括"原始积累"阶段(直接生产者与他们的土地及生产资料分离)和小农生产者及农民无产化并转化成为工人阶级的过程。在列宁看来,被视为"资本主义最高阶段"的帝国主义的显著特点是:(1)工业资本和金融资本的融合;(2)资本输出,在海外寻找有利可图的出路;(3)欧洲资本主义列强在大不列颠治世(英国的霸权统治)的体制和政策框架内瓜分世界领土(和殖民化);(4)以国际商品交换为基础的国际劳动分工,使用初级产品换取体系中心国家所产的商品。这些特征包含了资本积累的经济动因,但这一动因及该体系的经济结构显然需要包括军事力量在内的国家权力的政治性保障。

列宁敏锐地发现了世界资本主义制度在这一发展阶段的基本结构特

[①] 发展可以从两个方面来理解:(1)作为一项事业,即通过战略计划或基于目标的战略来实现的想法,以达到想要的结局;(2)作为一个过程,该过程决定于客观条件,对国民和国家造成的影响依据其在系统中的位置,以及为响应这些条件而产生的变化性力量(Veltmeyer 2010)。

征。然而，将其定性为帝国主义是有误导性的，这是因为，在作为世界体系的资本主义演变的早期阶段，以帝国阶级为基础的国家权力的介入是资本主义的显著特征，也就是重商主义。这是一种通过征用自然资源和剥削劳动力（两者程度相当）以及在国家批准和管制下开展国际贸易来积累商业资本的体系。如下所述，帝国主义也是资本主义发展后期资本积累过程中的一个显著特征和副产品。

国家主导资本主义发展时代的帝国主义（1950—1980）

第二次世界大战后，美国成为一个经济超级大国，掌控着世界上至少一半的工业生产能力和高达80%的用于生产性投资的金融资源或资本。在取代英国成为当时所称的"（在经济和政治方面）自由的势力"的领袖之后，为了应对来自俄联邦（当时是苏联）战时同盟的潜在威胁，美国以布雷顿森林体系领导了资本主义世界秩序的构建。与美国一样，苏联也在战争中发展成为工业强国，但它代表着一种可供选择的社会主义制度，以扩大国民生产的力量（Bienefeld 2013；Frieden 2006；Peet 2003）。

布雷顿森林体系包括两个"国际金融机构"——即国际货币基金组织（IMF）和后来的世界银行——和一个关税和贸易总协定（GATT），这是一个在自由贸易方向上的谈判协商制度机制，后发展成为世界贸易组织（WTO）。该体系提供了一套用于规范国际贸易关系的规则，这些规则有利于以美国公司为主的跨国公司的运作和扩张，进而有利于建立美国资本霸权。然而，该体系也为国家建设和许多致力于民族解放的战争，以及摆脱殖民国家长期统治的独立运动的国际合作提供了制度框架。

在这种背景下，资本主义参与了生产和社会的变革进程——将基于农业的经济体制和基于前资本主义生产关系的农业社会和社会体制转变为基于资本主义生产关系或雇佣劳动的现代工业资本主义制度。[①] 这种转变的基本机制是利用农业部门生产力的资本主义发展所释放的"农村剩余劳动力的无限供应"的红利（Lewis 1954）。

[①] 关于农业向资本主义转型的过程以及在此转化中所涉及的社会变化和经济发展研究基于三种不同的元理论和叙事：工业化、现代化和无产阶级化（Veltmeyer 2010）。

资本主义的这一发展过程及相关的生产和社会变革进程可以在不同的国家和地区、不同的时间点上追溯到。但这些过程的展开形式是不同的，体系中心和边缘国家的阶级斗争都有不同的变革和抵抗力量参与。首先，在边缘地区（拉丁美洲、加勒比地区、非洲和亚洲的部分地区）的国家，在努力摆脱阶级统治的同时，各国也在努力摆脱殖民统治和帝国主义剥削。这些国家的政府需要选择介于资本主义和社会主义之间的道路来建设国家和发展经济，这需要资本主义世界秩序的守护者作出战略性和政治上的反应。回应是：协助这些国家进行发展——由发达国家、国际组织和金融机构向该体系边缘地区的不发达和欠发达国家提供技术和经济援助（即国际发展词汇中的"对外援助"）。在这种背景下，通过帝国主义理论的视角，可以将国际发展的理念和全部规划看作帝国主义的一种独特形式（Petras and Veltmeyer 2005a；Veltmeyer 2005）。

在战后资本主义时代，有相当多的证据表明，美国治世（美国霸权统治）下的制度框架和体制中的最强国被认为是将发展理念作为一种手段，以促进其资本进入并在边缘国家运作，发展他们的生产力并在此过程中积累资本。在此背景下，列强也会根据需要和要求施加外交压力，部署军事力量，但这只是次要的，仅仅是作为不得已而为之的战略和战术。因此，在20世纪50年代至60年代初，美国主要使用军事力量来实现其帝国的地缘政治目标，在它的后院维持帝国主义秩序——危地马拉（1954）、古巴（1961）、多米尼加共和国（1963，1965）、巴西（1964）、圭亚那（1953）、智利（1973）。[①] 策划智利军事政变之后，这种直接的军事干预和资助军事政变的战略让位于让代理国家发动战争。这种方式既需要为该国的社会和发展提供必要的资金，还需要通过代理国家（其拉丁美洲盟友）部署镇压机器。

20世纪50年代帝国主义如法炮制，利用"以国际合作促发展"阻止寻求摆脱殖民主义枷锁的国家选择社会主义道路以谋求国家发展，作为帝国主义国家的美国政府，通过"发展"理念来防止出现另一个"古巴"，

---

① 人们可能还记得，美国成功干涉危地马拉内政（1954），1961年，美国如法炮制干涉古巴内政，结果失败。美国精心策划了巴西军事政变（1964）和印度尼西亚的军事政变（1965），入侵多米尼加共和国（1965），促使美国加深并扩大了对中南半岛的入侵，这导致帝国主义政策制定者遭受了历史性但短暂的失败，严重削弱了国内的政治支持。

并阻止"农村穷人"选择像拉丁美洲的那种革命运动来达成革命性变化（Petras and Veltmeyer 2007a）。

当时（20世纪50—60年代）的阶级斗争有两种主要形式。第一种是农民发动的土地斗争，他们中的大多数人要么被无产化（失去土地），要么被半无产化（被迫以劳动摆脱农村的贫困）。[1] 许多无产化和贫困化农民失去了他们的生产和生活资料，选择移徙，走上了世界银行（2008）和现代化"发展"理论家所指出的劳动发展之路。然而，许多其他人选择抵制而不是适应资本主义发展的力量，以"民族解放军"的形式加入社会革命运动。但帝国主义国家采用三管齐下的战略政策，即（1）土地改革，征用土地并将土地重新分配给农民；（2）农村综合发展，向小农或家庭农场提供技术和财政援助；（3）镇压，外柔内刚，通过在当地的盟友，试图击败或"打倒"参与土地斗争的社会运动。唯一的例外是哥伦比亚革命武装力量（FARC），直到今天，它仍然是哥伦比亚抵抗资本入侵的强大力量。

阶级斗争的第二种形式与劳资关系有关，即动员工人阶级参加有组织的工人运动来反对资本和国家，要求提高工资，改善工作条件。这场斗争是20世纪70年代资本在生产过剩的系统性危机背景下，由资本发动的全球阶级战争的一部分（Crouch and Pizzorno 1978）。国家权力是这场战争使用的众多武器之一，通过其政策制定者的角色，严重削弱了工人运动在提高工资、进行集体合同谈判上的组织能力，并减少劳动在国民收入中的份额。这种方法在拉丁美洲尤其有效。在拉丁美洲，帝国主义国家能够通过其控制的国际组织和金融机构，对工人运动实施有利于市场的"结构性"改革。由于这种改革对劳资关系的影响，在许多拉丁美洲国家，劳动（工资）在国民收入分配中所占的份额减少了50%。[2] 例如，阿根廷平均工资购买力在2010年——在六年的经济复苏以及出口带动的快速经济增长之后——相比于1970年有所降低。在政府调控的最低工资水平上，购买力

---

[1] 在发展经济学家与社会学家所称的"现代化理论"以及传统马克思主义理论中，农业的资本主义发展将导致农民转变为靠雇佣劳动赚取收入的工人阶级，但是在边缘资本主义中，在20世纪80年代，农民最终的结果是半无产阶级化——形成了农村无地工人无产阶级和城市街头工人无产阶级，他们并非为了工资而工作，而是在非正规部门"独立经营"。

[2] 正如ECLAC（拉丁美洲和加勒比经济委员会）在不同年份出版的《拉丁美洲和加勒比统计年鉴》所示，从1970年至1989年，经历了不到十年的新自由主义后，厄瓜多尔工资占国民收入的份额从34.4%降至15.8%，秘鲁从40%降至16.8%（Petras and Veltmeyer 2007b, 55）。

或工资价值下降尤其严重，世界银行在整个20世纪80—90年代坚持认为最低工资是该地区收入低、贫困和发展滞后的主要原因。例如，墨西哥遵守华盛顿和世界银行关于解除劳动力市场限制的要求，在新自由主义盛行的三十年（从1980年至2010年），最低工资价值降幅达77%（Romero 2014）。

虽然帝国主义国家通过由拉丁美洲国家实施、帝国主义国家政府资助的国际合作方案间接地参与土地斗争，但与工人运动相对立的帝国主义则采取了武装斗争，镇压"颠覆分子"（由"政治左派"动员的广泛城市抵抗力量联盟）。这些斗争由拉丁美洲国家的武装部队领导，特别是在巴西和南美洲的南锥体（智利、玻利维亚、阿根廷、乌拉圭），但却受美国资助并（间接）在美国的战略指挥下，在帝国意识形态机器内编造的意识形态和信条（国家安全原则）的框架内开展。到20世纪70年代末，工人运动也遭遇失败。在国家压制和资本主义发展中所产生的力量的双重镇压下，劳工力量处于混乱和分裂状态。随着阶级斗争和人民运动两条主要战线的失败，以及右翼以反革命政治运动和自由市场资本主义意识形态的形式复兴，阶级斗争中对立力量的相互关系出现了重大转变。帝国主义将在这一过程中发挥重要作用。

新自由主义全球化时代的帝国主义和资本主义（1980—2000）

新自由主义作为资本主义自由市场的意识形态和资本主义自由市场政策改革方向的信条——在拉丁美洲被称为"新经济模式"（Bulmer-Thomas 1996）——是由范德·哈耶克（Van der Hayek）领导的新自由主义思想集体酝酿了大约四十年的产物（Mirowski and Plehwe 2009）。直到20世纪80年代初，这些思想家才具备或创造了掌握国家权力的必要条件，从而能够影响和进行决策。这些条件包括未解决的系统性生产过剩危机、北方发达国家的财政危机、南方发展中国家即将到来的债务危机，以及人民运动在争夺土地和劳动力的阶级斗争中的失败。

在这种情况下，帝国主义国家通过其掌控的国际组织和金融机构调动了各种势力，以动员恢复资本积累所需的力量。从资本主义和帝国主义的角度来看，这里的主要问题是如何从福利发展国家的监管约束中解放"自由的力量"(引自乔治·W. 布什《2012 年国家安全报告》)。采用的解决方案是"华盛顿共识"框架内宏观经济政策的"结构性改革"方案(被世界银行和国际货币基金组织的经济学家提出的自诩为"结构性调整"的方案)(Williamson 1990)。

截至 1990 年,除四个主要国家外,所有拉美国家都屈从于或加入了"华盛顿共识",这个强加的方案是这些国家获得援助及进入资本市场进而重新谈判外债的条件。20 世纪 90 年代,在第三轮新自由主义改革中①,这些国家当中的三个新自由主义政权国家——阿根廷、巴西和秘鲁——也屈从于或加入了"华盛顿共识",促进大量生产资本以外国直接投资(FDI)的形式流入,同时也使得大量非生产或虚拟资本流入,谋求购买利润丰厚的私有化国有企业资产(Petras and Veltmeyer 2004)。随之而来的是所谓的"美国帝国主义的黄金时代"(为大规模追逐利润和市场的投资资本进入市场进行生产运作提供便利),同时形成了强有力的农民和土著社会运动,以抵制新自由主义令人不快的政策,抗议这种政策对其生计和群体关系的破坏性影响——这些不再直接针对大地主或企业资本和农业企业,而是地方和帝国主义国家的政策(Petras and Veltmeyer 2005a,2009,2013)。90 年代末,这些运动成功挑战了新自由主义在该地区作为经济模式和政策议程的霸权,进而引发了"红色"和"粉色"政权更迭浪潮——国家政治左转,形成了面向"21 世纪社会主义"的政权(委内瑞拉、玻利维亚、厄瓜多尔),或达成了"后华盛顿共识",寻求更具包容性的发展形式——即包容性国家行动主义(阿根廷、巴西、智利、乌拉圭等)。② 在所谓"红色浪潮"政权更迭中形成的国家,组成了反对美帝国主义干预的新战线,另一条战线是在社会主义运动的抵抗和直接作用下形成的。

在国家政治层面,主要问题是美国干预拉丁美洲事务,包括资助委内瑞拉反对派,对古巴实施经济封锁,以及试图达成美国政府精心策划的自

---

① 第一周期对应 20 世纪 70 年代在智利、阿根廷和乌拉圭建立的军事政权经济政策,这些政策是由"芝加哥男孩"根据有利于市场的结构改革(私有化、权力下放、自由化、放松管制)的新自由主义设计的。关于新自由资本主义三个周期的更多信息,另见彼特拉斯和费尔特迈耶尔(Petras and Veltmeyer 2001)。

② 关于后华盛顿共识和在普遍摒弃和排斥新自由主义模式后形成的两种"后新自由主义政体",见巴雷特、查韦斯和罗德里格斯(Barrett, Chavez, and Rodriguez 2008),彼特拉斯和费尔特迈耶尔(Petras and Veltmeyer 2009)和范伟埃因伯格(Waeyenberge 2006)。

由贸易协定。这项协定首先在美国与加拿大和墨西哥之间实施，然后扩展到整个美洲大陆（FTAA，或西班牙语缩写 ALCA）。美国政府在第一个实例中（即与加拿大和墨西哥建立自由贸易协定）取得了成功，但在第二个实例中（扩展到美洲大陆）却惨遭失败——遭到许多国家民众的强烈抵抗，以及巴西等国家的政治阶层、统治阶级和统治政权的普遍反对。

在这种情况下，帝国主义和反帝斗争在不同的国家采取了不同的形式，但哥伦比亚是独特的，其独特之处在于 20 世纪 60 年代以来该国声势浩大的土地运动从未被击败。在土地仍然处于阶级斗争核心的情况下，存在"毒品资本主义"的大规模运作，为此，美帝国主义打着打击可卡因生产和毒品贩运的幌子，使用武装力量消除哥伦比亚在资本主义农业发展上的主要障碍，从而使农村成为美国资本的避风港。美帝国主义制定了"哥伦比亚计划"，这是一项军事和外交援助计划，旨在打击哥伦比亚境内的贩毒联盟和左翼叛乱集团。该计划最初是由哥伦比亚总统安德烈斯·帕斯特拉纳·阿朗戈（Andrés Pastrana Arango）和美国总统比尔·克林顿（Bill Clinton）在 1998—1999 年制定的反可卡因战略，但其目的却是结束哥伦比亚武装冲突并使其农村成为美国资本的避风港（Villar and Cottle 2011）。

帝国主义镇压民众抵抗力量的第三条战线包括国际合作和国际发展机构。这些机构采用的战略与 20 世纪 60—70 年代成功镇压农村革命的战略相同，即为被剥夺财产的农民和农村穷人提供一种替代社会动员和直接集体行动的非对抗选择（Veltmeyer 2005）。该战略在不同的国家取得了不同的结果。在厄瓜多尔，该地区最有力的土著运动——厄瓜多尔土著民族联合会（CONAIE）——在世界银行和 IDB（美洲开发银行）精心策划的民族发展战略中四分五裂，削弱了其动员人民抵抗的能力（Petras and Veltmeyer 2009）。例如，仅仅几年，厄瓜多尔土著民族联合会主席、20 世纪主要土著起义领导人安东尼奥·巴尔加斯（Antonio Vargas）就变成了该地区最有权势的非政府组织之一的领导人，能够为地方发展的小微项目提供资金，从而削弱了厄瓜多尔土著民族联合会动员抵抗力量的能力。2007 年，左翼经济学家拉斐尔·科雷亚（Rafael Correa）担任国家总统，厄瓜多尔土著民族联合会领导的土著运动已大不如前，使得政治左派以"科雷亚公民运动"的形式在"公民革命"政治项目中，将厄瓜多尔土著民族联合会和土著运动弃置一旁。

在玻利维亚，则情况大不相同，成为当前阶级斗争形式下反新自由主义和反帝国主义的经典案例。在厄瓜多尔，民众运动在政治左派夺取国家权力工具的过程中被弃置一边，但在玻利维亚，长期的阶级冲突和群众动员为政治左派以"社会主义运动"（MAS）的形式掌权拉开序幕，并为其提供了条件。水和天然气"战争"、与军队的冲突以及若干腐败新自由主义政府的垮台，共同为"社会主义运动"这一新政治"角色"或工具的出现以及埃沃·莫拉莱斯（Evo Morales）掌权创造了条件，这得到了"社会运动"的支持，包括土著"农民"团体、无土地工人组成的农村无产阶级和不同行业的有组织的工人阶级（Dangl 2007；Farthing and Kohl 2006；Webber 2010）。

攫取资本主义时代的帝国主义和反帝国主义

"华盛顿共识"的新自由主义"结构改革"议程促使大量资本以外国直接投资的形式流入非传统制造业、金融和信息高科技服务业以及自然资源开采行业。20世纪90年代的前四年，外国直接投资流入量增加了六倍，并在1996—2001年再次急剧增加；在不到10年的时间里，利润飙升，该地区的MNSs（跨国公司）积累的外国资本增加了两倍（ECLAC 2012，71）。著名的墨西哥政治经济学家约翰·萨克斯－费尔南德斯（John Saxe-Fernández）认为，在这十年中，外国直接投资的流入净赚了巨大利润，表现在整个10年间有1000亿美元资金的净流出（Saxe-Fernández and Núñez 2001）。

另一个资金流入高峰期是新千年的第一个十年，当时全球自然资源需求大幅增加，随之而来的是南美洲的初级产品热潮（Ocampo 2007）。如表1数据所示，影响南美洲的初级产品出口热潮主要在能源部门，化石和生物燃料（石油和天然气）、矿物和金属以及农粮初级产品等，导致世界范围内出现体系边缘国家出口（再）初级化和攫取资本主义扩张的趋势。

在过去的二十年，在拉丁美洲，外国直接投资（FDI）的主要目标一直是服务业（特别是银行和金融业）和自然资源部门，即矿物和生物燃料能源、贵金属和工业矿物的勘探、开采和利用以及农粮产品。在先前国家主导发展的时代，外国直接投资主要是作为资本主义工业发展的融资手段和"生产转型"的过程（技术转化和现代化），这体现在当时全球资本的地缘经济和资本流动的动态中。然而，新的世界秩序和两代新自由主义改革极大地改善了资本条件，在拉丁美洲为北方发达国家（美国、加拿大和欧洲国家）制造的商品开放了市场，并为以寻找资源为目标的资本提供了更多机会，强化了拉丁美洲作为自然资源来源和供应国以及初级商品出口国的角色，具体表现为该区域生产性投资流向采掘业（见表2）。

表1　　　　　　　　初级产品出口（占总出口百分比）

	2004 年	2006 年	2008 年	2011 年
阿根廷	71.2	68.2	69.1	68.3
玻利维亚	86.7	89.8	92.8	95.5
巴西	47.0	49.5	55.4	66.2
智利	86.8	89.0	88.0	89.2
哥伦比亚	62.9	64.4	68.5	82.5
厄瓜多尔	90.7	90.4	91.3	92.0
墨西哥	20.2	24.3	27.1	29.3
秘鲁	83.1	88.0	86.6	89.3
委内瑞拉	86.9	89.6	92.3	95.5
拉丁美洲	46.2	51.3	56.7	60.9

来源：拉加经委会（ECLAC 2012）。

表2　　　　拉丁美洲各部门外国直接投资（FDI）百分比分布

	2000 年	2001 年	2002 年	2003 年	2004 年	2005 年	2006 年	2007 年	2008 年
资源	10	12	12	11	12	13	12	15	30
制造业	25	26	38	35	38	37	36	35	22
服务业	60	61	51	48	46	48	51	49	47

来源：基于拉加经委会数据，改编自 Arellano（2010，table 2）。

在进入新千年之际，服务业部门的外国直接投资流入占外国直接投资总流入的近一半，但拉加经委会提供的数据（ECLAC 2012，50）表明，资本持续加速流向南美洲的自然资源部门，特别是在采矿业，加拿大资本占主导地位，在该部门外国直接投资的占比高达70%（Arellano 2010）。在新千年的第一个十年中，"以资源为寻求目标"的资本在外国直接投资总额中所占的比例从10%增加到30%。2006年，"以资源为寻求目标"的投资资本流入增长49%，达到了590亿美元，超过自20世纪90年代开始经济自由化以来任何一年的外国直接投资流入总额（UNCTAD 2007，53）。

尽管2008年发生了全球金融和经济危机，但流向拉丁美洲和加勒比地区的外国直接投资仍达到了创纪录的高水平（1283亿美元），考虑到当时全球外国直接投资总量减少了至少15%，这一情况非比寻常。这种反周期趋势标志着该地区初级商品热潮的持续且以资源为目标的资本稳步扩张。

20世纪90年代，流入拉丁美洲的外国直接投资迅速增加，反映了该地区新自由主义政策制度为资本积累提供了更多的机会，但在新千年里，资本主义发展的条件已经发生了根本变化。在这种新的背景下，包括世界市场经济力量和贸易关系的重大调整以及初级商品需求和价格的双重增长，外国直接投资向拉丁美洲转移标志着全球资本在地缘经济和地缘政治方面发生了重大变化。2000—2007年，流入拉丁美洲的外国直接投资首次超过了美国，仅次于欧洲和亚洲。全球金融危机给全球资本的地缘经济带来了更为根本的变化，包括区域分布（流向拉美地区的资金增加）和部门分布（资本流入集中在采掘业）。2005年，全球生产性资本仅有12%流向了"发展中"和"新兴"经济体，但到2010年，在资本流动剧烈下降的大背景下，这些经济体成为全球50%以上外国直接投资流动的目的地（CEPAL 2012，5）。同年，流入拉丁美洲的外国直接投资增加了34.6%，远远高于亚洲6.7%的增长率（UNCTAD 2012，52-54）。

生产性资本流入拉丁美洲受两个因素的推动：初级商品价格高吸引了"以自然资源为目标的投资"，南美子区域（sub-region）的经济增长刺激了以市场为目标的投资。外国直接投资的这种流动主要集中在四个南美国家——阿根廷、巴西、智利和哥伦比亚，占该子区域总投资流入量的89%。其中，大部分生产性资本流入了采掘业，特别是采矿业。例如，2009年，拉丁美洲获得了全球矿产勘探投资总额的26%（Sena-Fobomade 2011）。伴随石油和天然气项目的扩张，矿物开采成为该地区大多数国家最重要的出口收入来源。

资本在拉丁美洲的地缘政治：
攫取帝国主义的动力

如上所述，在进入新千年的第一个十年之际，以资源为目标的外国直接投资浪潮是全球资本主义政治经济发展的主要特征之一。另一个是新自由主义作为一种经济信条和模式的消亡，至少在南美洲是这样，大规模的社会运动成功挑战了这种模式。过去十年，在这些运动中产生了反新自由主义情绪，导致该子区域的很多国家政权更迭——向左翼和人们所称的"进步攫取主义"转变（Gudynas 2010）。

这些民主选举的"进步"政权的政治胜利揭开了阶级斗争和反帝国主义运动的新篇章，尽管如此，以资源为目标的外国直接投资或采掘资本被广泛接受，使地区致力于解决不平等困境和环境恶化问题的进步政权陷入矛盾的境地，由于采掘资本的运作，不平等和环境恶化问题正逐步演化为危机。

在向着"21世纪社会主义"前进的发展过程中，一些政治领导人和社会运动诉诸革命——委内瑞拉的"玻利瓦尔"革命、玻利维亚的"民主和文化革命"以及厄瓜多尔的"公民革命"——并与接受新发展主义（寻求更具包容性的发展形式）的政府一道，这些政权确实采取了一些旨在减少贫困及增强社会包容性的措施，并将从资源租金中获得的额外财政收入使用于这一目的。然而，与更为保守的邻居一样——崇尚新自由主义并致力于与帝国主义结盟的墨西哥和哥伦比亚政权——该地区左翼进步政权发现自己陷入了重新依赖自然资源开采（"新攫取主义"）和初级商品出口（"再初级化"）的困境。而且，如古蒂纳斯（Gudynas 2010）所述，这种新的"进步"的攫取主义，在对环境造成破坏、影响人民生活水平方面，与"传统"的攫取主义非常类似，并侵损了受采掘资本运作影响最直接的土著团体的领土权和主权，进而导致更激烈的社会冲突。[1]

尽管"进步"的中左翼政府利用资源租金建立了提高社会包容性和直

---

[1] 关于采掘业冲突动态的更多信息，见拉丁美洲采矿冲突观察站（2011）、加拿大采矿观察（2009）以及费尔特迈耶尔和彼特拉斯（2014）的各国案例研究。自20世纪90年代末以来，在整个拉丁美洲，抗议外资大型私营（私有化）采矿和石油项目的事件日益增加，近年来，拉丁美洲采矿冲突观察站（OCMAL）记录了155起关于采矿的重大社会环境冲突，其中大多数发生在阿根廷、巴西、智利、哥伦比亚、墨西哥和秘鲁。关于这些冲突的详细信息，请访问观察台网站（www.olca.cl/ocmal）。

接向穷人让与现金的机制,但不清楚这些政府能否在继续听命于采掘资本,继续破坏自然和影响人民生活的同时,采取革命性措施以寻求包容性和可持续发展,或深化政治和经济民主化,从而让人们过上"美好生活"。这里存在两个问题。一是这些左倾后新自由主义政权(除了委内瑞拉政权之外的所有政权)在宏观经济公共政策层面继续依赖新自由主义("结构性改革")。第二个问题涉及基于"包容性国家行动主义"的所谓"新攫取主义"以及对外国直接投资的持续依赖,因而需要与全球资本达成协议,分享开采过程中产生的资源租金。这里的问题是,在全球资本与地方政府的关系中,前者占主导地位并拥有权力,这反映在新拉丁美洲左翼的政府和政策体制的倾向上,甚至是像厄瓜多尔和采取"激进民粹主义"的秘鲁,在全球资本(跨国采矿公司)与受其采掘活动直接影响的团体发生冲突时,也倾向于站在全球资本一边(见 Veltmeyer and Petras 2014 各国案例研究)。

全球采掘资本与拉丁美洲国家之间依赖关系的另一个表现是,后者无力监管前者,也无力监管采掘业公司赚取的超额利润。据估计,由于很低的特许权使用费,或者像案例中的墨西哥,不收取特许权使用费,以及对矿物和金属出口实行极为宽松的低税率制度——该地区很多国家在出口体制上的一个主要因素(特别是智利、玻利维亚、哥伦比亚、秘鲁)——这些矿产和金属在全球市场 70% 以上的价值被全球生产链上的不同资本家集团所占有。例如,英国《金融时报》2013 年 4 月 18 日的报道称,2002—2008 年,在初级商品热潮的高峰期,最大的商品交易商从"投资"中斩获了 2500 亿美元的利润。[①] 与此同时,鉴于采掘业生产的资本密集程度,据估计,工人的所得一般不到采掘资源价值的 10%。尤其是,拉丁美洲自然资源的出口带来的经济增长的好处是外化的,而极高的社会和环境成本则是内化的,由受采掘资本运作影响最直接的群体承担(Clark 2002;Velt-

---

[①] 在 2000 年,该部门的公司和贸易商赚取了 21 亿美元的利润;2012 年,赚取了 335 亿美元。21 世纪初期,一些贸易商的回报率超过了 50% 或 60%,如今,即使在"全球金融危机"和一些商品交易低迷的背景下,该部门贸易商的平均回报率仍在 20%—30%,以任何商业标准衡量都属于较高水平。事实上,自 2003 年以来,最大交易公司的净收入超过了高盛、摩根大通和摩根士丹利三家华尔街银行巨头之和,也超过了像通用电气这样的工业巨头。商品贸易商赚得比丰田、大众、福特、宝马和雷诺加起来还要多(Blas 2013)。

meyer and Petras 2014）。

"后华盛顿共识"的框架仍然依赖新自由主义的结构改革模式，认为有必要让国家重新参与发展进程，并仍然依赖采掘资本（"以资源寻求为目标"的外国直接投资），在寻求摆脱全球资本和帝国主义势力控制的拉丁美洲国家造成了严重的经济、社会和政治问题。然而，拉丁美洲国家已经开始监管采掘资本的经营，民众也日益抵制和反对这些业务的破坏性和对社会环境的负面影响，这也是全球资本面临的主要问题。不同的是，在采掘部门经营的资本家和公司能够依靠帝国主义国家的支持及其丰富的资源和强大的力量。

关于监管问题，帝国主义国家和国际组织能够调动其丰富的资源并利用其广泛权力，建立一个自我监管体系，即企业社会责任制（Gordon 2010；Mining Watch Canada 2009）。[①] 在这一理论的指导下，已经转向或诉诸自然资源开发战略的拉丁美洲国家面临着巨大压力，被迫允许从事采掘业的公司进行自我监管。至于围绕采掘资本运作（特别是采矿业）的资源战争和社会冲突问题，在过去的二十年，帝国主义政府曾一次又一次拯救采掘资本。在这方面，加拿大尤是如此，加拿大政府一直对其采矿业公司提供无条件和坚持不懈的支持，这些公司在拉丁美洲采矿业外国投资中占据主导地位，占采矿业投资资本的70%以上。[②] 为支持这些公司，加拿大政府通过向拉丁美洲国家政府施加外交压力，要求其支持企业社会责任制，并提供财政支持和援助，帮助加拿大采矿公司克服拉丁美洲对其采掘作业的普遍抵制，甚至将加拿大对外援助方案全部交给这些公司支配（Engler 2012；Gordon 2010；Webber 2008）。

[①] 为采掘资本建立的监管制度，现存在两种不同的模式。一种由联合国机构拉加经委会的经济学家构建，该机构曾领导了关于新自由主义的辩论，即"包容性国家行动主义"还是"包容性发展"（Infante and Sunkel 2009）。另一种模式被人们称之为"包容性增长"，该模式基于市场和"私营部门"的作用，而非国家的作用。其中最权威的形式之一由反动的（新自由主义）加拿大智库弗雷泽研究所的经济学家构建，并由加拿大下议院外交和国际发展特设常委会正式提出（2012）。

[②] 据估计，加拿大占据采掘部门中采矿业全球投资的60%以上。在海外，没有任何地方比拉丁美洲更能感受到加拿大采矿公司的存在。加拿大矿业公司全球资产的一半以上（价值接近570亿加元）位于拉丁美洲（Keenan 2010）。

结论：关于 21 世纪帝国主义的论点

我们分析过去二十年拉丁美洲的经济和政治发展，所得出的结论可以归纳为 12 个论点。

1. 资本主义发展的动力具有全球性，产生了不均衡的结果。此外，资本积累过程既涉及资本的地缘经济（即资本发展的时间和地点），又涉及资本的地缘政治（即帝国主义国家在促成资本发展中所发挥的作用）。

2. 阶级分析提供了重要工具，用于理解资本主义在不同发展阶段，帝国权力不断变化的经济和政治动因，使我们能够描绘不同阶段的生产力发展以及相应的生产关系和阶级斗争的动因。我们在拉丁美洲追踪到的这些动因，既有国内的，也有国际的，既涉及资本劳动关系，又涉及世界资本主义体系中的南北分裂。

3. 然而，在 20 世纪 80 年代，帝国主义被用来消除资本流动障碍，促进生产性投资流入拉美地区，而在新千年，帝国主义则被用来协助资本应对与受采掘资本活动直接影响的群体之间的冲突，应对更广泛的抵抗运动。

4. 新千年发生的世界经济权力的转移及资本在该地区的新的地缘经济对美帝国主义以及美国与拉丁美洲关系产生了巨大影响，缩减了美国国家权力的范围，并削弱了华盛顿发号施令或主导政治经济关系的权力。这体现在拉美和加勒比国家共同体的形成（CELAC），这个新的国家政治组织明确排除了美洲大陆上的两个帝国主义国家——美国和加拿大。

5. 在新千年，全球自然资源需求增加，新自由主义作为经济模式已经消亡，并发生了一系列民众骚乱和大规模动员，这些情况释放了新的抵抗力量，开始了政权更迭的动态过程。

6. 在这种情况下上台的中左翼政权呼吁对作为社会财富的自然资源实行公有制，对私有化企业进行分层并再次收归国有，监管采掘资本对生计和环境（大自然）的负面影响，并采取包容性国家行动，确保对财富和收入实行进步性的再分配。与 20 世纪 90 年代一样，这项政治发展进程的基本动力是社会运动，其社会基础是土著农民团体和农村无地的无产阶级或近乎无地的农业工人。这些运动调动了抵抗力量，反对宏观经济政策中"结构性改革"的新自由主义议程，也反对攫取资本主义对社会环境的负面影响，以及帝国权力在该地区的作用。

7. 这些变革和抵抗力量并没有导致与资本主义决裂。相反，一些"中左"政权掌权，并从高商品价格中受益，进而刺激经济复苏，并随之改善民众社会状况（极端贫困）。但是这些政权的政策遣散了社会运动并与华盛顿关系正常化，尽管有更大的国家自主性。在这种背景下，华盛顿在这期间失去了在阿根廷、巴西、乌拉圭、玻利维亚、委内瑞拉和厄瓜多尔的多个盟友和合作者，并随之招致整个地区的强烈反对。然而，华盛顿保留或重新获得了在巴拿马、哥斯达黎加、洪都拉斯、哥伦比亚、秘鲁、墨西哥和智利的委托人。同样重要的是，该地区出现的中左翼政权稳定了资本主义，坚守防线阻止任何企图扭转早期政权的私有化政策的行动，并阻止在走向乌戈·查韦斯（Hugo Chávez）总统所称的"21 世纪社会主义"方面取得实质性进展。

8. 美国与拉丁美洲之间的权力关系的不稳定性是拉丁美洲持续发展和变革的产物。过去的霸权虽然仍举足轻重，但预计将在未来继续衰落。除非拉丁美洲主要政权倒台，否则政策上的分歧将会加大，政治左派在言论和政治实践之间的现有矛盾可能会加剧。

9. 在军事影响和政治干预方面，美国的合作者在委内瑞拉（2002 和 2003 年）和玻利维亚（2008 年）发动政变的企图遭受了重大挫折，并且，随着 2009 年美国关闭曼塔军事基地，厄瓜多尔政变也宣告失败；但洪都拉斯政变取得了成功（2009 年）。2009 年，美国与哥伦比亚达成军事基地协议，哥伦比亚是美国对抗委内瑞拉的主要潜在军事盟友。然而，由于哥伦比亚总统换届，委内瑞拉查韦斯总统和哥伦比亚桑托斯总统和解，华盛顿遭受了部分失败。哥伦比亚与委内瑞拉达成价值 80 亿美元的贸易协议，这一协议利润丰厚，超过了哥伦比亚与华盛顿签订的军事基地协议。

10. 资本主义特有的矛盾不断激化，且攫取资本主义被认为具有特别的破坏性。在这样的背景下，继续奉行基于自然资源开采和初级商品出口的攫取主义国家发展战略的拉丁美洲国家不太可能维持快速增长。

11. 采掘资本在帝国主义国家推动和支持下的破坏性经营激发了强大

的抵抗力量。这些力量正在改变阶级斗争的轨迹。如今，阶级斗争的焦点不再是争夺土地和劳动，而是采掘资本对社会环境的负面影响，以及帝国主义掠夺和攫取自然资源的动力。

12. 各种反帝力量之间的相互关系尚不明确，且不断变化，但明确的一点是，美国已经失去了权力和影响力。综合这些历史的连续性，要求我们在设想拉丁美洲与帝国权力的关系发生永久性转变时应更加谨慎。尽管如此，仍有充分的理由认为美国强权衰落是不可逆转的长期趋势。

参考文献

Amin, S., 2001, "Imperialism and Globalization", *Monthly Review*, 53（2）. http://www.monthlyreview.org/601amin.htm.

Arellano, J. M., 2010, "Canadian Foreign Direct Investment in Latin America", *Background Paper*, Ottawa: North-South Institute.

Arrighi, G., 2005b, "Hegemony Unraveling II", *New Left Review*, 33, pp. 83 – 116.

Arrighi, G., 2005a, "Hegemony Unraveling I", *New Left Review*, 32, pp. 23 – 80.

Baran, P., 1957, *The Political Economy of Growth*, New York: Monthly Review Press.

Barrett, P., D. Chavez, and C. Rodríguez, 2008, *The New Latin American Left: Utopia Reborn*, London: Pluto Press.

Bienefeld, M., 2013, "The New World Order: Echoes of a New Imperialism", in *Development in an Era of Neoliberal Globalization*, edited by H. Veltmeyer, Oxford: Routledge, pp. 108 – 127.

Blas, J., 2013, "Commodity Traders Reap \$250bn Harvest", *Financial Times*, April 14.

Bulmer-Thomas, V., 1996, *The Economic Model in Latin America and Its Impact on Income Distribution and Poverty*, New York: St. Martin's Press.

Canada's House of Commons, 2012, *Driving Inclusive Economic Growth: The Role of the Private Sector in International Development*, Report of the Standing Committee on Foreign Affairs and International Development, Ottawa: Public Works and Government Services Canada.

CEPAL (Comisión Económica para América latina y el Caribe), 2012, *La Inversión Extranjera Directa en América Latina y el Caribe* [Foreign Direct Investment in Latin America and the Caribbean], Santiago: CEPAL.

Clark, T., 2002, *Canadian Mining Companies in Latin America: Community Rights and Corporate Responsibility*, Conference Report to the Centre for Research on Latin America and the Caribbean (CERLAC) and Mining Watch Canada, Toronto, May 9 – 11.

Crouch, C., and A. Pizzorno, 1978, *Resurgence of Class Conflict in Western Europe since 1968*, London: Holmes and Meier.

Dangl, B., 2007, *The Price of Fire: Resource Wars and Social Movements in Bolivia*, Oakland, CA: AK Press.

ECLAC (Economic Commission for Latin America and the Caribbean), 2012, *Statistical Yearbook for Latin America and the Caribbean*, Santiago: ECLAC.

Engler, Y., 2012, *The Ugly Canadian: Stephen Harper's Foreign Policy*, Halifax: Fernwood Publishing.

Farthing, L., and B. Kohl, 2006, *Impasse in Bolivia: Neoliberal Hegemony and Popular Resistance*, London: Zed Books.

Foster, J. B., 2003, "The New Age of Imperialism", *Monthly Review*, 55 (3), pp. 1 – 14.

Foster, J. B., 2006, *Naked Imperialism: The US Pursuit of Domination*, New York: Monthly Review Press.

Frieden, J., 2006, *Global Capitalism: Its Fall and Rise in the 20th Century*, New York: W. W. Norton.

Gordon, T., 2010, *Imperialist Canada*, Winnipeg: Arbeiter Ring Publishing.

Gudynas, E., 2010, "The New Extractivism in South America: Ten Urgent Theses about Extractivism in Relation to Current South American Progressivism", Bank Information Center, http://www.bicusa.org/en/Article.11769.aspx.

Hardt, M., and A. Negri, 2000, *Empire*, Cambridge, MA: Harvard University Press.

Harvey, D., 2003, *The New Imperialism*, New York: Oxford University Press.

Infante, B. R., and O. Sunkel, 2009, "Chile: hacia un desarrollo inclusivo" [Chile: Towards Inclusive Development], *Revista CEPAL*, 10 (97), pp. 135 – 54.

Keenan, K., 2010, "Canadian Mining: Still Unaccountable", NACLA (North American Congress on Latin America), May/June.

Klare, M., 2003, "The New Geopolitics", *Monthly Review*, 55 (3), pp. 51 – 56.

Lenin, V. I., (1916) 1963, *Imperialism, the Highest Stage of Capitalism*, Moscow: Progress Publishers.

Lewis, W. A., 1954, "Economic Development with Unlimited Supplies of Labor", *Manchester School of Economic and Social Studies* 22, pp. 139 – 191.

Magdoff, H., 2003, *Imperialism without Colonies*, New York: Monthly Review Press.

Mining Watch Canada, 2009, *Land and Conflict: Resource Extraction, Human Rights, and Corporate Social Responsibility: Canadian Companies in Colombia*, Ottawa: Mining Watch

Canada.

Mirowski, P., and D. Plehwe, eds., 2009, *The Road from Mont Pelerin: The Making of the Neoliberal Thought Collective*, Cambridge, MA: Harvard University Press.

Ocampo, J. A., 2007, "The Macroeconomics of the Latin American Economic Boom", *CEPAL Review* 93 (December), pp. 7 – 28.

OCMAL (Observatorio de Conflictos Mineros de América Latina), 2011, *Cuando tiemblan los derechos: Extractivismo y criminalización en América Latina* [When Rights Tremble: Extractivism and Criminalization in Latin America], Quito: OCMAL, www.rebelion.org/docs/150198.pdf.

Panitch, L., and C. Leys, 2004, *The New Imperial Challenge*, New York: Monthly Review Press.

Peet, R., 2003, *Unholy Trinity: The IMF, World Bank and WTO*, London: Zed Books.

Petras, J., and H. Veltmeyer, 2005b, *Empire with Imperialism*, Halifax: Fernwood Books / London: Zed Books.

Petras, J., and H. Veltmeyer, 2001, *Unmasking Globalization: The New Face of Imperialism*, Halifax: Fernwood Books / London: Zed Books.

Petras, J., and H. Veltmeyer, 2004, *Las privatizaciónes y la desnacionalización en América Latina* [Privatizations and Denationalization in Latin America], Buenos Aires: Libros Prometeo.

Petras, J., and H. Veltmeyer, 2005a, "Foreign Aid, Neoliberalism and Imperialism", in *Neoliberalism: A Critical Reader*, edited by A. Saad-Filho and D. Johnston, London: Pluto Press, pp. 120 – 127.

Petras, J., and H. Veltmeyer, 2007a, "Neoliberalism and Imperialism in Latin America: Dynamics and Responses", *International Review of Modern Sociology*, 33 (Special Issue), pp. 27 – 59.

Petras, J., and H. Veltmeyer, 2007b, *Multinationals on Trial*, Aldershot: Ashgate.

Petras, J., and H. Veltmeyer, 2009, *What's Left in Latin America*, Aldershot: Ashgate.

Petras, J., and H. Veltmeyer, 2013, *Social Movements in Latin America: Neoliberalism and Popular Resistance*, Basingstoke: Palgrave Macmillan.

Petras, J., and M. H. Morley, 1981, *Class, State and Power in the Third World*, Montclair: Allanheld, OSMUN.

Razack, S., 2004, *Dark Threats and White Knights: The Somalia Affair, Peacekeeping and the New Imperialism*, Toronto: University of Toronto Press.

Robinson, W., 2007, "Beyond the Theory of Imperialism: Global Capitalism and the Transnational State", *Societies Without Borders*, No. 2, pp. 5 – 26.

Romero, G., 2014, "Poder adquisitivo cayó 77% en 35 años en México" [Purchasing Power Fell 77% in 35 Years], *La Jornada*, 6 de agosto.

Saxe-Fernández, J., and O. Núñez, 2001, "Globalización e Imperialismo: La transferencia de Excedentes de América Latina" [Globalization and Imperialism: Surplus Transfer in Latin America], in *Globalización, Imperialismo y Clase Social* [Globalization, Imperialism and Social Class], edited by J. Saxe-Fernández, J. Petras, H. Veltmeyer, and O. Nuñez, Buenos Aires, México: Editorial Lúmen, pp. 87 – 165.

Sena-Fobomade, 2011, "Se intensifica el extractivismo minero en América Latina" [Mining Extractivism Intensifies in Latin America], Foro Boliviano sobre Medio Ambiente y Desarrollo, 03 – 02, http://fobomade.org.bo/art-1109.

UNCTAD (United Nations Conference on Development), 2007, *World Investment Report 2007*, New York and Geneva: UNCTAD.

UNCTAD, 2012, *World Investment Report 2012*, New York and Geneva: UNCTAD.

Van Waeyenberge, E., 2006, "From Washington to Post-Washington Consensus", in *The New Development Economics*, edited by K. S. Jomo and B. Fine, London: Zed Books, pp. 11 – 22.

Veltmeyer, H., 2005, "Development and Globalization as Imperialism", *Canadian Journal of Development Studies*, XXVI (1), pp. 89 – 106.

Veltmeyer, H., 2010, "Una sinopsis de la idea de desarrollo" [Synopsis of the Idea of Development], *Migración y Desarrollo* 14 (Primer Semestre), pp. 9 – 34.

Veltmeyer, H., and J. Petras, eds., 2014, *The New Extractivism in Latin America*, London: Zed Books.

Villar, O., and D. Cottle, 2011, *Cocaine, Death Squads, and the War on Terror: U. S. Imperialism and Class Struggle in Colombia*, New York: Monthly Review Press.

Webber, J., 2008, "Imperialism and Resistance: Canadian Mining Companies in Latin America", *Third World Quarterly*, 29 (1), pp. 63 – 87.

Webber, J., 2010, *Red October: Left Indigenous Struggle in Modern Bolivia*, Leiden: Brill.

Williamson, J., ed., 1990, *Latin American Adjustment. How Much Has Happened?* Washington, D. C.: Institute for International Economics.

Wood, M., 2003, *Empire of Capital*, London: Verso.

World Bank, 2008, *World Development Report 2008: Agriculture for Development*, New York: Oxford University Press.

（此文原载于英文期刊 *International Critical Thought*
《国际思想评论》2015 年第 5 卷第 2 期）

关于新全球资本主义的争论

——跨国资产阶级、跨国政府机构与全球危机

[美] 威廉·罗宾逊[*] 著　尹　兴[**] 译

摘　要：国家中心主义和民族国家（或国家间）的分析框架将民族国家具象化并偶像化，充斥在世界政治、政治经济学和阶级结构的许多理论和分析中，但却越来越难以解释21世纪的世界发展。世界资本主义和全球资本主义正在经历划时代的转变，进入持续的开放式的演变新阶段，其特征是真正的跨国资本崛起，各国融入新的全球化生产和金融体系，形成跨国政府机构，跨国资产阶级也将成为全球统治阶级。传统范式中难以解释的异常现象表明了库恩范式转变的必要性。资本间的竞争和国际冲突是该体系难以摆脱的问题，但在全球化时代，竞争呈现出新的形式，不一定表现为国家之间的竞争。全球资本主义正处于危机之中。跨国精英中较为明智的阶层想要建立更加强大的跨国政府机构来巩固跨国资产阶级的统治，开展自上而下的监管和治理，进而稳定危机重重的全球资本主义体系。反抗跨国资产阶级的斗争正在全球范围内开展，但民众、工人阶级和左翼的斗争正面临着许多挑战。

关键词：全球资本主义；跨国资产阶级；跨国政府；全球危机；国家中心主义；对现实主义的批判；全球霸权；跨国公司

---

[*]　威廉·罗宾逊（William I. Robinson），加州大学圣塔芭芭拉分校（UCSB）社会学和全球与国际研究教授，参与了UCSB的拉丁美洲和伊比利亚研究项目、全球与国际研究项目。主要从事宏观和比较社会学、全球化和跨国主义、政治经济学、政治社会学、发展和社会变革、移民、拉丁美洲与第三世界研究。个人主页为http://www.soc.ucsb.edu/faculty/robinson/，著作有《全球资本主义与人类危机》（Global Capitalism and the Crisis of Humanity，纽约：剑桥大学出版社，2014年）等。

[**]　尹兴，上海海事大学马克思主义学院讲师。主要研究方向为金融化和当代资本主义新变化。

困难不在于提出新思想，而在于摆脱旧思想（John Maynard Keyens 1965，viii）。

现在是时候转变研究世界资本主义和全球统治阶级的范式了。托马斯·库恩（Kuhn 2012）在他的开创性著作《科学革命的结构》中说，人们在接收破坏性信息后，会首先将信息强制纳入熟悉的框架。这个框架决定了我们如何解释收到的信息，过滤掉可能不正常的信息，并且尽可能忽略不匹配的迹象。但最终，这些异常将变得非常明显，因为这个框架已经无法解释需要解释的东西。唯一的出路是改变视角，即库恩提出的著名的"范式转变"。

国家中心主义和民族国家/国家间框架为许多世界政治、政治经济和阶级结构的理论化分析提供了信息，但却越来越难以解释21世纪的世界发展。在过去的二十年里，我和我的批评者一直就世界资本主义新阶段（即全球资本主义）的观点进行辩论，全球资本主义的特征是跨国资本、跨国资产阶级（TCC）和跨国政府（TNS）的兴起。① 如果说全球资本主义理论的批评者很少关注我和其他人提出的支持全球资本主义论点的经验证据，那么他们就更不会试图解释自己言论中日益增多的反常和不一致的现象，也不会关注为何这些言论无法为当代世界发展提供充分解释。

2016年年初，当我写下这些话的时候，美国和其他10个国家刚刚签署了跨太平洋伙伴关系贸易协定（TPP）。该协议允许在美国境内运营的外国公司向有权推翻美国法律的国际法庭就关键法规进行上诉。它还将禁止美国和其他任何签约国采取保护"本国"企业的歧视性政策。如果像主流

---

① 参见最近我与利奥·帕尼奇（Leo Panitch）和萨姆·金丁（Sam Gindin）的交流（Robinson 2014a，147-165）以及他们的回复（Panitch and Gindin 2014，193-204）。另见我的文章《全球资本主义和跨国精英的出现》（Robinson 2012）以及就相同问题对其作出回应的六篇文章（Carroll 2012；De la Barra 2012；Dello Buono 2012；Madrid 2012；Murray 2012；Prashad 2012）；我对艾伦·梅克辛斯·伍德（Ellen Meiksins Wood）的评论文章《对全球资本主义的现实主义分析陷阱：对艾伦·梅克辛斯·伍德〈资本帝国〉的评论》（Robinson 2007）；我的文章《全球资本主义和民族国家中心思想：我们看到民族国家时看不到什么，对阿里吉、摩尔、范德派尔和温特的回应》，载于《科学与社会》（Robinson 2001-2002）；以及《社会理论与全球化：跨国政府的崛起》，载于《理论与社会》（Robinson 2001）。另见我与保罗·卡马克（Paul Cammack 2009）在地缘政治、历史和国际关系方面的交流（Robinson 2009）。关于世界资本主义跨国新阶段，我的理论主张及我对相关评论的最详细回应参见《全球资本主义和人类危机》（Robinson 2014b）。

范式所称，世界由相互竞争的国家统治阶级组成，那么为什么美国政府会在跨国公司团体的支持下，通过这种贸易协议促进美国资本向海外转移并吸引其他国家的"外国"资本进入美国市场？更广泛地说，为什么各国（包括美国）会放松对国家金融和其他市场的管制，导致资本外流、本国税基收缩，有时甚至是急剧收缩？各国推进资本跨国化和跨国化整合所体现的阶级和社会团体利益的本质是什么？关于全球统治阶级，这将告诉我们什么？

再举一个例子，就在我写这篇文章的时候，全球矿业公司开始争夺锂的全球市场，锂是可充电电池的关键成分，用于新型交通、通讯和能源前沿技术。世界已探明锂资源储量最多的国家是智利。《经济学人》报道称，中国国际信托投资公司（CITIC）正在竞购智利化学矿业公司（SQM）持有的部分控股股份。与此同时，另一家中国公司天齐锂业与美国雅宝公司（Albermarle）合作在澳大利亚生产锂。一年前（2015年），世界最大的锂生产商雅宝公司收购了拥有智利第二大锂矿的洛克伍德公司（Rockwood）。紧挨着智利，阿根廷的一个大型卤水锂项目由澳大利亚矿业集团奥罗科布雷公司（Orocobre）和丰田公司合资的企业运营。这些跨国矿业集团将锂运往中国，供像富士康这样的全球企业巨头生产通信设备、汽车电池等，为苹果、索尼、三星、松下和LG提供产品组装服务（*The Economist* 2016）。民族国家范式将资本分到特定国家，并将这些"国家"资本与各自的民族国家联系起来，以解释国际关系动态。但是，全球锂贸易相互交缠背后的跨国阶级关系和政治动态模糊不清，难以归纳到国际关系框架。

第三个例子是2003年美军入侵并占领伊拉克，在"新帝国主义"的基础之上催生了家庭手工业。[①] 关于该事件的争论仍在持续。大多数观察家认为这次入侵是美国在与对手竞争过程中试图控制伊拉克的石油，从而巩固其不断衰落的霸权。范德派尔（Van der Pijl 2005，276）评论我的跨国政府理论时指出："（以伊拉克为例）美国和英国利用他们的军事'比较优势'，在联合国制裁似乎正在瓦解之时，出牌压制了俄罗斯和法国与萨达姆·侯赛因政权达成石油协议的意愿。"然而，在华盛顿入侵并占领伊拉克后，美国国务院协助建立的第一家跨国石油公司是"法国"石油公

---

① 英语文献中最值得注意的是大卫·哈维（Harvey 2005）的《新帝国主义》，和艾伦·梅克辛斯·伍德（Wood 2005）的《资本帝国》。

司道达尔（Total），接着是各家由于美国的占领而得以进入伊拉克石油市场的中国石油公司。如果美国的干预是在与其他国家及其国家资本竞争，那么为什么美国驻伊拉克殖民总督保罗·布伦纳（Paul Brenner）在占领伊拉克仅仅几周之后就宣布，伊拉克将在美国的保护下向世界各地投资者"开放商业"？

与主流范式相反，最近数十年的资本主义全球化能够更好地解释这些不同的发展情况。这种解释的核心是真正的跨国资本和跨国资产阶级在与全球劳动的辩证斗争中崛起。跨国资产阶级作为新的全球统治阶级站在全球权力集团的顶端，这里集团指的是普兰查斯（Poulantzas）所称的更为广泛的集团，由长期战略和同盟联系在一起的联盟集团和阶层构成。它一直试图构建一个葛兰西（Gramsci）所称的全球霸权集团，但收效甚微。在这个全球霸权集团中，跨国资产阶级行使领导权，并通过征得加入该集团的人同意来实施项目，而那些在物质激励和意识形态机制下仍没有加入该集团的大多数国家将会受到遏制或压制。2004年，我写道：

> 新的全球统治集团由跨国资产阶级领导的多种经济和政治力量组成，其政治和政策受新的全球积累和生产结构制约。指导该统治集团政治经济行为的逻辑是全球积累而不是国家积累。全球主义集团的核心是由跨国公司的所有者和管理者以及世界各地管理跨国资本的其他资本家组成的跨国资产阶级。该集团还包括国际货币基金组织、世界银行和世贸组织等超国家机构的精英和官僚。该历史性集团还聚集了北方国家和南方国家的主导政党、媒体集团、技术精英和国家管理者的主要力量，还有提供意识形态合法性和技术解决方案的有机知识分子精英和魅力人物。（Robinson 2004，75–76）

从写下这些话以来，全球资本主义正经历历史上最严重的结构危机，甚至可能变成系统性危机。面对这一危机，全球权力集团似乎正在瓦解。但是，跨国资本并没有回归国家资本主义。相反，跨国资产阶级转向建立永久性战争经济体和全球警察国家，以遏制失控的全球资本主义的爆炸性冲突。理论指导下的实践要求我们准确解读统治全球社会的阶级力量及其政治、经济的作用。我不可能在这里重述过去20年来关于跨国资产阶级和全球资本主义的一切论点。在接下来的内容中，我将概括中心论题，同时对主流的现实主义范式进行批判。

现实主义拒绝消失

20世纪下半叶发生了一些事情，将我们带入了世界资本主义不断发展、开放演化的新阶段：国家资本和国际资本开始演变为跨国资本。资本从未脱离国家而存在。如果说，正如马克思在《资本论》（第一卷）结尾部分所阐述的那样（Marx 1990），资本源自世界市场的创造，那么资本的诞生也要归功于为资本提供孵化和发展条件的国家：圈地和原始积累、法律体系和合同法、警察和军队，以及殖民征服等。这些位于世界资本主义欧洲核心地带的国家，无论是像英国这样保留君主制，还是像法国这样实行共和制，都与国家市场和新兴的资本主义集团相融合，形成了现代民族国家，从而确立了当前国际体系。

在理论层面上，现存的各种范式将世界资本主义体系的历史属性混淆为内在范畴，在分析过程中违背了历史唯物主义方法论。特别是，世界资本主义散布在不同的民族国家，并通过这种组织形式形成社会群体和阶级关系，是历史的偶然性。国家形式随着世界资本主义演变而发展，资本主义国家的特定形式是历史的产物。在某种程度上，现存的各种理论通过假定民族国家体系是世界资本主义的本体论特征，而使民族国家具象化。"资本主义社会是民族国家的社会，我非常坚信这一点"，萨米尔·阿明（Samir Amin）2011年声明，"尽管跨国化不断发展，资本主义社会一直都是，并将永远是（民族国家的社会）"。但是，阿明并没有为此提供任何理论或经验上的解释。国家的形式无法独立于构成国家的阶级和社会力量的共同体。逻辑性无法代替历史性。民族国家完全是历史性的，是资本主义的一种历史形式，不是固有形式，并非源于某种"资本主义逻辑"，而是源于世界资本主义的特定历史。

我们具象化民族国家对准确解读当前世界事务有怎样的消极影响呢？传统的马克思主义对世界资本主义中各阶级的分析通过民族国家/国家间体系过滤掉了对阶级和社会群体的分析，将世界资本视为相互竞争的不同的国家资本。在这个分析框架下，包括美国、德国、日本、法国和其他国家的民族资本家阶级之间的竞争和联盟推动了世界的发展。与此同时，每个民族国家都在为其"本国"资本家争取最佳条件而竞争，该体系中的核心国家则为争夺霸权而斗争。对于深陷在这个现实主义框架中的包括马克思主义者在内的国际关系学界来说，关键问题是，美国是否将继续作为一个（民族国家）帝国，并继续对民族国家的国际体系行使霸权。

这里存在一种很深的国家中心主义，与民族国家中心主义相关，但并不完全相同。我稍后再讨论国家中心主义。民族国家中心主义既是一种世界资本主义的分析模式，又是一种世界资本主义的概念本体论。这一本体论主导了国际关系、政治科学、世界体系学说和马克思主义大部分关于世界发展演进的理论。在这一本体论中，世界资本主义是由相互竞争和合作、不断变换联盟关系的民族阶级和民族国家组成的。民族国家范式将国家视为一个更大体系（世界体系或国际体系）中的独立单元，这个体系的特征是这些单元之间的交流。分析的关键单元是民族国家和国际或国家间体系。民族国家/国家间的范式将复杂且不断变化的现实置于特定的模板下。一切都必须符合这个模板的逻辑及其所描绘的图景。所有解释不得超出这一模板的范围。从这个意义上讲，民族国家中心范式有局限性。我们知道，事实不会"为自己说话"。这些具有局限性的范式使我们无法以新的方式解读事实，但这种新的方式更能解释 20 世纪后期和 21 世纪初世界的新发展。我们如何以这种民族国家/国家间竞争和争夺国家霸权的模板来解释《跨太平洋伙伴关系贸易协定》？这样一个分析框架如何解释全球锂市场及其跨国公司的结构？

如果说资本诞生自通过殖民征服和原始积累而暴力创造出的世界市场，那么资产阶级的孵化和发展的确发端于民族国家范围内。当世界资本主义核心国家的民族资产阶级征服国内市场时，他们利用自己的民族国家保护其市场免受其他民族国家的资产阶级的竞争，同时向外扩张，获取新的市场、劳动力和原材料。列宁（Lenin）、卢森堡（Luxembourg）等人提出的经典帝国主义理论并没有"错"，但作为其基础的一系列历史条件后来发生了变化。随着商业资本主义让位于工业资本主义，各国民族资产阶级通过扩大出口、市场竞争及霍布森（Hobson）、列宁等人指出的 19 世纪资本输出浪潮而国际化。随着各国民族资产阶级之间争夺市场及控制权的激烈竞争，世界贸易在 19 世纪末 20 世纪初急剧增长，被一些社会科学家称为全球化的"第一波浪潮"。

这一波国际化进程被大萧条暂时打断。第二次世界大战后，民族国家的公司恢复了资本输出，但这次更多的不是列宁等人所分析的间接投资，而是表现为多国公司（Multinational corporation，MNC）的对外直接投资，为随后几十年里全球一体化生产和金融体系的兴起铺平了道路。但这并不意味着这个体系是和谐的，实际远非如此。该体系饱受新兴多国公司内部、多国公司与更具国家和地区导向的资本家和精英之间，以及全球统治阶级和工人阶级之间激烈的矛盾和冲突冲击。尽管如此，这一新时代的特点是通过全球一体化生产和金融体系的兴起实现了生产本身的全球化。

最初，美国的多国公司扩张到了饱受战争蹂躏的欧洲及其前殖民帝国。在这一扩张中，"美国"的民族资本似乎正在主宰世界。20世纪70年代的一本畅销书《敌人》（*The Enemy*）指责美国公司控制欧洲经济（Greene 1970）。然而，无论这些多国公司扩张到哪里，他们都会与当地资本家和精英阶层建立联系。欧洲重建完成后，老帝国主义中心的多国公司开始了自己的跨国扩张浪潮。多国公司在国外开展生产业务，最初可能是为了避开国家保护主义政策，抢占当地市场份额，后来则是为了对抗以国家为基础的工人阶级力量。但它们一旦这样做了，就以一种全新的方式融入了当地的生产系统中。随着多国公司先在欧洲市场后在世界市场上增加离岸美元储备，并将其不断周转用于贸易和投资，这一整合进程得到深化。20世纪后期某个时刻，多国公司让位于跨国公司（Transnational Corporation，TNC）或全球公司（Global Corporation）。跨国公司巨头吉列的一位首席执行官评论说："多国公司在不同国家开展业务，而全球公司则将世界视为一个国家要。"（Sklair 2000，286）

跨国资本的兴起

我和其他学者[①]已详细论述了世界各地的民族资本如何通过多种机制

[①] 除了我之外，英语文献中与跨国资产阶级相关的还有：莱斯利·斯克莱尔（Leslie Sklair，参见《跨国资产阶级》[Sklair 2000]）；与我合作出版《走向全球统治阶级？全球化和跨国资产阶级》（Robinson and Harris 2000）的杰瑞·哈里斯（Jerry Harris），以及威廉·卡罗尔的《跨国资产阶级的形成》（Carroll 2010）。我们对跨国资产阶级的解读有很大差异。

相互渗透，以至于这些资本的民族起源已逐渐失去意义。20世纪后半叶，随着跨国资本交叉渗透和融合的加速，推动全球经济的巨型企业集团不再局限于代表某个国家，而是越来越多地代表跨国资本。跨国资本相互渗透的融合机制包括：跨国公司的大规模扩张和大量建立分公司；外国直接投资的显著增长；跨国兼并和收购（M&A）的显著增加；各国董事之间跨国互联的日益增加；两个及两个以上国家的公司之间的相互投资和共同投资迅速增长，资本股份的跨国所有现象增加；各种跨国战略联盟的扩张；跨国高峰商业协会的作用日益凸显；世界上大多数国家建立了股票交易所来买卖跨国公司股份；庞大的全球外包和分包网络；金融体系全球化，作为全球经济金融化过程的一部分。在这一金融化过程中，请注意货币资本不是不动的，而是在全球范围内流动，而固定资产的金融化则意味着其所有权以及与所有权相关的阶级关系变得不再固定且在全球范围内流动，例如房地产。

对全球资本主义理论持怀疑态度的人很少注意到越来越多的关于跨国资产阶级崛起的经验证据。就算注意到这一点的话，他们也会针对该进程的单一维度提出怀疑，如董事会的跨国性仍然有限，或坚持认为作为跨国公司正式注册地的国家本身仍有一定重要性。然而，资本跨国化的势头并没有减弱。尽管发生了全球危机，这一势头依然强劲。实际上，跨国化似乎是跨国资产阶级的一项战略，旨在降低与危机、停滞以及稀缺市场份额竞争加剧相关的风险。2015年，全球仅并购交易额就高达5万亿美元，超过了2007年创下的最高纪录（Kiersz 2015）。

在跨国资产阶级及其控制的跨国公司手中，资本聚集和集中的程度令人震惊。与世界资本主义的早期历史不同，这种资本聚集和集中积累和增强了跨国资本家集团而非民族资本家集团的权力。2011年，瑞士联邦理工学院的三位系统理论学家对43000家跨国公司的股权结构进行了一项常被引用的分析，发现其核心为1318家具有相互股权关联的跨国公司，其中每一家均与两家或两家以上其他公司有关联，平均关联20家公司。尽管这1318家跨国公司本身只占全球营业收入的20%，但它们似乎通过股权共同拥有了绝大部分世界上最大的蓝筹股和制造业公司，占全球收入的60%，共占全球总收入的80%（Vitali, Glattfelder, and Battiston 2011）。

该研究团队进一步梳理所有权网络发现，其中大部分可以追溯到147家关系更为紧密的公司组成的"超级实体"——每家公司的所有权都由其他超级实体成员公司持有——这些超级实体成员公司控制着该网络总财富的40%（Cohglan and MacKenzie 2011）。

另一项研究分析也印证了上述结果。实际上，整个网络的40%由不到1%的公司控制。令人吃惊的是，该网络中的50强大多是大型全球金融机构，其中高盛集团、摩根大通、巴克莱银行及全球金融机构和保险公司占据主导地位。这项研究显示，全球资本聚集和集中的程度令人难以置信，并且全球资本形成庞大的关系网，相互渗透不可分割。先前的研究发现，顶级跨国公司拥有或控制全球经济的主要部分，但这些研究涉及的公司数量有限，并且忽略了间接所有权的问题（Cohglan and MacKenzie 2011）。

尽管此项研究并没有讨论这些发现的政治含义，但我们应该清楚，尽管跨国公司集团之间存在竞争，但这种经济权力的高度集中对追求全球企业共同利益的国家或政治进程施加了巨大的结构性影响力。跨国资本作为全球范围内的资本霸主，越来越多地将敌方资本整合进自己的体系中，决定了世界生产的总体方向和特征，并决定了全球资本主义社会的社会、政治和文化特征。当然，世界各地仍然存在地方和国家的资本以及小规模资本。但这里的关键是，跨国资本——尤其是跨国金融资本——占据着霸权地位。规模较小或以国家为基础的资本发现，它们必须越来越多地与跨国资本相关联，无论是通过融资、投入、供应链、外包还是其他各种机制，从而使这些资本家从属于跨国资产阶级。此外，全球范围内资本的高度聚集和集中化表明，全球经济正在形成有计划的寡头垄断结构特征，集中规划在跨国公司群体的内部网络中实行，并越来越多地通过各种灵活的积累安排在跨国公司群体的网络之间实行。

跨国资本网络的内部核心成员可能只有几千人。基辛格事务所的前经理大卫·罗斯科夫（David Rothkopf）曾在他的畅销书《超级阶级》（*Superclass*）中估计，处于全球权力结构顶端的"超级阶级"由6000—7000人组成，约占全球人口的0.0001%（Rothkopf 2009），这些人支配并控制着约100万亿美元的财富（Phillips and Osborne 2013a）。他们为最重要的全球政策规划机构设定议程，如三边委员会、彼尔德伯格集团、八国集团和二十国集团、世界贸易组织、世界银行、国际货币基金组织、国际清算银行和世界经济论坛。他们通过跨国公司、政策规划机构、基金会、私人俱乐部和慈善基金的委员会相互关联，并担任或曾经担任过各种政府职位。他们主要是男性，且主要来自三个传统发达地区（北美、欧洲和日本），但来自发展中国家的成员越来越多，包括中国、印度、墨西哥、土耳其、菲律宾、印度尼西亚、新加坡、巴西、南非和海湾国家。

菲利普斯（Phillips）和奥斯本（Osborne）在对公司董事会的研究中，选定世界十大资产管理公司和集中程度最高的十大公司的董事会成员。由于两者存在重叠，他们最终确定来自 13 家公司的 161 人构成了"跨国资产阶级的金融核心"（Phillips and Osborne 2013b）。跨国资产阶级的最核心成员来自 22 个国家，84% 是男性，尽管包括来自新加坡、印度、南非、巴西、越南、中国香港、卡塔尔、赞比亚、中国台湾、科威特、墨西哥和哥伦比亚的成员，但其中绝大多数来自北美、欧洲和日本（45% 来自美国）（Phillips and Osborne 2013b）。如同对国家"权力精英"的研究中表明的那样，统治阶层的代表通过"旋转门"在公司和政府领导岗位之间轮换，跨国资产阶级的核心成员也在跨国公司和跨国政府机构及政策规划组织的领导岗位间变换角色。他们曾担任国际货币基金组织和世界银行的顾问或雇员、世界经济论坛的理事，并曾在欧盟、八国集团、二十国集团等的财政金融部门工作。

总部位于美国的金融集团的主导地位反映了资本主义全球化作为一个历史进程发展的政治和地理结构。作为 20 世纪和 21 世纪初的世界主导力量，美国仍然是全球经济的金融中心。但这并不意味着"美国"金融资本与其他国家金融中心相互对抗和竞争。有证据表明，上述 13 家最大的金融和投资集团是全世界跨国资本的结算中心；它们是由跨国资产阶级编织的全球网络的主动脉。

国家金融体系的全球整合和货币资本的新形式（包括对冲基金和二级衍生品市场），也使资本所有权的跨国化更加便利。新型的全球一体化金融体系除了在促进资本的跨国整合方面发挥中心作用之外，还加强了资本在部门之间的流动性，从而在模糊工业资本、商业资本和货币资本之间的界限方面发挥了重要作用。证券交易网络、全球贸易的计算机化，以及各国金融体系融合成单一的全球体系，使资本能以货币形式在全球经济和社会的动脉中畅行无阻。人们需要创造性地概念化理解资本形成的网络、模式和机制在何种程度上以多种方式将全球资本关联起来，需要超越最传统的思考模式，如董事会的互相关联或特定公司的注册国家。例如，世界上最大的金融机构之一、私人投资公司黑石集团是汇集各大洲资本集团的结算中心。截至 2008 年，中国企业在黑石投资超过 30 亿美元。黑石集团转而在全球投资超过 100 家跨国企业，并与众多《财富》500 强企业建立了合作伙伴关系。中国精英由此在全球企业资本网络中获得了收益份额，从广义上讲，也分享了全球资本主义的成功（Rothkopf 2009，46 - 47）。

资本之间的冲突是该体系的普遍现象，但在全球化时代，资本之间的竞争呈现出新的形式，并不一定表现为国家之间的竞争。竞争要求各公司必须建立全球市场，而不是国家或地区市场。跨国集团之间存在着激烈的竞争，它们通过包括各国政府在内的多种体制渠道来寻求利益。跨国资产阶级多种多样，内部并不统一，其唯一的统一之处在于都捍卫和扩张全球资本主义。跨国资产阶级本身并非一个稳定且内部一致的政治行为主体，但将自己构建成了没有民族认同、与民族资本进行竞争的阶级集团；它有阶级意识，也意识到自己的跨国性。这种跨国性并不妨碍其地方分支利用国家机构来推进其议程，也不妨碍跨国资产阶级在特定国家或地区的代表利用特定的族群认同和文化习俗来实现其利益。

从 20 世纪 80 年代开始，统治群体内的跨国团体先是在各国聚集起来，然后通过新自由主义重组、自由贸易协定、公共资产私有化（包括公用事业和服务业）以及更重要的国有和集体土地私有化——一个大规模的原始积累过程——来形成新的全球化生产和金融体系。跨国集团通过选举或其他方式在一个又一个国家夺取了国家权力，或改变了国家权力的阶级性质。他们利用国家权力将其国家整合进新兴的全球化生产和金融体系中，通常是通过引进与跨国积累相关的新型经济活动，比如信息通信技术、金融、非传统的农工业出口、工业部件组装、旅游和其他跨国服务。[①] 在国界之外，他们还利用国家和跨国政府的政策工具，来扩大和保护资本投资在世界各地的自由流动。

---

① 我在《跨国冲突：中美洲、全球化和社会变革》（Robinson 2003）和《拉丁美洲和全球资本主义：一个批判性的全球化视角》（Robinson 2008）中相当详细地阐述了拉丁美洲的这些进程。

地方（国家）和全球（跨国）的区分

　　这里我不再使用传统的马克思主义方法，不再把资本积累的循环区分为商业资本、工业资本和金融资本。许多关于跨国资本主义的报告都不符合这种概念区分。[①] 对于分析整体的全球资本循环而言，这种区分依然很重要，但跨国循环正在改变各部分资本之间关联的性质。这里重要的是要区分开以地方（国家）为导向和以全球（跨国）为导向的资本和精英。商业资本通过世界贸易最先跨国化，随后货币资本通过国际证券投资实现了跨国化。在全球化时代，生产性资本通过上述多种机制实施跨国化。目前，这一循环的跨国化已经发生，即 M-C-P-C'-M'，其中 M 表示货币，C 表示商品，P 表示生产，C' 是新商品，M' 是比循环开始时更多的货币，代表着资本积累，或是通过产生新价值来获得初始投资的本金和利润。

　　在世界资本主义的以往时代，该循环的第一部分 M-C-P-C' 在国内循环。商品在国际市场上出售后，利润回到国内，开始新一轮循环。在当今的全球化时代，生产过程日益遍布全球，这个循环的整个第一部分 M-C-P 亦是如此。在全球生产的商品和服务在世界范围内销售。利润则通过 20 世纪 80 年代以来出现的全球金融体系在全球范围内分配，这在本质上不同于早期的国际金融流动。这种生产的跨国化不仅包括跨国公司活动的扩展，还包括生产过程的重组、分化和在世界范围内的分散化。我们已经从世界经济（民族国家通过一体化国际市场中的贸易和金融流动相互关联）进入全球经济（生产过程本身已经跨国化），即从国际市场一体化走向全球生产一体化。因此，如果说"国家"经济体是指通过外部交换与其他这类实体相互关联的自治实体，那么全球资本主义已不再是"国家"经济体的集合。

　　随着生产本身遍布全球，尽管"生产"受地域限制（固定或相对流动性较低），但生产的资本家不一定受生产的地域限制。这是因为，通过全

---

① 尤其要参见"新葛兰西"（"neo-Gramscian"）和"阿姆斯特丹"（"Amsterdam"）学派对国际关系的论述。例如，参见凯斯·范德派尔的《大西洋统治阶级的形成》（Van der Pijl 1984）；亨克·奥弗贝克载于《国际关系与发展杂志》的《跨国阶级的形成与控制的概念：走向国际政治经济学的阿姆斯特丹计划谱系》（Overbeek 2004）；比埃勒和莫顿的《新帝国形成中的社会力量》（Bieler and Morton 2001）。

球化的金融体系，所有权关系也已去疆域化。来自世界各地的跨国资产阶级集团通过该金融体系进入全球生产体系，全球金融体系成为跨国阶级整合的主要机制。以流动性最低的资产——房地产为例，房地产的所有权关系已经去疆域化，全球房地产市场正在兴起。正如2007年美国抵押贷款市场崩溃前夕的所有权结构所示，抵押贷款作为所有权关系，与数百万人捆绑在一起，被世界各地的个人、机构和公司投资者购买。

从福特主义—凯恩斯主义和发展主义的国家积累体制向灵活的跨国积累体制的转变，形成了公司间全球依赖的新模式，将众多国家的代理人围绕跨国积累的循环整合在一起。罗塞尔（Russell）和他的同事在对印度业务流程外包的研究中发现，从20世纪90年代印度面向全球经济实行新自由主义开放以来，其业务前景一直是全球性的。他们指出：

> 这种资本主义发展与19世纪晚期俄罗斯的资本主义发展差异很大，列宁曾对后者进行了细致分析，在当时的俄罗斯，资本主义生产等于国内市场的形成。它与经典帝国主义理论和世界体系分析中阐述内容的含义也不相同。和帝国主义理论不同的是，我们看到印度资本发展时，与其说是与其他国家的资本竞争，不如说是与其他国家资本的演变相结合……因此，不同于单个民族国家之间的帝国主义竞争，我们发现在全球商业网络中创造出了跨国服务过程。有利于支持客户公司增长和积累的条件，对外包公司也同样有好处，这与客户公司的国籍无关……印度资本家的首要兴趣在于发展这种关系，也就是做大全球经济蛋糕的整体规模。正是在这种意义上，向外扩张的资产阶级是跨国资产阶级的一部分，他们实质上以超国家生产过程为基础，并充分了解自己的利益所在（Russell, Noronha, and D'Cruz 2016, 115–116）。

前第三世界的跨国资产阶级

在前第三世界崛起的跨国资产阶级和政府官员并不是依附理论家眼中的买办阶级，即帝国主义资本的高收入初级合作伙伴（well-paid junior partners）。新兴的全球阶级关系也没有表现为传统的殖民主义或帝国主义关系。前第三世界国家中"亿万富豪阶级"的崛起受到了很多关注，尽管这并非衡量跨国资产阶级形成的明确替代指标。2014 年，全世界有 49% 的亿万富豪来自北美、欧洲和日本，剩下 51% 的亿万富豪来自前第三世界和东欧国家（Hurun Research Institute 2015）。全球南方国家新兴起的亿万富豪和千万富翁似乎多半是在世界各地经营业务的企业巨头。传统理论认为，资本输出总是与殖民主义或帝国主义联系在一起，在这种关系中，资本输出国剥削资本输入国。然而，中国引领全球南方国家向其他南方国家和北方国家进行对外直接投资，并使对外直接投资激增。中国对外直接投资在 1991—2003 年增长了 10 倍，在 2004—2013 年又增长了 12.6 倍，从 450 亿美元增长到了 6130 亿美元（Zhou and Leung 2015）。

北方国家和南方国家的跨国资产阶级都能够利用剥削率和剥削强度的全球差异在全球经济体中剥削工人及其他从属阶级。印度现在有 100 多位亿万富翁。其中，塔塔集团（Tata Group）已发展为一个全球企业巨头，在六大洲 100 多个国家开展业务，涉及汽车、金融、医疗设备、建筑、餐饮、零售、钢铁、电信、化工、能源、航空和工程等各个产业。在 21 世纪的头十年里，该集团收购了前殖民宗主国英国的几家标志性企业，如路虎、捷豹、泰利茶、英国钢铁和乐购超市。[①] 值得注意的是，塔塔集团现在是英国最大的雇主。印度资本家与由其聚在一起的全球投资者网络中的其他资本家，一起剥削英国工人。

这是不是意味着印度现在是一个帝国主义国家并且征服了作为其前殖民宗主国的英国？相反，我们无法再以国家或民族国家为中心的范式来理解这种新发展。首先，国家不能相互统治，社会群体和阶级却能。其次，现在的情况并不是印度的资本家让英国资本家屈从于他们。确切地说，来自世界各地的主要资本家集团日益超越了其在特定民族国家的历史根基。由此，他们和来自世界各地的资本家集团相互渗透，这些就是统治集团之间以及统治集团和附属集团之间的跨国阶级关系。全球资本主义的阶级关系现在已经深深地内化在每个民族国家之中，以至于进行外部统治的民族国家帝国主义的经典形象已经过时了。

塔塔集团并非孤例。总部位于印度的米塔尔钢铁公司［Mittal Steel，

---

① 详情参见塔塔集团的网站，http：//www.tata.com/aboutus/index/ About-us。

现名安塞乐米塔尔（Arcelor Mittal）］是全球最大的钢铁生产商，其业务遍布各大洲。与塔塔集团一样，过去几十年来，米塔尔的全球扩张与其说是收购"外国"资本，不如说是通过并购、共同投资和股票交换来整合成全球经济巨头。米塔尔最初的对外扩张是并购了几家美国钢铁公司。印度跨国资产阶级的后起之秀拉克希米·米塔尔（Lakshmi Mittal）是高盛董事会、空客董事会和世界经济论坛国际工商理事会的成员。印度首富穆凯什·安巴尼（Mikesh Ambani）是《财富》500强名单上的另一家印度集团控股公司信实工业公司（Reliance Industries）的主要股东，他还在美国银行（Bank of America）董事会和外交关系委员会（Council of Foreign Relations）任职。

　　1973年石油输出国组织（OPEC）石油禁运后，海湾国家的统治家族开始融入资本积累的跨国循环。流入他们金库的巨额资金被存入美国和欧洲的银行系统，然后作为贷款借给第三世界国家或作为消费信贷借给消费者，从而进入国际循环。这种国际债务循环以及信贷体系的重组和扩张对资本主义全球化的进程非常重要。来自沙特阿拉伯的媒体和金融巨头阿尔瓦利德·本·塔拉尔（Alwaleed bin Talal）王子是跨国资产阶级在海湾地区崛起的典型代表。在20世纪90年代及21世纪初，这位亿万富豪购买了时代华纳、迪斯尼、新闻集团和福克斯等西方媒体公司的大部分股份。他还联合其他投资者收购了花旗集团数十亿美元的股份，并加入了全球主要投资公司凯雷集团（The Carlyle Group），他的跨国媒体和通信集团罗塔娜（Rotana）也由此融入了新兴的全球金融循环体系。阿尔瓦利德和他的集团还与各种跨国企业合作投资，如法国电信（France Telcom）、惠普（Hewlett-Packard）、国际商用机器公司（IBM）、沃达丰（Vodafone）和美国电话电报公司（AT&T）等，并向非洲、亚洲、欧洲和北美扩张。[①]

　　世界最大的跨国企业中的18家和87名亿万/千万富翁现在都以撒哈拉以南的非洲为基地。这些跨国企业主要集中在采掘业、电信、金融和农工业出口。这些非洲跨国资本家大多从20世纪90年代新自由主义重组之后开始积累或大量积聚财富，而且往往与近期来自中国、中东、拉美及北美、欧洲、日本的外国直接投资有关。非洲跨国资产阶级反过来又以对外

---

① 详情参见内奥米·萨克（Sakr 2013）。

直接投资或储蓄的形式向全球金融体系注入了约 1 万亿美元（Chen 2014）。

前第三世界和前第一世界的跨国资本家和全球化精英越来越渴望摆脱对地方的依赖，从而无需开发国内市场或保障当地从属群体的社会再生产。他们积累资本、地位和权力的参照标准是全球经济。事实上，与第一世界的广大工人群众相比，全球南方国家的跨国资本家拥有的社会权力多得令人难以想象。与此同时，第一世界的精英不再需要为了追求阶级和群体利益而在国内产生劳工贵族。然而，这并没有解决甚至加剧了北方国家和南方国家政府的合法性危机；这就是全球资本主义充满矛盾和危机的本质。

国家的具象化与国家中心主义的方法论

现实主义理论从各民族国家在国际体系中争夺霸权的斗争角度来分析全球统治阶级，并讨论美国霸权和帝国的兴衰。在这种现实主义范式中，阶级和社会力量被契合于民族国家/国家间体系之中，而历史唯物主义方法则相反，民族国家必须契合于阶级、社会力量和社会生产关系的政治经济体之中。

最近，许多关于美国霸权和帝国的文献都将国家说成像一个具有自我意识的宏观行为主体那样来思考和行动。帕尼奇和金丁（Panitch and Gindin 2013）是这种现实主义的典型代表，他们在《全球资本主义的形成》（*The Making of Global Capitalism*）中声称，"美国越来越被视为并自视为一个'伟大的国家'"（2013，36）。他们还在别处声称，"不应认为"亚洲的全球化"与渴望融入全球资本主义的各国愿望背道而驰"（2013，280）。但是，国家无法"看待自己"，它们没有"渴望"也没有"愿望"。这些是经典的国家具象化言论。将国家视为这样的行动主体就是将它们具象化。国家本身不会"做"任何事情。社会阶级和群体才是历史的行为主体，他们作为集体历史主体来做事情。这些社会力量通过包括国家在内的多种机构在复杂多变的冲突和合作网络中发挥作用。然而，这些机构本身并不是具有独立生命的行为主体。它们是社会力量的产物，社会力量再生产并调整着这些机构，构成了历史解释中的因果关系。我们需要首先关注的不是虚构成宏观行为主体的国家，而是社会力量群聚的历史变化，这些社会力量通过包括国家机器在内的多种机构发挥作用，而国家机器本身也由于集体代理人的行动而处于变革过程中。

帕尼奇和金丁提出的这些说法不仅以民族国家为中心，而且还以国家为中心。我所称的国家中心主义，并不是说国家对分析至关重要（它的确重要），也不是说在互相成就的辩证（递归）过程中，国家对社会和阶级力量的作用比不上社会和阶级力量对国家的作用。更确切地讲，我所称的国家中心主义是指，国家本身不能根据公民社会政治经济体中各社会和阶级力量的构成来解释，却将国家置于解释因果关系的中心位置。超越国家中心主义并不意味着忽视国家的相对独立性或其作为竞争场所的条件。以社会/阶级为中心的理论要求将国家考虑在内，但只将其视为社会和阶级力量的历史发展和斗争的衍生物。如果想要理解全球资本主义及其统治阶级的性质，我们必须重点关注处于持续矛盾、斗争和变革中的各种社会力量的构成，然后再分析它们如何在政治（包括国家）、文化和意识形态进程中制度化并表现出来。国家中心主义把国家置于中心地位，然后"倒推"充满矛盾的各种社会和阶级力量的构成。我们的分析无法从国家开始倒推到阶级。我们必须从国家倒推到由社会阶级和群体构成的公民社会的政治经济体。如果预设某种阶级结构存在，例如将资产阶级划分为相互对抗的民族国家资本（如上文阿明［2011］所称"一直都是，并将永远是"），我们也无法进行分析，这是因为，当生产和交换结构变化时，阶级结构也会发生变化。

不将国家具象化为什么很重要？这与关于全球统治阶级的辩论有何关系？将范畴具象化会导致对国家权力和国家间体系的现实主义分析。现实主义的隐含假设是，国家具有特殊的利益，并通过在国际体系中相互竞争来追求这些利益。具象化的方法使我们看不到背后的跨国阶级关系。例如，帕尼奇和金丁（Panitch and Gindin 2013）就依赖各国政府统计的进出口数据，对全球资本主义中阶级和国家关系的性质作出重要判断。他们和其他学者通过美国贸易顺差和逆差、中国的进出口等数据来推断"美国资本"和"美国经济"是否强于或弱于其他"国家"的资本和经济。但"国家经济"是什么？是具有封闭市场的国家吗？是受领土保护的生产循环吗？是国家资本占据支配地位吗？是国家金融体系与世隔绝吗？世界上没有一个资本主义国家符合这些描述。美国的出口数据显示的是离开美国港口的货物和服务的总价值。美国的进口数据是通过这些港口进入美国境内的货物和服务的总价值。这些进出口数据即使能提供理解全球资本主义阶级关系的信息，也是很少的。需要对这些数据进行解读。来自欧洲、日本和其他地方的跨国公司已在美国领土上投入巨资进行生产。因此，美国的出口数据包括在美国境内进行生产的"日本""欧洲"和"中国"等国的跨国公司出口的商品和服务。同样，美国的进口数据也包括大量在世界各地经营的"美国"跨国公司进口到美国的商品和服务。因此，美国境内的出口指的是跨国资产阶级的出口，美国境内的进口指的是跨国资产阶级的进口。在全球化时代，产品的生产地和目的地并不能用以判断其资本国别。

我们需要一个"国家阶级复合体"（State-Class Complexes）理论，吸收历史唯物主义国家理论的精华，以便对国家阶级复合体在过去几十年的演变及它们在全球资本主义体系中的发展动态进行历史分析。理论上，可以用一种历史唯物主义方法分析国际关系和国家间体系，将这些国家间关系视为最终的衍生物。然而，当探究的对象是国家间关系时，确实很容易倾向于将国家具象化；如果没有某种类型的认识论突破（范式转变），依然将国际关系视为国家间体系中各国之间的关系，就无法改变这种范式。

那么，我们应当如何理解美国在全球体系中的主导作用呢？20世纪70年代，跨国资本和全球经济的兴起是借助于世界经济的已有制度结构和国家间体系，而美国政府是该体系中最强大的机构。跨国资产阶级存在于多个国家之中，但更重要的是，他们通过民族国家、国际和超国家机构组成的密集网络运作，可以在抽象分析中被视为跨国政府机构。作为跨国政府机构中最强大的组成部分，美国政府为跨国资本的阶级力量而非"美帝国"发挥着核心作用。美国政府面临着全球各地统治集团的压力，要解决全球资本主义的问题，并确保整个体系的合法性。这是跨国资产阶级和美国民族国家之间背后的阶级关系（*The Economist* 2016）。然而实际上，无论是美国政府还是包含其在内的跨国政府机构，都无法在面对棘手矛盾时确保该体系的稳定性，更不用说解决该体系最紧迫的问题或确保其合法性了。

全球危机与跨国政府权力的矛盾

作为结论，我想重点谈谈全球化时代所特有的全球危机的一个方面：全球化经济和以民族国家为基础的政治权力体系之间的脱节。跨国资产阶级缺乏功能性的政治结构来解决危机、稳固全球权力集团以及构建霸权世界秩序（霸权世界秩序不是某个民族国家的霸权，而是跨国资产阶级通过跨国政府实行统治的霸权）。在历史上，精英们试图通过民族国家政策工具来解决资本主义的矛盾。然而，近几十年来，跨国资本已经摆脱了民族国家的限制。全球精英阶层试图通过跨国政府机构将全球经济的结构性力量转化为超国家的政治权力。然而，由于正式的政治权力分散在许多民族国家之中，并且跨国政府机构十分松散，没有权力核心或正式宪法，因此，跨国政府机构的碎片性和高度新兴性，使得这种尝试问题重重。跨国资产阶级中较为"开明"的精英代表们正在呼吁建立更强有力的跨国政府。他们正在探索跨国"治理"机制，允许全球统治阶级在该体系的无政府状态下实现统治，从而拯救全球资本主义，使其免于自我毁灭和免受来自下层的激进挑战。

但是，跨国政府无法对跨国积累实施协调和监管的原因还在于，跨国资产阶级作为阶级集团很脆弱，内部不统一且盲目追求短期积累，即追求短期和特殊利益胜过追求长期和阶级整体利益。跨国资产阶级中的政治阶层和跨国导向的精英和有机知识分子，包括跨国政府机构的成员，试图界定这种长期利益并制定政策、项目和意识形态来保护这些利益。由于全球权力集团各组成部分的具体利益各不相同，跨国政府的作用就是统一并组织各种阶层和群体来维护其长期政治利益，抵御世界各地被剥削和被压迫阶级的威胁。

跨国政治精英出席人数最多的论坛是世界经济论坛（World Economic Forum，WEF），该论坛每年在瑞士达沃斯（Davos）举行著名的年度会议。事实上，"达沃斯人"被用来描述新的全球统治阶级，是不无道理的。2008年，世界经济论坛创始人兼执行主席克劳斯·施瓦布（Klaus Schwab）号召跨国资产阶级革新"全球领导力"的形式：

无论是非洲的贫困还是东南亚的雾霾,越来越多的问题需要双边、区域或全球解决方案。在很多情况下,需要调动更多的资源,而这是任何一国政府都无法独自完成的……政治权力的局限性日益明显。全球领导力的缺乏是显而易见的,尤其是因为,陈旧的公约和程序阻碍了现有全球治理机构,某些公约和程序还是二战结束时制定的。主权仍掌握在国家政府手中,但真正有效的全球领导力尚未出现。与此同时,地方、国家、地区和国际层面的公共治理已经弱化。即使是最好的领导者也无法在失败的体系中成功地运作(Schwab 2008,108)。

施瓦布还呼吁建立"全球企业公民"来填补"全球领导力"的空白:

全球企业公民超越了企业慈善的概念,包括社会投资、公司社会责任和公司的社会企业家精神,因为它需要关注"全球空间",而全球空间越来越多地由超越民族国家控制的力量所塑造……全球企业公民意味着在宏观层面参与世界的重要问题,从而帮助加强全球市场的可持续性。[它]指的是一家公司在解决影响地球未来的重大问题方面的作用,如气候变化、水资源短缺、传染病和恐怖主义……提供获得食物、教育和信息技术的机会,帮助应对极端贫困、失败国家,以及灾害响应与救助(Schwab 2008,109)。

第二年,由于预测跨国政府机构无力应对当年的经济崩溃及其政治后果,世界经济论坛发布了"全球重新设计倡议"(Global Redesign Initiative,GRI)。2010年,世界经济论坛出版了一份关于GRI的600页报告《事关每个人》(*Everybody's Business*,Samans,Schwab,and Malloch-Brown 2010),呼吁建立一种新形式的全球企业规则。该倡议的核心是将第二次世界大战后建立的联合国体系改造成由跨国公司高管与政府"合作"管理的企业政府混合实体,并将其委婉地表达为"全球治理"和"多元利益相关方",其中多元利益相关方指的就是跨国公司及其相关成员。

如果跨国精英想要建立更强大的跨国政府来巩固跨国资产阶级统治并使该体系更稳定,那么对全球工人阶级来说,将世界分隔成一块块相互竞争的民族国家也不是最理想的情况。跨国资本的结构性力量及其对统治集团直接政治和军事力量的资助，可以且经常会扰乱和破坏任何国家或地区民众自下而上的斗争。民族国家扮演了阻遏工人流动的角色，使跨国资产阶级能够维持差别工资体系，从而迫使每个国家的工人阶级相互竞争，即所谓的"逐底竞争"（race to the bottom）。

自2008年金融危机以来，反抗跨国资产阶级的运动已遍及全球。无论在哪里，都能看到大众的、草根的、左翼的斗争，和新的抵抗文化的兴起。这些全球反抗运动的发展并不均衡，并面临诸多挑战。此外，很多这样的抗争都遭遇了挫折。如何自下而上地反抗跨国资产阶级及其日益无所顾忌的统治？什么样的转型是可行的，以及如何实现它？虽然我们无法在这里讨论这些问题，但我们的实践必须依据对全球资本主义及其统治阶级的准确分析，就像我在本文中所尝试的那样。

参考文献

Amin, S., 2011, "Transnational Capitalism or Collective Imperialism?" *Pambazuka*, March 23. Accessed February 24, 2017, https：//zcomm. org/znetarticle/transnational-capitalism-or-collective-imperialism-by-samir-amin.

Bieler, A., and A. D. Morton, 2001, *Social Forces in the Making of the New Empire*, London：Palgrave.

Cammack, P., 2009, "Forget the Transnational State", *Geopolitics, History and International Relations*, 1（2）, pp. 1275 – 1267.

Carroll, W., 2010, *The Making of a Transnational Capitalist Class*, London：Zed.

Carroll, W. K., 2012, "Global, Transnational, Regional, National：The Need for Nuance in Theorizing Global Capitalism", *Critical Sociology*, 38（3）, pp. 365 – 371.

Chen, L., 2014, "The World's Largest Companies 2014", *Forbes*, May 7. Accessed February 25, 2017, http：//www. forbes. com/sites/liyanchen/2014/05/07/the-worlds-largest-companies-china-takes-over-the-top-three-spots/#57e02b1b3d64.

Cohglan, A., and D. MacKenzie, 2011, "Revealed—the Capitalist Network that Runs the World", *New Scientist*, October, 19. Accessed February 24, 2017, http：//www. newscientist. com/article/mg21228354. 500-revealed--the-capitalist-network-that-runs-the-world. html.

De la Barra, X., 2012, "The Global Social Uprising：Limits to Predatory Capitalism", *Critical Sociology*, 38（3）, pp. 395 – 399.

Dello Buono, R. A., 2012, "Transnational Elites and the Class Character of Latin American Integration", *Critical Sociology*, 38 (3), pp. 373–380.

Greene, F., 1970, *The Enemy: What Every American Should Know About Imperialism*, New York: Random House.

Harvey, D., 2005, *The New Imperialism*, New York: Oxford University Press.

Hurun Research Institute, 2015, "Huron Global Rich List 2015", Accessed on February 24, 2017, http://www.hurun.net/en/ArticleShow.aspx?nid=9607.

Keyens, J. M., 1965, *The General Theory of Employment, Interest, and Money*, New York: Harcourt, Brace & World.

Kiersz, A., 2015, "For the First Time Ever, Global M&A Deals Surpassed $5 billion", *Business Insider*, December 28. Accessed on February 24, 2017, http://www.businessinsider.com/ten-biggest-ma-deals-of-2015-2015-12.

Kuhn, T., 2012, *The Structure of Scientific Revolutions*, Chicago: University of Chicago Press.

Madrid, S., 2012, "Elites in Their Real Lives: A Chilean Comment on Robinson", *Critical Sociology*, 38 (3), pp. 389–393

Marx, K., 1990, *Capital*, Volume I, New York: Penguin Books.

Murray, G., 2012, "The New Fractionation of the Ruling Class", *Critical Sociology*, 38 (3), pp. 381–387

Overbeek, H., 2004, "Transnational Class Formation and Concepts of Control: Towards a Genealogy of the Amsterdam Project in International Political Economy", *Journal of International Relations and Development*, 7 (2), pp. 113–141.

Panitch, L., and S. Gindin, 2013, *The Making of Global Capitalism: The Political Economy of American Empire*, London: Verso.

Panitch, L., and S. Gindin, 2014, "Response", *Studies in Political Economy*, No. 93, pp. 193–204.

Phillips, P., and B. Osborne, 2013a, "Exposing the Financial Core of the Transnational Corporate Class", in *Censored 2014: Fearless Speech in Fateful Times*, edited by M. Huff and A. L. Roth, New York: Seven Stories Press, pp. 313–330.

Phillips, P., and B. Osborne, 2013b, "Exposing the Financial Core of the Transnational Capitalist Class", *Global Research*, September 13. Accessed February 24, 2017, http://www.globalresearch.ca/exposing-the-financial-core-of-the-transnational-capitalist-class/5349617.

Prashad, V., 2012, "World on a Slope", *Critical Sociology*, 38 (3), pp. 401–403.

Robinson, W. I., 2001, "Social Theory and Globalization: The Rise of a Transnational State", *Theory and Society*, 30 (2), pp. 157 – 200.

Robinson, W. I., 2001 – 2002, "Global Capitalism and Nation-State Centric Thinking: What We Don't See When We Do See Nation-States, Response to Arrighi, Moore, van der Pijl, and Went", *Science and Society*, 65 (4), pp. 500 – 508.

Robinson, W. I., 2003, *Transnational Conflicts: Central America, Globalization, and Social Change*, London: Verso.

Robinson, W. I., 2004, *A Theory of Global Capitalism: Production, Class, and State in a Transnational World*, Baltimore: Johns Hopkins University Press.

Robinson, W. I., 2007, "The Pitfalls of Realist Analysis of Global Capitalism: A Critique of Ellen Meiksins Wood's Empire of Capital", *Historical Materialism*, 12, pp. 71 – 93.

Robinson, W. I., 2008, *Latin America and Global Capitalism: A Critical Globalization Perspective*, Baltimore: Johns Hopkins University Press.

Robinson, W. I., 2009, "Global Capitalism, Social Science, and Methods of Critique: Response to Cammack's 'Forget the Transnational State.'", *Geopolitics, History and International Relations*, 1 (2), pp. 1164 – 1274.

Robinson, W. I., 2012, "Global Capitalism and the Emergence of Transnational Elites", *Critical Sociology*, 38 (3), pp. 349 – 364.

Robinson, W. I., 2014a, "The Fetishism of Empire: A Critical Review of Panitch and Gindin's The Making of Global Capitalism", *Studies in Political Economy*, No. 93, pp. 147 – 165.

Robinson, W. I., 2014b, *Global Capitalism and the Crisis of Humanity*, New York: Cambridge University Press.

Robinson, W. I., and J. Harris, 2000, "Towards a Global Ruling Class? Globalization and the Transnational Capitalist Class", *Science and Society*, 64 (1), pp. 11 – 54.

Rothkopf, D., 2009, *Superclass: The Global Power Elite and the World They Are Making*, New York: Farrar, Straus and Giroux.

Russell, B., E. Noronha, and P. D' Cruz, 2016, "Transnational Class Formation: A View from Below", In *Globalization and Transnational Capitalism in Asia and Oceana*, edited by J. Sprague, London and New York: Routledge, pp. 108 – 124.

Sakr, N., 2013, "Where Arab Media Magnates Stand Vis-à-vis Globalized Media Flows: Insights from Egypt and Saudi Arabia", *International Journal of Communications*, No. 7, pp. 2285 – 2302.

Samans, R., K. Schwab, and M. Malloch-Brown, eds., 2010, *Everybody's Business:*

Strengthening International Cooperation in a More Interdependent World, Geneva: World Economic Forum.

Schwab, K., 2008, "Global Corporate Citizenship: Working with Governments and Civil Society", *Foreign Affairs*, 87 (1), pp. 108 – 118.

Sklair, L., 2000, *The Transnational Capitalist Class*, Oxford: Wiley-Blackwell.

The Economist, 2016, "An Increasingly Precious Metal", *The Economist*, January 16, pp. 69 – 70, Accessed January 9, 2017, http://www.economist.com/news/business/21688386-amid-surge-demand-rechargeable-batteries-companies-are-scrambling-supplies.

Van derPijl, K., 1984, *The Making of an Atlantic Ruling Class*, London: Verso.

Van derPijl, K., 2005, "A Theory of Global Capitalism: Feature Review", *New Political Economy*, 10 (2), pp. 273 – 277.

Vitali, S., J. B. Glattfelder, and S. Battiston, 2011, "The Network of Global Corporate Control", *Plos One*, October 26. Accessed on February 25, 2017, http://journals.plos.org/plosone/article?id = 10.1371/journal.pone.0025995.

Wood, E. M., 2005, *Empire of Capital*, London: Verso.

Zhou L., and D. Leung, 2015, "China's Overseas Investments, Explained in 10 Graphics", *World Resources Institute*, January 28, Accessed on February 24, 2017, http://www.wri.org/blog/2015/01/china%E2%80%99s-overseas-investments-explained-10-graphics.

（此文原载于英文期刊 *International Critical Thought*
《国际思想评论》2017 年第 7 卷第 2 期）

全球垄断与跨国资产阶级

[美] 杰瑞·哈里斯[*] 著　韦镇坤[**] 译

摘　要：全球化使世界级的跨国公司纷纷在各自的经济利益领域争当占主导地位的垄断巨头。这种竞争性斗争往往在跨国资产阶级中发生，而不是由国家通过支持领军民族企业来进行。这反映了资本主义性质的变化。而资本主义寻求市场、资源和劳动力的结构性需求，则要求建立一个无缝的世界金融和生产体系。这是一个漫长的历史进程，各个民族国家根据自身条件按自己的节奏，逐渐融入全球生产和积累体系，其中充斥着冲突和竞争，但各方共同的目标是创建一个全球统一的资本主义体系。

关键词：垄断竞争；跨国资产阶级；跨国公司

众所周知，世界经济命脉掌握在少部分跨国公司手中，包括世界知名500强杂志《财富》在内的许多重要研究，以及联合国贸易和发展会议（United Nations Conference on Trade and Development）在其《世界投资报告》（*World Investment Report*）中都对这些企业进行了跟踪调查。编辑在册的统计数据勾勒出一幅全球生产、金融和竞争形势的世界图卷，表明跨国资产阶级（Harris 2006；Robinson 2004；Sklair 2001）已经出现。这是一个以全球资本循环和世界性垄断竞争为基础的阶级。

如果我们认识到世界生产和金融一体化的根本变化，我们就需要提出一个重要问题，即垄断资本国际化是否改变了阶级结构？多年来，跨国资

---

[*] 杰瑞·哈里斯（Jerry Harris），美国芝加哥德瑞大学历史学教授，北美全球研究协会国家秘书，全球资本主义批判研究网创始人之一，著有《全球化的辩证法：跨国世界中的经济和政治斗争》，在《种族与阶级》《科学与社会》等学术期刊上发表了多篇论文。

[**] 韦镇坤，上海海事大学副教授。

产阶级理论认为全球垄断和积累的跨国形式已经改变了以国家为中心的阶级构成。生产关系的变化性质不再主要基于国内，而是基于全球劳动力、投资和资产，这重新定义了资产阶级的特征。垄断竞争的性质也体现了这种变化，竞争始于民族国家间的对抗，而后拓展到跨国公司间的竞争。

马克思（Karl Marx）在《政治经济批判学大纲》中指出，资本主义必须排除所有障碍，征服地球，以获得市场（Marx 1973）。所以，扩大资本流通范围的需求来自资本主义制度的内在逻辑，是全球资本家共有的重要诉求。这一自然驱动力在全球化中得到最好体现。因此，努力打造无缝衔接的跨国投资和生产体系的过程，催生了跨国资产阶级。这个阶级从资本主义本身的历史运动中产生，在资本主义不断拓展其生存空间的进程中得到巩固。而这个过程也塑造了一个特殊的时代，旧有的以国家为中心的国际体系逐渐衰落，新的跨国生产和跨国金融体系逐渐形成。资本主义的基本逻辑并没有发生变化。利润、权力的积累，以及对劳动和自然的剥削压榨仍是其基本特征，只是换了新的方式来展现。

跨国化的进程并不均衡。来自不同民族国家的跨国资产阶级都试图将本国经济嵌入到国际积累的格局中，于是，他们各自的特点都对这种变化的进程产生了影响。除此之外，跨国资产阶级还参与政治斗争，尝试创建治理体系来规范和包容新的生产关系。发展的步调取决于多种因素，包括阶级斗争的激烈程度、一国历史上在帝国主义体系中所处的位置、技术水平、教育水平和企业实力等。这些以及其他种种因素的作用影响着一国能否快速全面地跟上跨国化的步伐，在全球化进程中确立本国特色。

现今，有些人坚持认为世界秩序仍以国家为中心，而另一些人则主张全球化进程已经完成，而跨国化这一辩证过程在双方的争论中是被忽视的。专注于在两种截然相反的观念之间划清界限往往会让我们错失真正的重点。其实，新兴的跨国体系正是居于二者之间的折中地带。两种对立的观点互相依存，全球化正是产生于两者的矛盾之中。随着矛盾的进一步激化，世界资本主义的轮廓也渐显清晰。

那些依靠旧的国家体制赋予的特权和福利而存在的阶级力量，会极力争取保住他们既有的权力和地位。工人阶级在福特主义工业时代赢取并写入社会契约中的权益很难被废除。如果没有人要求让步或公然表示反对，本国企业的市场份额、税收政策和补贴也不会被牺牲。这种冲突推动着跨国资本家在一个深陷债务和失业泥潭的世界里，为了确立他们自己的规则和逻辑而斗争。在他们看来，经济增长不能建立在国家产业政策与全球投资脱钩的基础上。国家发展、利润和竞争优势是全球化的代名词。国家发展、利润和显著的竞争优势就是全球化的意义所在。新的世界体系诞生于国家和跨国阶级力量间的斗争，反映着两大集团的实力对比。

跨国经济与跨国资产阶级

跨国资产阶级理论用若干突出特点来界定跨国经济，其中主要的经济指标包括：外商直接投资、跨国并购、国外分支机构、全球生产线、跨境资金流动、公司董事会和关系网的跨国化、主权财富基金的对外投资活动、与跨国公司有联系的庞大国内分包商网络、股权的跨国性、外国持有资产的比率、国外员工数和对外销售额与本国数据的对比，以及外来收入和利润占比等。资本主义的积累正是通过这些全球流通活动实现的。资本主义积累通过这些全球化的循环运作，很少有人能够在他们买卖商品的环节中不受影响。

跨国资产阶级正是围绕上述经济活动产生的，这些活动也决定了他们在生产关系和剩余价值创造过程中的地位。对于跨国公司的所有者和决策者来说，他们的日常生活完全沉浸在竞争和积累的全球战略中。这种沉浸感可以从以下三个层次中凸显，以表明其日益成熟的性质。

首先，企业的大部分资产、员工、销售额和利润都与跨国积累的循环紧密相连。资本家们的决策必将涉及面向全球生产线的协调与管理、劳资关系、市场营销、竞争威胁、各国各地区不同的监管结构等因素。在这个层面，全球化的积累和生产对企业的生存至关重要。

其次，即便不涉及重要的金融投资，和外国资本家不产生关联，上述情况仍可发生。随着企业的外国股东占比加大，投资逐渐向对外合资合作项目、跨国并购和外企股权倾斜，外国直接投资增加，与国外分包商建立长期的合作关系，跨国一体化必将进一步深化。在这一层面，金融和企业利益的跨国一体化将会出现，服务于竞争战略的全球联盟建立。当今世界大多数跨国公司都处于这一阶段。

最后，随着公司董事会成员由来自不同国家的跨国资本家组成，负责企业运营的领导层也会发生跨国一体化（Carroll 2010）。不同国籍的区域负责人在遍布世界各地的各个营收中心担任管理职务。与此同时，诸如国际商会或国际金融研究院等具有影响力的政策组织中也会有越来越多的成员来自不同国家。这些人际网络会推动政治和社会领域的一体化，从而深化跨国资产阶级的结构。由于参与了相同的跨国公司董事会、精英政治委员会、高级俱乐部等组织，跨国资本家们会利用这些平台培养自己的领袖，开展共同的项目，形成共同的文化态度和经济构想。

垄断资本国际化的一个重要指标，是外国持有资产的规模大小。2010年，美国在海外的总资产为20万亿美元，而外国在美国境内的资产超过22万亿美元。这42万亿美元的数字（尽管世界投资总额没有被完全统计），但还是让大众看到了跨境垄断力量的规模（Bureau of Economic Analysis 2010）。不过，这样的跨境投资会不会形成不同帝国间的较量，让本国企业中的翘楚进军其他国家，压榨并控制他国的市场呢？另外，这些投资是否真的能将利润和资源回流到国内，巩固本国的社会契约，扩大就业，提升工人阶级福利呢？竞争除了给资产阶级带去财富外，还必然带有国家的成分。没有了社会契约，竞争就只局限于资本家之间的阶级斗争，而不会上升到国家间阶级斗争的层面。

资产阶级革命的一个重要特征就是通过为所有公民争取政治经济权利产生了民族身份认同。正因为如此，资产阶级才成了民族国家层面上的统治阶级。这一重要特征使资产阶级国家区别于贵族统治的农业国家。国家权力不应只限于保护自己属地的市场。统治的合法性来源于经济和社会层面的紧密联系，或者说是葛兰西（Gramsci）所说的在一致同意的基础上形成的霸权集团。正所谓"对通用电气有利的，就是对美国有利的"。也难怪这样的口号如今已不再适用，毕竟政治和经济权利都已失去了意义。

为了考察竞争的性质，我们来看一下德国西门子和美国通用电气的投资情况。西门子2010年有6万多名美国雇员，是全球雇佣美国人最多的100家公司之一，在美国50个州设有100个生产厂，在美销售额达250亿美元，出口额30亿美元。西门子从美国产业工人身上榨取剩余价值的同时，也提供了工作岗位并增加了美国的出口。这些活动有助于美国国家经济的发展，但并未给德国带来具体的好处。尽管德国是西门子的重要基地，但西门子已经是一个彻头彻尾的跨国公司了。2002—2008年，西门子的外籍员工占比从59%上升到69%，国外持有资产比例从62%飙升至84%，海外销售额占比也从66%增加到84%。西门子在全球190个国家和地区设有605家海外分支机构（UNCTD 2002，276；2009，228）。

通用电气也有着与西门子类似的跨国竞争战略。2001—2010年，该公司解雇了20%的美国员工，截至2008年，近53%的员工来自海外，海外资产占比从36%增至50%，海外销售额占比从31%增至64%，在全球100多个国家和地区设有787家海外分支机构（UNCTD 2003，187；2009，228）。通用电气也因其见利忘义的税收游说行为而受人诟病，在过去五年中，它在美国营收利润260亿美元的基础上，净税收得益就为41亿美元（Kocieniewski 2011）。

西门子和通用电气之间的竞争波及全球。它们在直接范围内的主导地位，并非主要基于它们在美国或德国市场上的地位，也不是基于它们本国的就业情况或本国持有的资产的情况。如果需要通过解雇本国员工和避税来增强企业的国际竞争优势，这些公司会这样做的。如果需要关闭国内的工厂转而将它们开设到国外，它们也会这样做的。全球化最主要的成果并不是使国家变得富有，而是增加了资本外逃和离岸外包。国内活动越来越少导致失业率上升，经济增速放缓，社会契约弱化。我们无法将这种现象说成是国家间竞争的产物，因为国家战略并未在其中发挥作用。这是西门子和通用电气的寡头之争，不是德国和美国在国家层面上的竞争。这是垄断资本国际化的体现，也反映了跨国资产阶级的特征。正如世界贸易组织总干事帕斯卡尔·拉米（Pascal Lamy）所说，"美国制造"或"中国制造"这样的概念已不再适用。如今，更准确的说法应该是"世界制造"（Friedman 2011）。

通用电气的战略，是其他美国跨国公司的典型策略的代表。根据穆迪的测算，美国跨国公司50%的现金流都在海外，甲骨文等公司的海外现金占比高达90%。思科的海外账户总额为434亿美元，而美国国内账户仅有46亿美元；微软在海外有420亿美元，在美国有82亿美元；苹果在海外拥有476亿美元，美国有286亿美元。据估计，美国公司的离岸存款总额超过1.5万亿美元。企业选择将大部分收益放在海外是因为美国国内的税率较高。但是，这些不再为本国提供资金支持的企业，还能视为优秀的民族企业吗？跨国公司总是振臂高呼，要求出台优惠政策，要求政府出手救市，但一转眼它们就将资金转移到了开曼群岛。此外，当在国外获得的利润滞留在国外时，资金就不会再用于扩大国内生产和创造就业机会。对于跨国公司而言，民族身份已不过是一种营销策略和可操控的竞争优势。这样的经营方式体现的恰恰是跨国资产阶级的国际化特征，而非民族国家特征。

跨国资产阶级背弃了它们对自己国家的财务承诺，国家也背弃了只忠于本民族的诺言。美国政府在世界事务中扮演的角色是复杂的，尤其是军事方面（Harris 2002）。联邦政府挽救美国企业的手段体现了越来越明显的跨国化特征，从中我们可以看出美国经济政策的重要转变。奥巴马政府拯救美国汽车工业的战略使克莱斯勒加入了菲亚特的阵营，成了一家意大利公司；让通用汽车关闭了设在国内的数十家生产厂，解雇了上千人，却扩大了对中国的投资。跨国性政策在银行业救助方面也有体现。彭博社依照《信息自由法案》获得的文件研究表明，美国联邦储蓄银行借用的1.2万亿美元公共资金，有近一半流入了欧洲企业。其中最大的两笔贷款是借给苏格兰皇家银行的845亿美元和借给瑞士瑞银集团的772亿美元（Keoun and Kuntz 2011）。可见，美国经济已经与跨国资本深度融合，美国政府必须据此采取适当的行动，承担应尽的责任，而不仅仅只代表美国资本。

不过，真的有纯粹的美国资本这个概念吗？证券和股票的全球一体化特征给了我们答案。2010年，美国持有的外国证券和股票总额为5.471万亿美元，美国国内由外国私营部门持有的证券和股票价值6.113万亿美元，外国官方机构持有的美国证券价值4.373万亿美元（Bureau of Economic Analysis 2010）。这三类的总价值超过15万亿美元，这表明跨国资产阶级的投资规模巨大，且已超越国界，将金融和企业利益融为一体。近期的另一项调查显示，全球15491家主要跨国公司拥有来自190个国家的47819名大股东（包括个人和机构）（Vitali, Glattfelder and Battiston 2011）。总部所在地和公司名称已不能说明哪个国家在企业中享有利益，它们的所有权已经跨国化，并与寡头竞争紧密相连。正如美国基金（American Funds）公司旗下全球平衡基金的总裁埃里克·里希特（Eric Richter）所说："无论他们能否意识到，当今世界几乎所有投资者都是全球性的投资者……国境在全球经济中已越来越无关紧要。"（Richter 2011）

结 论

国际化垄断资本的出现,导致资产阶级在全球层面上组织起来。这既不是主动联合,也不是精心设计的阴谋,而是应对资本主义体系内部历史局限性的一种回应,是为了追求更多的利润、资源、新市场和廉价劳动力。其实,创造全球积累的跨国体系这一进程并非一帆风顺,因为其中不仅涉及全球垄断巨头间的竞争,还存在着政治制度和监管体系方面不同愿景和政策间的竞争。

然而,这样的竞争中,生产、投资和金融领域深层次的全球经济一体化也促使跨国资产阶级互相依赖,为了共同的目标而努力。跨国资本的霸权集团已经形成,只不过其内部还不稳定,也面临着自下而上的争夺和非议。全球主义在新自由主义和新凯恩斯主义的层面上,都已让跨国资产阶级团结起来,重新定义国家利益,碾压了国家经济学。因此,跨国化这项工程并非诞生于某一个国家或是美国统治阶级等单个的资本家集团。相反,这是资本主义对技术、生产和积累变革时代的回应。从达沃斯论坛到世贸组织内部的贸易法庭,各种论坛都在争论跨国资本主义的不同模式,当然其政策也在辩论的范围内。然而,尽管这些差异是建立在国家或地区的历史和企业文化的基础上的,但其共同的目标,是建立一个由跨国资产阶级统治的有效的、稳定的全球积累体系。

参考文献

Bureau of Economic Analysis, 2010, "US Net International Investment Position at the Yearend 2009", https://www.bea.org/mnewsreleases/international/intinv/intinvnewsrelease.htm.

Carroll, W. K., 2010, *The Making of a Transnational Capitalist Class: Corporate Power in the 21st Century*, London: Zed.

Friedman, T., 2011, "How Did the Robot End Up with My Job?", *New York Times*, October 1.

Harris, J., 2002, "The U. S. Military in the Era of Globalisation", *Race & Class*, 44 (2), pp. 1 – 22.

Harris, J., 2006, *The Dialectics of Globalization: Economic and Political Conflict in a Transnational World*, Newcastle on the Tyne: Cambridge Scholars Press.

Kocieniewski, D., 2011, "G. E.'s Strategies Let It Avoid Taxes Altogether", *New York Times*, March 25.

Keoun, B., and P. Kuntz, 2011, *Wall Street Aristocracy Secretly Got $1.2 Trillion from Fed*, New York: Bloomberg.

Marx, K., 1973, *Grundrisse*, New York: Penguin.

Richter, E., 2011, "Finding Value in the Global Economy", *Investor*, Spring/Summer.

Robinson, W. I., 2004, *A Theory of Global Capitalism: Production, Class, and State in a Transnational World*, Baltimore: The Johns Hopkins University Press.

Siemens, 2011, http://www.usa.siemens.com/en/about_us.htmweb site.

Sklair, Leslie, 2001, *The Transnational Capitalist Class*, Oxford: Blackwell.

UNCTD (United Nations Conference on Trade and Development), 2002, *World Investment Report*, New York and Geneva: United Nations.

UNCTD (United Nations Conference on Trade and Development), 2003, *World Investment Report*, New York and Geneva: United Nations.

UNCTD (United Nations Conference on Trade and Development), 2009, *World Investment Report*, New York and Geneva: United Nations.

Vitali, S., J. B. Glattfelder, and S. Battiston, 2011, *The Network of Global Corporate Control*, Zurich: Systems Design.

(此文原载于英文期刊 *International Critical Thought*
《国际思想评论》2012 年第 2 卷第 1 期)

全球化时代的工人阶级状况

[美] 威廉·佩尔兹* 著　高建昆** 译

摘　要：即使不是出于全球化自身的需要，全球化本身也正在客观上孕育着国际工人阶级。尽管在每周平均工作时间等方面仍然存在明显差异，各国工人直接或间接地在全球市场中竞争。虽然国际工人阶级的工资支票看起来数额增加了（名义工资），但他们发现自己的所得在其创造的总价值中的份额在下降（相对工资）。由于有相当一部分人离开家乡到其他国家寻找工作，同时农村地区则有大批人涌向城市寻求就业，工人阶级的国际化程度越来越高。全球化常常伴随着对工人权利的大规模侵犯。据估计，全球超过一半的工人在多达18亿个工作岗位的地下经济中工作。全球化导致剥削工人的血汗工厂激增。全球化即使不会增加失业，也肯定不会消除失业。尽管出现一些令人印象深刻的劳工斗争案例，工人阶级的抵抗在很大程度上是温和的。民族主义的持续存在无疑削弱了建立国际团结的努力。越来越国际化的资本，可以在自由市场意识形态霸权的背景下，让工人相互竞争。面对国际资本家几十年来最猛烈的攻击，工人阶级的选择有限。

关键词：工人；全球化；工资；生活水平；就业

---

* 威廉·佩尔兹（William A. Pelz），著有《卡尔·马克思：赢得整个世界》（2011）、《反对资本主义：欧洲左翼在行动》（2007）、《威廉·李卜克内西和德国社会民主主义》（1994）、《斯巴达克同盟与德国工人阶级运动》（1988）。在《美国历史评论》《国际社会历史评论》《国际劳工年鉴》《科学与社会》《德国历史》《欧洲史季刊》等期刊上发表过文章和书评。

** 高建昆，复旦大学马克思主义学院副教授。主要研究方向为中外马克思主义经济理论、人口发展理论和经济发展趋势。著有《新发展理念引领经济高质量发展研究》（中国社会科学出版社2021年版）等。

我们不难发现，世界经济的全球化程度越来越高。人们普遍认为，这对世界是一种进步，因为它将提高经济效率。全球化的支持者认为，效率的提高意味着进步。但问题在于，全球化对于不是全球金融精英的普通人意味着什么呢？更具体地说，全球化对那些为了养家糊口而必须工作的人有什么影响？从这个角度来看，资本主义的国际化是如何影响全世界工人的？

本文没有对"工人"的含义进行冗长的讨论，而是支持马塞尔·范·德·林登（Marcel van der Linden）的界定，即不仅传统的工业工人阶级，而且所有那些从属于资本的人都可以在广义上被视为工人（van der Linden 2008）。即使不是出于全球化自身的需要，全球化本身也正在孕育——并且已经诞生了——国际工人阶级。有几个因素可以表明全球工人阶级的形成。笔者还将对21世纪第二个十年的国际工人阶级状况进行考察。

随着资本日益全球化，即使那些在传统地理区域或国家工作的人也会发现自己受制于国际市场的风向。虽然14世纪阿兹特克人的劳动条件与欧洲同行没有任何关系，但大多数21世纪的工人都直接或间接地在全球市场上竞争。当然，这并不意味着所有工人都在相同的条件下劳动，因为明显的政治、历史、社会和文化差异仍然存在。

一个明显的差异是每周平均工作时间的差异。2010年，德国人平均每周工作35.7小时，而土耳其人每周工作49.3小时（OECD 2011a）。在同一时期，德国人由于休假和假日较多，每年工作1419小时，而土耳其工人的工作时间为1877小时，捷克工人的工作时间为1947小时。耐人寻味的是，美国工人平均一年工作1778小时，更接近土耳其和捷克，而不是接近德国（OECD 2011b）。在全球经济中，这最终会给工作时间较短的国家带来压力，迫使它们增加工作的预期劳动时长或预期劳动强度。当然，必须对所有的官方统计数据持谨慎态度，因为它们很可能是不完整的，不准确的，甚至是被篡改的。尽管如此，它们仍然可以代表总体趋势。

即使当工人们的工资支票看起来数额增加（名义工资），但他们已经发现自己的所得在其创造的总价值中的份额在下降（相对工资）。马克思在《雇佣劳动与资本》一书中对这一看似矛盾的现象作了经典解释。他指出，如果名义工资是工人所得到的货币量，而实际工资是工人用这些货币所能买到的商品量，那么这两个定义"都不能把工资所包含的各种关系完全表示出来。工资首先是由它和资本家的赢利即利润的关系来决定的"（Marx and Engels 1973，164－165）。相对工资"所表示的是：同积累起来的劳动即资本从直接劳动新创造的价值中所取得的份额相比，直接劳动在自己新创造的价值中所占的份额"（Marx and Engels 1973，164－165）。这就是为什么考察相对工资是有用的，而不仅仅是考察实际工资，当然也不仅仅是考察名义工资。考察相对工资，可以帮助人们了解工人阶级相对于生产资料所有者的状况。

根据国际货币基金组织（IMF）2011 年 4 月发布的数据，在国际货币基金组织界定的发达经济体（AE）和亚洲新兴工业化经济体（NIAE）中，工人的相对工资（通常是真实工资）都有所下降。国际货币基金组织发现，2010 年工资增长跟不上物价上涨的速度，时薪仅增长 1.2%，而物价涨幅高达 6.5%。同时，发达经济体的生产率增长了 5.5%，亚洲新兴工业化经济体增长了 8.4%。因此，发达经济体的单位劳动力成本下降了 4.0%，新兴工业化经济体下降了 1.8%（International Monetary Fund 2011a）。更直白地说，工人的工作多了，工资就少了。在传统工业化经济体和新兴工业化经济体都是如此。因此，我们有理由得出这样的结论：全球化对所有工人都产生了负面影响，尤其是在工业社会。这使得许多人对国际工人运动的未来感到担忧（Bari 2011）。

看待相对工资下降的另一种方式是，如果这种趋势持续几十年，社会阶层之间的差距就会扩大。美国就是一个极端的例子。富人开的汽车零售价格比工人的房子还贵，而无家可归的乞丐站在高速公路入口的两侧行乞。官方统计数据支持了这种阶级差距不断扩大的主观印象。通常不被视为激进报纸的《金融时报》报道称，在过去 30 年里，"美国最富有的 1% 家庭的税后收入增加了 275%……比所有美国人 62% 的平均增长率快得多……而最贫困的 20% 家庭，收入增长率仅为 18%"（Politi 2011）。

从相当数量的工人离开出生地到其他国家寻找工作的意义上讲，工人阶级也更加全球化。虽然人们必须谨慎依赖关于移民的官方统计数字，但这些数字（尽管不够确切）在一定程度上也反映了总体趋势。根据国际劳工组织的官方数据，土耳其有 3829378 名海外公民（2005 年），波兰有 626190 名海外公民（2002 年），墨西哥报告有 1523121 人出国（2002 年），菲律宾有 82967 人移民（2006 年）（International Labour Organization

2011)。另一方面,发达国家近几十年来接收了大量移民,详见表1。

表1　　　　　　　　　　　　入境移民数量

国家	入境移民数量(人)	年份
法国	182390	2006
德国	558467	2006
英国	451702	2006
美国	1020451	2004

资料来源:International Labour Organization(2011)。

英国现在拥有超过50万的波兰人、35.3万爱尔兰居民和32.7万印度人。2010年,英国官方公布的净入境移民人数上升了21%,达到23.9万人(Travis 2011)。几乎可以肯定,实际数字要高得多,但即使是这些数字也能让我们对跨境流动的工人数量有所了解。此外,这不仅仅是贫穷工人向更繁荣的工业化经济体转移的问题。据估计,中国有超过四分之一的千万富翁移民海外,首要目的地是美国(Watt 2011)。当然,不管工人的定义多么宽泛,这些人都不能算在其中。总而言之,这一发展趋势反映了全球化的深度。

值得注意的是,在2006年,超过1.5万美国公民移居德国,超过1.6万美国公民移居英国。与此同时,"越来越多的外国出生的大学毕业生在获得技能和文凭后离开美国"(*The Economist* 2011)。关键在于,许多工人是根据经济趋势和可能性在全球各地流动的。移民也不仅仅是民族国家之间的迁移。在许多国家,特别是发展中国家,农村地区出现了涌向城市的现象(Chang 2008)。根据联合国的数据,城市人口的增长速度是农村地区的三倍,预计到2030年,超过60%的世界人口将居住在城市。虽然这无疑改变了许多人的生活水平,但全球化也常常伴随着对工人权利的大规模侵犯。无论是属于工会组织的工人,还是缺乏工会保护的工人,都是如此。

现在让我们来谈谈工会的情况。正如中国总工会副主席周玉清(Zhou 2005)所说:"全球化给国际工会运动带来了许多新的问题和变化。目前的情况已被清晰地概括为:一方面是强资本,一方面是弱劳动力。许多国家通过新自由主义政策限制了工会权利，削减了对工人的社会保护（并且）……削弱了一些国家的工会团结。"

关注工会中工人的比例可能会产生误解，因为一些拥有少量缴纳会费的工会成员的国家具有很大的工会影响力，比如法国。这些数字再一次反映了近期的趋势。详见表2。

有证据表明，全球化给工会和其他工人阶级组织带来了更大的压力。也就是说，资本变得更强大，劳动者变得更弱。这一趋势的另一个表现是非自愿兼职工作的增加，而这些工作经常被主流媒体忽视（OECD 2011d）。由于通常缺乏工会保护，导致兼职工人社会福利减少，工资水平处于贫困水平。

表2　　　　　　　　　　加入工会的工人百分比

国家	比例［年份］	比例［年份］	变化
法国	8.1%［1999］	7.6%［2008］	-0.5%
德国	25.3%［1999］	18.6%［2010］	-6.7%
英国	30.1%［1999］	26.5%［2010］	-3.6%
美国	13.4%［1999］	11.4%［2010］	-2.0%

资料来源：OECD（2011c）。

阿姆斯特丹高级劳工研究所（Amsterdam Institute for Advanced Labour Studies）的科学主任指出，国际竞争更加激烈，"服务业就业的增加、经济增长的放缓——甚至是政府就业的下降（私有化），非常高的（长期）失业率（特别是在欧洲），灵活就业合同的增加，以及较低的通货膨胀率和通过紧缩货币政策对通货膨胀的控制——限制了工会力量和工会招聘"（Visser 2006）。虽然存在着显著的国家差异，但工会主义在全球各地都面临着困难和复杂的挑战（Shin 2010）。

然而，需要记住，大多数工人不是工会成员。实际上，许多人甚至没有正式就业。据估计，世界上超过一半的工人在提供多达18亿工作岗位的地下经济中工作（Neuwirth 2011）。这对学者来说是一个很难研究的领域，因为不存在单一的黑市。地下经济由无数不同层面组成，从非法经济活动（如贩毒）到非正式劳动（如不向政府机构报告而获取现金工资的合法工作）。即使在同一个职业内，条件也可能有很大的差异。比如，合法的荷兰性工作者的工会是全国工会联盟的一部分，而其他国家的许多性工作者即使没有被奴役，也会被非法剥削（Palmer 2001）。尽管如此，大量数据表明，全球化已经导致血汗工厂的兴盛。这些工厂打着当地法律和国际条约的旗号剥削工人。根据美国国务院2011年的一份报告，某种形式的非法交易（通常是性工作）的受害者多达2700万人（Dougherty 2011）。

最近曝光的一件事是，一些美国品牌运动服，比如带有达拉斯牛仔足球队标志的运动服，是在萨尔瓦多由被关在温度为华氏100度的工厂里、薪水很低的工人生产的（Rose 2011）。在约旦的一家工厂，超过1000名外来工人（主要是来自斯里兰卡、孟加拉国和印度的妇女），"被剥夺了护照，并以契约奴役的形式被扣押"（Ballinger 2011）。这些工人平均每小时挣35美分，而约旦的法定最低工资是74.5美分。侵害他们权益的做法不仅违反了约旦法律，更违反了2001年美国与约旦签署的自由贸易协定，其中规定两国必须遵守核心劳动标准，包括法定最低工资。这些非法虐待工人的行为并非孤例，在反血汗工厂组织的记录中，类似事件还有很多。

25年前，人们认为国际市场一体化将降低失业率，改善世界范围内工人的命运。在2011年，这个论点似乎已不成立。越来越多的证据表明，全球化即使没有增加失业，也肯定没有减少失业。全球化最多只是改变了各个民族国家的经济状况，并对各国不同阶层的工人阶级产生了不同的影响（Spence 2011）。根据国际货币基金组织（IMF）的数据，2010年发达经济体的失业率为8.3%，亚洲新兴工业化经济体的失业率为4.1%（International Monetary Fund 2011b）。如前所述，这些统计数据极可能低估了失业人数，特别是美国等一些国家的政府有意低估了失业率（Goolsbee 2003）。事实上，根据美国劳工统计局（Bureau of Labour Statistics）的数据，如果总失业人数包括所有待业劳动力和其他类似因素，2011年9月的失业率实际上是15.7%（Bureau of Labour Statistics 2011）。由于美国政府采用了"创造性会计"，一些学者认为实际失业率可能高达22%（Gogoi 2010）。国际劳工组织警告说，到2012年，全球可能会再失去4000万个工作岗位（The Guardian Weekly 2011a）。

失业的后果之一是全球贫困加剧。这种贫困的一个指标是住房问题。据估计，目前有1亿人无家可归，超过10亿人没有足够的住房。即使有房人群中的许多人也处于危险之中,因为有26亿人得不到基本的卫生设施(Golay and Ozden 2011)。据估计,今年出生的7500多万儿童中的大多数将"在发展中国家的贫民窟陷入极度贫困"(Harvey 2011)。如果联合国的悲观预测成为现实,到2050年将有30亿人生活在贫民窟。

与此同时,工人阶级的反抗即使存在,也大多是温和的。这并不是说没有阶级斗争。正如世界上最富有的人之一沃伦·巴菲特所承认的,"阶级斗争确实存在,但却是我的阶级(即富有的阶级)在发起斗争,而且即将获胜"(Stein 2006)。如果我们认同巴菲特的观点,那么问题就来了:为什么没有更多工人阶级反击呢?首先,有必要承认,在亚洲和欧洲部分地区已经出现了一些令人印象深刻的劳工斗争的案例。

2011年秋天,希腊爆发了大规模的斗争,工人们面临着生活水平的急剧下降,因为希腊的国家经济"已经深陷危机之中"(*The Telegraph* 2011)。当时的形势是严峻的。一名公共部门工作人员告诉《卫报》,流血的时候到了(*The Guardian Weekly* 2011b)。许多希腊人进行和平的抗议,因为更多的财政削减是以工人的利益为代价的,而不是那些造成危机的人。目前,大多数希腊人仍支持和平斗争。在许多示威活动中,共产党的组织力量显而易见,其纪律严明的干部队伍阻止了无政府主义者和其他人对议会和其他政府大楼的袭击。尽管如此,在希腊工人中仍有越来越多的怨恨在蔓延。在写这篇文章时,希腊劳工斗争的结果仍不明朗。尽管如此,人们可能预计国际劳工斗争会更加激烈和广泛。为什么不是所有的工人都像希腊的工人那样富有战斗性呢?许多因素阻碍了国际工人阶级的形成。

民族主义即使没有加剧也是持续存在,无疑削弱了建立国际团结的努力。而日益国际化的资本可以使一国的工人与另一国的工人对立起来(Anderson 1991)。此外,大多数劳工机构尤其是美国劳联—产联(AFL-CIO, American Federation of Labor and Congress of Industrial Organization)的保守主义,削弱了工人斗争的可能性(Scipes 2010)。在自由市场意识形态霸权的背景下,这些因素相互结合。这并不令人震惊,因为"自19世纪晚期以来,非常富有的人一直在说服人们要求减少政府干预,(辩称)自我监管的自由市场将确保适者生存"(Monbiot 2011)。就像一个美国笑话说的,换一个灯泡需要多少经济学家?答案是:如果灯泡需要更换,就交给市场吧。

面对国际资产阶级几十年来最猛烈的攻击，工人阶级的选择有限。他们可以依靠自己的民族身份，并希望本国领导人保护他们。工人们可以把全球资本主义当作唯一可能的体系，并尽力在其中求生存。当然，也有可能工人们会相信来世会更加公正。这些选择能提供的，只有虚无缥缈的希望。两个最重要的国际工会联合会认识到最近事态发展的重要性。国际自由工会联合会（ICFTU）开展宣传活动，以"说明能够为可持续发展提供一条新的、更高增长和更高就业的道路的替代方案"（ICFTU 2011）。与此同时，规模更小却更激进的世界工会联合会（World Federation of Trade Unions）指出："统治支配生活在全球化时代的工人的主要因素是新自由主义和少数人手中积累的过剩权力……让我们通过全球性的斗争来反对这种全球化。"（WFTU 2011）到目前为止，这两个组织都没有能够产生重大影响。希望这种情况在未来的几个月或几年里会有所改变。

虽然没有胜算，但工人们唯一的希望似乎只有抗争。尽管胜算渺茫，但斗争必须进行，因为正如一个多世纪前罗莎·卢森堡（Rosa Luxemburg）所指出的那样，"只有稳操胜券时才会投入战斗。这样的领导者是糟糕的，这样的军队是可怜的。"（Day and Gaido 2009，549）到目前为止，工人阶级的反应更多的是口头上的，而不是行动上的。但"占领华尔街"运动可能（仅仅是可能）预示着更激烈的抵抗即将到来。许多抗议者已经意识到："在过去的十年里，他们听到的一切都证明是谎言。市场确实会自行运转；金融工具的创造者并不是绝对可靠的天才……如果占领者最终能够打破30年来强加于人类想象力的束缚……那么一切都将再次摆上谈判桌，华尔街和美国其他城市的占领者也就帮了我们一个大忙。"（Graeber 2011）

工人应当记住歌德的话：人不是征服并统治，就是失败并服从；不是享受胜利的欢愉，就是品尝败北的苦涩；不是成为铁锤，就是成为铁砧。选择哪个，应该一目了然。

参考文献

Anderson, B., 1991, *Imagined Communities: Reflections on the Origin and Spread of Nationalism*, London: Verso.

Ballinger, J., 2011, "Labour Protection in Trade Deals Are a Cruel Joke", *Labour Notes*, October.

Bari, D., 2011, "Chine: quell avenir pour le movement ouvrier?", *L'Humanite*, October 19.

Bureau of Labour Statistics, 2011, "Division of Labour Force Statistics, Table A-15 Alternative Measures of Labour Underutilization", http://www.bls.gov/news.release/empsit.t15.htm.

Chang, L. T., 2008, *Factory Girls: From Village to City in a Changing China*, New York: Random House.

Day, R. B., and D. Gaido, 2009, *Witness to Permanent Revolution: The Documentary Record*, Leiden/Boston: Brill.

Dougherty, J., 2011, "State Department Report Ranks Countries on Human Trafficking", *CNN*, June 27.

Elliot, L., et. al., 2011, "Warning on Human Cost of Crisis", *The Guardian*, October 31.

Engels, F., 2009, *The Condition of the Working Class in England*, New York: Oxford University Press.

Friedman, T. L., 2005, *The World Is Flat: A Brief History of the Twenty-First Century*, New York: Farrar, Straus & Giroux.

Gogoi, P., 2010, "The Jobless Effect: Is the Real Unemployment Rate 16.5%, 22% or …?", *Daily Finance*, July 16.

Golay, C., and O., Melik, 2011, *The Right to Housing*, Human Rights Programme of the Europe-Third World Centre.

Goolsbee, A., 2003, "The Index of Missing Economic Indicators: The Unemployment Myth", *The New York Times*, November 30.

Graeber, D., 2011, "New Ways to Reclaim the Future", *The Guardian Weekly*, September 30.

Harvey, F., 2011, "Child 6 Billion Hopes for Peace as Population Race to 7 Billion", *The Guardian Weekly*, October 29.

ICFTU, 2011, "Globalisation & Economic Affairs", http://www.icftu.org/focus.asp?Issue = globalisation&Language = EN.

International Labour Organization, 2011, "International Labour Migration Statistics", www.ilo.org/global/statistics-and-databases/lang—eng/index.htm.

International Monetary Fund, 2011a, "World Economic Outlook: Tensions from the Two Speed Recovery", www.imf.org/external/pubs/ft/weo/2011/01/.

International Monetary Fund, 2011b, "Advanced Economies: Unemployment, Employment, and Real per Capita GDP", www.imf.org/external/pubs/ft/weo/2011/01/pdf/

tblpartb. pdf.

Marx, K., and F. Engels, 1973, *Marx and Engels Selected Works*, Vol. 1, Moscow: Progress Publishers.

Monbiot, G., 2011, "A Freedom That We Can't Afford", *The Guardian Weekly*, October 29.

Neuwirth, R., 2011, "Global Bazaar: Street Markets and Shantytowns Forge the World's Urban Future", *Scientific American*, September, pp. 56 – 63.

OECD, 2011a, "StatExtracts: Average Usual Weekly Hours Worked on the Main Job", http://stats.oecd.org/Index.aspx.

OECD, 2011b, "StatExtracts: Average Annual Hours Worked per Worker", http://stats.oecd.org/Index.aspx.

OECD, 2011c, "StatExtracts: Trade Union Density", http://stats.oecd.org/Index.aspx.

OECD, 2011d, "StatExtracts: Incidence of Involuntary Part Time Workers", http://stats.oecd.org/Index.aspx.

Palmer, J., 2001, "Dutch Sex Workers Form Trade Union", *The Independent*, October 3.

Politi, J., 2011, "US Wealth Gap Widens Further", *The Financial Times*, October 26.

Rose, M. M., 2011, "Alleged Sweatshop Linked to OSU Goods", *The Columbus Dispatch*, October 15.

Scipes, K., 2010, *AFL-CIO's Secret War against Developing Country Workers: Solidarity or Sabotage?* Lanham, MD: Lexington Books.

Shin, K.-Y., 2010, "Globalisation and the Working Class in South Korea: Contestation, Fragmentation and Renewal", *Journal of Contemporary Asia*, 40 (2), pp. 211 – 229.

Spence, Michael, 2011, "Globalization and Unemployment: The Downside of Integrating Markets", *Foreign Affairs*, July/August.

Stein, Ben, 2006, "In Class Warfare, Guess Which Class Is Winning", *New York Times*, November 26.

The Telegraph, 2011, "Greek Strike Brings Country to Halt Ahead of Austerity Vote", October 19.

The Economist, 2011, "Moving Out, On and Back", August 27.

Travis, Alan, 2011, "Net Migration Rises by 21%", *The Guardian Weekly*, September 2.

van der Linden, M., 2008, *Workers of the World: Essays toward a Global Labor History*,

Leiden/Boston: Brill.

Visser, J., 2006, "Union Membership Statistics in 24 Countries", *Monthly Labour Review*, January.

Watt, L., 2011, "For China's Wealthy, a Fond Wish: To Leave", *The Globe and Mail*, September 8.

WFTU., 2011, "The International Labour and Trade Union Movement in the 21st Century", www.wftucentral.org/? page_ id =40&language =en.

Zhou, Y., 2005, "Message of Greetings to 15th Congress of the World Federation of Trade Unions", www.wftucentral.org/? p =1157&language =eng.

（此文原载于英文期刊 *International Critical Thought*
《国际思想评论》2012 年第 2 卷第 1 期）

强迫劳动与非自由劳动：一个分析

[英] 杰米·摩根* 温迪·奥尔森** 著 李立男*** 译

摘 要：根据2011年国际劳工组织（ILO）的最新统计，强迫劳动的受害者约为2090万。强迫劳动几乎在所有国家和所有经济部门都被持续发现。强迫劳动的持续存在和发展引发了本文要探讨的问题。在马克思主义对于资本主义的论述中，无论从经济的还是从意识形态的动态上看，自由劳动都占据着中心地位。因此，对于马克思主义理论而言，持久性和多样性的强迫劳动的出现，说明存在着一种潜在的矛盾。为了探讨这一问题，我们也借鉴了能力与结构的"现实主义"概念。鉴于当今世界强迫劳动的明显泛滥，必须将动机和机会结合起来探讨这一问题。那么，人们不禁要问，什么样的资本主义导致了强迫劳动的泛滥？

关键词：强迫劳动；非自由劳动；国际劳工组织；新自由主义

自2010年以来，反奴役国际（Anti-Slavery International）一直倡导将10月18日定为"反奴役日"，以提高人们对这一持续存在的全球祸患的认识。2011年国际劳工组织（ILO）引入一种新方法，计算结果显示强迫劳动的受害者人数已经达到了2090万（ILO 2012b, 16）。世界的不同地

---

* 杰米·摩根（Jamie Morgan），在英国利兹都市大学会计、财务和经济系工作，非正统经济学协会（Association for Heterodox Economics）的共同组织者，世界最大的订阅式开源经济学期刊《真实世界经济学评论》（Real World Economics Review）的合作主编。他发表的文章涉及经济学的大多数领域，尤为感兴趣的是金融稳定以及金融体系和金融实践的更广泛后果。

** 温迪·奥尔森（Wendy Olsen），在曼彻斯特大学凯茜·马什中心工作，主要研究方向为经济生活中的社会学。尤其擅长从社会学和道德经济学的角度研究经济制度。她的研究包括印度和英国劳动力市场的案例研究、印度贫困人口对信贷市场的参与，以及经济社会学的其他问题。

*** 李立男，经济学博士，厦门工学院马克思主义学院教授。主要研究方向为政治经济学理论。

区以及不同的社会环境下都存在着强迫劳动。其发展程度已经远远超过了一般马克思主义关于非自由劳动与前资本主义社会生产方式之间联系的想象，这种想象认为，随着资本主义制度占据主导地位，建立和使用非自由劳动的做法似乎注定要消失。强迫劳动的持续和发展向人们提出了两个概念性问题：第一，什么样的资本主义强化了强迫劳动？第二，什么样的社会现实理论有助于把强迫劳动的持续和发展进行马克思主义的概念化？我们将分四个部分来探讨这两大问题。第一部分，简要地阐述国际劳工组织（ILO）如何处理强迫劳动问题；第二部分，参考政治经济学中关于发展研究的讨论，将强迫劳动和非自由劳动问题语境化；第三部分，论述现实主义的社会理论如何有助于探讨强迫劳动问题；第四部分，从不同视角阐述对于强迫劳动起助推作用的新自由主义。

一 国际劳工组织（ILO）对强迫劳动问题的处理

自最初的《1930年强迫劳动公约》（参见 ILO 2005，2009）颁布以来，国际劳工组织（ILO）关于强迫劳动的概念一直在不断地演变。强迫劳动是指在非自愿基础上开始工作，并且工作过程处于某种形式的胁迫（惩罚的威胁）的环境。强迫劳动不同于因经济需要而从事报酬较低、工作条件相对差的工作，或者因缺少其他选择而无法放弃的职业。强迫劳动的内涵还应该包含更多，我们可以从胁迫开始分析，而被强迫并不一定意味着被迫就业和被迫留在岗位，还可以延伸到欺骗和心理威胁，重要的是其中必定存在明显的人权侵犯和对自由行为的限制。国际劳工组织（ILO）倾向于从指标的角度来看待这些问题，并强调侵犯和限制所涉及的程度以及存在的不同语境。这里强调的"程度"是指强迫劳动可能逐渐演变为某人更愿意描述的高强度剥削但不一定是强迫。这些都是基于国际劳工组织（ILO）体面劳动的概念（ILO 1999；Ghai 2006，4 - 22），体面劳动是指合理的或充分的报酬保障、富有成效和有尊严的工作，受到社会的保障；进而延伸到在被认可和被重视的真正社会对话形式中，个人权利与集体代表形式的创造与实施。强迫劳动被分为三类（参见国际劳工组织高级分析师 Belser 2005）：第一，由国家或政府挑战反叛派系强加的劳动——通常为了军事目的或为了市政工程；第二，商业化的性剥削（CSE）——通常是强迫成人和儿童卖淫；第三，非性的经济剥削（EE）——详见下文。

根据是否涉及人口贩运，国际劳工组织（ILO）进一步划分了强迫劳动的子类别。根据 2000 年联合国《巴勒莫议定书》，人口贩运是指通过"威胁或使用武力、强迫、绑架、欺诈、欺骗、滥用权力或脆弱境况"等方式，来加速人口在国内或国际的转移（UN 2000）。人口贩运本身就是一种剥削形式，并（或）通过在目的地实施强迫劳动达到进一步剥削的目的。

根据以上分类，2012 年国际劳工组织（ILO）对强迫劳动受害人数进行重新估算，用许多方法对之前的 2090 万人进行了详细分解。全部的受害者涵盖了三个主要类别，儿童占比为 26%。其中绝大多数是私营经济中的强迫劳动工人，包括 450 万商业化的性剥削（CSE）的受害者、1420 万其他经济剥削形式（EE）的受害者。[①] 在主要的三类受害者中，910 万人是被贩运的。这些类别包含了多种情况（具体案例研究参见 ILO 2009，第 2 章；ILO 2013；Mantouvalou 2012；Geurin et al. 2012）：

- 成人或儿童因接受人口贩卖者编造的在其他的一些地区或国家的所谓就业而被骗，他们被拐卖后证件被扣留，人口贩卖者或者雇佣者将他们转运并为他们提供债务度日，因而被迫从事卖淫工作。
- 成人或儿童通过合约成为富裕家庭的家务劳动者，忍受着与当初的承诺不符的服务环境：证件和工资被扣押，遭到性骚扰，只有最基本的生存条件，工作时间无限制以及因为身体或官方制裁（警方、

---

① 国际劳工组织承认，此次重新估算可能依旧相当保守，原因如下：（1）从方法论来看，部分估算基于报告案例样本，鉴于强迫劳动的性质，这些报告案例可能只涵盖整个问题的一小部分；（2）由于一些强迫劳动变成剥削没有明确的"强迫"指标（有些只属于心理上的威胁等），许多情况不易归类；（3）此外，还有一些"灰色"地带，童工问题在许多较贫穷国家普遍存在，尤其是在农业部门，但是，印度等国家统计数据中不包括未成年人的农业劳动，这使得计算儿童的强迫劳动率变得困难（另外一个问题就是不同国家的法定工作年龄不同）；（4）《美国国务院人口贩运报告》（例如，美国国务院 2011）基于数据收集和执法等不同问题，将一些国家归于不完全符合强迫劳动议定书的类别。例如，印度目前被归于第二层级，意味着不符合批准加入《2000 年联合国人口贩运议定书》和《2003 年贩运受害者保护再授权法案》。人口贩运受害人数正在增加，政府目前未能提供证据证明在减少人口贩运上取得令人满意的成效（尽管印度因其正式的承诺和"不平衡的进展"得到了认可）。

移民当局等）的威胁而被控制。

　　● 成人或儿童通过合约成为商品和服务供应链中的劳动者，但遇到的却是血汗工厂，他们会被转包给帮派头目，被迫在无视身体健康与安全规定的条件下劳动，而且（由于转包）被剥夺正式雇佣的权利，同时，报酬也低于其他工厂、行业或国家所设定的现行的、合法的标准。

　　● 通过传统的、典型的代际债务约束，将家庭与农村耕作奴役束缚在一起：地主以债务威胁佃户，佃户被迫在并非自己租种的土地上为地主进行额外劳动，或者做地主家的仆人，以此维持租赁关系和偿还债务，但是，债务缺乏明确规定并由地主控制。

　　● 儿童被作为贷款或偿还债务的抵押品，成了每一种主要强迫劳动类别的主体。

　　尽管这些例子涵盖了许多情况，但是国际劳工组织（ILO）用作强迫劳动的基本指标还是带有共性或普遍性的特征（例如，ILO 2005，6；2009，13）。其中，关键指标包括：证件的扣留，身体暴力或性暴力的使用，隔离、监禁或限制行动，来自政府权威的官方制裁的威胁，对家庭的威胁，对劳动报酬的时间和价值拥有广泛的自由裁量权以及基于1956年联合国关于《废止奴隶制、奴隶贩卖及类似奴隶制的制度与习俗补充公约》所定义的约束形式进行债务的控制和操纵：

　　……债务质役，乃因债务人典质将其本人或受其控制之第三人之劳务充作债务之担保，所服劳务之合理估定价值并不作为清偿债务计算，或此种劳务之期间及性质未经分别限制及订明，所引起之地位或状况（UN 1957，41）。

　　两个或两个以上指标的同时存在通常被视为强迫劳动的有力证据。①
　　因此，强迫劳动包含了一些指标的结合：从事工作所受到的胁迫或欺骗，由于工作陷阱而无法迅速离开工作，屈服于对身体健康有害的工作条

---

① 国际劳工组织（ILO 2005，6）提供了一份很有帮助的强迫劳动特征清单，请参见本文附录。

件，而这些在一定程度上构成了奴役行为。因为奴役行为违反了联合国成员国的承诺（例如《世界人权宣言》第23条）以及国际劳工组织（ILO）公约，而这些承诺和公约已经被大多数国家认可，并纳入了地区和国家法规，显然这种行为在任何地方本质上都属于非法行为。因此，在强迫劳动明显泛滥的当今社会，一定有允许其存在的动机与机会。其动机十分明显，强迫劳动非常有利可图。按照2005年国际劳工组织（ILO）估计的全球有1230万强迫劳动人口，贝尔瑟（Belser 2005，16）则计算出最低的年利润高达442亿美元。根据2012年重新估算的受害人数提高了70%计算，2012年及之后的实际盈利可能远远超过442亿美元。而且，这种盈利能力广泛地覆盖了许多经济部门。这就意味着，在许多情况下，强迫劳动即便是非法行为，仍是义务劳动雇佣的可行的替代方式。

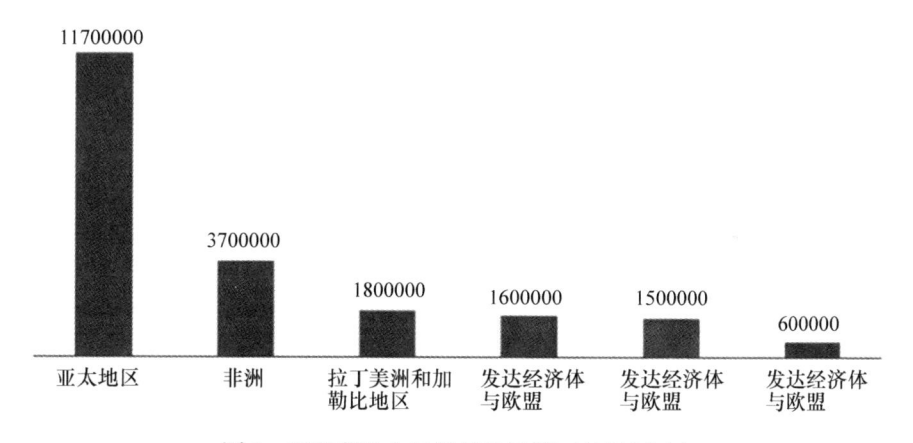

图1 强迫劳动人口数量的估算（按地区分）

资料来源：国际劳工组织（ILO 2012b，16）。

根据国际劳工组织（ILO）2012年的估算，强迫劳动受害者最大的集中区域在亚洲，共有1170万受害者（ILO 2012b，16）（参见图1）。

亚洲的绝大多数受害者分布在印度、孟加拉国、巴基斯坦、印度尼西亚、缅甸和菲律宾。其中，数量最多的是来自农业佃农的传统农村债务奴役。但是，在不同经济部门中，出现越来越多的不同类别的强迫劳动，从商业化性剥削（CSE）到各种经济剥削（EE）。正如2015年国际劳工组织（ILO）所指出的：

旧式的强迫和强制正在改头换面。如今，南亚的抵债性劳动制度仍然非常明显，占到了当今世界强迫劳动人口的绝大多数。但是，过去三四十年来这些制度已发生了变化。现在，强迫劳动已渗透到了各种不同的非正规经济部门，和农业部门一样，抵债性劳动占据着绝大部分份额（ILO 2005，1）。

同样，经济发展、资本主义一体化和全球化并未明显地遏制强迫劳动。这就出现了一个问题：现代资本主义为强迫劳动的存在提供了什么样的机会。由于强迫劳动是非自由性的，而马克思主义者理解的资本主义是以自由劳动为核心的一种生产方式，因此，对于马克思主义者来说出现了潜在的概念性的矛盾。

二　自由劳动的核心与非自由劳动的概念

马克思在《资本论》中关注的是资本主义社会中自由劳动作为核心角色（尽管他没有使用这一术语）的一种生产方式。在正式意义上，工人可以自由地与任何资本家签订合同、提供劳动。与此同时，工人受资本主义客观现实的制约，即如果不工作他将自由到忍饥挨饿或者承受痛苦。正如马克思（Marx 1954，766）在《资本论》第一卷中所说，工人"被迫根据自己的自由意愿出卖自己"。在现行制度体系中，非固定的、积极的自由劳动被迫出卖其劳动力，并接受由资本家操纵的、市场机制下的工资。这样，劳动力市场是劳动力被当作商品的场所。劳动具有交换价值，工资就是交换价值。把劳动作为商品的工资制度与市场，掩盖了利润是以榨取剩余价值为基础的事实。此外，自由劳动作为经济形式是资本主义制度的重要组成部分，也是资本主义意识形态再生产的关键组成部分。因此，自由劳动不仅仅是结构的一个方面，也是上层建筑不可或缺的组成部分。正是资本主义制度创造了以个体、利益和行动自由（选举、消费、梦想和通过工作获得成功）为中心的人的社会化，正如阿尔都塞（Althusser）后来所言（而且接受这一点并不需要成为结构马克思主义者），为"生产条件的再生产"提供条件（Althusser 1971，127），反过来这也提供了"劳动力技能再生产的制度条件"（Althusser 1971，133）。其结果是：

个体被称为（自由的）主体，以后他将（自由地）屈从于主体的诫命；也就是说，他将（自由地）接受他的臣服地位，即，他将"完全自动"地做出俯首帖耳的仪态和行为（Althusser 1971, 182）。

正如马克思和恩格斯在《德意志意识形态》中所言：

现代国家，即资产阶级的统治，是建立在劳动自由的基础之上……有了劳动自由，不是我变得自由，而是我的奴役者拥有了自由。劳动自由是劳动者之间的自由竞争……劳动在所有文明国家都是自由的；这不是解放劳动的问题，而是废除劳动的问题（Marx and Engels 1968, 223-224）。

因此，对马克思主义者来说自由劳动具有剥削性，因为资本主义具有剥削性，但是，这并不是国际劳工组织（ILO）所强调的、与强迫劳动联系在一起意义上的非自由。就其本身而论，强迫劳动的存在需要马克思主义者作出更多思考。无论是在经济上还是意识形态上，自由劳动都在马克思主义关于资本主义的论述中占据着中心地位。强迫劳动的存在本身就对资本主义的合法性提出了质疑，而这种合法性则是基于制度对资本主义意识形态表达的作用。

从承认马克思已认识到在历史的、当代的资本主义中存在着强迫劳动的形式开始讨论，是一个好的起点。例如，马克思在《资本论》第一卷第15章中指出，机器的引进给工资带来下行压力，造成了家庭劳动力的集体出卖；而在当时的制度安排和时机下，这种方式对一些人来说显然没有自由：

机器还从根本上使资本关系的形式上的表现，即工人和资本家之间的契约发生了革命。在商品交换的基础上，第一个前提是资本家和工人作为自由人，作为独立的商品所有者而互相对立：一方是货币和生产资料的所有者，另一方是劳动力的所有者。但是现在，资本购买未成年人或半成年人。从前工人出卖他作为形式上自由的人所拥有的自身的劳动力。现在他出卖妻子儿女。他成了奴隶贩卖者。对儿童劳动的需求，在形式上也往往同美国报纸广告上常见的对黑奴的需求相似（Marx 1954，396）。

我们可以这样理解马克思的意思：强迫劳动或非自由可能不是资本主义的核心，对资本主义也并非有害。在这种情况下，资本主义社会范围内贫困的自由情况却导致了不自由的结果。并且，强迫劳动的持续存在仍然会扰乱资本主义的再生产和立法。这里强迫劳动会被视为前资本主义关系的残余、原始的资本主义的特征——在进行资本主义再生产所必需的制度成熟之前的早期阶段。① 但是，正如国际劳工组织（ILO）的证据所表明的那样，这个问题与现实不符。强迫劳动几乎存在于每个国家和各个经济部门。这在发展研究中引起了争论，例如，如何看待农村债务奴役在一些国家的延续以及工厂、家庭劳动中出现的强迫劳动现象，等等。

例如，饶（Rao 1999）曾提出，从长远来看，非自由劳动与资本主义格格不入。自由劳动与非自由劳动显然共存，但是，非自由劳动是资本主义范围内劳动过程的异化，不能无休止地存在。相比之下，布拉斯（Brass）认为，非自由劳动的形式可以成为劳动过程的组成部分，并能在资本主义内部发挥系统作用（例如，Brass 2002，1999）。他关注的是传统农村债务奴役处境的转变，这些受害者发现自己被纳入了以强迫劳动形式为基础的劳动过程，例如，在商品和服务供应链上的血汗工厂的工人。布拉斯（Brass）认为强迫劳动不仅有利可图，而且能在现代资本主义中发挥作用，产生去无产阶级化的结果：

> 去无产阶级化是一种劳动力结构调整的结果，一种伴随着资本与劳动力斗争的阶级组合/分解/重新组合，凭借雇主引入或重新引入非自由关系的过程；并且是通过以非自由工人取代自由工人，或将自由工人转化为非自由工人来实现的。去无产阶级化具有两种好处：从经济上讲，这种结构调整可以促使资本主义生产者降低自由工人的成

---

① 例如，对公元前 500 年之后雅典奴隶数量的估计表明，奴隶人口数量超过了自由人口（尽管奴隶种类差别很大）；在前资本主义制度下，奴隶制可能是社会关系的主要形式。关于希腊如何证明奴隶制合理性的讨论，参见米利特（Millett 2007），其中参考了马克思在《资本论》第三卷中的观点。

本，例如，非自由劳动力通过雇佣更容易管理，因此也更便宜；从意识形态上讲，无论是在发达资本主义国家还是在第三世界国家，其目的都是为了防止明确的无产阶级意识的出现（Brass 2002，465）。

布拉斯的基本观点是：具有非自由性的强迫劳动与历史资本主义并不矛盾。从理论上说，自由劳动是马克思有关资本主义论述的核心，但并不是真正资本主义复杂性的最终结论。巴纳吉（Banaji 2003）也强调了真正资本主义制度的复杂性。为了让资本主义变得正宗，自由劳动必须真正成为工作的主要特征。与此同时，马克思主义能够认识到自由劳动中存在一定程度的剥削，并且逐渐演变为非自由。契约的本质、意识形态的力量以及在资本主义内部经济领域的构建方式表明，我们不能依靠自由劳动和非自由劳动这种二元分类，即其中的一个是被另外一个所否定的。对马克思主义者来说，就业谈判中所谓的自由选择的概念是在资本主义范围内自主个体概念的虚构。巴纳吉（Banaji 2003，72）认为，一个简单的"自由劳动与非自由劳动的轮廓是无法去描绘的"；这与国际劳工组织（ILO）关注的在强迫劳动环境下的程度问题存在清晰的联系，这种劳动环境逐渐演变为一种以高度剥削为特征的而非强迫的情况。资本主义可通过多种剥削形式来运转，其中包括将剥削融入强迫劳动中。毋庸置疑，这还可能涉及文化、道德和法律等因素复杂的相互作用，并为商业性剥削（CSE）和非性经济剥削（EE）等强迫劳动形式创造条件。这些不仅仅局限于发展中国家，还可能出现在或者输出到"发达"资本主义国家。

正如莱尔歇（Lerche 2007）所指明的那样，发展研究的所有贡献都有一些重要的共同特征（另见 Bremen 2007；Bhandari 2008 等），都发现了强迫劳动形式的经验性现实，正如通过国际劳工组织（ILO）所了解的那样。当前许多争论都将焦点转向了范畴和定义的重要性。正如巴纳吉（Banaji 2003）所明确指出的，关于这个问题的大量讨论都是围绕着二元分类来展开的。更多的二元立场认为，就定义而言，非自由劳动不可能是资本主义。但这只是对马克思相当浅显的解读：持这一立场的人未能区分抽象的、侧重自由劳动的资本主义和对真正的、历史的资本主义认知的复杂性。与此同时，关于自由劳动（带有剥削）是资本主义的核心以及强迫劳动产生了资本主义合法化问题的认知，会让人更加相信，通过制度建设的资本主义至少在形式上与强迫劳动和非自由形成了对立。

然而，矛盾在这里比实际更明显。在某种意义上，强迫劳动和非自由劳动与资本主义的中心原则相矛盾，资本主义在形式上和法律上将自主的个体作为进步社会的权利载体。但是，资本主义充满了矛盾和紧张，尤其是其分配自由的方式（Cohen 1995）。此外，对马克思主义者而言，资本主义的动力是在竞争体制中追逐利润，这个竞争体制完成了将个人当成彼此疏远的、异化的、商品化的客体的社会化。国际劳工组织（ILO）的统计数据显示，利润能推动强迫劳动；国际劳工组织（ILO）的许多宣传活动特别证明，资本主义会让我们中的一些人视他人为客观事物，而另一些人则会忽略这种物化。可能的情况是，国家范围和全球资本主义范围的制度建设需要禁止强迫劳动和非自由，而且需要组织机构的工作去消除其存在形式。但是，资本主义也为使用强迫劳动提供了利润动机，并通过其社会化创造了一种规避法律的心态。国际劳工组织（ILO）的存在、组织公约的传播以及在宣传强迫劳动的持续存在方面的同步角色都印证了这一点。国际劳工组织（ILO）已有近百年的历史，其有关奴隶制和准奴隶制等问题的基本公约并未变得多余，而是需要加以修改。联合国有关人口贩运的《巴勒莫议定书》便是其中一个例子。

因此，自由劳动和合法性的问题并不能有力地证明，强迫劳动是前资本主义关系的残余，而且必然会随着资本主义的发展而消亡。强迫劳动（非自由）是一种经验性的现实；其背后的支撑包括资本主义的矛盾和资本主义的创新本质（其中一些马克思无从认识，这也就为我们提供了解读马克思的理由——既能将马克思主义具体化，也不能用过度思考的浅显方式去理解其实体形式）。尽管强迫劳动和非自由的一些形式出现在资本主义以前，但是将其作为资本主义内部始终存在的一种可能性可能更为恰当。强迫劳动和非自由不能成为资本主义的主要特征，因为那样资本主义就不是资本主义了，但它可以成为资本主义的一个方面。强迫劳动可增多或减少，并能出现于众多环境中。这就导致了一个问题：什么样的资本主义更有可能滋生强迫劳动？这也能引起对概念的进一步阐述。强迫劳动和非自由可能与马克思主义者对历史—当代资本主义的态度并不矛盾，但是，思考如何将增多和减少强迫劳动的现实能力进行概念化，无疑是非常有用的。

三 现实主义社会理论和能力与结构

马克思主义的强大之处在于它是一种"社会总体论,一种存在于经济和整个社会其他实体之间关系的理论"(Callinicos 1985,15)。然而,还有一种情况就是这些关系和整体的某些方面并未在马克思和恩格斯的著作中得到充分阐述,并由此引发了持续争论。例如,古尔德纳(Gouldner 1980)着重论述了马克思主义科学实证与有时被误认为一种决定论形式之间的核心矛盾(例如,历史有明确的发展方向)及其作为一种偶发性形式的批判维度(例如,对资本主义的批判还包括错误意识的消除,以及通过社会政治行动去设定某种特定未来的发生)。这里潜在的不同的重点和解释既是学术问题,也是二十世纪国际社会的政治问题。矛盾的一个方面涉及如何根据功能与结构的问题来理解确定性与偶发性的问题。马克思主义老生常谈的是"人们自己创造自己的历史,但是他们并不是随心所欲地创造,并不是在他们自己选定的条件下创造,而是在直接碰到的、既定的、从过去承继下来的条件下创造的"(Marx 1950,225)。

现实主义社会理论为阐述强迫劳动的行为能力与组织结构问题提供了有效的方法。作为对科学哲学问题的一种回应,现实主义社会理论兴起于20世纪70年代的英国左翼,并随后发展成为后现代主义的一种对立理论(例如,Keat and Urry 1975; Bhaskar 1975; Callinicos 1989),主要关注的是调和确定性与偶发性的问题。这便涉及强迫劳动的问题,因为一个基本问题就是如何对强迫劳动发展和消亡途径进行概念化。

如果将非自由视为一种结果,那么它本身就不是一种结构,而是一种工作模式(其中存在一定程度的剥削)的结果,这种工作模式包括一定程度的剥削,以及被归类为各种强迫劳动的工作特征(例如,国际劳工组织 ILO 的指标)。个人或家庭会经历强迫劳动,但是这种环境的创建需要多个参与者。人们所处的位置不同,因而行为方式各不相同,那么什么样的个人或家庭可能成为各种强迫劳动特定实践的主体?这个问题涉及脆弱性是如何产生的,以及选择是如何被引导和限制的。在这里,特定劳动实践还植根在更为深层次的脆弱性和选择被限制的社会关系结构中,例如,通过教育、财政资源、社会阶层、性别、种族、出生地、种姓等,从可以区分生活选择的行为规范的内化体系中表现出来（例如，Olsen and Morgan 2010；Morgan and Olsen 2011a，2011b）。

人们可以认为行为能力是嵌入的，但也可以从结构的混合中分辨出来。行为人具有因果能力（原始论证参见 Harre and Madden 1975），但正如马克思所认为的那样，选择的本质是由结构构成和塑造的。值得注意的是，现实主义关注的是行为能力与组织结构的复杂性及其变化。例如，阿切尔（Archer 1995）将这一过程称为形态静止/形态发生，现实主义者一般将其称为社会行动的转型模式（TMSA）。这种模式具有几个关键特征。首先，根据马克思的观点，社会与个人既有联系又有区别。个人是社会化的，他们所遇到的、进行活动的社会结构对他们具有塑造作用。因而，他们的活动能够再现他们是如何被社会化的，或者如何改变他们。行为能力与组织结构不同，尽管组织结构的存在仅仅是因为作为存在的行为人构想这些组织结构。这两者必须区分开来，才能避免将行为人变成纯粹社会化的受骗者，将组织结构当成行为人活动的一种单纯聚合（变成一堆而不是一个持久的、偶然的背景）（参见图 2）。

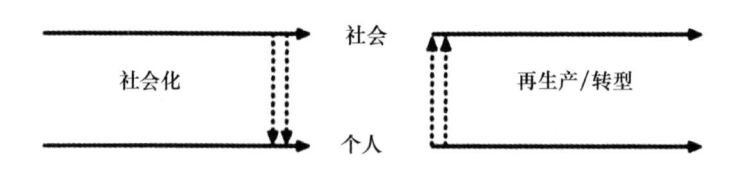

图 2　社会化和行为能力

资料来源：阿切尔（Archer 1995，155）。

在这种方式中，关系是暂时的。每一个社会参与行为都有一个结果，并成为未来机构条件的一部分。这个过程远远超出了行为人的意图和理解，或者影响行为人的特定选择。对行为人的总体影响可能是由于某个行为人的想象不到或考虑不周，尽管可能同时了解目标和意图的范围狭窄。例如，在血汗工厂强迫劳动条件下，工作的行为人并不打算复制血汗工厂，而是希望减轻自己的贫困程度。与此同时，使他们陷入这种境地的其他影响也可能被复制。童工在劳动而不是去上学，尽管工资极少或者没有收入，却可能会对家庭收入有所贡献，但同时，也会导致成人失业、破坏正规经济的发展。那么，脆弱性和有限制的选择也可能产生更广泛的意外结果。贫穷和脆弱性的复制可能会导致剥削形式的进一步扩大，例如，某一经济部门因为强迫劳动而获得增长。随着这种增长，脆弱性便会从一个部门转移到另一个部门。这种转移离不开"推手"，这样把目光转向了作为剥削者的其他行为人，例如，帮派头目或人贩子。例如，农业中抵债性劳动的存在催生了一种弱势群体，他们的劳动会被转移到新的经济发展场所（血汗工厂）或新的被剥削机会（色情旅游业中的商业性剥削 CSE）。阿切尔（Archer 1995，158）在图 3 中描绘出行为人结构的相互作用。

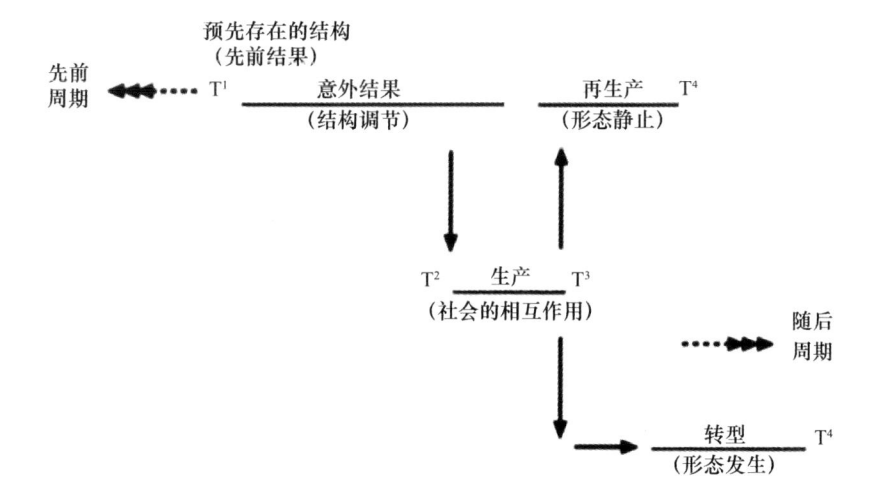

图 3　形态发生以及因时间变化的性质

注释：T^1 是指在 T^2 和 T^3 活动点产生的累积结构条件，这些结构条件可导致在 T^4 时条件的复制或转换。

资料来源：阿切尔（Archer 1995，158）。

以这种表达方式，方法可能看起来简单，[①] 但是，重要的是提供一种清晰的思路，以便在具体研究中追溯实际过程，洞悉其中的复杂性。此外，这种复杂性还会扩展到概念在使用时的细微差别（参见 Archer 2012）。

[①] 正如鲍勃·杰索普（Bob Jessop）所指出的，形态发生学（morphogenesis）作为实证研究的概念基础具有许多优势。他的关注点在于：通过短暂的相互作用使得行为人—结构的差异汇聚在一起，这些差异包括重复出现的条件作用、相互关系和复杂的协同进化。这是勾画社会活动的有效方法。杰索普认为，这种方法更加关注时空结构与社会力量的复杂组合（Jessop 2005，48），因此，他却更喜欢战略关系方法（SRA）。

例如，当简单地复制社会交往的一些其他方面时，可能会导致某些做法和条件发生不同程度的转变。"意外结果"一词并非暗示意外是导致强迫劳动的原因，这与胁迫/欺骗和诱人犯罪的核心问题不相符。就强迫劳动而言，重点不是关于脆弱性、选择，以及组织机构为了减轻个体受害者的某些问题，虽然他们好像在某种程度上是唯一合适的分析，或者在某种程度上因为他们的处境而被认为是有罪的。这里的关键是简要阐述社会理论如何能提供一种有用方法来追溯强迫劳动形式的实际发展，这种强迫劳动直接面对的是确定性与偶发性之间的矛盾，与马克思主义"人创造历史"的观点相一致（另见 Brown，Fleetwood，and Roberts 2002；Callinicos 2004；Joseph 2006）。对强迫劳动进行实际研究时，使用启发式方法来追溯能力—结构的实际复杂性是有价值的（例如，Morgan and Olsen 2011b）。此外，这种复杂性还有利于追溯个人、家庭以及劳动实践的特征混合，因此，能直接聚焦于资本主义范围内强迫劳动和非自由劳动形式的延续与创新。然而，这就回避了问题的实质：什么样的资本主义会通过强迫劳动（以及其他剥削形式）来创造和开发脆弱性？现代资本主义依靠什么让机会存在？

四 现代资本主义和强迫劳动的特征和趋势（你要对我们对你所做的一切负责）

发展研究中有关非自由劳动的讨论强调，资本主义或多或少具有剥削性，而且这种剥削可扩展至强迫劳动的形式。就自由劳动作为资本主义经济和意识形态的中枢而言，矛盾就产生了。但是，利润动机与资本主义社会化生产的方式，激励了这种矛盾的持续而不是消失。在真实的历史资本主义中，强迫劳动是一种永远存在的可能性，但是，在资本主义的某些形式范围内似乎更容易发生。资本主义鼓励疏远的、去道德化的和工具性的关系，鼓励将人视为经济单位（手段而不是目的），常常是会计文化中的无形单位成本，无人性意义的存在，从而为极端形式的剥削，或者单纯地忽略剥削形式或者将其置于不适当的概念语境中，提供了一种有利心态，（这是别人的责任，可以作为简单的交易、一种扭曲或发展需要而被纳入或隐藏在一般的市场逻辑之内）。新自由主义就属于这种资本主义（不同方面参见 Harvey 2007，2011；Kiely 2005；Jessop 2001，2007，2012；Desai 2013；Walker 2008）。

具有讽刺意味的是，以自由个体为正式关注点的新自由主义，同时也有利于形成极端剥削和强迫劳动。这种资本主义形式带有合法性的矛盾。一般来说，资本主义特别是新自由主义必然正式反对强迫劳动，而新自由主义似乎对强迫劳动是有益的。尽管许多人都诚心诚意地消除强迫劳动，但是将强迫劳动视为新自由主义范围内的意外事件并不合理。多方面表现证明，新自由主义形式更可能的结果是强迫劳动在一些地方成为常态，而在另一些地方为偶然事件。

新自由主义是一种源于高度简化经济主义的制度，意图将经济逻辑的范围扩展到现实的每个方面，这是基于自由市场竞争的意识形态表达，并与大型企业的现实相吻合。在这种制度中，权力是在朝着相反的方式运作，这种制度具有很多表现形式。

（1）以特定的地理区域作为市场，推动"点到为止"式的监管和自我监管。基本制度和信息流本应约束市场，但是，有限的监管与日益增加的复杂性意味着信息不能很好地发挥其既定功能，有限信息、虚假信息和无效信息可能成为现实。在基本制度中，强迫劳动被正式否决，同时又迅猛发展起来。

（2）开放边界以支持劳动力、商品和资本自由流动的合理性，提供的却是不够开放的边界和不太自由的劳动力、商品和资本流动。开放的边界有助于劳动力以移民的方式流动，但不太开放的边界会导致一些移民落入人口贩卖者手中；开放的边界可以促进商品贸易以及保持那些商品生产的资本流动，但是，同样会降低资本主义的承诺。压缩单位成本会对工资、条件和标准产生下行压力，因为强迫劳动的使用创造了"市场底端"的逻辑；在这种情况下，资本的自由活动是资本外流的威胁，提供了一种暗中鼓励强迫劳动使用的约束力；同时，强迫劳动创造的利润从促进资本流动的诸多制度和组织中获得益处，这种流动建立起机制用来规避管理、监督以及税金和关税的缴纳，等等；因此，任何试图阻止从强迫劳动中获得利润的努力，都会发现自己与整个制度的发展方向背道而驰，使得阻止强迫劳动变得更加困难；这种制度本身就有多条输送财富的渠道，例如，通过避税港、全能银行的运营和咨询服务，等等；利润的创造、转移和保护，为强迫劳动提供了生存土壤。

（3）逐步转向"金融化"。公司成为金融机构（私募股权、对冲基金、银行）拥有、经营和控制的金融单位，由此产生了新的利益阶层以及所有制生产与劳动之间的距离。随着股东价值和财富提取的增加，公司逐渐变成了不过是可互换的金融工具，资本承诺将会进一步减少，工资压力将变得更大。新的债务用途和债务市场创造了动荡的不平等制度，但是，随着债务、消费和商品化向家庭扩散也会导致日常生活金融化。[①] 金融化在加剧（1）和（2）趋势的同时，助长了强迫劳动。

（4）通过全球治理组织进行精心策划，因为全球化也是资本主义的一个多层面的呈现。推行"点到为止"式监管、自我监管和开放边界的努力以及金融化的蔓延，会对既定的地理区域产生影响。但是，更广泛的系统逻辑使得特定系统配置在全球成为可能，例如，长供应链、外包和分包。国际货币基金组织（IMF）和世界贸易组织（WTO）的现实实践巩固了市场利益。正是这一活动主要环节所固有的距离以及承诺不足推动了剥削和强迫劳动，成本最小化成了主要考虑因素。成本最小化基本原则仍然能够鼓励非正规的经济关系，尽管存在名义上的正规经济。[②] 因此，真正的制度基础就是背离其正式声明和结构，例如，工作标准的执行有悖于其声明，一个腐败的全部社会基础可能会出现，致力于维护屈从的虚假（与此同时，资源的分配揭露了现实问题、提供了相关教育和令其处于低水平）。发达国家的制度基础很容易被这种效应所蒙蔽（作为有限信息、虚假信息和无效信息动态的一种特殊表达）。与此同时，发展中国家的制度基础便会发生畸变，即使这些国家可能被认为具有"发达"资本主义民主国家的

[①] 帕利（Palley 2007，3）将金融化定义为："可以借助金融市场、金融机构和金融精英，对经济政策和结果增强影响的过程。金融化在宏观和微观层面均改变了正在运行的经济体系，主要影响包括：第一，提高金融部门相对于实体部门的重要性；第二，将收入从实体部门转移至金融部门；第三，加剧收入不平等，导致工资增长停滞。"有关金融化的马克思主义分析，参见拉帕维萨斯（Lapavitsas 2012）；有关金融化的普遍社会后果，参见马丁（Martin 2002）；有关金融机构对公司和劳动力的影响，参见摩根（Morgan 2009，2013a，2013b）。

[②] 例如，国际劳工组织强调了这一出发点："'非正规经济'一词指工人和经济单位开展的、在法律或实践中的正式合约中，不完全或部分地包括的所有经济活动。他们的活动未纳入法律，这意味着他们在法律的正式适用范围之外运作；或者，在实践中没有适用于法律，也就是说，尽管他们在法律的正式范围内运作，但法律并未被应用或执行；或者，因为活动的不当、繁冗或强加了太多的费用，法律阻止遵守。"（ILO 2002，2）

治理特征。在新自由主义范围内，占据主导地位的是资本主义而不是民主。在这种情况下，强迫劳动的手段和暴行可能会激增，强迫劳动甚至可以随着一个既定国家的发展而发展；发展的概念是混乱的、残缺不全的，而且经常被乔装打扮，因其结果可能比开始更可取，其结果被认为是制度过渡中的暂时现象。① 然而，这两点都不能成为现存的、可预防的剥削形式的充分理由，这两点都未认识到包括强迫劳动在内的极端剥削形式是新的资本主义关系的产物（这种关系已扩展到国家以外的整个体制，其中包括之前提到过的发达的资本主义经济），都未认识到包括强迫劳动在内的极端剥削在今后将永远存在的可能性。

（5）在技术专家政治论背景下的发展。新自由主义制度把每一个社会问题都纳入到经济框架去分析，因此，就适当行为的范围而言，民主辩论和控制的范围正在被稳步地缩小和形成；诸如强迫劳动之类的问题被下放，成为专责小组和政策部门特别关注的领域，随后，这些专责小组和政策部门必须争夺注意力和资源。问题的紧迫性和个人责任感在问题被发现和解决后被抑制。在最极端的情况下，反对强迫劳动变成市场化，成了一种生活方式的选择，一种通过消费（通过未消费的东西）构建的身份政治形式；但是，一个人必须做出额外努力来避免消费的这一事实表明，新自由主义的普遍的系统动力学促进了强迫劳动，而且在社会范围内任何消除强迫劳动的现实动力都是在不断瓦解的碎片。

因此，新自由主义不需要强迫劳动的发生，但是，人们可能会说强迫劳动不只是新自由主义时期的产物。新自由主义制度动力学为其创造了机会，新自由主义制度中的社会化培养了让机会变成现实的心态。联合国和国际劳工组织（ILO）致力于消除强迫劳动，而大多数国家都颁布了法律禁令。同时，新自由主义作为一种资本主义的形式，过分强调（在日常生

---

① 这里争论和虚假信息中的最突出问题大概就是发展中国家的童工。雇佣童工是消除贫困的方法的争论是自私自利的。儿童成为劳工，是因为社会上普遍提供给最弱势群体的可怜的条款和条件。正是阶级和种姓集体的贫困导致了童工现象。此外，对于满足经济体对劳动力的爆炸性需求而言，使用童工通常并非是必要的。童工更受青睐是因为他们便宜并且容易剥削。童工是成年人的条款和条件被减少的方式之一，也是城市成年人失业频繁出现的原因之一。强迫童工劳动已成为发展不平等的构成要素，例如，较为典型的印度经济。印度之所以出现这种现象，是因为结构性关系保持了强迫劳动模式的一些弱点，而且随着印度经济的变化，这些结构性关系会延续到新的环境中。

活中免去国家的干预或制裁）柏林自由（Berlin's freedom），这只会加剧不平等和剥削的可能性。在这种制度中，形式上的自由更容易被颠覆。新自由主义现实存在着一种切实的冷酷无情，我们人类作为类存在与之抗争。这种不言而喻的核心精神就是"你要对我们对你所做的一切负责"。这可能会存在基于法律法规的门槛，正式谴责强迫劳动并将其列为非法行为，但是，这种精神有助于产生基于盈利性和盈利压力的剥削者、同谋和剥削制度机会。对于不同种类、不同方式的强迫劳动来说，情况也是如此。商业性剥削（CSE）需要去人性化，它需要个体的对象化来完成退化（或对这种退化的幻想）。性观念和性别动态在这里非常重要，但商品化和工具性的基本意义也是如此，新自由主义对此的促进程度远远超过了前期的凯恩斯共识——性产业从未被如此产业化。① 创造机会的各种普遍公认的制度特征和趋势也促进了经济剥削（EE）。在新自由主义世界中，强迫劳动是新自由主义世界中现代商业的组成部分。根据国际劳工组织（ILO）的报告：

> 在巴西，使用奴隶劳动的经营者在很多情况下不是孤立的土地所有者或老式庄园的所有者；实际上，他们是在农业综合企业工作的企业家，许多人在生产阶段都使用了前沿技术。在畜牧业方面，牲畜受到的待遇要比劳工好得多，包括均衡饮食、计算机疫苗接种系统和人工授精；而同一庄园的临时工却无法得到干净的饮用水、符合卫生条件的食物或适当的住所。他们要经常忍受言语和身体虐待，而且被禁止回家（Costa 2009，43）。

五 总结

正如国际劳工组织（ILO）对 2011 年的重新估计所表明的，强迫劳动

---

① 充分证据表明，经济学无法很好地处理伦理、道德和制度问题，这对于作为新自由主义合法性主要来源的新古典理论并不新鲜。例如，舒马赫（Schumacher 1993，18）在提出自然资本的概念并主张体面工作时，严厉批评了凯恩斯的论文《我们后代的经济前景》（Economic Possibilities for Our Grandchildren），该论文认为，为了在以后建立更好的社会，利己主义（邪恶且自私）是促进增长所必需的。这里，凯恩斯很容易陷入劳动标准和此处存在的剥削之间的矛盾〔关于这个观点，感谢维多利亚·奇克（Victoria Chick）〕。

并未销声匿迹。强迫劳动的存在，突显了马克思主义基于自由劳动概念中心地位的潜在矛盾。正如汤普森（Thompson）在对阿尔都塞（Althusser）的批判中所指出的：

> 一百年来知识界发生了巨大变化，即使是那些既不需要修正又不需要阐明的马克思主张也都是在特定背景下进行定义，而且常与特定的、现已被遗忘的对手形成对立。在我们的新环境下，在面对新的也许是更微妙的反对意见时，必须把这些主张思考透彻并重新加以阐述。这是一个熟悉的历史问题。每件事都必须再仔细考虑一下：每个术语都必须接受新的验证（Thompson 1978，218）。

但是，就目前的验证情况而言，这种矛盾与其说是现实，不如说是表象。真正的历史资本主义在某种程度上非常复杂，对此马克思也认同。人们可以根据有用的社会理论贡献来探索这种复杂性，例如，功能与结构的现实主义方法。人们可以问，什么样的资本主义促进了特别是国际劳工组织（ILO）意识到的强迫劳动形式的延续和多样化？然而，解决这一问题时，还必须认识到国际劳工组织（ILO）等组织的有限性。国际劳工组织（ILO）开展了极为重要的工作，取得了切实成就（例如，Costa 2009；ILO 2012a），也是一个意识到需要批评的、相对开放的组织（例如，Serrano, Xhafa, and Fichter 2011）。但是，国际劳工组织（ILO）是早于新自由主义的组织，其宗旨与新自由主义的总体方向截然相反。新自由主义是一种制度，在这种制度中，按照标准的主流的经济路线去设想，工作被认为是无效用的；但在这种制度中，只是假设经济增长会带来更多的收入、经济向技能服务型转变和隐含的更好工作。因此，很少有人注意到这一制度的矛盾之处：布雷弗曼式的去技能化与新技能需求并存，收入不平等持续加剧、中产阶级流动通道破裂、工作普遍缺乏安全感导致所谓的无阶级社会可能变得更加分裂，企业福利与真正的大众国家福利背道而驰。这里的重点是这一制度的大部分内容都有悖于体面劳动的概念，并为许多人提供了朝着更具剥削性的和有害的工作条件转变的永久前景。强迫劳动只是这种转变的一种极端情况。①

与此同时，国际劳工组织（ILO）认识到工会在国际上发挥着重要作用。工作不只是一种机会成本，一种"负效用"；一般而言，工作不应该只是一种可接受的剥削形式，而应该是强迫劳动的对立面，即"体面"劳动。这样，国际劳工组织（ILO）在接受经济的社会嵌入性的同时，含蓄地拒绝了将一切都简化为市场化关系和赤裸裸的经济框架，而这正是新自由主义的核心内容。并且，从任何意义上讲，国际劳工组织（ILO）都不是一个系统性地批判新自由主义制度的组织。就此而言，强迫劳动代表着任何资本主义是合理性矛盾建构的一部分。如果新自由主义繁荣，那么很多人将不会发展。最近发生的事件都将会以悲剧和闹剧的形式重演，例如，孟加拉国首都达卡"拉纳广场"大楼坍塌，导致 411 名工人丧生。不管怎样，新自由主义能否在当前的自身不稳定中生存下来，还是一个悬而未决的问题。②

附录

在实践中识别强迫劳动	
没有获得同意的（非自愿性的）工作（强迫劳动的路线图） ● 天生或陷入"奴隶"或受约束状态 ● 身体被劫持或绑架 ● 人身被出卖、为他人所有 ● 工作场所人身受限——在监狱或受私人拘留 ● 心理强迫，即命令工作，以不服从就会受到可信的惩罚威胁为支撑 ● 诱发负债（通过伪造账目、哄抬价格、提供物非所值的商品或服务、高利贷等） ● 对工作类型和条款进行欺骗或虚假承诺 ● 扣留和不支付工资 ● 扣押身份证件或其他贵重个人物品	惩罚的威胁（迫使某人强迫劳动的手段）实际存在或可信的威胁： ● 对工人或其家庭或关系人实施身体暴力 ● 性暴力 ● 超自然的报复（的威胁） ● 监禁或者其他身体的限制 ● 财务罚款 ● 向当局（警察、移民局等）告发并驱逐出境 ● 从目前工作中解雇 ● 被排除在未来就业之外 ● 被驱除到社区或社会生活之外 ● 被剥夺权利或优先权 ● 剥夺食物、住所或其他必需品 ● 转到更糟糕的工作环境 ● 丧失社会身份

---

① 在此，应该想起埃里克·奥林·赖特（Erik Olin Wright）谈到的，在共产主义国家崩溃以后，现代资本主义的兴起和矛盾是对马克思主义的挑战："近年来戏剧性的历史发展带来了政治挑战，使人们对规范的基于社会主义的批判理论的可行性产生了怀疑。一些人可能认为，这些挑战最终将导致马克思主义作为合乎逻辑的知识传统逐渐瓦解……虽然可能无法回到过去，确信马克思主义是一切事物的综合范式，但与此同时，在尝试认真了解压迫出现的原因，进而强化旨在消除压迫的政治计划时，必须将阶级分析纳入核心议程。"（Wright 1993，23）

② 诸如海基·帕托马克（Heikki Patomaki）和巴里·吉尔斯（Barry Gills）等学者积极分析认为，新自由主义内部的最近危机很可能加剧了当前的劳工问题，但是，这一历史时刻也为进步社会运动应对新自由主义固有的不稳定性提供了新的机会。尤其是帕托马克的观点认为作为一种制度，新自由主义不会长久存在（例如，Patomaki 2013；Gills and Gray 2012）。

参考文献

Althusser, L., 1971, "Ideology and Ideological State Apparatuses", in *Lenin and Philosophy and Other Essays*, by Louis Althusser, London: Monthly Review Press, pp. 127 – 186.

Archer, M., 1995, *Realist Social Theory: The Morphogenetic Approach*, Cambridge: Cambridge University Press.

Archer, M., 2012, *The Reflexive Imperative in Late Modernity*, Cambridge: Cambridge University Press.

Banaji, J., 2003, "The Fictions of Free Labour: Contract, Coercion, and So-called Unfree Labour", *Historical Materialism*, 11 (3), pp. 65 – 95.

Belser, P., 2005, "Forced Labour and Human Trafficking: Estimating the Profits", Working paper. Geneva: ILO.

Bhandari, R., 2008, "The Disguises of Wage Labour: Juridical Illusions Unfree Conditions and Novel Extensions", *Historical Materialism*, 16 (1), pp. 71 – 99.

Bhaskar, R., 1975, *A Realist Theory of Science*, Leeds: Leeds Books.

Brass, T., 1999, *Towards a Comparative Political Economy of Unfree Labour: Case Studies and Debates*, London: Routledge.

Brass, T., 2002, "Rural Labour in Agrarian Transitions: The Semi-feudal Thesis Revisited", *Journal of Contemporary Asia*, 32 (4), pp. 456 – 473.

Bremen, J., 2007, *Labour Bondage in West India: From Past to Present*, Oxford: Oxford University Press.

Brown, A., S. Fleetwood, and J. Roberts, 2002, *Critical Realism and Marxism*, London: Routledge.

Callinicos, A., 1985, *Marxism and Philosophy*, Oxford: Oxford University Press.

Callinicos, A., 1989, *Against Postmodernism*, Cambridge: Polity.

Callinicos, A., 2004, *Making History*, Leiden: Brill.

Cohen, G., 1995, *Self-Ownership, Freedom and Equality*, Cambridge: Cambridge University Press.

Costa, P., 2009, *Fighting Forced Labour: The Example of Brazil*, Geneva: ILO.

Desai, R., 2013, *Geopolitical Economy*, London: Pluto.

Gills, B., and K. Gray, 2012, "People Power in the Era of Global Crisis: Rebellion, Resistance and Liberation", *Third World Quarterly*, 33 (2), pp. 205 – 224.

Ghai, D., ed., 2006, *Decent Work: Objectives and Strategies*, Geneva: ILO.

Geurin, I. , S. Ponnarasu, G. Venkatasubramanian, and S. Michiels, 2012, "Ambiguities and Paradoxes of the Decent Work Deficit: Bonded Migrants in Tamil Nadu", *Global Labour Journal*, 3 (1), pp. 118 – 142.

Gouldner, A. , 1980, *The Two Marxisms*, Basingstoke: Macmillan.

Harre, R. , and E. Madden, 1975, *Causal Powers*, Oxford: Blackwell.

Harvey, D. , 2007, *A Brief History of Neo-liberalism*, Oxford: Oxford University Press.

Harvey, D. , 2011, *The Enigma of Capital and the Crises of Capitalism*. London: Profile.

ILO (International Labour Organization), 1999, *Decent Work*, Report of the Director General. Geneva: ILO.

ILO (International Labour Organization), 2002, "Resolution concerning Decent Work and the Informal Economy", Geneva: ILO.

ILO (International Labour Organization), 2005, *A Global Alliance against Forced Labour: Global Report under the Follow-up to the ILO Declaration on Fundamental Principles and Rights at Work 2005*, Geneva: ILO.

ILO (International Labour Organization), 2009, *The Cost of Coercion: Global Report under the Follow-Up to the ILO Declaration on Fundamental Principles and Rights at Work*, International Labour Conference, 98th Session 2009 Report I (B), Geneva: ILO.

ILO (International Labour Organization), 2012a, *A Global Alliance against Forced Labour and Traffic in Persons: Key Achievements of the ILOs Special Action Programme to Combat Forced Labour 2001 – 2011*, Geneva: ILO.

ILO (International Labour Organization), 2012b, *Global Estimate of Forced Labour: Results and Methodology*, Geneva: ILO.

ILO (International Labour Organization), 2013, *World of Work Magazine*, Special Issue. Geneva: ILO.

Joseph, J. , 2006, *Marxism and Social Theory*, Basingstoke: Macmillan.

Jessop, B. , ed. , 2001, *The Parisian Regulation School: Regulation Theory and the Crisis of Capitalism*, Cheltenham: Edward Elgar.

Jessop, B. , 2005, "Critical Realism and the Strategic Relational Approach", *New Formations*, 56, pp. 40 – 53.

Jessop, B. , 2007, *State Power: A Strategic Relational Approach*, Cambridge: Polity.

Jessop, B. , 2012, "History and Crisis in Theory and Practice", Paper Presented at the IPEG Conference, Birmingham University, September 10 – 11; original available from author.

Keat, R. , and Urry, J. , 1975, *Social Theory as Science*, London: Routledge.

Kiely, R. , 2005, *The Clash of Globalizations*, Leiden: Brill.

Lapavitsas, C., ed., 2012, *Financialisation in Crisis*, Leiden: Brill.

Lerche, J., 2007, "A Global Alliance against Forced Labour? Unfree Labour, Neo-liberal Globalization and the International Labour Organization", *Journal of Agrarian Change*, 7 (4), pp. 425 – 452.

Mantouvalou, V., 2012, "The Many Faces of Slavery: The Example of Domestic Work", *Global Dialogue*, 14 (2), pp. 73 – 82.

Martin, R., 2002, *The Financialisation of Daily Life*, Philadelphia: Temple University Press.

Marx, K., 1950, "The Eighteenth Brumaire of Louis Bonaparte", in *Marx and Engels Selected Works*, Vol. 1, by K. Marx and F. Engels, London: Lawrence & Wishart, pp. 225 – 331.

Marx, K., 1954, *Capital*, Vol. 1, London: Lawrence & Wishart.

Marx, K., and F. Engels, 1968, *The German Ideology*, London: Lawrence & Wishart.

Millett, P., 2007, "Aristotle and Slavery in Athens", *Greece & Rome*, 54 (2), pp. 178 – 209.

Morgan, J., 2009, *Private Equity Finance*, Basingstoke: Palgrave Macmillan.

Morgan, J., 2013a, "Hedge Funds: Statistical Arbitrage, High Frequency Trading and Their Consequences for the Environment of Businesses", *Critical Perspectives on International Business*, 9 (4), pp. 377 – 397.

Morgan, J., 2013b, "Forward-looking Contrast Explanation Illustrated Using the Great Moderation", *Cambridge Journal of Economics*, 37 (4), pp. 737 – 758.

Morgan, J., and W. Olseny, 2011a, "Aspiration Problems for the Indian Rural Poor: Research on Self-help Groups and Micro-Finance", *Capital & Class*, 35 (2), pp. 189 – 212.

Morgan, J., and W. Olseny, 2011b, "Conceptual Issues in Institutional Economics: Clarifying the Fluidity of Rules", *Journal of Institutional Economics*, 7 (3), pp. 425 – 454.

Olsen, W., and J. Morgan, 2010, "Institutional Change from within the Informal Sector in Indian Rural Labour Relations", *International Review of Sociology*, 20 (3), pp. 535 – 555.

Palley, T., 2007, "Financialisation: What It Is and Why It Matters", Levy Economics Institute, working paper 525.

Patomaki, H., 2013, *The Great Eurozone Disaster: From Crisis to Global New Deal*, London: Zed Books.

Rao, M., 1999, "Freedom, Equality, Property and Bentham: The Debate over Unfree

Labour", *Journal of Peasant Studies*, 27 (1), pp. 97 – 127.

Schumacher, E., 1993, *Small Is Beautiful*, London: Vintage.

Serrano, M., E. Xhafa, and M. Fichter, eds., 2011, *Trade Unions and the Global Crisis*, Geneva: ILO.

Thompson, E., 1978, *The Poverty of Theory and Other Essays*, London: Merlin.

UN (United Nations), 2000, "The Palermo Protocol", Accessed June 2012, http://www.palermoprotocol.com.

UN (United Nations), 1957, "Section I: Institutions and Practices Similar to Slavery", in *Supplementary Convention On the Abolition of Slavery, the Slave Trade, and Institutions and Practices Similar to Slavery, UN Treaty Series*, Vol. 266, pp. 41 – 42, http://treaties.un.org/doc/publication/UNTS/Volume%20266/v266.pdf.

US Department of State, 2011, *Trafficking in Persons Report: June 2011*, Washington DC: Department of State.

Walker, K., 2008, "Neo-liberalism on the Ground in Rural India", *Journal of Peasant Studies*, 35 (4), pp. 557 – 620.

Wright, E., 1993, "Class Analysis, History and Emancipation", *New Left Review*, 202, pp. 15 – 35.

(此文原载于英文期刊 *International Critical Thought*
《国际思想评论》2014 年第 4 卷第 1 期)

危机、资本主义新阶段与寻求社会解放的跨国阶级战略的需求

[希] 乔治·廖达基斯* 著　裴卫旗** 译

摘　要：在快速全球化和紧密一体化的背景下，资本主义经济正在迈入一个"极权资本主义"的新阶段。有人认为，以国家为中心的主流方式在理论上存在缺陷，从历史的角度看已经过时，政治上也无助于占社会大多数的工人阶级的革命解放。本文首先在理论上论证了资本主义新阶段的出现，并简要探讨了国家与革命的关系，随后强调目前日益加剧的资本主义危机和对社会变革的迫切需要都指向一种以资本和劳动之间的矛盾为中心的新型跨国战略，这在当前条件下具有越来越重要的意义。本文也初步尝试阐明这种阶级战略的若干基本要素。

关键词：跨国资本主义；阶级；国家；革命；解放策略

一　引言

在世界资本主义危机空前加剧的背景下，人们，至少是受压迫、受剥削的社会大多数人，越来越关注在怎样的战略条件下才能获得一种解放，超越使人异化的、剥削性的、破坏生态的资本主义生产方式。

各种理论和政治策略数量众多，包括从经典马克思主义或列宁主义国家观衍生出来的理论、帝国主义和"薄弱环节"、新马克思主义和"依赖

---

*　乔治·廖达基斯（George Liodakis），希腊克里特理工大学政治经济学教授。主要研究领域涉及国际关系与发展、危机理论、技术和环境。著有《极权资本主义及其超越》（阿什盖特出版公司，2010年）。

**　裴卫旗，经济学博士，郑州轻工业大学经济与管理学院讲师。

理论"的各种趋势,以及各种激进的或无政府主义的趋势等。但革命的失败,特别是苏联解体和东欧剧变,使人们对这些理论和策略提出了质疑。因此,现在迫在眉睫的是,在 21 世纪初,要重新从理论上思考革命战略,探讨新的革命视角。

有些研究人员已经开始探索当代资本主义发展的条件和革命性社会变革的前提条件(Chilcote 1999;Berberoglu 2003;Foster 2003;Harvey 2003;Laibman 2005)。我们必须处理革命政治问题,更具体地说,是在截然不同的当代资本主义客观条件下来处理这一问题,这种客观条件的特征是跨国或极权资本主义(Robinson 2004;Liodakis 2005,210)。客观条件的这种急剧变化和过去的战略失败迫切需要重新定义共产主义,并在这种背景下提出了关于工人阶级革命战略特殊性的新挑战。基于对占主导地位的民族国家中心主义的批判,本文指出,在当前条件下,工人阶级的国际化和跨国阶级斗争比以往任何时候都更加重要和迫切。考虑到向共产主义制度下生产者联合的革命性转变是资本主义生产方式的辩证产物(Marx 1967a,592,763;1967c,819 – 820;Chattopadhyay 2006),我将强调从与帝国主义密切相关的民族国家中心主义向以阶级为基础的方式转变的必要性,而这种转变意味着需要重新定义工人阶级的社会解放战略。

接下来,将从探究新近出现的资本主义新阶段开始,对战略调整的要求进行一定程度的阐述。当然,本文不可能详细探讨那些可被认为是革命阶级主观能动性的重要的组织问题或方面,显然也不可能直接讨论改良和革命之间的辩证关系,或者更具体地说,处理战略和战术之间的辩证关系。我更愿意着重探讨工人阶级革命战略与资本主义经济和国家的历史变化之间的关系,希望借此为这一关键问题带来一些启示。这种探究的开头应当且有必要处在一个抽象度较高的层面上,而不去考虑革命式的阶级斗争具体在怎样的条件和情境之下能够为社会解放开辟道路。

在第二部分,我会尝试从理论上证实资本主义新阶段的出现,强调这个新阶段在质上而非量上与以往的差异;第三部分是以国家为中心的方法作批判性的文献综述,并简要分析当代跨国资本与国家的关系;接下来在第四部分,我将批判性地回顾一些以国家为中心的方法,这些方法侧重于帝国主义内部矛盾和以国家为中心的社会主义,从革命的角度更具体地考察国家的作用;第五部分,我将以希腊为例,简要分析大多数国家都面临的经济政治局势由跨国因素来决定的现象；第六部分也是最后一部分，简要总结前文的分析结论，并初步尝试概括超越传统的以国家为中心方法的跨国革命战略。

二 对新兴的"极权资本主义"的理论探索

有的研究者提出了一种观点，与主流的全球化方法不同，也区别于那些讨论现代"帝国"（Hardt and Negri 2000；Foster 2001；Wood 2003；Cox 2004；Panitch and Gindin 2004）、沿用"帝国主义"经典概念或探讨"新帝国主义"的方法，这种观点认为，宪法下的资本主义新阶段，即极权资本主义，实质上是辩证地超越了以前资本主义的帝国主义阶段（Liodakis 2005，2010）。持这种观点的学者指出，资本主义关系的跨国发展，是资本主义生产方式从原始积累早期阶段就具备的固有倾向，并在国家宪法阶段和（帝国主义）资本国际化阶段进一步扩张，在最近几十年里，随着全球化和跨国积累的迅速发展，达到了极权资本主义的新阶段。资本主义的这种根本性的重构和新阶段的出现很大程度上源于20世纪70年代开始的深层次的过度积累危机，以及提升稳定价格（盈利）条件以确保资本主义生存能力的迫切需要。

将这一新兴资本主义阶段描述为极权主义，意在（用一个词）将全球一体化的趋势和资本的全球吸纳和源自当代资本主义内部结构中所固有的日益专制和独裁的特征结合起来。

将这一新阶段阐释为帝国主义的辩证退让意味着除了几个新的特点外，新阶段还保留了之前帝国主义阶段的一些特点（另见 Liodakis 2010）。

有充足的证据支持资本主义新阶段这一概念。人口快速迁移，劳动力跨国流动，世界出口快速增长，外国直接投资存量增加，债券和股票跨境交易，并购增加，这些都是量变的证据（Maddison 1982，188，254；1995，38；Perraton 等人 1997；联合国贸易和发展会议 2002a，337；2002b，38；Kotz 2002）。质变也很显著：技术发生了革命性的变化，资本主义生产关系急剧重构/重组，劳动力、科学和自然普遍被归类为资本，经济体制和权力关系也在跨国层面上发生了急剧的重构（Liodakis 2006）。毫无疑问，新阶段涉及跨国和国际流动之间的复杂联系，不仅涉及严格意义上的生产流程，而且涉及所有其他资本循环和所有相关的监管机制。这一新阶段不仅意味着跨国资本积累如今发挥着决定性作用，而且意味着（各级）国家制度都会发生大幅度的结构调整。民族国家特别是欠发达的国家由于所有这些变化往往变得无力控制其经济（Cox 2004，319；Jha 2006）。

虽然仍有一些学者对全球化趋势是否真正存在持怀疑态度（Hirst and Thompson 1996；Weiss 1997；Kleinknecht and Wengel 1999；Koechlin 2006），但越来越多的研究者强调，现代资本主义制度发生了质变，或者谈到资本主义的新时期或新阶段（Perraton et al. 1997；Radice 2000b，16；Grahl 2001；Perraton 2001；Went 2002－2003，489－491；2004，337；Cox 2004；Bieler et al. 2006）。更具体地说：

> （资本主义）世界经济早期建立的一系列跨国联系最初只是有限的一些，而现在已经大大深化，通过将社会生活商品化影响了许多人的生活，其广度也已覆盖全球，这是前所未有的……这是当前全球化进程真正的新特点，是对至少三个世纪前就已存在的资本主义社会关系跨国化现象的全球化和深化（Van Apeldoorn 2004，160）。

确实有充分的证据表明，贸易关系网络正越来越密集，金融资本的流动性和转移速度正在提高。与此同时，日益紧密的国际（和跨国）社会经济和政治关系网意味着民族国家越来越多地参与到远远超出其管辖范围的问题的决策中，更重要的是，越来越多的国际机构和国际组织网所做的决策将不仅在国际或全球层面，还会关系到任何特定的国家性质的实体，由此，它们将在一定程度上取代现有的民族国家。随着全球化，或者更恰当地说，随着跨国发展的日益深入，任何国家或地区资本主义积累的具体条件将不再仅仅或主要由相关的民族国家决定，而是越来越多地由大型跨国公司的战略以及跨国组织和强大的帝国主义国家的决策来决定。即使在当前的严重危机下，竞争和民族主义言论加剧，也往往会进一步加深跨国资本主义。

但是，我们的主张与哈特和奈格里（Hardt and Negri 2002）倡导的"超全球化"也不相同，他们的观点接近于占主导地位的资产阶级（新自由主义）意识形态，主张全球无缝同质（平均）发展，而我们必须特别强调的是，跨国资本主义的发展越来越不均衡，民族国家仍然具有其重要性。在此基础上，我们也认可全球化是当代资本主义的主导趋势，宪法下的跨国资本主义国家越来越重要（见下文）。

对极权资本主义（Liodakis 2010，chapter 3）这一新阶段的详细理论分析强调以下几点：（1）资本固有的集权化趋势作为一种社会关系反映在市场机制的运行和价值规律上；（2）当代权力关系的演变以及日益严重的压迫和社会独裁现象；（3）现代资本主义出现的新的组织变化和将劳动力（以及科学和自然）纳入资本的真实趋势；（4）资本主义危机对社会经济和政治的影响，以及提高剥削率和利润率所迫切需要的（工作场所和整个社会）不断加强的纪律性；（5）被剥削的社会大多数对这种日益增长的社会极权主义和（无处不在的）监控表现出的看似消极接受的态度。

这里也许应该更侧重于跨国积累的社会政治影响，以及国家所发挥的重要而且迅速变化的作用。

三 民族国家中心主义与跨国资本—国家关系的形成

要更加具体地研究当前的资本主义结构调整与资本主义新阶段中国家机构和权力关系的转变之间的关系，需要对仍然盛行的民族国家中心主义方法进行批判性的分析。这种方法应理解为一种广义的概念，它把国家经济和各种机构视为构成世界经济的不同组织单元（构件），而相应的（《威斯特伐利亚和约》意义上的）国家是社会的容器和管理国家经济、维护国家利益的特定社会政治机器。因此，这一概念强调民族认同和共同的国家利益，模糊阶级划分和阶级矛盾。

与这种方法不同，马克思主义经典作家对国家的性质和民族国家的历史形成阐释得格外清楚。马克思强调，中央集权的国家政权是"按照系统的等级的分工原则建立的"，起源于专制君主制时代，当时它充当了新兴资产阶级社会反对封建制度的有力武器。在现代工业发展的过程中，它"越来越变成了资本借以压迫劳动的全国政权，变成了为进行社会奴役而组织起来的社会力量，变成了阶级专制的机器"（Marx 1968a,

289-290)。① 马克思（Marx 1968b，327）还在《哥达纲领批判》一书中指出，工人阶级在争取社会解放的斗争中，显然要"在国内组织起来……它的直接斗争舞台就是本国"，还强调了"各国工人阶级在反对各国统治阶级及其政府的共同斗争中的国际兄弟联合"，从而有效地反对国际有产阶级联合力量。恩格斯（Engels 1968，587）还指出，一般来说，国家基于它产生的原因，"是最强大的、在经济上占统治地位的阶级的国家，这个阶级借助于国家而在政治上也成为占统治地位的阶级，因而获得了镇压和剥削被压迫阶级的新手段"。但"国家不是从来就有的，曾经有过不需要国家的社会……在生产者自由平等的联合体的基础上按新生产方式来组织生产的社会，将全部国家机器放到它应该去的地方，即放在古物陈列馆去，同纺车和青铜斧陈列在一起"（Engels 1968，589）。列宁也是如此，特别是在《国家与革命》（Lenin 1971）一书中，他明确指出了国家的阶级性和在推翻资产阶级政权和改造社会的革命过程中摧毁国家机器的必要性，尽管他关于国家和先锋党的某些观点仍存在争议（Chattopadhyay 1992；Bonefeld and Tischler 2002；Wright 2006）。葛兰西（Gramsci）也恰如其分地揭露了民族主义是支撑资产阶级霸权的意识形态和政治平台。②

近期也有一些文献集中关注民族国家的历史形成及其与资本主义的关系（Lacher 2003；2005；Stoetzler 2006；Teschke and Lacher 2007），其中出现了"领土国家"的概念，认为其不同于资本主义的发展。而在哈维（Harvey 2003）等人的研究中提到的"资本逻辑"和"领土逻辑"之间抽象而非辩证的区分也受到了一些批评。然而，应该指出的是，正是在资本和国家共同演化的历史背景下，资本主义国家的具体领土形态和制度才得以确立。

除了上述马克思主义的传统（另见 Jessop 1982；Lebowitz 2003，184-187，189-196；Barker 2006；Wright 2006）视角之外，一些研究人员和

---

① 出于这个原因，马克思（1968a，288）才会赞许地引用巴黎公社国民自卫军中央委员会的话："巴黎的无产者……已经了解到：夺取政府权力以掌握自己的命运，是他们必须立即履行的职责和绝对的权利。"

② 正如路易斯·波佐（Pozo 2007，79）所指出的："葛兰西确实正确地揭露了民族主义是支撑资产阶级霸权的道德政治因素，但他认为无产阶级如果处在与资产阶级相同的历史框架内也可能实施霸权，这一点是被误导了。"但很遗憾，这里需要补充的是，在过去的一个多世纪里，大多数左翼政党和知识分子都被困在这个框架内。

左翼政治机构，还在古典或近代帝国主义理论的启发下，提出了一些以民族国家为中心的方法。各种保守派和民族主义者的圈子也有同样的动向，他们敌视全球化，还有一些左翼意识形态的代理人，否认当前存在全球化趋势这一事实，并谈论"进步的民族主义"。从这个意义上说，无论是在理论上还是在政治上，民族中心主义在今天仍然是一个主导因素。

这种方法对民族国家抱以非历史和形而上学的态度，通常将民族国家从决定它的物质、社会生产和阶级力量中抽离出来，视为政治权力的代理人，而决定民族国家历史重建和演变的辩证动力本身也是被模糊处理了（Van Apeldoorn 2004）。国家获得了主导地位，而且人们认为它最终决定了经济发展的方向和资本主义价值稳定的条件，以及社会各阶级的形成和阶级之间的斗争，在单一国家的背景下也确实如此。虽然国家的确在这些方面都起到了重要作用，但这种机械的（工具性的）和形而上学的解读，在广义上颠倒了辩证唯物主义和历史唯物主义，颠倒了头和脚（上层建筑和经济基础）（另见 Radice 2000a；Bryan 2001；Robinson 2001；Zaky 2005；Jah 2006，第9章）。①

虽然国家在资本的原始和广泛积累中发挥了并将继续发挥重要作用（Mann 1988，Lacher 2005），但从本质上说，是资本（作为一种社会生产关系）和资本主义关系的具体结构，在历史上决定了资产阶级国家的具体特征，并将继续决定其基本职能、政治体制和方向（Van Apeldoorn 2004，156；*Historical Materialism* 2006）。如书中所说："就经济制度和手段而言，本质上没有什么国家和国际之分。"（Radice 2000b，11）

近几十年，在快速的跨国发展和资本一体化的背景下，也就是资本主义新阶段的背景下，有足够证据表明，现在正趋于在跨国层面上形成社会阶级（Robinson and Harris 2000；Sklair 2001；Overbeek 2004），民族国家正在发生改变，经历重组，可能会实现"国际化"并在一些方面被削弱（Cox 1987，254）。而与此同时，在跨国层面上形成的资本力量倾向于形成一种混合和矛盾的结构，这种结构被称为跨国资本主义国家（Robinson and Harris 2000；Overbeek 2004，127-128；Liodakis 2005；Jha 2006）。这

---

① 从这个意义上，与拉谢（Lacher 2005，47）和所有趋于颠倒历史唯物主义的作者相反，我们应当正确地接受历史唯物主义，这样也是接受《共产党宣言》中的"全球化"（另见 Burns 2010）。

种跨国国家是由国际组织（联合国、国际货币基金组织、世界银行、世界贸易组织、经济合作与发展组织等）构成的，它们与最强大的资本主义国家和各种国际资本主义集团（八国集团、世界经济论坛、三方论坛等）关系密切，在世界范围内达成合作协议、基本政策和资本战略方面发挥着至关重要且日益强大的作用。当然，这些新的发展趋势并不表示民族国家将会消亡，或基于国与国关系的国际体系将破裂。但是，通过资本的跨国整合而发展起来的跨国关系发挥着越来越重要的作用，并且在很大程度上决定着国与国的国际关系（Van Apeldoorn 2004，156）。正如书中指出的那样，我们应该"从一开始就认识到资本主义社会关系的全球性"（Kiely 2005，44）。尽管这在很大程度上是正确的，但是这种论证倾向于否定跨国化的历史辩证法，而跨国化是资本主义进入历史上独特的新阶段的途径。

与主流的国家中心主义方法相对的是国际关系的新现实主义方法，范·阿培尔顿（Van Apeldoorn 2004，167）指出："一方面，跨国资本的力量以政治统治的领土分裂为前提，另一方面，这种必要的（从资本主义的角度来看）分裂也可能被视为对资本主义历史全球化相关问题提出有效解决方法的阻碍。"（另见 Lacher 2005）这一论证无疑指出了民族国家结构的局限性。

虽然新兴跨国资本主义国家的概念得到了大量证据的证实，但这当然不是一个单向趋势。这是一个相当矛盾的过程，往往被国家或区域冲突所阻碍或打断。"当今世界的决定性辩证法是资本主义积累的以国家为中心的形式与迅速发展的跨国生产体系之间的矛盾。"（Harris 2005，329）这种说法提出了一个关键问题，反映出所述两种趋势之间辩证演变的紧张关系，可以这么说："旧的国际国家竞争体系在修改跨国方面后能否重新得到发展，或者说跨国资本家阶级能否围绕其新的积累形式建立一个稳固的政治方案？（Harris 2005，339）"这确实是一个关键性问题，也关系到预计在不久的将来发展的具体的制度形式。

简而言之，我们在这里所讨论的是，资本主义变革的跨国辩证法正在迅速地从历史上的民族国家的国际体系和以民族国家为中心的阶级斗争的传统形式，奋力过渡到形成一种跨国阶级，建立一种新兴的跨国国家，以及一种日益重要的跨国阶级斗争和团结。由于对资本主义的革命性超越需要"推翻和粉碎"国家政权,而跨国化彻底改变了国家政权的组织和构成形式,这些变化的社会和政治影响意义重大。

四 跨国合作/冲突和国家在革命中的作用

与主流的以国家为中心的观点相反,马克思主义的传统始终关注帝国主义的内部矛盾(Wood 1999;Gibbs 2001;Petras and Veltmeyer 2001;Berberoglu 2003,69,73,90;Petras 2005;Ellner 2006),越来越多的研究者认识到,帝国主义国家之间持续存在着矛盾,同时强调近几十年来出现了跨国资本主义协调与合作的广泛趋势(Brewer 1989,285;Willoughby 1995;Panitch and Gindin 2002;2004,4,6,12,17;Bromley 2003;Cammack 2003;Liodakis 2005;2010;Hosseini 2005)。世界市场地域划分的历史观点曾在20世纪早期盛行,现在也受到了质疑。正如有些学者所指出的,帝国主义之间的竞争被大国之间的超帝国主义合作所抵消(Bromley 2003;Fine 2004;Van Apeldoorn 2004;Kiely 2005;Liodakis 2005)。

资本合作和跨国协调的主导趋势,以及资本主义内部竞争和劳动剥削的加剧,意味着资本和劳动之间的基本矛盾严重激化。这些发展为工人阶级的跨国团结创造了先决条件,并加大了共同政治和革命斗争的可能性(Radice 2000b;Berberoglu 2003,11,54,137;Liodakis 2005)。资本主义的新阶段明显以帝国主义内部矛盾的相对减少为标志,因为这样才能支持更直接更激烈的资本与劳动的对抗。由于资本与劳动的阶级冲突是由特定民族国家和民族主义意识形态调停的,这对反资本主义革命斗争的效力有着重要的影响,而这使推翻和粉碎各级国家机器(跨国、国家和地区)的革命任务变得更加复杂。

如前所述,马克思对国家剥削和专制性质的分析表明在资本主义革命变革过程中需要"推翻和粉碎"国家机器。在马克思主义传统和大多数革命运动中,都将夺取国家政权视为一个关键问题。乌托邦式的无政府主义方法完全忽视了从资本主义国家专制政权到彻底消除权力关系的矛盾运动,与此相反,共产主义运动中占主导地位的列宁主义传统一直强调,在后革命时代早期需要一个"工人国家"(Lebowitz 2003,chapter 10),作为社会更深入和彻底变革的机制。尽管马克思主义经典著作的某些部分似乎支持这种观点（Marx and Engels 1968，52；Marx 1968b，331），但可以说马克思本人始终是反国家的。巴黎公社运动之后，他曾谨慎地指出："工人阶级不能简单地掌握现成的国家机器，并运用它来达到自己的目的。"（Marx 1968a，288；另见 Lebowitz 2003，193-194；Barker 2006，77）马克思和恩格斯所想的不仅是资产阶级国家的根本变革。他们不是强调任何国家，而是强调无产阶级专政没有任何压迫工具，为工人阶级的革命目标服务（见 Bonefeld 2002，138，143）。建立由联合生产者组成的无阶级社会，预计会导致国家作为社会权力机制的消亡。

20 世纪的经验和所谓的"实存社会主义"的崩塌使国家和革命之间的关系更成问题。在这基础上吸取教训后，我们应当提出更合格更细致入微的问题，还要谨慎考虑到最近的一些辩论（Holloway 2002；Bonefeld and Tischler 2002）。① 根据一些关键记载："革命并不意味着夺取权力……它是与权力的斗争。"（Bonefeld and Tischler 2002，8）这样一个问题，应该在不忽视国家政权这一关键问题的基础上，超越严格的集权主义革命观。在这个意义上来说，不应将革命视为夺取政权的短暂事件，或只是关于生产资料的（法定）所有权的问题，它是一个社会关系全面转型的过程。在相同的意义上，不应将共产主义简单理解为一种社会组织状态，而应该主要将其视为争取社会解放的斗争，这种斗争不是在革命之后发生的，而是作为一个否定和创造的过程与革命同时发展的（另见 Lebowitz 2006；Barker 2006；Chattopadhyay 2006）。

虽然关于无产阶级专政或过渡革命国家的作用问题仍然存在争议，但必须指出，更普遍地说，革命对转变过程的控制应符合两方面的标准。首先，应该确保它是一个超越资本主义的可靠而不可逆的转变（一个前进的过程）；其次，要确保在国家作为社会权利机制走向历史消亡的同时，尽量降低扶植新官僚机构的风险。考虑到工人阶级越来越有能力管理社会事务和控制自我解放的过程是很重要的。

在当前跨国资本主义积累和协调的条件下，显然，民族国家中心主义

---

① 辩论内容可参考霍洛韦（Holloway）的《不夺取权力而改变世界》（*Change the World without Taking Power*）一书，其他著作包括《历史唯物主义》（*Historical Materialism* 2005）中的"专题讨论"（Symposia）等。另见克里斯·怀特（Chris Wright 2006）对博内费尔德和提斯勒（W. Bonefeld and S. Tischler 2002）编《历史唯物主义》一书的评论。

方法的局限性再次肯定了废除和推翻资本主义国家机构的革命性任务，因为这些方法即便不适得其反，也是相当有误导性的。对经济政策、教育、技术、社会保障和其他服务越来越多的跨国监管（如《服务业贸易总协定》），以及新兴的跨国国家及其所有执行机制，使得挑战成为当务之急，不仅要挑战任何特定的民族国家，而且要摧毁新兴跨国国家的复杂机器。基于民族国家的阶级行动无法充分有效，除非它能够在制定集体决策的现场直接挑战跨国资本，除非它能通过协同、联合的跨国阶级行动阻碍这种决策和政策。虽然我们此前提到过马克思的工人阶级国际主义，但在这里也适当提醒一下："只有工人阶级的国际性联盟才能保证工人阶级的最终胜利"（Marx as cited in Lebowitz 2003，185）。

五　希腊的案例：在危机和过度举债的陷阱内外

在这一部分，我将简述希腊的情况，该国过去几年里陷入了经济衰退加剧和负债累累恶性循环的困境。举希腊的例子是为了证明在更普遍的跨国层面上呈现的趋势。毫无疑问，许多其他国家也都或多或少地面临着类似的问题或存在同样的现象。虽然这些问题与许多发展中国家几十年来面临的问题相似，但资本主义新阶段的特殊之处在于，日益加强的跨国一体化和贸易自由化（特别是在地区层面上）意味着不均衡发展进程更加频繁地出现，而且表现得更加极端，为应对这些问题而制定的超国家或跨国机制确实有可能加剧这些问题。

虽然国内外很多人都认为这些问题大多是国家层面的问题（就起源和影响而言），丝毫不打算免除国家政府的管理责任，但我要强调的是这些问题是由社会环境决定的，而这种社会环境是由该国卷入的紧密的跨国关系网所构成的。可以说，希腊是资本主义发展不平衡的受害者，这主要是因为国际/跨国经济关系（贸易、投资、金融、技术交流等）的广泛发展，特别是作为欧盟成员国和近几十年来新自由主义政策的支配。最重要的是，人们可以考虑当代资本主义的一些重要特征，这些特征揭示了生产和分配的日益跨国化和社会化。其中三个过程涉及股票市场、危机时期商业损失的社会化以及与不断增长的债务和偿债相关的巨大资源转移。

所有这些在希腊这样的国家中展开的进程，基本上都是在跨国领域中发展的，其他的暂且不说，这首先意味着资源从工人阶级和低收入群体向资本的巨大再分配（转移），还包括这种资源的广泛跨国转移。与这些资源转移和征用过程密切相关的是，它们还意味着在跨国层面上社会阶级的形成或重组，以及国家本已因此高涨的财政债务的严重恶化，此外，贸易逆差的迅速增加反映出不平衡发展的规律和该国的竞争障碍。应当指出，希腊的未偿公共债务目前远远超过 3000 亿欧元（Lapavitsas et al. 2010）。由于债务不断增加，同时作为欧元区内部的一个薄弱环节，该国受到了跨国投机资本的攻击，陷入了众所周知的债务增加和经济衰退的恶性循环。欧盟经济和制度机制中严格的紧缩政策（沿着新自由主义路线）进一步加剧了这一问题，而且在过去的几年里，由国际货币基金组织、欧盟委员会和欧洲中央银行组成的所谓"三驾马车"推行了更加野蛮的反劳工改革和社会削减政策，作为初始贷款 1100 亿欧元以及随后在严格的救助计划中提供财政支持的条件。

这项政策非但不会解决公共债务（包括外部和内部两方面）和经济衰退问题，还会加速衰退和负债的恶性循环，增加该国违约的风险，这一整个过程清楚地揭示了跨国金融资本是如何日益吞噬和侵占这个国家的人力和非人力（自然）资源的。这意味着对劳动人民和公共财产的大规模剥夺，其中不仅包括日益增加的劳动力剥削、增加私有化、过度开采自然资源和环境压力，还包括原始积累和"剥夺积累"过程的强化。

这一过程显然也意味着国家和人民主权的重大丧失，同时也意味着从民族国家向以金融资本为主导的跨国监管的广泛转变。同样值得注意的是，虽然大多数的资本主义国家在意识形态、政治和由交替执政（政府）的政党推行的政策方面存在着明显的趋同，可以反映出新兴"极权资本主义"的一个主要特征（在全球范围内，案例"别无选择"），但这种极权主义的趋同在希腊这样的高负债国家呈现出新的跨国因素。按照这些思路，我们最近得到了"三驾马车"官员的明确表态和要求，要（从外部）在希腊政党之间施加一种强制性的政治共识，显然是为了确保压迫和剥削社会多数的制度的稳定性。

从以上情况可以看出，由国内和跨国金融资本推动的主导政策，实际上并不能保证债务问题的可持续管理和国家经济的复苏。还应该清楚的是，与那些沿民族主义防御路线提出政策来应对国家问题的政党（包括多个左翼政党）相反，只有通过阶级斗争、团结和明确的反资本主义的跨国行动，才能确保有效地应对债务问题并确保安全克服资本主义危机。

六 迈向以阶级为基础的革命战略

充分的理论框架是在当前条件下阐明反资本主义战略的第一个必要步骤。除了经典马克思主义的理论，最近马克思主义者之间的争论无疑提供了一个宝贵的资源。资本不断利用国际冲突和国家意识形态来分化工人并确保其再生产，与误导性的以民族国家为中心的理论方法相反，对新兴的极权资本主义有一个清晰的概念和工人阶级国际主义的相关实证有助于雇佣劳动政治经济和革命视角的形成。（另见 Lebowitz 2003，viii – ix；Barker 2006，77；Hart-Landsberg and Burkett 2006。）

根据过去一个世纪占主导地位的传统马克思列宁主义战略，国际共产主义运动的发展要求每个国家的工人阶级首先在本国范围内进行阶级斗争，但同时相互支持，特别是在反对帝国主义和战争的斗争中。在一些国家成功接管国家政权后，社会主义革命将（在适当的条件下）在世界范围内蔓延。

然而，这种策略似乎对一些资本主义政权根深蒂固的国家作用有限，[①] 相关共产主义运动的退化和失败，以及当代资本主义的急剧变化都使得这种战略在一定程度上过时，因此迫切需要革命战略的重大变革。新战略应明确摆脱传统战略中的革命国家主义和民族国家中心主义。当然，任何民族对任何外来侵略和强加的抵抗仍然是合法和必要的，因为它可能有助于保护某些社会和政治权利，或通过工人阶级斗争实现某种生活水准。这种抵抗和反帝国主义的斗争，在战术上也可以作为加强前提条件和争取社会解放的革命进程的第一步。然而，它过度执迷于传统的帝国主义概念（作为外来侵略）和以国家为中心的方法，更普遍地倾向于把注意力集中在帝国主义内部的矛盾和表面的反帝国主义上，[②] 通常把工人阶级运动的战略

[①] 而今天一些左翼"进步派"宣称的民族国家地位，可以被理解为要么是凯恩斯主义规则的徒劳复活，要么是反复出现的民族主义的强化，而这两者显然都无助于工人阶级多数的真正社会解放。

[②] 这种方法认为帝国主义只是资本主义扩张和介入的政治战略，而不是资本主义生产方式本身的产物，同时强调保护国家利益的阶级间联盟。

狭隘地同这种保护性的反帝国主义或简单地同反对战争的斗争联系起来。

革命战略应该在很大程度上脱离帝国主义之间的竞争、战争或经济崩溃，尽管这样的战略视角肯定应该（在战术上）利用任何此类事件。相反，这种战略应该具有明显的反系统性，并且直接与资本主义生产方式的核心和革命取代资本主义的政治前景相关联。

除了上述方法上的弱点（对当前国家变化的认识不足和历史唯物主义的倒转），以国家为中心的方法还具有严重的思想政治影响。首先，它未能提供一种令人满意的方法来促进和加强国际主义阶级斗争对整个（跨国）资本和我们时代经常出现的社会倾销现象的效力。[1] 它也忽视了构成一个跨国资本主义国家的过程，因此未能确定作出重大政治决定的关键时刻和体制框架。因此，它误导了革命阶级斗争，[2] 并把有希望的反对资本主义全球化的运动"捐赠"给左翼改革派力量，如果不是给反动的民族主义力量的话。

这里可以举几个例子来说明，与占主导地位的国家中心观念相反，在极权主义资本主义兴起的背景下，国家主权在下降，各种跨国机构和管理机制的重要性在上升。在这些例子中，应该包括联合国和北约在保护和扩大资本主义生产关系方面的作用，即以"恐怖主义"为借口，旨在削弱社会和政治权利的体制改革，以及诸如世界贸易组织、国际货币基金组织、世界银行和经合发展组织等国际组织在构成资本发展和社会再生产的基本条件（新自由主义政策、服务业贸易总协定、技术创新和知识产权、原始积累、基础设施私有化、教育与卫生和社会保障、资本税收减免、生产标准化和环境法规）方面的决定性作用。欧盟体制框架对成员国的过度决定作用，2005年试图将按照新自由主义路线制定的宪法草案制度化，以及成员国内部的宪法改革的补充过程也很有特点。在当前不断演变的全球经济衰退中，国际组织和主要资本主义大国为克服危机和稳定世界资本主义所作的重大努力显然也是一致的，多边机构（或实际上是跨国机构）压倒性

---

[1] 资本的这种常见做法是指它通过对欠发达国家实行最不利的贸易条件，（在全球范围内）对工人阶级实行最不利的就业和工资条件，来人为地提高竞争力的能力。

[2] 由于国际间的协调不足，列宁预料十月革命会在西欧蔓延。由于国际协调不足，列宁同样期待十月革命在西欧的传播。然而，正如对20世纪初向社会主义革命过渡的战略的历史判断一样，21世纪初更有利的客观条件，更不用说（不太有利的）主观条件，使得工人阶级必须超越以民族国家为中心的革命解放战略（另见 Lebowitz 2003，210）。

地决定要遵循的政策和发展方向，特别是对希腊这样的债务负担最严重的国家来说，这违背了占多数的工人阶级的利益。

然而，最重要的是，把革命运动的重心放在帝国主义内部的矛盾上，特别是在目前的条件下，倾向于把革命力量困在资本的内部或衍生的矛盾中，并归根于今天占统治地位的社会制度中。这种方法往往会导致与各种资产阶级势力或资产阶级本身的阶级联盟，使工人阶级运动有时成为资本的冒险运动的附庸（跟随一种力量或另一种力量），就像过去经常发生的那样，导致灾难性的失败和妥协，或者无休止的舞台演说，使革命的目标更加遥不可及。

现在，与传统的共产主义运动和相关的民族国家中心主义方法相反，我们试图阐明通过工人阶级运动重建共产主义观点的新革命战略，我们应该强调，这种战略不应该建立在帝国主义内部矛盾的基础上，而应该稳妥地立足于基本的资本与劳动的矛盾①及其被取代的前景的基础上。这一新战略与传统的马克思列宁主义战略相比，其关键区别在于当前的跨国阶级形成、新兴的跨国国家以及资本与劳动的矛盾和跨国阶级斗争的重要性日益上升。当然，在制定革命运动的策略时，应当仔细研究和认真考虑资本主义内部的矛盾。这种基于劳资矛盾的战略本质上是反资本主义的，不仅通过从根本上永久消除战争威胁，超越了表面上反帝国主义的半抵抗，而且还公开、直接地将彻底的社会解放和对资本主义不可逆转的超越提到了前沿。从这个意义上说，这种新战略不仅与改革派左派无效的反新自由主义战略形成对比，而且与所有那些与反垄断战略相关的左翼改革主义版本形成对比。

与传统共产主义运动所特有的通常是正式的（如果不是口头上的）、无效的和公平的国际团结相比，新提出的战略强调需要一个跨越国界的共同和联合的斗争，而不是主张一个统一的和无差别的工人阶级组织或一个全球同步的阶级斗争。资本主义的不平衡发展产生了不同的革命潜力，大多数社会阶级斗争由于种种原因（地理上接近、共同的语言和社会历史背景、特定的资本结构或制度结构等）继续在国家甚至地方一级进行，这显然是正确的。然而，同样显而易见的是，我们这个时代最重要的斗争，也

---

① 在当前资本主义条件下这种稳妥的（本体论）的立足点来自于客观上跨国工人阶级的日益增长的作用和工人阶级因其被资本加紧剥削而产生的主观性。

最可能在不久的将来发生的斗争，只能在跨国层面上进行（2011年阿拉伯国家的大规模起义和最近许多欧洲国家的大规模示威就是一个明显的证据）。这不仅因为资本是在跨国层面上构成并趋向于合并的，还因为成功和可行的革命运动的前提和先决条件只能在跨国或全球层面上形成。

这里提出的新的跨国战略可以通过长期（而不是临时的）合作和联合行动来制定和实施，特别是在具有战略重要性的问题上，由所有国家的民主控制的革命政党和工会来制定和实施。当然，根据具体情况，可以在区域或全球一级来组织和协调共同的阶级行动和斗争。毫无疑问，构成这一进程的工会应该建立在现有工会从下到上①彻底的反官僚主义改革的基础上，有可能出现一场由工人阶级控制并代表工人阶级真正利益的新的劳工运动。当然，不应认为呼吁跨国行动就是排斥国家行动，而应将其视为对地方或国家一级的阶级行动的最重要战略补充。

新战略具有重要的跨国维度，也能更有效地面对就业方面所产生的严重问题，这些问题是由于资本越来越多地从各个发达国家流向低成本、特别是低工资的国家（Hart-Landsberg and Burkett 2006），或者由于所谓的"波尔克斯坦指令"的制度化和欧洲社会倾销的前景而产生的反劳工条件。② 此外，只有在跨国背景下，通过跨国工人阶级战略，才能够充分提出摧毁跨国资本主义的革命性要求。③ 另一方面，以民族国家为中心的阶级斗争方法允许资本在跨国资本主义合作的协助下更有效地利用民族国家，促进反劳工政策、直面孤立的工人阶级。④

跨国资本主义的新客观条件似乎推动了对民族国家中心主义的理论超越，以及跨国层面的共同阶级行动。已经有足够的证据证明这种共同的跨

---

① 正如马克思反复强调的那样，工人阶级的解放应该由工人阶级自己去争取（Marx 1968b，325），而不是任何"外部"机构或意识形态先锋的作用。从这个意义上说，这种"自下而上"的政治倡议是这种自我解放的必要条件。

② 该指令规定，资本主义公司通过在一个工资和社会保险水平低的国家正式建立基地，可以在其跨国经济活动中利用这些低标准。通过这种方式，所有欧洲国家都产生了一种"逐底竞争"。

③ 这里我们可以提到，例如，一些国家像委内瑞拉那样退出世界银行、国际货币基金组织等国际组织，采取了协调一致的行动来拒绝欧盟的一项重大体制改革，例如《宪法草案》，欧盟成员国退出和欧盟可能解体，以及工人阶级组织为彻底改革有关经济合作与发展的国际机构而可能采取的跨国行动。

④ 在这种情况下，除其他方法外，它可以通过援引国际竞争力、外部需求和民族国家承担的国际义务或承诺，使这种政策合法化，使跨国资本主义的监管决策远离国家工人阶级的集体行动（另见 Radice 2005）。

国斗争的可行性（Robinson 2004，168）。因此，如果左派的政治代理人，特别是革命左派的代表，不充分考虑这些新情况，不以资本与劳动的矛盾为基础阐明跨国革命战略，他们就有可能被工人阶级运动抛在后面。这些资本主义的新客观条件，也是主观条件发展的变迁，它们使《共产党宣言》的号召"全世界的无产者，团结起来！"比以往任何时候都更现实、更有说服力、更有必要。

参考文献

Barker, C., 2006, "Capital and Revolutionary Practice", *Historical Materialism*, 14 (2), pp. 55 – 82.

Berberoglu, B., 2003, *Globalization of Capital and the Nation-State*, Lanham, MD: Rowman & Littlefield Publishers.

Bieler, A., W. Bonefeld, P. Burnham, and A. Morton, 2006, *Global Restructuring, State, Capital and Labour: Contesting Neo-Gramscian Perspectives*, London: Palgrave.

Bonefeld, W., 2002, "State, Revolution and Human Emancipation", in *What Is to Be Done? Leninism, Anti-Leninist Marxism and the Question of Revolution Today*, edited by W. Bonefeld and S. Tischler, Aldershot: Ashgate, pp. 128 – 149.

W. Bonefeld and S. Tischler, 2002, *What Is to Be Done? Leninism, Anti-Leninist Marxism and the Question of Revolution Today*, Aldershot: Ashgate.

Brewer, A., 1989, *Marxist Theories of Imperialism: A Critical Survey*, London: Routledge.

Bromley, S., 2003, "Reflections on Empire, Imperialism and United States Hegemony", *Historical Materialism*, 11 (3), pp. 17 – 68.

Bryan, D., 2001, "Global Accumulation and Accounting for National Economic Identity", *Review of Radical Political Economics*, 33 (1), pp. 57 – 77.

Burns, T., 2010, "Capitalism, Modernity and the Nation State: A Critique of Hannes Lacher", *Capital & Class*, 34 (2), pp. 235 – 255.

Cammack, P., 2003, "The Governance of Global Capitalism: A New Materialist Perspective", *Historical Materialism*, 11 (2), pp. 37 – 59.

Chattopadhyay, P., 1992, "The Economic Content of Socialism: Marx vs. Lenin", *Review of Radical Political Economics*, 24 (3 – 4), pp. 90 – 110.

Chattopadhyay, P., 2006, "Passage to Socialism: The Dialectic of Progress in Marx", *Historical Materialism*, 14 (3), pp. 45 – 84.

Chilcote, R., 1999, *The Political Economy of Imperialism: Critical Appraisals*, Boston,

MA: Kluwer Academic Press.

Cox, R. W., 1987, *Production, Power, and World Order: Social Forces in the Making of History*, New York: Columbia University Press.

Cox, R. W., 2004, "Beyond Empire and Terror: Critical Reflections on the Political Economy of World Order", *New Political Economy*, 9 (3), pp. 307 – 323.

Ellner, S., 2006, "The Defensive Strategy on the Left in Latin America: Objective and Subjective Conditions in the Age of Globalization", *Science & Society*, 70 (3), pp. 397 – 410.

Engels, F., 1968, "The Origin of the Family, Private Property and the State", *Selected Works*, Vol. 1, by K. Marx and F. Engels. New York: International Publishers.

Fine, B., 2004, "Examining the Ideas of Globalisation and Development Critically: What Role for Political Economy?" *New Political Economy*, 9 (2), pp. 213 – 231.

Foster, J. B., 2001, "Imperialism and 'Empire'", *Monthly Review*, 53 (7), pp. 1 – 9.

Foster, J. B., 2003, "The New Age of Imperialism", *Monthly Review*, 55 (3), pp. 1 – 14.

Gibbs, D., 2001, "Washington's New Interventionism: US Hegemony and Inter-imperialist Rivalries", *Monthly Review*, 53 (4), pp. 15 – 37.

Grahl, J., 2001, "Global Finance", *New Left Review*, II (8), pp. 23 – 47.

Hardt, M., and A. Negri, 2000, *Empire*, Cambridge, MA: Harvard University Press.

Harris, J., 2005, "To Be or Not to Be: The Nation-Centric World Order under Globalization", *Science & Society*, 69 (3), pp. 329 – 340.

Harris, J., 2010, "The World Economic Crisis and Transnational Corporations", *Science & Society*, 74 (3), pp. 394 – 409.

Hart-Landsberg, M, and P. Burkett, 2006, "China and the Dynamics of Transnational Accumulation: Causes and Consequences of Global Restructuring", *Historical Materialism*, 14 (3), pp. 3 – 43.

Harvey, D., 2003, *The New Imperialism*, Oxford: Oxford University Press.

Hirst, P., and G. Thompson, 1996, *Globalisation in Question*, Cambridge: Polity Press.

Historical Materialism, 2005, "Symposia around John Holloway's Book Change the World without Taking Power", *Historical Materialism*, 13 (4), pp. 161 – 263.

Historical Materialism, 2006, "Symposium: On David Harvey's The New Imperialism", *Historical Materialism*, 14 (4), pp. 3 – 166.

Holloway, J., 2002, *Changing the World without Taking Power*, London: Pluto Press.

Hosseini, H., 2005, "From Communist Manifesto to Empire: How Marxists Have Viewed Global Capitalism in History", *Review of Radical Political Economics*, 38 (1), pp. 7–23.

Jessop, B., 1982, *The Capitalist State: Marxist Theories and Methods*, Oxford: M. Robertson.

Jha, P. S., 2006, *The Twilight of the Nation State: Globalisation, Chaos and War*, London: Pluto Press.

Kiely, R., 2005, "Capitalist Expansion and the Imperialism – Globalization Debate: Contemporary Marxist Explanations", *Journal of International Relations and Development*, 8 (1), pp. 27–57.

Kleinknecht, A., and J. ter Wengel, 1999, "The Myth of Economic Globalization", *Cambridge Journal of Economics*, 22 (5), pp. 637–647.

Koechlin, T., 2006, "US Multinational Corporations and Mobility of Productive Capital: A Skeptical View", *Review of Radical Political Economics*, 38 (3), pp. 374–380.

Kotz, D., 2002, "Globalization and Neoliberalism", *Rethinking Marxism*, 14 (2), pp. 64–79.

Lacher, H., 2003, "Putting The State in Its Place: The Critique of State-Centrism and Its Limits", *Review of International Studies*, 29 (4), pp. 521–541.

Lacher, H., 2005, "International Transformation and The Persistence of Territoriality: Toward A New Political Geography of Capitalism", *Review of International Political Economy*, 12 (1), pp. 26–52.

Laibman, D., 2005, "Theory and Necessity: The Stadial Foundations of the Present", *Science & Society*, 69 (3), pp. 285–315.

Lapavitsas, C., A. Kaltenbrunner, G. Lambrinidis, D. Lindo, J. Meadway, J. Michell, J. P. Painceira, E. Pires, J. Powell, A. Stenfors, and N. Teles, 2010, *The Eurozone between Austerity and Default*, RMF Occasional Report, Accessed December 7, 2011, http://www.Researchonmoneyandfinance.Org/Media/Reports/RMF-Eurozone-Austerity-And-Default.pdf.

Lebowitz, M., 2003, *Beyond "Capital": Marx's Political Economy of the Working Class*, London: Palgrave.

Lebowitz, M., 2006, "The Politics of Assumption, the Assumption of Politics", *Historical Materialism*, 14 (2), pp. 29–47.

Lenin, V. I., 1971, "The State and Revolution", *Selected Works*, Vol. 1, New York: International Publishers.

Liodakis, G., 2005, "The New Stage of Capitalist Development and the Prospects of Globalization", *Science & Society*, 69 (3), pp. 341–366.

Liodakis, G., 2006, "The Global Restructuring of Capitalism, New Technologies and Intellectual Property", in *Innovation, Evolution and Economic Change*, edited by B. Laperche, J. K. Galbraith and D. Uzunidis, Cheltenham: Edward Elgar, pp. 185–201.

Liodakis, George, 2010, *Totalitarian Capitalism and Beyond*, Farnham: Ashgate.

Maddison, Angus, 1982, *Phases of Capitalist Development*, Oxford: Oxford University Press.

Maddison, Angus, 1995, *Monitoring The World Economy 1820–1992*, Paris: OECD.

Mann, M., 1988, *States, War, and Capitalism: Studies in Political Sociology*, Oxford: Blackwell.

Marx, Karl, 1967a, *Capital*, Vol. I, New York: International Publishers.

Marx, Karl, 1967b, *Capital*, Vol. III, New York: International Publishers.

Marx, Karl, 1968a, "The Civil War in France", in *Selected Works*, Vol. I, by K. Marx and F. Engels, New York: International Publishers.

Marx, Karl, 1968b, "Critique of the Gotha Programme", in *Selected Works*, Vol. I, by K. Marx and F. Engels, New York: International Publishers.

Marx, K., and F. Engels, 1968, "Manifesto of The Communist Party", in *Selected Works*, Vol. I, by K. Marx and F. Engels, New York: International Publishers.

Overbeek, H., 2004, "Transnational Class Formation and Concepts of Control: Towards a Genealogy of the Amsterdam Project in International Political Economy", *Journal of International Relations and Development*, 7 (2), pp. 113–141.

Panitch, L., and S. Gindin, 2002, "Gems and Baubles in Empire", *Historical Materialism*, 10 (2), pp. 17–43.

Panitch, L., and S. Gindin, 2004, "Global Capitalism and American Empire", in *Socialist Register*, 2004, New York & London: Merlin & Monthly Review Press.

Perraton, J., 2001, "The Global Economy-Myths and Realities", *Cambridge Journal of Economics*, 25 (5), pp. 669–684.

Perraton, J., D. Goldblatt, D. Held, and A. Mcgrew, 1997, "The Globalisation of Economic Activity", *New Political Economy*, 2 (2), pp. 257–277.

Petras, J., 2005, "Latin American Strategies: Class-Based Direct Action versus Populist Electoral Politics", *Science & Society*, 69 (2), pp. 152–159.

Petras, J., and H. Veltmeyer, 2001, *Globalization Unmasked: Imperialism in the 21th Century*, London: Zed Books.

Pozo, L., 2007, "The Roots of Hegemony: The Mechanisms of Class Accommodation and the Emergence of the Nation-People", *Capital & Class*, No. 91, pp. 55 – 88.

Radice, H., 2000a, "Globalizations and the National Capitalisms: Theorizing Convergence and Differentiation", *Review of International Political Economy*, 7 (4), pp. 719 – 742.

Radice, H., 2000b, "Responses to Globalization: A Critique of Progressive Nationalism", *New Political Economy*, 5 (1), pp. 5 – 19.

Radice, H., 2005, "Neoliberal Globalisation: Imperialism without Empires?", in *Neoliberalism: A Critical Reader*, edited by A. Saad-Filho and D. Johnston, London: Pluto Press, pp. 91 – 98.

Robinson, W., 2001, "Global Capitalism and National State-Centric Thinking – What We Don't See When We Do See Nation-States: Response to Critics", *Science & Society*, 65 (4), pp. 500 – 508.

Robinson, W., 2004, *A Theory of Global Capitalism: Production, Class, and State in a Transnational World*, Baltimore, MD: Johns Hopkins University Press.

Robinson, W., and J. Harris, 2000, "Towards a Global Ruling Class? Globalization and the Transnational Capitalist Class", *Science & Society*, 64 (1), pp. 11 – 54.

Sklair, L., 2001, *Transnational Capitalist Class*, Oxford: Blackwell.

Stoetzler, M., 2006, "Review of M. Forman (1998)", *Historical Materialism*, 14 (3), pp. 295 – 313.

Teschke, B. and H. Lacher, 2007, "The Changing 'Logics' of Capitalist Competition", *Cambridge Review of International Affairs*, 20 (4), pp. 565 – 580.

United Nations Conference on Trade and Development (UNCTAD), 2002a, *World Investment Report*, Geneva: United Nations.

United Nations Conference on Trade and Development (UNCTAD), 2002b, *Handbook of Statistics*, Geneva: United Nations.

Van Apeldoorn, B., 2004, "Theorizing the Transnational: A Historical Materialist Approach", *Journal of International Relations and Development*, 7 (2), pp. 142 – 176.

Weiss, L., 1997, "Globalization and the Myth of the Powerless State", *New Left Review*, No. 225, pp. 3 – 27.

Went, R., 2002 – 2003, "Globalization in the Perspective of Imperialism", *Science & Society*, 66 (4), pp. 473 – 497.

Went, R., 2004, "Economic Globalization Plus Cosmopolitanism?" *Review of International Political Economy*, 11 (2), pp. 337 – 355.

Willoughby, J., 1995, "Evaluating the Leninist Theory of Imperialism", *Science & Society*, 59 (3), pp. 320–338.

Wood, E. M., 1999, "Unhappy Families: Global Capitalism in a World of Nation-States", *Monthly Review*, 51 (3), pp. 1–12.

Wood, E. M., 2003, *Empire of Capital*, London: Verso.

Wright, C., 2006, "Review of What Is to Be Done? Leninism, Anti-Leninist Marxism and the Question of Revolution Today, edited by W. Bonefeld and S. Tischler", *Historical Materialism*, 14 (2), pp. 241–257.

Zaky, E., 2005, "The State–Capital Relationship and the Significance of Incorporating the Role of Labor", in *The Capitalist State and Its Economy: Democracy in Socialism*, Vol. 22, edited by P. Zarembka, London: Emerald Group, pp. 65–83.

(此文原载于英文期刊 *International Critical Thought*
《国际思想评论》2012 年第 2 卷第 1 期)

意识形态国际教育与帝国的
渗透、拉拢与控制

[美]詹姆斯·克雷文* 著　巩潇然** 译

　　摘　要：国际教育在内容、范围、深度和教学方法等方面渐成必然，这既是全球化趋势深化的结果，也是其背后的原因。国际教育也是美帝国用来投射强权和影响力的一种主要"柔性强权"工具。本文将通过具体事例来探讨一下美帝国在对目标社会形态的渗透、拉拢和控制中，所使用的国际教育计划和方法中不断发展和不断精致化的工具、议题、方法、技术、参与者和意图。西方对脑科学的新探索，再加上对社会学、人类学、政治学、认知心理学、传媒学等学科的研究，促使人们越来越多地使用更微妙、更复杂、更机动、更具适应性、文化契合性甚至更潜移默化的方法来投射政治、经济、社会、文化和技术，以控制目标人口，并识别和培养在各自社会中具有潜在影响力的学生和教职员工，使他们成为"合适"的未来工具，推动美帝国权力的全球化系统不断扩大再生产。

　　关键词：国际教育；柔性强权；美帝国权力

　　有意识、智能化地操控群众的组织化习惯和观点，是民主社会的重要组成部分。这种无形社会机制的操纵者构成了一个无形政府，这才是美国真正的统治力量……在很大程度上，我们鲜少听说我们身体的统治者、思想的指导者、品味的培育者以及观点的塑造者是些什么人……在许多情况下，甚至我们无形的统治者都未意识到他们的核心内阁中其他同僚的存

---

* 詹姆斯·M. 克雷文（James M. Craven，印第安黑足族姓名：Oomahkohkiaaiipooyii），美国华盛顿州克拉克学院经济地理学教授，曾就政治经济学、种族灭绝和民族国际法、经济地理学和帝国主义等主题发表过多篇作品。

** 巩潇然，上海对外经贸大学马克思主义学院讲师。主要研究方向为马克思主义经济学基本理论。曾在《马克思主义与现实》《地理学报》等期刊发表过论文。

在……无论是在政治领域还是在商业领域,无论是在社会行为领域还是在道德思维领域,我们日常生活中的每一种行为几乎都被了解公众心理模式和社会过程的少数派统治着。正是这些人在操控着公众意识,利用旧的社会力量,创造新的方法来约束和引导世界(Bernays 2005)。[①]

"如果我们能了解集体意识的机制和动机,那么,难道无法在公众毫无察觉的情况下按照我们的意志来控制和统治他们?最近的宣传实践证明有这种可能,至少在一定程度上和一定范围内可以做到这一点。"(Bernays 2005)

一 导言

历史上产生和蔓延至全球的殖民主义和新殖民主义制度——比如帝国主义和新帝国主义——拥有一些共同的基本特征,因此它们包含一些相同的性质(名词:殖民主义和帝国主义)。不过,它们之间也存在一些差别,"新"这个形容词便将新兴与古典形式区分开来。它们的共同点在于都是特定历史时期的制度,并且都涉及对某些地区、国家和民众的控制、统治和剥削。每种制度都包含了特定的、历史决定的和动态的公式或算法,用于直接或间接计算不同层面、结构和特定形式的铁腕强权和柔性强权。[②] 殖民国家和帝国列强的战略目标是渗透、控制、统治和剥削"边缘国家"的国家、地区和民众,以利于政策的实施和大都市殖民或帝国权力中心的扩大再生产。

从历史上看,古典殖民主义和帝国主义往往会远距离和地方性地投射

[①] 爱德华·伯奈斯(Edward Bernays)和沃尔特·李普曼(Walter Lippman)被"誉"为现代国际教育中使用宣传、广告和劝导技术"科学"的先驱和主要贡献者。伯奈斯认为,最有效的劝导和宣传方式是创造一套价值观、信仰和品味,以使人们相信自己的选择完全是出自本心,未受他人影响。他试图创造的广告等宣传与劝导形式,不会使人们去商店购买特定的产品或品牌,而是使其在情境中产生对某种特定产品的需求,进而使产品形成自荐效应。伯奈斯从未设法解决其言论中赤裸裸的矛盾,即一方面要求保护"民主社会",另一方面允许隐藏的精英对大众进行有意识的持续"操纵"。

[②] "铁腕强权"指秘密或公开的武力和直接胁迫的工具,包括战争、军事力量、禁运、代理军事力量、拒绝援助、制裁、强制外交、贿赂、劳役偿债、联盟及各种秘密行动。"柔性强权"由哈佛大学的约瑟夫·奈(Joseph Nye)提出,但实际上源自老子等中国哲学家的思想,指来自吸引与合作的力量:以一种占主导地位的社会形态的经济、政治、文化、意识形态、法律实践、关系、制度和体系对其他社会形态的吸引力,影响、吸引并笼络目标社会形态的公民、动态和发展轨迹。奥巴马政府所吹捧的"智能强权"是指铁腕强权和柔性强权的"最优"组合,这种组合能够最好地实现帝国战略目标,包括伪装铁腕强权和柔性强权的投射、效果及其服务群体(阶级利益)。据称,非帝国主义社会主义社会形态强国可以并且正在应用柔性强权,以实现所谓的霸权目的(Kurlantzick 2007)。

和传送铁腕强权,随之施用一些(但很少)柔性强权,在外国领土进行更直接、更实际的渗透、占领、定居、占有和持续控制。通常而言,新殖民主义和新帝国主义会利用"依赖于自己的"和"被自己俘虏的"地方机构和精英,通过更遥远的基地来投射更间接的"柔性强权"(经济、政治、法律和文化);同时也会备好铁腕强权(公开的军事活动和秘密行动)随时进行威胁。

即使全球的交通与通讯成本已经降低,帝国列强还是更喜欢远距离投射柔性强权("绵里藏针"),而不是采用更直接、更地方化、更公开和更野蛮的铁腕强权("铁拳出击")。这不仅是由于帝国扩张和常设海外基地、海外定居点会给大都市殖民国家和帝国列强中心造成财政危机及其他危机,而且还因为这会让矛盾显得更尖锐和赤裸;在更直接、更野蛮的铁腕强权投射中,帝国主义或殖民统治的真正剥削性以及真正的赢家和输家会让人一目了然。铁腕强权投射不可避免地会对非战斗人员造成"附带伤害",通常只会为外国统治招致而不是减轻抵抗,并且这么做也不利于赢得边缘国家的"人心"。

以国际教育[①]为前沿阵地的"柔性强权"之所以能获得青睐还有另一个原因,即更间接、更隐蔽、更具潜移默化性、更柔和的胁迫、影响、"教育"和说服技术越来越精致和高效,并且更难以被发现,被剥削者会更直接地甚至是"自愿地"参与对自己的这种剥削。正如英勇顽强的南非自由斗士史蒂夫·比科(Steve Biko)所说:"压迫者最有力的武器是被压迫者的思想。"[②] 正如歌德(Johann Wolfgang von Goethe)所言:"最无可救药的是,被奴役者错误地认为自己仍是自由的。"[③]

[①] "国际教育"是包罗万象的综合术语,指与各种教育项目相关的学科、优先事项、议程、教学方法、广度、深度、关系,以及相关的物质、人力、社会"资本"。

[②] 引自 Wikiquotes, http://en.wikiquote.org/wiki/steve_Biko。

[③] 引自 Wise Wisdom on Demand, http://www.iwise.com/YreTT。西方国家,尤其是美国正在探索"脑科学"的各种新方法和前沿(包括神经生物学、认知心理学、实验心理学、人类学、经济学和生物化学),旨在发现新的、更有效的潜意识神经生理机制,用于开展更有效的劝导、精神控制、审讯、教化、宣传、营销、政治活动和"制造同意"。他们正在寻找与各种刺激(颜色、模式、词语、想法、图像、情绪等)相关的普遍及文化特异神经结构、连接(突触)触发机制和生理反应,这些刺激通常通过潜意识刺激或抑制各种神经结构、化学物质(如肾上腺素、多巴胺、血清素、乙酰胆碱、组胺等),以及与愉悦、疼痛、恐惧、亲切、战逃等反应相关的神经过程(如皮质可塑性、神经发生、神经分化)。他们的研究成果越来越多地用于市场营销、教育软硬件设计和内容、教科书和政治活动。相关概述参见加德纳(Gardner 2009)、舍默(Shermer 2008; Shermer 2004)和艾瑞里(Ariely 2009)的文章。

所有社会形态生产功能、铁腕强权和柔性强权及其应用目标的核心都是教育，其中包括国际教育。教育为铁腕强权和柔性强权技术的开发提供了技术技能和专业技术人员，以及最有效的全球投射手段。教育为我们如何使用感官来发现（有价值物和无价值物），甚至如何进行思考奠定了基础。教育塑造了我们使用感官的棱镜（范例），决定着应接受和拒绝感官收集的哪些数据，以及我们准备寻找、接受或拒绝哪些消息来源和"权威"信息。教育决定着我们如何看待自己以及我们自己所处的社会经济和政治法律制度，以及如何看待他人及其所处的制度。教育塑造着我们对神圣和禁忌的认知。教育塑造着我们对历史的看法，以及我们自己或他人的历史的哪些方面值得关注和考虑。[1] 教育塑造着我们对科学、科学方法及其实施与应用方式的看法；塑造着我们对主导"文化"、价值观、生存需求以及我们所属制度的选择。教育为大众消费提供了收入来源，也塑造着我们的消费品位与偏好；我们选择或被诱导、被引诱去消费的东西，既反映也塑造着我们的主导价值观、生产内容、生产方式以及生产服务对象和资源分配对象。教育教授了哪些词汇值得学习和使用，哪些不值得；教育决定着单词应具备怎样的含义和不应具备怎样的含义——其中包括"教育"本身的概念。

根据美国及其他地区的新保守主义者和新自由主义者的说法，第四次世界大战——即全球反恐战争——已进行了一段时间。这就引发了一些基本问题：第三次世界大战该如何界定？它开始于什么时候？仍在进行吗？我们该如何定义"胜利"？

许多新保守主义者将第三次世界大战看作一场制度与意识形态之间的全球战争，争夺的是"人心"，并认为这场战争从 1980 年前后就已开始，新自由主义者持相同意见。[2] 这些势力认为，社会主义和共产主义对资本

---

[1] 正如拿破仑·波拿巴（Napoleon Bonaparte）所称："历史纪录不过是达成共识的谎言。"引自 http://Thinkexist.com/quotation/what_is_history_but_a_fable_agreed_upon/344741.html。

[2] 据称，"第三次世界大战"一词由曾在韩国中央情报局（KCIA）工作的朴普熙（Pak Bo Hi）所创，他是"统一教"（Unification Church）教主文鲜明（Moon Sun Myung）的亲信，"统一教"是一个拥有广泛资源、遍布全球的神学法西斯主义邪教。朴普熙将"第三次世界大战"描述为一场社会主义和资本主义制度和意识形态之间的全球战争，一场旷日持久的争夺"心灵与思想"的全球战争。

主义及其所谓的"民主"构成了一种"存在性威胁"。① 新保守主义者和新自由主义者还认为这场制度与意识形态之间的全球战争漫长而持久，而且只会以资本主义不可逆转地战胜社会主义、西方式政治多元主义不可逆转地战胜一党制而告终。他们非常清楚，社会主义建设及保卫所必需的人员、制度、关系和价值观类型，与"社会资本"② 和资本主义在全球的扩大再生产所必需的（极端个人主义、大众消费主义、利己主义、唯物主义、无法推迟享乐、一夜暴富等）截然不同。

二 历史上的国际教育

殖民国家和帝国列强将国际教育用作权力投射和统治的工具，具有悠久的历史。甚至在古罗马时代，殖民主义和帝国主义的强权投射和强权意图不仅常能带来种族灭绝，而且还遵循了由"种族灭绝"一词的创造者所提出的两个基本阶段：（1）破坏种族灭绝或外国控制目标国的"民族模式"；（2）植入种族灭绝或权力投射国（即殖民国家和帝国列强）的民族模式。③

---

① "存在性威胁"是指某种体制或意识形态的存在本身即被视为战略威胁，即使该体系或意识形态并未对他人进行任何隐蔽或公开的攻击或威胁。"存在性威胁"这一概念的使用者明白，当某体制的系统、价值和制度在大众最关心的方面胜过了其他体制时，它们将能够并确实成为"吸引者"（柔性强权），吸引人们抛弃其他体制来拥护这一新体制，而这也是"存在性威胁"使用者的意图。他们希望资本主义、他们所代表的西方"文化"和名义上的政治多元主义（等同于"真实的民主"）能够吸引人们放弃社会主义或其他形式的本土主权、自决和独立，成为他们的拥护者。因此，尽管中国一直是美国的主要债权人，尽管中国未对美国表现出任何霸权意图或敌意，尽管中国是基地组织等恐怖主义的受害者，鲍勃·伍德沃德（Bob Woodward）在 2004 年出版的《攻击计划》（*Plan of Attack*）（2004，12）中称："在对所有情报进行整理、权衡和分析后，特尼特（Tenet，时任中情局局长）和帕维特（Pavitt）一致认为美国国家安全面临三大威胁。一是奥萨马·本·拉登（Osama bin Laden）及其基地组织恐怖网络……二是大规模杀伤性武器（化学、生物和核武器）日益扩散……三是中国的崛起，尤其是军事力量发展，但这个问题还需要五至十五年才会出现。"显然，美帝国中心的政策制定者不相信不同社会经济和政治法律体制能够在和平竞争中共存，并认为任何地方存在社会主义本身便是一种威胁。

② "社会资本"相对于其起源有了新的用法和含义。在主流经济学中，"资本"指任何产品或用于生产其他产品的东西，其中，物质资本指工具及类似物，人力资本指人类技能、教育和经验，社会资本指培育希望、信任、社会凝聚力、合作，以拥护主导体制及其核心价值与关系的体制。如今，新古典主义经济学家用"社会资本"来指互惠关系，即你为我做事情，我回报你，通过表面上的合作，我们实现了个人实用功能最大化，但同时仍然是所谓的"个人主义最大化者"。教育不仅是人力资本定义的核心部分，并且对各个体制社会资本的发展、内容和保护至关重要。

③ 莱姆金（Lemkin 1994）对种族灭绝的定义为，意图全部或部分摧毁一个民族、族裔、种族或宗教群体而犯的下列任何行为：（1）杀害该群体成员；（2）对该群体成员造成严重的身体或精神伤害；（3）故意毁坏该群体的生活条件，目的是损害全部或部分成员的身体健康；（4）实施旨在防止群体内生育的措施；（5）强行将该群体儿童转移至其他群体。"民族模式"指一个特定国家的主导体制、文化、关系、权力结构、治理体系和传统。

即使在今天，英国仍设有一些专门研究地理学、人类学和外国语言的顶尖学府，因为这个殖民国家早就明白一个美帝国才刚刚开始了解的道理：当您在戒备森严的军事基地，凭借大量装备精良的外国人员直接统治和占领着外国领土、享有治外法权时，当地民众便非常清楚谁是统治者、谁是被统治者。他们还明白运营海外基地的成本高昂，会在地方都市社会形态中引发财政危机和其他危机，而且在被可能怀有敌意的本土居民包围时极易受到攻击。为此，英国制定了"地区专员"（District Commissioner）制度，由相对较少的、训练有素的殖民地管理者通过从殖民国家和帝国列强高等学府招募和培训的地方精英网络（大多是混血和肤色较轻的地方民众）进行统治，协助殖民国家和帝国列强对"自己"民众的强权投射。英国就像今天的美国一样，不仅宣扬他们也肩负着全球"教化使命"，而且还将自己的政治、经济、文化、法律和社会制度、价值观和体系作为一种投射给所有国家模仿的"通用模板"，如果这些国家希望自己也能够达到殖民国家和帝国列强的"文明"发展水平、形式和速度的话，则必须采纳。

与今天一样，传教士当时在各种身份和掩护下，[1] 成了种族灭绝"分

---

[1] 中国宪法保护宗教自由，但有充分的理由不保护邪教活动和意图。虽然一些主流宗教内部也包含强大的邪教，如罗马天主教的主业会（Opus Dei），但仍可以对两者进行区分，因为不同于主流宗教的派别，邪教通常：（1）具有封闭的分级教条，根据信徒的虔诚程度，只有较高层级的信徒才能知道邪教的真正教条和意图；（2）秘密、胁迫和欺骗性的招募活动；（3）内部实施控制，监督并阻止成员退出；（4）各种有计划秘密和公开的精神控制和精神编程形式；（5）霸权意图，且无法容忍他们自己所要求的思想多样性和宗教多元化程度；（6）强制与不属于邪教的家人和朋友分隔；（7）秘密仪式和活动，并对透露这些仪式和活动的人进行惩罚；（8）只有受信任的内部人员知道隐藏议程和最终目标；（9）魅力型独裁领导者，具有不受质疑且不容置疑的绝对权威。关于秘密意图的例子，可见摩门教的一篇"圣言文本"："你将看到美国宪法已几乎被摧毁，悬如一线……一场可怕的革命将在美国领土上演……美国将不再有最高政府……［摩门教］将聚集力量，派遣长老集聚内心中的诚实……维护美国宪法。在这些日子里，……上帝将建立一个永远不会被推翻的王国……整个美国将成为上帝的锡安。"参见摩门教创始人约瑟夫·史密斯（Joseph Smith），1843 年 5 月 6 日（Abanes 2002，xvi）。

1999 年 11 月 9 日，在美国 KSL 广播电台"道格·赖特秀"（The Doug Wright Show）上，赖特的嘉宾——共和党参议员奥林·哈奇（Orrin Hatch，虔诚的摩门教徒）引用了臭名昭著的"白马"预言，震惊听众。摩门教创始人约瑟夫·史密斯（Joseph Smith）的预言包含了一直以来的摩门教美国梦，即美国政府转变为摩门教统治的神权体制，上帝任命他们"指导摩门教社区的政治事务，最终还将指导美国乃至全世界的政治事务"（Abanes 2002，xvii）。

包商"和殖民国家、帝国列强投射与控制的门面人物,[①] 其中包括"国际教育家"的身份。他们遵循了常见于美洲本土民族的一种典型模式:"3B体系"(即圣经、美元和子弹)。首先是圣经,其次是常常相伴而来的商业利益,再次是军事存在(部队和后勤基地),目的在于加剧渗透和保护现有成果。与许多传教士一样,英国明白在摧毁现有本土体制("民族模式")并以其他体制取而代之的过程中,从现有制度(比如神圣的异教节日和仪式)入手后再逐渐拉拢,要比最终粉碎它们并用其他制度取而代之,以及直接和公开围剿有效得多。[②] 这与公元四世纪初,罗马皇帝君士坦丁在尼西亚会议上将基督教确立为罗马帝国的主要宗教无异。这便是说,要粉碎本土的"民族模式",就必须了解他们、懂得本土语言,或必须雇用、教导和培训当地人在各种伪装下为他们卖命。[③]

与英国一样,美帝国也在展望未来,对长期权力投射和更间接、更隐蔽的统治寄予厚望。他们建立"教育交流"制度,引来了希望得到更好的教育机会和社会地位并有望被培养为各国或地方精英的优秀人才,然后使

[①] 这种模式一直延续到今天,许多"主流"宗教派别及一些邪教继续提供教育交流活动和项目,并将其作为从帝国大都市中心向外围目标地区投射经济、政治、文化、军事和情报强权的前沿。这些活动常常在暴露后改名,但像摩门教(Mormons)、科学教(Scientology)、文鲜明(Moon Sun Myung)领导下的统一教、耶和华见证会(Jehovah's Witnesses)、林登·拉罗奇(Lyndon LaRouche)运动等富裕、恶毒的极端保守反共产主义亲资本主义活动,经常与西方情报机构保持密切联系或被其利用,它们保留其母组织名称,打着冠冕堂皇的旗号,从而隐藏其真正的起源和意图。邪教警觉网络(Cult Awareness Network)等组织现已破产,被邪教本身(科学教)或其他组织接管,仍然提供目前正在运作的邪教(其竞争对手)名单,而继承邪教警觉网络工作的组织又被其他组织接管(国际邪教组织研究会,http://www.factnet.org/cris_org.htm)。这些邪教与"主流"宗教派别(主要是新教和福音派)一起,越来越多地参与到面向渴望开展大众英语(全球政治、文化和经济的通用语言)教育国家提供的教师交流和"海外英语教学"项目中;由此,他们不仅为各自的组织筹集资金,还发现并招募当地男女成为组织的代理人以及外国情报服务和商业利益集团的特工。

[②] 这种模式也有例外,即美国和加拿大实施的英式和美式印第安住宿与寄宿体制,它们有一个口号"杀死印第安人,拯救人类",充分体现了莱姆金提到的种族灭绝的两个阶段。在这种情况下,"教育"意味着对土著民族的"民族模式"进行直接、暴力、公开且毫无歉意的攻击,试图强加某种边缘化或虚假的"民族模式"给土著民族,或把土著民族纳入殖民或帝国统治的"民族模式"。参见 Churchill, Ward, 2004, *Kill the Indian, Save the Man: the Genocidal Impact of American Residential Schools*, San Francisco, CA: City Lights Press.

[③] 在中国背景下,马丁·雅克(Jacques 2010, 90)报告说:"直到1900年,改革的思想实际上一直在儒家的框架内表达,坚持中国'本质'与西方'方法'之间的区别(或者按照张之洞(1837—1909)的名言,'中学为体,西学为用')。"

用与殖民和帝国利益以及强权投射相一致的世界观、实用工具和范例进行熏陶。这些精英中许多都受过专门培训，拥有教育学和其他能力背景。凭借这些资历，他们不仅能在名义上的地方、本土和"非殖民化"机构中掌控权力，而且还同时充当教育家、政治家、科学家、传教士、文化和影响力的传播者和盘踞在当地的情报人员，效力于外国势力。

三 当前的国际教育

（一）外语学习与交流

随着全球化步伐的不断加快、范围的逐步扩张以及程度的日益加深，当今国际教育的紧迫性比以往任何时候都更为突出。最偏远的民族、地区和社会形态正越来越多地按照资本主义原则和规则，与充满活力的全球经济整合和连接在一起。不仅非英语母语国家的人们迫切需要学习英语，而且许多以英语为母语的民众也开始学习其他具有影响力的新兴语言。各种计划与交流项目开始出现，有些货真价实，有些则不然。这些计划不只包括语言学习，而且还涉及培育跨文化意识、建立双边关系，甚至包括在本国失业率上升时获得国外工作的就业机会。

并非所有的文化语言学习与交流计划都怀着善意。曾经的"经济杀手"约翰·珀金斯[①]在几本著作中，提到了美国一个极端保守的基督教福音派团体——"语言学暑期学校"（现称 SIL International），这个组织致力于记录、研究和培训极其稀有、有时几近灭绝的土著语言。他们不仅签订合约，为西方情报机构提供此类罕见语言的培训服务，而且据称还会指导大型跨国企业（比如石油公司）渗透土著人的土地和文化，迫使或引诱他们交出资源丰富的土地及其资源；作为交换条件，这些外国企业会将他们迁至传教士驻地，并提供食物、药品和衣物。他们还参与把圣经翻译成稀有和几近灭绝语言的工作（Perkins 2006，166 - 167，183，184）。此外，在学会一种新语言后，一个人在新语言中所接触和学习到（或没有接触和学习到）的特定结构、术语、词源、词汇，都有助于塑造他的范式、价值观、知识水平和观点，并会对其意识形态、词语理解、问题观点和个人兴

---

① John Perkins，曾在美国国家安全局工作，协助引诱贫穷国家和专制政权陷入无法逃脱的债务沼泽。

趣产生反馈作用，即使在他们使用自己的母语和文化行动时也是如此。

（二）基金会、研究机构和"专业知识"

全球拥有许多老牌和新成立的基金会和研究机构，比如美国国家民主基金会、福特基金会、洛克菲勒基金会等，它们的主要工作是组织国际教育交流活动，制作和发行精美出版物，或充当帝国利益和意图的前沿组织（"智囊团"）。它们能够为选中的学者和学生提供交流和发表学术出版物的机会、丰厚的奖助金以及在著名学府和"智囊团"开展研究和教学的职位，建立各种可能有利于帝国利益的全球工作关系和友谊网络。它们目前正在面向未来，寻找和培养年轻的学者、官员和未来精英，希望这些人才能在各自国家有所作为和不断升迁，将来为帝国利益服务。青年学者特别容易受到这些手段和操纵方式的诱惑，他们大都很年轻，刚获得研究生学位，但缺乏经验或少有作品发表；而这些机构可帮助他们合理地撰写和出版学术刊物，从而在国内外学术界迅速"走红"。由于经验少、资历浅而无法找到工作或研究机会，这些年轻人通常会陷入"无法摆脱的困境"；而这些基金会能为他们提供一种"浮士德式交易"，帮助他们立即摆脱这种陷阱或困境。这些基金会和研究机构还能影响国内外的研究方向、内容及应用方式，从而服务于帝国主义的模式和利益，塑造时代观点。

来自西方著名教育机构的一流"专家"被带到边缘国家，像其他商品一样被推向市场。通常当人们品读他们的作品——尤其是社会科学与艺术方面的作品时，便会发现这些作品实际上很缺乏想象力，与边缘国家的学者相比并不显得"先进"。但是，这些专家凭借着品牌和"品牌名称"（个人和机构）受到邀请，建立了关系网络，为当前及未来的帝国利益服务。他们还会充当边缘国家年轻学者的"吸引者""发现者"甚至"招募者"——这些年轻人要么听说过这些"如雷贯耳"的作者或学者，其中一部分拥有令人眼花缭乱的头衔和资历；要么是在寻找可帮助自己移民到帝国中心（在那里，像他们这样的人正变得越来越多）生活和工作，并能在未来飞黄腾达的庇护神。[①] 他们已成为人才外流的媒介，将一些最有能力、

[①] 在西方，越来越多留学生选择留下来生活，甚至表示他们寻求出国学习机会的初衷便是离开原籍国永久移民到西方国家。在经历短暂下降后，留学博士毕业生留在美国的人数接近创纪录水平。参见橡树岭科学与教育研究所（Oak Ridge Institute for Science and Education），http://orise.orau.gov/news/releases/2010/fy10-20.htm，2010年2月3日。

最有才华的人士洗劫到帝国大都市中心。

目前，参与国际教育和交流的各种非政府组织已超过 5 万家。这些组织通常都是围绕着某一特定问题来设立，所关注的议题和领域在其名称中一目了然。① 有些不仅是各种西方商业及情报利益的前沿组织，而且还会帮着驱散或拉拢特定人士，这些人士往往具有"进步"意识形态或对现行制度有威胁的意识形态，对各种形式和水平的"分而治之"充满激情，在单一问题的起因和政治上对通常伴随着政治激进主义的有效行动抱有幻想。它们能够提供旅行、建立全球关系、开展研究和使用数据库②、进行实习、美化简历的机会，还能让人产生一种"为解决当今世界各种问题作出贡献"的错觉，获得一定的满足感。它们愿意招募拥有专业技术（外语、数学、科学、外国文化和政治知识、计算机等）的外国学生，而对于这些科目西方教育系统根本无法或不愿让西方国家的学生来掌握和应用。③ 有时它们会提供一些"内部"和定制化的学位和证书，这些学位和证书听

---

① 非政府组织通常分为：商业友好型国际非政府组织（BINGOs）、民间社会组织（CSOs）、捐助者组织的非政府组织（DONGOs）、环保非政府组织（ENGOs）、政府经营的非政府组织（GONGOs）、国际非政府组织（INGOs，如牛津饥荒救济委员会）、准自治非政府组织（QUANGOs）、技术援助非政府组织（TANGOs）、基层支持组织（GSOs）、市场宣传非政府组织（MANGOs）、社区健康与发展（CHARDs）。这些组织不受国际法律约束，因此可以充当政府的代理人。

② 这些基金会、机构和"专业知识"来源，对于生成和维护政府与媒体所使用的图书馆、数据库、度量、分类和观念，以及研究关系具有强大的影响力。它们凭借丰富资助所产生的扩音器效应，披上了唯一官方"可靠"数据研究库的光环，供人们查阅。它们的出版物通常用亮光纸印刷，配有丰富的图画及其他可视元素，从而隐藏其贫乏的内容和修辞意图，同时在生成"可接受的"标准（类别、指标和方法论）方面发挥作用，这些标准用于衡量并判断相互竞争的系统、政府及其政策。这些设置衡量系统的机构，不仅会影响衡量的主体，还会影响衡量的实际数值以及结果。

③ 参见"New Study Finds U. S. Math Students Consistently Behind Their Peers Around the World", *American Institutes of Research*, November 2005, http://www.air.org/news/index.cfm?fa=viewContent&content_id=451; Glod, Maria. "U. S. Teens Trail Peers Around World on Math-science Test", *Washington Post*, December 5, 2007, http://www.air.org/news/documents/Release200511math.htm; Forgione, Pascal D., "International Test Scores: Poor U. S. Test Scores Tied to Weak Curriculum", http://www.washingtonpost.com/wp-dyn/content/article/2007/12/04/AR2007120400730.html?nav=emailpage. "1980—2000 年，在美国就业的博士科学家和工程师中，国外出生的比例从 24% 上升到了 37%。其中，物理学博士的比例为 45%，工程师的比例超过 50%。美国大学工程系四分之一的教师出生在国外。1990—2004 年，三分之一以上的美国诺贝尔奖获得者出生在国外。如今，美国三分之一的科学与工程博士学位被授予给在国外出生的研究生。"Wulf, William A., The Importance of Foreign-Born Scientists and Engineers to the Security of the United States, *Statement to the U. S. House of Representatives*, September 15, 2005.

上去颇负盛名，而且都与西方和国外知名的教育、商业和研究机构存在联系。它们为边缘国家的教育和政治经济机构提供了触手可得的"信誉"，这些机构通过与西方帝国的著名机构开展合作交流提高国际地位。

三 教材、"文化"以及教育硬件与软件

作为帝国柔性强权和铁腕强权投射的形式与工具，美国和西方盟国正在教材、文学、音乐、时尚、电影、电视节目、教育及其他硬件和软件的出口和本地化领域展开创新，加强推广力度。在所有情况下，脑科学、认知心理学、人类学、实验心理学、经济学、政治学、教育学及其他学科的重大"发现"，与普遍的和具有文化特异性的触发因素、说服策略和机制以及意识形态和议程的形成正在整合。在所有这些柔性强权和铁腕强权工具当中，那些允许或不允许的内容、范围和覆盖深度都受到周密、精心和有意识的控制。①

许多教师和研究人员尤其对这些领域感到劳累或疲惫，因此以包装精美、设计合理、"最先进"、著名"品牌"、"易于使用和应用"、"省力"和"功能全面"为卖点的硬件和软件，再加上西方产品所谓的"上乘"和"先进"的形象，很容易诱惑人们来选择和使用。然而，这些以节省劳力为卖点的工具实际上是帝国文化和利益的载体。年轻的研究生工作繁重，经常被分配去教授各个领域的本科和基础课程，正是这些营销手段所瞄准的目标。另外，出口的一些硬件和软件中还设有"后门"，以便远程监视计算机及其连接与应用情况。此外，营销中的一个惯用伎俩就是利用软硬件的设计与定价制造用户黏性，造成对国外关键支持服务和后续投入的依赖。

---

① 在课堂上，我会在上课第一天做一个练习，来说明意识形态的构建和操纵。我问第一次接触这些教科书的学生们，在不了解作者任何信息的情况下，他们如何判断其可能的意识形态和修辞意图。我得到的答案通常是"从前言判断"或"从作者简介中判断"。接着，我让他们查看教科书的主题索引，并给他们一系列需要寻找的概念：帝国主义、新帝国主义、种族主义、性别歧视、殖民主义、新殖民主义、种族灭绝等。然后，我问学生们能否定义这些术语，以及它们是否与经济学有关。接着，我问学生们，如果他们这样还不能为这些术语下定义，那么在文本中略去的情况下，他们将如何学习这些术语呢？态度、议程、期望、价值观和忠诚对象都可以得到有效塑造，或许仔细略去某些内容的查验，要比按照意识形态偏见查验塑造能力更强。

时尚、音乐、文学、电影和电视节目也成了投射柔性强权的工具。体现于精心设计的内容、形式和应用之中的，是这样一条关键信息："外国"就是上乘的代名词，应该得到模仿和偏爱；而"边缘国家"人们的文化和历史就是"劣等"的同义词，甚至是这些国家之所以"落后"的主要"原因"。这类商品不仅创造了利润丰富的出口和国内市场，而且与资本主义相关的价值观和优先事项以及帝国主义推动的大众消费主义能够而且的确造成了不同形式和程度的债务沼泽、依赖和自治丧失。与大都市中心的人们一样，帝国利益所瞄准的国家民众正在逐渐认识到当一个人以"拥有"和消费的内容和数量来定义"个人自由"和成功，而不再是人拥有东西时，这些东西及其销售者和投资者很可能最终会拥有这个人。出于发展需要和其他原因，许多年轻学生被"异域"或"外国"的时尚、音乐、文学、电影和电视所吸引，这些柔性强权工具便会与教育中的柔性强权结合在一起并得到强化；他们可能会贬低自己的社会，认为它没有重视和提供这些"文明"和"进步"的标志。

就范围、深度和精致程度而言，光学、音频、图形、电影技术和流派等方面的创新在电影、电视、音乐、文学、艺术和时尚领域的应用呈指数增长，使得"自愿终止怀疑"和逃避现实生活变得越来越容易对大众产生影响。电影和电视在人们更强烈的并已得到满足的娱乐需求中，变得越来越生动和煽情（现代版的罗马"面包与马戏"）。通过技术手段，民众在观看电影或电视时会处于"自愿终止怀疑"的状态；而这些技术也可以并已经被用来创造和培育其他类型的信仰，即为帝国利益服务的信仰。它们的目的不仅在于通过当地文化往往缺少的"异国情调"来灌输、吸引和娱乐观众，而且还蓄意破坏并最终摧毁那些被视为帝国扩张障碍的本土文化。

四　总结

众所周知，美国及其盟国正在尽可能地避免投射铁腕强权，以及对外国领土的实际占领与控制。对于需要投射铁腕强权的情境，美帝国正在开发更加机敏、快速、灵活、精确、"聪明"以及具备短暂性和致命性的武器和部署能力，而不是实际占领和控制大片外国领土。出于前文已讨论过的原因及其他考虑因素，他们越来越重视开发极其精致的柔性强权，以及柔性强权投射的方法及应用方式。（Parmar and Cox 2010；Lukes 2007；Mattern 2007；Nye 2008，2009；Fraser 2005）但是，帝国的柔性强权投射既不是真"软弱"，也并非不具强制性。如果我们将"胁迫"定义为在某人没有充分知情和自愿同意的情况下，尤其是在发展和应用过程中产生了潜意识效应、或对信息产生了限制或影响，征得了某人同意或促使某人按照他人意愿和利益行事时，那么柔性强权便具有很强的强制力。这种强制力虽具有隐蔽性，但也是一种强制性工具。

毫无疑问，国际教育为民众提供了诸多诱惑和实际好处。另外，随着全球经济相互依存日益加深，各个国家、地区和人民更加一体化，国际教育还成为了全球化过程中的一种趋势。但是，帝国柔性强权的目标是将帝国社会形态的特征、价值观、规则和利益作为一种通用模板加以开发和维护，供各国效仿；其他国家若不效仿便永无宁日（便会受制于公开的、强制性的铁腕强权）。随着全球危机的来临以及帝国列强日益陷入财政危机和社会—文化—政治衰退的困境，柔性强权和铁腕强权投射将会变得更加不计后果和孤注一掷；一个国家拥有和获得的越多，失去的也会越多。就像地震和飓风一样，帝国强权的投射通常会对受害者和投射者造成更大的灾难性影响；这种投射目前虽无法阻止，但可洞察其本质。正是在了解了它们的性质、起源、方法、工具和意图之后，受到投射的对象和目标才能更好地保护自己，防止自己的主权、自决权、独立、文化、社会经济和政治法律制度遭到逐渐破坏、侵蚀或最终被瓦解。

参考文献

Abanes, R., 2002, *One Nation under Gods: A History of the Mormon Church*, New York: Four Walls Eight Windows Press.

Allman, T. D., 2004, *Rogue State: America at War with the World*, New York: Nation Books.

Amin, S., 1974, *Accumulation on a World Scale: A Critique of the Theory of Underdevelopment*, Vols. I and II, New York: Monthly Review Books.

Amin, S., 1998, *Spectres of Capitalism: A Critique of Current Intellectual Fashions*, New York: Monthly Review Press.

Amin, S., G. Arrighi, A. Frank, and I. Wallerstein, 1982, *Dynamics of Global Crisis*, New York: Monthly Review Books.

Ariely, D., 2009, *Predictably Irrational: The Hidden Forces That Shape Our Decisions*, Revised Edition, New York: Harper Books.

Aronowitz, S., and H. Gautney, 2003, *Implicating Empire: Globalization and Resistance in the 21st Century World Order*, New York: Basic Books.

Bamford, J., 2002, *Body of Secrets: Anatomy of the Ultra-Secret National Security Agency*, New York: Anchor Books.

Bamford, J., 2008, *The Shadow Factory*, New York: Doubleday.

Bernays, E., (1928) 2005, *Propaganda*, Brooklyn, NY: Ig Books.

Brewer, A., 1980, *Marxist Theories of Imperialism: A Critical Survey*, New York: Routledge and Kegan Paul.

Chomsky, N., L. Nader, I. Wallerstein, R. C. Lewontin, and R. Ohmann, 1997, *The Cold War and the University: Toward an Intellectual History of the Postwar Wears*, New York: The New Press.

Churchill, W., 2004, *Kill the Indian, Save the Man: The Genocidal Impact of American Residential Schools*, San Francisco, CA: City Lights Press.

Deutsch, D., 1997, *The Fabric of Reality*, New York: Penguin Press.

Fraser, M., 2005, *Weapons of Mass Distraction: Soft Power and American Empire*, New York: St. Martin's Press.

Gardner, D., 2009, *The Science of Fear: How the Culture of Fear Manipulates Your Brain*, New York: Plume Books.

Gorenfeld, J., 2008, *Bad Moon Rising: How Reverend Moon Created the Washington Times, Seduced the Religious Right and Built an American Kingdom*, Sausalito, CA: Poli Point Press.

Harvey, D., 2003, *The New Imperialism*, Oxford: Oxford University Press.

Hiatt, S., 2007, *A Game as Old as Empire: The Secret World of Economic Hitmen and the Web of Global Corruption*, San Francisco: Berrett-Koehler.

Jacques, M., 2010, *When China Rules the World: The End of the Western World and the Birth of a New Global Order*, New York: Penguin Press.

Kitty, A., 2005, *Don't Believe It: How Lies Become News*, New York: Disinformation Press.

Kurlantzick, J., 2007, *Charm Offensive: How China's Soft Power Is Transforming the World*, New Haven: Yale University Press.

Lakoff, G., 2009, *The Political Mind*, New York: Penguin Press.

Lemkin, R., 1994, *Axis Control in Occupied Europe*, Washington, DC: Carnegie Endowment for International Peace.

Lukes, S., 2007, "Power and the Battle for Hearts and Minds: On the Bluntness of Soft Power", in *Power in World Politics*, edited by B. Felix and M. J. Williams. London: Routledge.

Magdoff, H., 1969, *The Age of Imperialism*, New York: Monthly Review Books.

Magdoff, H., 1978, *Imperialism: From the Colonial Age to the Present*, New York: Monthly Review Books.

Mattern Janice, B., 2007, "Why Soft Power Is Not So Soft", in *Power in World Politics*, edited by B. Felix And M. J. Williams. London: Routledge.

Nye, J., 2008, *The Powers to Lead*, New York: Oxford University Press.

Nye, J., 2009, *Soft Power: The Means to Success in World Politics*, New York: Oxford University Press.

Ostling, R., and O. Joan, 1999, *Mormon America*, San Francisco: Harper Books.

Parmar, I., and C. Michael, 2010, *Soft Power and US Foreign Policy: Theoretical, Historical and Contemporary Perspectives*, Abingdon: Routledge.

Perkins, J., 2004, *Confessions of an Economic Hitman*, New York: Plume Books.

Perkins, J., 2006, *Confessions of an Economic Hit Man*, New York: Plume Books.

Perkins, J., 2007, *The Secret History of the American Empire*, New York: Dutton.

Pilger, J., 1998, *Hidden Agendas*, New York: The New Press.

Pilger, J., 2003, *The New Rulers of the World*, Updated, London: Verso.

Pratkanis, A., and E. Aronson, 2000, *Age of Propaganda*, Revised Edition, New York: W. H. Freeman.

Rampton, S., and J. Stauber, 2003, *Weapons of Mass Deception*, New York: Jeremy Tarcher/Penguin.

Sharlet, J., 2008, *The Family: The Secret Fundamentalism at The Heart of American Power*, New York: Harper Perrenial.

Shermer, M., 2004, *The Science of Good and Evil: Why People Cheat, Gossip, Care, Share, and Follow the Golden Rule*, New York: Holt Books.

Shermer, M., 2008, *The Mind of the Market: How Biology and Psychology Shape Our Economic Lives*, New York: Holt Books.

Simpson, C., ed., 1998, *Universities and Empire*, New York: The New Press.

Solomon, N., and J. Cohen, 1997, *Wizards of Media OZ: Behind the Curtain of Mainstream News*, Monroe, ME: Common Courage Pres.

Szanto, A., ed., 2007, *What Orwell Didn't Know: Propaganda and the New Face of A-

merican Politics, New York: Public Affairs Books.

Weiner, T., 2008, *Legacy of Ashes: The History of The CIA*, New York: Anchor Books.

Westin, D., 2007, *The Political Brain: The Role of Emotion in Deciding the Fate of the Nation*, New York: Public Affairs.

Wilford, W., 2008, *The Mighty Wurlitzer: How the CIA Played America*, Cambridge: Harvard University Press.

Winks, R., 1987, *Cloak and Gown: Scholars in America's Secret War*, London: Collins-Harvill.

Woodward, B., 2004, *Plan of Attack*, New York: Simon and Schuster.

Young, N. C., and J. H. Jeong, 2008, "China's Soft Power", *Asia Survey*, 48 (3), pp. 453 – 472.

Zakaria, F., 2009, *The Post-American World*, New York: W. W. Norton.

（此文原载于英文期刊 *International Critical Thought*
《国际思想评论》2011 年第 1 卷第 1 期）

资本主义的社会坟墓

[美] 穆罕默德·阿萨迪* 著 孙业霞** 译

摘　要：本文探讨了资本主义社会结构的传记效应，及其对人类社会交往、意识和"归属感"的影响。快速变革的经济结构是为少数人的积累而建造的纸牌屋，这会导致人际关系基础薄弱，通过社会选择形成"变者生存"的局面。社会权力的真正来源是将大多数人的生活资料集中到少数人手里的私有制，而资产阶级通过"消费政治"模糊了人们对此的认识。这种社会权力通过社会结构的官僚化和对所谓历史"人性"的篡改含蓄地行使。

关键词：资本主义；贫困；人性；社会；共有群体

人类的公有"精神"是决定着人类历史演进的人与环境相互作用的自然结果，其自然的表现形式是以狩猎采集为主的原始公社。在这一社会形态宣告终结后，公有"精神"就一直备受打压。在整个农业社会的进程中，这种精神在家庭中时断时续，其领域大大缩减，本质亦已淡化。最终消灭它的，是资本主义的商品化（包括家庭无产化和导致制度冗余的家庭功能私有化）和社会制度的固有生命周期。这两者也是导致共有群体无法形成的主因（因为长久的文化落后导致价值观变得廉价和模糊，而且导致

---

* 穆罕默德·阿萨迪（Muhammed Asadi），美国密苏里州柯克斯维尔市杜鲁门州立大学社会与环境学院社会学系访问助理教授，社会学博士。在论文中，他将赖特·米尔斯（1956）对"权力精英"的解释国际化，结合经济、军事及国家来解释国家发展和社会分层结果，这修订了伊曼纽尔·沃勒斯坦对世界体系的分析。他的学术论文及发表的论文也从世界体系层面上审视性别及种族基础上的社会分层。

** 孙业霞，东北师范大学马克思主义学部副教授。主要研究方向为中国特色社会主义经济理论与实践，译著有《无殖民地的帝国主义》（中国社会科学出版社 2020 年版）等。

了去文化现象）。这引起了人类已知的最高形式的异化，即自我和种群的异化。

　　社会的快速变革是工业资本主义的固有特征。如果没有快速的社会变革，那么贯穿工业资本主义制度的意识形态也将随着资本积累的终结而最终崩溃。所以，每当这种制度面临危机时，就会有一大批新技术涌现（但不一定都对人们有益），或者人们会尝试进行一些社会工程甚至一些"阴谋"。这样做的最终目的是保全资本积累制度，同时维护了那种可以确保这种资本积累制度再生产的意识形态，即一种建立在通过大众消费和"文明"自我实现的神话之上的意识形态。

　　然而，如此快速的社会变革也必然引起人们的价值观混乱以及身份的变化。这成了一种生存的常态，因为从一开始，促成价值观及文化形成的相互作用的过程就缺乏历史统一性。"历史的终结"意味着人类生活的世界"并非是他们亲手创造的世界"，这就是人们表现出冷漠、焦虑和心理上"无家可归"状态的原因。这种不良状态，或者说心理失衡，需要心理补偿或调节。换句话说，人们迫切需要找到一个能产生归属感的"家园"。在这种空虚中，客观形成的文化及资本主义意识形态通过将情感与消费品关联填补了空白。这就在生产之外，形成了资本积累的第二阶段。人通过购买商品寻求自我表达，而设计和生产这些商品的目的是寻求商品的交换价值和利润，并非其使用价值。然而，那些通过消费来消耗精神家园的做法是人为的，是缺乏历史性或主观性的，是与个人不相符的。因此，其作用也是短暂的，只会导致人们陷入不断增加消费的循环。

　　资本主义的社会结构通过自我欺骗得以维系和再生，而大众媒体的出现则为其提供了方便之门。昔日的文化敏感性客观上被用于某些操控性的目的（Veblen 2008），并未如实反映物质生活的现状，因而容易不断遭受失败（"好的动机却没有好的结果"）。从长远看，由于结构性错位，这种文化"敏感性"难以持续，很快就会被重新定义或改变。这不可避免地导致了情绪上的不稳定（情绪是环境提示因素和社会行为之间的调节器），正如资本主义经济固有的生命周期一样。这种情绪波动或心理上的"困惑"是资产阶级一手造成的，但资产阶级自身很少受到影响，他们的目的在于使资本积累更长久。因此，资产阶级为了自身能够生存下去，就必须"对生产工具、生产关系，乃至对全部社会关系不断地进行革命"（Marx and Engels 1848）。

在一个功能理性的官僚化社会中，多数人一生都生活在大众媒体的建构中。人们在日复一日的生活中木然地完成着各种程序化的日常琐事，他们需要以大众媒体所提供的信息为背景去理解文化与存在之间的断层。资本主义高级阶段所特有的快速社会变革导致社会道德沦丧（Durkheim 1997；Mills 1951），先进的科技使物质条件迅速变化，滞后的文化无从"跟上"社会的迅速发展。事实上，由于大众媒体赋予事物的意义（和语境），使得那些出于别有用心的（政治）目的而形成的陈腔滥调成为人们交流互动的基础。正是由于这些陈腔滥调的存在，选择性观察即使存在逻辑谬误，却仍获得真理般的权威，并可以根据阶级、种族、性别、宗教和民族对人们进行分层。在一个疏离和异化的社会，人们的生活被大众媒体所包围，所有"现实"世界的交流均围绕大众媒体营造的内容和敏感性话题展开。人们没有其他事情可谈，因为生活没有其他任何事物、任何主观文化或个人创造比大众媒体所提供的脚本更吸引眼球，大众传媒将所有事物最简化，归为食物、性、恐惧和暴力。这不可避免地导致政治冷漠，并在一个可感知的"自我感觉良好"的社会里得以维系。在这个社会中，化学和心理麻醉[①]被结构化地用作社会控制的手段。

人们对国内政治冷漠，对国际形势亦有组织性地充耳不闻。对美国公众而言，只有被政府妖魔化的"第三世界"领导人（菲德尔·卡斯特罗、石油大亨们、萨达姆·侯赛因、奥马尔·穆阿迈尔·卡扎菲等）才能引起他们注意（Fidel Castro, Oil Sheiks, Saddam Hussein, Muammar Gaddafi, etc.）。多数情况下，他们对世界其他地区视而不见，包括公众意识、地理或文化。其结果就是形成了一个不懂得反思的大众消费社会。人们小心翼翼地捍卫自己的"特权"地位。[②] 这种狭隘的生存方式，使整个人类社会的绝大多数成员都永远无法获得作为生活的一部分而存在的深刻的社会

[①] 将酒精用作一种"逃避机制"为人们提供了一个出口，用化学物质来减轻资本主义生产方式带来的被异化感。异化是社会变化背后的驱动力。如果你使用化学物质麻醉自己，从而摆脱异化，就像使用精神药物一样，就等于毁掉了驱动社会革命的"马达"。因此，酒精是一种效力更强的"鸦片"，它更直接，不需要任何认知操控，在资本主义社会，在发挥合法化功能方面，酒精比宗教更有效。

[②] 这一点在公众对移民的态度当中也有所体现。参见 http：//pewresearch. org/pubs/20/attitudes-toward-immigration-in-the-pulpit-and-the-pew。

体验。

像美国这样缺乏自由的后现代社会就是社会学家赖特·米尔斯（C. Wright Mills）所说的"快乐机器人"和"技术白痴"的社会（Mills 1951，1959）。同一主题在马克斯·韦伯（Max Weber）关于官僚主义、权力与权威的作品中也有涉及（Weber 1958）。卡尔·曼海姆（Karl Mannheim 1940）将缺乏自由描述为功能理性，它引导每一种行为朝着注定的目标前进，实质理性和独立反思的可能性几乎不存在。在这种情况下，所谓的言论"自由"本身就会淹没在一片无关紧要和信息过剩的海洋中。只有精英有机会通过控制媒体的无线电波影响数百万人，而像我们一样的其他人几乎影响不了任何人，也与任何信息生产毫无关系。没有信息，则美国宪法《第一修正案》是没有什么用处的。当公众接收的信息都来自由少数人控制的大众媒体时，《第一修正案》形同虚设，实际上是没有什么法律效力的。

在一个通过预设的人格类型来决定个人价值的社会结构中，人在经济领域的地位是根据其是否符合精英们的要求来选择和给予的，凡不符合这种要求的人都要蒙受恶名。一个人若要将自己设定为"酷的"或受追捧的那一类人，就不可避免地要诋毁其他人格类型的人。然而，随着物质条件的快速变化，"理想"的人格类型也在不断变化。因此，在先进资本主义社会的运转中，无论你认同自己是哪一类人，都总会觉得自己的地位受到威胁。在这样的世界里，唯一实在的、能给人带来安全感的做法就是通过大量的消费品来实现自我（唯一有可能与人建立长期关系的是传播大众媒体信息的那些载体，如电视机和电脑）。然而，这些消费品给人带来的身份安全感也无法长久，因为技术会不断进步，地位也转瞬即逝。这是消费品所固有的特性，目的是确保人们持续购买。身份与消费品之间的联系幻化为人际关系，而大多数人际关系，即使最亲密的关系，也稍纵即逝，被视为理所当然，而且很容易被其他关系取代。消费品迅速过时转化为关系的难以长久，这使人陷入了永远无法求得长期自我实现的可悲境地。

这个社会体系中充斥着自欺，错误观念盛行，人们虽然实际上被官僚主义牢牢控制着，但却觉得自己对其引起的精神毁灭完全免疫，甚至感到"获得了解放"，这揭示了资本主义社会是如何延续的，也揭示了资本主义社会的不公平。它给受到蒙蔽的人们提供"积极思考"（托马斯公理/文森特·皮尔骗术）这种"精神鸦片"，让他们的精神在资本主义的社会坟墓里越陷越深，赖特·米尔斯（Mills 2000）称其"毒害人际关系，使个人自由的根源枯竭"。精神的贫瘠以及对此的不自知使当今时代成了人类历史上迄今为止最不人道、最野蛮的时代。在帝国主义的战争中，彻底灭绝的手段不断升级，大规模的杀戮惨绝人寰，分配过程中的掠夺行为一直悄无声息，但又残酷无情地发生着。以上种种，将人们精神的贫瘠表露无遗。资本主义制度摇摇欲坠，危机四伏，人类存在的方方面面都在不断商业化和超军事化，这导致了厌女症和种族主义——资本主义的天堂实际上是人类的坟墓。

资本家进行着管理相对剥夺的博弈，其目的是鼓吹特权，通过将不同人群区隔开来的地位标志来分配特权。这一做法经过大肆宣扬之后帮助资本家们将（危机四伏的）积累制度延续下去。资本家主要借助从外部规划的、以消费为基础的"生活方式"，及（很大程度上）依靠官僚体系保护的地理界限将部分无产阶级作为先锋队融入该体制，使其与其他无产阶级分割开来。中产阶级的崛起及其对"梦想"的追逐，反映了一种人为构造的"现实"，即通过消费来完成自我实现的欲望永远无法达成。作为当今的房奴（Haley and Malcolm 1987），中产阶级在资本操纵（和补贴）中继续生存下去，通过压榨工人阶级的血汗不断壮大（牺牲工人利益补贴中产阶级），他们保护主人的制度免于毁灭，宣扬让资本主义制度长存的价值观。事实上，这就通过一种资产阶级主导的"消费政治"将工人与老板的分裂关系正常化了。

然而，在资本主义社会，尽管人们宣称工人和资本家的区别在于消费，但实际上这种区别与消费无关。其实资产阶级自己消费得很少（按消费占其收入和财富的百分比来说），而且他们的地位与消费或生活方式均不相关。工人和资本家之间的区别在于社会结构权力的不同，这种权力可以决定生死、寿命长短、生活状况、成功与失败，以及成败的标准。毫不夸张地说，人们被剥夺了主宰人生及命运的权力：人们被迫生活在"扭曲"的世界，从家庭活动到宗教活动抑或工作，每一项活动都是为了使资本家的积累最大化。实际上，少数几家大公司主宰着所有的经营活动，决定着经济的规模、形态，并借此影响所有家庭活动，包括人们对休闲方式的"选择"。人们花费一生中最美好的、能力最强的几年为这些公司生产或消费，其目的很明确，就是利润的最大化。在这样一个社会，与利润最大化这一首要动机相比，其他的一切都微不足道。而利润最大化在大众社会中的表现形式就是将消费欲望作为生活的首要目的（Veblen 1997）。

> 一些因素使生命形态的精确性和精确度得以融合，同样的因素也融入了最高度非人格化的结构中；同时，这些因素又推动了高度个人化的主观性的发展。除了厌世的态度，似乎没有任何心理现象能够如此无条件地成为大都市特有的特征……于是，人们失去以恰当的能量对新的感官刺激做出反应的能力。（Simmel 1903）

在后现代主义时代，大都市不单单是一个地理位置的概念，它随大众传播媒体——电视机一起进入了每家每户，带去满满的刺激。这就好比开设了一个生产人类机器人的工厂，其所生产的每一个人类机器人都带有一个厌世的组件。电视上每天充斥着大量的"事实"和"事件"，人们在自家的客厅里就可以了解一切，这使得公民厌世的态度在战争与和平、贫穷与富有、疾病与健康、教育与文盲及其他公共问题上得到具体化。正面的消息就是集体的，成功要归因于体制的"恩典"（将人与体制绑定），而负面的消息则是个人的，失败是个人的不幸。这就强化了厌世者的自我中心主义（同时通过降低他们的自尊来延续他们的缺点），导致了现实生活的悲剧：人们通过娱乐进行自我摧残。

"大众"中的男男女女，对存在于他们狭隘生活之外的所有现象都保持道德中立，这使全球权力精英在公共领域享有了前所未有的权力。个人生活与公共事务脱节，世界各地的中间阶层对一切都漠然以对，这为精英阶层提供了一个缓冲区，而他们也充分、有效地利用了这个缓冲区。在后现代主义时代，"个人至上"并不意味着人们摆脱社会束缚实现了真正的自由。这仅仅表明，厌世的人对自己或他人的人格无法做出正常人应有的反应，他/她将自己物化，就像将他人物化一样，他们唯一在意的就是像动物一样的自我保护。在国际层面上，民族国家代表着一种全球化的"个人至上"，对国界以外的事漠不关心或保持道德中立，对于将公民的人生命运与国境之外的全球力量相联系表现得态度暧昧。这一体制产生的"主观文化"殖民演变成了"客观文化"（Habermas 1987），这种殖民与现实中资本主义全球机构及军方对部分国家的殖民扩张类似。

全球"都市化"导致的最终结果是：亵渎一切神圣的东西，它让国家失去"灵魂"成为殖民者廉价的复制品，他们对自身及他者的命运漠不关心，仅维持一种名义上的存在。经济学家们却鼓吹，这才是"现代化"，它需要依赖国际军事独裁体制才能存在。罗斯托（Rostow，1966）的现代化论文认为社会发展的最后一个阶段是"群体高额消费阶段"。就像美国人被强行灌输"美国梦"一样，发展中国家也被兜售了效仿发达国家的梦想。那是一个资本主义的乌托邦，在那里，不仅穷人，所有的人，将在与物品和产品的交互中陷入（在精神上）永久无家可归的境地。这就将资产阶级如寄生虫般大肆利用人的最终结果赤裸裸地呈现了出来。

全球权力精英

> 官僚体系一旦完全建立，就会成为最难摧毁的社会结构之一。官僚体系是将"群体行为"转变为理性的、有秩序的"社会行为"的一种手段，所以作为一种将权力关系"社会化"的手段，无论过去还是现在，官僚体系对于控制官僚主义机器的人来说都是最好的权力工具……各地的现代国家都在上演官僚化。（Weber 1958，230，232）

马克斯·韦伯认为，现代民族国家的官僚化导致了某种程度的标准化结果，即被官僚主义结构控制的国家的同质化。资本主义的同质化遵循了商品的逻辑，其首要目的是在生产过程中尽可能多地实现生产资料所有者的积累。后现代主义时代的官僚化是商业化逻辑的产物。因此，在高度专业化的分工中，功能理性结构为控制这些结构的人提供了前所未有的权力。全球权力精英的起源可以追溯到一个被称为后现代的历史时期（Mills 1959）。在后现代时期，我们将世界看作一个快速合理化的庞大的官僚机构，在这里，之前现代时期（古典主义理论家认为）的"病态"已变成常态。了解官僚主义权力的关键，不仅在于了解其行为规则或等级制度，也在于了解其分配给人们的角色。因为权力分配是在全社会以及较大的国家间展开的全球劳动分工（和地位划分）中进行的。"官僚化"不仅在每个国家上演，也在高度合理化的国际体系中发挥着一定的作用。这一国际体系通过国内及国际组织与各军事、政治和经济体系保持着千丝万缕的联系（Beckfield 2003）。随着媒体将战争的消息带到全国各地乃至全世界数亿人的生活中，人们从心理上适应了居住在"危险街区"，这是媒体对全球事件（Gusterson 2007，164）进行歪曲报道的必然结果，这种报道通过分层结构促进政治—经济—军事体制的再生，分层结构描述了一种全球永久性的战争经济，使人们束缚并屈从于国家。

这种"束缚"是通过心理上的"马戏团"效应规避政治方面的危机（Mannheim 1940），同时也补充了规避危机的经济、军事上的凯恩斯主义以及其基于战争的及与战争相关的消费逻辑。"产能过剩"（Baran and Sweezy 1966）对资本主义经济会产生周期性的影响，加速经济萎缩，若不加以干涉，会进一步导致经济萧条。政治领袖经常在公众面前将"产能过剩"描述为自然灾害，似乎这些与政治经济无关。在社会活动中，少数资本家的财富积累往往比多数人的失业更受关注（Veblen 1997）。资产阶级在特定时期希望产能过剩的逻辑，就是凡勃伦所说的"生产破坏行为"（Veblen 1997），利润计算后通过限制生产蓄意破坏工业和技术产能使价格维持在有利可图的水平（Samuels 1994）。"生产破坏行为"是资产阶级榨取剩余价值的产物，其实现途径是工人的当前消费，以及通过为拮据的家庭提供高利率贷款的形式尽可能地使工人进行（目前）未来消费（Krueger and Perri 2006）。

官僚机构的领导者们（公司、国家和军事精英），在文化机器（Mills 2008b），也就是大众传媒和正规教育的协助下，维持了不平等的现状，这种状况既无人反抗也无需修正。这个系统是自动的，因为官僚体系是通过社会机构运作的，它暗中迫使人们适应以便融入社会。因此，官僚体系通过人格市场（及国籍）定义了什么是"人"。人格市场定义了"理想的"男士、女士，不仅购买人们的时间，还购买他们的人格（Mills 1951）。这种痛苦管理机制引导变革倒向了良性的方向，生成宣传性的符号，通过结构复制（自我实现的预言）自动实现"分而治之"（经典意义上的殖民），使人与人彼此对立，为精英这一高度团结的群体的利益服务。"文明"是一种表面的符号，帮助这种结构实现合法化，而隐藏在其背后的是不可告人的动机，即资本主义生产和市场与全球掠夺和奴役之间深层次的关系。

全球权力精英是一种身份群体，他们控制着影响全球秩序的官僚体制。他们主观上认为自己优于他人，"高人一等"。这一看法在客观的全球结构及其主导思想中得以体现。在分层分布的"人生机遇"中，其实也在生活本身中，如"种姓制"一样的分层结构已经重新建立，且边界固化。要了解全球秩序，最为重要的是要了解这些精英的人格类型。他们的生活方式与韦伯所说的"新教伦理"及对资本家的"召唤"（Weber 2001）的讽刺已毫无关系。资本家的"召唤"的定位并非"节俭"这种伦理，相反他们通过民族主义的消费哲学实现团结，间接推崇名人世界惹眼的消费。资本家不顾文化操纵，将物质稀缺性强加给世界，而这种人为制造的稀缺性是他们唯一认同的"节俭"。他们自己完全不受任何官僚结构的控制，也不受民族国家界限及任何宪法的束缚。与韦伯上述言论不谋而合的是涂尔干（Durkheim 1997）所说的"遗失的环节"，他探讨在劳动分工（有机团结）最大化的情况下，如何通过官僚主义实现共同群体的重建（机械团结）。

在后现代时期，"现代性"和部落主义糅合在一起。在官僚体系中，非人性化的规则及流程扼杀个人的自由，将他/她变成标准的"快乐机器人"，他们之所以感到快乐，是因为尽管他们实际上扮演着分配给他们的一点微不足道的角色，但他们以为自己是自由的。正是在这种官僚体系中可以找到涂尔干的"遗失的环节"。对于"大众"中的多数人而言，由于无数的规则所限定每天都是类似的，因此记忆是有限的，生命是短暂的。大多数人是为了公司而活，花费一生最好的时光为公司工作，为公司将休闲活动标准化，为公司抚养和教育孩子，然后在战争中为公司将孩子牺牲掉。

资本主义的"便捷性"需要在一种方便资本家实现其不可告人动机的社会结构中完成情境化。通过在结构繁杂不便的替代品基础上垄断功能效用，资产阶级将所有替代品都简化为奇巧礼品和奢侈品，从而构建了一种依赖于"做出来的"资本主义的生活方式。在这场零和博弈中，所有"便捷性"的核心就是资产阶级积累的最大化。通勤开的汽车一定是使用最"便捷"燃料的车（将资产阶级的剩余价值最大化），因为除非有消费者补贴，否则其他选项都无利可图。我们开着这辆车会去什么地方是由别人铺的路来决定的。铺路实际上减少了人们去地球上其他地方的机会（人们实际上不会考虑去那些地方，因为"不方便"）。在同一体系下，汽车只为少数人提供便利，却导致很多人由此死亡。也是这个体系，大大缩短了空间距离（缩短了出行时间），但拉长了人与人之间的社交距离，这种现象目前比以往任何时候都要严重。

在空间上，生活最美好的部分已被压缩到一个小房间（不比牢房大多少，比坟墓也只略大一点）或一间办公室里，世界被压缩到一个电脑屏幕上，而屏幕上的交流从复杂程度上来说，质量远不及平常街角的一次闲谈。关于社会交往的质量和文化，赖特·米尔斯（Mills 2000）说得很准确：它已经达到"平庸"的程度，这种平庸可以在"我们周围及我们中间"感受到。军事形而上学（Mills 1956）是军事上的一种霸权主义观点，它引发了连续的战争，而人们已经将这种战争不断的状态视为理所当然的非法辩护状态，他们不考虑历史背景，也不考虑其存在于各种社会类型而笼统地概括历史。体制所选择的新的敌对势力不断涌现，每一次都被夸张地描述为一种希特勒式的形象。如果不是官僚体系在暗中控制，我们不可能这样生活，尽管这生活让大批的人死去，这在任何其他的时代都未曾发生过。宗教不会变态到（像在资本主义制度下那样）赞美不平等，容忍精英的变态行为，他们杀人如麻，在人类历史上闻所未闻（Mills 2008a）。"死亡崇拜"以一种理性的形式重新出现，因为生命是无意义的、异化的，只有通过电影和娱乐，或（基于成瘾行为的）逃避及死亡才有间接意义。大众对结构性限制的无知使得绝大多数人只有通过死亡才能挣脱"铁笼"的束缚。霸权使精英的权威自然化，于是体制所鼓吹的奥威尔式的欺人之谈（Orwell 1961）成了"绝对真理"，那些反对这一体制的人甚至还未开口即被去合法化，尽管"事实"可能站在他们一边。拒绝听信官方的宣传是人们重新掌控自己意识的第一步，如果对民族主义言论进行的宣传信以为真，就落入了精英们在将反人类的战争进行到底的过程中设下的陷阱。

资本主义自己的旗手（世界银行/联合国）提供的数据显示，全世界一半的人口每天的生活费不到 2 美元（Population Reference Bureau 2005），生活在贫困线以下，如此大规模的贫困在人类历史上前所未有。如果考虑可持续生存的话，（可能）每天的生活费在每天 2 美元的国际贫困线以上的人当中，也有很大一部分人实际上生活得极端贫困，日均生活费在 3 至 4 美元或更低。随着预期寿命的增长，生命的"量"有所增加，但就生命的质量（就物质条件和人际关系）而言，在可比的意义上其实是大大降低了。不管是和遥远的过去相比——那时的图景常常在文化上遭到误用，以恐吓人们从而将其束缚在专制制度之中——还是与不久前（20—30 年前）相比——那时世界各地资产阶级的财富积累甚至超过以往任何时期——都是如此。每一次的经济衰退对资本家而言都是资本积累的机会。

结 论

正如马克思和恩格斯所讲的，"至今一切社会的历史都是阶级斗争的历史"，但他们并未解释，这场斗争主要是人们对共同群体的渴望和建立在（有争议的）以剩余价值为基础的经济（阶级的历史起源是对剩余价值的占有）基础上的上层建筑固有的分割性之间的冲突。摧毁共同群体的上层建筑，使所有社交无法实现，除非社会交往退化到西梅尔（Simmel）所说的"低级的、原始的、更感性的水平"（Simmel 1950，32）。这也解释了为什么食物、性及恐惧在资本主义大众文化中占主导地位。如果不用进化的、历史的角度辩证地看待问题，整个斗争过程将含混不清。我们需要通过了解"非自然"① 进化史，以及精神缺失导致的异化的必然性将这种冲突去神秘化。异化是一种环境暗示，疏离需要调整，以缓解不安，这时候，归属是一种"自然"欲望。异化是一种社会变革的愿望，是通过对抗冲突推动社会变革的引擎。本质上，异化试图通过冲突使人类回归到社会早期的平等状态，那时"精神"找到平衡，即共产主义状态，其在历史上才能根深蒂固。回归到这样的状态是我们重新点燃人类精神火焰的唯一希望。

参考文献

Asadi, M., 2010, "The Sociology of Conspiracy: A Cultural Commentary on Structural Adjustment", *Societies without Borders*, 5 (1), pp. 74 - 80.

Baran, P. A., and P. M. Sweezy, 1966, *Monopoly Capital*, New York: Monthly Review Press.

Beckfield, J., 2003, "Inequality in the World Polity: The Structure of International Organization", *American Sociological Review*, 68 (3), pp. 401 - 424.

---

① 就物种的进化史而言。

Durkheim, E. , (1893) 1997, *Division of Labor in Society*, New York: Free Press.

Gusterson, H. , 2007, "Anthropology and Militarism", *The Annual Review of Anthropology*, 36, pp. 155 – 175.

Habermas, J. , 1987, *The Theory of Communicative Action*, Vol. 2. Boston, MA: Beacon Press.

Haley, A. , and X. Malcolm, 1987, *The Autobiography of Malcolm X*, New York: Ballantine Books.

Krueger, D. , and F. Perri, 2006, "Does Income Inequality Lead to Consumption Inequality? Evidence and Theory", *The Review of Economic Studies*, 73 (1), pp. 163 – 193.

Lenski, G. , 1966, *Power and Previlege*, New York: McGraw Hill.

Mannheim, K. , (1960) 1940, "Types of Rationality and Organized Insecurity", in *Images of Man*, edited by C. W. Mills, New York: Braziller, pp. 508 – 528.

Marx, K. and F. Engels, 1848, *The Communist Manifesto*, Accessed November 20, 2011, http: //www. marxists. org/archive/marx/works/1848/communist-manifesto.

Mills, C. W. , 1951, *White Collar*, New York: Oxford University Press.

Mills, C. W. , 1956, *The Power Elite*, New York: Oxford University Press.

Mills, C. W. , 1959, *The Sociological Imagination*, New York: Oxford University Press.

Mills, C. W. , (1954) 2000, "Letters to Tovarich", in *Letters and Autobiographical Writings*, edited by K. Mills and P. Mills, Berkeley, CA: University of California Press, pp. 205 – 308.

Mills, C. W. , (1958) 2008, "A Pagan Sermon to the Christian Clergy", in *The Politics of Truth*, edited by J. H. Summers, New York: Oxford University Press, pp. 163 – 171.

Mills, C. W. , (1959) 2008, "The Cultural Apparatus", in *The Politics of Truth*, edited by J. H. Summers, New York: Oxford University Press, pp. 203 – 212.

Orwell, G. , 1961, *Nineteen Eighty-Four*, New York: New American Library.

Population Reference Bureau, 2005, http: //www. prb. org/Journalists/PressReleases/2005/MoreThanHalftheWorldLivesonLessThan2aDayAugust2005. aspx.

Rostow, W. W. , 1966, *The Stages of Economic Growth*, New York: Cambridge University Press.

Samuels, W. J. , 1994, "On 'Shrinking' and 'Business Sabotage': A Note", *Journal of Economic Issues*, XXVIII (4), pp. 1249 – 1255.

Schumpeter, J. A. , (1942) 1994, *Capitalism, Socialism and Democracy*, New York: Harper.

Simmel, G. , 1903, "The Metropolis and Mental Life", http: //www. altruists. org

Simmel, G., (1908) 1950, "The Social and the Individual Level: An Example of General Sociology", in *The Sociology of Georg Simmel*, edited by K. H. Wolff, Glencoe, IL: The Free Press, pp. 26 – 39.

Veblen, T., (1923) 1997, *Absentee Ownership*, New York: Transaction Publishers.

Veblen, T., (1899) 2008, *Theory of the Leisure Class*, New York: Oxford.

Weber, M., 1958, *From Max Weber*, edited by H. Gerth and C. W. Mills, New York: Oxford University Press.

Weber, M., (1905) 2001, *The Protestant Ethic and the Spirit of Capitalism*, Chicago, IL: Roxbury Publishers.

(此文原载于英文期刊 *International Critical Thought*
《国际思想评论》2012 年第 2 卷第 3 期)

绿色资本主义能否建成可持续社会？

[美] 杰瑞·哈里斯[*] 著　靳晓春[**] 译

摘　要：马克思主义者和激进环保主义者认为，资本主义无休止地追求扩大积累和生产是其永远无法解决环境危机的根本原因，相反，这只会加重危机。绿色资本主义的倡导者同样关注资本主义的增长周期，但他们认为新的环境技术将超越现有的破坏性生产方式，并产生更大的利润。这两种观点都忽略了经济危机作为另一种要素在我们与环境灾难相抗衡过程中产生的影响，经济危机在很大程度上导致资本主义难以建成可持续社会。

关键词：替代能源；化石燃料；全球变暖；绿色资本主义

一　导言

资本主义在资产阶级与工人阶级的对抗中挺了过来。但是，它是否能挺过下一个巨大挑战——环境问题？马克思主义者对绿色资本主义的批判很大程度上基于这样一个事实，即任何资本主义制度，无论是绿色资本主义还是其他类型的资本主义，都需要不断扩大其市场（Foster and Clark 2012；Magdoff 2013；Rogers 2010a），而这意味着需要消耗更多的资源和能源、使用更多土地并且产生更多污染和有毒废物。正如莫里·布克金（Bookchin 1990，94）所言："任何'绿色'资本主义、资本主义'生态

---

[*] 杰瑞·哈里斯（Jerry Harris），芝加哥德瑞大学历史学教授、北美全球研究协会创始成员及组织秘书，全球资本主义批判研究网的创始成员和国际执行委员会成员。他的研究领域为跨国资产阶级理论和政治经济学，著有《全球化的辩证法：跨国世界中的经济和政治斗争》（剑桥学者出版社 2008 年版）。

[**] 靳晓春，中国政法大学马克思主义学院讲师。主要研究方向为政治经济学。

化'的尝试，均因其无休止增长的本质而注定无法成功。"资本主义的历史证实了这一论点，并且每一种政治意识形态，无论是"左翼"还是"右翼"，都认为增长是资本主义的基本要素。

比尔·麦吉本（McKibben 2012）曾在"可怕的新数学"中写到，科学家估计，若将气温升高限制于 2 摄氏度以下，即实现哥本哈根会议目标，大气层还可容纳 5650 余亿吨二氧化碳。不幸的是，已探明的化石燃料中二氧化碳含量为 27950 亿吨，是 167 个国家一致同意的限值的 500%。麦吉本解释说，化石燃料已"算入股票价格，各公司将其作价来筹借资金，各国将预算基于假定的收益"。对公司而言，化石燃料储备是支撑其股价的资产。据估计，化石燃料总价值为 27 万亿美元，世界上没有任何一家公司愿意放弃这些资产。在增长的推动下，尚无法确定未来将有多少化石燃料中的碳排入大气，估计极有可能会超过 5650 亿吨。2011 年，尽管已在太阳能和风能领域进行投资，但是煤炭消耗量的增长速度仍比清洁能源的增长速度快 7 倍（Friedman and Cohen 2013）。

建立绿色企业似乎无法完全解决问题。资本主义逐利性的逻辑下，绿色企业生产通常会破坏环境。希瑟·罗杰斯（Heather Rogers）调查了生产生物燃料的主要农业基地，发现这种生产经常破坏当地生态以满足市场需求。一个有说服力的例证是印度尼西亚的棕榈油生产摧毁了大片的雨林和泥炭地。罗杰斯（Rogers 2010b）指出："非常具有讽刺意味的是，这些公司正在以为西方市场生产绿色燃料为名，摧毁一些最大的碳储库。"最近的一项科学研究就生物燃料农业问题进行了阐述。该研究报告称，"使用生物燃料减少的碳排放补偿伐林造地过程中的碳损失，需要 75—93 年的时间，而若生物燃料原始产地为泥炭地，那么恢复碳平衡则需要 600 年以上"（Danielsen et al. 2012）。

资本主义影响环境未来的另一方面在于永无止境的技术创新。马克思指出，创新是资本主义制度最具活力的特征之一，但在已被现有技术垄断领域（如化石燃料领域）的技术创新很难拥有竞争力。这与提供新产品的技术创新大不相同，比如取代马匹的汽车，或是创造全新消费产品的个人电脑和电视。此外，左翼环保主义者认为，新技术还将扩展现行的破坏性系统。例如，汽油里程数提高，人们将更多地驾车出行；冰箱能效提高，人们会购买更大的冰箱，进而消耗更多能源。除此之外，还有计划性淘汰——产品被设计为远未达到其实际使用寿命就会失灵，从而促进消费和市场开拓（Packard 1960）。

然而，一些环保主义者认为，绿色资本主义可以在市场竞争和积累的范围内获得充分发展（Hawken 1993；Hawken, Lovins, and Lovins 1999；Lovins and Lovins 1997）。创造性破坏能够取代破坏环境的技术。随着绿色资本主义取代化石燃料工业时代，它将更具竞争力并创造更大利润。太阳能电池板和风力涡轮机创造了新的市场，并通过逐渐淘汰旧的能源系统进行扩张。资本主义以减少能源和消耗资源的方式继续增长。如果我们将这一愿景扩展到建筑、农业、交通和生产，将会得到一个重新设计的社会。这种大规模的文明绿化可以为那些生产和应用绿色技术的公司带来庞大的新市场和巨大的利润。

绿色资本主义的争论双方均聚焦于增长。一方认为增长为创造可持续的新技术提供机会；另一方认为增长是"破坏性引擎"，消耗着其前进路上的一切东西。但绿色资本主义的支持者和批评者都在很大程度上忽视了竞争固有的破坏性作用，这种作用将在危机时期放大。资本主义辩证逻辑有两面性，即增长和危机。扩张和衰退/萧条周期周而复始，是资本主义体系的固有特征，世界目前的事态充分体现了这一点。资本主义无法使其自身"绿色化"的原因，部分在于增长，但也存在于危机之中。乍一看，这似乎不合常理。危机意味着生产和能源使用的减少。经济体发展变缓、体量减小。这本应导致有毒废物的减少与全球变暖速度的减缓。

然而，经济危机也会迫使资产阶级拼命追求可持续的利润率，这导致了竞争的加剧。随着市场萎缩，结果往往是一些企业破产，产业中的其他企业合并成少数几家大公司。经济危机的后果之一便是通过散布民族主义言论并采取保护主义措施来保护市场份额，这将抑制绿色技术的增长和应用。经济危机还将导致政府支出削减，进而导致补贴减少，而补贴是新技术在市场中寻求稳定立足点的关键。此外，这些问题将造成政治僵局，使得执政体系难以就重大创新型解决方案达成共识。

所有这些都表明，生产关系是阻碍资本主义绿色化的主要因素，这将资本与劳动力的关系同资本与环境的关系联系起来。马克思和恩格斯（Marx and Engels 1969）认为，当社会和生产关系阻碍生产方式发展时，革命就会爆发。在他们所生活的时代，农业社会的积累结构显然无法产生工业社会关系，也无法有效利用新技术。今天，我们看到界定资本主义竞争市场的社会关系和生产关系，并不完全能够在我们所在的有限环境框架内发展并利用可持续的生产资料。

这些问题的根源在于深层的结构性矛盾，这些矛盾自资本主义成立之初就困扰着它，并在整个资本主义历史中导致周期性危机。劳动力从未获得其生产的全部价值，这最终一次又一次地导致了生产过剩、银行破产、失业和金融危机。同样严重的是过度积累的资本缺乏可盈利的投资机会。按照贝恩公司（Bain & Company 2012）的说法："截至2010年，全球资本已膨胀至约600万亿美元，（形成）了一个在结构性上资本泛滥的世界。"然而，"投资者正竭尽全力寻找充足的有吸引力的生产性资产来完全吸收这些资本"。在美国的上市公司中，圣路易斯联邦储备银行已积累了4.75万亿美元的现金。这笔资金的一小部分便足以转变我们的能源系统。阿尔·戈尔（Al Gore）等环保主义者认为，凭借这些资源，美国能够在10年间建立一个基于太阳能和风能的国家能源系统（Shapley 2008）。然而，化石燃料的垄断地位以及通过水力压裂法获得天然气的低廉成本使得这一提议变成了乌托邦式幻想。投资于资本主义系统中的数万亿美元无法发挥作用，以创造一个基于绿色生产方式的可持续社会。因此，我们需要研究当前全球经济危机对替代性清洁能源的发展及其市场地位的影响。

二 危机与替代能源

社会和经济危机阻碍了清洁能源的发展。在经济衰退期，太阳能和风力发电与其他行业面临同样的困难，即保持盈利的压力。随着世界经济放缓，税收收入下降，政府预算面临压力。财政紧缩举措的结果之一便是大幅削减或彻底取消替代能源行业所依赖的补贴。危机造成市场萎缩，包括风能和太阳能市场。这反过来导致产能过剩、竞争压力加大、破产和保护主义政策。实际上，经济危机并没有刺激资金大规模进入替代能源行业，也没有创造就业和新的基础设施。

经济危机对化石燃料公司的影响方式不同。主要的石油和天然气跨国公司的利润依然持续飙升。2012年，尽管替代燃料投资下降了32%，但美国化石燃料产量仍创下新高。事实上，由于水力压裂和水平钻井等新型开采技术的应用，美国的化石燃料产量增长仍创下 150 年来的新高，每天增加 80 万桶。国际能源署执行理事玛丽亚·范德胡芬（Maria van der Hoeven）表示，"一场供给冲击正在北美爆发，并在全球范围内引发连锁反应"（Makan 2013）。2012 年，世界石油价格在历史上首次突破每桶 110 美元，化石燃料占了世界能源市场的 87%，但包括热能、生物燃料以及风能和太阳能在内的可再生能源仅占全球市场的 2%（BP Press Office 2012）。除了应用水力压裂法开采石油和天然气的革命之外，日本最近首次开采出海底甲烷水合物气藏。专家认为甲烷水合物碳储量可能是地球所有化石燃料的两倍。尽管它燃烧起来比石油或煤炭更加清洁，但它储存二氧化碳的能力比其他化石燃料强 20 倍——若气体在开采过程中逸出，显然会倍增全球变暖的危险（Tabuchi 2013）。在过去几年，就连美国最大的风力涡轮机制造商——通用电气公司（GE）也增加了 110 亿美元化石燃料投资，2012 年其油气收入达到 152 亿美元。相比之下，风力涡轮机的价格在 2008 年达到最高点后暴跌了 22%。正如通用电气首席财务官基思·谢林（Keith Sherin）所言，"风力部门全年都在拖累整个公司……该业务部门导致公司营业利润减少近 7 亿美元"（Romano 2012）。

化石燃料的主导地位、盈利能力以及对页岩油的盲目开采，反映了化石燃料在市场和能源技术领域的垄断地位。然而，在过去四年的经济衰退期，风能和太阳能一直在增长。从世界千兆瓦发电能力来看，风能远超太阳能，2010—2011 年，全球最大的风力发电市场——中国、美国和德国风力发电消耗量分别增长了 48.2%、26.5% 和 23%。德国是世界上最大的太阳能消耗国，占太阳能总消耗量的 34.1%，其次是中国，占 4.5%，美国占 3.3%。但同期中国的增长率为 218%，而德国为 62.6%，美国为 49.6%（BP Press Office 2012）。这些数据令人印象深刻，但更详细的市场调查揭示了危机对替代能源行业的负面影响。

相对于太阳能产业而言，风能产业则相对乐观。尽管如此，由于丹麦政府在财政紧缩政策下削减补贴，拥有世界最大市场份额的维斯塔斯公司（Vestas）遭受了重大损失。全球竞争以及公用事业订单延期带来的额外压力，导致 9000 多名工人下岗，约占其全球员工总数的 37%。他们采取的恢复计划是卖掉工厂、关闭部分研发设施、工作外包，并寻找合作伙伴购买其 20% 的股份。由于类似的问题，全球领先的西班牙风能公司歌美飒

（Gamesa）在全球范围裁减了20%的员工。此外，世界最大的风力发电运营商伊比德罗拉公司（Iberdrola）已陷入310亿欧元的债务，并正在出售其全球范围的许多股份（Milne 2012）。

尽管美国制造业劳动力市场下滑，但风能产业一直是一个亮点。2005—2010年，涡轮机制造商数量从1家增加到9家，零部件制造商数量激增10倍，达到400家。保守估计，装配工的工资为30000美元，熟练工程师的工资接近100000美元（Cardwell 2012a）。从跨国生产来看，大多数美国涡轮机的制造商是欧洲或中国企业，包括爱纳康（Enercon）和西门子（Siemens）（德国）、歌美飒（Gamesa）（西班牙）、维斯塔斯（Vestas）（丹麦）、金风（Goldwind）和华锐（Sinovel）（中国）以及苏司兰（Suzlon）（印度）。通用电气是唯一进入前十的美国公司（Rosenthal 2011）。投资作为整体就业状况的一部分，具有乘数效应。例如，歌美飒将零件生产分包给100多家美国公司。因此，任何生产削减都会产生连锁反应，分包商因订单减少而被迫裁员。

由于补贴对替代能源的市场生存能力起着关键作用，削减补贴在美国风力发电企业中引发了恐慌。正如《纽约时报》报道的那样，2013年1月1日，"联邦风力发电税收抵免将像灰姑娘的舞会礼服一样消失不见。在那之后，美国的风力发电厂建设事实上将处于停滞状态"（Wald 2012）。失去政府支持后，预计该行业新设备安装将减少90%。在过去的20年里，补贴曾被取消三次，每次均导致设备安装数量下降73%—93%。风能产业的一项研究预测，税收抵免的结束将导致43个州的85000个工作岗位中流失37000个（Wald 2012）。美国国会延长了生产税收抵免，这虽然使风电产业免于崩溃，但却打乱了其长期规划，对补贴不确切的依赖性凸显了该产业的不稳定性。这种状况揭示了资本主义市场为何不能仅仅依靠竞争来发展风力发电产业。国家干预是必要的，但在危机和新自由主义霸权的情况下，紧缩时期的国家干预永远是稳定的。

中国风力涡轮机产量的迅速增长加剧了全球竞争压力，使补贴变得更为重要。中国有4家在全球市场份额排名前10的风力涡轮机生产商，2011年，中国风力涡轮机产量占全球风力涡轮机总产量的28.7%。凭借低廉的劳动力成本和强大的国家财政支持，中国公司正在飞速发展，尤其在发展中国家，中国公司竞标出价通常比其西方竞争对手低20%至30%。

自 2009 年以来，风力涡轮机的整体价格下跌了 25%。即使是中国最大的涡轮机生产商华锐风电，也因整个行业的低迷而被迫裁员 14%，这是因为，"竞争削弱了整个行业的利润率，而美国和欧洲补贴的削减使销售变缓"①。

更麻烦的是，四家美国涡轮机生产商提起贸易诉讼，要求对从中国进口的零件征收 60% 的关税（Cardwell 2012b）。资本主义竞争使得保护主义成为夺回市场份额的另一工具，尽管降低成本以促进清洁能源的快速普及才是世界所需要的。资本主义无法避免低成本劳动力、市场份额和利润之间的冲突。这里，我们可以看到危机阻碍了必要技术的快速部署。资本主义无法合理应对环境危机，无法在迅速发展绿色技术的同时创造高薪工作。具有讽刺意味的是，把中国涡轮机拒之门外将主要保护控制美国市场的外国公司。因此，尽管风力发电的总消耗量和装机数量有所增长，但上述相反倾向也揭示了发达工业化国家在新自由主义政策影响下的市场竞争情况及缺乏政府支持所造成的潜在不足。

三 太阳能

太阳能产业也经历了同样的困难。全球十大太阳能产业制造商中，中国占七家，包括赛维太阳能（LDK Solar）、尚德电力（Suntech）、英利（Yingli）和天合光能（Trina Solar）。中国拥有 677 亿美元的公共和私人可持续能源基金，是世界上可持续能源投资最多的国家，约占总投资的 22%。得益于中国在太阳能领域的生产活动，太阳能电池板的成本急剧下降，自 2010 年以来下降了约 70%（Clark 2013a）。在减缓全球变暖的斗争中，这应该是个好消息。这样一来，在世界各地，太阳能电池板就拥有了与燃煤、燃气发电厂竞争的能力。然而，即便如此，太阳能仅占美国电力市场的千分之一（Bradsher 2011）。

相反，竞争性生产的增加和补贴的削减，导致了市场萎缩和产能过剩。2012 年，太阳能产能是市场需求的两倍。2012 年之后，该行业经历

---

① See "Sinovel to Put 351 Workers on Leave amid Slump in Turbine Sales", Bloomberg, November 15, 2012, www. bloomberg. com/news/2012-11-15/sinovel-to-put-351-workers-on-leave-amid-slump-in-turbine-sales. html.

了十年来最慢的增长。正如《福布斯》指出的那样，欧洲国家取消激励计划后，"太阳能制造世界开始崩溃，在此过程中，我们看到了备受瞩目的美国创业企业如索林德拉（Solyndra）和盛产太阳能（Abound Solar）的倒闭，以及包括德国Q-Cells在内的长期活跃公司的破产。美国、欧洲和亚洲的数十家公司宣告破产。它们要么仍试图在破产程序中恢复经营，要么被低价出售"（Wang 2012a）。

行业震动打击了西门子的太阳能部门，该部门损失惨重，始终未能实现其成为世界热能领导者的目标。西门子完全放弃了其太阳能技术业务。世界上规模最大、实力最强的太阳能电池模块制造商之一夏普公司（Sharp）2011年亏损6600万美元，并放弃了其在美国和欧洲的全部制造和分销业务。德国梭伦公司（Solon）倒闭。虽然德国Q-Cells公司曾在2007年处于国际领先地位，但该公司于2012年宣布破产，并被韩国企业韩华集团（Hanwha）收购。英国石油公司（BP）在2009年关闭了其太阳能部门，壳牌公司（Shell）于2012年放弃太阳能生产（Bryant 2012）。在美国，价格暴跌和全球竞争导致通用电气的太阳能战略遭遇挫折。通用电气原本希望通过收购和扩张刺激启动一项价值数十亿美元的业务，但实际上却不得不裁员并推迟一系列项目计划，包括在科罗拉多州新建一座400兆瓦发电厂的计划。阳光电力（SunPower）公司拥有12条太阳能电池生产线，但不得不暂停其中6条的生产，并将菲律宾太阳能电池板生产削减了20%，解雇了约900名工人。第一太阳能（First Solar）公司关闭了其在德国的大型工厂，并停止了在越南和美国亚利桑那州建立新生产基地的计划。此外，三家美国公司宣布破产，其占据美国约20%的太阳能电池板产能。常青（Evergreen）公司股价从100多美元跌至3.03美元，他们关闭了马萨诸塞州工厂并将其搬迁到中国。2012年，其他主要太阳能公司的股价也大幅下跌。尚德电力（Sunteck）股价下跌61.7%，第一太阳能（First Solar）下跌55.8%，孟山都电子材料公司（MEMC）下跌57.8%，天合光能（Trina）下跌40.9%（Wang 2012a）。

对资本主义市场至关重要的竞争正在摧毁产能并限制急需的投资。从价格和利润的角度来看，太阳能产业的破产和合并完全在情理之中，但从保护环境的需要来看，这是不合情理的。快速变化的气候要求增加可持续生产资料，以产生更多清洁能源。在经济危机的情况下，竞争会造成相反的结果。关于竞争的影响，这里引用《纽约时报》极具启发性的评论：

> 几年前，硅谷投资者投入了大量资金开发太阳能技术，畅想如何进行绿色能源创新，就像当初的电脑芯片创新一样。但几乎没人预料到传统太阳能电池板的主要成分硅的价格会大幅下跌，也没料到中国制造商在政府巨额补贴的支持下，短短四年内将太阳能产能提高了 17 倍。由此引发的太阳能电池板价格暴跌摧毁了建立太阳谷的梦想。尽管美国公司在被称为薄膜太阳能的新技术上取得了进步，但还是无法形成竞争力……去年，太阳能产业的风险资本融资暴跌近 50%。（Cardwell and Bradsher 2013）

中国也未能在竞争压力加剧和需求不足的情况下独善其身。中国能源研究会可再生能源专业委员会主任李俊峰表示："中国的太阳能电池板行业就像是'靠生命维持系统生存的病人'，必须经历大规模整合和削减才能够摆脱产能过剩的'危机'。"他补充道："没有强大的市场竞争和残酷的淘汰，就没有办法解决这场危机。"（Hook 2012）中国所有的大公司都削减了产量，赛维太阳能（LDK）得到了 8000 万美元的紧急财政援助。世界最大的电池板制造商尚德（Suntech）削减了 40% 的产量，并欠下了 16 亿美元的债务（Hook 2012）。尚德创始人施正荣曾是中国最富有的人之一，但现在在福布斯中国富豪榜上已看不到他的身影。太阳能行业造就了一些中国大企业家，其中城市政府为小股东。私营公司现依赖于中国政府贷款和国家资助的太阳能电池板安装项目，以求在市场上生存。《福布斯》的一份报告显示，中国政府正努力整合 12 家大型太阳能制造商，估计还有 54 家生产商将破产。到 2015 年，全球约有 180 家太阳能公司将关闭（Wang 2012b）。

政府规划和补贴显然对该行业的生存至关重要，但如果资本主义市场处于最高统治地位，那么无论是在中国、德国还是美国，政府的作用永远都不足以有效推动绿色技术成为能源生产主要因素。当生产关系受制于竞争性市场时，政府的有限作用不足以在能使环境安全的框架内改变生产方式。中国一直是运用国家干预最成功的国家之一，但由于国家生产与全球市场挂钩，政府主导的发展仍然受制于资本家的理性。德国对国家干预的运用更为成功,分散住房所有权战略的实施形成了世界上最大的国内市场。德国制定了政府补贴计划来鼓励私人投资,受益于这项计划,德国约51%的可再生能源由市民和农民所拥有,目前德国私人投资总值达1000亿美元,生产的能源仅占该国能源消耗的20%多一点(Schafer 2011a)。中国也开始采用平衡的做法,除出口外,提高国内太阳能使用量,但此类举措还需要继续深化并在全球范围内推广,这样才有希望在气候变化问题上取得重大进展。

此外,当保护主义被用作限制市场准入的竞争工具时,政府干预可能发挥完全相反的作用。以风力涡轮机产业为例,保护主义者进行投诉,以期限制中国进入欧洲和美国市场。尽管只能满足美国千分之一的电力需求,美国太阳能市场每年产值仍能达到约60亿美元资金。总体而言,中国太阳能电池板公司占据了美国市场的47%,美国国内生产商占据29%。2012年11月,在美国七家太阳能电池板公司投诉下,美国商务部提高了关税税率(Bradsher 2012)。具有讽刺意味的是,发起投诉的太阳能世界(SolarWorld)是一家德国公司的子公司。总部设在美国的各大型公司也全部是跨国公司。美国最大的太阳能企业——第一太阳能(First Solar),由沃尔顿家族的一个投资部门所有。该公司在马来西亚的生产设施是其在美国就业基地的10倍。并且,他们在美国的10个州,以及15个不同的国家发布招聘广告(Harris 2010)。美国第二大太阳能公司——阳光电力(SunPower)在马来西亚、菲律宾开展生产,并将一些追加的工作外包给中国和墨西哥。2011年,法国能源巨头道达尔公司(Total)收购了该公司66%的股份。①

美国太阳能行业在提高关税的问题上存在严重分歧。美国平价太阳能联盟代表从中国进口太阳能电池板安装商的利益,他们认为,由于电池板价格升高将导致市场萎缩,提高关税将导致失业。此外,太阳能产业协会贸易组也存在严重分歧,该组织中有公司向中国太阳能电池板制造商出售价值数亿美元的设备和原材料。太阳能世界在欧洲也发起了类似的倾销申诉,由于太阳能电池板的广泛使用,欧盟申诉的价值要比美国高出五倍。同美国一样,欧洲各公司与反对关税的平价太阳能联盟意见相左。另一家

---

① See http://investors.sunpowercorp.com/index.cfm.

德国跨国公司 Soventix 从中国购买了约 80% 的电池板，该公司赞助的一项研究表明，征收 60% 的关税将导致欧盟损失 242000 个工作岗位（Kanter 2013）。

复杂的利益集团为太阳能市场份额而斗争是跨国生产的表现，而不是通常所描绘的以国家为中心的斗争。尽管人们表达了对就业和美国或欧盟市场尊严的担忧，但生产商仍积极参与跨国生产。在美国生产的是德国、日本和法国公司，同样美国公司也参与海外外包。这场战斗与企业利润息息相关，这些企业分布在行业内的不同部门，与一个萎缩的世界市场相抗衡。美国太阳能电池板制造商所面对的现实是，太阳能电池板全球产能为 700 亿瓦，但全球总需求仅为 300 亿瓦。竞争的最终结果将是减缓太阳能推广，推高太阳能电池板价格，一些公司破产的同时少数跨国公司的利润增加。绿能科技研究（GTM Research）负责人谢勒·凯恩（Shayle Kann）评论商务部关税时表示，"基本上，我们还完全没有解决结构性问题。几家公司破产、一些电厂关闭等，相对于结构性问题是微不足道的"（Cardwell 2012b）。应对全球变暖的理智而审慎的方法是充分利用 700 亿瓦的全球产能，并运用政府刺激来增加在资本主义逻辑中所谓"产能过剩"的太阳能产业的生产和就业。

四 国际政治进程

如果资本主义市场无法合理利用现有风能和太阳能产能来应对全球变暖，或许政治进程可以。但这必须在世界范围内开展，因为我们正试图引导全球产能以解决全球环境问题。这种引导可以通过国际会议、条约和区域碳市场实现。但是这些努力取得的成果还远远不够。

联合国气候变化框架公约缔约方于 1995 年开始谈判，但未能阻止温室气体继续增加。1997 年签署的《京都议定书》不包括美国和中国这两个最大的排放国。由于西方工业化国家拒绝承担任何对发展中国家的实质性财政义务，2009 年的哥本哈根世界气候大会未能达成任何协议。在 2012 年的多哈会议上，谁应该为全球变暖承担最重的成本仍然是争论的焦点。会议没有就此达成共识，只商定了一个审查贫困国家补偿问题的模糊程序。正如《纽约时报》所指出的，"多哈会议对于达成新协议没有哪怕一丁点的贡献"（Broder 2012）。考虑到经济危机，多哈会议未能取得成果和作出承诺不足为奇。西方国家采取财政紧缩措施，除了损害数百万人的生活水平和经济安全之外，也将继续抵制援助发展中国家。危机以另一种方式阻碍环境解决方案的实施，并让穷人承担最沉重的负担。

同时，由于过去 17 年的失败，全球变暖现象加剧。多哈会议达成的唯一共识是南极和格陵兰岛的冰盖正以越来越快的速度融化。科学研究表明，在过去几十年，南极洲气温上升了 4 华氏度，导致每年 3440 亿吨冰融化（Cookson 2012）。在北极，夏季海冰正在迅速融化，现已消失三分之一，海洋上空大气湿润程度增加了 5%（McKibben 2012）。现在，大多数科学家认为将全球温度升高范围控制在 2 摄氏度（3.6 华氏度）以内的目标很可能无法实现。

造成这种政治僵局的部分原因在于工业工具性的意识形态霸权的持续，其为化石燃料时代的积累结构提供了支持。马克思指出，一个社会的统治思想是其统治阶级的思想。工业资本主义利用环境来满足其需求，就像利用马匹来耕田一样。环境和劳动力一样，无非是一种可以利用的资源和工具。煤炭、水、土地和其他资源都是生产投入，需对其进行设计和调整以获取利润。在美国，这些想法具有宗教原教旨主义特征。基督教右派长期以来一直宣称，地球上的资源是上帝放在这里供人类利用的。这种世界观中没有科学的位置（Kulikovsky 2009）。此外，还有一些强大的经济参与者，如科赫兄弟和埃克森美孚（Exxon）首席执行官雷克斯·蒂勒森（Rex Tillerson）投入巨额资金来动摇环境科学的可信度。在他们看来，与保护化石燃料产业、其职业和个人财富方面的直接经济利益相比，科学是次要的。成功将全球变暖从美国国家议程中删去的另一象征在于，罗姆尼和奥巴马之间的三场总统辩论均没有提出任何关于气候变化的问题。

但阻碍进步的不仅仅是保守派政治力量。托马斯·弗里德曼（Friedman 2013）在评论白宫政策时指出："对绿色运动来说，过去四年是彻底的后退……总统将'气候变化'从他的公开演讲中删除，并让其才华出众的环保团队参与证人保护计划，禁止其参与气候辩论。"显而易见，尽管民主党内部有强大的环境政治基础，仍不足以形成应对全球变暖所需的必要政府行动。

这些都是阻碍绿色资本主义发展的强力的意识形态和政治壁垒。建立可持续发展社会，需要绿色意识形态取得文化霸权。这也是德国能够成功应用太阳能的重要因素之一。德国开展了世界上声势最大、最成功的反核运动。福岛核事故后，大规模抗议迫使政府承诺在 2021 年前逐步淘汰核能发电，同时承诺加大对风能和太阳能开发的支持。全球环境运动在过去 40 年里取得了显著发展，但仍没有在任何国家成为主导政治力量。

资本主义内部的大规模激进改革运动是迈向可持续社会和生产体系的重要步骤。若要实现这一目标，则必须挑战将市场定义为人类自由最高期许的资本主义基本观念。全球危机具有双重影响，一方面让人们摆脱旧观念，另一方面又让他们更加沉迷于神话和教条。这可能导致社会左倾或右倾，但目前而言，这种影响使得美国和全球气候大会陷入停滞和僵局。最近研究表明，气候变化的发展速度比几年前科学预测的速度更快。因此，政治僵局可能意味着无法及时启动大胆的大规模环境计划来避免气候灾难。最终，绿色资本主义将无法赶上最后期限，难以再做什么来拯救地球。

碳信用市场是应对全球变暖最著名、最有效的创新，揭示了资本主义逻辑和文化如何阻碍变革。好消息是，2012 年，澳大利亚、加利福尼亚州、魁北克和韩国尝试加入欧盟创建碳排放交易计划。此外，中国已经在其七个最大的城市开始试点碳交易计划，这七个城市的碳排放水平远低于加利福尼亚州。然而，广泛使用的气体冷却剂却引发了严重的问题，其废弃物加剧了全球变暖。在碳信用市场，每年处理此类废气的费用达数千万美元。在扭曲的资本主义逻辑中，气体冷却剂产量的大幅度增加可以使废气消除项目获利。为了校准温室气体的交换价值，联合国确定了市场上使用的不同比率。工厂和汽车排放二氧化碳的碳排放赋值为 1，冷却剂废弃物 HFC-22 的全球变暖潜能值为 11700。仅阿根廷、中国、印度、墨西哥、俄罗斯和韩国的 19 家冷却剂工厂便获得了 46% 的联合国碳信用 (Rosenthal and Lehren 2012)。他们可以将这些获得的信用出售给欧洲市场上的高污染企业，从而获得巨额利润，这导致向绿色技术转化的减缓。伊丽莎白·罗森塔尔和安德烈斯·莱伦（Rosenthal and Lehren 2012）报告称，"这些工厂中有一半以上在制冷气体产量达到符合碳信用补贴标准的最大值之后才停止运营，而且第二年还要继续生产……这些工厂还使用效能低的制造工艺以产生尽可能多的废气。"

联合国已经开始着手解决这一问题，但在2012年，这19个工厂仍获得了18%的碳信用，而2372家风力发电厂获得了12%的碳信用，312个太阳能项目仅获得了0.2%的碳信用，这些风力发电机与太阳能项目通过生产清洁能源减少了二氧化碳排放（Rosenthal and Lehren 2012）。对于更多积累的需要，也就是我们辩证逻辑中增长的那一面，将世界上消除温室气体的主要项目之一转到了对立面。还有什么能更好地说明无休止追逐利润所产生的腐化影响呢？最优秀的商业头脑被用于开创新的方法来腐化系统从而赚更多的钱。当然，这个计划的创造力或规模，完全可以与引发全球经济危机的衍生工具和其他住房市场机制的发明相匹敌。

经济危机还通过压低价格影响了碳市场。随着生产停滞，对允许企业排放二氧化碳的碳排放许可的需求也消失了。碳价格从每吨30欧元的高点下跌至每吨3欧元，分析师预测未来几年碳价格将在该价格水平低位徘徊（Clark and Chaffin 2013）。

一些绿色资本主义的倡导者可能会将金融投资的增加视为市场运转的标志。黑石集团（Blackstone）已投资33亿美元在德国建设两座海上风场（Schafer 2011a）。总体而言，自2008年危机以来，私募股权公司迅速增加了对170个风能和太阳能项目的投资。资金来自一些最大的全球金融机构，包括KKR集团、安盛集团（Axa）、桥点资本（Bridgepoint）、德意志银行和巴克莱银行（Barclays）。新一轮的股权收购已经摆脱了此前公用事业公司过度投资的循环，这些公司现在负债累累，低价出售资产。但是，正如第一储备公司（First Reserve Corporation）董事弗朗切斯科·朱利安尼（Francesco Giuliani）指出的那样，替代能源"仍需要政府补贴以及比传统电力生产更高的债务以使其能够为投资者服务"（Schafer 2011b）。尽管收购一家煤炭或天然气公司可以用60%的债务完成，但太阳能和风能的可接受回报要求85%的债务水平（Schafer 2011b）。风险收益是主要的关注点。如果证明风险过高，投资将会减少，环境将承担后果。像以前一样，市场方面的担忧压倒了对环境的担忧。

五 结论

太阳能和风能装机容量和应用总体呈上升趋势，为霍肯（Hawken）等绿色资本主义倡导者的观点提供了支持。即使在经济衰退时期，对增长的追求也确实产生了一些积极作用。清洁能源的增加，以及生产、政府政策和大众意识的变化是最终向可持续社会转变的关键步骤，应该得到所有关心地球未来的人们的全力支持。然而，囿于竞争资本主义的教条框架，这些变化无法与系统固有的破坏性特征相抗衡。快速增长是一个相对的术语。对清洁能源来说，快速增长意味着从微小范围的使用变成全球市场的微小份额。事实上，国际能源署（IEA）报告称，经过多年的投资，替代能源并没有使世界能源供应变得更加清洁。国际能源署执行理事玛丽亚·范德胡芬（Maria van der Hoeven）表示，"情况非常清楚，但却同样令人不安。过去 20 年，全球能源供应的碳强度几乎没有变化"（Clark 2013b）。具有讽刺意味的是，清洁能源转化的范围需要达到水力压裂开采页岩油和天然气的规模。对页岩油产量的关注远远超过了对于清洁能源的兴趣。国际能源署预测，美国将在未来十年内超过沙特阿拉伯，成为头号石油生产国（Richardson 2013）。从这个角度来讲，很难说绿色资本主义是成功的。

资本主义经历了一系列循环反复的增长和危机，每个阶段都产生了一系列矛盾。增长给环境带来了更大的破坏性压力，但同时促进了绿色技术的发展。危机减缓了地球资源的枯竭，但同时也削弱了绿色技术的部署和发展。绿色资本主义的改革派支持者将继续呼吁从企业自身利益出发来改变其政策和实践。一些具有社会责任心的资本家将响应，而其他人只会利用新的市场机会。但是，资本主义有一个令人难以忍受且不易改变的逻辑，来自于其核心的辩证法。这种逻辑与特定的经济文化霸权联系在一起，这种霸权建立在与全面接纳环境意识和公正对待劳动力相敌对的生产关系基础之上。尽管资本主义可以带来技术革命，但它的社会关系使其无法及时运用这些技术以避免生态灾难。很难想象在这样一个不可持续社会的基础之上创造可持续的未来。绿色资本主义的传播将永远受阻于该体系的主导特征——绿色资本主义的进步足以让改革派怀有希望，但却永远不会获得经济和政治霸权。在为当前的改革而奋斗的同时，我们必须坚定地着眼于一个不同的未来。社会主义市场或可持续绿色市场可以在发展替代能源方面发挥积极作用，但我们无法凭借以经济危机为基础的市场体系建立可持续社会。可持续资本主义是一个矛盾的说法。只有超越资本主义逻辑的束缚及其在疯狂增长和无意义破坏之间无止境的循环，才可能建立可持续发展社会。

参考文献

Bain & Company, 2012, "A World Awash in Money", November 14. www.bain.com/publications/articles/a-world-awash-in-money.aspx.

Bookchin, M., 1990, *Remaking Society*, Boston, MA: South End Press.

BP Press Office, 2012, "BP Statistical Review of World Energy", www.bp.com/liveassets/bp_internet/globalbp/globalbp_uk_english/reports_and_publications/statistical_energy_review_2011/STAGING/local_assets/pdf/statistical_review_of_world_energy_full_report_2012.pdf.

Bradsher, K., 2011, "China Bends to U.S. Complaint on Solar Panels but Plans Retaliation", *New York Times*, November 21.

Bradsher, K., 2012, "Price Wars Seen Hurting Solar Sector in China", *New York Times*, August 21.

Broder, J., 2012, "Climate Talks Yield Commitment to Ambitious, but Unclear, Actions", *New York Times*, December 8.

Bryant, C., 2012, "Siemens to Sell Solar Power Business", *Financial Times*, October 22.

Cardwell, D., 2012a, "As a Tax Credit Wanes, Jobs Vanish in Wind Power Industry", *New York Times*, September 20.

Cardwell, D., 2012b., "Solar Tariffs Upheld, but May Not Help in US", *New York Times*, November 7.

Cardwell, D., and K. Bradsher, 2013, "Chinese Firm Buys US Solar Start-Up", *New York Times*, January 9.

Clark, P., 2013a, "China Retakes Renewables Investment Lead", *Financial Times*, January 14.

Clark, P., 2013b, "Energy No Cleaner Despite Renewables Boom", *Financial Times*, April 17.

Clark, P., and J. Chaffin, 2013, "Europe's Carbon Market Left in Disarray", *Financial Times*, April 16.

Cookson, C., 2012, "The Big Melt: New Data on Ice Caps", *New York Times*, December 14.

Danielsen, F., H. Beukema, N. D. Burgess, F. Parish, C. A. Bruhl, D. Murdiyarso, P. Reijnders, B. Phalan, L. Reijnders, M. Struebig, and E. B. Fitzherbert, 2012, "Biofuels

Plantation on Forested Land: Double Jeopardy for Biodiversity and Climate", www. ibcperu. org/doc/isis/9640. pdf.

Foster, J. B. , and B. Clark, 2012, "The Planetary Emergency", *Monthly Review*, 64 (7), pp. 1 – 25.

Friedman, T. , 2013, "No to Keystone. Yes to Crazy", *New York Times*, March 9.

Friedman, J. , and A. Cohen, 2013, "Shale Will Change the US, Not the Climate", *Financial Times*, January 1.

Harris, J. , 2010, "Going Green to Stay in the Black: Transnational Capitalism and Renewable Energy", *Race & Class*, 52 (2), pp. 62 – 78.

Hawken, P. , 1993, *The Ecology of Commerce*, New York: Harper.

Hawken, P. , A. Lovins, and L. H. Lovins, 1999, *Natural Capitalism: Creating the Next Industrial Revolution*, New York: Little, Brown and Company.

Hooks, L. , 2012, "China's Solar Industry 'on Life Support'", *Financial Times*, October 18.

Kanter, J. , 2013, "European Solar Importers Defend Chinese in Anti-Dumping Case", *International Herald Tribune*, February 20.

Kulikovsky, A. S. , 2009, "Creation, Preservation and Dominion: Part 1—God, Humanity and the Created Order", *Journal of Creation*, 23 (1), pp. 6 – 93.

Lovins, A. , and L. H. Lovins, 1997, *Factor Four: Doubling Wealth—Halving Resource Use*, London: Earthscan.

Magdoff, F. , 2013, "Global Resource Depletion: Is Population the Problem?" *Monthly Review*, 64 (8), pp. 13 – 28.

Makan, A. , 2013, "IEA Forecasts US to Account for a Third of New Oil Supplies", *Financial Times*, May 14.

Marx, K. , and F. Engels, 1969, *Selected Works*, Vol. 1, Moscow: Progress Publishers.

McKibben, B. , 2012, "Global Warming's Terrifying New Math", *Rolling Stone*, July 19, www. rollingstone. com/politics/news/global-warmings-terrifying-new-math-20120719.

Milne, R. , 2012, "Vestas to Cut 1,400 More Jobs", *Financial Times*, August 22.

Packard, V. , 1960, *The Waste Makers*, Brooklyn, NY: Ig Publishing.

Richardson, B. , 2013, "Shale Falls Short for US Energy Security", *Financial Times*, February 20.

Rogers, H. , 2010a, *Green Gone Wrong: How Our Economy Is Undermining the Environmental Revolution*, New York: Scribner.

Rogers, H., 2010b, "The Greening of Capitalism?", *International Socialist Review*, 70, http://www.isreview.org/issues/70/feat-greencapitalism.shtml.

Romano, B., 2012, "GE Says Wind Turbine Prices Drag on Profits, Sees Better 2012", *Recharge*, January 20, www.rechargenews.com/news/policy_market/article1295192.ece.

Rosenthal, E., 2011, "US Is Falling Behind in the Business of 'Green'", *New York Times*, June 8.

Rosenthal, E., and A. W. Lehren, 2012, "Carbon Credits Gone Awry Raise Output of Harmful Gas", *New York Times*, August 9.

Schafer, D., 2011a, "Germany Powers Ahead", *Financial Times*, December 6.

Schafer, D., 2011b, "Private Equity: Winds of Change", *Financial Times*, December 6.

Shapley, D., 2008, "Al Gore's 10-Year Plan to Solve the Climate Crisis", *Thedailygreen*, July 17, www.thedailygreen.com/environmental-news/latest/gore-speech-47071701.

Tabuchi, H., 2013, "Japan Says It Is First to Tap Methane Hydrate Deposit", *New York Times*, March 13.

Wald, M. L., 2012, "Developers of Wind Farms Run a Race Against the Calendar", *New York Times*, December 27.

Wang, U., 2012a, "Growth Pace Slows for the Global Solar Market", *Forbes*, February 21, www.forbes.com/sites/uciliawang/2013/02/21/the-slowing-pace-of-growth-for-the-global-solar-market/.

Wang, U., 2012b, "Report: 180 Solar Panel Makers Will Disappear By 2015", *Forbes*, October 16, www.forbes.com/sites/uciliawang/2012/10/16/report-180-solar-panel-makers-will-disappear-by-2015/.

(此文原载于英文期刊 *International Critical Thought*
《国际思想评论》2013 年第 3 卷第 4 期）

跨国资本家阶级、社会运动与资本主义全球化的替代方案

[英] 莱斯利·斯克莱尔* 著　吕晓凤** 译

摘　要：本文试图重新思考资本家阶级这一概念并对其进行全球化建构，审视资本家阶级操控社会运动的方式，预测资本主义全球化和跨国资本家阶级霸权的发展趋向。本文的第一部分论证了研究领域涉及全球资本主义批判的学者正在逐渐增多，他们正在为全世界关于跨国资本家阶级的研究夯实基础。第二部分提出了关于跨国资本家阶级霸权的问题，并强调全球资本主义社会运动概念的重要性。与诸多以支持全球资本主义的社会运动为主旨的研究成果相比，以反对资本主义的社会运动为主旨的大量研究成果却很少得到关注。文章最后提出了这样一个问题：在以跨国资本家阶级为主导的全球化之外，是否存在一种非资本主义的替代方案？答案始于一句格言："想象世界末日要比想象资本主义的末日容易。"笔者认为该格言表达了一个深刻的真理，启发我们重新思考民主社会主义的传统定义。

关键词：跨国资本家阶级；社会运动；社会主义；无政府主义；全球化

---

* 莱斯利·斯克莱尔（Leslie Sklair），伦敦经济学院社会学名誉教授和城市规划副教授，全球研究协会（英国）会长。他的著作《资本主义全球化及其替代方案》（1991 年、1995 年、2002 年）被翻译成中文、日文、葡萄牙文、波斯文、西班牙文、阿拉伯文和韩文；《跨国资本家阶级》于 2001 年出版（中文版，2002 年；德文选集，2009 年）；《标志性项目：建筑、城市和资本主义全球化》于 2016 年由牛津大学出版社出版，该书的最后一章介绍了他的研究项目"想象世界末日要比想象资本主义的末日更容易"。

** 吕晓凤，中国社会科学院大学马克思主义研究系博士研究生，主要研究方向为马克思主义基本原理。

一　引言：前兆

本文试图重新思考资本家阶级（capitalist class）这一概念，审视资本家阶级操控社会运动的方式，预测资本主义全球化和跨国资本家阶级霸权的发展趋向。多姆霍夫（Domhoff 1967）、康奈尔（Connell 1977）和尤西姆（Useem 1984）提出了关于资本家阶级是一国统治阶级的若干理论，在笔者看来，这是对本文最有益的理论基础。随着学术界将研究对象逐渐焦距于跨国公司，催生了一系列以国际化视野研究资本家阶级的优秀研究成果。例如，贝克尔等人（Becker *et al.* 1987）提出了"国际管理者资产阶级（bourgeoisie）"的全新理论；芬内马（Fennema 1982）审视了银行业与产业界的国际网络（这启发了比尔·卡罗尔（Bill Carroll）后来的研究），戈德弗兰克（Goldfrank 1997）提出了一个颠覆性的问题："是谁在统治世界？"（发表在昙花一现的《意识形态季刊》上）；吕贝克（Lubeck 1987）编写了一本关于非洲资产阶级的重要著作；斯托克曼、齐格勒和斯科特（Stokman, Ziegler, and Scott 1985）记录了10个国家的企业权力关系网；米兹鲁齐和斯沃茨（Mizruchi and Swartz 1987）编写了一本关于企业间关系的颇具影响力的文集；埃文斯（Evans 1979）则提出了跨国资本、国家资本和地方资本三角联盟的概念。大约同时，国际关系领域的"葛兰西转变"带来了一种对全球统治阶级的深刻洞察。科克斯（Cox 1987，271）探讨了"一个新兴的全球阶级结构"，吉尔（Gill 1990，94ff）则发现了一个"发展中的跨国资本家阶级分支"（另见 Embong 2000）。关于"大西洋统治阶级"（van der Pijl 1984）的观点是对这场辩论的深刻贡献。基于上述丰富的研究成果，学者们又提出了跨国实践这一概念及其政治形式——跨国资本家阶级，进一步深化了全球化与统治阶级之间的理论联系，并提供了相关证据论证了这些概念之间有其实证基础。这意味着，从概念上讲，国家虽然重要，但只是分析层次之一；而从实证的角度讲，国家这类主体在经济、政治和文化意识形态等关键决策领域的权力正在让渡给非国家的全球性主体——分析模式正在从国际向跨国转变。

考虑到上述及其他研究（包括笔者本人对出口加工区的研究，见 Sklair 2002，全篇）的理论创新与实质性发现，笔者认为，自20世纪60

年代以来，资本主义全球化已经改变了资本家阶级的结构与动态，有必要开始探讨跨国资本家阶级在多大程度上是全球体系中的统治阶级这一问题。该论点基于生产资料的所有权和（或）控制权以及分配、交换的维度，确立资本主义社会中阶级的概念；它不接受新韦伯主义试图分离阶级、地位和权威的做法，强调资本家阶级对推动商品化进程的核心作用。本文的讨论围绕着三个可行假设展开，这三个假设都是在全球体系理论的基础上经过逻辑推导得出的（简要阐述如下）。首先，笔者认为，一个跨国资本家阶级正在崛起，并开始在某些领域扮演全球统治阶级的角色。第二，由这一阶级组织起来的利润驱动型消费主义文化意识形态是近几十年来资本主义体系全球化的主要特征。第三，跨国资本家阶级正在有意识地模糊全球资本主义各项核心危机的影响，危机之一是国家内和国家间都出现了贫困加剧和财富积累并行的问题，危机之二是全球资本主义体系是不可持续的（Sklair 2002，48 – 58）。

此处所讨论的全球体系理论建立在跨国实践概念的基础上，这种实践跨越国家边界但不一定由国家机构或国家主体发起。分析表明，跨国实践立足于经济、政治和文化意识形态三个维度，三者相互叠加，而非互相分离，所构成的整体就是笔者所指的全球体系。尽管全球体系并不等同于全球资本主义体系，但该理论所阐述的是，全球资本主义体系的主导力量也是全球体系中的主导力量。该理论的组成部分包括跨国企业，即跨国经济实践所特有的制度形式，包括政治领域里仍在发展的跨国资本家阶级，以及文化意识形态领域中的消费主义。

二 跨国资本家阶级的概念

尽管跨国资本家阶级的历史相对较短，但目前已出现几种定义方式。其中最突出的是罗宾逊和哈里斯（Robinson and Harris 2000）的唯物主义方法，以及卡罗尔（Carroll 2010）的网络导向型方法。过去25年，在笔者构建的理论体系中，跨国资本家阶级是全球资本主义体系下跨国政治实践的特有制度形式（Sklair 1995，2001，2002，2016）。通过分析，其包括四个主要部分：

（1）拥有并控制主要跨国企业及其地方附属机构的人（企业部分）；

（2）正在逐渐全球化的政治家和官僚（政治部分）；

（3）正在逐渐全球化的专业人士（技术部分）；

（4）商人与媒体人士（消费主义部分）。

上述群体共同构成了全球权力精英、统治阶级或核心集团，这些术语都曾被用来描述特定国家的阶级结构（Domhoff 1967；Useem 1984；Scott 1996）。跨国资本家阶级不仅受到那些拒绝将资本主义作为一种生活方式和（或）经济制度的反对者的反对，也受到那些拒绝全球化的资本家的反对。部分地方性和以国内为导向的企业可以分享全球性企业的部分利益并获得成功，但大多数企业并非如此幸运，只能走向灭亡。有影响力的商业战略家和管理理论家常常辩称，地方性企业为了生存就必须全球化（例如，Kanter 1997）。笔者对国内公司的定义是，只服务于一个主权国家的市场，仅雇用本国公民，产品全部提供给面向国内的服务、组件和物资公司。如果你觉得这个定义对于当代经济现实而言显得极端狭隘，那么你就离接受笔者提出的全球化概念不远了。除了小型地方性公司之外，例外情况还有所谓的国有企业、准垄断型公共事业机构和准垄断型服务企业（见任意一期《财富》杂志的全球500强企业）。国有企业正在以更类似于跨国公司的方式运营，或被私有化并大量出售给跨国公司，对准垄断型企业的管制正在迅速减少，以上事实都进一步印证并强化了笔者的中心论点。自20世纪80年代至今，全世界已有一大批国有企业经历了去国有化和准私有化，一类新的企业高管应运而生——通常仍是经营国有企业的那一批人——他们与跨国资本家阶级的关系值得进一步深究。虽然大部分国家和地方政府的管理者声称他们在为选民争取利益，但这些政府官僚、政治家和专业人士完全反对全球化和支持极端民族主义意识形态的情况仍是相对罕见的，尽管最近在世界经济边缘地区频繁爆发内战，同时尽管大多数社会都存在反消费主义因素，但在全世界范围内，坚决抵制消费主义的政党都极少能赢得政治权力。

跨国资本家阶级的跨国（或全球）属性体现在以下几方面。

（1）其成员的经济利益日益在全球范围内相互联系，而非只在本地或本国。这一现象的直接原因在于世界经济全球化背后的股东驱动型增长需要，而且单纯地通过国内企业提升股东价值越来越难。虽然基于许多实际需要，世界仍然以分散的国家经济体的形式组织运行，但跨国资本家阶级的利益越来越多地以市场和全球市场为基础。而市场的划分可能碰巧与民族国家的分界相同，也可能不同，全球市场显然与民族国家的分界不同。有充分证据表明，当今的全球企业已经不同于过去的跨国企业（Dicken 2011；Sklair 2001）。

（2）跨国资本家阶级试图通过特定形式的全球竞争和消费主义的话语与行动，在工作场域中施加经济控制，在国内、国际政治中施加政治控制，在日常生活中施加文化意识形态控制。工作场域控制的重点是为应对国际竞争，对工人增加工时，降低工资，若他们拒绝就会面临失业威胁，或在极端情况下遭遇经济崩溃。这反映在大多数国家的地方选举政治中，参选的主要政党几乎没有实质性的战略（即使有许多战术上的）差异，而在文化意识形态领域，消费主义很少受到质疑。

（3）跨国资本家阶级的成员在大多数经济、政治和文化意识形态问题上都采取外向型全球视角，而非内向型地方视角。自 20 世纪 80 年代以来，在大多数发展中国家，越来越多的跨国公司和国际机构强调自由贸易，从进口替代转向出口促进战略，这种转变由跨国资本家阶级通过政府机构、精英舆论组织和新闻媒体推动（Dreier 1982）。这种全球大企业运作方式的明显转变，在一定程度上归因于 20 世纪 60 年代以来商业教育的急剧增加，在美国和欧洲尤其如此，在全球范围内的增长也越来越快。

（4）跨国资本家阶级的成员通常具有相似的生活方式，特别是高等教育模式（就读商学院的比例日益上升）以及奢侈品、奢侈服务的消费模式。这种模式包括光顾私人会所和餐厅，入住各大洲的顶级豪华度假村，选择私人的（而非大众的）出行及娱乐形式等。另外，无论是在洛杉矶、莫斯科、马尼拉、北京、拉各斯或孟买，都有越来越多的大富豪在宅邸周边增设武装警卫和电子监控。

（5）最后，跨国资本家阶级的成员一直试图为自己确立世界公民兼出生地公民的形象，笔者将之称为他们的企业全球愿景（Sklair 2001, esp. chapter 8）。跨国资本家阶级的概念意味着，存在一个为整个体系做决策的核心集团，它以多种方式与每个地方、国家和区域的跨国资本家阶级成员相互联系。尽管这个核心集团中的人员可能发生变化（甚至在任何时刻都有多个互相重叠的核心集团），但跨国资本家阶级拥有明确的领袖。

跨国资本家阶级核心集团的任务是统一整个阶级内的各种经济利益、

政治组织和文化思想形态，以形成一个阶级整体。与其他社会阶级一样，无论是在四个部分之间，还是每一个部分之内，利益和目的的长期基本统一并不妨碍短期、局部的利益和目的冲突。消费主义的文化意识形态作为基本价值观，可以保护这一体系完好无损，但它也鼓励全球体系内的行为主体做出多样化的选择，以满足自身及其内部成员的不同需求。对此，阿尔茨（Artz 2015）在他关于全球娱乐体系的书中给出了令人信服的阐述。无论在任何地理的和社会的领域、区域、国家、城市、社团、社区中，跨国资本家阶级的四个组成部分都具有互补的功能，能够组合为一个整体。这是因为地方和国家机构与组织的活动在复杂的全球连锁网络中相互联系。

跨国资本家阶级整合为一个全球阶级的关键要素在于，这一阶级内的几乎所有高级成员都占据着各种相互关联的职位，不仅包括大企业董事会和领导层（一段时间以来，学者们对诸多国家的相关情况做过深入研究），还包括企业部门直接范围之外的领域，即为类似政府结构的公司提供服务的公民社会的关联职位（Stokman, Ziegler, and Scott 1985; Mizruchi and Schwartz 1987; Scott 1990, volume III; Carroll2010）。主要的企业高管常常在智库、慈善机构、科技、体育、文化艺术机构、大学、医学基金会和其他类似机构的董事会任职并担任主席（Domhoff 1967; Useem 1984; Scott 1990, volume I, parts II and III; Sklair 2001）。正因如此，"社会事业即商业"和"我们的社会事业即全球商业"等主张才能够立足于全球资本主义体系。商业，特别是跨国企业，开始垄断现代性和后现代性的各种标志，如自由企业、国际竞争力和美好生活，并按照自身意愿改造了多数甚至是全部社会领域。

自20世纪80年代以来，大部分关于资本主义全球化的讨论都被框定在新自由主义话语的框架内，领头人正是令人生畏的两个人——撒切尔（Thatcher）和里根（Reagan）。新自由主义有人颂扬，也有人诋毁，但人们往往仅将其作为资本主义意识形态和实践的另一种形式，却没有抓住它的实质，即资本主义真正开始全球化后会发生什么。很少有人费心去区分全球化的一般形式、资本主义形式和其他形式。全球化的一般形式是指：（1）在最富裕的若干经济体中正在重构其经济、政治和文化生活，且正缓慢而坚定地席卷全世界的电子革命；（2）后殖民主义；（3）跨国社会空间的出现；（4）新型世界主义（Sklair 2009b）。拒绝承认一般形式的全球化往往会导致将反资本主义的抗议活动作为21世纪的勒德主义来批判的荒谬做法，这就好像声称用手机和互联网来组织反资本主义活动是不合逻辑的。资本主义全球化给工人阶级、工会和穷人带来了新的打击，实际上，它或多或少给福利社会中的每一个弱势群体都带来了新的打击。尽管这些都并不新鲜——资本家们始终都反对缩短工时、提高工资和大部分形式的福利——但它的全球覆盖面却是前所未有的。数十年来，这一点也曾被偶尔提到，例如通常支持全球化的《经济学人》（1996）曾宣称，信息技术和全球化所带来的利润增长大部分都被资本所有者收入囊中，而工人的工资并未增长。另外，据印度《经济时报》（1997年3月4日）观察，尽管全球化为印度带来了财富，但农民却越发贫穷，这在所谓的发展中国家很常见，这个话题后来也经常有人提及。20世纪90年代的激进批评家将这种现象称作"逐底竞争"（Ranney 1994；Brecher and Costello 1994）。中国血汗工厂生产的玩具及其他从中国进口的产品背后隐藏的危险性引发西方社会的恐慌，但这只是近期该现象的体现之一。需要注意的是，逐底竞争既发生在一国内部，也发生在国家之间。

总之，可以毫不夸张地讲，研究领域涉及全球资本主义批判的学者正在逐渐增多，为研究全世界跨国资本家阶级奠定了坚实的基础。比尔·罗宾逊（Bill Robinson）、杰瑞·哈里斯（Jerry Harris）和比尔·卡罗尔（Bill Carroll）的开创性工作，全球资本主义批判研究网络大会的出版物（Murray and Scott 2012；Struna 2013；Haase 2013；Sprague 2015），以及笔者关于澳大利亚（Sklair 1996）、烟草行业（Sklair 1998）、追求可持续发展（Sklair 2001，chapter 7）和人权（Sklair 2009a）的企业、建筑业与全球化城市（Sklair 2016）跨国资本家阶级的研究，都证明了跨国资本家阶级这一概念正在越来越多的学科、地域和行业广泛传播，详情参见全球资本主义批判研究网给出的参考书目。[①]

三 全球资本主义的社会运动

尽管记录地方和全球范围内反对资本主义的社会运动的书籍、文章和

[①] https：//docs.google.com/document/d/1SzooNM4_4pQUkPPK-vIwYSGE46ijFlTqRVGsM MgAAH0/edit.

电子资料多如牛毛，但对于支持资本主义的社会运动的关注却较少。这是资本主义霸权的又一次胜利——把反对资本主义视作非理性的抗议，把支持资本主义（尤其是资本主义的消费主义）视为常理。要揭示资本主义的意识形态基础，第一步就是如实展现资本主义思想家们如何全力推动社会运动来维护资本主义制度（Boies and Pichardo 1993 – 1994；Sklair 1997；Dinan and Miller 2007；Walker 2014）。许多机构和组织都在努力推动资本主义全球化的利益，跨国资本家阶级的四个部分（企业、政治、技术和消费主义）也相互协作来维持这种利益，这就可以定义为全球资本主义的社会运动，这样的例证相当多。

企业精英的政治组织是顶级商业协会和团体，正是它们在各个层面上将商业与其他各个领域（政府、全球政治、文化、社会问题等）联系起来。从20世纪70年代起，涌现了一大批对这类团体的研究，研究对象包括美国商业圆桌会议（Burch 1981）、英国工业联合会（Grant and Marsh 1977）、欧洲（Charkham 1994）和日本（Lynn and McKeown 1988）的相关团体，以及真正相互联系的全球商会网络。同样重要的研究对象是近几十年来颇受关注的资本主义智库，相关的代表性研究者包括斯克拉尔（Sklar 1980）、吉尔（Gill 1990）、科克特（Cockett 1995）和舒普（Shoup 2015）等。毫不奇怪，若干大企业控制着这些团体，并常常在制定全球生产和贸易规则方面有着巨大的影响力（Ryan，Swanson，and Buchholz 1987）。跨国企业高管所奉行的文化和意识形态正是一种新兴的消费主义，他们推崇全球性的品牌与品味，试图借此将所有文化产品都转化为商业机会。这里必须将高管们的个人偏好和生活方式（这方面人与人之间的差异可能很大）同整个阶级推崇的文化和意识形态区分开来。无论高管们个人如何生活，全球营销和销售无疑已成为整个体系的意识形态基础。然而，这并不妨碍对全球方案作出一些调整来适应各个地方的状况，例如在时尚和快餐行业就经常发生这种情况。新自由主义议程方面的具体政治偏向也属于这种情况（Sklair 2001，2002）。

官僚全球化的现状呈现出各个国家所经历的外向型全球化支持者与内向型民族主义者之间的斗争。因此，不同的国家主体都可以成为支持或反对资本主义全球化的强大力量。它们之间的斗争有多种表现形式（采取自由的还是限制性的外国投资制度和贸易政策，官方主张多元文化主义还是沙文主义等），并通过各种制度形式体现出来（对外经济关系机构的侵入性强弱、政府间机构的力量强弱等）。尽管主要国际组织（特别是世界银行、国际货币基金组织、经济合作与发展组织、世界贸易组织）仍然主要由力量强大的成员国所推选的人员操纵，但诸如世界银行是否被美国的"国家利益"所驱动这类问题，答案并不明朗。例如，奥利弗（Oliver 1995，187）在详细描述世界银行第一任行长乔治·伍兹（George Woods）的生活和工作时曾评价说，他是一名"纽约银行家，而不是华盛顿官僚"，这暗示了银行家与官僚之间的差异，前者主要受利润驱动。马克思主义的传统观点认为"工人没有祖国"，现在这句话必须倒过来说了——全球化资本家没有祖国，驱动资本主义体系的是全球市场需求，而非民族利益，而工人阶级以及代表其利益的工人运动呼吁的是其国家、政治家和商业领袖保护其不受全球化的负面影响。北美自由贸易协定、欧盟和亚太经合组织等区域贸易团体的不断壮大非但没有证伪本文的观点，反而表明民族国家越来越无力应对跨国资本家阶级推动的全球化进程。

全球化的官僚们在地方、国家、国与国之间，乃至全球范围内履行着全球资本主义体系的治理职能，而单个国家并不直接参与其中。一般而言，这些官僚会与这样一些机构打交道，或直接在其中工作：由企业投资引领的国家、区域和地方性增长联盟，负责对外经济关系（出口、双向直接投资、市场驱动的援助）的国家官僚机构及国际组织。最高层的全球化官僚机构同时吸纳职业官僚和前企业高管为其工作，其中的后一类人会将自己的营销技能用于"公共服务"领域，借此逐渐向上晋升，占据跨国公司的顶级职位（Kowalewski, Letko, and Leonard 1991）——他们是大型企业与政府之间的"旋转门"。国家和私营部门产生的全球化官僚所奉行的文化和意识形态往往比跨国公司高管所奉行的更为复杂。他们的主导意识形态似乎正在从国家干预主义向新自由主义转变，后者赋予自由市场不受限制运作的特权。这种世界观相信，一个国家的最大利益在通过摧毁旧有的关税保护体制和劳动法规，迫使所有企业和员工具备国际竞争力，并通过不受限制的竞争，充分参与到全球经济的加速增长之中。新自由主义关于只有在完全由市场驱动的体系中才能充分形成这种局面的教条，为这种策略提供了经济学理论支持。无论这一教条对以跨国资本家阶级为主导的少数特权阶层来说是多么正确，它对绝大多数人来说显然是错误的。这种意识形态通过统称为新兴全球民族主义的文化实践在日常生活中得到强化。这种民族主义一方面致力于让每个国家成为全球资本主义体系的一部分，另一方面也通过对各国的全球品牌（如美国的快餐和娱乐、日本的汽车和电子产品、法国的葡萄酒和香水、意大利的家具、英国皇室庆典等）和旅游（旅游业已成为越来越多的地方和国家经济中最重要的赚取硬通货的行业）等方面的竞争优势进行营销，保持各自的国家身份认同。

　　罗宾逊（Robinson 1996）在关于美国外交政策的开创性研究中认为，有必要将"民族国家"中心主义与"国家"中心主义区分开来，并且全球体系理论需要有第四套跨国实践，即跨国国家实践。事实证明，这个观点极具争议，一部分原因是它带有美国例外论的意向，另一部分原因是它似乎暗示着国家中心主义，而许多跨国资本家阶级理论家认为这对真正的全球化理论来讲是致命的。相反的观点认为，跨国国家实践是国家政治家和官员的全球化行为，而不是国家本身的全球化行为。于是，全球化与地方化政治家及国家官僚之间的斗争，就成为调节跨国资本家阶级霸权的一个关键领域。国家是跨国资本家阶级的政治派别与国内资本家以及反资本主义人士开展斗争的战场（Sklair 2002，passim）。美国是全世界对公众最开放的国家之一，对于这类问题的研究也是最先进的。数十年来，关于政治行动委员会（Useem 1984）和地方企业及政治家关系（Stern 1988；Domhoff 1996；M. Tolchin and S. Tolchin 1993）的研究结果一直证明，企业与政府的关系存在民主性缺陷，在那些缺乏公众监督的国家，这种情况可能更加普遍。实证研究证实了一个重要的论点：相当一部分不需经选举产生的较高级别国家官员的职位都是由来自企业部门的人员担任的，这些人在"公共服务"期满后会回到企业任职（Scott 1990，volume I；Domhoff 1980）。资本主义政治家和日渐全球化的官僚们越来越相信，他们的"国家利益"在于依靠不受约束的竞争和自由贸易来推动全球经济加速增长，而或多或少极端的"跨国新自由主义"是未来唯一的出路（Overbeek 1993）。作为政客，他们必然要对不同选民往往相互矛盾的既得利益做出回应。因此，这一群体的成员很少会全盘接受全球化官僚们所推崇的新兴全球民族主义。他们的特点是多元的混合文化，其中通常会反映出区域性的因素，在联邦制的政府系统内更是如此。然而，从根本上讲，他们或多或少地认同全球化新自由主义的正统观点，反对对手的本地化倾向。反霸权社会运动中的所有成分在支持全球资本主义的社会运动中都能找到相关对应——意识形态（"漂绿"式环境抗议）、资金（通常是秘密投资）、精英和大众组织与动员（草根营销），乃至抗议和暴力（用于维护制度，尽管大众传媒很少使用这类词语）——这些都可以在支持资本主义的社会运动中找到。

四　结论：我们要做些什么？

我们都知道列宁对这个问题的回答，20世纪的一些决定性时刻都是由此而来的，对一些人来说是严峻的灾难，但在击败纳粹、冷战和数次代理人战争方面则作出了重要贡献，其余威至今仍在。它完全没有使工人阶级夺取权力，而其带来的最终默认结果是，跨国资本家阶级在全球范围内捕获权力。那么，是否存在其他非资本主义的替代方案，取代由跨国资本家阶级主导的全球化？笔者认为是存在的。首先，应再次提及这句格言："想象世界末日要比想象资本主义的末日容易。"无论这句话最初出自何处，它揭示了资本主义全球化时代的深刻真理。因此，我们必须重新思考我们过去设想的民主社会主义的可能面貌。笔者认为，最好将其看作一个否定、消除并最终将资本主义扔进历史垃圾桶的过程。

资本主义的致命缺陷是阶级两极分化危机和生态不可持续危机。这里笔者只想指出逐渐向非资本主义过渡的过程中存在一些关键因素。首先是规模。由巨型专业组织和巨型消费品与服务组织提供服务的大型跨国企业和公司化国家日益支配着各地人民的生活，因此，很显然，规模较小的组织结构或许能更好地发挥作用，使人们生活得更幸福，更充实。笔者设想了一种激进的、进步的、非资本主义的全球化替代方案，以规模较小的生产者—消费者合作社网络为基础，这些合作社在不同的层次上运作，完成各种各样的社会任务，不受资本主义利润动机和等级制度的约束。已有大量的文献探讨这方面问题，其中最新且最具影响力的作品是埃里克·欧林·赖特（Eric Olin Wright 2010）的《想象真实的乌托邦》，该书内容非常详实。从下文可以清楚地看到，除了他对国家在转型期间将继续发挥作用的分析之外，笔者同意赖特的大部分观点。值得注意的是，赖特完全没有提及全球化方面的文献，也几乎没有提及笔者所论证的消费主义文化意识形态和跨国资本家阶级等概念。

　　这一未来愿景最初源于马克思、技术变革的动态以及社会生产关系，而后在葛兰西霸权理论中得到延续，并重新审视了非暴力现实主义无政府主义传统。葛兰西（Gramsci 1971，276）在《狱中札记》中写道："（1930年）危机正是由这样一个事实造成的：旧的正在消亡，新的却无法诞生，这样的更迭时期产生了许许多多病态的症状。"而我们目前正处在又一个更迭期，笔者希望大家能注意到一些更有希望的（正待诞生的）症状，尤其是数字革命。数字革命提供了最强有力的资本主义剥削工具并同时提供了能够改变资本主义制度的手段。坦率地讲，跨国资本家阶级系统性地颠覆了一般性全球化带来的解放的可能性（Sklair 2009b）。例如，建筑师和城市规划专家已经有能力通过计算机为所有人打造可持续、可负担的体面住房——现在甚至可以用3D打印机来"打印"这些住房了。资本主义市场阻碍人们获得可供给的并负担得起的住房，并不缺乏设计人才或资源。数字革命还有助于消除种族主义、东方主义、性别歧视以及其他形式的偏见和歧视（数字革命正在发挥这样的作用，但也在发挥着与此相反的作用）。这项事业需要几代人来完成，它始于受到损害的父母和社区，他们逐渐获得相关的深刻认识和启发，用新的养育和学习方式来培养孩子。新的一代受到的伤害将会减少，而这些孩子又将继续培养他们的孩子，让他们受到的伤害进一步减少，如此代代延续。正如Kafka所写，"没有人像孩子们一样有那么多改革的愿望"（布拉格的卡夫卡博物馆内的一段文字说明）。从乡村到大城市，各地的社区设计都可以在这一过程中发挥重要作用。住房、交通、营养，以及维持体面生活的必需品的转变，将为所有被资本主义市场所排挤的或乐趣被其减损的事物腾出空间。消费主义的文化意识形态已经使全世界的人们忙于追求资本主义的消费主义所标榜的各种物质回报。更好、更有爱的养育方式可以使人们转而追求其他人生目标，并确立有助于实现这些目标的社会结构。

　　我们当前的现实是资本主义的全球化。那么，在一个非资本主义的世界中，如何组织生产者—消费者合作社才能释放一般性全球化的解放潜能呢？简单而鼓舞人心的答案是，至少在转型的早期阶段，这类合作社很大程度上可以按照目前世界各地数百万个小型合作社小组的方式运作。这是否可行取决于许多未经检验的假设。一个简单的例子就是非资本主义世界里的互联网。世界各地的生产者—消费者合作社中有大批志趣相投的人，他们如何跨越地域互相沟通，从而促进共同利益？他们吃什么？如何学习？如何提供医疗卫生服务？谁来为计算机供电？他们如何保证自身安全？这需要目前在私营或公共部门工作的人们，直接或间接地促成生产者—消费者合作社在本地社区的成立，生产食品，组织运输，设立学习和传授技能的场所，提供医疗卫生服务，运行电力系统，等等。互联网已经使人们可以很容易地与任何地方任何能够上网的人进行交流。世界各地都有这种小型的生产者—消费者合作社，但它们在资本主义市场内举步维艰。国家不会在一夜之间消失，在向新型全球社会过渡的过程中，有必要通过民主选举产生具有超前思维的政治代表。尽管怀特（Wright 2010）认为这些代表可以积极促进新型社区的创建，但我认为他们能做的最有益的事情是，确保国家和（或）资本主义市场不干预生产者—消费者合作社的运行。新自由主义理论家认为，资本主义全球化是无可替代的。如果我们拒绝相信他们，转而提出替代方案，并证明这些方案是成功的，那么市场的逻辑就可能被驳倒、被破坏甚至被无视。

　　正如笔者在前文所言，具有讽刺意味的是，尽管有大量的研究对资本主义社会的许多方面提出了批评，但它们其实都没有对资本主义本身提出质疑，也没有提出非资本主义社会的议题。这需要挑战资本主义全球化和正统马克思主义的基础——关于"不断增长"的教条。有学者在狂欢的去增长的议题中也论证了该观点（D'Alisa, Demaria, and Kallis 2014）。这无疑意味着富人的物质财富会减少，穷人的物质财富会增加，不过所有人最终都会在非物质财富方面受益。消费主义的文化意识形态将被人权和责任的文化意识形态所取代，其中最重要的是努力为所有人争取体面、可持续的生活水准。但为了启动这一进程，目前社会主义对资本主义的一切批评都要放弃这种希望，即通过直接挑战市场来推行进步的替代方案。只有取消市场，取代等级国家，才能避免资本主义全球化带来的灾难性后果。诚然，这听起来非常乌托邦，但其前提是我们没能看清全球消费主义的资本主义的致命弱点：它以消费者主权为基础，消费者被迫消费垃圾食品和饮料、垃圾文化、垃圾嗜好。资本主义的营销、广告和公司式国家的意识形态机器的力量强大可怖，但如果父母们能充分认识到市场对他们自己和他们的孩子造成了怎样的伤害，那么这个世界以及生活在这个世界上的人们就还有希望。

在《埋在雪里的无政府主义种子》一书中，大卫·古德威（David Goodway）引用了科林·沃德（Colin Ward）的一段话：

> 不依靠权威而自行组织起来的社会总是存在的，就像一粒埋在雪里的种子，存在于国家及其官僚机构、资本主义及其浪费、特权和不公正，民族主义及对其的自杀式忠诚、宗教分歧及对其迷信的分裂主义所构成的重压之下……（非暴力无政府主义）绝不是对未来社会的臆测……它是一种人类组织模式，这种模式植根于日常生活经验，与社会中占主导地位的威权主义趋势并行不悖。（Goodway 2006，316）

古德威进一步提出："接受这一核心观点不仅是智力上的极大解放，而且具有严格的现实和实际后果。"正如沃德所言：

> 无政府主义已经在一定程度上存在……人类天生具有合作精神……当前的社会和制度，无论是资本主义的还是个人主义的，如果不具备互助和联合的综合力量（即使是不受重视的），就会完全崩溃。（Goodway 2006，316）

这样的表述当然会警醒许多人，笔者和大多数人一样，认为破解和反思无政府主义和社会主义的理论与实践，并汲取其被污名化的教训十分重要。如果不去设想资本主义的终结，只是得过且过地试图"改良"资本主义全球化状况，并寄希望于跨国资本家阶级能够自行消亡，这固然是一种简单省力的选择。虽然设想资本主义和等级国家的终结具有一定难度，但我们越是逃避这个问题，它就越难以实现。

参考文献

Artz, L., 2015, *Global Entertainment Media: A Critical Introduction*, Malden, MA: Wiley-Blackwell.

Becker, D., J. Frieden, S. Schatz, and R. Sklar, eds., 1987, *Postimperialism: International Capitalism and Development in the Late Twentieth Century*, Boulder & London: Lynne Rienner.

Boies, J., and N. Pichardo, 1993 – 1994, "The Committee on the Present Danger: A Case for the Importance of Elite Social Movement Organizations to Theories of Social Movements and the State", *Berkeley Journal of Sociology*, No. 38, pp. 57 – 87.

Brecher, J., and T. Costello, 1994, *Global Village or Global Pillage: Economic Reconstruction from the Bottom Up*, Boston, MA: South End Press.

Burch, P., 1981, "The Business Roundtable: Its Make-up and External Ties", *Research in Political Economy*, No. 4, pp. 101 – 127.

Carroll, W., 2010, *The Making of a Transnational Capitalist Class: Corporate Power in the 21st Century*, London: Zed Books.

Charkham, J., 1994, *Keeping Good Company: A Study of Corporate Governance in Five Countries*, Oxford: Clarendon.

Cockett, R., 1995, *Thinking the Unthinkable: Think-Tanks and the Economic Counter-Revolution, 1931 – 1983*, London: Fontana.

Connell, R. W., 1977, *Ruling Class, Ruling Culture*, Cambridge: Cambridge University Press.

Cox, R. W., 1987, *Production, Power, and World Order: Social Forces in the Making of History*, New York: Cambridge University Press.

D'Alisa, G., F. Demaria, and G. Kallis, eds., 2014, *Degrowth: A Vocabulary for a New Era*, London: Routledge.

Dicken, P., 2011, *Global Shift: Mapping the Changing Contours of the World Economy*, 6th ed., New York: Guilford Press.

Dinan, W., and D. Miller, eds., 2007, *Thinker, Faker, Spinner, Spy: Corporate PR and the Assault on Democracy*, London: Pluto.

Domhoff, G. W., 1967, *Who Rules America?* Englewood Cliffs, NJ: Prentice-Hall.

Domhoff, G. W., ed., 1980, *Power Structure Research*, Beverly Hills, CA: Sage.

Domhoff, G. W., 1996, *State Autonomy or Class Dominance? Case Studies on Policy Making in America*, Hawthorne, NY: Aldine de Gruyter.

Dreier, P., 1982, "Capitalists vs. the Media: An Analysis of an Ideological Mobilization among Business Leaders", *Media, Culture and Society*, 4 (2), pp. 111 – 132.

Economist, 1996, "Profits of Gloom", September 28, 1996.

Embong, A. R., 2000, "Globalization and Transnational Class Relations: Some Problems of Conceptualisation", *Third World Quarterly*, 21 (6), pp. 989 – 1000.

Evans, P., 1979, *Dependent Development: The Alliance of Multinational, State and Local Capital in Brazil*, Princeton, NJ: Princeton University Press.

Fennema, M., 1982, *International Networks of Banks and Industry*, The Hague: Martinus Nijhoff Publishers.

Gill, S., 1990, *American Hegemony and the Trilateral Commission*, Cambridge: Cambridge University Press.

Goldfrank, W. L., 1977, "Who Rules the World? Class Formation at the International Level", *Quarterly Journal of Ideology*, 1 (2), pp. 32 – 37.

Goodway, D., 2006, *Anarchist Seeds beneath the Snow*, Liverpool: Liverpool University Press.

Gramsci, A., 1971, *Selections from the Prison Notebooks*, translated and edited by Q. Hoare and G. Nowell-Smith. London: International Publishers.

Grant, W., and D. Marsh, 1977, *The CBI*. London: Hodder and Stoughton.

Haase, D., ed., 2013, "Dystopia and Global Rebellion", *Perspectives on Global Development and Technology*, 12 (1 – 2), pp. 1 – 374.

Kanter, R. M., 1997, *World Class: Thriving Locally in the Global Economy*, New York: Simon and Schuster.

Kowalewski, D., T. Letko, and R. Leonard, 1991, "Revolving Doors, Corporate Performance, and Corruption of Markets", *Critical Sociology* 18 (April), pp. 93 – 108.

Lubeck, P., ed., 1987, *The African Bourgeoisie*, Boulder, CO: Lynne Rienner.

Lynn, L. H., and T. J. McKeown, 1988, *Organizing Business: Trade Associations in America and Japan*, Washington DC: American Enterprise Institute.

Mizruchi, M., and M. Schwartz, eds., 1987, *Intercorporate Relations: The Structural Analysis of Business*, Cambridge: Cambridge University Press.

Murray, G., and J. Scott, eds., 2012, *Financial Elites and Transnational Business: Who Rules the World?* Cheltenham: Edward Elgar.

Oliver, R., 1995, *George Woods and the World Bank*, Boulder, CO: Lynne Rienner.

Overbeek, H., ed., 1993, *Restructuring Hegemony in the Global Political Economy: The Rise of Transnational Neo-Liberalism in the 1980s*, London: Routledge.

Ranney, D., 1994, "Labor and an Emerging Supranational Corporate Agenda", *Economic Development Quarterly*, 8 (1), pp. 83 – 91.

Robinson, W., 1996, *Promoting Polyarchy*, Cambridge: Cambridge University Press.

Robinson, W., and J. Harris, 2000, "Towards a Global Ruling Class? Globalization and the Transnational Capitalist Class", *Science and Society*, 64 (1), pp. 11 – 54.

Ryan, M., C. Swanson, and R. Buchholz, 1987, *Corporate Strategy, Public Policy and the Fortune 500: How America's Major Corporations Influence Government*, Oxford: Basil

Blackwell.

Scott, J., ed., 1990, *The Sociology of Elites*, 3 vols, Cheltenham: Edward Elgar.

Scott, J., 1996, *Stratification and Power: Structures of Class, Status and Command*, Cambridge: Polity Press.

Shoup, L., 2015, *Wall Street's Think Tank: The Council on Foreign Relations and the Empire of Neoliberal Geopolitics, 1976 – 2014*, New York: Monthly Review Press.

Sklair, L., 1995, *Sociology of the Global System*, 2nd ed. Baltimore, MD: Johns Hopkins University Press.

Sklair, L., 1996, "Conceptualizing and Researching the Transnational Capitalist Class in Australia", *The Australian and New Zealand Journal of Sociology*, No. 32 (August), pp. 1 – 19.

Sklair, L., 1997, "Social Movements for Global Capitalism: The Transnational Capitalist Class in Action", *Review of International Political Economy*, 4 (3), pp. 514 – 538.

Sklair, L., 1998, "The Transnational Capitalist Class and Global Capitalism: The Case of the Tobacco Industry", *Political Power and Social Theory*, No. 12, pp. 3 – 43.

Sklair, L., 2001, *The Transnational Capitalist Class*, Oxford: Blackwell.

Sklair, L., 2002, *Globalization: Capitalism and Its Alternatives*, Oxford: Oxford University Press.

Sklair, L., 2009a, "The Globalization of Human Rights", *Journal of Global Ethics*, 5 (2), pp. 81 – 96.

Sklair, L., 2009b, "The Emancipatory Potential of Generic Globalization", *Globalizations*, 6 (4), pp. 523 – 537.

Sklair, L., 2016, *The Icon Project: Architecture, Cities, and Capitalist Globalization*, New York: Oxford University Press.

Sklar, H., ed., 1980, *Trilateralism: The Trilateral Commission and Elite Planning for World Management*, Boston, MA: South End Press.

Sprague, J., ed., 2015, *Globalization and Transnational Capitalism in Asia and Oceania*, New York: Routledge.

Stern, P., 1988, *The Best Congress Money Can Buy*, New York: Pantheon.

Stokman, F. N., R. Ziegler, and J. Scott, eds., 1985, *Networks of Corporate Power: A Comparative Analysis of Ten Countries*, Cambridge: Polity Press.

Struna, J., ed., 2013, "Global Capitalism and Transnational Class Formation", *Globalizations*, 10 (5), pp. 651 – 763.

Tolchin, M., and S. Tolchin, 1993, *Buying into America*, New York: Crown.

Useem, M., 1984, *The Inner Circle: Large Corporations and the Rise of Business Political Activity in the U. S. and U. K.*, New York: Oxford University Press.

van der Pijl, K., 1984, *The Making of an Atlantic Ruling Class*, London: Verso.

Walker, E., 2014, *Grassroots for Hire: Public Affairs Consultants in American Democracy*, Cambridge: Cambridge University Press.

Wright, E. O., 2010, *Envisioning Real Utopias*, London: Verso.

（此文原载于英文期刊 *International Critical Thought*
《国际思想评论》2016 年第 6 卷第 3 期）

极权资本主义的最新进展与
世界秩序的演进

——对社会运动的一些启示

[希] 乔治·廖达基斯[*] 著 王 奎[**] 译

摘 要：当前局势下，世界资本主义危机持续存在和恶化，影响极其深远，再加上社会政治和地缘政治冲突的加剧，都加深了世界秩序的不确定性和混乱局面。在简要分析了世界资本主义发展近况及一些相关的研究方法之后，本文具体地探讨了资本与国家的关系（资本—国家关系），批判性地分析了学术界对正在演变的当今世界秩序/失序的种种相互抵触的解释（其中包括帝国主义、全球化、帝国、跨国资本主义和极权资本主义），并就如何尽快寻找新的全球治理形式作了一些思考。在此基础上，试图得出一些关于社会运动和社会变革斗争的结论。

关键词：辩证唯物主义；政治经济；资本—国家关系；国际关系；世界秩序

简 介

近几十年来，世界资本主义所经历的危机和动荡及其正在发生的转变，导致了社会政治和地缘政治冲突不断加剧，占据主导地位的世界秩

---

[*] 乔治·廖达基斯（George Liodakis），希腊克里特理工大学政治经济学教授，主要研究领域包括政治经济学、国际关系与经济发展、农业、技术和环境。著有《极权资本主义及其超越》（*Totalitarian Capitalism and Beyond*，2010 年）以及多部希腊文著作，研究成果多次发表在《科学与社会》《激进政治经济学评论》《资本与阶级》《国际思想评论》《历史唯物主义》《乡村社会学》和《可持续性》等学术期刊上。

[**] 王奎，中央财经大学马克思主义学院讲师。主要研究方向为马克思主义与当代社会思潮。

序/失序也发生了重大变化（虽然有些模糊不清）。人们发展和提出了各种方法、观点和论述来解释国际关系和不断变化的世界秩序，或帮助制定相关政策；但是，主流经济学既没能提供足够的理论来解释这一动态变化，也没有提供在全球层面解决当前问题的相关政策。在很大程度上，大多数非主流的经济研究也不是一种具有解释力的替代选项，无法成为政治行动主义和社会变革的指导方针；这是因为它们通常以折中为原则，并未认真对待其他理论和提供一致性的理论框架。与主流经济学一样，这些研究甚至包括一些马克思主义研究，许多都具有人为抽象的、非辩证的、经济学家的以及在很大程度上支离破碎等特征，没有充分考虑到基本的社会结构以及国际或跨国关系的发展近况。因此，在这个关键时刻，我们有必要超越这些失效的理论研究和方法论，重新解读一下世界资本主义的政治经济特征（另见 Vidal, Adler, and Delbridge 2015）。

从下一节开始，我们将从辩证唯物主义的观点出发，重新剖析相关的政治经济研究方法论，并着重强调在地球生态环境下（尤其是资本主义生态环境下）分析资本主义的必要性。随后，我们将简要探讨一下资本主义的发展近况及其日益全球化的局面。在此基础上，我们将深入研究不断变化的资本—国家关系以及世界秩序不断演变的决定因素。最后，我们将点明方法论重新定位的含义，以及社会运动和社会变革斗争方面的一些结论。

辩证唯物主义与国际关系

从辩证唯物主义的观点来看，我们有理由认为生产生活的物质条件对于确定政治制度、意识形态和文化起着决定性作用。然而，与机械唯物主义形成对照的是，我们应认识到后者不只是物质条件的一种反映（附带现象），而是它们在这些物质条件的构成与确定中发挥着重要的辩证作用。但是，辩证唯物主义对国际关系意味着什么呢？这里只需要强调以下相关几点。

（1）由于占主导地位的生产方式对于物质基础与政治/文化上层建筑的关系、科学知识的发展过程以及国际关系格局至关重要，因此，与主流经济学和大多数非主流研究（比如 Held 2000；Kaelberer 2014；Baumann and Dingwerth 2015）截然不同，我们应明确考虑目前占主导地位的资本主义生产方式。资本主义生产方式将再生产与权力的社会政治体系视为资本主义的核心。这种生产方式的特定结构、内在趋势和矛盾对其内部（内在）发展动力具有重要意义，因此可用一些有用的抽象理论来指导科学知识的发展（Marx 1967, ch. XXV; Vidal, Adler, and Delbridge 2015）。

（2）除忽视占主导地位的资本主义生产方式外，主流分析和最激进的国际政治经济研究还忽视了价值作为一个理论范畴的意义，以及价值规律作为历史上特定的社会经济过程，支配着自然与社会间辩证的新陈代谢（metabolism）。然而，这种对劳动的系统性抽象构成了价值的本质和价值规律的基础，而这对于充分了解资本主义积累的过程、国际关系的特定模式和发展影响必不可少。另一方面，许多采用价值理论研究方法的分析家往往忽略资本主义生产方式取代价值规律的条件和内在趋势。然而，就像价值可以消除一样，马克思主义批判者认为资本主义的抽象强制结构也可消除，无产阶级劳动可以废除，可以建立不同的生产组织；同时还指出它们之间存在着内在联系（Postone 1993, 389; Rosdolsky 1977, 428-436）。

（3）作为一种解释和预测自然和社会现象的尝试，科学研究本质上是一个从抽象到具体、从具体到抽象的反复过程；因此，它应是建立在有效抽象（内在抽象）而不是任意抽象的基础上。从这个意义上说，占主导的生产方式的逻辑和历史演变都具有重要意义。在从抽象到具体的转变过程中，我们需要更全面地考虑辅助性的或次要的决定因素，而跨学科整合在此处变得极其重要（Vidal, Adler, and Delbridge 2015）。然而，资本主义导致一种误导性的社会—自然二元论，将经济从社会中剥离了出来，尤其是还导致了当前在科学领域盛行的劳动分割。与所有这些分割式和碎片化的方法相反，科学研究不应被分割开来，尤其是在社会科学领域。

（4）意识形态可能会超出科学领域，这在很大程度上是由知识不足和对现象的错误性或碎片化表述、错误的社会意识以及形而上学的世界观所致。换句话说，意识形态可被视为对理论和实践的一种直觉指导，而这种指导缺乏科学依据，或许还存在历史局限性。当然，在阶级社会中，意识形态在很大程度上受到了代理者（agents）阶级地位的制约，而统治阶级的意识形态往往占据着主导地位。宗教是一种特殊的意识形态，当前的宗教狂热主义是应引起注意的两种现象之一（另一种是新兴的极右意识形态）。宗教通常被视为一种简单的形而上学思维，或最多属于一种"人民的鸦片"。但是，正如马克思主义经典作家更谨慎地指出的那样，宗教实际上可能产生于社会异化、压迫和挫败。很显然，极端贫困、帝国主义压迫和社会不满助燃了宗教观点与狂热主义。与危机加剧及其不确定性相关的社会苦难，再加上其他社会政治观点的凋落，也强化了极右意识形态和狂热主义（Saull 2015）。虽然这两种现象在很大程度上都植根于占主导的社会经济条件，但它们也会对社会再生产的物质条件产生反馈作用，并对国际关系和世界秩序的演变产生重大影响。

（5）碎片化是许多领域常见的、具有重要意义的方法，因为它排除了包括所有现实决定因素在内的全面辩证观点，并构成对其充分理解的障碍。正如前文所言，社会与自然之间或不同科学学科之间的分割具有重要意义，所谓的"实体经济"与金融领域之间以及经济基础（生产关系）与上层建筑（包括国家）之间的划分也是如此。就后一种情况而言，缺乏真正的辩证观念可能对建立国际关系理论具有重要影响。一方面，以国家为中心的传统观点倾向于使民族国家的作用具体化，却忽略了当前资本主义生产关系全球化的决定性作用。他们未能从全球层面和整体角度看待资本，而是将全球资本主义视为特定民族国家的总和。另一方面，一种强调经济全球化的经济学方法往往误导性地忽视国家机构的作用，常会提到国家主权的急剧弱化或国家的消亡。

（6）尽管一些方法喜欢盲目地强调社会经济结构或社会代理（social agency），但相关研究的真正焦点应该是二者之间丰富的辩证关系。还应清楚的是，科学理论的抽象性、知识的历史或科学局限性以及现象的复杂性可能会给偶发事件留下一些决定性空间。撇开科学主义和机械决定论不谈，尽管生产和社会生活的物质条件在历史唯物主义方法中扮演着主要角色，但国际和跨国关系方面的相关研究需要赋予社会和阶级代理（social and class agency）、意识形态潮流和历史偶发事件一个适当的角色。

资本主义生态下的资本主义分析

尽管资本主义和大多数主流经济学都将自然视为一种外在的、不可改变的条件，认为它只是生产投入的一种来源，但最近，一篇观察更细致、更倾向于马克思主义的文献却强调了社会与自然之间的辩证关系。继马克思之后，这一文献提到了社会与自然之间、作为当前生产统治形式的资本与自然之间的辩证新陈代谢。考虑到生态系统既是生产资源的来源又是废物处理场所的基本功能，以及资本下自然的潜在生产量，我们已能辩证地把握社会与自然共同的、具有历史特殊性的构成（Foster 2000；Moore 2011，2015）。从这个意义上讲，我们可以称其为历史上特定的资本主义生态，资本可以在其中发展和积累。

生态条件在资本的发展与积累中起着重要作用，而资本主义生产关系在社会生态条件的形成过程中扮演着重要角色。支配社会—自然新陈代谢的历史特定的价值规律仅将价值赋予了商品化的雇佣劳动力——即剩余价值和利润的来源，同时也建立在对自然的任意占有基础之上（Moore 2015，54，102-103）。因此，资本会通过生产机械化和自然资本化战略，或通过对自然的自由占用（其中包括非商品化劳动力和超人类自然），或根据生态条件和社会经济状况双管齐下，来提高雇佣劳动力的生产率。此外，尽管资本化战略会导致资本成本增加、资本有机构成提高以及平均利润率下降，但廉价占用自然资源的战略（其中包括价格低廉的资源、能源、粮食和劳动力）却可在不增加成本和资本有机构成的情况下提高利润率。正是由于这个原因，资本倾向于后一种战略，同时也可以诉诸不断增加的资本化。这两种战略都意味着生态状况将会持续退化，以及资本主义积累条件的恶化。组织或技术创新以及自然占用拓展出新领域当然能暂时改善积累条件，但会导致社会生态条件更加恶化。

这种特定形成的生态环境不仅决定着资本积累的潜力，也决定了资本积累的极限。尽管这些极限不必从严格和绝对的（新）马尔萨斯主义上加以构想，但人们通常认为超越这些生态极限和与自然的多维度决裂意味着生态危机正在加剧（Foster, Clark and York 2010）。或者更辩证地说，生态变化、社会生态的极度穷竭以及社会生态条件不可避免的断裂可被视为引发危机的根源（Moore 2015），而且——正如其他文献所言——必会表现为更普遍的社会生态危机（Liodakis 2013）。资本过度积累危机的内在趋势及其固有的竞争性意味着资源正在耗竭、环境外部因素正在增多、生态退化正在加剧。这场危机极有可能导致生产不足、财政紧缩和更广泛的资源短缺（Liodakis 2016）。

就全球层面而言，资源短缺的加剧或多或少意味着经济和国际冲突将会增多，移民潮将会广泛涌现，全球资本重组将会产生深远影响。这些变化意味着相关的资本主义生态从根本上是在全球层面形成的，而且社会生态危机也是在这一层面表现出来的。

因此，显而易见的是，要对全球资本主义的发展前景或危机实事求是地进行可靠评估，则需要我们认真考虑全球生态环境。这种特定环境也可以有助于解释积累模式和国际关系。另一方面，随着最严重的生态问题已超越国界并在全球层面显现出来，资本主义当前面临的主要问题之一就是全球协作和生态治理的必要性。毫无疑问，这个问题亟待解决。

世界资本主义的当代发展动态

为了解当代资本主义的结构、国际关系的发展以及不断演变的世界秩序，人们提出了几种理论观点。

（1）在这些不同的研究中，一些研究人员认为经典的帝国主义理论或某个新版本能够完美地解释最近的发展动态（Harvey 2003；Callinicos 2009）。其他研究人员则指出，近几十年来的重大变化、跨国公司的扩张以及跨国机构的发展导致了帝国主义作为资本主义一个发展阶段的衰退，其背后是发达资本主义国家之间的竞争，而非合作（Robinson 2004，137；Liodakis 2010，chapter 2；Kiely 2010，2014）。

（2）一些主流研究以及更激进的或马克思主义的研究，都强调了战后时期——尤其是近三十年来——迅速蔓延的全球化。一些极端的全球化理论将这种趋势看作一种同质化趋势，导致了全球经济一体化和国家主权的迅速弱化。尽管这些理论大都忽视了发展不均衡的影响，并误导性地低估了民族国家的作用，但一些研究认识到了民族国家的持续重要性，同时也强调了全球化视野的必要性（Held 2000；Frödin 2013）。正如对当前状况更为细致的描述所指出的：

> 这是一种以生产、交流和信息流通的全球化为首要特征的世界经济，但并没有带来空间同质化，而是导致了新一轮的地理分化和所有空间尺度的发展不均衡。在这种背景下，领土所属国正在失去其地理

优势。(Agnew and Corbridge 1995, 5)

正如基利(Kiely, 2014)所言, 全球化理论缺乏解释力, 却能很好地描述世界秩序的发展近况。如此一来, 真正的解释力如果不在于资本本身, 那么会在哪里?正如马克思所强调的那样, 世界市场"直接蕴含在资本概念本身之中"(Marx 1973, 163), 因为它构成了社会再生产"及其基础"的前提(Marx 1973, 228)。

(3) 20世纪90年代初苏联解体之后, 美国占据的主导地位催生了一系列以全球帝国已经出现为观点的文献。一些文献聚焦的是去领土化和分权治理(尤其是 Hardt and Negri 2000), 还有些研究人员过分强调了美国的等级化强制统治(Smith 2003; Panitch and Gindin 2012)。这些研究要么忽视了民族国家的作用和发展不均衡的影响, 要么在过分强调等级化强制的同时忽略了合作潜力——尤其是最发达国家之间的合作潜力。但是, 正如有人指出的那样, "资本主义的制度秩序本质上没有民族性"(Radice 2000, 732)。

(4) 20世纪80年代以后, 新葛兰西主义对国际关系侧重于霸权而非(暴力)胁迫的解释影响了其他一些截然不同的理论研究。在这些研究中, 跨国资本主义理论似乎认为除了国际贸易和金融流动, 最近几十年来跨国公司的迅速扩张也意味着资本主义生产本身也实现了跨国发展(Burbach and Robinson 1999; Robinson 2004)。这一过程同时导致了跨国资产阶级的形成(Robinson and Harris 2000; Carroll 2010; Harris 2014)。如前所述, "国际政治经济中的不对称结构得到了维持, 通过各种强制性或自愿性跨国控制机制行使的国际权力和统治关系也得以维持"(Robinson 1996, 23)。此外, "霸权秩序的可能性取决于政治经济所产生的生产结构和社会关系"(Robinson 1996, 24)。尽管民族国家没有消亡, 但资本主义的这种转变标志着资本主义发展进入了新纪元, 并辩证地导致了多元政体的出现(Robinson 1996)、超国家机构的发展以及资本主义跨国国家的形成(Robinson 2001, 2001—2002)。正如有人指出的那样, "跨国国家是一个新兴网络, 由转型的、外部一体化民族国家以及超国家的经济政治论坛组成, 尚未获得任何集中的制度形式"(Robinson 2004, 88)。尽管人们一直就民族国家制度的持续重要性以及发展不均衡与民族国家之间的关系争论不休

(Teschke and Lacher 2007；Bonefeld 2008；Liodakis 2012a；Bieler and Morton 2013/2014)，但可以指出的是，发展不均衡不一定与民族国家的形成和（或）分裂有关。在这种情况下，由于新的跨国关系正在发挥日益突出的作用，因此国际关系已在一定程度上过时，这就需要重新调整全球政治经济的部分重心（另见 Radice 2000）。

（5）我们在很大程度上认同这种跨国资本主义的分析，并认为近几十年来一个极权资本主义的新阶段正在形成（Liodakis 2005，2010）。这两种分析的区别在于后者更多强调了世界资本主义的不均衡发展；另外，它没有聚焦于霸权，而是强调了潜在的帝国主义行径和等级关系——特别是发达国家和欠发达国家之间的关系（另见 Kiely 2014；Baumann and Dingwerth 2015）。此外，我们认识到当代资本主义具有这样一种趋势——促使商品生产一体化，并扩展到地球的各个角落和人类活动的所有可能领域（另见 Lacher 2005）；同时明确将资本的这种集中及其近乎完全的统治，与"独裁国家主义"以及更广泛的社会独裁主义兴起联系在一起。我们对当代资本主义的理解是独裁主义的实践和机制变得越来越突出，这些因素随着危机的加剧而进一步得到了强化。正如有人指出的那样，"债务危机和民主危机在去政治化治国策略的最新阶段充当了助产士的角色"，这意味着"国家管理者对民主要求越来越'充耳不闻'。"（Macartney 2014，419-420）。这种极权资本主义的概念也隐含着一种对生态极限的潜在超越。压制性的独裁主义再加上生态破坏的趋势，意味着极权资本主义将会变得极不稳定，其作为资本主义一个新阶段的基础还很不牢靠。这一前景有助于把当前危机解释为一场可能导致超越资本主义的划时代危机。

对资本主义近期发展的研究可以从理论上抽象的资本概念开始，即将资本视为历史上的一种特定生产关系，表现为一种自我扩张的价值和一种以剥削自由雇佣劳动力为基础的生产方式，这种生产方式通过改造自然来追求商品生产及利润的最大化。因此，不断积累、增长和扩张空间构成了资本的内在特征。

马克思主义相关文献已经阐明，正是国际贸易本身导致了资本主义发展的日益不均衡，而与任何形式的垄断或价值转移无关（Shaikh 1979，1980）。除了这一观点，我们还需考虑经济或生态交换的不平等以及各种价值转移，这可能会进一步加剧资本主义发展不均衡的趋势（Emmanuel 1972；Liodakis 1990，2012b；Foster and Holleman 2014）。

过去几十年来，信息通信技术的飞速发展和运输成本的降低已显著增强了全球化和资本跨国发展的趋势。这些发展进一步增加了不均衡发展趋势的范围和强度，而且这种趋势在为了鼓励社会经济一体化而取消了贸易限制的地区尤其明显，比如欧盟（Overbeek 2012；Fouskas and Dimoulas 2013；Kaelberer 2014；Macartney 2014）。毫无疑问，过去 30 年来新自由主义政策的盛行进一步强化了这种发展不均衡的趋势，而盈利能力差异所引发的国际资本流动只能部分抵消这一趋势。与此同时，由于资本主义生产的不同阶段、处于不同发展水平的国家和各种生产形式可以在一个综合的地域内整合在一起，社会经济日益一体化和生产全球化也增强了联合发展的潜力。因此，正如相关文献所言，我们可以将其称为"非均衡联合发展"（uneven and combined development），或者我们所提出的"资本主义的非均衡整体化"（uneven totalization of capitalism）。

在展开深度分析的过程中，我们需要考虑资本过度积累危机的内在趋势。这一趋势与利润率下降的趋势有关——根据现有证据，大多数国家和跨国资本的盈利能力正在不断下降。众所周知，有一些中和趋势可在某种程度上抵消资本利润率下降的影响。我们在此无法罗列这些趋势，但应记住的是，新自由主义政策在过去三十年间非常盛行，这意味着国际贸易的无限制发展和紧缩政策的随意施用，从而导致发达国家和欠发达国家的剥削率均有所上升。这两个因素都可能中和了盈利能力下降的趋势。

与国际关系更相关的是，我们可在此强调一些可能对全球盈利能力和资本积累前景产生重大影响的方面或过程。近几十年来特定的社会历史条件以及制度的发展，无疑影响了资本主义的积累方式和危机模式。20 世纪 70 年代初在大多数国家出现的过度积累危机，在一定程度上受到了国家政策以及时间方法（信贷扩张）或空间方法（全球扩张和部门或地域转移）的遏制。尽管采取了这些举措，但逐渐显现的过度积累危机还是在 2007 年经济衰退后发生了进一步恶化。

很明显，不均衡发展日益加剧的趋势也反映在了贸易和发展日益失衡中，因为更发达和更具竞争力的国家或地区贸易顺差会增大，而较不发达贸易伙伴的贸易逆差会不断增加。当然，在更发达和更具竞争力的国家或地区，贸易顺差既可为生产投资提供资金，进一步提高生产力和竞争力；也可用作借贷资本，为欠发达国家的生产和贸易提供资金。在这些欠发达国家或地区，不断增长的贸易赤字和债务可能反映在财政赤字上，并在一定条件下造成主权债务危机（Overbeek 2012）。大量证据表明，近几十年来世界资本主义的日益失衡引发巨大的金融流动，再加上生产利润率的下降，推动了资本主义的迅速金融化。这种主要是投机性的金融化加剧了世界资本主义的不稳定性，再加上不断加深的危机和衰退，共同造就了一种以冲突加剧和为生存而展开竞争为特征的社会经济和地缘政治环境。不过，资本的社会力量与最发达国家之间的共同行动与合作也是它的特征，通常是通过资本的跨国国家机构来协调应对危机。

尽管资本正在全面全球化，但大量经济活动领域仍未被商品化，未被纳入资本主义再生产的循环，这种情况在发达国家和欠发达国家都存在，但后者更为明显。然而通过市场，这些非资本主义的生产方式便可融入资本主义循环，世界资本主义边缘的大量劳动力会被占用。在全球范围内，这种通常被严重低估的劳动力在价值规律所支配的资本主义价值形成过程中遭到了同化（De Angelis and Harvie 2008）。资本占用的劳动力——要么通过资本主义剥削，要么作为非资本主义生产形式的无偿劳动力——必然与对能源和自然资源愈演愈烈的无偿（"免费"）侵占有关。帝国主义的干预经常以人道主义干预为借口出现在欠发达国家（Kiely 2014），通常是为了促进这种融合以及帝国主义对劳动力和各种自然资源的侵占。这些资源往往有助于提升资本的价值和潜在盈利能力。从这个意义上说，帝国主义的干预或扩张再加上近几十年来实行的新自由主义私有化政策和"知识封闭"（intellectual enclosure）政策，往往会扩大资本原始积累的范围和资本主义总体积累的潜力。

另一方面，私有化受到的抵抗、资本对自然的任意占有以及帝国主义对自然和人力资源的掠夺，也限制了资本积累的趋势和前景。为了生存和保护生态——特别是在危机和衰退加剧时期（比如 2007 年之后）——而奋力退出资本并培育替代生产方式，也进一步限制了资本积累的趋势和前景。有利可图的资本积累的范围和潜力受到限制，势必会进一步加剧积累危机。

正如前文所述，人们正在采用时间和（或）空间方法来应对全球面临的过度积累危机（另见 Harvey 2003；Overbeek 2012）。这里必须强调的是，这种空间方法（扩张）与尝试进行的时间方法（信贷扩张）被辩证地、不可分割地联系在一起。这既适用于国内发展进程，也适用于国际关系。但是，这两种危机解决方式都存在一定局限性，取决于全球生态极限或者金融动荡和债务增加的风险。还应强调的是，以平均利润率下降为特征的过度积累危机是导致资本金融化加剧的主要原因；与此同时，有利可图的投资机会有限，促使资本在投机领域寻找更容易获得的高利润。如上所述，发展越来越不均衡和贸易失衡日益加剧是当代资本主义在全球范围内的特征，也进一步加剧了这一趋势。贸易不均衡和金融化日益严重不仅意味着政治经济动荡在加剧，而且也说明债务正在增多（这正是美中关系的特征），这也是造成当前欧元区危机的主要原因。从欠发达国家日益增长的债务和欧洲边缘国家目前面临的情况可明显看出，金融资本对这些国家实施调整或救助计划，这种权力会在社会经济和生态层面产生毁灭性影响。在严格的新自由主义条约下，有条件的救助贷款不仅会导致永久性紧缩，而且也会造成公共资源的大规模私有化和内部贬值。这就引发了不可接受的社会和生态退化。

在对世界资本主义当前发展动态作一概述的基础上，我们现在需要深入分析一下国家—资本关系以及当前正在演变的世界秩序（或失序），以便就社会运动和社会变革斗争作出结论。

资本—国家关系、地缘政治和全球治理

跨国（全球）资本主义的主要原则和相关的极权资本主义概念往往能通过历史证据得到验证。尽管存在经济动荡和危机，但资本的全球化和跨国积累却从未停止脚步。危机可能会影响某些形式的跨国资本流动，但借助于整合生产资本、商业资本和金融资本的特定循环，资本总体上是在不断扩张并在全球占据了主导地位。资本的这种跨国扩张和积累既可被理解为资本扩张本性的一种反映，又可被视为越来越多的跨国资产阶级推动的一个工程，目的是提高盈利能力和克服积累危机。共同利益日益得到巩固和跨国社会阶级的形成方面也存在充足的证据。随着资本的跨国扩张而迅速壮大的跨国资产阶级常会主导和制定基本政策，以便为推进全球积累资

本和保护市场力量创造条件（Harris 2013，2014）。跨国机构、国际组织与主要民族国家共同为这些政策的制定和实施提供了服务，但它们本身在很大程度上是由新兴和日益壮大的跨国资产阶级来决定和支配。这些跨国机构和国际组织包括国际货币基金组织、世界银行、世界贸易组织、联合国和经济合作与发展组织，共同构成了新兴的跨国国家。正如前文所述，现有的民族国家并没有消亡，而是彻底转型和融入了这一新兴跨国国家（另见 Robinson 1996，36；Held 2000）。大量证据表明，促进新兴跨国资产阶级和资本整体利益的主要政策正是在这种跨国国家的背景下确定和形成的。尽管一些理论提出了反对意见（Bieler and Morton 2013/2014），但可以指出的是跨国国家是一种新出现的现实，内化了所有的阶级力量和资本主义生产关系日益国际化所导致的政治紧张局势。国际评级机构以及主要跨国机构——比如对希腊等国实施有条件救助计划的三驾马车（欧盟、欧洲央行和国际货币基金组织）的作用不仅证实了资本主义的跨国发展和民族国家主权的退化，而且也验证了跨国金融资本的支配地位。它们还展示了当今极权资本主义的强迫性和残酷性。毫无疑问，新兴跨国国家与现有民族国家之间不断发展的辩证关系主要取决于跨国资本的物质需求和变革能力。通过这种辩证张力，"一种将国家关切与跨国优先结合在一起的混合体系正在出现"（Harris 2013）。

在这种跨国资本主义的背景下，我们应考虑与资本主义的实际发展具有辩证关系的相关理论方法或论述。除了之前提到的一些理论外（自由主义全球化、帝国主义和帝国），我们还有必要对两种正在引发广泛关注的理论观点（地缘政治和全球治理）展开批判性研究。

苏联解体和美国逐渐衰落后，金砖国家（巴西、俄罗斯、印度、中国和南非）的崛起以及国家或地缘政治矛盾的加剧（部分原因是最近的经济危机）促使一些学者将注意力集中到了地缘政治方面（Desai 2013；Fouskas and Dimoulas 2013；Fotopoulos 2014）。这一趋势在很大程度上是对资本主义的激进批判与当前跨国自由主义霸权下的自由现实主义倾向的一种融合，而跨国自由主义"具有多中心主义和扩张主义的特征，而且可能也不稳定"（Agnew and Corbridge 1995，205）。与欧元区当前危机和其他国际冲突有关的大量证据表明，文化/意识形态因素可能会引发民族主义倾向，这可能在一定程度上为帝国主义内部对抗再次复苏的假说提供了支持。然而，地缘政治仍是依附于国家中心主义，在盲目崇拜民族国家、公然将国际关系政治化的同时，却忽视了跨国机构的发展、潜在的资本主义生产关系以及资本主义持续占据主导地位的影响。此外，在将民族国家和地缘政治集团视为世界经济的代理单位的同时，地缘政治还忽略了更具体的阶级分析，而且未能充分解释为什么俄罗斯的跨国资产阶级会与金砖国家和欧亚联盟计划背道而驰，选择了自由贸易国际主义（Fotopoulos 2014）。地缘政治冲突得到公然强调的同时，合作潜力却在很大程度上受到了忽视。这种方法的一些倡导者指出了世界多极化的发展趋势，并将这种趋势称为世界资本主义变得更平衡、更民主的条件。下面这句话将这一站不住脚的信念表述得特别清楚："这种安排有望创造一个更公平、更多产和更平等的世界，以及更具文化活力和环境可持续性的社会。"（Desai 2013，18）虽然这种多极化在某些方面可能比两极对峙或单极帝国更可取，但只要资本主义生产方式占据主导地位，并据此确定了国家结构和政策，主流世界秩序的特征就很可能是发展不均衡、不平等加剧、侵略性压迫、社会生态动荡和野蛮主义（另见 Bonefeld 2008）。虽然如此，我们也不应忽视地缘政治作为社会再生产的重要方面和催化剂，对资本在全球层面的支配地位的促进或破坏作用（Fouskas and Dimoulas 2013）。

一些研究人员认为，快速全球化导致了去领土化的加剧（Agnew and Corbridge 1995，5，129；Sassen 2013），这反过来又强化了对更合理的新型治理方式的需求和寻找。资本主义官员和首席执行官经常强调跨国监管和全球治理的必要性（Held 2000；Harris 2013）。正如相关文献所言，近几十年来跨国自由主义盛行的霸权"具有多个中心，因为现代地缘政治经济中的权力不再由民族国家垄断"（Agnew and Corbridge 1995，205）。然而应当指出的是，许多资源（矿物、能源、水和粮食）日益变得短缺，意味着即使没有进一步增加，资源的可得性和地理空间的重要性总体而言仍然存在。因此，领土仍是资本积累快速全球化过程中的一个关键因素（另见 Swyngedouw 1992；Lacher 2005；Paranti 2015）。但是，民族国家和国家主权在组织和利用领土方面的作用日益减弱。现在，最重要的正是资本的日益国际化，推动了特定地理位置的领土和资源的重组和利用。凯恩斯国家干预主义的衰落以及市场力量和新自由主义的主宰已通过市场和跨国制度机制，或多或少地导致了资本对经济和社会的直接调控。从这个意义上讲，我们已朝着更分散的治理方式迈进了一步。

治理是对这种跨国资本主义急剧重组的一种反映，拥有多个定义。其中一个定义认为，"治理"是"一系列促使决策和协调超越正式的政府机构，并能在地方、国家、跨国或全球层面运作的复杂实践和制度"（Isakhan and Slaughter 2014，5；另见 Held 2000）。从这个意义上理解，"治理"比"统治"要宽泛得多，涉及更分散（去中心化）的决策，而且企业资本和公民社会的作用越来越大。但是，我们应指出的是，与这种新自由主义治理的主流观点相反，通过市场力量的无形之手和模糊的资本集中和积聚过程，资本主义控制正在迅速集中化。这种集中化控制和治理与我们极权资本主义的整体概念相吻合，主要是通过新兴的跨国国家机制来运行。

当然，治理拥有多个实践和理论特征，可从两个方面着手。一方面，作为强大社会力量尤其是企业资本的一种积极构建，需要对现有的国家和非国家机构进行控制和利用，以促进政策的实施和利益的获取。另一方面，作为一种提倡所有公民或所有利益相关者在设计和推广公共政策时，进行民主参与和（或）审议的规范性方法，而不去挑战潜在的经济和社会结构（Isakhan and Slaughter 2014）。我们还可从两个截然不同的观点来设想改变治理的所有努力或斗争。第一个观点涉及跨国企业资本战略、新兴跨国国家以及占据主导地位的私有化和"封闭"新自由主义政策；另一个涉及所有要挑战当前资本的支配地位，为社会的革命性重组和另一种完全不同的社会生态治理而斗争的社会力量（大多数劳动者）（Gill 2015）。

在这两种观点之间，一些社会力量、运动和研究学者正在努力推动有关决策程序、国家机构、国际组织和社会广泛参与的改革，以更有效地应对一些更尖锐的社会和生态问题。与占据主导地位的新自由主义治理相反，有人认为：

> 民主的核心问题是，准政府组织和私人组织网在新自由主义意识形态的驱使下逐渐兴起，意味着由专家设计和制定的公共政策领域越来越多，而公众却没有参与其中。（Isakhan and Slaughter 2014，6；另见 Frödin 013）

同样，非民主的去政治化也可在欧盟的背景下得到证实（Macartney 2014）。

但是，在当前的社会经济背景下，应该强调的是国家或国际层面的改革只能缓和资本主义内部的矛盾和调整，而不会严重影响资本的逻辑本身以及这种逻辑所塑造的社会与自然的辩证关系。尽管一些运动或非政府组织要求进行全球环境改革并正在为此奋斗，但到目前为止这些改革所产生的影响非常有限，因为资本仍决定着国家政策以及国际组织的相关政策——比如联合国可持续发展委员会、联合国环境规划署以及联合国贸易和发展会议。期望对这些组织及其政策的改革能够满足全球急剧变化的要求，以确保环境的可持续性，是一个充满了逻辑矛盾和乌托邦式的观点。当前在资本的庇护下，社会生态治理的重新配置和正在形成的世界秩序必然具有这样的特征：不对称加剧、等级化强制、不稳定以及反社会/反生态的野蛮主义。这是一个失序的世界，社会苦难、暴力、恐惧和难民绝望地大规模流动是其标志。只有通过挑战资本的逻辑以及民族国家和国际组织的相关组织原理，我们才能期待社会关系的有效重组以及完全不同的社会自然的辩证新陈代谢。当前的社会生态危机表明，资本作为一种生产方式以及民族国家和国际组织的相关政策，最终结果都是惨败。我们所需要的只能是革命性变化。

在社会和生态领域，危机的加剧和世界资本主义的严重失败，以及其对自然社会新陈代谢的破坏性影响，从根本上减少了在全球范围内建立新霸权的机会。这种霸权的缺失为越来越多的暴力充当新社会组织的助产士提供了空间，这可能会构成新霸权与和谐世界秩序的基础。

一种本质上存在差异的世界秩序和社会生态治理，将会以占据主导地位的生产方式和社会组织发生根本性转变为前提。这是与现存世界秩序作斗争的社会力量的任务（Wallerstein 2000）。这些构成社会变革动因的力量包括大多数工人阶级及其盟友（另见 Liodakis 2012a）。全球社会变革任务的实施，不仅需要考虑到与当前社会结构相关的客观条件和限制，还要考虑到科学技术发展所创造的潜力和人类社会对更美好世界的渴望。毫无疑问，考虑到辅助性原则以及民主控制和生态可持续性的优点，我们需要在一个全新基础上审议和解决组织规模从地方扩大到全球的问题。摆脱狭隘地方主义和民族主义的蒙蔽后，这种革命性转变的战略战术将会大大受益于我们通过分析当今世界资本主义所得出的结论。

总结：努力推动社会超越资本主义

鉴于有关世界资本主义发展近况的研究越来越多，我们需要探寻失败的根本原因，以便在全球层面成功解决目前所面临的主要问题。这些问题包括：日益加剧的经济危机和社会困境、生态破坏、宗教极端主义、极右狂热主义和野蛮主义、战争和恐怖主义、大规模的移民潮，以及需要在各个层面进行的社会生态调控。我们无疑会将资本主义生产方式视为所有失败的主要原因，并据此进一步了解有关可促使社会超越资本主义的组织形式、战术和战略。

因此，现在迫切需要在全球层面对资本主义发起一场革命性挑战。从历史上看，局部改革、主题运动和间质性战略（即使有时候必要）已被证明不足，而且在当前条件下仍会如此。我们还需要全面对抗资本，即使这种对抗可能在时间和地理层面不均衡。如果不面对主要原因，我们就不可能解决上面列出的所有问题，或遏制来自资本主义本身的帝国主义行径。没有正义，就不会有和平；而有了资本主义，就一定不会有和平！

这种社会主义/共产主义转型的运动和斗争必须从战略上摆脱国家中心主义（即全球资本主义时代民族国家的理论具体化），以及摆脱各个层面（地区或全球）一切国家形式的束缚。由于与国家中心主义存在联系，传统改良主义（社会民主主义）、当代改良主义（其中包括"希腊激进左翼联盟"和类似的议会潮流或社会运动）以及传统马克思主义的一些倾向造成了重大的历史挫折。作为阶级统治的形式，他们常会选择爱国主义和阶级妥协，而不是拆除、粉碎或彻底改变国家机制。这种妥协通常萌发于一种天真的信念，即这种改良主义可能导致权力平衡发生内部变化，将国家机器用作社会变革的手段，而不会从根本上挑战资本主义权力和统治的机制。

这样一种阶级妥协会优先考虑和推崇民族主义，同时间接加强了反动的"社会性爱国主义"（social-patriotism）和极右意识形态。这种以意识形态为框架的民族主义，倾向于背离以辩证唯物主义为基础的科学批判和必要的阶级方法和战略。即使在一定情况下（比如欧盟），从战术层面来看有必要实现民族独立和退出资本主义"封闭",但应始终优先考虑阶级战略和社会解放斗争。这在当今的极权资本主义时代更是如此——资本与劳动的基本矛盾在全球层面进一步加剧,迫切需要阶级团结和共同展开跨国斗争(Liodakis 2012a; Bieler 2014)。

占据主导地位的资产阶级和民族主义意识形态常会破坏这种阶级团结和新兴跨国工人阶级的阶级意识,从而使这个阶级的一个(民族)组成部分与另一个对立起来。目前,德国(债权国)工人阶级和希腊(高债务国家)工人阶级之间的关系显然就属于这种情况。相关宣传既掩盖了共同的阶级利益和应对当前危机的先决条件,也遮蔽了跨国资本不同部门之间不断演变的矛盾,而这种矛盾常会引起民族和欺骗性意识形态上的冲突。另外,尽管资本仍在"分而治之",但越来越清楚的是,社会权力的独裁机制以及国家和跨国国家机构为支持跨国资本利益而推行和实施的政策,牺牲或破坏了绝大多数社会民众的利益和福祉(另见 Wallerstein 2000)。这一根本矛盾揭示了现有社会组织的合理性,让绝大多数社会民众的直接和间接敌人日益变得明显。

但是,工人阶级和绝大多数社会民众对世界的理解在很大程度上取决于相关理论、当前的政治经济以及大众传媒的角色。如今,主流理论和大众传媒常会掩盖资本主义生产方式的作用和重要性。因此,它们会促使将当前的混乱和野蛮当作一种自然状态和宿命来接受,同时误导出错误或破坏性的政策,甚至是暴力冲突和战争。要改变这种状况,不仅需要对相关的政治经济学进行彻底的理论和方法再定位,而且还需要通过社会控制促使大众传媒转变态度。

然而,更好地了解这个世界还不够,关键是要改变它,这就需要一种足以胜任这项任务的社会变革动因(或运动)。可触发这种变革的运动目前并不存在,而且尚未开始形成。新兴的跨国工人阶级远未意识到自己是一个阶级。当然,工人阶级作为社会变革的主要推动者,他们的能力和优势还需得到大力发展,但眼前的任务十分紧迫!加强教育和提供更多的社会科学信息可能非常重要,但更关键的是阶级意识和团结观念,这些只有通过共同奋斗才能培养起来。为此,我们需要重新考虑——或许还需彻底改变——社会运动(尤其是左派)的组织原则和做法。

参考文献

Agnew, J., and S. Corbridge, 1995, *Mastering Space: Hegemony, Territory and International Political Economy*, London: Routledge.

Baumann, R., and K. Dingwerth, 2015, "Global Governance*vs* Empire: Why World Order Moves towards Heterarchy and Hierarchy", *Journal of International Relations and Development*, 18 (1), pp. 104 – 128.

Bieler, A., 2014, "Transnational Labour Solidarity in (the) Crisis", *Global Labour Journal*, 5 (2), pp. 114 – 133.

Bieler, A., and D. Morton, 2013/2014, "The Will-o'-the-Wisp of the Transnational State", *Journal of Australian Political Economy*, No. 72, pp. 23 – 51.

Bonefeld, W., 2008, "Global Capital, National State, and the International", *Critique*, 36 (1), pp. 63 – 72.

Burbach, R., and W. Robinson, 1999, "The Fin De Siecle Debate: Globalization as Epochal Shift", *Science & Society*, 63 (1), pp. 10 – 39.

Callinicos, A., 2009, *Imperialism and Global Political Economy*, London: Polity.

Carroll, W. K., 2010, *The Making of a Transnational Capitalist Class: Corporate Power in the 21st Century*, London/New York: Zed Books.

De Angelis, M., and D. Harvie, 2008, "Globalization? No Question! Foreign Direct Investment and Labor Commanded", *Review of Radical Political Economics*, 40 (4), pp. 429 – 444.

Desai, R., 2013, *Geopolitical Economy: After US Hegemony, Globalization and Empire*, London: Pluto Press.

Emmanuel, A., 1972, *Unequal Exchange*, New York: Monthly Review Press.

Foster, J. B., 2000, *Marx's Ecology: Materialism and Nature*, New York: Monthly Review Press.

Foster, J. B., and H. Holleman, 2014, "The Theory of Unequal Ecological Exchange: A Marx-Odum Dialectic", *The Journal of Peasant Studies*, 41 (2), pp. 199 – 233.

Foster, J. B., B. Clark, and R. York, 2010, *The Ecological Rift: Capitalism's War on the Earth*, New York: Monthly Review Press.

Fotopoulos, T., 2014, "BRICS and the Myth of the Multipolar World", *International Journal of Inclusive Democracy*, http://www.inclusivedemocracy.org/journal/vol10/vol10_no1-2_BRICS_and_the_myth_of_the_multipolar_world.pdf.

Fouskas, V., and C. Dimoulas, 2013, *Greece, Financialization and the EU: The Polit-*

ical Economy of Debt and Destruction, Basingstoke: Palgrave.

Frödin, O., 2013, "Political Order and the Challenge of Governance: Moving beyond the Nationalism-Cosmopolitanism Debate", *Distinktion: Journal of Social Theory*, 14 (1), pp. 65 - 79.

Gill, S., ed., 2015, *Critical Perspectives on the Crisis of Global Governance: Reimagining the Future*, London: Palgrave.

Hardt, M., and A. Negri, 2000, *Empire*, Cambridge, MA: Harvard University Press.

Harris, J., 2013, "Translateral Politics, Class Conflict, and the State", *Globalizations*, 10 (5), pp. 731 - 746.

Harris, J., 2014, "Transnational Capitalism and Class Formation", *Science & Society*, 78 (3), pp. 312 - 333.

Harvey, D., 2003, *The New Imperialism*, Oxford: Oxford University Press.

Held, D., 2000, "Regulating Globalization? The Reinvention of Politics", *International Sociology*, 15 (2), pp. 394 - 408.

Isakhan, B., and S. Slaughter, 2014, "Introduction: Crisis and Democracy in the Twenty-First Century", in *Democracy and Crisis: Democratising Governance in the Twenty-First Century*, edited by B. Isakhan and S. Slaughter, Basingstoke: Palgrave, pp. 1 - 22.

Kaelberer, M., 2014, "Sovereign Debt or Balance of Payments Crisis? Exploring the Structural Logic of Adjustment in the Eurozone", *Journal of Balkan and Near East Studies*, 16 (4), pp. 419 - 436.

Kiely, R., 2010, *Rethinking Imperialism*, London: Palgrave.

Kiely, R., 2014, "Imperialism or Globalisation? Or Imperialism and Globalisation: Theorising the International after Rosenberg's 'Post-mortem'", *Journal of International Relations and Development*, 17 (2), pp. 274 - 300.

Lacher, H., 2005, "International Transformation and the Persistence of Territoriality: Toward a New Political Geography of Capitalism", *Review of International Political Economy*, 12 (1), pp. 26 - 52.

Liodakis, G., 1990, "International Division of Labor and Uneven Development: A Review of the Theory and Evidence", *Review of Radical Political Economics*, 22 (2 - 3), pp. 189 - 213.

Liodakis, G., 2005, "The New Stage of Capitalist Development and the Prospects of Globalization", *Science & Society*, 69 (3), pp. 341 - 366.

Liodakis, G., 2010, *Totalitarian Capitalism and Beyond*, Farnham: Ashgate Publishing.

Liodakis, G., 2012a, "Crisis, the Emerging New Stage of Capitalism, and the Need of a Transnational Class Strategy for Social Emancipation", *International Critical Thought*, 2 (1), pp. 7 – 22.

Liodakis, G., 2012b, "Transformation and Crisis of World Capitalism: Long-Run Trends and Prospects", *Presented at the Conference "Political Economy and the Outlook for Capitalism"*, Paris, July 5 – 7.

Liodakis, G., 2013, "Considering (Economic and Ecological) Crisis from a Communist Perspective", *Perspectives on Global Development and Technology*, 12 (1 – 2), pp. 194 – 218.

Liodakis, G., 2016, "An Exploration of Scarcity in Historical Perspective", *Science & Society*, 80 (2), pp. 221 – 247.

Macartney, H., 2014, "The Paradox of Integration? European Democracy and the Debt Crisis", *Cambridge Review of International Affairs*, 27 (3), pp. 401 – 423.

Marx, K., 1967, *Capital*, Vol. 1, New York: International Publishers.

Marx, K., 1973, *Grundrisse*, New York: Penguin.

Moore, J. W., 2011, "Transcending the Metabolic Rift: A Theory of Crises in the Capitalist World-Ecology", *Journal of Peasant Studies*, 38 (1), pp. 1 – 46.

Moore, J. W., 2015, *Capitalism in the Web of Life: Ecology and the Accumulation of Capital*, London: Verso.

Overbeek, H. 2012, "Sovereign Debt Crisis in Euroland: Root Causes and Implications for European Integration", *The International Spectator*, 47 (1), pp. 30 – 48.

Panitch, L., and S. Gindin, 2012, *The Making of Global Capitalism: The Political Economy of American Empire*, New York: Verso.

Parenti, C., 2015, "The Environment Making State: Territory, Nature, and Value", *Antipode*, 47 (4), pp. 829 – 848.

Postone, M., 1993, *Time, Labor, and Social Domination: A Reinterpretation of Marx's Critical Theory*, Cambridge: Cambridge University Press.

Radice, H., 2000, "Globalizations and National Capitalisms: Theorizing Convergence and Differentiation", *Review of International Political Economy*, 7 (4), pp. 719 – 742.

Robinson, W., 1996, *Promoting Polyarchy: Globalization, US Intervention and Hegemony*, Cambridge: Cambridge University Press.

Robinson, W., 2001, "Social Theory and Globalization: The Rise of a Transnational State", *Theory and Society*, 30 (2), pp. 157 – 200.

Robinson, W., 2001/2002, "Global Capitalism and Nation-State-Centric Thinking—

What We Don't See When We Do See Nation-States: Response to Critics", *Science & Society*, 65 (4), pp. 500 – 508.

Robinson, W., 2004, *A Theory of Global Capitalism: Production, Class, and State in a Transnational World*, Baltimore, MD: Johns Hopkins University Press.

Robinson, W., and J. Harris, 2000, "Towards a Global Ruling Class? Globalization and the Transnational Capitalist Class", *Science & Society*, 64 (1), pp. 11 – 54.

Rosdolsky, R., 1977, *The Making of Marx's "Capital"*, London: Pluto Press.

Sassen, S., 2013, "Land Grabs Today: Feeding the Disassembling of National Territory", *Globalizations*, 10 (1), pp. 25 – 46.

Saull, R., 2015, "Capitalism, Crisis and the Far-Right in the Neoliberal Era", *Journal of International Relations and Development*, 18 (1), pp. 25 – 51.

Shaikh, A., 1979, "Foreign Trade and the Law of Value (Part Ⅰ)", *Science & Society*, 43 (3), pp. 281 – 302.

Shaikh, A., 1980, "Foreign Trade and the Law of Value (Part Ⅱ)", *Science & Society*, 44 (1), pp. 27 – 57.

Smith, N., 2003, *American Empire: Roosevelt's Geographer and the Prelude to Globalization*, Berkeley and Los Angeles, CA: University of California Press.

Swyngedouw, E., 1992, "Territorial Organization and the Space/Technology Nexus", *Transactions of the Institute of British Geographers*, 17 (4), pp. 417 – 433.

Teschke, B., and H. Lacher, 2007, "The Changing 'Logics' of Capitalist Competition", *Cambridge Review of International Affairs*, 20 (4), pp. 565 – 580.

Vidal, M., P. Adler, and R. Delbridge, 2015, "When Organization Studies Turns to Societal Problems: The Contribution of Marxist Grand Theory", *Organization Studies*, 36 (4), pp. 405 – 422.

Wallerstein, I., 2000, "Globalization or the Age of Transition? A Long-Term View of the Trajectory of the World-System", *International Sociology*, 15 (2), pp. 249 – 265.

(此文原载于英文期刊 *International Critical Thought*
《国际思想评论》2016 年第 6 卷第 3 期)

全球性国家的冲突

[捷] 马雷克·赫鲁贝奇[*] 著　李仙飞[**] 译

摘　要：全球性冲突，无论是经济冲突、政治冲突、文化冲突还是军事冲突，都是世界互动时代的重大挑战。本文着重探讨随着全球资本主义不断发展而可能促成的全球性国家所引发的冲突和危险。它试图尽可能广泛地捕捉这些一体化的趋势，不仅是为了澄清它们在最近几十年的形态和潜力，而且也是为了借此揭示全球性冲突发展进程中的主题领域。我们需要应对以如下形式呈现的、潜在的全球性趋势：全球同质化、超国家的威权主义和世界大战。我们需要通过多个层面的（地方层面的、国家层面的、宏观区域层面的和全球层面的）安排来制定适切的、规范的解决方案。本文强调指出，对全球性国家之消极和积极方面的分析以其复杂的批判性概念为前提。它阐明了对全球性国家承认（误识）之批判性理论的基础。最后，本文阐明，在冲突地区和边缘地区，全球贫困人口成为社会变革的潜在新主体如何能够促进冲突和危险的积极发展和解决。

关键词：全球性国家；全球资本主义；冲突；批判理论；承认

---

[*] 马雷克·赫鲁贝奇（Marek Hrubec），捷克科学院哲学研究所全球研究中心主任及道德与政治哲学系主任，同时任教于布拉格查尔斯大学。2014—2015 年，曾担任东非之星大学（East Africa Star University）校长。赫鲁贝奇已就社会与政治公正、全球性冲突、跨文化对话、发展与全球贫困等主题发表过多篇文章，最重要的著作是《从误认到正义：全球社会与政治的批判理论》（捷克语，2011 年版），最近的著作是《正义与承认》[与尼塔马尔·德奥利维拉（Nythamar de Oliveira）、埃米尔·索博特卡（Emil Sobottka）和乔瓦尼·萨韦德拉（Giovani Saavedra）合著，2015 年版]。他曾在欧盟、美国、中国、俄罗斯、巴西、智利、伊朗、印度、越南、新西兰等国家讲学。

[**] 李仙飞，厦门大学马克思主义学院副教授，澳大利亚新南威尔士大学哲学系访问学者，主要从事政治哲学和美学研究。代表性译著有《尼采的伟大政治》（商务印书馆）、《作为社会建构的人权》（中国人民大学出版社）、《每个人的自由发展》（人民出版社）。

导　言

　　全球性冲突，无论是经济冲突、政治冲突、文化冲突还是军事冲突，都是世界互动时代的重大挑战。本文着重探讨随着全球资本主义不断发展而可能促成的全球性国家所引发的冲突和危险。从长远的历史远景来看，一种平缓的全球一体化正在行进之中，领土冲突正在不断加剧，作为人类文明发展中的技术（非）理性的一部分的一体化也在不断地增强，涵盖了通信、交通、经济、文化以及相互交流的其他方面。部落的领地逐渐扩展为国家的领土，继而扩展为更大疆域的帝国，进而是拥有殖民地的帝国，再往后是宏观区域，最后扩展到整个新兴的星球，即全球一体化（Chase-Dunn and Lerro 2013）。然而，扩展着的全球一体化在历史上确实是以线性的方式发生的。一波全球化浪潮之后通常是一定程度的去全球化，此后又会出现更进一步的、更大规模的全球一体化。其间，去全球化不仅会导致国家或帝国的行政碎片化，而且通常还会引发经济危机和战争。当某些帝国或整个文化的瓦解意味着人类文明连续倒退时，与之相伴随的是全球一体化的某种更为强劲的复苏，这个循环也会在更高的水平上重复。于是，从整体和长远角度来看，在人类文明的进程中，经由这种动态发展，出现了某种不断增长的区域一体化，伴随着各式各样的上升和下降的浪潮，最终形成了一种囊括整个星球的全球一体化。

　　透过形形色色的冲突看到全球性互动和区域一体化如何得以发生的总体面貌是非常重要的（Robinson 2014，2003）。我试图尽可能地捕捉这些一体化趋势，不仅是为了阐明它们在近几十年的形态，而且也为了揭示全球一体化进程的主题领域，这些主题领域在去全球化的修正之后可望得以生效。

　　全球性国家的冲突和危险，往往在当代新兴的跨国资本主义国家的基础之上进一步发展（Sklair 2001；Robinson and Harris 2000；Harris 2008）。它们一方面与运输、通信、控制和战争等新技术的发展相关，另一方面也与尚未解决的、以误识为背景的经济、政治、军事和文化冲突存在着关联。

　　具体说明这些问题是冲突后社会（战后社会或碎片化社会）得以更公

正地和更和谐地复兴的先决条件。在将来,人们有望能生活在更为地方性的社区之中,在那里他们将能够在相互承认、平等、公正和辅助性原则的基础上生发参与式的生产者—消费者组织(Sklair 2009a,2009b;Scheuerman 2012;Delanty 2009;Linklater 2007)。但是,在此之前,全球资本主义的推动者将会竭尽全力地发展他们的体系。这可能孕育出充满冲突和危险的全球性国家。本文正是针对这一主题展开探讨的。

在本文中,我将说明与技术发展的矛盾相伴随的全球性国家的一种承认之批判性理论的基础(Hrubec 2011),并会将重点放在全球性国家可能具有的劣势和优势层面。由于历史的发展并不均衡,我们因而需要应对全球同质化、超国家的威权主义和世界大战等潜在的全球逆转,并为此制定可能的规范性解决方案。这是以全球性国家的复杂概念为前提的。在本文的最后,我将阐明,在冲突地区和边缘地区,全球贫困人口成为社会变革的潜在新主体如何能够促进冲突和危险的积极发展和解决。

承认全球性国家的批判性理论基础

我将重点放在反乌托邦式的主题上,即潜在的、动荡的全球趋势,它开启了对发展风险和管理这些风险的规范方法的探讨。仅仅分析过去和目前的发展趋势及其对可预见的未来的影响是不够的,还必须指出这些趋势在更久远的时限中的潜在结果。另外,也有必要以一种富有成效的方式重新思考问题丛生的未来文明趋势。这意味着要克服当代国际秩序概念的不足之处。我们需要一种比全球多层次的安排(尤其是其所促成的某种全球性国家)更强大的整合并放眼全球的超国家互动的概念。全球资本主义经济、政治和安全风险发生的跨国变化需要一种跨国反应,从而建立能够消除这些风险的宏观区域体制结构以及全球体制结构。人们近几十年来倾注了大量关注的全球治理(Held and Koenig-Archibugi 2005;Held 1995;Held and McGrew 2003),只是反映了一种不充分的可能性,这种可能性的全面发展就是某种全球性国家。这个问题必须在理论层面加以处理。

新兴跨国国家和各种全球互动的真正发展,已达到了可以实现某种恰如其分的、超国家的全球秩序之多样形式的阶段。然而,由于诸多的批评和要求,这种趋势还未发展到我们可以考虑合法地建立一个全球性国家的地步（Wendt 1999，2003；Shaw 2000；Lutz-Bachmann and Bohman 2002；Linklater 2010）。

我将从全球资本主义批判理论的角度出发，并依据一种为承认而斗争的概念，着重探讨全球性国家所能带来的全球性冲突及其危险（Hrubec 2012）。承认的批判性理论家阿克塞尔·霍耐特（Axel Honneth）和亚历山大·温特（Alexander Wendt）分别提出了共同体之中人们之间的社会承认的哲学基础（Honneth 1995，2011）和全球性国家的概念（Wendt 2003），但我们必须对他们的分析进行重新表述和发展，才能反映包括莱斯利·斯克莱尔（Sklair 2001）、杰瑞·哈瑞斯（Harris 2008）和威廉·罗宾逊（Robinson 2014）等人在内的全球资本主义批判学派所阐述和分析的问题。

阿克塞尔·霍耐特（Axel Honneth）以相对朴素和规范的方式描绘了当前发展的未来机遇，并由此揭示了在发展社会承认模式方面有助于解放的某种微弱的潜能；而我预先假定了一个更高要求的规范潜力，它描绘了对社会现状的更强有力的和恰如其分的批判，并为承认在今后进一步的适当发展提供了选择的余地。但是，在另一方面，一些作者预期承认的这种规范潜力得到如此广泛发展以至于可能会面临截然相反的条件性的问题：与社会现实的发展及其社会批判的实证联系相对较弱。亚历山大·温特（Alexander Wendt）提出的承认理论就属于这种情况，尤其是全球性国家这个概念（Wendt 1999，2003）。

比较霍耐特和温特的承认理论尤其需要某种跨代发展的概念规范，因为他们对这一点的思考导致了截然不同的结论。与霍耐特不同，温特捍卫了意向性目的论这一更有力的历史原则，这项原则为发展提供了更多动力，即建立一个全球性国家。另外，温特还认为制度重建之后，无论是个体或是整个国家在安全方面的努力都可被列入争取承认的范畴。他坚持认为，当代国家就其自身而言似乎保持了相对稳定，但是在全球化时代，再考虑到它们之间的相互联系，真实情况并非如此。当前以民族国家为基础的国际秩序是不可持续的，因此有必要考虑用何种类型的制度来取代它。基于这一视角，当前的发展动态通往某种全球性国家：

> 我认为，从长远来看，由地域国家组成的世界并不稳定。它们可能是局部平衡的，但它们所栖息其中的世界体系却是不平衡的，解决

之道在于寻求某种全球性国家。微观层面"争取承认"和宏观层面"无政府主义文化"之间的互动，孕育了这一目标导向的机制。(Wendt 2003, 25)

与霍耐特一样，温特也将争取承认理解为试图塑造个体和群体利益，这意味着这种斗争虽然集中在思想层面，却通过物质竞争来调节。

向全球性国家过渡

现在，我们来更详细地探究一下这个问题。温特所提出的问题首先着眼于全球性国家究竟是只通过完成体系中已有的政治权威的国际化来实现，还是通过改革联合国、欧盟、国际刑事法院、世界贸易组织等机构来实现。这意味着任何机构都无法在全球范围内垄断地使用武力。他的回答是，从康德式太平洋联盟国家概念的角度来看，这样一种国家只能是一种过渡的形式，因为这一体系最终将会导致一种全球层面的武力垄断（Higgott and Brasset 2004；Higgott and Ougaard 2002）。

这里的基本论点是，将当前的国家形态转变为全球性国家有赖于三个重大变革（Wendt 2003, 22, 23）。第一，一个全球性国家将需要某种"普遍的安全共同体"（Wendt 2003, 22）。这样一种共同体是建立在和平解决争端——而不是以军事手段为主——的基础上，这意味着个别国家必须放弃把其他国家视为存亡威胁的念头。第二，一种"普遍的安全共同体"思想与"普遍集体安全"相关联（Wendt 2003, 22），如果"普遍的安全共同体"各成员不能将威胁视为一种共同威胁，共同维护这种安全，这个"普遍集体安全"就无法实现。第三，全球性国家需要一种"普遍的超国家的权威"（Wendt 2003, 23），其基础是建立一种在世界社会看来合法的程序，以便就有组织的暴力行为做出裁定，这意味着各国必须放弃在这一领域的绝对主权。

但是，这种将当前国家形态转变为全球性国家的三点式概念本质上包含两点内容。第一点和第二点，即"普遍的安全共同体"和"普遍集体安全"实际上共同创造了一种"全球公共权力"（Wendt 2003, 23）。在这里，在基本安全层面上对某种全球性国家的整体理解，是基于在一个社会中对使用有组织暴力的垄断和对其所有成员的承认。但是，这不是向一种全新的组织形式的过渡，而只是原有组织的一次改头换面，因此应重点关注国家的新层级问题，重点关注其全球性特征，以及从国家和宏观区域一级到全球一级的过渡。如果在此框架内我们重点关注了全球性国家的形态，则无需考虑其最先进的变体（Haigh 2003；Jones 1999；Nielsen 1987）。列出一个切实可行的形态就已足够。全球性国家可能具有去中心化的形态，并且由当前国家形态的转变及其国际一体化所产生的因素组成。"普遍的安全共同体"的某种政治框架的存在，并不意味着单个的局部组件（即国家或其他实体）所共享的自治的终结；实际上，它们可能会继续一同培育全球性的共同体。即使在地方性共同体的管理下不再发生有组织的暴力行动，自治的地方性政治和文化也会继续发展。第二，原则上地方性共同体的军队可保持不变，因为没有必要建立一支全球性军队。全球共同体的武装干预将是单独的国家军队或其一部分预先确定的联合干预，就像目前地区层面和宏观区域层面的情况一样。但是，这里的关键在于这些单独的军队对基于有组织暴力的全球垄断之于全球干预的辅助作用。这并不意味着必须存在一个完全类似于一国政府的全球政府。第三，全球政府不会像一国政府那样由某一个体来领导，而是可能拥有更复杂的集体结构，需要被置于全球公共领域之内进行讨论。

德德尼（Deudney）有关全球性国家趋势的论点（其基础是一个有关保障国家安全之范围的论题），使温特等全球性国家理论家受到了启发（Deudney 2000，1995）。德德尼认为，虽然国家以前可以划地为界，但武器技术的发展已造成单个国家无法确保自身安全的局面。这些技术的破坏水平已达到单个国家无法控制的程度。一般而言，如果暴力的使用范围超出了一个国家先前的边界，由此助燃了国家之间的长期冲突，那么这个国家也必须扩大自己的领土范围——要么与他国结盟，要么将其吞并。目前，人们可使用德德尼的"单一核世界"或"核世界一体主义"的概念来阐释这一论题（Deudney 1999，2000）。核武器和弹道导弹为扩大国家疆域创造了先决条件。就像一些国家在中世纪借助火药的发明、应用及相关技术拓展了疆域一样，当前武器技术的发展也为越出国家先前的领土范围创造了条件。

这种理论解释使得新技术成为可能的领土兼并的先决条件，而历史上的技术发展总体而言在这里发挥着一种推动作用。然而，这只是一种外在的可能性，并不能将社会一体化发展的动力解释为内在条件，这种内在条件取决于各种社会群体争取社会、经济和政治承认的斗争。我们会在温特的分析中发现这些问题，他从两个方面阐明了全球性国家发展的目的论原则：第一个是微观层面，第二个是宏观层面。在这里，自下而上起作用的层面具有争取社会承认的自组织过程的形式，这是技术变革的某种结果。一个自上而下起作用的层面主要是由国际空间中的认知混乱所造成的。到目前为止，国际空间只是部分地在政治上组织起来，并部分地在法律上被制度化。这两个方面构成了安全动态发展的内部目标（Wendt 2003，4）。

这一论述可解释为在全球资本主义冲突中，各社会群体为获得社会承认而进行的斗争，其背景是技术发展的某个特定阶段。这个特定阶段的技术发展是在相对制度化的地方和国家范围内进行的，而且是在目前尚未充分制度化的跨国和全球条件下进行的。在这个新时期，单个的领土国家已无力应对新技术带来的军事威胁，这些技术的打击范围比以前更大，并且这些国家也无法确保自己的领土安全。鉴于此，它们必须重新划定疆界，推动了更大程度的全球一体化。

令人喜忧参半的技术发展

温特提出的概念含蓄接受了霍克海默（Horkheimer）和阿多尔诺（Adorno）在其典范之作《启蒙辩证法》（Horkheimer and Adorno 2007）中所阐述的技术发展的消极影响。但是，与他们相反，温特并没有走上拒绝技术的历史性发展的道路，而是试图挖掘其积极影响。然而，根据他的解释我们并不清楚为什么有必要接受毫无把握的技术发展。许多解释可能都需要加以考虑。

为了进行比较，可以指出的是霍耐特在其理论中并未倾向于上述任何一种情况。虽然论及跟踪调查历史发展中的无法控制的时刻，但他并未论述长远的文明之技术发展，而只是探讨了现代的社会承认模式的发展，并在其中着重分析了承认的积极模式的推广。霍耐特发现西方社会在最近几十年里取得了一些令人喜忧参半的发展，他称之为资本主义现代化的悖论。因此，按照他的解释，直接影响技术路线的是积极的或喜忧参半的社会发展，而不是消极的社会发展。

根据温特的表述，可以推断出他含蓄地提出了一个有关喜忧参半的技术发展的论题，因为尽管他批判性地评估了过去和可能出现危险的未来社会发展，但他表达了对一个具有积极特征的全球性国家的希望。这种希望也不一定与将发展视为消极的解释相矛盾。20世纪40年代，霍克海默和阿多尔诺在《启蒙辩证法》中可能采取了文明悲观主义的立场，但这种分析只着重阐释了他们对历史中的理性所作的分析的消极层面。尽管他们非常重视这个层面，但并未中断对积极层面的分析——尽管比较零碎。

鉴于迄今为止人们尚未能扭转消极的文明发展进程，如果迈向全球性国家的趋势有别于此，那么人们一定会感到吃惊。但是，在知道避免技术的消极方面进一步发展的选择并非现实的情况下，人们可能会尝试并行地促进现实中尽可能多的、积极的片段，并以一种至少能避免当前某些消极影响的方式来发展它们，而这也是威廉·舒尔曼（Scheuerman 2011）的观点。我在一定程度上遵从了他的观点，认为在这种意义上人们可能会令人信服地培养一种也许是徒劳的、但潜在地保护自我的希望，即把在积极层面进行构想的全球性国家作为一种终极手段。但是，这确实需要我们识别可能存在的风险及其解决方案。

全球同质化

全球性国家的哪些消极特征可被视为难以接受的，它们的规范性替代方案又是什么？首先，我们必须回顾一下过去二三十年来，通过企业、国际商业和金融机构形成的跨国资本主义国家的反对意见。这些主要问题的背后是经济利益，我现在要讨论的是它们所表征的危险的程度（同质化、威权主义和战争），尽管我们当然也会考虑到政治、文化、社会以及其他问题。

第一，鉴于全球共同体的潜在同质化，全球性国家可能会受到质疑。这里的危险来自于需要或必须将构成全球共同体的各式各样的共同体进行集中管理。文化和政治的多样性服从于为简化管理而建立的统一官僚程序。其结果可能是为了确保占据主导地位的经济力量，从意识形态上限制文化和政治的多元化。

一个相反的论点可能是这样的反应：一个全球性国家将只依赖中立的程序规则，这种规则不需要对特定的文化和政治取向有任何特定的倾向。但是，正如政治程序主义批判所指明的那样，这种相反的论点并不能让人信服。公民之间某种最低限度共享的政治文化和相对的经济平等，是公民认同所应遵守的规则并依此行事的必要前提。因此，全球性国家不仅需要基本的法律规则或宪法框架，还需要在政治文化和经济层面把它们确立起来。所有这些先决条件都可能导致危险的同质化趋势，而且可能造成对个别共同体的经济自主权以及个别文化和政治特性的抑制。

这些风险不应被低估。制度一体化的历史告诉我们，这些危险或多或少都会出现（Wallerstein 2006，2003）。然而，我们也不应该忽视消除同质化的尝试。国家和地方一级机构之间存在着附属共存关系。恰如国家和地方一级机构的这种并行不悖的联系，全球性国家也可通过一种联邦或联盟构架，与宏观区域机构、国家机构和地方机构并存。全球性共同体可建立在多层次的"全球性"构架的基础之上，建立在单个地方机构、国家机构和宏观区域机构的基础之上，同时在经济平等的环境中保持各个组成部分的文化和政治特性。采用这种构架，意味着放弃个别民族国家或今天被称为民族国家的宏观区域单位的绝对主权的陈旧观念。我们必须强调共享主权的理念，就这一点而言，不论是否正式承认，大多数国家都在实践中执行了这一理念——这是因为在全球互动的时代，跨国性的经济和政治压力不允许大多数国家单独行事。如果他们试图以这种方式行事，便会遭遇生死攸关的问题。唯一可能的例外是当今世界某些宏观区域国家，比如美国和"金砖四国"（巴西、俄罗斯、印度和中国）。此外，其他一些（比如来自西欧的）古老国家尽管本身实力强大，却经常不能单独采取行动；它们必须至少在一定程度上展开一致行动，接纳共享主权的原则。如果在全球性国家内能够尊重承认模式的共享最低限度的法律制度化，而且这些承认模式是建立在不同文化和政治价值观的基础之上，那么就有了全球性的保证和可能性，各种模式可以在从宏观、区域到地方的较低层次上共存。

全球威权主义

第二，一种更多、更严重的危险是全球性国家潜在的威权性质。这里的问题不只是同质化的整齐划一（如同第一种危险），而且还会涉及暴政、专制甚至极权主义因素。伊曼努尔·康德（Immanuel Kant）和汉娜·阿伦特（Hannah Arendt）已经指出了这种风险（Kant 1997；Arendt 1972）。正如卡尔·施密特（Carl Schmitt）及其继任者所言，第一阶段可能是去除政治（Schmitt 2007）。根据这种解释，权力集中于一个全球性国家将会导致没有政敌存在的局面。根据这种解释，当没有任何余地来区分敌我时，政治将不复存在。更大的危险来自高度集权化的全球性国家，并以威权统治的名义调用警察和军事力量，因为当一个或多个团体出现混乱或专政会使得全球性国家的政治家通过加强国家权力来应对真正或潜在的危险。经常或长期采用的做法，例如加强监视、限制自由或宣布紧急状态，在此就会被视为合理的应对措施。于是，全球性"利维坦"便会被称为一种必要和必需的结果。

上述风险并非无稽之谈，其中一些确实可能发生。然而，施密特对全球性国家的质疑，仅仅把政治设定在某种充满敌意的斗争的范畴之中，却忽视了公民之间对承认问题进行有教养的辩论和争论的积极可能性。施密特的政治概念确实可能会逐渐被重新设定，以保留对政治来说必要的冲突观念，但在全球性国家的情况下，我们更应将其原初的概念看作某种对政治的病态背离，这种概念表征了一种压制性的企图，把敌人之间不可调和的暴力冲突作为唯一可能的政治。

出于其他原因，反对威权主义危险的声音依然存在。一个全球性国家的确可能是摆脱某种反公民式的压制性独裁的出路，这种独裁会被以公民名义行使的威权主义力量所抑制。[1] 以公民名义进行的全球专政，将是摆脱跨国甚至全球压制性独裁的一条出路。但是，在既没有压制性独裁威胁，也没有具有辅助性原则的联邦或联盟安排的情况下，个别地方、国家和宏观区域单位将会无端遭到边缘化。正如阿伦特所言，如果全球性国家占据强势地位，人们便无从逃脱其警察和军事力量。第二次世界大战期间纳粹对各个群体的迫害并不成功，主要是因为纳粹主义未能实现世界性统治。国家与宏观区域之间的合作与竞争是运动之源，并会使权力集中在少

---

[1] 比较一下：如果我们要避免大规模的集体自杀，则必须尽快建立全球性国家，而全球性国家的建立可能必须从某种非民主的形式着手。我们将必须按照目前可行的最佳设计来着手构建一个全球性国家（Toynbee 1962）。

数人手中的企图受到某种合意的干扰。然而，对于一个本身具有辅助性的全球性国家而言，无论是联邦制还是联盟制，都不意味着威权主义的自动消失。威权主义的去除只能通过政治共同体成员的参与和决策来实现。只有他们参与从地方到全球的各级决策，才能消除威权主义。参与无需代表整个民主秩序体系，因为并非地球上的所有群体（比如各种土著群体——亚马逊印第安人或因纽特人等）都喜欢这种体系，但是参与有助于利用协商制度（大量群体成员进行投票）做决策，从而赋予相关决定以合法性。没有全球性的参与，目前存在的一些重大不公正现象将很难消除。比如，如果没有受影响者的参与，没有他们的意愿甚至是他们的反对，贫困的消除就不可能实现。

但是，这种体系必须建立在文化、政治、社会、经济和其他承认模式的历史性、长期性和全球性构架的基础之上。它们的基本形式应按照一种法律框架来加以制定，并在具有一种宪法秩序的全球性国家之中加以制定，这样的宪法秩序限制任何可能因不同种群的压力而产生的专制极端。

全球战争

第三，全球性国家的最大危险是它会引发战争。这种论证包括这样一个论点，即任何建立全球警察部队和（或）武装力量的尝试迟早都会引发战争，因为在绝对同意的情况下确立法律和秩序力量的可能性极小，某些群体迟早会反抗（Schmitt 2007）。不仅民众，而且一些不愿服从这些执法力量的地域性组织也会抵抗，并将以暴力回应全球性国家这一有组织的力量。这种回应可能会导致有限的局部战争，或者引发世界大战。

这一论点指明一种反叛，它旨在反对建立全球警察部队和武装力量的企图。这一论点基于这样一种假设：这些法律与秩序的力量是以类似于当前民族国家的方式出场的，这些国家宣称在自身领土之上可以进行暴力垄断。但是，通过联邦制或联盟制，全球性国家能够——就像温特所建议的那样——使用个别国家的部分警察和军事力量，并且仅保留相对较小的行政权力（由来自不同国家的人们来完成）。尽管我们必须从现实出发来考虑这种未来构架，并要意识到全球性武装力量可能存在的风险，但当前的形势——即一个超级大国在联合国安理会发挥主导作用，其他几个大国施加重要影响——可能比一种具有更大的多极性的全球构架更为不妙。鉴于目前的超级大国在武器和军队上的支出相对于全球而言不成比例，在未来，由于各领土单位之间的武装力量分配更加平等，局势反而会更加平衡。

与全球性国家相关的军事危险也来自于它的建立方式——逐步建立或通过革命建立。逐步出现的全球性挑战，可能导致一种非暴力的、逐步的建立方式——积极地或消极地——逐步建立一个拥有警察和武装力量的全球性国家。但是，如果一个全球性国家是通过迅猛的暴力革命建立起来的，而且是建立在一个已经发展壮大的跨国资本主义国家的威权主义基础之上，那么它受到的抵抗自然会更强。然而，如果全球性国家的出现只是对不断升级的侵略性冲突、局部战争或长期战争的一种公正反应，那么全球性国家缔造者就会把使用暴力视为一种恰当的反应。这个假设在人类历史上有一定的基础，哈贝马斯（Habermas）称其为"从灾难中学习（aus Katastrofen lernen）"（Habermas 1998）。他的观点建立在这样一个观念之上：人们通常不会从历史或理论中吸取教训，只有在经历灾难之后才能够并愿意以实际方式应对时代的挑战。出于对第一次世界大战的恐惧，人们才开始认真思考国际局势恶化的问题，并建立了国际联盟。然而，有些国家从未加入，而有些国家则在加入一段时间之后选择了退出，这个组织的力量十分薄弱。事实证明，它既无法废除许多国家的殖民统治，也无法阻止第二次世界大战的来临。只有在大萧条和第二次世界大战后，各个国家的代表才行动起来，组建了联合国，赋予其更大的权力。

也许有人会提出这样一个问题：是否有理由相信人类将会以与过去截然不同的方式前进，从而无限期地避免武装冲突？以今天的技术来看，这种武装冲突将意味着在全球范围内的军事冲突。是否有理由相信联合国能够防止另一场全球性冲突？如果不考虑最糟糕的战争情景，我们可能同样会问：在积极的情景出现之前，是否有任何理由不让全球层面的人类走向同质化和威权主义？很难对这些问题作出答复，并给出令人信服的理由。但是，正如我们对待消极的技术发展方式一样，这并不意味着放弃寻找或尝试以阻止消极情景的发生，或至少降低其负面影响。希望再渺小也还是一种希望。

全球性国家的复杂概念

  全球性国家是一个多维度的复杂概念。具体说明一个全球秩序要求我们澄清跨国和全球批判误认的具体化和承认的制度化的历史发展。除了历史层面，我们还必须考虑经济、社会、政治、法律和文化等层面。与此同时，从全球性国家是以全球性共同体为前提的假设展开分析是正确的，但不能局限于某种安全共同体。上述全球性国家的概念在很大程度上只关注了全球安全风险，而全球性国家崛起的主要合法性只与解决这些风险挂钩。它包括对新领土单位的政治和经济特性的必要规定的描述，以使新的更大的领土单位（这里我们指的是全球性国家）有着自己的特性，而不只是由先前主体的毫不相干的特性拼凑而成。在此，我们假定是各国公民逐渐变成世界公民，成为世界主义者，并逐步确立全球构架的特性。然而，我们应指明这种全球秩序还需要哪些层面的先决条件。这不仅适用于从承认理论的角度进行理解的全球性国家的概念，而且也适用于所有试图确定秩序之积极层面的全球秩序理论。从上述消极的和喜忧参半的全球事态发展来看，要在这些积极层面至少形成某种希望，就需要对全球性国家的多重维度及其消极和潜在的积极特性进行清晰的表述（Fine 2007；Beck 2006）。

  一个国家仅就范围来看具有全球性，而在其他方面（社会、经济、文化、政治、法律等）没有这种特性，只能在孕育了其逻辑的全球性冲突中存活下来。在紧张冲突时期，可以实施各种形式的战时秩序，其中包括战时资本主义、战时共产主义或其他一些战时模式。但在枪炮声沉寂之后，它们要么会被民事管理系统性取代，要么试图继续存在。不过，继续存在一段时间后，它们会在民意的压力下不可避免地被移除，否则就只会内爆。仅以安全为基础的全球性国家的设想，假定的是全球一体化趋势会迅猛发展而且万无一失，而且这些趋势具有可持续性。发展的概念——即从国际秩序向跨国和全球构架的过渡，必须通过某种对冲突发展的分析和对承认的复杂历史趋势发展进行非传统的、多维度的详尽分析来加强。对这一分析更为详尽的研究，以及对国际、跨国、超国家和全球发展趋势的其他类似定向研究，可能会成为点明全球性国家复杂而又不可分割的强项和弱项方面的途径：这既是一种可最终导致同质化、威权主义和战争的潜在威胁，也是一种可消除这些新兴全球性危险的方法。因此，自相矛盾的是全球国家既是一种威胁，也是应对这些威胁的一种希望。当然，到底哪些特定的领土争端可能会带来这些威胁仍是一个具有随机性的未来历史发展问题。

附录：作为社会变革新主体的全球贫困人口在转化冲突中的作用

在本文最后，我想解决这样一个问题：社会变革的些许新主体是否有助于减少或消除全球性国家的冲突和危险。我认为在传统的主体之外，我们还可以确定建立社会变革新主体的过程：包括工会在内的工人阶级、为和平而斗争的新社会运动、妇女权利、受歧视种族的权利、环境权利以及市民社会的关键部分等。全球贫困人口作为潜在的社会变革新主体可以发挥一些积极作用，充实跨国抵抗阶级，以及通过改变权力平衡，至少在一定程度上重塑全球资本主义和适切的全球性国家的社会、经济和政治冲突（Hrubec 2013）。也许在全球同质化、全球威权主义或全球战争的灾难发生之前，这一切都不可能发生。但在那之后，全球贫困人口作为全球社会变革的新主体，例如，在联合国建立全球议会（根据世界人口数量确定成员数目）可以有助于建立新的全球构架。

发展中国家（尤其是撒哈拉以南非洲和南亚）至少有12亿人口（按每天1.25美元计算）处于极端贫困（United Nations 2013）。他们每天都在贫困线上苦苦挣扎，希望得到食物和栖身之所。他们没有办法走上街头或者来到广场举行有效示威，就当前的经济和政治秩序提出抗议。他们大都生活在边缘地区，没有资金去旅行，例如去首都。他们即使有钱来支付路费及其他费用也毫无意义，因为包括贫困人口众多的边缘地区在内，有关全球经济和政治基本问题的决策往往是在其他地方做出的，这些地方通常是在跨国公司林立的西方富裕城市。因此，期望主要生活在发展中国家的极度贫困人口使用游行示威、罢工等传统的抗议形式，是一种以西方为中心的、源自无知或傲慢的态度。西方的传统抗议形式可能会在这些发展中国家出现，但只是一种偶尔发生的少量现象。就像在过去奴隶（他们从未被视为人类，因此所扮演的抗议者的角色也被视而不见）的反抗被忽视了一样，今天生活在极端贫困中的全球贫困人口也会被忽视，西方和许多其他国家几乎看不到他们每天在为生存而挣扎。

但是，我要说的是全球贫困人口是一个潜在的社会变革的新主体。这对许多女性来说也是一个机会，在发展中国家尤其如此。因为全球贫困人口当中大部分是妇女。他们在家庭或田间的劳作（种植粮食养活家人）在劳动力市场根本没有得到承认——好像它根本不存在似的。然而，这项工作在全世界人民从事的所有工作中占很大比例。此外，家务劳动是其他所有工作的基础和条件，因为在家庭环境缺失的情况下人们通常根本无法从事任何工作，更不可能抚养子女和繁衍后代。因此，消除贫困和保证家庭中劳动力的性别公平再分配对于妇女解放至关重要。

各种全球互动可能会给穷人带来麻烦，因为他们在全球体系中受到了跨国企业的伤害。换个角度思考，防止这种不公正的全球机会也可能出现。参与全球社会运动的非营利组织和行动者可与被跨国公司伤害的贫困人口合作，不管这个合作涉及的是受剥削的工人还是那些在被商业毒害的极端贫困环境中勉强度日的农村人口。比如，在拥有全球约三分之一贫困人口的印度（United Nations 2014, 9），他们共同要求在治外法权上承认自己的社会权利，通过司法途径向跨国企业所在国家（通常是西方国家）寻求社会权利。大多数西方国家在20世纪70年代签署人权文件之时，尤其是在签署《经济、社会及文化权利国际公约》之时，都承诺要在治外法权上承认社会权利。这些法律文件的实施在全球化时代之前几乎没有影响，但在近几十年的全球互动之中，利用这些唾手可得和具有较大影响力的法律资源已变得切实可行。

但是，如果认为全球贫困人口与社会运动和非营利组织合作便能获得改变社会和其他不公正现象的基本能力，则是一种错误。他们的活动非常重要，因为它们能引起人们对地方性误认的需求所引发的正义斗争的关注，并赋予这些需求以可追踪性。但是，不考虑经济或其他条件，仅仅凭借这些行动者来实现改变是根本不可能的。一方面，人们看到的是这些贫困人口已经被推向世界边缘，并遭到剥削；另一方面，我们可以看到贫困人口也开始参与全球消费与生产经济体系。从20世纪90年代中期开始，中国前国家主席就已提出"走出去"的口号，鼓励中国企业到海外开展更多业务。在利润率低、无法引起西方企业兴趣的领域，中国企业开始帮助兴建道路和电网、学校等基础设施，发展非洲地方经济。中国正在四处寻找矿产，寻求其商品的市场，非洲则需要投资和企业来进行开发。这样，人口双双超过十亿的非洲和中国就展开了交流。越来越多的非洲人开始参与这种合作，就像自 20 世纪 70 年代末中国开始为欧洲和美国的消费者生产商品一样（即使在这个项目中，非洲人作为生产性劳动力的整合程度较低）。这使中国变成了一个全球工厂，而这种独特的中国体制模式，自 20 世纪 70 年代末以来，使 10 多亿中国人摆脱了贫困。现在，中国正在非洲进行投资。

我们可以从多个角度来观察这一问题，其中包括从效率的角度。遗憾的是，奴隶制历史的终结并不只是因为奴隶奋起反抗，另外还有其经济效率变得低下的因素。同样，现有的西方模式也在非洲显示出了效率低下的迹象。中国正在向非洲和其他发展中地区引入新的经济机遇，并正在有效瓦解陈旧的西方模式，这种陈旧的西方模式使发展中国家不被需要的人口显得格外突出。

当然，全球贫困人口的抗议、他们对西方企业和西方国家的抵制以及对中国模式的参与都不能被理想化，因为在某些方面，他们生活水平的提高正在并将受到经济问题和环境破坏的影响。但总的来说，我们正在见证西方模式衰落背后的动力。通过新的模式，这种动力将会为数以亿计的人口带来摆脱贫困的希望，正如先前废除奴隶制所带来的积极历史变化一样。当然，目前的发展道路仍存在许多亟待解决的问题，但全球贫困人口可能会改变社会力量平衡，从而为缓解潜在全球性国家的紧张局势和冲突提供机会。

参考文献

Arendt, H., 1972, *Crisis of the Republic*, Harcourt: Mariner Books.

Beck, U., 2006, *Power in the Global Age: A New Global Political Economy*, Cambridge: Polity.

Chase-Dunn, C., and B. Lerro, 2013, *Social Change: Globalization from the Stone Age to the Present*, Boulder: Paradigm Publishers.

Delanty, G., 2009, *The Cosmopolitan Imagination*, Cambridge: Cambridge University Press.

Deudney, D., 1995, "Nuclear Weapons and the Waning of the RealState", *Daedalus*, 124 (2), pp. 209 – 231.

Deudney, D., 1999, "Geopolitics and Change", in *New Thinking in International Relations Theory*, edited by M. Doyle and J. Ikenberry, Boulder: Westview Press, pp. 91 – 123.

Deudney, D., 2000, "Regrounding Realism", *Security Studies*, 10 (1), pp. 1 – 45.

Fine, R., 2007, *Cosmopolitanism*, London: Routledge.

Habermas, J., 1998, *Die postnationale Konstellation* [The Postnational Constellation], Frankfurt, M: Suhrkamp.

Haigh, S., 2003, *The World State: Polity or Condition? Australasian Political Studies Association Conference*, Hobart: University of Tasmania.

Harris, J., 2008, *The Dialectics of Globalization: Economic and Political Conflict in a Transnational World*, Cambridge: Cambridge Scholars Publishing.

Held, D., 1995, *Democracy and the Global Order: From the Modern State to Cosmopolitan Governance*, Redwood City, CA: Stanford University Press.

Held, D., and A. McGrew, 2003, *Governing Globalization: Power, Authority and Global Governance*, Cambridge: Polity.

Held, D., and M. Koenig Archibugi, eds., 2005, *Global Governance and Public Accountability*, Oxford: Blackwell.

Higgott, R., and J. Brasset., 2004, "Building the Normative Dimensions of a Global Polity", *Review of International Studies*, 29 (1), pp. 29 – 55.

Higgott, R., and M. Ougaard, eds., 2002, *Towards a Global Polity?* London: Routledge.

Honneth, A., 1995, *The Struggle for Recognition: The Moral Grammar of Social Conflict*, Cambridge: Polity.

Honneth, A., 2011, *Das Recht der Freiheit* [The Right of Freedom], Frankfurt, M: Suhrkamp.

Horkheimer, M., and T. W. Adorno, 2007, *Dialectic of Enlightenment*, Redwood City, CA: Stanford University Press.

Hrubec, M., 2011, *Od zneuznani ke spravedlnosti: Kriticka teorie globalni spolecnosti a politiky* [From Misrecognition to Justice: A Critical Theory of Global Society and Politics], Prague: Filosofia.

Hrubec, M., 2012, "Authoritarian versus Critical Theory", *International Critical Thought*, 2 (4), pp. 431 – 444.

Hrubec, M., 2013, "An Articulation of Extra-Territorial Recognition", in *Global Jus-*

tice and the Politics of Recognition, edited by T. Burns, London: Palgrave, pp. 271 – 295.

Jones, C., 1999, Global Justice: Defending Cosmopolitanism, Oxford: Oxford University Press.

Kant, I., 1997, Perpetual Peace: Essays on Kant's Cosmopolitan Ideal, Cambridge, MA: The MIT Press.

Linklater, A., 2007, Critical Theory and World Politics: Citizenship, Sovereignty and Humanity, London: Routledge.

Linklater, A., 2010, "Global Civilizing Processes and the Ambiguities of Human Interconnectedness", European Journal of International Relations, 16 (2), pp. 155 – 178.

LutzBachmann, M., and J. Bohman, 2002, Weltstaat oder Staatenwelt? Für und wider die Idee einer Weltrepublik [World State or State World? For and against the Idea of World Republic], Frankfurt, M: Suhrkamp.

Nielsen, K., 1987, "World Government, Security, and Global Justice", in Problems of International Justice, edited by S. LuperFoy, pp. 263 – 282. Boulder: Westview Press.

Robinson, W. I., 2003, Transnational Conflicts: Central America, Social Change, and Globalization, London: Verso.

Robinson, W. I., 2014, Global Capitalism and the Crisis of Humanity, Cambridge: Cambridge University Press.

Robinson, W. I., and J. Harris, 2000, "Towards a Global Ruling Class? Globalization and the Transnational Capitalist Class", Science and Society, 64 (1), pp. 11 – 54.

Shaw, M., 2000, Theory of the Global State: Globality as an Unfinished Revolution, Cambridge: Cambridge University Press.

Scheuerman, W. E., 2011, The Realist Case for Global Reform, Cambridge: Polity.

Scheuerman, W. E., 2012, Frankfurt School Perspectives on Globalization, Democracy, and the Law, London: Routledge.

Schmitt, C., 2007, The Concept of the Political, Chicago: University of Chicago Press.

Sklair, L., 2001, The Transnational Capitalist Class, Oxford: Oxford University Press.

Sklair, L., 2009a, "The Globalization of Human Rights", Journal of Global Ethics, 5 (2), pp. 81 – 96.

Sklair, L., 2009b, "The Emancipatory Potential of Generic Globalization", Globalizations, 6 (4), pp. 525 – 539.

Toynbee, A. J., 1962, America and the World Revolution, New York/London: Oxford University Press.

United Nations, 2013, We Can End Poverty: Millenium Development Goals and Beyond

2015, New York: UN Department of Public Information.

United Nations, 2014, *The Millenium Development Goals Report 2014*, New York: United Nations.

Wallerstein, I., 2003, *The Decline of American Power: The U. S. in a Chaotic World*, New York: The New Press.

Wallerstein, I., 2006, *European Universalism*, New York: The New Press.

Wendt, A., 1999, *Social Theory of International Politics*, Cambridge: Cambridge University Press.

Wendt, A., 2003, "Why a World State Is Inevitable", *European Journal of International Relations*, 9 (4), pp. 491 – 542.

（此文原载于英文期刊 International Critical Thought
《国际思想评论》2016 年第 6 卷第 3 期）

丧钟为谁而鸣？

——资本、劳动与全球金融危机

[美] 詹姆斯·彼特拉斯[*]
[加拿大] 亨利·费尔特迈耶[**] 著
张忠胜[***] 译

摘　要：随着 2008 年所谓"全球金融危机"的爆发，世界资本主义体系遭受了一场冲击，动摇了它的根基，威胁到主要金融机构的运转和处于体系中心的经济。然而，这场危机仅带来了体系的结构调整，虽然在这一过程中摧毁了资本但同时也为新一轮的积累创造了条件。作为金融危机及其后果的主要推手和最主要的导火索，金融资本已从损失中逐渐恢复，而且处于金融核心的资本家阶级则通过公共资金对金融机构的救助而得到加强。简而言之，这场危机已被资本用作其反对劳动的阶级战争的战略优势，以进一步促进资本积累和巩固资本主义统治。关键是，与所有危机一样，这场危机对资本家阶级的领导层产生影响，使他们从危机中获利，却把成本转嫁给工人阶级，由此将（资本和国家的）系统危机转化为劳动的危机。

关键词：金融资本；金融化；全球金融危机；劳动危机

---

[*] 詹姆斯·彼特拉斯（James Petras），美国纽约州立大学宾汉姆顿分校社会学荣誉教授，加拿大圣玛丽大学国际发展研究兼职教授，著有 60 多本有关拉丁美洲和世界事务的书籍，其中包括《拉丁美洲的阶级斗争》（*The Class Struggle in Latin America*）[劳特利奇出版社（Routledge），2017 年]。

[**] 亨利·费尔特迈耶（Henry Veltmeyer），加拿大圣玛丽大学和墨西哥萨卡特卡斯自治大学发展研究教授，撰写和编辑了 40 多本有关拉丁美洲和世界事务的书籍，其中包括《帝国主义、危机与阶级斗争：资本主义的真相》（*Imperialism, Crisis and Class Struggle: The Verities of Capitalism*）[海马克特图书出版社（Haymarket Book），2016 年]。

[***] 张忠胜，中央财经大学马克思主义学院副教授。主要研究方向为《资本论》与马克思主义政治经济学、世界社会主义。著有《劳动价值论冗余论批判》（中国社会科学出版社 2018 年版）等。

极右的新保守主义和极左翼都发表了大量关于"全球资本主义危机"的文章。从这些作者的意识形态倾向来看，这些著作所阐释的原因、结果、预后和解决方法各不相同，但其实都存在这样一个共识：这场"危机"可能会终结我们所熟知的资本主义——当然是指其新自由主义的形式。毫无疑问，欧洲和美国的资本主义制度曾在一段时间（2008—2009年）受到冲击，整个体系摇摇欲坠，威胁到了主要金融机构的运行和稳定以及处于体系中心的资本主义经济的发展。然而，就像是资本主义的一种常态，这场危机仅带来了体系的结构调整，摆脱了表现不佳和孱弱的载体，在这一过程中摧毁了资本但同时也为新一轮的资本积累创造了条件。事实证明，作为金融危机及其影响的主要诱因和导火索，金融资本已从损失中恢复过来［根据国际货币基金组织，这一损失超过4万亿美元（Landler, 2009）］[1]，而处于金融核心的资本家阶级则通过阶级精英所控银行及其他金融机构获得的救助，在一定程度上得到了增强。借助于这一救助——国际货币基金组织估计至少需要1.1万亿美元的公共资金（实际上超过了3万亿美元），再加上市场在恢复精英阶层金融资产价值方面的魔力，这一精英阶层顶端的少数亿万富翁（大约1200人）不仅恢复了危机之前的金融资产价值，而且估计他们的财富至少增长了25%—37%（Landler, 2009）。[2] 此外，更重要的是，这场"危机"的政治、社会和意识形态条件还巩固了资本对劳动的支配地位，将资本危机转化成了劳动危机[3]（以及

---

[1] 据国际货币基金组织（IMF）估计，全球经济危机造成的损失为4.1万亿美元，但该数字仅包括主要银行和金融机构的直接损失。

[2] 据估计，在美国，自2008年以来，处于体系核心或顶端、近期金融危机中心的413名亿万富翁（都是男性）的财产和财富增加了约30%。在墨西哥，世界首富卡洛斯·斯利姆（Carlos Slim）的财富相较于2008年年底增加了38%。即使没有进一步研究，但很明显，对于危机后财富重组以及收入分配顶端亿万富翁俱乐部的"复苏"而言，国家政府发挥了比市场更加重要的作用。例如，加拿大为应对危机降低了企业税（从18.5%降至16%），这在表面上是为了促进生产性（创造就业）投资。显然，这些投资并没有发生，实际上发生的是，那些接受纾困、未能破产的金融机构和企业的首席执行官收到了几轮奖金。投资这些企业和机构的富裕或超富裕资本所有者成为该体系内各地政府所采取的危机应对政策、纾困和紧缩措施的主要受益者。不用说，这场作弊游戏中主要的输家是工人阶级（Landler 2009）。

[3] 对国家而言，这场危机有时以合法性危机的形式出现，例如，拉丁美洲国家如今无法证明其新自由主义全球化议程的正当性；还可能以财政危机的形式出现，例如，20世纪70年代末，南北双方几乎所有政府均无法为社会福利和经济发展项目提供资金；或出现债务危机，例如2011年，美国政府积压了14万亿美元的债务，因而无法为其活动提供资金。

某种程度上的国家职能危机)。[①]

简而言之，这场危机已被资本用作其反对劳动的阶级战争的战略优势，以进一步促进资本积累和巩固资本主义统治。这场阶级战争就像经济衰退（许多分析人士将其称为"三重危机"）一样，可追溯至20世纪70年代初的生产危机，甚至是20世纪30年代初的"大萧条"。其结果是：资本愈发集中，雇佣劳动剥削这一资本主义基本关系得到巩固，资本和劳动在财富和收入分配方面的全球鸿沟逐渐加深，以及重新激活累积过程所需的全球剩余劳动力储备得到扩大。但是，对金融资本动态（金融机构的有效/无效运作和全球治理的失败）的关注和过分强调分散了许多左翼分析人士和活动人士的注意力，导致他们无法看清更基本层面的状态（其中包括处在危机震中的美国和欧洲以及边缘地带），也无法充分认识危机对社会及发展的影响。一方面，全球金融危机就范围和规模而言远未波及全球，尽管呈现出了三维或多维特征但实质上是一种系统性的生产危机。另一方面，这场危机反映了全球经济强国［从美国和欧洲到金砖国家（巴西、俄罗斯、印度、中国和南非）］重大调整的动因与条件，以及处于体系中心的金融资本家保护自身利益、维护自己在世界资本主义生产过程中的霸权地位的努力。此外，同质性全球资本主义危机在左翼和右翼都有所抬头的趋势，忽视了全球阶级战争不同的背景、社会形态和准备阶段中，资本主义发展的社会和政治动态以及不同地区、国家和阶级内部和之间的生产力和生产关系的深刻差异。最重要的是，这也是本文的主要观点，当前的文献过于关注危机的政治经济意义，以及危机给资本带来的问题（及其原因、政策建议和战略对策），缺乏对危机在体系重组中的作用展开研究，以及相对缺乏我们可称之为"危机社会学"的研究。[②]

一　全球危机论

全球危机论的倡导者认为，世界资本主义制度从2007年开始一直到

[①] 关于危机的文献太多而无法进行引用或评论，但可参见伯贝罗格鲁（Berberoglu 2012），福斯特和马格德洛夫（Foster and Magdoff 2008，2009），吉尔斯（Gills 2011）和科宁斯（Konings 2010）。

[②] 关于"危机社会学"，参见费尔特迈耶尔（Veltmeyer 2011）。

现在愈发接近崩溃，所谓的经济复苏迹象只是一种海市蜃楼或临时避难所。他们援引了北美和欧元区的经济停滞和持续衰退（尤其是不断增长的家庭和公共部门债务，以及令人不安的青年失业问题和就业增长缓慢的问题），以及希腊等国采取的不可持续对策。这些批评人士摆出或引用的GDP数据惨不忍睹，生产和就业在负增长和零增长之间徘徊。北美和欧元区的失业率都已达到两位数，这一数据也为全球危机论提供了佐证。他们经常纠正那些通过排除兼职、长期失业工人和其他人员而低估失业人数和失业比率的官方数据。被银行逐出家门的数百万美国房奴，失业导致的贫困和赤贫人口的急剧增加，工资减少以及社会服务的取消或减少，使他们进一步强化了"资本危机"的论点。大量中小企业和地区银行破产，生产设备锈迹斑斑，以及放松管制"自由"市场资本主义等政策动态导致财富和收入过度集中，也都突显了"危机"的概念。[①]

二 全球危机：合法性的丧失

非约束性自由市场资本主义（即"华盛顿共识"所称的新自由主义）的批评人士主要通过财经媒体，提出了"资本主义合法性危机"的论调，引用的例证包括民意调查显示绝大多数人质疑资本主义制度不公正和具有破坏性影响，不平等现象日益严重，以及银行利用自身规模（"大到不能倒掉"）和以牺牲社会福利为代价来掠夺国库的操纵规则。简而言之，"全球资本主义危机"这一论调的倡导者提供的论据非常有力，证明了资本主

---

① 在美国，这种过度发展和相关"社会不平等结构"得到了最大程度的体现，自由市场资本主义的社会条件带来了极其尖锐的两极阶级分化，这可以在以下统计数据中得到体现（见 Institute for Policy Studies 2006）。2007 年，半数美国人共拥有 2.5% 的财富，而最富有的 1% 则拥有三分之一（33.8%）的财富。2000 年，金融资产（股票和债券等）仅占美国财富的 15%，而到了 2007 年，这个数字增加到了 40%。更不用说，金融资产分配尤其不均，底层 50% 的美国人拥有不到 0.5% 金融资产，而顶层的 1% 却拥有 50.9%。资本收入中，最富有的 1% 美国人占比从 1980 年的 36% 上升到 2003 年的 58%，并且仍在持续攀升。美国工人平均时薪从 1972 年的 20.06 美元下降到 2008 年的 18.5 美元，而首席执行官的薪酬则增长了近 300%（Bureau of Labor Statistics 2012；Institute for Policy Studies 2006）。1950 年，高管平均工资（仅占其薪酬的部分）与工人平均工资的比值是 30∶1。自 2000 年以来，比值激增到 300∶1 至 500∶1。仅在美国，经济衰退就减少了 800 万私营部门工作岗位，现在有 4000 万美国人靠食品券生活。根据皮尤研究中心（Pew Research Center 2010）的一项研究，18—29 岁的美国人中，大约 37% 曾在经济衰退期间失业或未充分就业。

义制度对绝大多数民众（人类）的生活和生计具有深刻而普遍的破坏性影响。

问题在于，这里假定的"人类危机"（更具体地说是劳动危机，即工薪阶层的危机）或"人类灾难"与资本主义制度危机并不相同。实际上，正如我们将在下文所讨论的，日益加剧的社会困境、不断下降的收入和就业率正是促使许多大型企业在"全球金融危机"后迅速和大规模恢复盈利的主要因素。此外，"全球"资本主义危机论者还将不同的经济体、国家以及在不同历史时刻有着不同体验的阶级混为一谈。

三 是全球危机，还是发展不均衡和不平等？

当前，世界上几个主要经济体没有出现重大衰退，而且其他经济体在迅速复苏和扩张，在这时提出"全球危机论"既错误又愚蠢。中国和印度甚至没有出现衰退迹象。即便是在欧美经济衰退最严重的时期（2008—2009 年），亚洲大国经济和新兴市场的年均增幅也达到了 8%。中国和印度对拉丁美洲的经济体特别是拥有多样化市场的农业和矿产出口大国（阿根廷、巴西、秘鲁、智利等）的自然资源产品的需求日益增多，只在 2009 年出现了短暂停滞，但随后又恢复到了中高速增长（从 2010 年的 3% 增至 2012 年的 7%）。[①]

全球危机论调的倡导者在分析整个欧元区经济数据的过程中忽略了该地区内部巨大的经济差距。南欧从 2008 年开始陷入看不到尽头的深度萧条，但德国在 2011 年的出口额却创下 1 万亿欧元的纪录，贸易顺差从 2010 年的 1550 亿欧元攀升到 1580 亿欧元（*BBC News*，February 8，2012）。

欧元区整体失业率虽然高达 10.4%，但内部差距却让"普遍危机"的概念站不住脚。荷兰、奥地利和德国的失业率分别只有 4.9%、4.1% 和 5.5%，雇主声称关键增长领域普遍缺少熟练工人。另一方面，位于欧洲资本主义边缘地带的南欧的失业率却令人沮丧：希腊、西班牙和葡萄牙的失业率分别高达 21%、22.9% 和 13.6%（*Financial Times*，January 19，2012）。换言之，"危机"并未对一些经济体产生负面影响——事实上，与

[①] 关于这些发展及相关经济实力再配置，参见彼特拉斯和费尔特迈耶尔（Petras and Veltmeyer 2011）。

依赖性强、负债高和更落后的经济体相比,这些经济体凭借自己的市场支配地位和技术金融实力而获利颇丰。因此,"全球危机"这一论调掩盖了一种占据主导地位的基本剥削关系,正是这种剥削促使一些发达资本主义经济体"复苏"和增长,超越了其竞争对手和附庸国。此外,全球危机论者还将危机四伏的金融投机性经济体(美国、英国)与充满活力的生产出口经济体(德国、中国)混为一谈,这是一种错误。

"全球危机"论题的另一个问题是它忽略了各年龄群组极大的内部差异。一些欧洲国家的青年失业率(16—25 岁)在 30%—50% 之间徘徊(西班牙 48.7%,希腊 47.2%,斯洛伐克 35.6%,意大利 31%,葡萄牙 30.8% 和爱尔兰 29%),而德国、奥地利和荷兰的青年失业率分别只有 7.8%、8.2% 和 8.6%(*Financial Times*,February 1,2012)。正因为存在这些差异,这些国家没有出现充斥着"愤怒者"和"占领者"的"全球青年运动"。青年失业率相差五倍不利于"国际"团结。青年失业率高度集中,正是南欧爆发大规模街头抗议活动及其发展不平衡的症结所在;这也解释了为什么北欧—美洲的"反全球化"运动缺乏生气,引发学术界对"全球资本主义危机"的问题信口开河;以及为什么反全球化运动中的"社会论坛"无法吸引南欧数以百万计的失业青年。

鉴于青年平均失业率达到 20%—30%,一些国家的失业率甚至高达 60%(*Financial Times*,February 1,2012),以及欧洲国家官员由于受资本支配对改变紧缩政策的要求无动于衷,这些年轻人更倾向于采取直接行动。在这方面,全球化主义者和全球化理论家〔比如安东尼奥·奈格里(Antonio Negril)在其广为人知却毫无用处的智力干预中提出的"群众"概念〕忽略了在负债累累的高依赖性国家大量失业青年被剥削的特定方式。他们忽视了左翼中间派和右翼资本主义政党统治和压制他们的特定方式。这种反差在 2012 年冬天表现得十分明显:希腊工人被迫接受降薪 20%,而德国工人要求加薪 6%(*Financial Times*,February 1,2012)。从那以后,整个欧洲(尤其是在西班牙、葡萄牙以及意大利)的工人都被迫接受了工资和福利的大幅削减。由于欧洲资本主义国家体制的监护者和官员强制推进财政紧缩,他们的社会工资也出现大幅减少。2012 年 3 月,欧盟 24 位国家元首签署了一项"财政契约",将新自由主义的紧缩政策与所有政府捆绑在一起。这份财政契约的正式名称为《欧洲经济货币联盟稳定、协调和治理公约》①，不仅仅是新自由主义经济学家和政治家不切实际谋划的结果。整个欧洲更深层次的私有化、就业机会减少、公共服务受限、社会退化和工资削减均经过事先谋划，目的是保护一小撮富裕资本家的利益。这些主要由德国和法国推动的破坏性政策，几乎已经被所有欧盟国家政府接受并付诸实施，这是因为，每个国家都存在富裕阶层，而工薪阶层日益增加的压力会让他们获益。

如果资本主义"危机"在特定地区显现，那么它对不同年龄、不同种族的工薪阶层的影响也不均衡——而且这些差异也可能表现在性别方面（尽管出于某种/某些未知的原因，人们还没有在资本主义发展危机的背景下对此问题展开研究）。青年和老年工人的失业率差异很大：意大利为 3.5/1，希腊为 2.5/1，葡萄牙为 2.3/1，西班牙为 2.1/1，比利时为 2.9/1，而德国为 15/1（*Financial Times*，February 1，2012）。换言之，由于青年失业率较高，他们更倾向于"针对制度"采取直接行动；与此同时，就业水平（和失业津贴）较高的老年工人更倾向于依靠投票箱，很少参与与工作和薪酬相关的罢工。

青年成为主要失业人口，由此构成了持续直接行动的主要载体和"可用核心"，但只能与老年工人阶级（他们的失业率仅为个位数）达成有限的一致行动。但在另一方面，失业青年过多也为雇主提供了强有力的武器，威胁要通过雇佣青年替换老年工人。正如马克思预言的那样，资本家在今天经常将失业作为一种资本积累手段，利用失业者来降低工资和福利、提高剥削率（或"提高生产率"），从而提高利润率。高失业率并不只是"资本主义危机"的一个简单指标，更是一种提高利润率和帮助资本家赚钱的机制。因此，随着工人阶级物质消费能力的下降——一些社会学家和经济学家将此视为"中产阶级正在消失"的证据（在收入分配中脱离了中产阶级）——资本家阶级的奢侈品消费能力正在升高，比如，豪车和名表的销量大增。

四 劳动危机：反论题

与"全球资本主义危机"的论题相反，现有大量数据可以推翻这种假

---

① 详见 http://europa.eu/rapid/press-release_DOC-12-2_en.htm。

设。比如，最近一项研究指出："美国企业利润在 GDP 中的占比已达到 1950 年以来的最高水平。"（*Financial Times*，January 30，2012）美国企业的现金余额从未如此之高，原因是对工人的深度剥削，以及多级薪酬制度（部分是因为"受气包"老板签署的协议，新人工资要比老员工少得多）。

这些及其他有关利润率在全球危机之后"恢复"的数据，不仅反映了劳动剥削率和主要剥削形式有所增加，帝国主义剥削有所扩张（见下文讨论），而且还指明了 20 世纪 70 年代初资本家阶级与工人阶级斗争的主要后果：劳动在社会产品中所占的份额持续下降，工人阶级的组织和政治能力不断削弱。[①] 资本—劳动关系的这些变化可追溯至 20 世纪 70 年代初终结了"资本主义黄金时代"的这场危机，[②] 但它们也牵涉到近期或当前的系统性危机，其独特之处在于这是历史上第一次由银行放贷给工人购买房屋而引发的资本主义危机，从而为他们提供一个短暂（且虚幻的）"美国梦"（以及一种占有性个人主义意识形态和对积累的孜孜不倦）。[③]

尽管大多数左翼中间派的分析人士和批评人士关注的是家庭收入分配——收入最高的 1% 人口或家庭聚拢了绝大多数财富，中产阶级正在这种分配结构中消亡，以及处在社会底层的家庭愈发贫困——但应指出的是，资本主义发展过程中一个更重要的变量是劳动（和资本）在国家（和

[①] 在新自由主义全球化的"新世界秩序"中，帝国主义剥削将劳资关系扩展为南北发展的鸿沟，关于劳资关系的变化，参见伯贝罗格鲁（Berberoglu 2010），戴维斯（Davis 1984），克劳奇和皮佐尔诺（Crouch and Pizzorno 1978），彼特拉斯和费尔特迈耶尔（Petras and Veltmeyer 2001）等。

[②] 20 世纪 70 年代早期的系统性危机，呈现了自大萧条以来全球资本主义生产体系的最严重的衰退。它既可以用马克思主义的术语（平均生产率下降、生产过剩、消费不足等）解释，也可以是由法国调节主义者（Lipietz 1987）用福特主义式的全球生产来解释的危机。照这些说法来看，这场危机本质上是"结构性"的，根源于体系的结构，其中，在马克思主义的分析中，其决定于生产力和相应社会关系的特定组合，在法国调节主义的分析中，其决定于某种"积累体制"和相应"调节模式"的结合。然而，其他人（例如 Marglin and Schor 1990）认为这场危机之所以发生，与其说是因为资本主义生产的结构性限制，倒不如说是因为其政治限制，即在资本积累低迷的情况下，有组织的劳动要求资本让步的力量所产生的"利润危机"。

[③] 危机相关文献（Konings 2010）解决的基本问题是：美国次级住房贷款的小额损失（2007 年年初估计约为 1 亿美元）如何导致全球金融和经济危机？2007—2008 年，全球股市暴跌，房价大幅下滑；国际货币基金组织预测，2008—2015 年，产出损失可能约为 4.7 万亿美元。这场源于美国的金融危机蔓延到世界其他地方的规模和速度让大多数专家措手不及。2008 年 9 月 12 日雷曼兄弟（Lehman Brothers）倒闭后，数家大型投资银行、大型企业、数百万工作岗位和流向发展中国家的约 1 万亿美元私人资本在几天内蒸发。一些人认为，如果雷曼兄弟获得了纾困，美国的金融体系就不会崩溃，也就可以避免全球经济衰退。莱因哈特和罗格夫（Reinhart and Rogoff 2009）等其他人认为，即使雷曼兄弟得到拯救，未来也将不得不与其他投资银行一起牺牲掉，因为这个体系已经超出了可持续水平，为抵御股票和房价的资产泡沫已经借了数万亿美元。

全球）收入分配中的占比。这一点还缺少确凿数据，但所有迹象表明，近年来劳动（从工资和薪金来看）和资本（可用于投资的收入）在相应参与国家（和全球）收入分配中的相对下降进一步提高。能够体现这一情况的统计数据包括：劳动报酬和工资价值持续下降（这种状况在危机之后愈发凸显），而资本收益和为资本服务的报酬相应增加——比如主要资本主义企业首席执行官（CEO）的收入和福利。更重要的是危机后资本主义发展的最新阶段，关键经济领域（比如自然资源开采业）的投资资本得以回归。①

另一方面，欧洲和美国的许多工人已经失业或再也找不到工作；数百万的美国工人变得无家可归或被迫承受难以偿还的个人债务；资本主义世界到处都是外来工人，受非正规就业单位的过度剥削；数百万人口陷入贫困或被迫犯罪、吸毒和自杀。就美国和欧洲资本主义而言，这些及其他类似问题已达到危机程度，但在一定程度上可通过福利国家的残余力量来得到缓解。即使如此，从各种迹象和为数不多的现有证据来看，许多工人的状况仍在恶化。我们所面对的是一个深陷危机的体系，这种危机能使多数人遭殃，却会让少数人获益。

"资本主义危机"理论家从未研究过美国主要企业的财务报告。根据通用汽车2011年提交给股东的报告，公司盈利（76亿美元）再创新高，打破了1997年创下的67亿美元的纪录（*Financial Times*, April 15, 2013）。通用汽车也不例外。采掘业蓬勃发展，与此相关的跨国公司（能源、采矿以及化石燃料的出口销售）和商品交易商获利丰厚。比如，《金融时报》（"大宗商品交易商大赚2500亿美元"，2013年4月15日）经过计算发现，过去十年间全球顶级大宗商品交易商收入接近2500亿美元，控制着大部分私营部门的个人和家庭在中国及其他新兴国家的崛起过程中赚得盆满钵溢。2000年，这一行业的企业和贸易商仅获利21亿美元，2012年却猛增至335亿美元。一些交易商在21世纪第一个十年中期的回报率超过50%—60%，经历了"全球金融危机"和一些大宗商品价格下跌后仍能达到20%—30%，这以任何商业标准进行衡量都是一个巨大的数字。2008—2009年金融危机之后（*Financial Times*, April 15, 2013），以

---

① 关于这一点，参见费尔特迈耶尔和彼特拉斯（Veltmeyer and Petras 2012）。

及在随后持续不断的生产危机旋涡中,这些大宗商品交易商赚取的利润比丰田、大众、福特、宝马和雷诺等工业巨头的总利润还多,净收入也超过了高盛、摩根大通和摩根士丹利等实力强大的华尔街银行。

其中一些利润来自资源租金,超额利润则来自蓬勃发展的大规模土地和自然资源投资行业。但是,其中很大一部分要归功于压榨劳动、削减工资、财政紧缩(会对社会工资产生影响)、对捉襟见肘的养老基金的冻结以及过度剥削——通过加大工作强度、延长工作时间、减少工人数量和降低工人工资来提高劳动生产率。换言之,通过将新员工时薪削减一半的方式加强剥削(*Earthlink News*,February 16,2012)。

劳动剥削和日益扩大的阶级鸿沟问题也存在两个方面。美国企业从海外获取的利润份额不断上升,却是以牺牲员工收入增长为代价,帝国主义剥削的重要性日益凸显。2011年,美国经济增长1.7%,工资中位数却下降2.7%。根据财经媒体,标普500企业的利润率在过去三年间从6%的GDP占比跃至9%,上次收获这一增幅要追溯至三代人之前。这些利润大约三分之一来自国外,2000年以来增长超过一倍(*Financial Times*,February 13,2012)。

如果这是一场"资本主义危机",那么谁还需要一场资本主义繁荣呢?

对顶级企业的调查显示,美国企业现持有现金1.73万亿美元,这是"创纪录高利润率带来的成果"(*Financial Times*,January 30,2012)。这些高利润率源于大规模裁员,也造就了对未被裁员的工人的进一步剥削。此外,微乎其微的联邦利率和容易获得的信贷也为资本家利用借贷和投资之间的巨大差异获益提供了便利。减免税费和削减社会福利项目导致企业的现金储备不断增加。企业内部的收入主要集中在高层,高管人员为自己发放了巨额工资和奖金。在名列前茅的标普500企业中,用于股东分红的收入比例降到了1900年以来的最低水平(*Financial Times*,January 30,2012)。真正的资本主义危机会对利润率、总收入和"现金储备"的积累产生不利影响。不断增长的利润之所以被囤积起来,是因为资本家从深度剥削中获得更多利润,而大众消费的能力却停滞不前。

危机理论家通常还把劳动力的退化、生活和工作条件的恶化、甚至是经济的停滞与资本"危机"混为一谈:当资本主义的利润率不断增加,囤积数万亿美元时,不能称为危机。这里的问题在于,"劳动危机"成为资本主义利润复苏的主要刺激因素。不过，我们不能一概而论。毫无疑问，资本主义危机即使没有形成周期变化，也肯定出现过这样的时刻（2008—2009年）。但是，得益于政府的出手相助，巨额财富前所未有地从国库转移到了资本家阶级华尔街，银行和企业便相继复苏。与此同时，由于破产、丧失抵押品赎回权、收入减少和经常失业，工人阶级和经济的其他参与者仍处于危机之中。

五　旋转门：从华尔街到财政部以及再返回

实际上，华尔街与财政部之间的关系已成为一种"旋转门"：从华尔街到财政部，然后再返回华尔街。私人银行家受财政部的任命（或聘用），以确保华尔街所需的一切资源和政策能够最少受到来自市民、工人或纳税人的阻挠而都得到最大限度的满足。无论是生存、复苏还是利润扩张，财政部的华尔街人士都会优先考虑华尔街。他们阻止了任何有关奖金的规定或限制，或过去欺诈行为的重演。

华尔街人士在财政部"赢得了声誉"，然后以高级顾问和合伙人的身份重返私营部门担任要职。财政部的任命是在华尔街向上攀爬的一把梯子。财政部是华尔街这辆豪车的加油站：前华尔街人士将油箱加满，检查好油箱后跳到前座，然后驶向更赚钱的职位，留下加油站（公众）为其买单。2009年1月—2011年8月（*Financial Times*，February 6，2012），约有774位官员（这一数字仍在增加）从财政部离职。他们都为未来的华尔街老板提供了有利可图的"服务"，认为这是一个重返私人金融领域、获得更赚钱职位的妙招。

《金融时报》（*Financial Times*，February 6，2012）一篇题为"曼哈顿中转站"的报告提供了有关财政部—华尔街"旋转门"的典型例证。罗恩·布鲁姆（Ron Bloom）从拉扎德投资银行一名初级银行家转到财政部任职，帮助策划了华尔街万亿美元救助计划，然后又回到该行担任高级顾问。华尔街出身的杰克·希沃特（Jake Siewert）摇身一变成为财政部长蒂姆·盖特纳（Tim Geithner）的高级助手，帮助松绑了有关华尔街奖金的任何约束，然后又到高盛任职。奥巴马政府资深税务官员迈克尔·蒙达卡（Michael Mundaca）也是华尔街出身，担任"公职"期间曾帮助削减公司税，后进入安永会计师事务所并获得高薪职位。布什政府曾推出过臭名昭著的企业免税计划，其高级税务官员埃里克·所罗门（Eric Solomon）也做出了同样选择。杰弗瑞·戈德斯坦（Jeffrey Goldstein）曾在奥巴马政府负责金融监管，成功抑制了民众要求后再次投靠前任雇主——海尔曼和弗里德曼，并因曾提供的服务而获得相应提拔。斯图亚特·莱维（Stuart Levey）曾在财政部所谓的"反恐机构"工作，负责制定美以公共事务委员会有关制裁伊朗的政策，却被汇丰银行（香港上海汇丰银行）聘请为法律总顾问，职责是规避洗钱调查（*Financial Times*，February 6，2012）。在这一案例中，莱维从推动以色列战争转向为一家国际银行辩护，该银行被指控为墨西哥贩毒集团洗钱数十亿美元。莱维花费了大量时间研究以色列的制裁伊朗议程，以至于完全忽视了墨西哥贩毒集团近十年间跨境洗钱数十亿美元的活动。卢·亚历山大（Lew Alexander）曾是美国前财长盖特纳在设计万亿美元救助计划时的高级顾问，现在成为了日本银行野村证券的一位高级官员。李·萨赫斯（Lee Sachs）从财政部离职后进入了银行联盟（他自己的"借贷平台"）。美国财政部首席重组官詹姆斯·米尔斯坦（James Millstein）以1820亿美元的救助资金重组了大型保险公司美国国际集团（AIG），然后拉拢一批人脉深厚的财政部官员建立了自己的私人投资公司。

高盛—财政部"旋转门"的故事今天仍在上演。除了与高盛极具渊源的前财长保尔森（Paulson）和现任财长盖特纳（Geithner）外，高盛前合伙人马克·帕特森（Mark Patterson）最近也成为了盖特纳的幕僚长。高盛前总经理蒂姆·鲍勒（Tim Bowler）被奥巴马任命为资本市场部门的负责人。

很显然，选举、政党和耗资数十亿美元的竞选活动与"民主"毫无关系，却与选举总统和国会议员有关——他们有权任命非选举产生的华尔街人士，为99%的美国人制定各项战略经济决策。华尔街—财政部"旋转门"的政策结果显而易见，并为我们提供了"利润危机"消失和劳动危机加剧原因的理解框架。

华尔街—财政部联盟（WSTC）在金融和公司资本方面完成了一项艰巨任务。虽然绝大多数公众对华尔街引发的诈骗、破产、失业和丧失抵押品赎回权普遍给予谴责，但该联盟依然公开向这些骗子提供了数万亿美元的救助。从表面上看这种举动非常大胆——如果多数派和选举有任何意义的话。同样重要的是，华尔街—财政部联盟抛弃了基于"风险"为资本主义利润辩护的整个"自由市场"学说，并大力鼓吹"太大而不能倒"的新原则——即使资本家面临破产，但企业规模只要达到数十亿美元，国家财政仍会为其获取利润保驾护航。华尔街—财政部联盟抛弃了"财政责任"的资本主义原则，转而为企业金融统治阶级减税数千亿美元，创下了和平时期的预算赤字记录，然后又厚颜无耻地将责任归咎于大多数人所支持的社会计划（难怪这些前财政部官员离职后，能在私营部门得到待遇如此丰厚的职位）。第三，财政部和中央银行（美联储）提供的贷款利率接近于零，以确保私营金融机构通过低借高贷赚取巨额利润（甚至包括再贷款给政府），特别是在购买海外政府和公司债券方面。它们获得的利息是所支付的四到十倍。换言之，纳税人为华尔街的投机行为提供了巨额补贴。根据附加条款，如今这些投机活动得到了联邦政府的担保，遵循的原则便是"太大而不能倒"。

在"恢复竞争力"理念的指引下，奥巴马经济团队（由财政部、美联储、商务部、劳工部组成）鼓励雇主展开现代史上最激进的裁员行动。生产率和利润率的提高并不是奥巴马、盖特纳和伯南克（Bernacke）所称"创新"的结果。它是国家劳动政策的产物，通过压低工资和提高利润率加剧了不平等。使用更少的工人生产出更多的商品。为数十亿美元银行提供廉价信贷和救助，对陷入资金困境的家庭和中小企业却坐视不理，导致了它们的破产、收购和"合并"——即所有权的进一步集中。其结果是，大众市场停滞不前，但企业和银行的利润却创下新高。根据华尔街—财政部联盟"新秩序"下金融专家的说法，"银行家是一个受保护的阶层，他们无论业绩如何都可获得奖金，同时依靠纳税人为其分担损失"（*Financial Times*, January 9, 2012）。相比之下，在奥巴马经济团队的领导下，劳动面临近代史上最大的不安全感和最危险的局面，"由于高管薪酬和激励计划与短期业绩目标挂钩，美国企业裁员的力度之大令人咋舌"（*Financial Times*, January 9, 2012）。

六 从剥削到掠夺：掠夺性资本主义的动力

危机是资本主义的特有症结，但我们需要把金融危机（即生产过度金融化或金融机构失灵所导致的危机）与更基本的生产危机（即该制度无法在现有阶级关系下扩大生产而引发的危机）区分开来。就像最近爆发的金融危机（以及由此引发的生产危机）一样，如果我们努力平衡资本与生产之间的关系，但危机倾向依然存在，则可以肯定问题的根源远不止金融方面的问题。因此，我们可以认为当前的危机具有多重维度：生态危机（生产超出了基本生态系统的极限）、能源危机（日益增长的需求超过了有限供给）、粮食危机（人们无法在现有的全球粮食制度下满足自身基本的粮食需求）以及制度危机（无法以资本再生产所需的速度提取剩余价值和创造利润）。在这些条件下，再加上金融资本循环与资本主义发展过程的脱节，生产资本的重组不是依靠技术进步（马克思认为这是资本主义发展的革命道路），而是通过将资本从工业和对劳动的剥削转移到自然资源开采上，这是一种更直接的财富掠夺。

对于国家在推进掠夺性资本运作方面的"包容激进主义"，由于时间和篇幅有限，我们在本文中不分析或讨论资本主义生产力发展这一最新阶段的动态变化——即我们所称的掠夺性帝国主义（Veltmeyer and Petras 2014），而只需指出"大规模投资购置土地"——用批判性农业研究的术语来说就是侵占土地（Borras et al. 2011）——和对自然资源（矿产、金属、化石生物燃料以及其他能源，"全球中产阶级"的农业食品）的开采已在全球重新激活资本积累进程方面取得了很大进展。鉴于采掘资本对环境及周边社区的破坏性影响，以及这种资本的受益者与被迫承受极其高昂的环境和社会成本的民众之间的差距越来越大，资本主义制度再次播下了自我毁灭的种子。从许多方面来看，[1] 这些种子已开始生根发芽，并正在形成一场社会运动，其目的不仅是防御掠夺性资本对社会和自然、生活和环境的攻击，而且也是在抵制资本主义制度。

掠夺性资本主义以及由此产生的后新自由主义食利国[2]（这种情况主要出现在处于世界体系边缘地带的南部地区）的特征包括：资本集中程度增高，生产过程很少使用劳动，以及财富和收入分配极为不均。在这种情

---

[1] 参见费尔特迈耶尔和彼特拉斯（Veltmeyer and Petras 2014）的各种案例研究。
[2] 在南美洲，新自由主义食利国的形成条件尤为明显，关于南美洲食利国的形成，参见格鲁吉尔和里格罗齐（Grugel and Riggirozzi 2012）以及麦克唐纳和拉克特（Macdonald and Ruckert 2009）。

况下，据估计工人阶级在采矿行业获得的社会产品还不到10%——比如，阿根廷和智利只有6%（Solanas 2007，2）。[①] 这与战后不断发展的资本主义形成了鲜明对比（从20世纪50年代到20世纪70年代），它的基础与其说是对自然资源的开采，不如说是对资本主义发展过程中产生的"无限（农业剩余）劳动"的剥削。很明显，这种资本主义尽管有其矛盾之处，却比掠夺性资本主义更具发展意义，为劳动在国民收入中占据更大份额（欧洲福利国家高达60%）创造了条件。此外，这也意味着全球范围内为资本主义提供支持的社会基础相当薄弱。这也意味着，当制度外围对掠夺性资本和掠夺性帝国主义的抵抗，与金融资本和新自由主义国家及其紧缩措施的受害者合并或联合起来时，资本主义必将在新的革命性无产阶级形成过程中面临政治约束。

七 从金融危机到利润恢复：2008—2013年

企业利润的"恢复"与商业周期无关，但涉及华尔街对美国财政部的大规模接管和掠夺。2009—2012年，数百位华尔街前高管、经理和投资顾问占据了财政部的所有主要决策职位，并将数万亿美元转移到主要金融企业。他们对陷入财务困境的企业——比如通用汽车——展开干预，大幅削减工资并解雇了数千名工人。

美国财政部的华尔街人士以"太大而不能倒"为借口进行大规模的财富转移。整个投机大厦已得到修复，而这栋大厦的部分基础是1977—2010年外汇交易量激增234倍（*Financial Times*，January 10，2012）。这一新原则认为，国家的首要任务是不惜以社会、公民、纳税人和工人为代价，促使金融体系恢复盈利。"太大而不能倒"是对"自由市场"资本主义最基

[①] 此外，尽管出现了大宗商品热潮，但拉美工人工资涨幅很小。阿根廷、玻利维亚、巴西、智利、哥伦比亚、墨西哥、秘鲁、乌拉圭和委内瑞拉劳动力市场正规就业部门实际平均工资指数显示了令人沮丧的结果。拉加经委会的数据显示，以2000年为基准，到2006年，平均工资累计仅增长0.46%（ECLAC 2007，表A-28）。彼特拉斯和费尔特迈耶尔（Petras and Veltmeyer 2009）在巴西、玻利维亚和厄瓜多尔进行的研究指向了同样令人沮丧的结果。尽管工薪阶层的贫困发生率有所下降（2003—2008年，这些国家贫困发生率从40%下降到20%），卫生、教育和最低福利等政府社会项目纳入了收入贫困者，但迄今为止，几乎没有证据表明人口占多数的社会阶层（无地半无产化的农村工人和非正规就业的城市无产阶级）的社会条件有所改善（Veltmeyer and Tetreault 2013）。

本原则的完全否定，这个原则就是资本家打了败仗必须承担后果，每位投资者或首席执行官都要对其行为负责。金融资本家不再需要证明自己的行为得当，可为经济增长或"社会福利事业"作出贡献。当前的统治者认为，华尔街必须得到救助，因为它是华尔街，哪怕其他经济和民众深陷沼泽也在所不惜（*Financial Times*，January 20，2012）。数千亿美元的税收减免再加上国家救助和融资，导致了前所未有的财政赤字，加剧了社会不平等。首席执行官（CEO）的工资是普通工人工资的很多倍，两者比率从1965年的24∶1扩大到了2010年的325∶1（*Financial Times*，January 9，2012）。

在白宫和财政部的协助和支持下，统治阶级获得了值得炫耀的财富和权力。面对公众对华尔街掠夺财政部的普遍质疑，奥巴马敷衍了事，要求财政部对动辄数百万美元的奖金设置上限，并限制受救助银行首席执行官（CEO）为自己滥发奖金。财政部的华尔街人士对这一政令视而不见，2011年的首席执行官（CEO）奖金高达数十亿美元。奥巴马总统对此睁一只眼闭一只眼，以为已瞒过美国公众，同时却从华尔街获得了数百万美元的竞选资金！

财政部被华尔街接管的原因是，银行在20世纪90年代和21世纪初成为西方经济的主导力量。它们在GDP中所占的比重"从20世纪50年代的2%急剧上升到了2010年的8%"（*Financial Times*，January 10，2012）。今天，总统任命华尔街人士担任所有关键经济部门职位已成为"规定动作"；对于这些官员来说，无论这些政策的执行者有多么危险和腐败，借助政策确保华尔街利润的最大化和清除所有失败的风险"理所当然"。

八　全球金融危机之后的欧洲工人阶级

20世纪90年代，一系列金融危机席卷世界资本主义外围的各个经济体——墨西哥（1995年）、亚洲（1997年）、俄罗斯和巴西（1998年）和阿根廷（1999年），并对生产领域造成了毁灭性影响。但是，与这轮金融危机不同，美国次贷危机引发的"全球金融危机"冲击的是资本主义中心地带而不是外围，而且几乎完全不涉及尚未完全融入新自由主义世界秩序的经济体，或诸如巴西这样的国家——它们非常庞大，足以将自己转变为资本积累的替代中心和经济增长的引擎。

2008—2009年金融危机引发的生产危机的震中是欧洲。实际上，欧洲正经历着自20世纪30年代大萧条以来最严重的资本主义危机，这次危机甚至比70年代初的资本主义生产危机还要严重。欧洲危机难以解决，一个原因是应对危机的一般手段是重组劳资关系，即在工人及其家庭的支持下重建制度。这在欧洲也不例外，但由于欧洲是多国结构，资本和劳动的关系已转变为较强经济体（处在中心地区）与一些较弱或较脆弱经济体（处在欧盟南部的外围地区）之间的关系。加入欧元区后，这些政府无法通过正常手段（即重组国际关系）来化解危机。因此，处在欧盟南部边缘地区的国家政府不得不接受欧盟强国（特别是德国）旨在降低消费水平的财政紧缩指令，这就像在给欧洲资本主义火上浇油！欧盟一些国家政府从一开始就阻止了以团结为基础的欧洲危机解决方案，它们对危机的加剧负有重大责任。特别是德国，2008年8月，它阻止了一项针对欧盟的大规模经济刺激计划。德国政府在经济衰退刚触及最低点时（2009年），便开始鼓吹新自由主义意识形态，提出需要实施严厉的紧缩政策。

欧盟各国采取紧缩措施来减少债务，这对工薪阶层、退休人士、失业者和自雇者产生了严重影响，但富豪、银行和企业却毫发无损。这也符合这样一个观点：资本家拥有更大的投资他们的储蓄的倾向，而工人将只能增加他们的消费。因此，若要激活经济增长，必须减轻工薪阶层的债务负担，必须减少对资本的约束，甚至提供更多的可投资渠道。2010年春，德国政府停止了对希腊的援助，导致希腊政府债券收益率急剧上升，国家债务由此增多，使得危机化解变得更困难、成本更高，希腊工人和中产阶级不得不承受必要"调整"带来的冲击。

毋庸置疑，与希腊和其他陷入危机的国家达成的贷款协议以及它们荒谬的紧缩要求只会加剧危机。比如，由于希腊的经常账户赤字在很大程度上取决于欧元区核心国家的贸易政策，以及放松金融管制的作用，降低最低工资并没有提高其"竞争力"。与此相反，最低工资的降低进一步摧毁了国内市场，以及所需的生产力。这个例子清楚表明，当前的危机政治是在将财富从工薪阶层重新分配给资本持有者，而未考虑宏观经济和社会后果。希腊被迫将工资削减20%—30%，造成成千上万人失业，一万多所学校关闭，医院无药可用，孩子忍饥挨饿。发生这种情况的不只希腊。在葡萄牙和西班牙，危机也已隐现或全面爆发，失业率远超过20%——青年和劳动效率最高群体的失业率高达40%—60%。[①] 毫无疑问，在这种情况下，必然会滋生与当局甚至资本主义制度展开对抗的力量。

九 总结：华尔街起飞，劳动危机加剧

2013年7月16日，按资产排名第五的美国高盛银行宣布其第二季度利润较上年同期增长一倍，达到19.3亿美元；摩根大通是美国的最大银行，第二季度收入61亿美元，较上年同期增长32%，2013年利润预计为250亿美元；第四大银行富国银行收入52.7亿美元，增长20%；花旗集团的利润高达41.8亿美元，较上年增长42%（*Financial Times*，February 13，2012）。

作为职位最高的管理精英，财务首席执行官（CEO）的薪水也在飞涨：2012年，富国银行的约翰·斯坦普夫（John Stumpf）收入1930万美元，摩根大通的杰米·戴蒙（Jamie Dimon）赚得1870万美元，高盛的劳埃德·布兰克费恩（Lloyd Blankfein）收入1330万美元（*Financial Times*，January 9，2012）。

布什—奥巴马政府的华尔街救助计划进一步加深了美国经济的金融化：金融已取代技术产业成为美国经济中的赚钱行业。一方面，美国经济停滞不前，欧盟深陷衰退沼泽，失业人数超过5000万；另一方面，在2013年第二季度，标普500中的美国金融公司总利润高达490亿美元，科技行业却只有415亿美元。2013年，华尔街利润预计将达1985亿美元，科技公司利润预计将达1831亿美元。在金融行业，投资银行和经纪公司等最具"投机性的部门"将在2013年占据主导地位并得到蓬勃发展，增长40%。超过20%的标普500企业利润集中在金融行业（*Financial Times*，January 30，2012）。

[①] 国际劳工组织最近一份报告显示，"2012年，全球失业人数增加420万，超过了1.97亿"（ILO 2013）。报告还警告说，2013年全球失业率可能会进一步上升。与此同时，全球青年失业率情况仍然严峻。报告表示，全球15—24岁人群中有近7400万人失业。"发达经济体失业青年中，大约35%失业半年及以上"，报告继续说道："结果，越来越多的年轻人感到气馁，离开了劳动力市场。"对于那些目前在全球劳动后备军中苦苦挣扎的人来说，预计经济增长疲软使其对缓解几乎不抱希望。

2008—2009 年的金融崩盘和奥巴马的救助计划进一步强化了华尔街在美国经济中的主导地位，其结果是，寄生性金融部门正在从经济中榨取巨额租金和利润，掠夺了生产行业的资本和收益。危机之后，得以恢复和繁荣的企业利润主要集中在金融领域，但也正是这一领域在几年前导致了经济崩溃。

2012—2013 年的投机泡沫是中央银行（美联储）低利率（几乎为零）政策的产物，华尔街利用这一政策低借高贷进行投机，这些活动虽能推高股价，却不会增加价值或就业机会，同时压制了工业发展，进一步加剧了社会分化。

奥巴马政权提升了金融行业利润，但却降低了工薪阶层的生活水平。白宫和国会削减了医疗、教育和社会服务方面的公共开支，以及用于食品券计划、日托中心、失业救济、社会保障通胀调整、医疗保险和医疗补助计划的资金。其结果是，顶层 10% 和底层 90% 的人口差距进一步拉大。高失业率（官方统计为 7.8%）、就业不足（15%）和不稳定就业为雇主提供了牟利机会，却导致了工资和薪金的相对和绝对下滑（ILO 2013）。

2013 年，资本主义利润（尤其是金融资本的利润）获得很大增长，但劳动危机持续存在，并加深和引发了政治疏远。在北美以外地区，尤其是欧洲外围地区，大规模失业和生活水平下降引发了群体性抗议活动和此起彼伏的大罢工。

2013 年上半年，希腊工人举行了四次大罢工，抗议大规模解雇公职人员；在葡萄牙，总理在两场大罢工中被要求辞职，重新进行选举。在西班牙，腐败程度达到极致，财政紧缩导致失业率达到 25%，镇压引发激烈的街头骚乱，要求当局下台的呼声持续不断。

北方的银行大亨累积了前所未有的利润，各地工人收入在国民收入中所占份额不断缩小，这种分化构成了"复苏"和"萧条"的阶级基础，即少数人富裕，多数人贫穷。到 2013 年年底，金融和生产之间的不平衡预示着一个新的繁荣和萧条周期。底特律宣布破产象征着"生产性经济"的消亡：空置的房屋、商店和工厂多达 79000 家，整座城市就像美军轰炸后的巴格达。随着三大汽车公司迁往海外和非工会国家，银行家"重组"经济，解散工会，降低工资，对养老金问题言而无信，以及推行政令管理，华尔街将整座城市搞得千疮百孔，债务总计高达 200 亿美元。①

总而言之，2008—2009 年爆发的严重金融危机，引发了人们对于资本主义应对危机的严重质疑。我们希望在当前形势下，这些针对危机的思考将有助于增强反抗资本主义的力量，这仍是我们在困难时期最重要的问题之一。

参考文献

Berberoglu, B., ed., 2010, *Globalization in the 21st Century: Labor, Capital, and the State on a World Scale*, New York: Palgrave Macmillan.

Berberoglu, B., 2012, *Beyond the Global Capitalist Crisis: The World Economy in Transition*, Williston, VT: Ashgate Publishing.

Borras, S., J. Franco, C. Kay, and M. Spoor, 2011, "Landgrabbing in Latin America and the Caribbean Viewed from Broader International Perspectives", Paper presented at the Latin America and Caribbean Seminar: "Dinámicas en el mercado de la tierra en América Latina y el Caribe" [Dynamics in the Land Market in Latin America and the Caribbean], FAO Regional Office, Santiago, Chile, November 14 – 15.

Bureau of Labor Statistics, 2012, "Current Employment Statistics (CES-National)", Accessed November 29, 2018, https://www.bls.gov/web/empsit/cesprog.htm.

Crouch, C., and A. Pizzorno, 1978, *Resurgence of Class Conflict in Western Europe since 1968*, London: Holmes & Meier.

Davis, M., 1984, "The Political Economy of Late-Imperial America", *New Left Review*, 143, pp. 6 – 37.

ECLAC (UN Economic Commission for Latin America and the Caribbean), 2007, *Foreign Investment in Latin America and the Caribbean*, Santiago: ECLAC.

Foster, J. B., and F. Magdoff, 2008, "Financial Implosion and Stagnation: Back to the Real Economy", *Monthly Review*, 60 (6), pp. 1 – 10.

Foster, J. B., and F. Magdoff, 2009, *The Great Financial Crisis: Causes and Consequences*, New York: Monthly Review Press.

Gills, B., ed., 2011, *Globalization in Crisis*, London and New York: Routledge.

Grugel, J., and P. Riggirozzi, 2012, "Post Neoliberalism: Rebuilding and Reclaiming the State in Latin America", *Development and Change*, 43 (1), pp. 1 – 21.

ILO (International Labor Organization), 2013, "Global Unemployment Rising Again but

---

① 参见 https://petras.lahaine.org/wall-street-take-off-2012-2013/。

with Significant Differences across Regions", Accessed November 29, 2018, http: //www. ilo. org/global/about-the-ilo/newsroom/news/WCMS_ 202320/lang—en/index. htm.

Institute for Policy Studies, 2006, "Executive Excess Report", Accessed November 29, 2018, https: //ips-dc. org/wp-content/uploads/2006/08/ExecutiveExcess2006. pdf.

Konings, M. , ed. , 2010, *Beyond the Subprime Headlines: Critical Perspectives on the Financial Crisis*, London: Verso.

Landler, M. , 2009, "IMF Puts Bank Lossesfrom Global Financial Crisis at $4. 1 Trillion", *The New York Times*, April 21.

Lipietz, A. , 1987, *Mirages and Miracles: The Crisis in Global Fordism*, London: Verso.

Macdonald, L. , and A. Ruckert, 2009, *Post-Neoliberalism in the Americas*, Basingstoke: Palgrave Macmillan.

Marglin, S. , and J. Schor, 1990, *The Golden Age of Capitalism: Reinterpreting the Post-War Experience*, Oxford: Clarendon Press.

Pew Research Center, 2010, "A Balance Sheet at 30 Months: How the Great Recession Has Changed Life in America", Accessed November 29, 2018, http: //120. 52. 51. 13/www. pewresearch. org/wp-content/uploads/sites/3/2010/11/759-recession. pdf.

Petras, J. , and H. Veltmeyer, 2001, *Globalization Unmasked: Imperialism in the 21st Century*, London: ZED Press.

Petras, J. , and H. Veltmeyer, 2011, *Social Movements in Latin America: Neoliberalism and Popular Resistance*, New York: Palgrave Macmillan.

Rogoff, K. , 2009, "The Aftermath of Financial Crises", *American Economic Review*, 99 (2), pp. 466 – 472.

Solanas, F. , 2007, "El despojo de los metales argentinos (Parte IV)" [The Dispossession of Argentine Metals (Part IV)] *Rebelión*, July 31, pp. 1 – 9, http: //www. rebelion. org/seccion. php? id = 9.

Veltmeyer, H. , 2011, *Socialism of the 21st Century: Possibilities and Prospects*, Halifax: Fernwood Publications.

Veltmeyer, H. , and J. Petras, 2012, "The Natural Resource Dynamics of Post-Neoliberalism in Latin America: New Developmentalism or Canadian Extractivist Imperialism?" Paper prepared for XIII Congreso Centroamericano de Sociología, Ciudad Universitaria, Tegucihalpa, Honduras, August 28.

Veltmeyer, H. , and J. Petras, 2014, *The New Extractivism in Latin America*, London: Zed Books.

Veltmeyer, H., and D. Tetreault, 2013, *Poverty and Development in Latin America: Public Policies and Development Pathways*, Bloomfield: Kumarian Press.

(此文原载于英文期刊 *International Critical Thought*
《国际思想评论》2019 年第 9 卷第 1 期)

美国新自由主义政策的危机与修复：2008—2018

［美］杰克·拉斯马斯[*] 著　孙　敏[**] 译

摘　要：在整个20世纪，美国资本主义抓住世界大战、经济危机、技术变革和创新带来的全球机遇，策略上灵活地成功地实现了周期性的自我重构。美国资本主义制度在20世纪成功地进行了三次重要的自我重构。第一次和第二次重构分别发生在1912—1917年和1944—1953年。第三次重构始于1978年之后，被人们标识为新自由主义。由于2008—2009年的全球金融危机和经济大萧条，新自由主义经历了一段危机时期。在奥巴马的领导下，新自由主义的修复失败了。从2017年开始，在特朗普的领导下，美国出现了一种新的更具进攻性和凶狠性的新自由主义形式。特朗普新自由主义2.0修复计划能否取得成功尚无定论。如果失败的话，这是否将导致美国和全球经济在21世纪20年代进入转型期，进而使2020年后的美国和全球经济结构调整发生根本性变化？在特朗普任期剩余的两年，即2019—2020年，未来的状况或许能够回答这些问题。

关键词：危机；新自由主义的修复；美国资本主义制度；特朗普

---

[*] 杰克·拉斯马斯（Jack Rasmus），美国加利福尼亚州莫拉加市圣玛丽学院经济学副教授，著有《亚历山大·汉密尔顿与美联储的起源》（列克星敦图书公司2019年版）、《穷途末路的中央银行家：货币政策与即将到来的大萧条》（克拉里蒂出版社2017年版）和《全球经济的系统脆弱性》（克拉里蒂出版社2016年版）。

[**] 孙敏，中央财经大学马克思主义学院讲师。主要研究方向为美国政治思想史、中国近代政治思想史。著有《美国宪法中的混合政体思想》（中国社会科学出版社2020年版）。

一 引言

在整个 20 世纪，美国资本主义抓住世界大战、经济危机、技术变革和创新带来的全球机遇，策略上灵活地和成功地实现了周期性地自我重构。

美国资本主义制度抓住三个主要时机，成功地实现了自我重构，推动了经济政策的重大转变。这三次机会分别是：为第一次世界大战到来做好准备的 1908—1916 年；紧随第二次世界大战和冷战爆发的 1944—1950 年；为应对 20 世纪 70 年代美国及全球经济停滞的 1981—1988 年。[①]

第三次重构通常被称为新自由主义政策时代，它最初于 1981 年在里根执政期间启动，后来克林顿政府（1993—2000）和小布什政府（2001—2008）都对第三次重构和新自由主义实践进行了扩展和深化。接下来，由于 2008—2009 年全球金融危机和经济大萧条的影响，新自由主义政策体制经历了一段危机时期。在 2008—2009 年全球经济崩盘之后的 2010—2016 年，奥巴马政府试图修复新自由主义政策体制。但是，这种修复在许多重要方面都未能成功。最坏的情况是新自由主义政策的几个重要维度都会失灵，而最好的情况也仅仅是在奥巴马任期内表现为停滞或中断。从 2017 年年初开始，在特朗普的领导下，美国出现了一种新型的新自由主义，比以前的新自由主义恶意更深并且更为激进。

20 世纪美国资本主义的所有主要重构（1908—1916 年、1944—1950 年以及 1981—1988 年的第三次新自由主义的努力）都确立了由财政、货币、工业和对外政策（即贸易、资本流动、美元政策）组成的新的经济政策组合。

1908—1916 年第一次重构期间，美国采用了新财政政策组合：征收所得税和快速增加战争开支；由 1913 年美国中央银行的成立而促成的新的货币政策；制定与工业管制相关的工业政策以进行战争动员；对工会和集体谈判的压制性政策；工资政策；以及与贸易、美国全球资金流动和美元

[①] 新自由主义政策要素实际上出现在吉米·卡特总统执政期间的 1978—1980 年，正好是在 1981 年里根开始执政之前。在货币和税收政策上转向新自由主义、工业管制放松及其他新自由主义的政策倡议，都是在卡特执政的最后两年里提出或实施的。

金本位制相关的"对外"政策，因为美国在全球经济中开始扮演与欧洲资本主义经济体同样重要的角色。随着 20 世纪 20 年代金本位制、金融和银行的崩溃，以及 20 世纪 30 年代全球大萧条的开始，这种特殊的政策组合开始失灵。

第二次重构发生在第二次世界大战结束之后，表现为 1908—1916 年制定的政策的权重和重心发生转移。作为政府支出的财政政策现在占据了主导地位；中央银行的货币政策承担次要角色，主要任务是偿还战争债务；工业政策也发生了变化，因为 20 世纪 30 年代大萧条及世界大战期间，美国工人阶级和工会的收益没有得到进一步的发展；商品和货币流通方面的对外政策均有所扩张，使美国成为全球资本主义经济中不可挑战的霸权力量。

然而，与此前的第一次重构一样，与第二次重构相关的政策也在 20 世纪 70 年代（停滞的十年，美国资本在国内的主导地位及其对全球贸易和资金流的控制力面临越来越多挑战的十年）逐渐被证明无效，因为欧洲和日本的资本变得更有竞争力。1944—1950 年第二次重构及其特殊的财政—货币—工业—对外政策组合的失败，最终催生了 1981—1988 年美国资本主义的第三次重构。随着此次重构的进行，出现了第三种独特的经济政策组合，被称为新自由主义。①

本文中所说的新自由主义政策体制，是指经济政策，包括：税收从公司和投资者大规模向工薪阶层转移的财政政策；以社会项目支出缩减同时国防开支大幅增加为特征的政府支出；不断攀升的美国预算赤字和国债；加速注入流动性、长期低利率和以通胀为目标的央行货币政策；以广泛的工业管制放松、更为激烈的反工会政策、医疗保健和退休体系私有化为重点的工业政策；接受贸易逆差、接受对国外直接投资提供国家补贴、接受创造"双赤字"方案解决贸易预算赤字困境、接受有利于美元长期低估值的汇率政策的"对外"政策。

虽然下文主要涉及的是作为经济政策的新自由主义，正如刚刚提到的这些政策层面，但需要明白的是，政治变革和实体经济的重构也与新自由主义政策有关。

---

① 新自由主义政策在里根执政期间出现，并在克林顿和小布什执政期间不断演变（扩大和深化），直到面临 2008—2009 年的经济危机。

实体经济的结构变化由各种力量驱动，如资本和劳动力市场性质的根本性变化、技术在拉动投资因素中的比重不断增加、投资向金融资产的相对转移（从而增加经济的金融化）、信贷和债务过剩的产生、新型货币的出现、全球货币资本流动的加速、与对外政策相关的新型机构的兴起、工人阶级机构（工会、社会民主党等）的破坏以及收入和财富（资产）不平等的加剧等。

这些结构变化在一定程度上催生了新自由主义政策，而这些政策反过来又在一定程度上决定了经济的重构。新自由主义经济政策与政治变革之间，也存在类似的相互决定或因果反馈关系。

与新自由主义政策演变相关的政治后果和动因包括政治制度、政治规范和政治实践的根本变化，这些变化会影响政府的功能，推动政党重组，加速民主进程和公民自由的衰落，决定意识形态和意识形态机器的重大变化，引起外交政策的转变等。

然而，本文的目的并不是要讨论伴随着新自由主义政策体制的兴起及演变而发生的经济重构或政治变革。对新自由主义的政治动因和后果的分析留待以后的文章讨论。本文也无意对1979年以来与新自由主义政策体制相关的美国经济的重构进行深入分析。对它的分析，读者可参考杰克·拉斯马斯（Jack Rasmus）2016年的著作《全球经济的系统脆弱性》。[①]

1909—1916年的第一次重构有其特殊的政策因素，1944—1950年的第二次重构亦是如此。但1981—1988年第三次重构期间实行的新自由主义政策与先前的政策有根本上的不同。三次重构之间的根本区别之一（也是本文的主要主题）是，第三次新自由主义重构表现为，在美国资本全球主导地位逐渐衰退的历史时期，美国资本与其国内外资本主义挑战者之间关系的重新洗牌。而1908—1916年的第一次重构表现为美国资本在全球的崛起，1944—1950年的第二次重构表现为美国资本全球霸权的确立，第三次新自由主义重构则表现为美国资本通过重新调整国内外阶级关系来维持并推进这种霸权的努力。

过去18个月，即2017年1月至2018年6月，特朗普政权试图以更激进的新自由主义2.0形式来修复新自由主义政策体制，目前这项工作仍在

[①] 尤其参阅该书的第二部分（Rasmus 2016，160—317），该部分论述了与全球资本主义经济不稳定相关的9个基本变化和变量，尤其是自2000年以来的变化和变量。

进行中。2016年11月，在特朗普的领导下，一个更为自信的美国资本主义新派别有效控制了总统办公机构和众议院，并很快以5比4的绝对多数确立了对美国最高法院的控制权。到2018年年初，国家权力的所有杠杆现在都掌握在该资本主义派别和特朗普手中。

特朗普能否成功修复新自由主义政策体制尚无定论。然而，特朗普执政前18个月的早期证据表明，更严苛、更激进的新自由主义2.0正在形成，这一体制对美国工人阶级和中产阶级以及外国资本主义竞争对手都将带来严重的负面后果。

迄今为止，特朗普政府的财政政策（包括增加战争经费以及降低商业税）已经稳固确立，这明显是一种更具杀伤力的新自由主义形式。政府对工会和集体谈判的新一轮攻击及其对工业和社会项目放松管控的政策也是如此。但尚不完全确定即还在演变中的是：特朗普的美国贸易政策，特朗普计划中的医疗保险、教育、社会保障等社会项目开支削减的范围和幅度；他的美国政府总体私有化计划；他的央行实行更高利率的政策转变；美元汇率政策；以及为解决不断攀升的美国国债特朗普计划稳定"双赤字"的解决方案及其后果。虽然特朗普已明确地将税收政策、战争开支和放松管制政策恢复到新自由主义道路上，但社会项目紧缩、贸易政策和产业政策仍未确定。与此同时，截至2019年年初，特朗普的货币政策和美元政策似乎再次回归传统的新自由主义。

因此，截至目前，特朗普政府的政策只是部分地修复了新自由主义。过去成功阻挠奥巴马政府修复新自由主义的那股力量，可能仍然会成为特朗普政府全面修复新自由主义努力的不可逾越的障碍。

二 危机中的新自由主义政策：
2009—2016年的奥巴马政府

2008年，奥巴马竞选美国总统，这是他最后一次参加竞选。奥巴马竞选时金融上的资助者是美国中西部芝加哥地区的大资本家。他的竞选还获得了纽约金融界人士的大力支持，早在哈佛大学法学院期间，奥巴马就与他们建立了密切的联系。美国媒体称他是自由主义者，甚至是进步人士，但实际上他两者都不是。他是修复以2008年金融危机为代表的新自由主义政策危机的最佳人选。①

在2008年的竞选活动中,奥巴马表现得似乎绝不是新自由主义政策的捍卫者:他承诺取消小布什政府实行的企业投资者减税政策,向年收入超过25万美元的富人加税;他承诺结束阿富汗和伊拉克的战争,将节省下来的资金用于基础设施项目,从而恢复就业,振兴美国经济。他估计,通过取消小布什政府的减税政策和削减国防—战争开支,总共可以节省7910亿美元(Belasco 2013)。针对工会支持者,他提出了"卡片检查法案"(card check)[译者注:《雇员自由选择法案》(Employee Free Choice Act),也被称为"卡片检查法案"(card check),该法案涉及工会组织问题,雇员在卡片上签名即表示愿意成立工会],允许工会组织起来,摆脱雇主对投票支持工会的工人所进行的操纵、拖延和恐吓。他批评北美自由贸易协定。他承诺重新对银行进行监管,并实行一项新的计划,以减少未享受任何医疗保险福利的美国人的数量,当时美国至少有5000万劳动力未享受任何医保。他表示将停止教育私有化,保障社保退休福利并维持养老金制度。

选举刚刚结束,他废除小布什减税政策的竞选承诺便被搁置。2008年12月,奥巴马的顾问们宣布小布什的减税政策将继续实施两年,到2010年12月31日为止,正如小布什政府最初计划的那样。这一决定,即不撤销小布什减税政策的最后两年,将使政府损失4500亿美元的税收。

奥巴马政府2009年1月的总体经济复苏一揽子计划包括减税2880亿美元,与小布什减税政策一样,这一政策主要针对的是企业而不是消费者;此外,奥巴马政府还拨款2880亿美元给各州,以继续那些由于经济衰退导致州税收崩溃而缺乏资金支持的项目;7870亿美元中剩下的部分,1000亿美元被指定用于基础设施建设支出,其中大部分为长期项目(超过10年),还有其他混杂的短期支出提案(Congressional Budget Office 2009;Amadeo 2018)。

2009年1月,美国国会实际上曾提议支出9200亿美元,即在原来的7870亿美元的基础上,又增加了1330亿美元用于消费减税和增加教育支出。但奥巴马的顾问拉里·萨默斯(Larry Summers)是20世纪90年代克

---

① 有关奥巴马在2008年竞选期间政策提案演变的描述,请参阅杰克·拉斯马斯(Rasmus 2012,22—34),奥巴马第一任期头三年的实际政策演变见该书后续章节。

林顿政府财政部的关键人物,与银行业关系密切,他说服奥巴马取消消费税削减和增加教育支出的提议,从而将这一数字降至 7870 亿美元（Amadeo 2018）。

奥巴马最初 7870 亿美元经济复苏计划的构成存在问题。这显然不是要挑战新自由主义政策,而是对危机的温和反应,将税收资金提供给企业和投资者（2880 亿美元）（Amadeo 2018）,并向州一级的民主党政客提供救济金（2880 亿美元）用于政府支出,因为其本州的财政收入由于经济衰退而正在崩溃。因此,2009 年复苏计划结构不佳,财政刺激的力度也不够。分配给企业和州政府的 7870 亿美元,大部分被他们截留,并未用于投资（企业层面）或雇佣更多公务员（州政府层面）来抵消自 20 世纪 30 年代大萧条以来最严重的失业潮。几乎与 1929—1930 年的轨迹完全一致,从 2008 年 11 月到 2009 年 3 月,美国每月大约有 100 万人失业（Hipple 2010）。最终,7870 亿美元中计划用于基础设施支出项目的 1000 亿美元（平均每年 100 亿美元）未能弥补其余疲软刺激政策的缺陷。基础设施支出项目期限较长,因此在最近的 2009—2010 年,其对就业和经济增长即便有影响的话,也是很小的。

截至 2009 年夏末,美国经济仍未复苏,于是政府又增加了 750 亿美元的支出,试图提振汽车和房地产行业。[①] 但美国的经济增速仍然不及历史上经济衰退后复苏速度的一半,失业人数在 2010 年还在继续上升。2010 年年底,政府支出中增加了一笔 550 多亿美元的失业救济金,发放给新增的数百万失业人员。

因此,在奥巴马政府执政的前两年里,政府的非国防支出总计 4180 亿美元,即 2880 亿美元加 750 亿美元（汽车和住房补贴）再加 550 亿美元（失业救济金追加部分）。然而,在真正的新自由主义惯例下,这两年的减税幅度更大,事实上是此前的五倍多。当小布什的减税政策于 2010 年正式到期时,奥巴马又将减税政策延长了两年直至 2012 年,因此,税收收入又减少了 4500 亿美元。但减税并未到此为止。由于 2010 年未能实现经济复苏,同年 12 月,营业税又削减了 8030 亿美元。

因此,在 2009—2010 两年内,奥巴马削减了"2880 + 4500 + 4500 +

---

① 这些项目被称为"旧车换现金"和"首次购房者"（Farley 2009）。两者都是直接向家庭支付现金。

8030亿美元"（或者说削减了超过2万亿美元）。同时，在奥巴马政府2009年经济复苏计划中，非国防支出增加了4180亿美元。① 此外，2008—2012年，奥巴马政府的国防和直接战争开支在更大程度上加速了美国预算赤字和国家债务的增长。

尽管在小布什政府时期，五角大楼的预算从每年4500亿美元增加到了近7000亿美元，但奥巴马执政期间，五角大楼年均预算超过6000亿美元。② 然而，五角大楼的支出并不等于美国"国防"预算，只是国防开支的一部分。在奥巴马的第一个任期内，美国国内生产总值中称之为"国防"的预算大项支出（不仅仅是五角大楼的支出）从7540亿美元增加到8170亿美元（Bureau of Economic Analysis 2018）。

五角大楼每年6000多亿美元的预算也不包括美国在海外战区的直接战争花费，即"海外应急行动"（OCOs）的支出，该支出与五角大楼总预算是分开的。2009—2012年，伊拉克海外应急行动花费2271亿美元，阿富汗—巴基斯坦战争花费3805亿美元（Watson Institute for International and Public Affairs 2018）。

此外，还有与战争相关的额外延期支出，这些支出既不属于国防部—五角大楼年度预算，也不属于海外应急行动支出。其中包括退伍军人的递延费用、补充军事养老金、联邦调查局、国家安全局和中央情报局预算中与战争相关的费用、原子能机构的核武器开发支出、国务院发展援助、未记录在预算中的秘密技术开发"黑色预算"，以及与国防和直接战争开支相关的债务利息。小布什执政期间，美国每年国防总开支可能超过了1万亿美元，但在奥巴马执政期间肯定超过了1万亿美元。从那以后，此项开支一直保持每年1万多亿美元的水平（Watson Institute for International and Public Affairs 2018）。

奥巴马的财政政策（包括减税、2009年复苏计划财政刺激和居高不下的五角大楼战争开支）导致2009年美国预算赤字从2008年小布什政府的4590亿美元激增到1.413万亿美元（Amadeo 2018）。在奥巴马第一个任期的第二年，即2010年，美国预算赤字依然超过一万亿美元，达到1.294

---

① 复苏计划细节参见杰克·拉斯马斯（Rasmus 2012，38-43）。
② 参见扎卡里亚（Zakaria 2011）。这相当于每年增加1500亿美元，甚至超过2000年克林顿政府结束时的水平。

万亿美元。2011 年和 2012 年赤字继续超过一万亿美元。奥巴马第一个任期的累计赤字达 5.094 万亿美元（Amadeo 2018）。

在他的第二个任期内，随着财政支出刺激减少，以及伊拉克海外应急行动支出从先前的高点回落，赤字有所缓解。但在奥巴马的第二个任期，即 2012—2016 年，将实行更多的减税措施。2012 年 12 月，随着他之前对小布什减税政策延期的两年即将结束，奥巴马政府与当时共和党占多数的美国众议院达成协议，再一次将小布什减税政策延长 10 年，减税约 3.8 万亿美元。[①] 因此，奥巴马两届任期内减税总额约为 5.8 万亿美元。

另一方面，按照新自由主义社会项目支出紧缩的传统，奥巴马与共和党占多数的国会在 2011 年 8 月达成削减协议，随后又在 2013 年 1 月削减数万亿美元的社会项目支出。作为 2011 年 8 月《预算控制法案》的一部分，奥巴马与共和党就美国政府债务上限问题达成妥协，决定削减 1 万亿美元的政府开支，受影响的主要是教育和其他社会项目（Rasmus 2013a）。此外，作为该《法案》的一部分，奥巴马同意再削减 1.2 万亿美元，并于 2013 年 1 月生效。按计划，国防支出削减占其中一半，接着将进一步削减社会项目支出。2013 年额外的社会项目支出削减计划最终将在 2013—2014 年生效，而预计的国防开支削减则被暂停，并未生效。

尽管奥巴马政府 2009 年的经济复苏计划包括 7870 亿美元的刺激计划，但随着社会项目支出的削减，2011 年超过 1 万亿美元的资金被收回，2013 年又再次收回更多。社会项目支出净削减相当于"美国式的紧缩"，虽然在形式上不同于当时的欧洲紧缩计划，但内容上并没有什么不同（Rasmus 2013b）。国会"财政悬崖"辩论导致更多的项目支出削减（但国防支出削减停滞），该辩论与 2011 年《预算控制法案》都体现了像社会项目支出削减这种新自由主义财政政策在奥巴马政府下是如何发挥作用的。但 1 万多亿美元的支出削减远远无法弥补奥巴马减税举措造成的超过 5 万亿美元的赤字缺口。因此，赤字和债务快速达到创纪录水平。

在小布什执政期间，政府债务总额从 2000 年的 5.6 万亿美元增加到 2008 年的 10 万亿美元。到 2016 年年底，奥巴马政府债务总额几乎在 2008 年债务总额的基础上翻了一番，达到 19.5 万亿美元（Amadeo 2018）。在

---

① 与共和党主导的国会达成的协议参见杰克·拉斯马斯（Rasmus 2013a）。3.8 万亿美元的估计来自鲁芬与霍尼（Ruffing and Horney 2011，10）的报告中的表 2。

奥巴马的八年任期内，以国内生产总值计算，美国每年的经济增长率不到2%。相比之下，美国债务每年几乎以五倍的速度增长，增长率达8.2%。考虑到减税5万多亿美元，为2009年经济复苏计划提供近1万亿美元，国防战争开支每年近1万亿美元（其中至少三分之一到一半为净增长），奥巴马政府的债务增加并不令人惊讶。

问题在于，每年数万亿美元的企业投资者减税加上每年数万亿美元的国防支出，已经不再像过去那样能对美国的其他经济部门产生经济刺激效应。事实上，这些刺激措施的效果正在下降。正如经济学家们所说，支出的"乘数效应"，尤其是减税的"乘数效应"已低于"一"。21世纪的美国经济已经发生了变化。财政和货币政策不再像以前那样有效。这也是奥巴马政府下新自由主义政策开始"失灵"的原因。①

第二个原因是，即便是超低利率的货币政策对于吸引实业投资的作用也不再像从前一样。正如经济学家们常说的那样，如同政府财政支出和减税的"乘数效应"已经下降，投资的"利率弹性"也在逐渐降低。这仅仅意味着在商业设备、建筑、库存等方面的实际投资对利率下调后带来的增长不再那么敏感。随着时间的推移，利率的下降带来的实际投资增长越来越少。

在奥巴马政府时期，美国的中央银行即美联储在主席本·伯南克的领导下大幅降低利率，甚至在更长的时间内都将利率维持在过低水平。为了应对2008年的金融危机，美联储将其基准利率（联邦基金利率）从2007—2008年的5.25%降至2009年夏季的0.25%甚至更低，然后将低利率一直维持到2015年12月。②但就像减税一样，这并没有刺激银行放贷进而刺激实际投资。

---

① 按照逻辑，下一个问题是"乘数效应"为何恶化。人们经常注意到，家庭"债务积压"的增加是其原因。随着还本付息（需要支付的本金利息）越来越多，当一定数量的收入通过财政支出或税收政策注入经济中时，由于家庭需要用这些收入偿还债务，家庭实际花费的金额就会减少。但是，实际工资收入增长乏力也产生了同样的影响，不断上升的医疗保险、大学教育、房租和抵押贷款花费亦是如此。财政刺激被用来弥补不断上升的成本，这对提高实体经济产出毫无帮助。企业支出和投资乘数也出现了类似的转移：企业减税和政府支出的直接补贴被转移到金融资产市场、离岸投资（实物和金融）、并购融资，或转移到跨国公司的海外子公司，或者只是简单地囤积在公司的资产负债表上。由于上述所有原因，"边际消费倾向"和"边际储蓄倾向"（家庭和企业乘数效应的基础）下降，乘数效应也随之下降。因此，在21世纪的发达经济体中，财政政策在推动正常经济复苏方面的效果越来越差。

② 关于伯南克的美联储利率政策的叙述，见《穷途末路的中央银行家：货币政策与即将到来的衰退》一书中第五章"伯南克的银行：格林斯潘的类固醇'疗法'"（Rasmus 2017，106 – 141）。

非银行公司借钱并未投资于美国国内的扩张,而是投资于美国以外的新兴市场经济体。他们借钱要么投资美国或全球的股票和债券市场,要么支付股东更多股息,要么买下自己的股票,要么收购竞争对手,要么只是将数十亿美元放在资产负债表上(要么通过离岸避税的方式将其隐匿起来)。低利率和廉价资金几乎并未给美国带来实际投资以用于创造高质量就业机会、增加工资或提高生产力。这就是为什么"奥巴马的经济复苏"达成的效果仅仅是正常衰退后复苏的一半水平的原因。

21世纪,美国实际资本投资增长率一直在放缓。[1] 这种实际投资的放缓已经转化为生产力增长率的放缓,而后者反过来又大大加剧了工资增长的停滞。2008年后生产力的崩溃与20世纪70年代经济停滞的情况大致相同。这两个十年都是美国经济停滞的时期。

在2008—2009年银行业崩溃期间,美联储推出了新的"工具"来注入资金,其速度甚至超过了传统货币工具的速度。公开市场操作债券购买计划、调整对银行准备金的要求并改变美联储贴现利率,这些传统的工具都被美联储称之为"量化宽松"的新政策工具所取代,作为向私人银行提供过剩流动资金的主要工具。

通过"量化宽松"措施,美联储实际上是"印刷"了货币,尽管是电子货币,但仍可以直接进入市场购买债券——国债和公司债券(首次纳入)。在量化宽松计划的最后阶段,美联储以每月850亿美元的速度购买债券。美联储以高于市场利率的价格从经历过债券价值暴跌的个人和私人投资机构手中购买了这些债券,尤其是私人持有的"次级抵押贷款"债券,这类债券是2008—2009年金融危机的"风暴眼"。如果不算美联储在债券到期时重新发行的债券的"展期",美联储购买债券的规模官方数字为4.5万亿美元。[2] 实际上,这相当于美联储将4.5万亿美元的私人企业和投资者债务从私人资产负债表转移到了美联储的资产负债表。通过这种方式,债务仅仅是从私人实体转移到了(准)政府实体,即美联储。如果算上到期后再发行(即展期)的债券,美联储承担的私人债务总额可能在

---

[1] 当调整了与小布什时期人造住宅和商业地产泡沫相关的房屋及建筑支出时尤其如此。

[2] 2014年12月,美联储的债务资产负债表达到4.5万亿美元的峰值,并将这一水平一直保持到2017年12月,即使量化宽松政策停止购买新债券,旧债券到期,亦是如此。原因是,随着旧债券到期,美联储"展期"并回购新债券。截至2018年年中,美联储持有的债务已降至4.32万亿美元(Economic Research of Federal Reserve Bank of St. Louis 2018)。

5.5万亿至6万亿美元之间。①

2013年,在伯南克任期的最后一年,人们试图减少债券购买和展期,这表明美国利率正在逐步上调。紧接着,新兴市场经济体很快出现了一种"削减恐慌"。美国利率上升意味着美元升值,这与新自由主义政策背道而驰。美元升值意味着外汇汇率及外币对美元的汇率下降。这使得资本加速从新兴市场抽离,减缓了对新兴市场的外国直接投资,减缓了进口价格上涨带来的通胀和衰退。这也意味着,离岸经营的美国跨国公司将赚取的外汇兑换回美元时将遭受重大的"利润冲击"。伯南克很快收回了他在2013年发出的加息和美元升值的信号。2013—2014年,美联储没有上调利率,削减恐慌有所缓和。

伯南克在美联储的继任者珍妮特·耶伦(Janet Yellen)在2014—2015年延续了伯南克的货币政策,即量化宽松购买债券并注入超量的流动资金。在她上任的头两年,尽管暂停购买新债券,但债券购买和美联储的资产负债表债务实际上都有所上升。随着旧债券到期,耶伦继续展期并重新发行债券。这使得美联储量化宽松和资产负债表债务在2016年保持在4.5万亿美元的水平。2014—2015年,美联储利率也保持在接近于零的水平。直到2016年年末,美联储才开始调整货币政策,允许利率缓慢上升。至此,低利率的"弹性"显然对实际投资或生产力及实体经济增长几乎没有任何影响,所有这些都在继续进一步放缓。

从2009年到2015年,六年的近零利率人为地提振了股票和债券市场,但也导致了金融市场的不稳定。企业通过发行公司债券借入大量新债务,这些债券的收益用于支付股东创纪录的股息,并以创纪录的水平回购自己的股票。在2013—2017年的五年时间里,股票回购和股息支出每年超过1万亿美元,在此期间,美联储利率接近于零,美国公司债券发行量达到创纪录的水平(Morgenson and McGinty 2018; Randewich 2018; Sindreu 2018)。由于美联储延长了量化宽松试验并连续六年保持接近零利率,金融和资本市场出现了重大扭曲。鉴于量化宽松和近零利率对实际投资几乎没有积极影响,并且负面的金融不稳定加剧,美联储面临的反对越来越强烈。于是,从2016年开始,美联储不得不放弃新自由主义的低利率和低

---

① 作者的计算是基于展期交割相对于总债务的权重。

美元货币政策,开始加息,此后一直持续加息。

因此,2015年后奥巴马政府下的美联储重拾2008年危机前的政策。美联储利率再次上升,并且可能像2007—2008年美联储利率达到5.25%时那样,引发另一场危机。然而,这一次,鉴于2008年以来美国经济在2008—2016年累积了20万亿美元的债务,美联储的利率几乎不可能达到5.25%。早在达到那个数字之前,美联储加息就将会引发另一场信贷紧缩。美联储基金利率可能维持在2.5%—3%(Rasmus 2017,106—141)。

奥巴马时期货币政策的一个重要特征是,美联储加快了新自由主义的流动资金过剩供给,从而导致利率和美元汇率过低。美联储不仅直接注入了4.5万亿至6万亿美元的量化宽松资金,并在2008—2009年经济衰退后的六年里一直将利率保持在接近零的水平。2010年前后美国银行得到有效纾困后,近零利率又持续了多年。2010年后,银行不再需要美联储的流动资金,美联储——美国的中央银行,不再像"最后贷款人"那样在危机中救助银行。如今,在21世纪,最后贷款人的功能已扩展到试验量化宽松货币政策,即通过继续保持接近零的美联储利率,在未来7年内长期直接对利润进行补贴。[①] 通过量化宽松补贴企业利润、大规模的企业投资者减税和居高不下的战争防御开支并不是新自由主义政策提高企业盈利能力的唯一手段。政府支持降低生产成本(从而提高利润空间及税后利润或资本回报率),这是新自由主义的另一个标志,它为奥巴马时代的工业政策主题定了调。

尽管没有像里根和小布什那样激进,但奥巴马在工业政策上还是延续了新自由主义的传统。反工会政策更多的是一种忽视不管的政策,即允许私人和企业继续推动反工会的进攻,这种攻击现在越来越多地把靶子对准了工会成员的剩余堡垒——公共部门工会。

尽管教师工会积极支持奥巴马在2008年和2012年的选举,但奥巴马的教育政策却是促进和推动特许学校,这项政策减少了公立教师工会的成员,并从公立学校系统中抽走了公立基础教育即从幼儿园到12年级的资金。选举期间,奥巴马曾反复声明支持公共部门雇员工会。但是,2011年当威斯康星州爆发大规模公务员示威和静坐时,当公务员奋力捍卫其集体

---

① 关于美联储从"最后贷款人"银行救助机构演变为永久性银行补贴机构的原因,参见《以金融稳定的名义补贴银行系统》(Rasmus 2017,297-302)。

谈判权不受新上任的反工会共和党州长沃克（Walker）的侵害时，奥巴马在整个冲突过程中公开保持沉默（Yate 2010）。

就奥巴马任期内的私营部门工会而言，奥巴马在2008年的选举中宣布将采取提议立法的行动来恢复工会组织的公平性，并将该法案称为《雇员自由选择法案》（Employee Free Choice Act），从而获得了工会的大力支持。[①] 然而，一旦当选，奥巴马从未提出或推动过该法案，就像他们说的那样，这个法案在奥巴马的整个任期内一直被放置在他书桌的最底层抽屉里。国会中的民主党除了耍"嘴炮"之外也不支持这项立法，尽管民主党2009—2010年在国会参众两院都占绝对多数。他们甚至拒绝投票将《雇员自由选择法案》从国会委员会中提出来进行一次会场辩论。

2012年奥巴马第一个任期结束时，私营部门的工会会员人数比例下降到6.7%，包括公共部门雇员在内的工会会员人数比例为11.3%，较前一年同期的11.8%有所下降（Bureau of Labor Statistics 2013a）。到奥巴马第二个任期结束时，私营部门的工会会员比例进一步下降至6.4%，工会会员总人数比例降至10.7%（Bureau of Labor Statistics 2017a）。[②]

在奥巴马的领导下，工人的实际周薪并没有增加。2009年奥巴马就职时，美国1.05亿生产和工薪劳动者中位数的实际收入为340美元，到2012年第一个任期结束时，只有334美元了，2016年其第二个任期结束时这一数字为348美元。[③] 换句话说，在通货膨胀之后，1.11亿工人的工资每周仅上涨了8美元，或者以百分比计算，仅上涨了0.02%。此外，上述数据仅包括全职雇员，不包括增长速度快于全职但薪酬通常只是全职雇员薪酬50%—70%的兼职、临时工及其他临时雇员。因此，奥巴马任期内

[①] 这使得工人们只需要签署一个授权卡，表示他们想要成立一个工会，就可以迅速成立工会。工会成立的条件是60%的工人签字。卡片检查法案提供了一种方法能绕过拖延选举数月的商业法律手段，而在拖延选举的数月时间里，反工会律师事务所被用来恐吓工人，威胁他们成立工会将意味着他们会失去工作、福利甚至当前的工资。

[②] 虽然在奥巴马第一个任期内，美国劳动力人数保持在1.54亿左右，但在2012年后的第二个任期内又开始增长，达到1.6亿左右。相比之下，随着劳动力人数的增长，工会会员人数却在持续下降——这与过去会员人数通常会随劳动力人数的增长而增长的时期有所不同。工会会员现在几乎不受经济增长的影响。

[③] 这些数字根据通胀水平进行了调整，但却只代表全职工人。如果包括临时工、兼职人员，收入会低很多，跌幅甚至更大。参见《工薪劳动力通常周收入中值：第四季度》（Bureau of Labor Statistics 2009, 2013b, 2017b）。

0.02%的工资停滞实质上是工资收缩。奥巴马执政期间，工作岗位可能有所增加，但这些岗位都是低质量的工作，即不加薪的全职工作及薪酬较低的兼职、临时性工作。所以，在2016年的选举中，工人阶级选民集体抛弃民主党，这并不奇怪。

关于新自由主义的监管和私有化政策，奥巴马任期内对金融和银行部门的重新监管（《多德—弗兰克银行法案》）乏力且无效。[①] 此外，《平价医疗法案》（或"奥巴马医改"）的通过促进了医疗保险行业和医疗保健部门的私有化。[②]

就私有化而言，不应简单地将《平价医疗法案》理解为美国医疗保健体系改革的尝试。美国医疗保健体系使5000多万工人无法获得除医院急诊之外的其他任何医疗保险和医疗保健服务。《平价医疗法案》也代表了新自由主义式的私有化。奥巴马非但没有将民主党在20世纪60年代就提出的计划，即"国家老年人医疗保险制度"，推广至全部公民而不仅仅是老年人，甚至不允许国会在如何改革医疗体系的辩论中将"全民医保"提出来进行讨论。《平价医疗法案》或后来人们所称的"奥巴马医改"本质上是一个"医疗保险公司补贴"法案。该法案每年花费9000亿美元，却只为大约1500万没有保险的人提供新保险。另一方面，它确实在所谓的"医疗补助计划"（不要与针对老年人的"国家老年人医疗保险制度"相混淆）之下，为有工作和没有工作的穷人提供了最基本的医疗保险。然而，尽管有医疗补助条款，《平价医疗法案》过去而且现在本质上仍然是一种医疗保健私有化解决方案，它需要个人进入私人保险市场购买医疗保险。因此，这完全符合新自由主义政策的传统。

与新自由主义相比较，《平价医疗法案》的部分突破之处在于，它试图加强而非放松对美国破碎的医疗保健体系的监管。此外，它还有一个矛盾的因素，即提高富人和企业的税收，以补贴低收入家庭通过保险交易所

[①] 《多德—弗兰克法案》（全称《多德—弗兰克华尔街改革和消费者保护法案》）是美国联邦法律，将金融业的监管置于政府手中。详情请见：https://www.gpo.gov/fdsys/pkg/PLAW-111publ203/html/PLAW-111publ203.htm。

[②] 《患者保护与平价医疗法案》（PPACA）通常简称《平价医疗法案》（ACA）或"奥巴马医改"，是由第111届美国国会颁布的美国联邦法规，并由巴拉克·奥巴马总统于2010年3月23日签署成为法律。详情请见：https://www.govinfo.gov/content/pkg/PLAW-111publ148/pdf/PLAW-111publ148.pdf。

在的开放市场购买私人保险。十年间,《平价医疗法案》的税收达到5920亿美元,这是一个不小的数目,也是导致有组织地反对《平价医疗法案》的最终原因。自2010年以来,商业利益集团和极右翼富人为反对《平价医疗法案》的行动提供资助,以期逐步废除该法案。

在监管方面,奥巴马新自由主义政策的另一个反常之处是称为《多德—弗兰克法案》的银行监管法案,与《平价医疗法案》一样,该法案也于2010年通过。虽然银行改革法案从一开始就很软弱,但银行业强烈反对该法案的一些内容,比如禁止银行直接从事衍生品交易的规定,也反对将许多银行认定为"具有系统重要性的金融机构"的规定。系统重要性的金融机构需要持有过剩资本以防再次发生危机。银行家和一般企业反对《多德—弗兰克法案》的第三个地方是,根据该法案建立的消费者保护局允许消费者起诉银行,收回银行在危机期间及之后实际上从消费者那里窃取到的资金。2010年通过的《多德—弗兰克法案》整体而言比较模糊。随后,在该法案的许多规定到2014年年底生效之前,奥巴马政府史无前例地又多给了银行家和商界人士四年时间对这项提案进行解释和反对。因此,银行游说者花费了四年多的时间来削弱和诋毁该法案,他们最终成功了。

奥巴马政府任期结束时,《平价医疗法案》和《多德—弗兰克法案》仅仅达成了其预期的框架。2017年特朗普上任后很快就废除了这些法案的残留部分。

自由贸易和疲软的美元,同国防开支、长期商业减税一样,是新自由主义政策的基石。与从里根到小布什的所有前任总统一样,奥巴马一直是自由贸易的热情支持者,尽管在竞选期间,他曾承诺重新就北美自由贸易协定进行谈判。[1]但在就职几天后,他的顾问们就背弃了这一竞选承诺,像背弃其他许多承诺一样。接着,奥巴马与多个亚洲和拉丁美洲国家签署了几项双边自由贸易协定。2011年,他促成了小布什时代遗留下来的三项主要自由贸易协定(即美国与韩国、巴拿马和哥伦比亚的自由贸易协定的签订),并打算至少再签署十多项自由贸易协定。

---

[1] 选举期间,奥巴马让其首席经济顾问奥斯汀·古尔斯比(Austin Goolsbee)秘密联系加拿大商界和政界人士,告诉他们奥巴马公开提到重新谈判北美自由贸易协定只是竞选宣言,他并没有真正打算废除甚至改变北美自由贸易协定。参见杰克·拉斯马斯(Rasmus 2012,24)。

当时，奥巴马宣布到2015年实现出口额翻一番。2011年美国出口额为2.106万亿美元，但到2015年这一数字仅上升至2.264万亿美元（Goldfarb 2011）。

在其第二个任期内，奥巴马在全球区域范围内更加积极地倡导和推动多边自由贸易协定：他任期结束时签订了跨太平洋伙伴关系自由贸易协定（TPP），以及它的一个欧洲版本，即跨大西洋贸易与投资伙伴关系协定（TTIP）。与他整个任期内工资增长停滞不前以及高收入的制造业工作持续向海外转移一样，奥巴马对自由贸易的大力支持，在很大程度上导致了民主党候选人包括总统候选人的败选以及特朗普的崛起。

如果说小布什的政策代表了相当于"服用类固醇"的里根式新自由主义，那么奥巴马的政策也许可以描述为相当于"服用阿片类药物"的新自由主义。

奥巴马政府的经济政策并未产生有效的刺激作用，导致从2008—2009年的大衰退中复苏的增长率只有之前衰退后复苏增长速率的一半。奥巴马为企业和投资者提供了大量的减税，但奥巴马政府的支出及随之而来的赤字和债务，甚至超过了其前任小布什。八年来，几乎免费的中央银行资金仅仅使得金融投机者致富，每年产生万亿美元的年度股息支付和股票回购，还有数万亿美元用于海外投资和并购。对工会和工人权利的"善意忽视"为企业和右翼政客攻击工会、攻击公务员养老金开了绿灯。与此同时，根据官方数据，1亿工薪阶层和中产阶级家庭每周实际收入停滞不前，并且实际上有所下降。

然而，从更广泛的历史背景来看，即从里根到特朗普的新自由主义政策演变来看，奥巴马政府下的新自由主义政策在其发展上经历了一场危机。自由贸易的扩大受到遏制。奥巴马签署的三项双边自由贸易协定基本上都是小布什政府留下来的，而跨太平洋伙伴关系自由贸易协定（TPP）也遭到了阻挠。除了与奥巴马2009年经济复苏法案及2010年补充法案相关的减税措施外，奥巴马的减税政策虽然规模庞大，但本质上是小布什时代减税政策的延伸。美国战争开支增长，但增长速度较慢。伊拉克战争减少的支出，只是部分转移到了阿富汗战争。以社会保障为目标的社会项目支出削减被暂停，2008年银行业崩溃后的严重衰退导致失业保险和食品券支出增加。在银行业和医疗保健的监管方面，管制放松政策出现部分逆转。除了特许学校外，私有化进程放缓。反工会政策变得更像是一种善意的忽视，正如奥巴马忽视了威斯康星公务员骚乱及其竞选期间所做的为私营部门工会通过"卡片检查法案"的承诺一样。

银行业崩溃及随后引发的实体经济严重收缩，导致奥巴马选择依赖央行货币政策作为2009年后经济复苏的主要新自由主义政策。尽管如此，央行货币政策又持续了6年，直到奥巴马任期结束，它实际上是在补贴银行利润，推动金融资产市场（股票、债券、衍生品、外汇）达到历史高点，并在工资收入停滞的同时加速资本收入的增长。

随着货币政策成为奥巴马政府的首要政策，其他新自由主义政策的发展要么放缓，要么经历了一段时间的停滞。特朗普政府将废除央行流动资金过剩和长期超低利率的货币政策。新自由主义政策的其他要素反而将重返扩张和强化之路，从里根政府到小布什政府都是如此。

三 复兴新自由主义的政策：
2017—2018年的特朗普政府

2016年，特朗普的竞选活动代表了对新自由主义政策体制及2008—2009年美国和全球经济危机后奥巴马政府未能完全修复新自由主义体制的一种反应。特朗普复兴新自由主义的尝试与里根发起的最初的新自由主义计划有更多的共同之处。在这两种情况下，他们的政策都代表了对此前美国经济长期停滞的一种应对方案：里根面对的是20世纪70年代的停滞和经济危机，特朗普面对的是2008—2016年奥巴马治下的类似情况。

仍有待观察的是，特朗普能否成功地重新确立新自由主义经济政策的以下九个标志性特征：

（1）美国战争国防开支大幅增加；

（2）通过加大针对企业投资者的减税力度，对投资者和企业进行补贴；

（3）进一步削减社会项目和社会保险福利支出（即加强财政紧缩）；

（4）重构美国与其全球资本主义竞争者、盟友和对手的对外贸易和货币关系；

（5）延续"双赤字"解决方案，为美国不断增加的预算赤字和国债进行融资；

（6）美联储实行包括零利率和量化宽松在内的政策，以确保继续为私人银行系统提供补贴，并进一步推动企业总投资的金融化；

（7）扩大工业管制及公共产品和项目的私有化；

（8）继续破坏工会和集体谈判进程；

（9）通过法律和其他手段支持劳动力市场的变化以加大工资压缩和工资增长停滞，主要针对的是构成美国工人阶级核心的 1.15 亿生产和服务工人。

这些是主要的政策攻势，它们共同诠释了经济新自由主义，并决定了美国资本主义与其他经济体、国内非资本主义团体和阶级之间的经济和社会关系的重构。①

18 个月以来，经过特朗普的政策倡议，显而易见，新自由主义经济政策的几个关键特征已成功修复。有些特征正在修复，但还有一些特征将很难修复。

（一）特朗普的税收政策

2016 年竞选期间，特朗普承诺降低企业、投资者和最富裕家庭的税收。2016 年 2 月，在与其他共和党候选人的辩论中，他提议在小布什政府和奥巴马政府现有的基础上再减税 5 万多亿美元。特朗普的税收提案针对的是富人和企业。对于富人，他提议将个人所得税最高税率从目前的 39.6% 降至 25%，并将企业所得税最高税率从 35% 降至 15%（Davis and Rappeport 2017）。他还提议取消对富人征收的遗产税和替代性最低税，以及对富人投资者征收的 3.8% 的税，而这 3.8% 的税是《平价医疗法案》"奥巴马医改"项目的重要资金来源。特朗普上述言论体现了新自由主义（Rasmus 2016）。

特朗普当选后，他的财政部长史蒂芬·姆努钦（Steve Mnuchin）和经济委员会主任加里·科恩（Gary Cohn）秘密为特朗普起草了税收提案。姆努钦和科恩都曾担任大型投资银行高盛集团（Goldman Sachs）的首席执行

---

① 这种经济重构与这些政策如何需要政治制度变革才能完全实现（以及政治制度变革如何反过来影响经济重构和政策），是一项单独的分析，本文并未涉及，但这对于全面理解新自由主义是必要的。

官和高级管理人员，他们都加入了特朗普政府。特朗普税收法案的细节一直保密，只有少数国会议员知道，直到最终提交国会进行投票表决，并在2017年12月国会圣诞假期休会前的最后一刻强行通过。

2017年12月中旬，特朗普税收法案通过。紧接着，姆努钦宣布总共仅减税1.5万亿美元。主流媒体立即报道了对企业、投资者和富人预估减税额度的削减。在2016年大选期间特朗普曾经承诺针对他们的减税额度总计达5万亿美元（Shear and Tackett 2017）。

该法案规定，通过取消抵押贷款扣除、州所得税、免税额和其他许多中产阶级曾经可以申请的纳税申报福利，从而实现对中产阶级和工人阶级的增税。然后，通过减税将使未来十年美国经济快速发展的极端假设，特朗普政府的"编造"和误传（并为媒体所接受）就降低了美国预算赤字的净减税成本。这些荒谬的假设包括，在接下来的整整十年里，美国国内生产总值将每年不间断地增长3.55%—4%。这意味着，美国经济在接下来的十年中不会出现衰退，尽管美国经济衰退间隔时间平均为7—9年，而到2017—2018年，从上次2008—2009年经济衰退算起已是第八年。[①] 根据姆努钦和科恩的说法，"我们明年很容易看到4%的增长"[②]。因此，人们经常注意到的特朗普减税，实际上是指减税能影响美国预算赤字这样一种低标准的、错误的估计。

2018年1月初，特朗普在美国农业局联合会（American Farm Bureau Federation）大会上发表演讲时表示，他（和其他人）非常清楚，对资本所有者的减税额是5万多亿美元。他声称税收改革削减了5.5万亿美元的税收。"总共减税5.5万亿美元"（Shear and Tankersley 2018）。

减税政策的细节表明，无论从规模还是构成来看，特朗普的减税都远远超过了小布什、奥巴马和里根时期对资本收入所进行的新自由主义式的减税。只需注意其中一些更加"慷慨"的规定：企业最高税率从35%降至21%，个人所得税最高税率从39.6%降至37%（税收损失达1.4万亿

[①] 即使出现轻微衰退，未来十年的年增长率也必须达到5%，这是美国现代史上从未达到的水平。因此，姆努钦的主张要求未来十年美国国内生产总值年增长率比之前十年翻一番还多。

[②] 2018年第一季度美国实际国内生产总值仅为预测值4%的一半多一点，为2.2%，低于2017年第四季度。目前，大多数经济学家预测美国经济将在2020年出现衰退。本文作者对过去6个月的预测是，美国下一次衰退将于2019年开始。参见拉斯马斯（Rasmus 2018a）和希尔与塔科特（Shear and Tackett 2018，4）。

美元)。在接下来的五年里,所有企业在设备上的投资在第一年就可以完全折旧(损失达5000亿美元)。取消对公司征收替代性最低税,并大幅削减个人替代性最低税:年收入超过50万美元的以前需要缴纳个人替代性最低税的400万纳税人中,388万人将不再需要缴纳该税(损失3400亿美元)。曾经适用于5300个非常富裕家庭(即美国每年270万死亡人数中的5300人)的遗产税,现缩减至1700个超级富豪,覆盖率仅为0.1%(损失2380亿美元)。另一项大规模减税措施适用于非公司企业,被称为"过渡法人企业"(pass through)条款。以前,非公司企业的税率也是39.6%,但现在应纳税收入的前20%无需纳税,因此实际上将个人所得税税率从39.6%降至29.6%(损失5000多亿美元)。①

但获得最大幅度减税的是美国的跨国公司。据估计,仅《财富》500强美国大公司就向其海外子公司(或通过将其公司总部迁至海外)转移了2.6万亿美元的利润,拒绝将利润"汇回"美国并缴纳35%的税率。如果算上所有的美国跨国公司而不仅仅是500强,那么未分配、未纳税的离岸利润总额很容易就能达到4万亿美元。即使在特朗普减税之前,跨国公司的有效总税率"自全球金融危机以来已经下降了9%"(Toplensky 2018)。根据特朗普税收条款的新规定,美国跨国公司现在可以"汇回"上述4万亿美元,而这些累积离岸现金和流动资产只需缴纳8%—15.5%的税,而不是35%的企业税,并且不对未来获得的离岸利润征收利得税(十年损失2万亿美元)。②

据独立税收政策中心估计,年收入低于10万美元的中产阶级家庭将仅获得减税总额的10%(Tax Policy Center 2017a)。对税收效应的巧妙操纵也意味着,对中产阶级个人的减税将在2025年前逐步取消,而对企业和商业的减税将继续进行。2018—2019年的个税削减也是"前紧后松"的。2018年前紧后松的工资税削减变化,使得中产阶级和工人阶级家庭看起来也从总体减税中获益了。

---

① 详情见报纸报道《新税法》(Wall Street Journal 2018)。关于"过渡法人企业条款,从2018年的400亿美元到2024年的600亿美元",参见美国国会税务联合委员会(Joint Congressional Committee on Taxation 2018,4,表3)。
② 9240亿美元是根据2018—2019年度4万亿美元离岸储备和2万亿美元汇回估算得出的,税率为8%—15.5%,而非35%。在接下来的十年中,由于美国跨国公司不再为海外获得的利润纳税,美国将额外减税1.1万亿美元。

即便如此，美国最富有的 110 万"纳税单位"（1% 最富有的家庭）将在 2018 年获得首年 51140 美元的减税，到 2025 年减税将增加到 61090 美元。相比之下，美国收入分配最底层的 60% 家庭，将获得 70 美元至 900 美元的初始减税，但到 2025 年，他们的税收将开始增加（Tax Policy Center 2017b, 3 – 4, tables 1 and 2）。正如《纽约时报》得出的结论，"全国收入最高的 0.1% 家庭，其中 92% 将平均减税 206280 美元"，而"年收入在 54700—93200 美元的家庭，其中近 70% 将缴纳比现行法律规定更多的税款"（New York Times 2017, 24）。

减税实施数月后，特朗普暗示，他计划提议将该十年期的减税政策永久化。这意味着对企业和富人将继续减税，对中产阶级和工人阶级将继续增税（Reuters 2018）。

特朗普、姆努钦和特朗普减税的受益者声称，这将使美国实际投资和就业岗位激增，同时实现美国国内生产总值创纪录增长。但"耶鲁大学调查的首席执行官中，仅有 14% 的人表示，他们的公司计划在税收改革后立即在美国进行大规模的资本投资"（Horowitz 2017）。此外，芝加哥大学的达米卡·达玛帕拉（Dhammika Dharmapala）为国家经济研究局（National Bureau of Economic Research）所做的一项权威学术研究得出结论，美国跨国公司将大规模汇回资金的预测是虚构的。他对 2004 年小布什执政期间类似的汇回税削减政策的分析显示，"在 2004 年免税期内，公司将现金汇回美国后，每 1 美元中，它们将 79 美分用于股票回购，15 美分用于支付股息"（Rockoff 2017）。① 早期证据显示，2018 年，各企业又在做同样的事情。

特朗普减税政策省下来的绝大多数资金再次被企业用于回购股票、支付创纪录的股息、并购竞争者或者在下次经济衰退前偿还先前的债务（Francis and Rubin 2018, 1）。据估计，2018 年，仅企业最高税率从 35% 下调至 21% 一项，将使不同行业的平均利润提高 10%—30%，标准普尔（S&P）500 强大公司的利润提高 18%（Crooks and Manson 2017）。而这笔意外利润中的大部分被安排用于回购股票、支付股息、并购、偿还债务以及其他业务分配。

---

① 除了股票回购和股息支付，汇回的现金还用于并购。

奥巴马执政期间，进行了连续五年的、每年 1 万亿美元以上的回购加支付股息，据最新估计，2018 年回购加支付股息总额将升至 1.2 万亿—1.3 万亿美元（Edge cliff-Johnson 2018，13）。① 并购支出加速计划也是特朗普减税带来意外利润激增的主要受益者。2018 年，美国企业的年度并购支出为 1.9 万亿美元，比 2017 年高出 70%（Platt 2018，11）。

特朗普减税政策也不太可能结束。特朗普计划使 2017 年 5 万亿美元的投资者企业减税在 2027 年之后永久性生效。共和党国会表示，将在 11 月大选前推出"特朗普减税 2.0"（Trump Tax Cut II）。据报道，这将包括使 12 月的减税政策永久化，以及针对资本收益、股息和其他资本收入再减税 6500 亿美元（Koshgarian 2018）。与此同时，继续致力于废除对奥巴马医改《平价医疗法案》剩余部分的资助，以此来削减从 2010 年开始对投资者和企业征收的 5920 亿美元税收，该政策为期十年，用于支付《平价医疗法案》费用。② 因此，在特朗普的领导下，新自由主义式的企业投资者减税机器仍在全速运转。特朗普在 2016 年承诺，如果当选，则将减税 10 万亿美元，现在他只做到了一半（Koshgarian 2018）。

（二）战争国防开支

新自由主义财政政策的另一要素是不断增长的战争国防开支，这也是所有新自由主义政策体制的特征。在这一点上，特朗普上任仅仅十八个月后的政策也很明显。

特朗普 2017 年的第一份预算提议，从卫生、教育、环境和其他项目中转移 540 亿美元用于增加国防支出。2018 年 2 月，与国会中的民主党人达成预算协议，在接下来的两年，即 2018—2020 年，国防支出再增加 1950 亿美元，作为这两年 3000 亿美元的更大临时支出法案的一部分。五角大楼要求

---

① 例如，高盛集团（Goldman Sachs）在 2018 年 2 月预计，2018 年的回购额将比 2017 年增加 23%，达到 6500 亿美元，而摩根大通预计回购额将增加 50%，达到 8000 亿美元。根据大谷茜（Otani 2018，1）的数据，第一季度的回购额超过了 2000 亿美元，因此摩根大通的预测更有可能发生。

② 2018 年 1 月，随着特朗普减税法案签署成为法律，两年内与《平价医疗法案》相关的税收削减 155 亿多美元，涉及的是医疗器械和医疗保险公司税收。几乎可以肯定的是，上述税收和《平价医疗法案》的其他税收政策将在未来几个月内永久生效。这些政策将在未来 8 年内有效，减税成本将超过 1000 亿美元。

军费开支增加20%，其中"地面系统"（坦克和装甲车）增加59%，"机密项目"增加13%，这两项是开支增加最多的类别（Cameron 2018）。

一个特别新的因素，很可能在特朗普未来的预算中急剧升级，那就是特朗普提议将"太空"开支提高48%，这意味着组建一支新的"太空部队"，其规模和作用相当于美国空军。未来，特朗普政府预算中，这方面的支出可能会急剧上升。2018年6月19日，在对全国独立企业联盟（小企业游说集团）的演讲中，特朗普重申致力于创建"太空部队"的承诺，称"在此，我指示国防部和五角大楼，立即开始必要进程，建立太空部队作为武装部队第六分支；我们将不但拥有空军，而且还拥有太空部队，它们相互独立，但地位平等，这将是一件大事"（Karl Grossman 2018）。

（三）社会项目紧缩

特朗普在社会项目支出上的方向也是典型新自由主义式的，在这里表现为典型的新自由主义紧缩政策，全面削减开支，包括提议大幅度削减社会保障网络。

特朗普在其任期第一年通过行政命令冻结了政府机构和部门的开支，特别是环境保护局、国务院等部门的开支，从而削减社会项目开支。特朗普的第一份预算还提议削减社会项目开支从而为其增加国防开支的提案提供资金。然而，在2017年，特朗普的政策重心仍然是废除奥巴马医改、移民和通过减税法案。

但在2018—2019年，随着美国贸易关系的重构，特朗普将新自由主义式的社会项目支出削减提到了日程表的更高处。在他提出的2018—2019年度预算中，社会项目支出的目标就是大幅削减。教育部门支出削减的幅度实际上更大，这是因为，特朗普教育私有化的新计划必须从剩余资金中拨款。其中包括他的由纳税人资助让有钱人家的孩子去私立学校就读的新奖学金计划，以及对奥巴马时期的特许学校进行重大扩展的计划。与削减的教育经费大致相同的数额，将转用于增加国土安全部的开支。目前国土安全部年度预算有所提高，以雇佣新的美国移民和海关执法局警察和边境巡逻警察。

然而，特朗普预算削减的最大目标是长期存在的食品券项目以及老年人医疗保险和医疗补助项目，前者目前已帮助养活了4400万人（占美国人口的15%），后者则为1亿多美国家庭提供医疗服务。预计未来十年里，食品券开支将大幅削减2130亿美元（占其预算的30%）。据预测，十年内老年人医疗保险项目将削减4900亿美元（Davis 2018），交通项目在十年内也将削减1780亿美元。

更残酷的是共和党人主导的国会中支持特朗普的保守派核心小组针对未来十年美国政府社会支出的提案。该提案包括将社会保障和老年人医疗保险的资格提高至70岁，让退休人员支付更多的钱才能享受福利，进一步削减学校午餐和食品券，阻止保护臭氧层的努力，以及其他类似的大幅度削减。

在他提出的2018—2019年第二份预算中，特朗普再次提到了他在选举期间做出的增加基础设施支出的承诺。该预算提供了未来10年的支出计划，但关于具体细节，最好的情况也是模糊不清的。消息人士称，特朗普所说的基础设施支出实际上是美国政府对私人房地产开发商的补贴和税收抵免，如果是这样，那将是"换个名头减税"。然而，到目前为止，基础设施支出只是一个没有内容或定义的想法而已。

（四）赤字和债务

2018年年初实施的大规模减税和临时补充增加1950亿美元的军事预算，以及特朗普提出的2019年4.4万亿美元的预算（再加上特朗普对美国经济增长率的荒谬假设），其后果意味着美国年度预算赤字和由此产生的国债将大幅上升。

美国今年的预算已经达到5320亿美元，比去年同期增加了1000亿美元，而且这一趋势正在恶化中。2018年5月份的赤字为1460亿美元，比一年前的2017年5月增加了66%。不足为奇的是，新的预算中，企业所得税收入比去年同期低25%，个人所得税收入每月比去年减少120亿美元（Chaney 2018）。

根据摩根大通银行的估计，2018—2019年的美国预算赤字"低点"约为8480亿美元，高点约为1.2万亿美元。[①]

对未来十年预算赤字的估计较为"保守"的来源之一是美国国会预算

---

① 关于最低估计，参见国会预算办公室（Congressional Budget Office 2018a）。

办公室（CBO 2018a），它预测，从 2020 年到 2028 年，美国每年将出现 1 万亿美元以上的赤字，2028 年将达到 1.5 万亿美元，未来十年国债总额将增加 12.4 万亿美元（在目前 21 万亿美元的基础上）。这还只是美国国会预算办公室的基线预测，而不是最坏的情况！①

特朗普预计美国国内生产总值年增长率将为 3.5%—4%，美联储预计 2018 年美国国内生产总值增长率将为 2.2%，而其他独立经济学家的预测则更低。笔者估计，未来十年的经济增长将因经济衰退而大幅下降，即使衰退来得温和，也将使未来十年国内生产总值增长预期降至平均不超过 1.0%—1.5%。据国会预算办公室称，鉴于未来十年特朗普减税政策将在其中九年内产生超过 1 万亿美元的年度赤字，而且美联储目前正在进行的加息将大幅提高年度赤字中债务部分的利息，美国国债十年后可能由目前的 21 万亿美元增加至超过 33 万亿美元。②

笔者估计，如果美国在这十年间发生大衰退——这是很有可能的而且很快会到来，那么美国国债可能在 33 万亿美元的基础上再激增 2 万亿—5 万亿美元。

（五）对外政策：贸易、美元和双赤字

在其执政第二年，特朗普一直致力于恢复美国在所谓"对外"经济关系中的主导地位和霸权地位，即贸易条件、美元价值以及与所谓"双赤字"相关的商品货币资本流动。

从某些方面来说，2018 年就像里根执政的 20 世纪 80 年代前半期。当时，美国的货币政策推动利率升至创纪录的两位数水平。利率水平反过来又导致外国投资流回美国，美元在世界市场上的价值也随之相应上升。美元升值意味着，与竞争对手相比，美国出口变得过于昂贵，因此出口受到威胁。里根政府制定了一项激进的新贸易战略，先针对日本，后瞄准欧洲，旨在让这些国家提高通货膨胀率和商品价格，从而减轻美国的出口压

---

① 尽管 2023 年以前每年的税收收入都将低于 2017 年，但支出却将稳步上升。2013—2017 年，债务占国内生产总值的比例将达到近五年平均水平的两倍，参见国会预算办公室（Congressional Budget Office 2018a, 4）。

② 大多数独立消息来源预测，国债将在目前 21 万亿美元的基础上增加 7.1 万亿美元，但这些预测没有将经济衰退相关假设考虑在内，也没有考虑到 2018—2019 年美联储利率上行的趋势（Rasmus 2018a, 32 – 33）。

力。换句话说，里根政府并未采取行动提高美国出口产品的竞争力，而是通过制定政策降低日本和欧洲商品的竞争力。1985—1986 年的《广场协议》和《卢浮宫协议》便是里根政府采取的手段。

可以说，特朗普的税收和战争开支政策将赤字和债务推高到不可持续的水平，导致美国央行即美联储不得不在 2017—2019 年大幅加息。这些较高的利率在新兴市场及其他经济体正在引发货币危机。由于这些国家货币贬值（因为美元升值），资本正在逃离这些国家。外逃的资本流入美元，以获得美国的更高利率，并从比它们本国经济增长更快的美国经济中获益。美元将加速升值的前景，预示着美国商品出口的竞争力会下降。因此，特朗普政府正在试着抵消竞争力的下降（来自不断上升的利率、对美元的需求等），方法就是（正如里根所做的一样）再次强迫其竞争对手重新部署贸易关系以期最终能确保美国的出口更具竞争力。①

无论是尼克松、里根还是现在的特朗普，新自由主义贸易（对外）政策的一个特征是、总是试图迫使贸易伙伴的竞争力变得不如美国，从而使美国的资本主义出口更具竞争力。通过迫使贸易伙伴采取行动，使其经济和资本家变得不如美国有竞争力，从而"解决"美国日益缺乏竞争力的问题。这种"解决方案"曾发生在 1971—1973 年、1985—1986 年，特朗普的贸易攻势也应被视为当下出现的又一个这种战略。但特朗普要想转变贸易关系，特别是与中国的贸易关系，将比尼克松转变与欧洲的贸易关系或里根转变与日本的贸易关系困难得多。

虽然看起来特朗普的贸易攻势始于 2018 年 3 月，但它真正根源于 2017 年夏天。2017 年 8 月，特朗普责成其美国贸易代表办公室（USTR）提供一份分析报告，分析中国涉嫌强迫在华美国公司向中国分享技术，并且出于同样的目的，中国公司试图收购美国境内的公司。2018 年 3 月，美国贸易代表办公室的报告一发布，特朗普就发起了贸易攻势。② 中国贸易一直是美国贸易重构的主要目标，美国与北美自由贸易区、欧洲和其他盟

---

① 尼克松 1971—1973 年新经济计划（NEP）也主要以美国出口为中心，通过瓦解当时正在生效中的布雷顿森林协议，试图让不断升值的美元贬值，并使美国企业相对于欧洲企业更具出口竞争力。

② 关于 2017 年 8 月针对中国攻势的起源，参见《美国联邦公报》2017 年 8 月 14 日美国贸易代表总统备忘录（89 FR 39007）或访问 https：//www.whitehouse.gov/presidential-actions/presidential-memorandum- united-states-trade-representative/。

国的贸易争端是次要的。

特朗普最初的贸易政策侧重于钢铁和铝进口，针对的是北美自由贸易区贸易伙伴、欧洲（尤其是德国），以及像韩国和巴西这样的经济体。由于已经实现了减税并确定了政府支出的方向，特朗普威胁并暂时停止对出口到美国的商品加征关税，公开将贸易问题提到新自由主义政策议程的首要位置。

继2018年3月宣布对钢铝征收关税后，美国很快便威胁要对中国征收更多关税。特朗普先是宣布对中国征收500亿美元的关税，然后口头威胁将关税提高到1000亿美元，最近甚至提高到2000亿美元，以回应中国为反击特朗普而提出对美国出口征收500亿美元关税。与此同时，美国贸易代表团前往北京，在该贸易谈判团队中，美国各利益集团彼此周旋：其中一派由财政部长姆努钦领导，寻求使更多美国银行和公司进入中国；另一派则寻求说服中国购买更多美国商品（尤其是农产品）；第三派（美国国防机构）希望审查一下中国下一代技术的发展，如5G无线网络、人工智能和网络安全，所有这些都对争夺未来世界的军事领导地位至关重要（Office of United States Trade Representative 2018）。截至2018年年中，这三个利益集团仍然在美中贸易谈判中占据主导地位（Rasmus 2018b）。

特朗普及其麾下强硬派（博尔顿、纳瓦罗和莱特希泽）可能认为，中国每年对美国的出口额为4750亿美元，在贸易冲突中，中国损失可能会比美国更大。但是，一旦与中国发生真正的贸易战，很可能会证明他们的观点是不正确的。中国拥有欧洲或日本在过去几十年中不曾拥有或不会轻易选择使用的经济武器。中国可以通过人民币贬值或只是放缓购买美国国债的速度来破坏美国贸易的稳定；或者可以通过抛售美国证券来冲击全球市场，或者可以通过对在中国经营的美国公司施加进一步的限制，和（或）与欧洲、日本或其他国家签署自由贸易协定，来降低在华美国公司在中国市场上的竞争力。当然，尚不确定中国是否可能会采取上述任何举措。但是，如果认为美国能在真正的贸易战中战胜中国，那就是经济上的短视。特朗普按照尼克松和里根的新自由主义传统，为调整美国与盟友和对手（中国、俄罗斯等）之间的贸易关系所做的努力，将证明要比先前那些新自由主义式的努力更难实现。

关于特朗普的"其他贸易战"（与加拿大、墨西哥、韩国这一类贸易伙伴和盟友之间的贸易战），最近的两个事态发展表明，特朗普与北美自由贸易区的贸易战更多的是表象而不是现实（Rasmus 2018c）。首先，2018年5月，美国与北美自由贸易区几乎要达成一项协议，但特朗普在最后一刻介入，破坏了这项待定的协议。特朗普不希望在任何地方过早达成和解，最有可能只会在接近2018年11月美国中期选举之前达成。其次，2018年年初签署的美韩贸易协定，事实上允许韩国这个盟友和贸易伙伴不受约束地继续向美国出口钢铁，尽管它已经是美国进口钢铁的第三大来源国。[①] 美韩自由贸易协定修订唯一有意义的结果是象征性地调整了美国汽车出口到韩国的配额。韩国每年向美国出口汽车的总额保持在250亿美元没有改变。

因此，从长远来看，迄今为止韩国和北美自由贸易区的发展表明，美国针对其盟友的贸易重组最终会采取"柔和的"立场。韩国和北美自由贸易区的谈判还表明，特朗普与盟国之间贸易战背后的首要因素可能是美国的国内政治形势，因此，一旦2018年11月美国选举结束，相关条款将再次大幅度放宽。

关于欧洲贸易争端，令特朗普不满的与其说是欧洲，不如说是德国。德国不愿意追随美国的领导，不仅体现在经济上，还体现在对美国的政治举措上，例如美国在叙利亚的战争、对俄罗斯的制裁、德国在天然气管道上继续与俄罗斯进行合作、拒绝援助乌克兰等。与欧洲的贸易争端可能是特朗普希望从德国那里获得更多外交政策合作的一种施压行为。

然而，中美贸易分歧并不会轻易解决。尽管迄今为止，中国已向美国做出重大让步，购买价值数百亿美元以上的美国农产品，允许美国银行和企业购买中国企业的多数股权，但技术转让问题将更加棘手。（以纳瓦罗、博尔顿和特朗普的其他亲信顾问为代表的）美国国防机构利益集团可能会将美中贸易推向一场真实的贸易"战争"。

美国贸易谈判团队中的对中"强硬派"，即纳瓦罗和莱特希泽，希望在任何美中交易中都能达成协议，以确保中止中国的技术开发和美国企业的技术转让。美国贸易团队中的这一派持续狂热地与美国金融银行派（由

[①] 加拿大最高，为16.1%，其次是巴西，然后是韩国，约为10%。中国对美国的钢铁出口仅占对美钢铁出口总额的2.2%。参见2018年6月4日《华尔街日报》报道的来自美国人口普查局、美国商务部和"情况说明集"的数据。

财政部长姆努钦领导）周旋，后者的首要任务是更多地进入中国市场；还与美国贸易团队中的第三派周旋，第三派希望中国大幅增加对美国出口产品尤其是农产品的购买。强硬派与美国国防和情报机构关系紧密，他们担心中国制造业会在5G无线网络、人工智能和网络安全等下一代技术开发方面领先于美国。① 2018年6月21日，彼得·纳瓦罗（Peter Navarro）在《华尔街日报》发表社论，主要讨论技术转让问题，他写道："中国寻求通过获得美国最好的技术来部分实现其经济和军事统治的目标。"（Navarro 2018，17）

特朗普显然在推行双轨制贸易政策：对盟国采取柔和的态度（尽管言辞激烈），对中国采取真正的强硬路线。对中国采取强硬路线风险很高，可能会破坏"双赤字"解决方案中的新自由主义战略政策，即美国允许贸易赤字，以换取逆差国家回收其美元用于购买美国国债。与中国展开一场实际意义上的贸易战将威胁"双赤字"解决方案，而该方案自里根政府以来一直对美国行之有效。

另一个重大风险是，由于特朗普的财政政策导致美国赤字和债务不断上升，这可能要求美国央行将利率升至较高水平，从而导致美国国内经济衰退。美国可能会有"太多债务要出售"，外资来源，特别是中国，可能会因为贸易战而决定更少购买债券形式的美国债务，而并不理会中央银行的加大供应。美国债券供应量与其最大买家中国的购买量大幅减少之间的鸿沟日益扩大，可能会导致美国债券价格暴跌，进而引发下一轮的美国经济衰退。

此外，特朗普的高风险贸易攻势以及数万亿美元的预算赤字和国债升级，有引爆"双赤字"这种新自由主义筹划的风险。"双赤字"是联结新自由主义国内政策和新自由主义贸易政策的纽带。从贸易赤字中回收美元，能使新自由主义经营庞大的预算赤字，并为这些赤字提供资金。它最终使美国能够长期支撑国防战争开支，并为美国的投资者和企业减税数万亿美元。如果没有双赤字，那么国内新自由主义政策就会失灵。

特朗普贸易政策的另一个风险是，美元与新兴市场货币之间的差距正在显现。美元持续升值可能会引发新兴市场经济体的"削减恐慌"，就像2013年曾短暂发生过的一样，但现在美元升值幅度要大得多。同样，不断

---

① 对美国贸易团队分裂的进一步评论，参见杰克·拉斯马斯（Rasmus 2018d）。

上升的美国利率和欧日利率之间的差距加大可能会进一步破坏欧日经济。截至 2018 年年中，这两个经济体已经开始再次陷入停滞。全球经济再次出现明显的放缓迹象。因此，特朗普的"贸易攻势"可能会进一步加速全球经济放缓。

新自由主义贸易政策的特点是"自由贸易"条约。自 20 世纪 80 年代后期以来，随着国防战争开支的不断增加以及对投资者和企业的长期减税，"自由贸易"条约已经成为新自由主义政策的主要特征。但人们经常注意到的主流媒体提供的信息是，特朗普是保护主义者，反对自由贸易，这根本不是事实。虽然看起来特朗普反对自由贸易，是保护主义者，但他并不是。2017 年年初，特朗普最初退出由 13 个国家组成的跨太平洋多边伙伴关系自由贸易协定（TPP）是基于国会早已做出的一项决定所采取的行动。特朗普以公开退出跨太平洋伙伴关系协定为手段，向其"美国优先"的国内支持者表明他在贸易问题上的强硬态度。

但特朗普是自由贸易的支持者。他只是不赞成多边自由贸易协定。他支持双边自由贸易，他想重新谈判，并在以前的贸易协议上打上自己的印记，以显示他所说的他是一个多么聪明的谈判者，因为他迎合了国内"经济民族主义"的政治基础。

（六）中央银行货币政策

特朗普的货币政策可能是特朗普政府迄今为止最偏离新自由主义的政策。然而，这种偏离在 2019 年年初得到逆转，转而采取支持低利率的更为传统的新自由主义措施。自里根政府以来，除短期的相反政策之外，新自由主义政策的历史一直是确保美元对其他货币的低汇率。美元走低促进了美国出口。这是通过中央银行长期保持超低利率来实现的。[①] 而超低利率的保持又是通过央行向经济注入大量流动资金来实现的。

然而，预计未来十年赤字和债务将持续累积，这意味着中央银行即美联储必须大幅提高利率（而不是降低利率），这将使美元升值，以便为不断膨胀的美国国债"融资"。因此，特朗普的财政政策正在削弱美国的出口。这反过来又迫使特朗普采取更为激进的贸易政策，以抵消美国相对于

---

① 杰克·拉斯马斯《穷途末路的中央银行家》（Rasmus 2017）追溯了 1985 年至今美元政策的演变过程。

其全球各地贸易伙伴竞争力下降的影响。

在货币政策方面，中央银行在特朗普就任总统之前便已开始转变。以接近零利率作为补贴企业利润的主要手段的时代（正如奥巴马时期的货币政策一样）已经结束。另一方面，2018年后，美联储停止进一步加息，表明特朗普政府回到了更像新自由主义的货币政策，即保持低利率。如今不断上升的赤字要求中央银行提高利率，以便为不断攀升的债务融资。美国国债的国外买家是否会对美联储加息做出反应有待观察。如果他们不再继续购买债券，那么"双赤字"解决方案就岌岌可危了。

尽管美国在2018年后需要为万亿美元的年度赤字再融资十年，但2018年12月底，特朗普强烈抨击了美国央行即美联储及其主席杰罗姆·鲍威尔（Jerome Powell），指责其在2017—2018年大举加息。美联储加息导致美国股市从2018年10月到12月24日平均大幅萎缩30%。2019年1月初，美联储主席鲍威尔屈服于特朗普的抨击和投资者的压力，停止了加息，从而使货币政策的重心回归传统的低利率（或者至少不再加息）。加息的中断反过来又稳定了此前由于加息而一直升值的美元，因此，美元政策也回到了新自由主义的焦点上。

（七）放宽管制和私有化

2017年1月，特朗普上任的第一项政治举措是普遍放宽管制。通过几十项总统行政命令，立即削减了多项环境、劳工、商业和能源法规。[①] 此外，在一系列放宽管制的公告中，还引入了一项新的规则：每发布一项新的法规，必须废除两项现有法规，并且不允许在新法规上花钱。

2017年年初的下一项重大国内政策攻势是，特朗普试图废除奥巴马医改《平价医疗法案》，这是一项主要的放宽管制举措。尽管2017年未能彻底废除《平价医疗法案》，但从那时起，特朗普和共和党主导的国会就一直悄悄对其进行瓦解（即逐步放宽管制），尤其是逐步切断其资金来源。随着特朗普减税法案于2018年1月签署，国会同时冻结了医疗器械税的资金来源，这一税收是对医疗保险公司征收的税款。《平价医疗法案》来自企业和个人的"授权"资金来源也被取消。对《平价医疗法案》的逐步

---

① 有关行政命令的完整列表，请参见佐波、普罗恩萨与赫金斯（Zoppo, Proença and Hudgins 2017）。

放松管制仍在继续。

随着《平价医疗法案》式微，取而代之的是，特朗普政府扩展了相关规定，允许创建所谓"医疗协会计划"（AHPs），即对于引入这些计划的公司而言，成本较低且无需承担责任，但在应用时，对工人而言，这些计划覆盖范围很小，而且员工的可扣除成本极高（Armour 2018，3；Pear 2018）。

特朗普放松监管的第二项主要措施仍在进行，那就是废除《多德—弗兰克银行监管法案》。这项措施也体现了一个零碎的、渐进的放松管制的过程。截至目前，只需要注意管制放宽的某些方面：除最大银行之外，所有银行都得到了豁免；消费者保护局正被撤销；禁止商业银行直接从事衍生产品交易的"沃克尔法则"几乎被完全取消，而且该法案中确保银行在未来稳定运营的许多其他内容也已停止。

特朗普领导下的私有化也在扩大。特朗普在2017年宣布，打算重组美国政府部门和机构，将其职能私有化，即由私营企业履行这些职能。2018年6月，将美国邮政服务改为私营企业的提案得以宣布（Smith 2018，3）。扩大特许学校（即公共教育私有化）和放宽对"营利性"大学的管制计划亦是如此。特朗普政府还宣布了加大医疗保险服务私有化。几年前，克林顿执政期间，私人医疗保险公司能够通过建立所谓的"医疗保险优势"计划，替代了传统的由政府直接提供的老年人医疗保险制度，从而获得很大一部分医疗保险基金。这相当于私有化，允许医疗保险公司在老年人医疗保险制度中"分一杯羹"。特朗普的最新提案计划将这种医疗服务私有化延伸至退休人员和残疾人士。此外，针对医疗补助计划即面向穷人的医疗服务计划，现在也提出了类似的私有化提案。负责实施医疗补助计划的各州现在将直接向管理式医疗组织（MCOs）付费，而不是直接向为残疾人、穷人和单亲父母提供服务的医生和医院付费，这些人是接受医疗补助计划群体中的绝大多数（Congressional Budget Office 2018b）。此外，特朗普提议，受助者现在必须工作才有资格享受医疗补助医疗保险（可以推测，如果他们找不到工作，就无法获得医疗保险）。医疗补助计划的许多受助者由于健康或家庭状况而无法工作。因此，事实上，医疗补助资格中的"工作要求"将从医疗补助名单中削减数万人。由此，在特朗普的领导下，由政府资助（面向老年人和穷人）的这两项主要的、最大的医疗服务项目的私有化将显著扩大。

（八）产业政策：去工会化、薪酬与就业

在特朗普的领导下，新自由主义继续从根本上攻击工会主义，在某些方面，甚至采取了更加致命的形式。自里根政府以来，对工会的此类公然攻击还未曾有过。从里根政府到奥巴马政府，私营部门工会和集体谈判已经遭到破坏，而特朗普政府的主要焦点似乎是公共部门的工会主义。此次攻击包括几个层面：科赫兄弟等私人协会带头开展攻势，推崇"自由雇佣企业"（open shop），①削减就业，并剥夺雇员就养老金和医疗保健问题进行谈判的权利；各州州长削减预算以降低教师工资，并使薪酬回到半世纪前工会成立之前的公务员薪酬水平；美国最高法院目前以5比4的稳固多数支持特朗普（在特朗普任命戈萨奇之后，），并将很快宣布工会代理制企业非法。此外，特朗普还计划将邮政服务私有化，并在整个联邦政府范围内削减联邦政府工作人员的岗位、工资和福利。私营部门工会成员已经减少到仅占私营部门劳动力的6.5%，现在的首要目标是对公共部门员工采取同样措施，因为这些公共部门的工会成员比例仍为36%。②

小布什和奥巴马执政期间最有效的武器之一是重振右翼企业运动，从而在州一级通过了所谓的"工作权"法律。当然，这种委婉的说法与工作权毫无关系，而是取缔除"自由雇佣企业"之外的所有企业，以防止要求由工会代表的工人要么加入工会（工人限期加入工会的企业）、要么支付等额工会会费（工会代理制企业）的谈判条款。自由雇佣企业使支持工会的工会工人与想"搭便车"享受集体谈判好处的工人之间形成对立。它还在劳动力内部创建了嵌入式的破坏罢工的部分。

自2000年以来，激进的新"工作权"（RTW）运动使更多的州加入了自由雇佣企业名单，甚至包括像密歇根州这样曾经牢固建立工会的州。像科赫兄弟这样的反工会资本主义倡导者，已成功将其大幅削减私营部门工

---

① "自由雇佣企业"是合同中的一项条款，规定工会就要求谈判单位所有工人在试用期结束后加入工会的条款进行谈判是非法的。"工会代理制企业"不要求每个人必须加入工会，但如果不加入，则应支付适当比例的谈判费用，这是因为，工会必须为每个人进行谈判，无论其是否是工会成员。

② 在美国东北部和太平洋沿岸，公共工会的成员比例通常为60%—72%（Wolf and Schmitt 2018）。

会成员的做法转移到了公共部门。奥巴马执政期间组织的这项攻势，如今正在特朗普的领导下铺开。①

商界和保守派联合而成的广泛网络推动了自由雇佣企业运动，该运动也得到了特朗普的完全支持，与该运动并行的是，特朗普的最高法院在 2018 年年初做出裁决，公共部门工会不能再通过协商建立"工会代理制企业"，也不能再通过谈判要求以同等费用替代工会会费。这是对亚努斯（Janus）诉美国州县和市政工人联合会（AFSCME）一案的判决。② 美国最高法院的这一判决将使得在整个美国范围内协商建立哪怕一家工会代理制企业都是非法的，而不用再一州又一州的开展自由雇佣企业运动。其目的是剥夺工会的资金，不仅是为了有效地谈判，也是为了减少工会的组织资金，减少工会为反抗大规模的反工会律师事务所解散工会的攻势而进行的努力，这些攻势现在已构成美国主要的法律服务行业。另一个动机是剥夺民主党的选举援助，而在过去工会经常在选举中为民主党提供援助。

据报道，反工会攻势的下一步是，将企业从工人工资中收缴工会会费的行为定为非法行为。这将要求工会利用其稀缺的人力资源四处奔走，向在职会员收取工会会费，在此过程中会进一步减少工会用于谈判和采取政治行动的资金。

特朗普领导下的新自由主义反工会攻势也在继续攻击私营部门的工会：第一，扩大工作权/自由雇佣企业运动；第二，美国政府机构全国劳资关系委员会（NLRB）通过了越来越多的反工会决定，该委员会本应执行全国范围内涉及私营部门工会、资方和谈判的法律。该委员会已做出决定，允许资方在涉及工会组织的案件中采取更激进的反工会威胁和行动；该委员会要求按照地点而不是像麦当劳这样的控股公司来组织快餐加盟店的工会，并建议公司退出工会选举。

另一项针对所有工人的重大决定是最近最高法院对"史诗系统（Epic Systems）公司诉刘易斯"案的判决。根据工人有权组织工会或有权只采取

---

① 特朗普和共和党主导的国会首先采取的一项行动是推出一项适用于包括私营部门和公共部门在内的所有工会的《国家工作权利法》的立法。

② 关于工作权运动和亚努斯判决背后的企业及右翼政治运动的描述，参见博塔里（Bottari 2018）以及塞贝尔与沃格尔（Scheiber and Vogel 2018，1）的文章。

集体行动的 1935 年法律，工人可以参与集体诉讼，反对雇主克扣或拖欠他们的工资。"史诗系统"的判决现在要求他们同意作为个体逐一就他们与雇主之间的争议进行强制性仲裁。这样就可以阻止针对工资克扣的集体诉讼了。

特朗普在工资和就业方面的产业政策显然也体现了新自由主义。特朗普一直阻挠并反对调整联邦最低工资。特朗普政府劳工部提议，免除数百万工人现在有资格领取的每小时加班费，餐饮业工人的"小费"可以由雇主保管。尽管特朗普吹嘘工资一直在上涨，但事实是，绝大多数生产和非监管服务业工人的实际工资一直停滞不前，或正在持续下降。

特朗普提到，迄今为止，在其领导下，工资增长约 2.5%，但这仅仅指涉的是全职长期工人（因此不包括 5000 万临时工、兼职工、合同工和失业人员，他们的收入仅为全职员工收入的 60%），指涉的是"平均"工资（因前 10% 的劳动力收入而偏高），并且没有根据通胀率进行调整。① 考虑到所有这些"事实"再来看特朗普关于工资上涨的夸张说法时，会发现对大多数美国工人来说，现实中存在的是工资持续停滞甚至降低。

特朗普在就业方面的声明也是歪曲的。虽然创造了数百万个就业机会，但它们大多数是低收入、低质量、低福利的"临时性"工作。特朗普声称已经把以前海外的就业岗位带回了美国，这纯属子虚乌有。而他的减税政策，通过取消对美国跨国公司离岸业务的征税，几乎肯定会导致离岸外包业务的增加和失业的加剧。同时，他继续支持增加 H1-B 和 L-1 签证的发放，给那些由美国跨国公司带到美国的技术工人，以便他们在美国从事技术工作和其他高薪工作。

因此，特朗普在就业和工资方面的声明大多数是虚构的。但自里根政府以来，这种虚构一直是新自由主义的一个基本意识形态要素。

---

① 参见劳工统计局（劳工统计局 2018）。过去一年（2017 年 5 月至 2018 年 5 月）特朗普执政期间所有工人的实际每小时平均收入增长完全停滞，从每小时 10.75 美元降至 10.74 美元，1.11 亿非主管工人的实际每小时平均收入从 9.25 美元降至 9.23 美元。"平均数"无法捕捉到偏向高值的情况，如果用实际工资和周收入的中位数取代"平均数"，那么特朗普治下的收入出现了实际下降。

四 特朗普能否修复新自由主义？

问题是，更严厉、更恶劣的特朗普新自由主义 2.0 是否会比以前更能得到容忍？还是会更加激发反对派的力量？特朗普的减税和战争开支会刺激美国经济的实际投资并提高工资吗？如果会的话，它有什么不同之处呢？特朗普的新自由主义是否会像他承诺的那样，把就业岗位从海外带回美国？而目前还没有证据证明这一点。民众是否会像接受多边贸易一样接受双边自由贸易？央行提高利率的货币政策转向能否成功地为不断增长的赤字和债务融资？或者，鉴于即将出现前所未有的债务增长，它会失败吗？中日两国在减少购买美债方面会走多远？"双赤字"解决方案会在什么时候失灵？作为特朗普新自由主义 2.0 的一部分，工会组织遭受了毁灭性的最后一击，所有这一切将在多大程度上使包括西班牙裔和黑人少数族青年，以及全体公务员和工会工作者在内的民众更加激进？

政策体制失灵通常是因为过度的战争债务融资压力或贸易冲突和全球国际金融或货币体系不稳定或实体经济严重收缩。对于特朗普政府而言，政策体制很可能会因上述一个或多个同样原因而失灵。特朗普显然正在准备发起第三次冷战（他在美国的传统精英对手也支持这一政策）甚至准备对朝鲜发动"热战"。近期内，战争相关债务和金融压力将显著恶化。特朗普对社会项目的打压已经激起了抵抗运动，针对工会的新攻势显示工会运动的各个部门也出现了抵抗。除上述种种之外，有迹象表明，全球金融体系正变得越来越脆弱。各地的债务都在增加。金融市场正在逼近或正处在泡沫之中。在全球范围内，由于政府再次放宽对银行业和金融业的管制，全球银行体系的广大部门仍背负着超过 10 万亿美元的不良银行贷款。

先前的新自由主义在 2008—2009 年经济危机中失灵，至今未能在经济上或政治上自我重建。未来几年，我们可能将见证更残酷的特朗普版本的新自由主义能否取得成功。

五 历史视野中的新自由主义政策

从更广泛的历史背景来看，美国新自由主义政策起源于对 20 世纪 70

年代美国和全球经济危机的回应。当时美国资本家及相关的政治精英面对的是美国实际投资和增长停滞、工会劳动力和其他进步社会运动的需求和压力上升、越南战争失败、水门事件和尼克松的弹劾以及社会项目支出增大和社会运动增加。从全球看，压力也正在上升，来自于：欧洲和日本的资本主义竞争、威胁到当时美国严重依赖的能源供应的中东的不稳定、政治上多变的非洲和拉丁美洲资源市场、苏联致力于扩大其在南亚和非洲的影响力、日益高涨的中美洲民族解放运动，以及时任美国总统吉米·卡特（Jimmy Carter）领导下的政府在应对美国资本霸权面临的国内外日益增长的挑战方面显得越来越无能。

新自由主义代表着美国经济政策的根本性的重新定位和重新优先排序，旨在应对国内和全球挑战，并在未来几十年内恢复美国（在经济和政治上）的霸权和主导地位。随着新政策体制的出台，美国经济也进行了必要的重构，比如税收和支出政策、货币政策以及如何应对不断增长的贸易赤字和预算赤字，比如金融资产和实际资产投资（美国和全球经济的金融化）之间的相对平衡，比如转向放宽管制、私有化和财政紧缩（社会项目支出削减），对工会化、社会保险项目资金采取更为激进的新政策，以及确保长期压缩工资和工资成本的各种政策。

由于金融资本的作用不断上升、金融不稳定事件不断增加以及金融泡沫开始更频繁出现且规模更大，这些不仅发生在美国，也发生在全球，因此，很快就可以看到伴随着新自由主义政策转变而来的重构。技术和全球资本流动的放松管制也是正在进行的重构的指标。新的全球金融资本精英崛起，全球金融资产市场的高度流动性和相互关联性，以及衍生品和其他金融证券交易的激增，反映了全球金融市场的重构。工会主义的瓦解和集体谈判的边缘化，制造业和其他工作岗位从美国向海外转移，像兼职、临时工、独立承包人和替代性工作安排（零工经济）这样的非传统雇佣形式加速发展，表明劳动力市场同时也在发生广泛的重构。国家间的自由贸易协定和地区关税联盟，然后是货币和银行联盟以及像世界贸易组织这样的新机构的成立，也反映了国家间货物和货币资本流动关系的重构。

新自由主义政策的演变促成了重构，反过来也受到了重构的制约。

新自由主义1.0政策，即发生于20世纪的第三次资本主义重构，不同于美国的第一次和第二次重构。第一次重构发生在第一次世界大战前及第一次世界大战期间,表现为美国资本在全球资本主义舞台上与欧洲资本并驾齐驱。1994 年后发起的第二次重构,表现为美国资本在国内及在欧洲和亚洲的全球资本主义竞争对手之间取得主导地位和霸权地位。1978 年后发起的新自由主义重构,表现为美国资本对美国社会运动和劳工运动以及对 20 世纪 70 年代危机期间展露自己的外国资本主义挑战者的回应。新自由主义 1.0 重构的目的是恢复美国在国内外的资本主导地位和霸权地位,并让其持续数十年。在这里它取得了成功,直到 2008—2009 年的全球危机再次破坏并威胁到了这种主导地位和霸权地位。

在每一次重构中,都会出现某种新的政策"组合"及其相对的权重和重要性。这些政策通常是财政政策(税收和支出)、货币政策(央行利率和流动性)、对外政策(贸易、货币资本流动、货币汇率)和产业政策(工会、监管、工资和薪酬)。第一次重构期间,出现了新的政策"组合"。这种"组合"在第二次重构中以各种不同的方式发生了变化,然后随着 20 世纪 70 年代末新自由主义政策体制开始兴起,这种"组合"会再次重新组织和重新安排。

像所有的重构一样,基于新自由主义政策的第三次重构最终也无法保持永久性。政策与实体经济重构之间的矛盾从 20 世纪 80 年代到 21 世纪初期一直存在,在 2008—2009 年的危机中爆发。大约在 2008—2010 年,奥巴马领导下的新自由主义政策体制开始失灵。在其剩余任期内,该政策体制仅得以部分重建且重建乏力。

特朗普的崛起应视为对奥巴马执政时期出现的新自由主义政策危机的回应。从里根到小布什的自由贸易和"对外"新自由主义政策,再加上 2008—2010 年严重的商业周期叠加效应,使就业质量和工资增长停滞恶化到了无法接受的水平。对美国大部分人口,特别是居住在美国曾经的"制造业带"的人口而言,数十年的去工会化、工资压缩和福利成本从雇主转嫁给工人以及不断上升的家庭债务负担,使得 2010—2016 年奥巴马执政期间的经济复苏乏力且无效。社会项目支出削减、公共产品私有化、高薪工作向海外转移并被数千万低收入、低福利的"临时性"和服务性工作取代,进一步降低了 1 亿多家庭的生活水平。为了抵消这一下降,美国家庭背负了数万亿美元的学生贷款、信用卡、汽车贷款和抵押贷款债务。

在这种环境下,美国精英阶层中出现了更具攻击性的一派(他们与所谓的茶党抗议现象、宗教右翼以及右翼企业和亿万富翁投资者有关），他们巧妙地利用民众的不满情绪并将其转化为新民族主义的诉求。特朗普就是借着这些变化、这一危机和这些社会力量在2016年入主白宫。尽管如此，2008年以前的新自由主义政策仍然是由更传统的美国资本精英和仍围绕着希拉里·克林顿的政治精英提出的。接下来的事情众所皆知，在2016年的选举中，特朗普利用民族主义主题和反传统精英主题，使中西部地区和制造业地带的六个关键州转而支持他，在美国总统选举团中以微弱优势胜出。

现在的关键问题是，特朗普是否能修复新自由主义政策议程——或许会采取新的政策"组合"和调整财政、货币、对外和产业政策之间的相对权重，这种新的组合是否会对国内及全球的对手和竞争者更具攻击性，或者特朗普政府为修复新自由主义政策所做的尝试是否会失败。这一修复是否会产生其他效果，从而超越所谓的新自由主义？它会不会攻击和压迫对手和竞争者以至于必须把它叫作"新自由主义"之外的其他东西？或者，它会不会在两方面都失败，从而引领美国和全球经济进入一个转型期，使美国和全球经济在未来数年内进行第四次根本不同的重构？未来特朗普剩余任期里的修复或许能够回答这些问题。

参考文献

Amadeo, K., 2018, "Obama's Stimulus Package and How Well It Worked", Accessed September 21, 2018, https：//www. thebalance. com/what-was-obama-s-stimulus-package-3305625.

Armour, S., 2018, "Rule Expands Plans Skirting Health Law", *Wall Street Journal*, June 20.

Belasco, A., 2013, *The Cost of Iraq, Afghanistan, and Other Global Wars on Terror Operations since 9/11*, North Charleston：Create Space Independent Publishing Platform.

Bottari, M., 2018, "The Two Faces of Janus", Accessed September 21, 2018, https：//www. prwatch. org/news/2018/02/13322/two-faces-janus-billionaires-behind-supreme-court-case-poised-dismantle- public.

Bureau of Economic Analysis, 2018, "National Income and Product Accounts Table", https：//www. bea. gov/system/files/2018-10/SNTables. pdf.

Bureau of Labor Statistics, 2009, "Usual Weekly Earnings of Wage and Salary Workers", Accessed September 21, 2018, https：//www. bls. gov/news. release/archives/wkyeng_01222009. htm.

Bureau of Labor Statistics, 2013a, "Union Members—2012", Accessed September 21, 2018, https://www.bls.gov/news.release/archives/union2_01232013.htm.

Bureau of Labor Statistics, 2013b, "Usual Weekly Earnings of Wage and Salary Workers", Accessed September 21, 2018, https://www.bls.gov/news.release/archives/wkyeng_01182013.htm.

Bureau of Labor Statistics, 2017a, "Union Membership Rate 10.7 Percent in 2016", Accessed September 21, 2018, https://www.bls.gov/opub/ted/2017/union-membership-rate-10-point-7-percent-in-2016.htm.

Bureau of Labor Statistics, 2017b, "Usual Weekly Earnings of Wage and Salary Workers", Accessed September 21, 2018, https://www.bls.gov/news.release/archives/wkyeng_01242017.htm.

Bureau of Labor Statistics, 2018, "Real Earning—September 2018", Accessed October 21, 2018, https://www.bls.gov/news.release/pdf/realer.pdf.

Cameron, D., 2018, "Defense Firms to Get Lift", *New York Times*, February 20, B3.

Chaney, S., 2018, "Budget Deficit Grew in Fiscal Year to Date", *Wall Street Journal*, June 13.

Congressional Budget Office, 2009, *American Recovery and Reinvestment Act of 2009*, Accessed September 21, 2018, https://www.cbo.gov/sites/default/files/111th-congress-2009-2010/costestimate/hr1senate0.pdf.

Congressional Budget Office, 2018a, "The Budget and Economic Outlook: 2018 to 2028", Accessed September 21, 2018, https://www.cbo.gov/system/files/115th-congress-2017-2018/reports/53651-outlook.pdf.

Congressional Budget Office, 2018b, "Exploring the Growth of Medicaid Managed Care", *CBO Presentation*, June 25, Accessed September 21, 2018, https://www.cbo.gov/publication/54069.

Crooks, E., and K. Manson, 2017, "US Companies Set for Big Profit Windfall from Tax Overhaul", *Financial Times*, December 18.

Davis, J., 2018, "Trump's Budget Favors Military, Inflating Deficit", *New York Times*, February 13.

Davis, J. H., and A. Rappeport, 2017, "Trump Proposes Most Sweeping Tax Overhaul in Decades", Accessed September 21, 2018, https://www.myajc.com/news/trump-proposes-most-sweeping-tax-overhaul-decades/6zIfayRUZle29tfCWJmZ3K/.

Economic Research of Federal Reserve Bank of St. Louis, 2018, "All Federal Reserve Banks: Total Assets", Accessed September 21, 2018, https://fred.stlouisfed.org/series/

WALCL.

Edgecliff-Johnson, A., 2018, "Trump Tax Cut Heralds $1tn Bonanza for US Investors", *Financial Times*, March 5.

Farley, R., 2009, "Rush Limbaugh Said Bump in GDP due to Cash for Clunkers and Government Incentives to First-Time Home Buyers", Accessed September 21, 2018, https://www.politifact.com/truth-o-meter/statements/2009/nov/03/rush-limbaugh/rush-limbaugh-said-bump-gdp-due-cash-clunkers-and-/.

Francis, T., and R. Rubin, 2018, "New Tax Law Fattens Corporate Profits", *Wall Street Journal*, May 4.

Goldfarb, Z., 2011, "Obama Gets Win as Congress Passes Free Trade Agreements", *Washington Post*, October 12.

Grossman, K., 2018, "Star Wars Redux: Trump's Space Force", *Counterpunch*, June 23.

Hipple, S. F., 2010, "The Labor Market in 2009: Recession Drags on", Accessed November 26, 2018, https://www.bls.gov/opub/mlr/2010/03/art1full.pdf.

Horowitz, J., 2017, "34 Things You Need to Know about the Incoming Tax Law", Accessed September 21, 2018, https://money.cnn.com/2017/12/20/news/economy/republican-tax-reform-everything-you-need-to-know/index.html.

Joint Congressional Committee on Taxation, 2018, "Tables Related to the Federal Tax System As in Effect, 2017 – 2026", Accessed September 21, 2018, https://www.novoco.com/sites/default/files/atoms/files/x-32r-18.pdf.

Koshgarian, L., 2018, "The GOP's New Tax Plan: A Distraction That Could Throw the Midterm Elections", Accessed September 21, 2018, https://truthout.org/articles/the-gops-new-tax-plan-a-distraction-that-could-throw-the-midterm-elections/.

Morgenson, G., and T. McGinty, 2018, "Insiders Make Hay on Rising Buybacks", *Wall Street Journal*, June 11.

Navarro, P., 2018, "Trump's Tariffs Are a Defense against China's Aggression", *Wall Street Journal*, June 21.

New York Times, 2017, "Feathering Their Own Nests", *New York Times*, December 19.

Office of United States Trade Representative, 2018, *OUST Report*, Docket #USTR-2018-0005, Accessed September 21, 2018, https://ustr.gov/sites/default/files/files/Press/Releases/301FRN.pdf.

Otani, A., 2018, "Buybacks Surge in Wake of Tax Cuts", *New York Times*, March 1.

Pear, R. , 2018, "New Rule Allows Small Businesses to Skirt Obamacare", *New York Times*, June 20.

Platt, E. , 2018, "Global M&A Deals Eclipse $1tn Record Stage in Year", *Financial Times*, March 24.

Randewich, N. , 2018, "S&P 500 Companies Return $1 Trillion to Shareholders", *Reuters*, May 25.

Rasmus, J. , 2012, *Obama's Economy: Recovery for the Few*, London: Pluto Press.

Rasmus, J. , 2013a, "The Three Faces of the Fiscal Cliff", Accessed September 21, 2018, http://www.kyklosproductions.com/posts/index.php?p=178.

Rasmus, J. , 2013b, "Austerity American Style", Accessed September 21, 2018, https://solidarity-us.org/atc/165/p3933/.

Rasmus, J. , 2016, *Systemic Fragility in the Global Economy*, Atlanta: Clarity Press.

Rasmus, J. , 2017, *Central Bankers at the End of Their Ropes: Monetary Policy and the Coming Depression*, Atlanta: Clarity Press.

Rasmus, J. , 2018a, "Trump's Tax Cuts, Budgets, Deficits … Trump's Recession 2019?" Accessed September 21, 2018, https://popularresistance.org/trumps-tax-cuts-budget-and-deficits-recession-2019/.

Rasmus, J. , 2018b, "The US Plan to Target China", *Counterpunch*, May 10.

Rasmus, J. , 2018c, "Trump's Phony Trade War", *ZNET*, May 3.

Rasmus, J. , 2018d, "China Trade War, North Korea and Factional Splits in US Elites", *Counterpunch*, May 28.

Reuters, 2018, "White House Seeks to Make Personal Income Tax Permanent", *Reuters*, March 15. Accessed September 21, 2018, https://www.reuters.com/article/us-usa-tax/second-u-s-tax-bill-could-make-personal-income-tax-cut-permanent-white-house-idUSKCN1GR21G.

Rockoff, J. , 2017, "Investors to Benefit from Tax Overhaul", *Wall Street Journal*, December 19, B5.

Ruffing, K. A. , and J. R. Horney, 2011, "Economic Downturn and Bush Policies Continue to Drive Large Projected Deficits", Accessed September 21, 2018, https://www.cbpp.org/sites/default/files/atoms/files/5-10-11bud.pdf.

Scheiber, N. , and K. Vogel, 2018, "Web of Donors Sees a Chance to Curb Labor", *New York Times*, February 26.

Shear, M. , and M. Tackett, 2017, "Saving a Major Win in a Year of Setbacks", *New York Times*, December 21.

Shear, M., and J. Tankersley, 2018, "Trump Inflates Size of Tax Cuts by $4 Trillion in Speech to Farmers", *New York Times*, January 9.

Sindreu, J., 2018, "Firms Poised to Jack Up Dividends", *Wall Street Journal*, April 19.

Smith, J., 2018, "Trump Aims to Privatize Postal Service", *Wall Street Journal*, June 23.

Tax Policy Center, 2017a, "Updated Effects of the Tax Cuts and Jobs Act on Representative Families", Accessed September 21, 2018, https://www.taxpolicycenter.org/sites/default/files/publication/151341/updated_effects_of_tcja_act_on_representative_families_final.pdf.

Tax Policy Center, 2017b, "Distributional Analysis of the Conference Agreement for the Tax Cuts and Jobs Act", Accessed September 21, 2018, https://www.taxpolicycenter.org/publications/distributional-analysis-conference-agreement-tax-cuts-and-jobs-act.

Toplensky, R., 2018, "Multinationals Pay Less Tax Despite Curb on Avoidance", *Financial Times*, March 12.

Wall Street Journal, 2018, "The New Tax Law", *Wall Street Journal*, February 14.

Watson Institute for International and Public Affairs, 2018, "Costs of War", Accessed September 21, 2018, http://watson.brown.edu/costsofwar/figures/2017/us-budgetary-costs-post-911-wars-through-fy2018-56-trillion.

Wolf, J., and J. Schmitt, 2018, "A Profile of Union Workers in State and Local Government", Accessed September 21, 2018, https://www.epi.org/publication/a-profile-of-union-workers-in-state-and-local-government-key-facts-about-the-sector-for-followers-of-janus-v-afscme-council-31/.

Yates, M., 2010, *Wisconsin Uprising: Labor Fights Back*, New York: Monthly Review Press.

Zakaria, F., 2011, "Why Defense Spending Should Be Cut", Accessed September 21, 2018, https://www.washingtonpost.com/opinions/why-defense-spending-should-be-cut/2011/08/03/gIQAsRuqsI_story.html.

Zoppo, A., A. Proença, and J. Hudgins, 2017, "Here's the Full List of Donald Trump's Executive Orders", Accessed September 21, 2018, https://www.nbcnews.com/politics/white-house/here-s-full-list-donald-trump-s-executive-orders-n720796.

（此文原载于英文期刊 *International Critical Thought*
《国际思想评论》2019 年第 9 卷第 1 期）

经济周期、经济危机、资源掠夺与难民逃离

[芬]富兰克林·奥本-奥多姆[*] 著 葛 聪[**] 译

摘 要：当前跨国移民"危机"的原因是什么？2008年全球经济危机又是因何所致？这些危机是孤立存在，还是相互联系？先前研究指出难民输出国家的内战和美国难掩瑕疵的金融措施是造成难民和经济危机的原因所在。然而，通过运用特定的制度政治经济学方法，以及利用联合国难民事务高级专员等方面发布的数据进行分析表明，无论是战争还是金融投机都无法对这些危机给出充分解释。相反，这两场危机都源自于以增长为基础的食利者资本主义。以美国为首的西方国家积极推行这种资本主义，而中东、北非以及更广泛的南方国家则奋力抵抗这种资本主义。

关键词：难民；战争；城市；经济危机；制度主义

前 言

引发当今世界多重危机的驱动因素是什么？尤其是：造成当前跨国移民"危机"的原因是什么？2008年全球经济危机的起因又是什么？多重危机之间存在着怎样的因果关联？这些危机是孤立存在，还是相互联系？

---

[*] 富兰克林·奥本-奥多姆（Franklin Obeng-Odoom），于澳大利亚悉尼大学获得政治经济学博士学位，赫尔辛基大学可持续发展科学副教授，赫尔辛基可持续发展研究所的成员，加纳艺术与科学学院院士，主要研究城市的政治经济、自然资源和发展，编撰了《畅通城市经济》（*Oiling the Urban Economy*，2014）和《重建城市经济学》（*Reconstructing Urban Economics*，2016）等书，担任《社会经济学论坛》副主编、《非洲经济和金融评论》主编以及《爱丁堡城市政治经济研究》丛书主编。

[**] 葛聪，郑州工商学院当代马克思主义经济学研究中心主任、中国社会科学院大学博士研究生。

这些问题非常重要，被人们以多种方式提了出来（例如，Showers 2014, 310-311）。更全面的诊断有助于更好地阐明当前跨国移民"危机"的实质，① 而根据联合国难民事务高级专员（UNHCR 2017a）的观点，这一危机已达到临界点。从分析上讲，解答这些问题有助于开发更具说服力的方法来研究资本主义的各种危机。

有关这些问题的学术体系范围非常广，但分析范围却很狭窄。现有的各种专刊有关 2008 年危机的研究（例如，volume 64, summer issue of the *Journal of Australian Political Economy* in 2010, and volume 74, number 2 issue of the *American Journal of Economics and Sociology* in 2015），并未回答这些问题。以跨国移民危机为主题的许多专刊（例如，volume 54, May issue of *New Perspectives on Turkey* in 2016; volume 12, number 2 issue of *Postcolonial Text* in 2017）试图解答其中一些问题，却常将跨国移民危机视为与经济和环境危机风马牛不相及，而非后者的组成部分。然而，这些现有研究的趋势是将跨国移徙危机视为经济和环境的一部分，而不是一部分危机。对于"内战"与跨国移民危机之间的因果关系，这些分离主义分析方法提出的观点差强人意，有关美国对金融贪得无厌最终导致了 2008 年经济危机的论调也是漏洞百出。

由约翰·罗杰斯·康芒斯（Commons 1924）、托斯丹·凡勃伦（Veblen 1920）和约翰·肯尼斯·加尔布雷思（Galbraith 1998）等学者开创的制度政治经济学方法有助于解决这个问题（Stilwell 2003; Stilwell, Jordan, and Pearce 2008）。这种经过完善的制度政治经济学方法具有三个相互关联的特征。第一，这种方法保持了制度主义的立场，即资本主义在创建自身制度的同时，会与非资本主义制度相互作用，并会在此过程中受到促进或抑制。第二，本研究所使用的制度政治经济学将一些制度主义立场——比如"增长狂热"（Mishan 1967）和"社会成本"[Kapp（1950）1971]——从唯心主义批判扩展到了唯物主义批判。这两个特性结合起来便催生了第

---

① 此处，跨国移民危机打上引号，并非否认这一概念，而是这种表达方式本身的使用就很严格谨慎。事实上，在西方和看似中立的联合国机构公开辩论中，只有当大量难民涌入西方国家（尤其是欧盟国家）边界时，该词汇才开始被广泛使用。在此之前，即难民问题成为"全球危机"之前，全球南方（Global South）难民问题并未引起关注。这一动态本身表明了对世界体系不同地区所持有的差别价值观，以及"帝国主义和不平等发展"不断增加的负担，杰出的全球南方思想家萨米尔·阿明（Amin 1977）已就这一点进行了广泛证明。

三个特征：辩证地分析危机，从而认识到危机并非独立于孕育和再孕育了它们的经济体系。因此，从这个意义上说，资本主义制度——比如私有财产制度，以及它们在更广泛世界体系中的演变方式——在分析危机时显得特别重要。联合国难民事务高级专员、911调查委员会、中东和非洲学者等方面（El-Gamal and Jaffe 2010；Gitau 2018）发表的公开数据（El-Gamal and Jaffe 2010；Gitau 2018）为分析提供了便利。

从这种制度政治经济学的角度来分析，证据表明，跨国移民危机（难民危机只是其中的一部分）与2008年的金融危机一样，其根源也是公地私有化、私人侵占社会创造的租金、追求帝国垄断积累战略（掠夺劳动者的工资）等资本主义矛盾。这两种危机不仅起源相同，而且还在相互加强。如图1所示，经济周期受到了中东和北非政治经济的强烈影响。中东和北非紧张局势与矛盾的根源不只是"石油"（Klare 2003）——正如人们通常所认为的那样（Harvey 2003）。它甚至不只是某些国家的"军事化新自由主义"（Doran 2007），或者整个地区的新自由主义化——这是一种经常被称为"新中东"图景的动态（Klein 2007）。

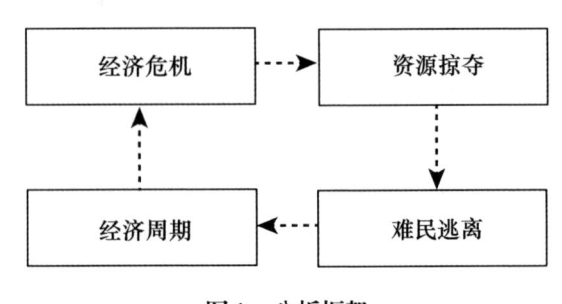

图1 分析框架

相反，中东和北非现象的核心是华盛顿对利润增长的不懈追求。在资本主义制度下，"增长狂热"（Mishan 1967）是固有的、与生俱来的，因为资本主义是一种扩张性制度；在该制度下，金融和土地投机、战争、殖民主义、新殖民主义和现代帝国主义会在结构层面形成繁荣和萧条周期。这些周期不仅导致了中东和北非地区的土地剥夺和流离失所，而且还引发了波及全球的经济危机。自相矛盾的是，资源掠夺——或试图通过将投资转移到公共用地来挽救这种局面，这似乎是一种更耐用的工具——进一步加剧了土地剥夺和难民流离失所。难民逃离和跨国移民（包括难民问题）

是在经济周期和经济危机期间产生的一种交叉影响，并可能同时引发经济周期和经济危机。

这场资本大戏以不同规模在上演，但是在资本主义城市尤其热闹——这些城市为把金融资本与跨国移民危机结合在一起提供了坚实的基础。作为一种资本空间，这些城市为资源掠夺提供了金融资本（这个过程正在迅速改变农村和近郊的土地性质），其目的不是为了使用，而是为了交换价值（Harvey 1978）。在全球经济发展不平衡但又相互关联的过程中，投资收益率构成了资金流入农村、近郊及周边城市土地的核心逻辑（Obeng-Odoom 2017b）。在"资本主义下的城市进程"（Harvey 1978）中，城市——尤其是那些功能强大、能够提供金融和信贷的城市——通过把农村和城市周边地区的土地迅速转变为私人地产和企业投资场所，将金融资本从金融中心转移到了周边城市（Obeng-Odoom 2014，2017b）。的确，这些城市不仅为金融资本从一个行业转移到另一行业、从一个城市转移到周边城市提供了便利，而且还在空间极不平等的情况下为集中力量创造了条件，开动"增长机器"引擎（Molotch 1976）来生产和消费石油。因此，现有的跨国移民政策基于这样一种误解：正是由于贪婪的独裁者和自由战士发生冲突并引发内战才导致难民纷纷逃离。这样的跨国移民政策当然是错误的。另外一些移民政策是基于这样的观点：移民数量是人口的函数，这类移民政策也是错误的。建立隔离墙和拘留中心之类的目的地政策也是一种错误设想。简单地设立"庇护城市"来帮助躲避内战的难民虽出于善意，也是不当之举。

因此，在资本主义制度下，经济周期、经济危机、资源掠夺和难民逃离等问题环环相扣，相互关联。

为了弄清这个观点，下文将从四个部分加以阐释，分别对经济周期、经济危机、资源掠夺和难民逃离作出分析。

经济周期

无论是媒体还是更具普遍意义的新古典经济学，都误解了战争在经济周期中的作用。媒体通常将难民危机描述为"内乱、战争、专制政权的统治和全球南方国家政府的瓦解"的产物（Chowdhury 2017，1），主流经济学对战争的阐释甚至更简单。一个极端是战争在资本主义经济体系中的重要作用遭到否认（Sherman 2006，520）；另一个极端是战争在经济事务中的地位被主流经济学无限放大。一种观点紧随由加勒特·哈丁（Garett Hardin）提出的并在新制度经济学中获得了长足发展的"公地悲剧"理论，认为难民是人口过剩的结果（Hardin 1974）。这一观点将战争的受害者归咎于他们自己，并为食利者开脱共谋之罪责，遵循的是托马斯·马尔萨斯（Thomas Malthus）牧师很早提出的"经济科学"，即否认战争是基于租金制度的经济周期的结果（Remoff 2016）。另一种观点在新古典主义经济学中很常见，认为战争只是本地行为主体贪婪或不满的一种反映，他们破坏了当地经济，导致民众生活每况愈下（Collier 2009a，2009b）。在这种描述中，新古典主义经济学家认为部署军队只是一种"公益事业"（Gaffney 2018）。

然而，现实要复杂得多。在资本主义制度下，战争是经济周期的核心。的确，战争对资本主义经济繁荣的核心作用是康德拉季耶夫（Kondratieff）长浪理论的精髓所在，这一著名模型表明，基于战争的宏观经济周期可持续大约50年（Stilwell, Jordan, and Pearce 2008，268）。因此，战争、冲突和"防御"是经济周期的"正常"要素。战争不仅会由经济利益引发，而且还能为侵略者所在国及其盟国的跨国公司创造商机（Stilwell, Jordan, and Pearce 2008）。为促进商业发展，有时必须发动、扩大或拖延战争。有时，这些战争之所以爆发，似乎也是为了防止北方的商业利益/经济陷入财政困难/经济衰退。很多时候，战争的目的是保持侵略者的经济稳定。确实，正如澳大利亚政治经济学家所言（Stilwell, Jordan, and Pearce 2008），战争对宏观经济产生了众所周知的影响，推动了经济增长（比如，为战争而进行的技术革新，通过军工联合体创造的就业机会以及纯粹的暴利）。因此，"生产的稳定依赖于大量的军事开支，其中相当一部分用于购买武器……此外，武器文化……是宏观经济稳定的基础"（Galbraith 1998，257）。在这个周期中，战争反映了以化石燃料为基础、以租金为导向和以利润为目标的另一种生产模式。

战争有助于支撑和促进资本主义经济发展，但正如著名经济学家谢尔曼（H. J. Sherman，他本人曾是一名士兵）所坚称那样，它也会产生收缩力（Sherman 2006，2011；O'Hara and Sherman 2004）。这种生产模式主要是为了赚取利润，不是满足人类需求。

因此，汽车、枪支和奢侈品的生产在战时经济中占据着重要地位。但是，这种扩张却通常以公共服务为代价。将公共资源从公益事业和社会需求转移到破坏性过程，往往会随着时间的推移而减少有效需求［Robinson（1979）2009］。反过来，经济收缩不仅是因为需求不足，而且也因为缺少凯恩斯乘数——当国家对需求方直接进行干预时，这一乘数便能促进经济增长。和平时期也伴随着扩张，但性质却大不相同。在"和平时期的增长"中，经济扩张源于对稳定、健康和安全社会的投资，这通常会引发更具包容性的社会变革。

然而，私人利益和跨国公司寻求的是一种更激进的积累。通常，这些扩张活动会促进海外投资进一步扩大，迫使民族国家为跨国资本开放经济。在南方国家，这种"军备竞赛"是以特殊的方式表现出来的。在那里，军工联合体创造了对战争、军备和西方武器的需求。即使武器是作为"礼物"赠送，也需要从全球北方的跨国公司购买保养服务和零配件，从而进一步强化了北方通过制造"内忧外患"来建立或维持这种依赖关系的动机［Robinson（1979）2009，122］。

在此过程中，需要用私有财产降低交易成本，保障个人投资（Griethuysen 2012）。作为一种支撑资本主义"增长狂热"（Mishan 1967）或城市"增长机器"（Molotch 1976）的制度，必须创造、保护和不断扩充私有财产。根据对象的不同，这种持续增长的资本主义动力可被解释为赚取利润（面对股东的说辞）、创造就业机会（说服普通民众的战略说辞）、促进环境可持续发展（一种向地方和全球官员证明自己在努力保护环境的面子策略）以及通过打击"敌人"来创造和平（一种常被用来向全球北方的选民证明战争正当性的策略）。因此，以私有财产为基础的"增长狂热"是战争的主要基础逻辑，而战争逻辑反过来又被用来在全球建立新的私有化制度。在此过程中，（通过跨国公司）将公共的或共享的石油资源私有化，开发诸如私有土地之类的"虚拟商品"，扩大劳动力的不稳定性，以及创造更多的货币债务都是关键的垫脚石（Polanyi 1944）。这些私有化措施也可以通过战争来实现，其形式是世界银行/国际货币基金组织强制实施的方案，迫使负债国将其石油公共资源私有化。

因此，当战争被视为造成全球难民问题的原因时，必须认识到这些战争不只是内生而成，难民也不只是在逃离内战。此类战争中存在一种外部"投资"，目的是获取资源或者促使战争为商业利益创造经济机会（Klein 2007）。战争可能不只与石油有关（Harvey 2003），但石油通常属于战争的一部分。比如，美军经常被派往参加此类战争，目的就是维护商业和供养自己——美军自身非常依赖的石油（Gaffney 2018）。

这是否就是"资源战争"（Klare 2001a）的全部意义还有待进一步分析。按照迈克尔·克雷尔（Michael Klare）最广为人知的解释是，资源战争不只是种族、宗派和内部冲突的结果；相反，它们常会受到对石油的强烈渴求、资源枯竭、人口增长以及内部民主赤字的驱动（另见 Klare 2001a，2001b）。因此，这种解释属于典型的马尔萨斯主义（Michael 2003）。实际上，由于忽视了殖民主义、新殖民帝国主义和更广泛的战争政治经济（即资本主义"增长狂热"）以及私有财产的扩张，这种对资源战争的解释是有限的。

以目前的叙利亚战争为例，舆论说阿萨德（Asad）是一位残害百姓的独裁者，他杀死了自己的人民，因此大多数叙利亚人民联合起来要推翻其独裁统治，却遭到了叙利亚政府的残酷镇压。面对这种局面，以美国为首的西方国家必须出手干预，以推动政权更迭（有关此标准叙事的综述，见 Anderson 2015）。但是，对政治经济学家（例如，Harvey 2003；Doran 2007；Stilwell, Jordan, and Pearce 2008；Obi 2009；Anderson 2015）而言，要了解中东和北非地区（这个地区最易爆发资源战争，难民人口也最多）的战争，就必须明白美国对新中东寄予的希望是为美国企业创造有利的发展条件，为美国军队提供驻扎基地，并获得中东的石油资源。

弄清楚叙美关系及其发展趋势是非常关键的。有关这些复杂关系的主要论述（Seale 1965，1988；Ismael 1989；Brown 1989）表明，叙利亚和美国并不总是势不两立。根据帕特里克·希尔（Patrick Seale）和琳达·巴特勒（Linda Butler）的说法：

> 1996 年以前，他们与美国的关系一直相当不错。在阿萨德和克林顿的两次会面中……美国总统重申了他对在以土地换和平的基础上寻求全面解决方案的承诺，这让阿萨德感到满意……此外美国也对叙以谈判表现出了持久的兴趣。（Seale and Butler 1996，29）

尽管叙利亚仍被列在支持恐怖主义的国家名单上，但帕特里克·希尔及其同事发现，在叙利亚，"这被认为是由于以色列对华盛顿的影响，而不是美国根深蒂固的敌意"。实际上，叙美两国甚至一度做过联盟（Seale and Butler 1996，33），尤其是叙利亚曾支持以美国为首的伊拉克战争。

发生变化的是阿萨德领导的叙利亚反对华盛顿意图控制中东地区，或意图将其他竞争势力排除在这种霸行之外——这两种意图最终都是为了加强以色列的势力。具体而言，美国国务卿沃伦·克里斯托弗（Warren Christopher）试图说服叙利亚同意遏制真主党武装，却最终无果而归，原因是阿萨德不愿接受美国描绘的中东愿景。根据帕特里克·希尔和琳达·巴特勒（Seale and Butler 1996，30）的说法，"离开大马士革后，克里斯托弗痛苦地表示他与阿萨德的关系'再也不会是原来那样了'"。

2011年暴乱正是在这种背景下发生的。除了查明暴乱参与者的身份之外，还需要调查他们的身份是如何随着时间的推移而快速改变的、他们对自由的追求是如何变成武装暴乱的、他们的徽章是什么，以及他们所追求建立的那个国家的特征，这构成了一种更全面的研究方法。除了西方媒体的报道外，还应研究一下与中东政治经济相关的、详实的政治经济学和人种学论著。美国领导力的特征也很重要。奥巴马总统意图树立一种"不干涉主义领导者"的形象或遗产，但特朗普总统的行事方式却截然不同。然而，正如约书亚·兰蒂斯（Landis 2012）所建议的那样，不管有什么不同，重要的是需要搞明白这样一个问题：如果一个既不亲以色列也不亲美国的政权最初发生了本地抗议，那么华盛顿会怎样？

这种分析叙利亚暴乱和战争的政治经济学方法是由政治经济学家提姆·安德森（Tim Anderson）提出的。利用这种方法，他发现2011年的动乱既没有武装，也不是为了政权更迭。事实上，武装极端分子对动乱的迅速渗透很快迫使真正的改革者放弃了这场运动，只留下了一个由美国支持的极端武装组织。众所周知，美国常会投机性地渗透到任何地方的反对派中，继而推翻其对手的政权——这些对手会被打上极端负面的烙印，从而使全球就相关干预行动达成共识。这一策略不仅有据可查（Klare 2003；9/11 Commission 2004；Coll 2004），而且正如克里斯托弗·多兰（Doran 2007）所言，已在中东地区被成功运用到了伊拉克以及另一个难民人数最多的国家——阿富汗。

现在，人们对美国在阿富汗使用的战术有了更多了解（Brisard, Dasquie, and Shashikumar 2001）。这些战争不仅与恐怖主义有关，而且还牵扯到了对中东和阿富汗的石油控制。事实上，第二个原因更为重要，也让第一个原因相形见绌。具有国家背景的跨国油企更喜欢由美国支持的阿富汗"联合"政府，而不是真正的、捉摸不透的阿富汗领导者。这种策略也有利于美国，它希望通过扩充自己的石油渠道和巩固当前所获得的石油合同，来平衡俄罗斯掌控的石油权力。事实上，美国政府本身的行为经常就像一家石油公司（Brisard, Dasquie, and Shashikumar 2001）。副总统迪克·切尼（Dick Cheney）曾是哈利伯顿（Halliburton）油田服务公司的总裁，前美国国家安全顾问康多莉扎·赖斯（Condoleezza Rice）则在雪佛龙（Chevron）出任经理。此外，前商务部长唐纳德·埃文斯（Donald Evans）和前能源部长斯坦利·亚伯拉罕（Stanley Abraham）也曾就职于汤姆布朗（Tom Brown）石油公司（Foreign Affairs 2001），这是一家很大的石油公司。阿富汗不仅拥有石油，而且还能提供其他战略利益。作为一个国家，阿富汗还是通往其他化石资源丰富的苏联地区的桥梁［比如，通过尤诺洛卡尔（音译，Unolocal）公司，利用阿富汗至巴基斯坦的管道从土库曼斯坦抽取石油］，而无需借道与美国利益水火不容的伊朗。世界银行也对这种方法感兴趣，并为石油项目提供资金，觉得这有利于促进阿富汗的就业和发展（Coll 2004, 301-313）。这种策略现已得到广泛使用。

实际上，这一策略也曾被用于苏丹战争（Ayers 2010）。从表面上看，那场战争只是不相容的"部落"之间内部冲突的产物——南北"部落"不容异己，对彼此的宗教信仰相互不能容忍。实际上，尽管存在这种紧张关系，但这场战争还涉及更深层的问题。"1990年以来，联合国根据《联合国宪章》第七章采取的58次维和行动中，有32次是在非洲"，这一情况绝非偶然（Herro, Lambourne, and Penklis 2009, 49）。内部因素导致了达尔富尔冲突和涉及面更广的苏丹—南苏丹战争，但其背后还存在着更汹涌的全球势力（Herro, Lambourne, and Penklis 2009, 59）。从性质上看，将苏丹国家定性为"脆弱"或"无能"可能与中东国家的"恐怖分子"标签有所不同，但都为西方干预奠定了基础（Lambourne and Herro 2008, 276）。西方这种先制造分裂、再帮助"维稳"的历史颇具玩味。

英国的间接统治殖民政策就是一个例子。这种管理前殖民地的方法制造出了一个分裂社会——在这个社会中，北方的生活方式和思想体系被"高看一眼"，使北方人获得了更高的殖民地位，北苏丹从而得以凌驾于南苏丹之上。因此，英国殖民统治正式奉行了一种不平衡的发展政策。这些被约翰·罗杰斯·康芒斯（Commons 1924）称为"资本主义的法律基础"的制度帮助巩固了北苏丹对南苏丹的统治。

战争为资本主义积累铺平了道路，也是这一行为的结果。通过所谓的"反恐战争"，资本主义累积的障碍得到了清除。因此，苏丹的命运不只是北方穆斯林和南方非穆斯林对资源的争夺，同时还是美国和以色列等世界强国所坚定支持的南苏丹，与北苏丹及其盟友（比如利比亚）之间的一场恶斗（Young 2012）。苏丹战争本身就是关于石油和跨国油企的战争。

当然，土地退化和环境破坏加剧了地方的土地冲突，但这些冲突也大多源于石油勘探。石油勘探破坏了土地，致使农牧民之间的关系日趋紧张（Pantuliano 2010）。正如多项研究（Pantuliano 2010；Nour 2011；Young 2012）所示，创造石油经济奇迹的过程也带来了重大挑战。石油提炼对水资源造成了污染，石油钻探破坏了排水系统，造成了土地剥夺和人民流离失所，以及严重的生态灭绝。因此，对苏丹石油开采的研究有力揭示了这一点：必须对简单的战争故事提出质疑。这些战争的根源极其复杂，涉及殖民主义、帝国主义以及不平等的土地和资源尤其是石油的可及性。这些战争的背后存在着更复杂的力量，即需要保证美国国内的石油供应，其中包括为美国军队不断提供石油，以满足其需求。其次，美国需要削弱竞争对手的实力，阻止他们获得重要能源。最后，美国对中东的病态恐惧——或是因为美国担心中东有能力向其断供极其重要的石油，抑或是因为中东有能力帮助壮大美国的竞争对手——是美国在中东和北非战争中频繁现身的一个原因，而且它的盟友也是如此。这一点非常清楚，但石油与中东和北非政治经济在上一次经济危机中的作用还不甚明显。

经济危机

然而，在分析这些危机的根源时，我们必须认真对待中东。分析经济危机时，必须将美国与全球石油生产的主要地区——中东和北非作为重要的考虑因素（El-Gamal and Jaffe 2010）。根据阿尔—贾玛尔和贾菲（El-Gamal and Jaffe 2010）的观点，随着石油供应量的下降，全球石油价格将会上涨，这反过来又会迫使消费者减少石油消费。因此，除了发现新油田外，还有一些系统性原因可以解释为什么石油将会继续与我们同在。他们指出，中东刻意将石油保留在地下是一种市场策略或受到了利润的驱动，旨在人为制造石油短缺，以提高石油价格（El-Gamal and Jaffe 2010，136）。

可以说，金融市场、能源市场和中东地缘政治这三个相互关联的因素共同导致了全球失衡，进而酿就了经济的繁荣或萧条。这三个因素也都有自己的周期（El-Gamal and Jaffe 2010）。比如，石油市场的周期这样开始：石油供应下降，触发全球石油价格上涨，进而促使生产商增加供应，随后导致价格下跌，供应随之下降，如此周而复始。尽管石油输出国组织（OPEC）试图通过调节产量来缓解这种固有周期，但只有在少数情况下才能真正改变这种模式，而且这种改变也只能持续很短的时间（El-Gamal and Jaffe 2010）。从这个意义上说，中东危机涉及内外部因素引发的冲突，这些冲突如何影响石油的供应和价格，以及该地区作为以武器贸易形式回收石油美元的工厂的各种方式。

中东以外地区的殖民主义、新殖民主义和帝国主义阴谋。为获取和控制石油，控制那些反帝国主义以争取本地自主权的力量，美英两国做出了很多努力，这些努力也是解开这一谜题的关键所在。从这个意义上讲，中东存在的许多"恐怖主义"都与"石油"有关（El-Gamal and Jaffe 2010，66 – 67）。因此，价格、需求、供应和稀缺往往与社会和政治因素存在关系。这种对能源市场、金融市场和中东地缘政治之间相互关系的强调，在另一个方面也很有用。石油市场尤其容易出现波动，这是因为在需求和供应的相互作用下，当地生产商的活动引发了繁荣或萧条（El-Gamal and Jaffe 2010）。这些动态变化产生的影响常会波及全球。

通过房地产开发和城市交通运输，城市在导致 2008 年危机的过程中发挥了重要作用，而危机也对城市产生了不利影响。比如，著名乔治主义经济学家梅森·加夫尼（Mason Gaffney）认为投机性的城市房地产开发与投资（尤其在美国和中国）为这场危机做了铺垫（例如，Gaffney 2015），多德森和西佩（Dodson and Sipe 2010）则指出这场危机是由于过度依赖燃油汽车工业所致。在投机性郊区开发、市中心房地产价格上涨（由投机所致）以及公路游说团体（包括跨国油企）的驱动下，郊区生活对汽车变得更加依赖。反过来，油价上涨也会对城市和郊区居民产生重大影响，蚕食他们的工资收入。但是，我们必须进一步扩大这些分析范围，以弄清这种投机与中东和北非的政治经济以及世界经济的相互作用。

石油与债务之间的联系便是一个很好的研究出发点。人们对石油及其供应的依赖日益加重，推动了石油价格上涨。这不只是金·哈伯特（M. King Hubbert）"石油峰值理论"（认为物质匮乏是推动油价上涨的原因）在作祟，而是石油补贴、囤积和投机等多项政策一起发力所导致；油价上涨反过来又会刺激食利者频繁展开石油投机（El-Gamal and Jaffe 2010）。随着美国（它表现得最为明显）在油价上涨过程中越来越依赖石油，其债务增长超出了不断增长的美元和经济所能承受的范围。这些不可持续的债务和积累，也加剧了发动战争或寻求控制中东的压力（Michael 2003；El-Gamal and Jaffe 2010）。

金融化的房地产在这一过程中扮演着重要角色。石油引发的房地产价格上涨，助长了中东地区内外投资者的投机风气，他们纷纷购买了房地产行业流通的股票。投资者认识到房地产价格被夸大后开始恐慌，转而将撤回的资金投向欧洲及其他地方的对冲基金，矛盾的是，基金经理又会把这些钱投资于石油期货。这种豪赌反过来又为经济泡沫创造了条件，引发油价进一步上涨，同时也为中东和其他地区注入了兴奋剂，甚至引发更多投机——直至这些泡沫突然爆裂（比如在 2008 年）。

这便诞生了源于中东的泡沫和泡沫破灭的故事，其中，世界其他地区的系统性问题也起到了推波助澜的作用（El-Gamal and Jaffe 2010，144–147）。从这个意义上讲，危机的中心不在美国，而在中东。

然而，正如凯特·肖沃斯（Showers 2014）最近所指出的，随着中东局势变得紧张，以及人们意识到这个地区无法解决西方的能源危机，而且西方也面临着寻找和开发"可持续"能源、保护环境清洁的压力，由来已久的跨大西洋奴隶制战略再次被捡了起来。在这种战略下，非洲大陆从奴隶劳动力和（或）闲置土地方面来看都是"可再生能源"的重要地区。无论是哪个方面，西方的富裕阶层为了自己享乐耗尽了非洲的资源——正如托斯丹·范伯伦 [Veblen (1899) 1979] 和约翰·肯尼思·加尔布雷思（Galbraith 1998）所言，这是一种极大的浪费。这种巨大浪费第一次为世人所知时令人震惊，但正如迈克·贝瑞（Berry 2013）在其最近的重新评估中所指明的，由精英消费主义和浪费所引发的资源耗竭问题可能已变得更糟。这一背景使人们对非洲正在进行的资源掠夺有了清晰认识。

资源掠夺

根据弗雷德·皮尔斯（Pearce 2012）的研究，在2008年危机最严重的时候，投资者纷纷涌入苏丹，抢购该国资源。美国公司［贾谢资本（Jarch Capital）尼罗河贸易与发展公司（Nile Trading and Development）及其附属公司基涅提发展公司（Kinyeti Development）］表现得尤其突出，拿到了土地的长期租赁合同，其中一些地方相当于曼哈顿的170倍（Pearce 2012，42）。

资源掠夺不只局限于中东和北非地区，世界的各个角落都能发现这种积累制度的网络：欧洲、南美、美国和中东。一些地方——比如纽约证券交易所和集聚着权力与财富的城市——在这些资源掠夺中发挥了重要作用（Liberti 2013）。正如约书亚·利昂（Joshua Leon）最近在《第三世界季刊》中写到的：

> 纽约、伦敦、香港、芝加哥和新加坡等全球领先的城市不只是令人刮目的生产要素禀赋集聚地，而且也是权力集中存在的地方，能够产生超越城市边界的巨大影响……将全球连通性的数据与私营企业的定位策略放在一起，我们将发现最为成功的全球城市也是土地剥削性积累的大本营。（Leon 2015，257）

在这些城市中，正是食利者阶层推动了资源掠夺的金融化，而且这种"国际分工"也最能满足他们的需求。与把土地视为"虚拟商品"的卡尔·波拉尼（Polanyi 1944）不同，对于这类城市投资者而言土地是真正的商品。对居住在喀土穆、朱巴和亚的斯亚贝巴等首都城市的精英人士来说，"发展"往往是他们鼓励资源掠夺的理由。但是，土地掠夺的主要驱动力却是对外汇——即一位国家官员所称的"强势货币"的需求（Liberti 2013，16）。反过来看，大部分交易都是用强势货币——而非本币——来完成的。更重要的是，许多东道国为了自身生存，对土地掠夺提供了便利——也就是说，它们能生存下来是因为满足了强大国家对非洲土地的需求，而这些强国反过来又会保护那些支持土地掠夺的政权。然而，为获得这种强势货币而进行的竞争导致土地价格低得离谱。比如，研究表明，莫桑比克的土地价格为每公顷为1美元，埃塞俄比亚为50—70美分，而中非的首批投资者可免费获得土地（Liberti 2013）。

这种土地定价模式受到世界发展机构的大力鼓励，其中包括世界银行和粮农组织。意识形态并不是他们提供这种支持的唯一原因，这些发展机构为土地定价体系投入了大量资金。世界银行的国际金融公司本身就是一家土地投资机构（Liberti 2013，101）。因此，当这些组织——尤其是世界银行——转而向由粮农组织、农发基金、贸发会议和世界银行共同制定的所谓《负责任农业投资原则》出谋划策时（却没听取基层意见），它们其实是在为自己创造市场。除了在世界银行被视为大投资者的投资界，这种自我利益或利益冲突可能从未公开宣布过。反过来，世界银行的投资行为也会成为其他投资者的风向标（Liberti 2013）。从这个意义上讲，《世界发展报告》从本质上讲是投资界的投资指南。范围较小的报告——比如《全球对农田的兴趣日益浓厚》（World Bank 2011）——可能旨在对市场作出分析，但也起到了操纵作用。因此，当世界银行的研究人员通过《世界银行经济评论》的一篇文章（Arezki, Deininger, and Selod 2015）称并不是投机导致了地价上涨时，他们是在借助"科学的"计量经济学表达一种自私自利的观点。

实证研究（包括直接观察和与投资者面谈）表明（Liberti 2013），土地掠夺在很大程度上属于一种投机活动。作为跨国公司的一项业务，这些土地超级市场已经取代了巴西、埃塞俄比亚和坦桑尼亚的许多小农生产，实际上非洲的大部分地区也是如此。但是，资源掠夺虽然在非洲开始，但不会在非洲结束。事实上，土地掠夺——无论是作为一种意识形态、过程还是社会实践——在世界各地都有其根源和分支，不过只有少数跨国公司和强大国家控制着大片土地（Liberti 2013，147 - 148）。因此，现代大庄园仍然存在并非无稽之谈，其结果是"2006年以来，外国投资者和政府收购的土地达到2.2亿公顷（5.4亿多英亩），导致贫穷国家的数百万小农流离失所"（Sassen 2014，3）。对这种难民逃离现象需要进一步展开分析。

难民逃离

萨斯基娅·萨森（Saskia Sassen）为研究这一问题铺平了道路。在最近出版的《驱逐》（Sassen 2014）中，萨森主要记录了金融化和碳交易如何导致一大批人流离失所。该书着重描绘了"大量无家可归的民众被安置在正规和非正规的难民营中"（Sassen 2014，3）。一般来说，这种剥夺、流离失所和驱逐是导致跨国移民的原因。事实上，萨森的研究对所谓的"自愿"经济移民提出了质疑，这种现象在很大程度上是由全球地缘政治背景下的洛克式资本主义矛盾所驱动。这一复杂过程也已被其他人总结成了理论（例如，Obeng-Odoom 2017a），并得到了史蒂芬·卡斯尔斯（Stephen Castles）及其团队（例如 Castles and Miller 2011；Castles et al. 2012；Castles, De Haas, and Miller 2014；Castles 2017）的验证，需要更多强调的是从流离失所到寻求庇护的过程。

难民通常与走私者签订合同，以帮助他们逃往自己选定的新国家。尽管在某些情况下这个过程比较顺利，走私者也由此被视为"救世主"，但很多时候这些难民会上当受骗、遭到强奸甚至杀害，逃亡的每个阶段都充满了不确定性（Tinti and Reitano 2016）。难民沦为受害者时，有时还会受到生命威胁，不得不采取一切可能的手段生存下去（Tinti and Reitano 2016）。这种对移民代理（人口贩子）及其盈利活动（这背后的动因包括逃亡的压力、需要克服的障碍以及将来可能获得的奖励）的关注，都突显了制定全面的难民政策的迫切性（Emser 2017；Perdigao 2017）。如表1所示，自2008年危机爆发以来，逃离事件愈演愈烈。2008—2018年，官方统计的难民人数增加了一倍，从大约1050万人达到了2540万人（UNHCR 2017b，13）。

根据联合国难民署的统计（2018），世界上55%的难民来自中东和北非地区。具体来说，他们大都来自叙利亚（550万）、阿富汗（250万）和南苏丹（140万）。一些出版物（例如 Netto 2011；Oka 2011；Gitau 2018）详细描述了难民避难的经历，因此除了死亡人数之外，这里只需要作简要介绍。这种状况十分可怕，而且还在不断恶化，因此难民政策已成为移民研究的一个重要主题（例如，Castles et al. 2012；Eder and Özkul

表 1　自 2008 年危机以来难民及其他流离失所者的人数

年份	难民	寻求避难者（未决）	返回的难民	受到 UNHCR 保护或协助的国内流离失所者	返回的国内流离失所者	UNHCR 确定的无国籍人士	其他相关人员	总计
2008	10489800	825800	603800	14442200	1361400	6572200	166900	34462100
2009	10396500	983900	251500	15628100	2229500	6559600	411700	36460800
2010	10549700	837500	197700	14697900	2923300	3463000	1255600	33924700
2011	10404800	895300	531900	15473400	3245800	3477100	1411800	35440100
2012	10498000	942800	525900	17670400	1545400	3335800	1329700	35848000
2013	11699300	1164400	414600	23925500	1356200	3469200	836100	42865300
2014	14380100	1796200	126900	32274600	1822700	3492100	1052800	54945400
2015	16111300	3225000	201400	37494200	2317300	3687800	870700	63907700
2016	17185350	2837100	552200	36627100	6511100	3242000	803100	67758100
2017—2018	25400000	—	—	—	—	—	—	—

资料来源：联合国难民署（UNHCR 2017a, 208；2017b, 13；2018）。

2016；Tinti and Reitano 2016）。不过，鉴于本文要对难民问题重新作出分析，因此有必要重新回顾一下与目的地（比如被关入拘留中心、难民营、庇护城市）和原籍地（比如政权更迭）有关的拟议政策。

拘留中心和难民营

一个主要的政策立场是建立拘留中心和难民营，将难民单独收容在这些地方，以免影响相关社区的生活方式。按照这一政策立场，难民应只是被短暂收留一段时间，危险源头消除后便将他们遣返，或转送至澳大利亚、美洲或欧洲国家等其他目的地。

人们在难民营的实际经历也许更值得考虑。从这个意义上说，姑且拿卡库马难民营作一分析。这个难民营由联合国难民署和世界粮食计划署于1991年建造，因规模庞大和经久耐用而闻名于世，一直是肯尼亚用来安置乌干达、卢旺达、刚果、埃塞俄比亚、索马里和苏丹等国难民的家园。作为世界上最重要的难民中心之一（位于肯尼亚达达布难民营的旁边），卡库马难民营的经验值得考虑。

最新的实证研究结果来自于莉迪娅·瓦尼娅·吉图（Gitau 2018）。根据这项研究，战争中幸存下来的南苏丹人是卡库马难民营受创伤最重的一个难民群体。他们在战区生活期间形成的创伤，伴随着为逃离战争而做的挣扎变得更糟糕。逃离战争的过程既危险又艰辛，难民营的生活也是如此。但是，国家和平条约却只关注实现和平。造成这种视野狭隘的部分原因是有人认为难民所需要的只是远离危险，或他们的日常需要能得到满足。实际上，情况要复杂得多。

吉图（Gitau）的研究（卡库马难民营的人种学研究）表明，这些创伤存在性别差异。妇女害怕遭到强奸，因为过去曾在战区经历过此事；而男人则感到无助，因为他们无力扮演传统的养家角色。

当然，难民营非常重要，许多难民都心存感激；然而，它不一定有助于弥合创伤，实际上还经常产生相反的作用。比如，男人不习惯吃与妇女同样的食物，但在难民营就不得不适应这种情况。但是，这种经历很难证明是女权主义的胜利。在难民营，妇女无法得到平等的受教育机会。难民营所称的和平本身就有问题，因为卡库马难民营提供的和平是建立在一座岛屿上，而部分难民是在大陆上，因此无法找到和平。

然而，这些难民并没有被动地、日复一日地哀怨。他们性格坚韧，总在尝试着积极地思考未来。难民还想出了其他策略，其中包括信仰上帝、互相支持、培养内在力量、承担个人责任和打造生活愿景。有些人甚至还创办了社会企业，所获收入刚好够把孩子（包括女儿）送到难民营之外的学校读书（Gitau 2018，79-94）。

从这个角度来看，给难民创造和平的生活环境是不够的，只帮助他们安顿下来更远远不够。除非"和平就是一切"——这是难民在难民营里经常提到的一句话（Gitau 2018，109-110），否则对和平的追求只是一种狭隘的愿景而已。和平就是一切，和平不只意味着没有战争，还应包括发展与他人的社会关系，在繁荣的社区过上幸福生活。和平是通过融合来加强——而不是削弱——身份认同，或学着像他人一样行事。和平是宽容他人，而不是寻求变得和别人一样。同化或融合可能存在矛盾，因为至少就卡库马难民营的南苏丹人而言，他们不只是在逃离战争，也是在逃离一种特定形式的激进阿拉伯化或伊斯兰化（Gitau 2018，2）。

和平是满足人们的物质需求、政治需求（拯救被遗弃的亲人、朋友和家庭）和社会需求，其中的物质需求也包括解决难民营中经常出现的"空虚"问题（Gitau 2018，49-50，54-55），这种"空虚"有时被描述为一种既没有公民身份也没有公民权利的短暂、空虚、总是在乞求他人施舍的生活（Gitau 2018，55）。和平就是一切。和平的物质基础至关重要。比如，在难民营，人们的脖子上挂着用于领取食物的联合国配给卡，这张卡就是他们生命的保障（Gitau 2018，75）。在难民营工作的心理支持者和健康支持者经常报告说，难民经常向他们请求物质支持（Gitau 2018，75-77）。但是，物质需求不是独立存在，而是相互依存。公民身份是一种强有力的权利主张，因为它有助于解锁医疗保健及其他权利（Gitau 2018，76），能够同时满足许多需求，但这还不够。联合国的典型应对措施也不充分，这些措施的主要意图是防止难民的国籍被南苏丹或原籍国剥夺（Gitau 2018，76），而不是帮助难民在新的定居国寻求公民身份。

一般情况下，难民会通过表达诉求、见机行事和一走了之来回应他们的处境（Oka 2011）。他们会以各种方式表达他们的批评意见。比如，一个人说："他们提供的食物存在很多问题。我与母亲以及六个孩子来到了这里，丈夫死在了索马里。我们分到了一间房子，但没有床垫和毛毯，"（Oka 2011，247）。另一个人说："他们认为，既然我们是非洲难民，所有非洲人都应该一样，都应该吃相同的食物，因此肯定吃的是高粱和玉米。我们不是埃塞俄比亚人或班图人，我们是索马里人"（Oka 2011，252）。鉴于此，许多难民会在难民中心的非正式经济发展过程中见机行事，把自己的东西与难民营或其他地方的人们带来的商品和服务进行交换。另外一些人还会收到营外亲戚和朋友的汇款。一些人还会在难民营从事一些低级劳作，摇身成为联合国的雇员，工资虽然很低却能得到更多的物资。

加强城市治理可以解决问题吗？这个问题很难回答，尤其是在边境城镇。它们既不是农村，也不是城市，拥有自己的特征。当前的城市治理主要侧重于提供城市经济活动——比如帮助难民进行废物管理，但并未意识到，事实上，难民生活的"城市面貌"在很大程度上属于半城市化（Carpi and Boano 2018）。但是，仅靠农村地区也无法解决这些问题。事实上，根据哈尔巴（黎巴嫩）、基利斯（土耳其）和阿拉姆塔（约旦）等中东边境城镇的经验，我们关键是要平衡好这三个方面：交叉关注城市、农村地区或城市周边地区。这些问题不能留给市场去解决，正如新自由主义城市政策现在所显示的那样，这么做会导致尴尬的结果（Carpi and Boano 2018）。长期规划非常重要，而且还必须认识到某些移民具有农村倾向，因为那是他们的成长环境；政策必须考虑得比目前的人道主义援助方案更长远。

庇护城市

如果这些城市无法提供足够支持，庇护城市是不是更适合难民？对庇护城市的蔑视在国内造成了紧张关系；无论是革命性还是改良性，这些紧张关系都取决于这些庇护城市所采取的策略。比如，美国和加拿大的庇护城市就有一种更明确的保护非法移民和难民的意图，从而会公开违反联邦政策。"不要问，不要告诉"（DADT）政策便是一种非常激进的做法。此类政策禁止城市当局询问难民和非法移民的移民状态，同时避免根据居民是否持有合法证件来提供市政服务。"不要问，不要告诉"政策也意味着不与联邦移民部门合作，除非联邦法律做出明确要求（Bauder 2017，

176）。不过，英国对庇护城市中难民的支持更公开。通常，在某些城市，不同的社会群体会做出更多姿态表示支持，而不会对国家提出公开挑战。人们的兴趣似乎更多在于将充满敌意的论调转变为欢迎的态度（Bauder 2017）。但一般来说，这种态度所依据的论据令人信服——即庇护城市不一定滋生犯罪，反而能促使难民和移民作出更多贡献。一项研究（Gonzalez，Collingwood，and El-Khatib 2017）表明，庇护城市的犯罪率并不比其他地方高。事实上甚至有证据表明，庇护城市通过与当局加强合作，还有助于增强城市的包容性和安全性。

不过，庇护城市只能被视为一系列解决方案的组成部分。庇护城市既没有真正赋予难民更多权利或提供更多的经济支持，也没有帮助解决难民在新目的地所面临的食利者和资本主义问题——尽管我们知道难民会在这些城市受到严重歧视。当然，同化计划非常重要，它们能帮助难民掌握新技能，通过多种方式获得教育和工作机会。但是，这些计划也有其局限性。正如吉图（Gitau 2018）的研究所示，难民存在的心理问题却常在"融合"和"同化"过程中被忽视。

这些政策并未提及商业周期、土地危机或战时政治经济。事实上，这些庇护城市没有对源头条件做出任何改变。它们对庇护城市的财产状况和移民的工作条件只字未提，通常也不会为改善移民教育提供支持。因此，这些城市只具有人道主义意义，而没有更彻底的意义。将庇护城市与城市权利联系起来的尝试非常令人失望。诚然，在洛杉矶这个主要的庇护城市（Gonzalez，Collingwood，and El-Khatib 2017，31），女性移民仍能找到工作，但正如莫拉莱斯和翁（Morales and Ong 1991）以及斯多波等人（Storper et al. 2015）所述，她们的工资长期偏低。同时，城市经济中的就业人数在增加，不平等现象也在加剧。

约旦也存在类似的令人担忧的情况。莱纳和特纳（Lenner and Turner 2018）指出，根据"约旦契约"，无需将叙利亚难民限制在难民营。这些难民被积极融入了约旦经济，认为他们是追求个人利益最大化的企业家。国家政策的最初目标是向叙利亚难民发放约 20 万份工作许可，为约旦经济注入活力。这被誉为难民危机的一个根本性转变，但实际上却是难民问题朝着新自由主义框架的一次根本性右倾转变，劳动力被当成了商品或人道主义框架下的"发展"杠杆。就业增加的同时，就业不足、歧视和租金上涨等问题也愈发严重。约旦经济基于的是一种积极的、以出口为导向的增长模式，这种模式将低薪劳动力编织成了命运之轮，移民的命运也缠绕在其中。这种新自由主义的转变只会恶化移民的体验。

政权更迭

通过来源国的政权更迭解决问题的尝试同样不能令人满意。提姆·安德森（Anderson 2017）分析了叙利亚难民的情况，论述了将推翻叙利亚现政权作为一项政策的不足之处。因此这里仅介绍主要的正反观点。批评者称，现有政权已无信誉可言，由此导致人们普遍不满。

在西方媒体的渲染下，这些画面变得生动而形象。在这种情况下，即使收集到的夸大和歪曲证据十分充分，人们也难以接受批评家表面上的批评（Anderson 2015，2017）。然而，双方都不大可能取得实质性进展：第一个原因是直到最近，美国和俄罗斯还在进行影子战争；第二个原因是，人种学证据并未明确说明人们对政权是纯粹的恨还是爱。众所周知，街头出现的抗议者虽然持反对意见，但与此同时他们的物质需求却是由现有政权提供（Carpi and Glioti 2018）。反过来，这些抗议只能说是在表达不满，而不能被视为要求政权更迭。简而言之，这些政策立场都毫无用处。它们所依据的是中立原则，即认为难民问题完全是由内部力量所致，这是一个极具争议的问题。更根本地讲，这些政策没有承认战争、资源掠夺、广泛积累和经济周期在政治经济中的地位，因此必须被拒绝。

我们共同的未来

在资本主义制度下，经济周期、经济危机、资源掠夺和难民逃离都是"正常"现象。作为一种扩张性体系，资本主义必须在各个层面上寻求财产私有化。在这一过程中，所谓的自愿移民或经济移民应受到质疑。正如难民和更广泛的跨国移民问题所示，目前有关移民类别的定义存在很大局限性。

对可能采用的替代方法作出详细分析超出了本文的范畴。卡普［Kapp（1950）1971，244］写道："的确，阐述一个新的、连贯的理解体系非一人之力所能及，而是要依赖于多人协作。"在这方面，不妨看看这种协作的要点是什么。马克思主义替代方法众所周知（例如，Castles and Miller 2011；Castles et al. 2012，2014；Castles 2017；Piper, Rosewarne, and Withers 2017），乔治主义者有关开发"无限公地"的建议非常有趣。不过，这个建议非常含糊，需要进一步澄清。"无限公地"是一种分析方法，旨在将基于利润的增长问题化而不是神化，以解决租金窃取问题，纠正剥削、排斥和剥夺等问题。

从这个角度来看，一个重大而紧迫的步骤是抑制对利润导向型增长的冲动。由于这种冲动是以私有财产为基础的资本主义所固有，因此拒绝将剩余的公地转为私有可能是关键一步。同样，对现有封闭土地的租金征税可将社会创造的租金归还给公众，而将盈余奖励给劳动者会形成一种激励，为共享繁荣创造一些条件。正如亨利·乔治（Henry George）和许多乔治主义者所言［例如，George（1883）1981；Beck 2012；Obeng-Odoom 2017a］，这种基于公地的经济模式所产生的收入可用于集体活动投资，其中包括偿还债务。

对于已经定居的移民，他们需要社会保护和长期就业等公共服务。更重要的是，这有助于防止投机诱发的危机。成立工会以改善工作条件是提高劳动力质量的另一途径，另外还可取消工资税，从而将更多盈余返还给劳动者。因此，租金窃取（解决方法：对已私有化的土地征收土地税，或仍保留公地的公用土地性质）和工资窃取（解决方法：进一步推进工作的社会化）的问题必须得到认真对待。

这种模式可能有助于结束战争，特别是有助于实现和平。但是，和平比战争更好吗？凯恩斯（J. M. Keynes）试图通过自己编撰的《和平的经济后果》（Keynes 1920；综述和评论，见 Potter 2015）回答这个问题。战争将资产阶级和帝国主义国家变得更富裕，其他人却更贫困。利润导向型增长和通货膨胀等因素共同加剧了城市和国家内部以及国家和地区之间的不平等。因此，凯恩斯所称的"迦太基式和平"是行不通的——根据这种观点，和平将进一步造福强国，破坏弱国的经济，并通过制裁和债务负担限制其他国家未来的繁荣。

侵略者对其他国家的赔偿、民族国家对因战争而失去家园和亲人的民众的赔偿、解除制裁、恢复对政府和经济决策的自决权以及各国保护自然资源和利用资源造福平民的自由——这些都是凯恩斯看到的核心要素，而且在我们这个时代仍然有效。但是，凯恩斯主义者提出的赔偿还远远不够：比如托斯丹·凡勃伦（Veblen 1920）提出，食利者也必须做出赔偿。食利者必须偿还他们所私吞的社会创造的租金。

因此，这种基于公地的战略有助于重塑整个世界，将世界建设得更和平、更清洁和更环保。然而，这只是一些初步考虑，并没有事实根据。因此，它们只能被看作另一篇论文的规范性前言，而不是一个充分完善并得到充分证实的替代方案。

本论文的目的是试图揭示经济周期、经济危机、资源掠夺和难民逃离之间的内在联系、交叉点和间隙，而不是试图提供解决这些问题的具体方案。

参考文献

9/11 Commission, 2004, *9/11 Commission Report: Final Report of the National Commission on Terrorist Attacks upon the United States*, Washington, DC: US Government Printing Office.

Amin, S., 1977, *Imperialism and Unequal Development*, New York: Monthly Review Press, Anderson, T., 2015, "The Dirty War on Syria: Washington, Regime Change and Resistance", Accessed November 21, 2018, http://www.globalresearch.ca/the-dirty-war-on-syria-washington-supports-the-islamic-state-isis/5494957.

Anderson, T., 2017, "The War in Syria and Europe's Refugee Crisis", In *Crossing Borders Conference Proceedings*, edited by M. Nikolakaki, S. Georgoulas, and A. Grubacic, Lesvos: Cooperative Institute for Transnational Studies, pp. 5 – 37.

Arezki, R., K. Deininger, and H. Selod, 2015, "What Drives the Global 'Land Rush'?" *The World Bank Economic Review*, 29（2）, pp. 207 – 233.

Ayers, A. J., 2010, "Sudan's Uncivil War: The Global-Historical Constitution of Political Violence", *Review of African Political Economy*, 37（124）, pp. 153 – 171.

Bauder, H., 2017, "Sanctuary Cities: Policies and Practices in International Perspective", *International Migration*, 55（2）, pp. 174 – 187.

Beck, J. H., 2012, "Henry George and Immigration", *American Journal of Economics and sociology*, 71（4）, pp. 966 – 987.

Berry, M., 2013, *The Affluent Society Revisited*, Oxford: Oxford University Press.

Brisard, J.-C., G. Dasquie, and V. K. Shashikumar, 2001, *Bin Laden: The Forbidden*

Truth, Winnipeg: Peace Research.

Brown, L. C., 1989, "The Duke of Damascus: ASAD the Struggle for the Middle East by Patrick Seale with the Assistance of Maureen McConville", *New York Times*, June 18.

Carpi, E., and C. Boano, 2018, "Border Towns: Humanitarian Assistance in Peri-Urban Areas", *Humanitarian Exchange*, No. 71, pp. 39 – 41.

Carpi, E., and A. Glioti, 2018, "Toward an Alternative 'Time of the Revolution'? Beyond State Contestation in the Struggle for a New Syrian Everyday", *Middle East Critique*, 27 (3), pp. 231 – 246.

Castles, S., 2017, *Migration, Citizenship and Identity: Selected Essays*, Cheltenham: Edward Elgar Publishing.

Castles, S., M. Arias Cubas, C. Kim, and D. Ozkul, 2012, "Irregular Migration: Causes, Patterns, and Strategies", in *Global Perspectives on Migration and Development: GFMD Puerto Vallarta and Beyond*, edited by I. Omelaniuk, Dordrecht: Springer Science + Business Media, pp. 117 – 152.

Castles, S., H. De Haas, and M. Miller, 2014, *The Age of Migration: International Population Movements in the Modern World*, New York: Guilford Press.

Castles, S., and M. Miller, 2011, *The Age of Migration: International Population Movements in the Modern World*, [In Japanese], Nagoya: Nagoya University Press.

Chowdhury, K., 2017, "(En) Countering the Refugee: Capital, Oscar Martinez's The Beast, and the 'Problem' of the Surplus Population", *Postcolonial Text*, 12 (3 and 4), pp. 1 – 20.

Coll, S., 2004, *Ghost Wars: The Secret History of the CIA, Afghanistan, and Bin Laden, from the Soviet Invasion to September 10, 2001*, London: Penguin Books.

Collier, P., 2009a, *The Bottom Billion: Why the Poorest Countries Are Failing and What Can Be Done about It*, New York: Oxford University Press.

Collier, P., 2009b, *Wars, Guns, and Votes: Democracy in Dangerous Places*, London: The Bodley Head.

Commons, J. R., 1924, *Legal Foundations of Capitalism*, New York: Macmillan.

Dodson, J., and N. Sipe, 2010, "A Suburban Crisis? Housing, Credit, Energy and Transport", *Journal of Australian Political Economy*, No. 64, pp. 199 – 210.

Doran, C., 2007, "A Militarised Neo-liberalism: Australia's Economic Policies in Iraq", *Journal of Australian Political Economy*, No. 59, pp. 48 – 73.

Eder, M., and D. Özkul, 2016, "Editors' Introduction: Precarious Lives and Syrian Refugees in Turkey", *New Perspectives on Turkey*, 54 (May), pp. 1 – 8.

El-Gamal, M. A. , and A. M. Jaffe, 2010, *Oil, Dollars, Debt, and Crises: The Global Curse of Black Gold*, Cambridge: Cambridge University Press.

Emser, M. , 2017, "Review of Migrant, Refugee, Smuggler, Saviour", *Transformation: Critical Perspectives on Southern Africa*, 95, pp. 140 – 144.

Foreign Affairs, 2001, "Review of Bin Laden: The Forbidden Truth", *Foreign Affairs*, 33 (2), pp. 102 – 104.

Gaffney, M. , 2015, "A Real-Assets Model of Economic Crises: Will China Crash in 2015?" *American Journal of Economics and Sociology*, 74 (2), pp. 325 – 360.

Gaffney, M. , 2018, "Corporate Power and Expansive U. S. Military Policy", *American Journal of Economics and Sociology*, 77 (2), pp. 331 – 417.

Galbraith, J. K. , 1998, *The Affiuent Society*, Boston: Houghton Miffiin Company.

George, H. , (1883) 1981, *Social Problems*, New York: Robert Schalkenbach Foundation.

Gitau, L. W. , 2018, *Trauma-Sensitivity and Peacebuilding: Considering the Case of South Sudanese Refugees in Kakuma Refugee Camp*, New York: Springer International Publishing.

Gonzalez, B. , L. Collingwood, and S. O. El-Khatib, 2017, "The Politics of Refuge: Sanctuary Cities, Crime, and Undocumented Immigration", Accessed November 21, 2018, https: //journals. sagepub. com/doi/abs/10. 1177/1078087417704974? journalCode = uarb.

Griethuysen, P. V. , 2012, "Bona Diagnosis, Bona Curatio: How Property Economics Clarifies the Degrowth Debate", *Ecological Economics*, No. 84, pp. 262 – 269.

Hardin, G. , 1974, "Lifeboat Ethics: The Case against Helping the Poor", Accessed November 21, 2018, http: //www. garretthardinsociety. org/articles/art_ lifeboat_ ethics_ case_ against_ helping_ poor. html.

Harvey, D. , 1978, "The Urban Process Under Capitalism: A Framework for Analysis", *International Journal of Urban and Regional Research*, 2 (1 – 4), pp. 101 – 131.

Harvey, D. , 2003, *The New Imperialism*, Oxford: Oxford University Press.

Herro, A. , W. Lambourne, and D. Penklis, 2009, "Peacekeeping and Peace Enforcement in Africa: The Potential Contribution of a UN Emergency Peace Service", *African Security Review*, 18, pp. 49 – 62.

Ismael, T. Y. , 1989, "Review of Asad: The Struggle for the Middle East, by Patrick Seale", *Canadian Journal of Political Science*, 22 (4), pp. 889 – 891.

Kapp, K. W. , (1950) 1971, *The Social Costs of Private Enterprise*, New York: Schocken Books.

Keynes, J. M., 1920, *The Economic Consequences of the Peace*, New York: Harcourt, Brace & Howe.

Klare, M. T., 2001a, *Resource Wars: The New Landscape of Global Conflict*, New York: Owl Books.

Klare, M. T., 2001b, "The New Geography of Conflict", *Foreign Affairs*, 80 (May/June), pp. 49 – 61.

Klare, M. T., 2003, "For Oil and Empire? Rethinking War with Iraq", *Current History*, 102 (662) pp. 129 – 135.

Klein, N., 2007, *The Shock Doctrine: The Rise of Disaster Capitalism*, New York: Penguin Books.

Lambourne, W., and A. Herro, 2008, "Peacebuilding Theory and the United Nations Peacebuilding Commission: Implications for Non-UN Interventions", *Global Change, Peace and Security*, 20 (3), pp. 275 – 289.

Landis, J., 2012, "The Syrian Uprising of 2011: Why the Asad Regime Is Likely to Survive to 2013", *Middle East Policy*, 19 (1), pp. 72 – 84.

Lenner, K., and L. Turner, 2018, "Making Refugees Work? The Politics of Integrating Syrian Refugees into the Labor Market in Jordan", *Middle East Critique*, Accessed November 21, 2018, https://data2.unhcr.org/en/documents/download/66885.

Leon, J. K., 2015, "The Role of Global Cities in Land Grabs", *Third World Quarterly*, 36 (2), pp. 257 – 273.

Liberti, S., 2013, *Land Grabbing: Journeys in the New Colonialism*, New York: Verso.

Michael, G., 2003, "Review of Resource Wars: The New Landscape of Global Conflict", *Population and Environment*, 24 (4), pp. 359 – 364.

Mishan, E. J., 1967, *The Costs of Economic Growth*, New York: Praeger Publishers.

Molotch, H., 1976, "The City as a Growth Machine: Toward a Political Economy of Place", *American Journal of Sociology*, 82 (2), pp. 309 – 332.

Morales, R., and P. Ong, 1991, "Immigrant Women in Los Angeles", *Economic and Industrial Democracy*, 12 (1), pp. 65 – 81.

Netto, G., 2011, "Identity Negotiation, Pathways to Housing and 'Place': The Experience of Refugees in Glasgow", *Housing, Theory and Society*, 28 (2), pp. 123 – 143.

Nour, S. S. O. M., 2011, "Assessment of the Impact of Oil: Opportunities and Challenges for Economic Development in Sudan", *African Review of Economics and Finance*, 2 (2), pp. 122 – 148.

Obeng-Odoom, F., 2014, *Oiling the Urban Economy: Land, Labour, Capital, and the*

State in Sekondi-Takoradi, London: Routledge.

Obeng-Odoom, F., 2017a, "Unequal Access to Land and the Current Migration Crisis", *Land Use Policy*, 62 (March), pp. 159 – 171.

Obeng-Odoom, F., 2017b, "Urban Governance in Africa Today: Reframing, Experiences, and Lessons", *Growth and Change*, 48 (1), pp. 4 – 21.

Obi, C., 2009, "Nigeria's Niger Delta: Understanding the Complex Drivers of Violent Oil-Related Conflict", *Africa Development*, 34 (2), pp. 103 – 128.

O'Hara, P. A., and H. J. Sherman, 2004, "Veblen and Sweezy on Monopoly Capital, Crises, Conflict, and the State", *Journal of Economic Issues*, 38 (4), pp. 969 – 987.

Oka, R., 2011, "Unlikely Cities in the Desert: The Informal Economy as a Causal Agent for Permanent 'Urban' Sustainability in Kakuma Refugee Camp, Kenya", *Urban Anthropology and Studies of Cultural Systems and World Economic Development*, 40 (3 – 4), pp. 223 – 262.

Pantuliano, S., 2010, "Oil, Land and Conflict: The Decline of Misseriyya Pastoralism in Sudan", *Review of African Political Economy*, 37 (123), pp. 7 – 23.

Pearce, F., 2012, *The Land Grabbers: The New Fight over Who Owns the Earth*, Boston: Beacon Press.

Perdigao, Y. P., 2017, "Review of Migrant, Refugee, Smuggler, Saviour", Accessed November 24, 2018, http://blogs.lse.ac.uk/africaatlse/2017/09/29/book-review-migrant-refugee-smuggler-savior-by-peter-tinti-and-tuesday-reitano/.

Piper, N., S. Rosewarne, and M. Withers, 2017, "Migrant Precarity in Asia: 'Networks of Labour Activism' for a Rights-based Governance of Migration", *Development and Change*, 48 (5), pp. 1089 – 1110.

Polanyi, K., 1944, *The Great Transformation*, Boston: Beacon Press.

Potter, A. B., 2015, "The Economic Consequences of the Peace, John Maynard Keynes (1919)", Accessed July 28, 2018, http://www.classicsofstrategy.com/Potter-Keynes-Economic-Consequences.pdf.

Remoff, H., 2016, "Malthus, Darwin, and the Descent of Economics", *American Journal of Economics and Sociology*, 75 (4), pp. 862 – 903.

Robinson, J., (1979) 2009, *Aspects of Development and Underdevelopment*, Cambridge: Cambridge University Press.

Sassen, S., 2014, *Expulsions: Brutality and Complexity in the Global Economy*, Cambridge: Cambridge University Press.

Seale, P., 1965, *The Struggle for Syria: A Study of Post-War Arab Politics, 1945 –*

1958, New York: Oxford University Press.

Seale, P., 1988, *Asad: The Struggle for the Middle East*, Berkeley: University of California Press.

Seale, P., and L. Butler, 1996, "Asad's Regional Strategy and the Challenge from Netanyahu", *Journal of Palestine Studies*, 26 (1), pp. 27 – 41.

Sherman, H., 2006, "The Making of a Radical Economist", *Review of Radical Political Economics*, 38 (40), pp. 519 – 538.

Sherman, H., 2011, "Portrait of a Crisis", *Journal of Economic Issues*, 45 (3), pp. 703 – 716.

Showers, K., 2014, "Europe's Long History of Extracting African Renewable Energy: Contexts for African Scientists, Technologists, Innovators and Policy-Makers", *African Journal of Science, Technology, Innovation and Development*, 6 (4), pp. 301 – 313.

Stilwell, F., 2003, "Refugees in a Region: Afghans in Young, NSW", *Urban Policy and Research*, 21 (3), pp. 235 – 248.

Stilwell, F., K. Jordan, and A. Pearce, 2008, "Crises, Interventions and Profits: A Political Economic Perspective", *Global Change, Peace and Security*, 20 (3), pp. 263 – 274.

Storper, M., T. Kemeny, N. Makarem, N. P. Makarem, and T. Osman, 2015, *The Rise and Fall of Urban Economies*, Stanford: Stanford University Press.

Tinti, P., and T. Reitano, 2016, *Migrant, Refugee, Smuggler, Saviour*, London: Hurst Publishers.

UNHCR (United Nations High Commissioner for Refugees), 2017a, *Statistical Yearbook 2016*, Geneva: UNCHR.

UNHCR (United Nations High Commissioner for Refugees), 2017b, "Global Trends: Forced Displacement in 2017", Accessed February 21, 2019, https://www.unhcr.org/5b27be547.pdf.

UNHCR (United Nations High Commissioner for Refugees), 2018, "Figures at a Glance: Statistical Yearbooks", Accessed November 25, 2018, http://www.unhcr.org/en-au/figures-at-a-glance.html.

Veblen, T., (1899) 1979, *The Theory of the Leisure Class*, New York: Penguin Books.

Veblen, T., 1920, Review of The Economic Consequences of the Peace, by John Maynard Keynes, *Political Science Quarterly*, 35 (3), pp. 467 – 472.

World Bank, 2011, *Rising Global Interest in Farmland: Can It Yield Equitable and Sustainable Benefits? Washington, DC: World Bank.

　　Young, J., 2012, *The Fate of Sudan: The Origins and Consequences of a Flawed Peace Process*, London: Zed.

（此文原载于英文期刊 *International Critical Thought*

《国际思想评论》2019 年第 9 卷第 1 期）

资本主义历史进程中的剥夺

——制度的扩张还是衰竭？

[巴西]丹尼尔·宾[*] 著 许 敏[**] 译

摘 要：马克思把原始积累作为资本主义的起点，然而，与此类似的过程，通过剥夺生活资料和生产资料以实现积累，直到今天仍在持续。如果不能把获得额外的生产资料和日益增加的劳动力纳入资本主义的积累过程中，资本主义制度将难以为继。一方面，我们最近看到剥夺过程仍在扩大，另一方面，越来越多的证据表明，资本主义制度陷入结构性危机无法自拔。因此，我们推断，资本主义从剩余价值的创造转向剩余价值的再分配，表明它遇到了自身的限制。因为资本主义不能仅仅依靠再分配过程来维系，这些再分配过程可能对于个体资本家来说是有效的，但是，资本主义制度仍需要扩张。本文讨论了这样一种假设，即在资本主义后期，剥夺生活资料和生产资料的过程是资本主义走向衰竭的迹象。随着资本主义制度接近完全资本化和完全无产阶级化，这些迹象既表现在对空间和扩张可能性的限制上，也表现在被剥夺者的抵抗上。

关键词：积累的限制；危机；剥夺；资本主义历史进程；原始积累；世界体系

引 言

在过去大约40年里，世界资本主义体系的资本积累过程发生了重大

---

[*] 丹尼尔·宾（Daniel Bin），巴西利亚大学副教授，美国耶鲁大学和威斯康星大学麦迪逊分校访问学者。出版有关于经济政策及其对劳动和阶级关系影响，以及剥夺生活资料和生产资料的著作。

[**] 许敏，山西大学马克思主义学院讲师，主要研究方向为马克思主义政治经济学。

变化，从强调刺激生产扩张转向强调剩余价值的再分配。这是新自由主义主导的大规模运动的一部分，新自由主义主张，只有完全由市场来定价，经济体才能越公平、越有效率，决策才能越自由。然而，随着国家在经济干预和福利政策方面的作用被削减，资本主义积累的限制变得愈加明显。在积累方面，新自由主义的主要成就是再分配而不是生产（Harvey 2006，43）。从生产转向再分配，也使原始积累这个概念再度流行起来，虽然这一概念在马克思主义论战中并不是头等重要的，但它已经逐渐成为马克思主义研究和马克思主义政治思想的一项议题。

剥夺过程并不是什么新鲜事。自从资本主义兴起以来，剥夺过程就是其历史和地理演变的一部分。资本主义的存在依赖于这些剥夺过程，因为如果没有新的生产资料和更多的劳动力纳入其积累过程，资本主义制度将难以为继。但古典马克思主义的关注点侧重于剥削劳动，剥夺是次要的。然而，随着越来越多的证据表明资本主义的限度，无论是在研究中还是在政治实践中，剥夺过程已成为人们持续关注的问题。我们把资本主义制度作为整体进行分析，它的这些局限性就愈加明显了，在资本主义制度中，那些看似非资本主义的过程本身就是资本主义制度的有机组成部分。资本主义的兴起依赖于无产阶级化和资本化的初始运动，同样，这些运动对于这一制度在世界范围内的扩张也是必要的。

这些剥夺过程还表明资本主义制度正在衰竭，正日益面临自身发展所带来的局限性。例如，当资本主义制度扩张到一定程度，土地或者劳动力的供应就会减少，最终导致生产成本的增加。应对这些成本增加的方法之一，就是把更多的不变资本和更多的劳动力纳入资本主义制度。然而，这些方法也有局限性，例如，会遭到可能受到剥夺影响的那部分人的抵制。因此，基于这些初步考虑，我提出了这样的假设：在资本主义后期，生活资料和生产资料遭到剥夺的过程是其生产方式衰竭的迹象。随着资本主义制度接近完全的资本化和无产阶级化，这些迹象既表现在空间和扩张可能性的限制上，也表现在潜在被剥夺者的政治抵制上。

本文除引言和结语以外，正文共分为四个部分。第一部分，我将对当前关于当代剥夺的论战进行评述。值得注意的是，我们有必要进行更精确的理论区分，才能更好地理解剥夺及其变化、形式和机制与资本主义积累本身之间的关系，以及是否有助于资本主义积累本身。第二部分，我讨论了作为抽象概念的资本主义和作为一种历史体系的资本主义这二者之间的区别,并认为这种区别是错误的,因为抽象的过程正是建立在对资本主义历史特殊性验证的基础上。这一论点为第三部分奠定了基础,第三部分,把资本主义作为一个世界体系的分析表明,剥夺过程是体系扩张必不可少的一部分。第四部分论证了,这些剥夺即使指明了应对危机的措施,但首先呈现出的是资本主义气数已尽的迹象。

所谓的剥夺性积累和扩张性剥夺[①]

马克思主义把资本主义积累看作一种社会关系的结果,这种社会关系的基础是生产资料的所有权和劳动力所有者相分离。劳动力所有者是自由人,没有任何生产资料,因此,他们可以在市场上出卖劳动力。劳动力一旦出卖,资本家就会组织工人进行生产,工人劳动不仅生产出劳动力价值,还生产出比劳动力价值更大的剩余价值。资本主义积累就是一个流动的循环过程,资本家用货币购买商品,雇佣劳动者对生产资料进行加工形成更大价值的商品,资本家在市场上出售商品以获取利润。实际上,这个过程不是循环的,而是螺旋式的,因为每个周期结束时,从流通中所取得的货币大于最初投入的货币[Luxemburg(1913)2003]。尽管如此,资本主义积累作为一个历史过程,必然是在一定的社会过程基础上发展起来的。

正如马克思所描述的,原始积累的典型形式是没收封建农奴土地,把农奴赶出农村到在英国兴起的纺织行业中靠出卖劳动力为生。这发生在 15 世纪末到 16 世纪初,当时大规模圈地,造成在大约 150 年中农民的流离失所,圈地运动在 16 世纪得到了进一步的推动,当时,宗教改革导致了当时英国最大的封建领主天主教会的大片土地被盗窃。到 18 世纪末,英国公有地的最后痕迹也被消灭了。整个运动引发了资本主义积累,因为没收公有地导致农民逃往城镇,成为无产者或者流氓无产者。

就原始积累与资本主义积累本身的关系而言,原始积累可以被看作初始将生产资料集中于少数人手中转化为资本,使得大多数直接生产者与其

[①] 这一部分是我在别处讨论内容的缩减版(Bin 2018)。

赖以生存的生产资料和生活资料相分离转化为雇佣工人，奠定了资本主义生产的基础。因此，原始积累的具体概念与资本主义积累本身的概念是相关联的。马克思主义的利润率公式（$s/[c+v]$）有助于使这一关系更加清晰。根据这个公式我们可以推断出，原始积累创造了可变资本（v）和不变资本（c），使得资本家可以随意使用它们来生产剩余价值（s）。总之，原始积累将直接生产者转变为靠工资为生的无产者，生活资料和生产资料转变为资本归少数人占有，一极是资本家，一极是自由劳动者，为资本主义制度的确立奠定了基础。

虽然原始积累的概念形成于资本主义的开端，但它是否限指资本主义的前史却从来没有被明确过。Althusser 认为，只能在抽象的层面或相对于"资本主义现实"的"资本主义理想"层面阐释马克思的资本主义生产方式 [Althusser（1968）2009，216]，这引发了关于原始积累会是一个持续过程的思考。萨斯基娅·萨森（Sasser 2010b，51）认为，宣告自由市场的胜利，以及新自由主义是推动经济增长的最佳途径，为经济金融化奠定了基础，导致了"原始积累的回归"。其他作者认为，在成熟的资本主义制度中，原始积累从来没有停止过，并且这是必要的，它具有连续性（De Angelis 2001）。更确切地说，原始积累不仅是资本主义社会关系的历史性和再生产特征，而且还是再生产剥削劳动的社会构成基础（Bonefeld 2001，2011）。

众所周知，大卫·哈维的剥夺性积累（AbD）指的是与原始积累相类似的当代积累过程。这一概念的提出不仅引起了全世界学者对剥夺的广泛研究，还引发了相当多的争论。仅凭这一点就使得剥夺性积累这一概念在资本主义历史地理学研究中取得了突出的地位。但是，剥夺性积累概念的涵盖范围过于宽泛导致其并不精确，没有明确解释其操作手段与扩张性积累有什么关系。哈维认为剥夺性积累是为解决过度积累问题而产生的经济过程，莱维恩（Lerien 2011，457）对此提出质疑，并把剥夺性积累定义为："采用非经济手段强制掠夺生活资料、生产资料或共同的社会财富，以实现资本积累。"一方面，莱维恩承认剥夺性积累有助于资本主义克服积累的障碍。另一方面，莱维恩对剥夺的关注，主要是对其非经济特征的关注，表明剥夺并不是自动地与整个积累过程联系在一起。总之，剥夺不一定会自动地导致积累的扩大。

我认为，马克思的资本积累更多的是关于生活资料和生产资料的再分配，而不是积累本身，同样这也是我对哈维的剥夺性积累概念的一些主要内容的阐述。以金融领域为例，在这一主要领域中，哈维认为剥夺性积累是通过占有货币形式的剩余价值来实现的。但问题是，货币退出流通集中起来，即贮藏货币，与作为资本的增殖的货币恰恰相反［Marx（1890）1990］。总之：

> 货币能够转化为资本，才会有欲望去贮藏以形成资本主义积累，这必须具备这样的投资条件：资本家必须既能购买生产资料，又能购买劳动力。(Read 2002, 29)

运用马克思主义的利润率公式来表达，我们在剥夺性积累的一些例子中看到的只是剩余价值的再分配，因此，它既不增加不变资本（c），也不增加可变资本（v）。

面对这些理论上的难题，我在其他文章（Bin 2018）中提出了三种不同的剥夺概念，它们因与资本主义积累本身的关系及其对利润率的影响而相互区别。我把第一种剥夺称为再分配剥夺（RD），涉及生产资料和生活资料的占有方式，但不涉及无产阶级化、资本化和商品化。因此，它没有影响总利润率，再分配剥夺与资本主义积累一般过程的关系是，前者对后者有依赖关系。实际上，再分配剥夺只是一种资本（c 或 v）的再分配，或者甚至是先前所积累的剩余价值的再分配。一些常见的例子诸如，公共债务、生产私有化、削减福利支出。简言之，我把再分配剥夺定义为没有加强资本化、商品化、无产阶级化程度的剩余价值的占有。这种剥夺虽然也导致资本主义积累本身的扩张，但与其他剥夺方式完全不同。

扩张性剥夺是一种主要涉及无产阶级化的剥夺方式，从而为剥削劳动的发生甚至深化奠定了基础。在这里，无产阶级化的概念并不是作为一个独立的范畴阐释的。以印度农村为建立经济特区而抢夺农民土地为例，莱维恩谈到家庭"在不得不从事更多雇佣劳动时，只会更加无产阶级化"(Levien 2011, 473)，进而提出了一个简单的概念。剥夺过程尽管不一定导致直接投入生产的工人人数的增加，但并没有削弱该论点。那些以前较少依靠雇佣劳动为生的工人被投入劳动力市场，即使没有被雇佣，他们也起到了压低已经被雇佣的工人工资的作用。由于生活资料被剥夺，产业后备军规模大为增长，从而压低了雇佣工人的工资，也就是使得分母因子可变资本（v）减少，从而提高了利润率。从逻辑上讲，提高利润率还可以通过降低另一个分母因子不变资本（c）来实现，这是界定扩张性剥夺的第二个准则。

因此，界定扩张性剥夺的第二个基本准则就是资本化，主要是将迄今为止不是资本的生产资料或生活资料转化为资本。从而，除了无产阶级化，资本化也是扩张性资本化剥夺（ECpD）的一个内容。同过去一样，资本化得以持续进行，是通过把直接生产者逐出土地，使土地变成资本，也就是使其能够完成资本积累。但是，资本化的手段扩大了，人们却流离失所，以便为水坝和发电厂等大型建设项目、城市发展及其他类型的可作为生产资料的设施提供空间。总之，扩张性资本化剥夺将无产阶级化和资本化相结合，分别导致可变资本（v）和不变资本（c）的成本降低。

除了资本化，还有另一种方法可以降低不变资本（c）的成本，从而在公式的其他因子（s 和 v）不变的情况下提高利润率，我把这称之为扩张性商品化剥夺（ECmD）。与无产阶级化一样，扩张性商品化剥夺主要是通过使生活资料不光具有使用价值，还具有交换价值，从而实现生活资料的商品化。正如弗里德里克·杰姆逊（Jameson 2011，37）曾指出："任何具有使用价值的东西都可以商品化……只要这样一种使用价值是……满足其他人的需求。"与在商品化之前人们可能普遍享有生活资料相比，他特别强调这种"需求"。而要满足这种需求，一种方式就越来越多地被采纳，这种方式即把迄今为止由国家资助的服务交给私人企业打理。不过，扩张性商品化剥夺也开创了一些新行业，如教育、医疗、养老金，这些行业的供给已越来越多地被转移到受生产成本调控的交换领域。

扩张性资本化剥夺和扩张性商品化剥夺是两种完全不同的扩张性剥夺。前者涉及资本化，后者涉及商品化，但两者都涉及无产阶级化。因此，这两种剥夺都通过为资本主义积累的扩张创造条件而与资本主义积累息息相关。这与再分配剥夺不同，再分配剥夺依赖于资本主义积累，但在总利润率层面对资本主义积累没有影响。而扩张性资本化剥夺和扩张性商品化剥夺以各自的方式，通过降低可变资本（v）和（或）不变资本（c）的成本来影响总利润率。因此，我把扩张性资本化剥夺定义为对生活资料和生产资料的剥夺，加剧了无产阶级化和资本化，但不涉及商品化。① 而扩张性商品化剥夺加剧了无产阶级化和商品化，但不涉及资本化。总之，再分配剥夺与这两种扩张性剥夺之间的主要区别在于，尽管它们本身都不具有剥削性，但扩张性资本化剥夺和扩张性商品化剥夺都为剥削劳动创造了条件，而再分配剥夺则没有。

抽象建构的资本主义与历史体系的资本主义

任何基于马克思主义的方法对资本主义进行的论述都必须直面以下区别：资本主义作为抽象层面建构的一种生产方式和资本主义作为一种历史体系之间的区别，即实际上在时间和空间上都存在的区别。在讨论《资本论》一书的研究对象问题时，阿尔都塞指出，尽管马克思主要用资本主义的"英国作为例证"，但他"甚至没有研究［这个］……一个不存在的例子，正是他所认为的理想的资本主义生产方式"，而这"决不是资本主义的真实写照"［Althusser（1968）2009，216］。这种区别在20世纪六七十年代在关于拉丁美洲经济发展特征的论战中变得众所周知。

总的来说，这场论战反对一些人把拉美社会看作封建社会，同样反对一些人把自殖民时代以来的拉美社会看作资本主义社会。前一种观点认为，由于拉丁美洲抵制变革，没有融入市场经济，其社会仍未进入资本主义阶段；而后一种观点却认为，因为拉丁美洲完全融入世界市场，所以殖民地拉丁美洲一开始就是资本主义制度（Laclau 1977）。拉克劳认为，尽管这两种观点存在明显的矛盾，但他们都是把区域与市场的联系作为区分封建主义和资本主义的决定性标准。因此，后一种观点是在流通领域而不是在生产领域如此界定。拉克劳主要批判安德烈·冈德·弗兰克［Laclan（1969）2009］在世界层面给出的资本主义制度的概念，即商品交换的一般过程已渗透到欠发达世界的所有部门。拉克劳虽然赞同弗兰克关于市场经济在拉丁美洲占主导地位的观点，但坚决反对把拉丁美洲视为资本主义。

令拉克劳感到惊讶的是，弗兰克在他对资本主义和封建主义含蓄的定

---

① 正如我们所看到的，商品化和资本化是两个不同的过程。前者是通过赋予具有使用价值的物品以交换价值而转化为商品的过程。后者是把生活资料转变成商品的生产资料的一种过程。

义中摒弃了生产关系,并声称自己的资本主义概念是符合马克思主义的,而他并不认可弗兰克的观点。他强调:

> 在马克思看来……资本主义是一种生产方式……直接生产者丧失了对生产资料的所有权,成为自由的劳动者,只能靠出卖劳动力为生,奠定了资本主义基本经济关系的基础。(Laclau 1977, 23)

因此,没有自由劳动力市场,就不会有马克思主义意义上的资本主义(Laclau 1977)。这一观点与奥古斯丁·奎瓦分析拉丁美洲资本主义发展时提出的观点相似。在奎瓦看来,资本主义生产方式是建立在生产资料的资本主义占有和自由劳动者基础上,自由劳动者指的是劳动者没有包括生活资料在内的一切财产,只能靠出卖劳动力为生(Cueva 1977)。

尽管我们可以将某些社会称之为资本主义社会,但拉克劳和奎瓦等人的分析表明,资本主义生产方式是一个只有在理论研究层面才能触及的范畴。由此可见,只要资本主义生产方式的特征不是以完全、纯粹的形式存在,那么它只会是一种"理想型"的生产方式。在这个意义上,奎瓦的分析与阿尔都塞的分析相类似,因为奎瓦认为,由于分析层次的混淆,人们对生产方式概念的理解是错误的,也就是说,"生产方式越抽象,社会形态就越具体、越确定"(Cueva 1979, 51)。拉克劳采取了类似的做法,把生产方式与经济制度区分开。对拉克劳来说,前者是"社会生产力和社会关系的综合体",而后者在世界体系层面上,"可以包括……不同的生产方式"(Laclau 1977, 34, 35)。因此,在社会形态层面,各种生产方式之间会有联系,但理论上的区别仍然存在,而且会通过自由雇佣劳动的存在与否来加以识别。

这种抽象化过程似乎忽略了"资本属于哲学—历史范畴,即历史差异不是资本的外因,而是它的组成部分"(Chakrabarty 2000, 70)。由此可见,"作为社会学家,我们需要把社会建构性视为变量,而非哲学常数"(Collins 2013, 46)。从这个意义上说,"生产方式在简单的抽象概念层面上是令人费解的。'真正抽象'的过程同时也是特定历史运动规律定义的'具体化'过程"(Banaji 1977, 9)。雇佣劳动是这类简单的抽象概念,雇佣劳动的统计优势在于使经济具有资本主义属性,把一个简单的范畴转变为历史上确定的范畴（Banaji 1977）。巴纳吉曾指出，马克思将简单的范畴定义为几个生产时代所共有的范畴，并且雇佣劳动在资本主义时代之前的各种社会生产形式中就已为人所知了（Banaji 1977）。[1]

可见，那些把拉丁美洲和把世界其他地方视为非资本主义国家或地区的学者，对资本主义发展的理解在空间及抽象层面要多一些，而在历史层面要少一些。从空间层面上说，有些地方可能是资本主义，而另一些地方则不是。这些抽象—空间方法，通过使概念的纯洁性发挥中心作用，最终使概念本身与它要阐释的上下文相脱节。强调具体和抽象之间的这种区别，最终可能导致后者的去历史化。不过，这里重要的是要强调，现实世界不能简化为我们所提出来的有助于理解它的概念；概念只是理解现实世界的方法。但这并不意味着抽象概念没有历史检验重要，而是要认识到这些过程是辩证的。经过这个具体的讨论值得我们记住的是，"资本主义不是一个概念，而是一种历史现象（具有结构和事件的双重性）"（Jameson 2011, 137）。因此，当资本主义被视为一个适用于某些地方而不适用于其他地方的概念时，它的历史性实际上就被排除了。

尝试建构生产方式也会引起分析层次的问题。就像我们刚才讨论的那样，不是在抽象与具体对比的意义上，而是在社会形态是什么样的这层意义上。社会形态究竟是什么样？是一家生产单位、一个地区还是一个州？当积累已变成全球性的时，把社会形态看作其中任何一个都是武断的。在提到殖民时期的拉丁美洲时，吉尔伯特（Gilbert 1981, 7）曾指出："尽管这种生产制度明显存在着封建主义和奴隶制……但［这是］一个主要的经济结构：世界资本主义体系。"更确切地说，"与封建领主相反，殖民地的大农场主并不满足于自给自足，还致力于为外部市场生产"（Gilbert 1981, 193）。伊曼纽尔·沃勒斯坦也谈到了殖民时期的拉丁美洲，他的观点对于从历史和地理两个方面全面理解资本主义是至关重要的。在谈到拉克劳关于封建制度持续存在的主张时，他认为：

---

[1] 必须强调的是，弗兰克［(1969) 2009］认为殖民时期的拉丁美洲具有资本主义属性，但巴纳吉（Banaji）并不认同这个观点。在巴纳吉看来，弗兰克忽略了这样一个事实：大庄园经营所依据的定律不是来自于作为资本主义特征的积累的欲望，而是来自于作为封建主义特征的渴望捍卫和提高社会消费水平。

在西欧，至少是从 17 世纪晚期开始，英格兰存在着大量没有土地、靠工资维持生计的劳动者。在拉丁美洲……劳动者不是无产者，而是奴隶或"农奴"。当然，如果有无产阶级存在，那么就是资本主义，这一点是可以肯定的。但英格兰、墨西哥或者西印度群岛是一个分析单位吗？是否各自都有独立的"生产方式"？或者说欧洲世界经济体（16—18 世纪）把英格兰和墨西哥包括在内，那么在这种情况下，这个世界经济体的"生产方式"又是怎样的？（Wallerstein 2000, 78 - 79）

沃勒斯坦（Wallerstein 2013, 14）回答了这个问题："资本主义不是在单一国家内构建的制度，而是存在于世界体系内的制度，据此，这个制度所涵盖的内容比任何单一国家都要大。"因此，"现代世界经济体是，也只能是资本主义世界经济体"（Wallerstein 2011b, 350）。这种说法显然是很武断的，而只有当在资本主义世界体系层面时，这种说法才有意义。"内部"的空间差异可能具有非资本主义性质的表象，但考虑到在世界经济的中心、半外围和外围之间的劳动分工，资本主义世界体系是不可持续的。在这个意义上，我们在第一部分中分析的各种形式的剥夺现象对资本的明显外部性，不允许被定义为非资本主义性质。在这种积累与集中或者扩张与再分配的对比讨论中，有些剥夺本身并不具有积累性质，但可能具有资本主义性质，因为它们为全球层面的进一步积累过程奠定了基础。

不同于上述高级抽象的研究方法，拥护世界体系的思想家认为资本主义发展是以地理从属于其历史发展的方式进行的。这一点我们从商品链的概念中就可以看出来，商品链是链接生产过程的基本的资本主义过程，由于商品链跨越多个领域，因而在地理上得到延伸；由于在资本主义历史发展过程中，商品链包含多种劳动控制模式，从而在社会上也得到延伸（Wallerstein 2000, 2011a）。在早期资本主义中，劳动控制涵盖了从制度的中心地区的自由劳动到制度的外围地区的强迫劳动（Wallerstein 2011b）。现在，尽管强制劳动没有被消除，但也不像在奴隶制时代那样具有经济意义，这一事实意味着现在的劳动控制范围介于各种无产阶级化水平之间。这一点我们可以从南北半球之间的差异以及为了寻求更廉价劳动力进行的相应的生产转移中看出来。总之，"资本主义是从作为一个世界体系开始的,也必须作为一个世界体系而存在"[Magdoff(1973?)2013,24]。也许,符合这种想法的最极端的例子就是苏联,苏联和其他所谓的共产主义国家一样,"永远不可能完全退出资本主义世界体系",因为"西方……仍然是购买先进机械和名牌产品的重要来源,而其收入主要来自原材料出口"(Derluguian 2013,111)。

我在前一部分曾提出,剥夺是(当代)资本主义的一个固有特征,那么在对资本主义进行研究时就必须考虑到资本主义是一个涵盖整个世界经济的历史体系。只有在这个层次上,人们才能理解扩张性剥夺与其最终导致的资本主义积累过程之间的关系。在世界体系层面,非资本主义或者资本主义外部采取的其他举措,表明举措本身是资本主义制度不可或缺的组成部分。但这并不意味着就这些举措的积累性而言,它们就是资本主义性质的,实际上它们并不是,不过,资本主义依赖它们来扩张自己。当我们记住扩张性剥夺是保持积累的一个条件时,这一点就更加清楚了,因为"资本主义制度最终解决其反复出现的周期性衰退的机制就是扩张"(Wallerstein 1979,162)。然后,让我们看看世界体系分析如何有助于理解通过剥削劳动进行的资本主义积累和为资本主义积累奠定基础的剥夺之间的有机联系。

世界体系中的扩张性剥夺

我们在第二部分看到,利润率($s/[c+v]$)的提高可以通过增加剩余价值的生产(s)或降低不变资本(c)或可变资本(v)的成本来实现。第一种情况,资本家强迫工人用既定数量的资本($c+v$)生产更多的产品。第二种情况是通过我们所说的扩张性剥夺来降低资本成本。就像我们在本文前一部分讨论的那些观点一样,这种观点违背了马克思主义政治经济学中的一些经典观点。这场论战的内容之一与正统的理解有关,按照正统理解,生产区域是资本主义积累的中心场所。这种正统理解受到了批评,例如,世界体系分析据称侧重于流通领域,而不是生产领域。罗伯特·布伦纳质疑沃勒斯坦把资本主义定义为以贸易为基础的劳动分工,他指出:

只有在劳动与对生产资料的占有相分离、劳动者从任何直接的支配关系中解放出来，"通过交换获得利润的生产"才具有积累的系统效果，才能够发展生产力……只有在这样一种制度下，资本和劳动力才都是商品……为了生存，在"社会必要"劳动时间内从事必要生产，并超越这一生产力水平以确保继续生存。（Brenner 1977，32）[1]

布伦纳论点的第一部分与前面所讨论的殖民时期的拉丁美洲具有封建性质的论点相似。这与作为资本主义鲜明特征的自由劳动这一具体概念有关。我们也看到沃勒斯坦（Wallerstein 2011b）并不反对这一点，但声称只有在世界经济体层面才能如此。我相信布伦纳也有类似的理解，但问题是，他所指的不是世界经济体层面，而是马克思的"社会必要"层面。这就把我们带回到最初的关于资本主义是作为一个抽象概念，还是作为一个历史体系的讨论中。"社会必要"这一概念使我们想到马克思曾用过的一种最抽象的结构，他也以抽象形式把资本主义作为一种生产方式呈现出来。尽管如此，我们必须记住，马克思是从具体可见的表现形式开始他的研究，但只有从具体走向抽象，然后又离开抽象才能以具体的方式呈现结果（Amin 2013）。

在布伦纳论点的第二部分，他以经典的马克思主义价值理论为基础，对抽象性与具体性有着相同的理解。具体性指的是，劳动者根据劳动力再生产所需的花费自由地出卖自己的劳动力，进行实际劳动从而生产出超过劳动力价值的剩余价值。这是一个只有在"社会必要"层面才有存在意义的论点，而资本主义的历史进程并不完全符合马克思主义价值理论，因为其实际运作是基于对劳动的各种控制手段。资本主义的历史进程就是无产阶级化过程，但无产阶级化还远未完成（Wallerstein 2000）。在世界体系层面，把它转换成马克思主义的利润率，我们就会发现这个利润率有无限多个可能的结果。在资本主义的历史进程中，把按照劳动力再生产花费来支付劳动者工资这一过程抽象化，为实际工资的具体化提供了可能，包括无酬劳动的可能性。事实上：

---

[1] 在最近的一份出版物中，沃勒斯坦（Wallerstein 2013，10）指出，把"为交换和（或）利润而生产"作为资本主义的必要条件"没有太多的根据"，因为"几千年来，世界各地一直有一些为利润而生产的活动"，早在资本主义出现之前就已经存在很久了。

在生产者和消费者之间发生根本决裂的情况下，资本主义生产者雇佣不自由的工人是没有障碍的，这是在全球范围进行积累时所获取的一种特性。（在这个层面上）可以说，资本现在有信心，也有能力放弃过去不得不向劳动作出的妥协。坦率地说，因为雇主现在有全球产业后备军做后盾，所以他们不再照顾工人的愿望和利益。（Brass 2010，91，128）

通过引入产业后备军，布拉斯的分析正好触及了沃勒斯坦所提到的无产阶级化过程不彻底性的问题。此外，布拉斯运用全球产业后备军把这个问题提升到分析层面，这意味着这种不彻底性是在世界体系层面产生的。在过去150年里，马克思似乎预料到的对直接生产者的完全和最终剥夺从未发生过，反对资本主义的政治斗争对于维持南半球的农民和手工业者以及北半球的产业工人的后备军的作用微乎其微（Glassman 2006）。关键是，"如果资本主义能够完全实现，它就能展现出自身解体的条件"（Chakrabarty 2000，59）。这种推理让我们注意到，资本主义不仅在历史层面是不彻底的，而且从逻辑上看也是。在资本主义诞生时建构资本主义的两个过程，即无产阶级化和商品化，都不彻底。如果不是这种情况，我们就是生活在资本主义以外的制度中。正如沃勒斯坦所说的，"资本主义生产方式的本质是生产要素的部分自由"（Wallerstein 1979，134；emphasis in the original）。

从逻辑上讲，沃勒斯坦所指的部分自由偏向于发生在全球经济体层面。资本主义的不彻底性不仅指无产阶级化过程，也指资本化过程，这两个过程都是资本主义产生和再生产的基本过程。因此，我把它们称之为扩张性剥夺过程，从整个社会关系的层面来看，其本身就呈现出一种创造性的力量。与其说这两个过程采取暴力掠夺，是破坏的力量，不如说它们是创造和形成的力量；把劳动力当作商品，形成有差别的制度，为资本主义发展奠定了基础（Walker 2011）。更具体地说，这两个过程"为稳定的区域化标识划定了边界"（Walker 2011，390）。在这些边界构成的空间里，资本致力于圈地以实现扩张性积累。这就是为什么：

从历史上看，"真实存在的"资本主义不仅在资本主义初期（"原始积累"),而且在其发展的每个阶段,都与各种连续的剥夺性积累形式联系在一起。"大西洋"资本主义一旦形成……就试图征服世界,并在永久剥夺被征服地区的基础上重新塑造世界,在这一过程中,被征服地区成为资本主义制度所主导的外围地区。(Amin 2010,262)

对澳大利亚和加拿大这样的移民国家的社会起源问题展开的讨论,"涵盖了这两个同步过程,即欧洲资本主义的地理扩张,以及把这些新地区整合为扩大的世界市场的一部分",菲利普·麦克迈克尔(McMichael 1980,311)声称这"是建立资本主义世界市场新边界的过程"。这种扩张主要是"侵占土著居民的土地"(McMichael 1980,311),这一事实就把移民国家的形成与古典意义上的原始积累过程联系起来。麦克迈克尔就作为一种世界体系的资本主义与在局部分析层次上称之为前资本主义的社会关系之间的联系提出了一个重要的观点。19世纪30年代兴起的殖民地牧羊业:

> 被宗主国的商人资本从结构上纳入到英国产业资本的循环中……这样,牧区的资本积累与英国资本主义密切相关。宗主国资本是通过羊毛贸易的利润积累起来的,同时也是通过获得廉价、可靠、合适的羊毛供给而积累起来的。在这些条件下,最初有可能是由殖民国家监督采用抵债性劳动供给来生产羊毛。(McMichael 1980,321)

麦克迈克尔表示,除了不能强化劳动过程之外,抵债性劳动可以把牧区资本积累(原始的)与资本主义积累区分。在地方一级的生产中,这种区别是没有争议的;但在世界体系层面上就没多大意义。麦克迈克尔(McMichael 1980,318)在提到"英国和澳大利亚之间的帝国分工"时,确实将他的分析置于世界体系层面。这样,他按照沃勒斯坦的中心—外围劳动分工概念精确地进行分析,根据这一概念,这两种积累在世界层面上构建了资本主义体系。如果一方面,扩张性积累本质上不是积累,另一方面,资本主义依靠原始积累来扩张积累本身,那么在这个意义上,原始积累指的是"创造资本主义生产前提条件的过程"(McMichael 1980,313),

而不是指维持资本主义积累再生产所需的条件。①

所有这一切都表明，资本主义不在地缘政治领域范畴之内，扩张性剥夺过程也不在此范畴内。同样，资本主义作为一个历史世界体系诞生以来，剥夺过程一直是其地理扩张必不可少的部分。同过去一样，资本主义不只是通过商品生产和流通的正常经济过程扩张其势力范围的。我们甚至可以假设，没有全球范围的剥夺，这一扩张过程在其范围内都是不可能实现的。历史上有很多这样的例子，抢占农民土地，进而迫使他们要么去为他人工作，要么增加全球产业后备军规模。殖民时期的拉丁美洲可能就是最为显著的例子，不过北半球发现的新大陆也经历了这种特殊的剥夺。美国的经济发展"与先前的生产方式缺乏有机联系"，被看作是"原始积累的第一阶段……窃取了土著印第安人的土地，并要求对未使用荒地拥有所有权"（Smith 2007，51）。② 保罗·史密斯还回忆道：

> 即使对美国资本"前史"进行简短的论述，至少也必须包括：对土著印第安人的大屠杀，窃取或诈取他们的土地；掠夺墨西哥的土地，并对其发动战争；移民在铁路、采矿公司与农业部门之间进行斗争所作的牺牲；长达几十年的时间里使用奴隶和苦工；以及血腥的内战。（Smith 2007，52）

尼尔·史密斯（Smith 1996，33）也提出了类似的观点，他说："将'城市先锋'的概念应用于当代城市，就像美国西部最初的'先锋'概念一样具有侮辱性。"如果我们把这一概念延伸到现在，显然，局部的种种表现往往会与世界范围内的资本流动越来越多地联系在一起。回顾20世纪80年代纽约的房地产开发，史密斯指出，在"中产阶级化在一个又一个街区蔓延开来"的同时，"《泰晤士报》和《世界报》刊登了［一些］最豪华……公寓的广告"（Smith 1996，26）。这一过程没有局限于住房，

---

① 出于概念的精确性，我认为应把原始积累限指为资本主义的兴起创造条件的过程。与原始积累相类似的资本主义积累的再生产和扩张过程，从资本主义兴起一直持续到今天，我把这些过程定义为扩张性剥夺及其两种变化形式——扩张性资本化剥夺和扩张性商品化剥夺，正如在本文的第二部分中论述的。

② 保罗·史密斯（Smith 2007，51）回忆说："对于马克思……原始积累实质上是从封建主义向资本主义过渡的漫长历史过程。"

这种发展模式仍在不断扩大，冲击着城市社会生活。史密斯（Smith 1996，28）接着说："新兴城市的中产阶级化和无家可归现象是全球新秩序的一个特定缩影，它们首先受到贪婪资本的侵蚀。"他指出：

> 不仅国际资本涌入房地产市场，推动了这一进程，而且国际迁移还为许多与新城市经济相关的专业和管理岗位提供了劳动力，这些劳动力也都需要安身之地。（Smith 1996，28）

最后，在这一部分，我想要指出的是在世界经济体范围内建立边界概念是多么困难。怎么可能确定一个地区是资本主义，而另一个地区不是呢？由于我们谈论的是一种制度，至少在历史资本主义意义上，只有当该制度的所有部分综合考虑时，这种制度才是可以确信的，因此人们不能轻易作出这样的区分。把正统马克思主义所提出的最基本特征雇佣劳动作为区分资本主义和非资本主义关系的要素，然后把它放在世界经济体层面与其他经济过程相联系，我们将看到，自由雇佣劳动和相关的生活标准以中心国家作为主要基础，而资本主义则在世界体系层面上运作，以寻找更廉价的劳动力、原材料、土地（Gibbons 2010）。从这个意义上说，扩张性剥夺的过程可以有助于理解资本主义制度正是通过将更多更廉价的劳动力与资本相结合来保持增长的。然而，这并不是一个无止境的过程，资本主义制度的规模和速度也可能对资本主义的未来有所影响。

扩张性剥夺与穷途末路

我们现在可以更加清楚地考虑这样一个假设：扩张性剥夺是资本主义制度衰竭的一个标志。不过，资本主义的衰竭将取决于剥夺的程度。这是因为：（1）只要资本主义世界经济体没有完全无产阶级化，以及生活资料和生产资料（包括潜在的）也没有完全被纳入资本积累的循环中，那它就是不完备的；（2）资本主义制度通过把直接生产者和生产资料纳入整个积累过程来趋向完备；（3）然而当这种情况发生时，甚至达到某种高级的和不可持续的程度时，资本主义制度最终就会崩溃。这一假设指出，资本主义正是由于其经济性质而具有崩溃的趋势。不过，我们必须牢记，资本主义不仅仅是一个经济制度，也是一个由政治维系同时受到政治威胁的制度。当政治斗争超越了针对剥削劳动的阶级斗争，进而成为解决剥夺问题的斗争时，资本主义就会面临新的威胁。

资本主义很显然是通过将更多的生产性劳动加入剩余价值的生产来推动无产阶级化。不过，这并不是资本主义一劳永逸的发展过程。无产阶级化是一个过程，并且资本主义的历史进程从未达到甚至接近完全的无产阶级化程度。原因在于，从长期来看，无产阶级化由于劳动力成本的上升而使利润水平下降（Wallerstein 2011a）。因此，资本主义制度在努力使更多的无产阶级加入这一过程的同时，又辩证地推动自身不完全依靠无产阶级化的劳动力。因此，我们可以说，资本主义的历史进程取决于无产阶级化的程度，即取决于半无产阶级化。我们可以通过国家提供的福利、洗衣烹饪等家庭生产以及生产者为了生存所能依赖的除雇佣劳动之外的任何手段来确定无产阶级化的程度。总之，只有资本主义制度能够将无产阶级化水平维持在其潜力充分发挥出来之前，资本主义制度本身才能存在。

正是资本主义的这种动力驱使它将越来越多的劳动力卷入到资本主义制度中来。这样做也使资本主义制度把它可能面临的主要限制，即劳动力成本的增加，强加给了自己。资本家越需要劳动力，劳动者就越能推动劳动力价格的上涨。这是支持沃勒斯坦（Wallerstein 2013，35）观点的原因之一，沃勒斯坦指出："我们生活的现代世界体系不可持续，因为它已经十分不平衡，不再允许资本家无止境地积累资本。"[1] 他认为，生产过程包括人力成本、投入成本和税收这三个基本成本，这些成本在过去 500 年中不断攀升，并且达到了一定高度，使得在此期间使用过的各种机制很难让资本主义制度恢复平衡（Wallerstein 2013）。[2] 这就是为什么今天我们能够看到以下这些情况的原因：

> 当一些资本家通过剥夺性积累过程来创造或获得新的场所用于停

---

[1] 为了精确起见，沃勒斯坦并不是说资本主义是一个处于平衡状态的制度，这一点必须予以强调。恰恰相反，正如他所认为的那样，"在一个完全竞争的制度中，不可能有实际利润"（Wallerstein 2013，11）。

[2] 把生产成本分为人力成本、投入成本和税收——我不确定这种区分是否令人信服，因为税收可以调节其他两种成本，例如，通过国家对资本的补贴或者国家资助的福利，后者可以起到社会福利工资的作用。

滞资本的投资时，其他资本家则利用这些剥夺性积累过程来获得必要的人力物质投入和（或）仅仅增加利润。为了克服相对稀缺问题，新兴企业和结盟的跨国公司可能会利用剥夺性积累过程，以确保劳动力和（或）原材料的供应。(Kaup 2013，112－113)

这些运动表明，剥夺已成为应对各种危机的一种方式，同时也有越来越多的迹象表明，资本主义陷入了结构性危机。因此，无论是从长期来看，还是从世界经济层面来看，这些运动还都表明了，剥夺既是资本主义扩张也是其停滞的一个标志。但这并不就是说扩张本身导致了资本主义制度崩溃，因为它必须扩张才能生存。这是一个合乎逻辑的问题。当资本主义制度面临历史和地理的限制时，也就难以为继了。由于物质或社会的限制，资本主义制度不可能无止境地扩张。也就是说，总会在某个时刻、某个地方不再有扩张的空间。一些分析人士断言，我们越来越接近扩张的极限。一个标志就是在过去 50 年里出现了大规模的去农村化现象，在未来几年似乎还会迅速加剧（Wallerstein 2013）。我们可以回想一下，去农村化主要是通过扩张性剥夺过程进行的，但是，这个过程不仅影响到农村地区，而且还影响到城市地区。

结构性的衰竭迹象的出现是因为以前没有被资本主义活动占领的空间现在被占领了，除此之外那些没有导致扩张的剥夺更是显著的衰竭迹象。按照哈维（Harvey 2003b，64）的说法，"在无法持续地通过扩大再生产进行积累的同时，剥夺性积累的尝试也在增加"。然而，正如我们在第二部分提到的，我们必须考虑到，哈维在剥夺性积累的单一框架下缩减了一些再分配剥夺的过程，不过这些过程并不表明积累将有可能持续下去。因此，哈维断言，"在不能通过扩大再生产实现持续积累的任何强劲复苏的情况下，这将需要在全世界通过政治深化剥夺性积累，以防止完全没有动力积累"（Harvey 2003b，81），这一言论听起来很奇怪。我再次重申，如果资本主义日益依赖于再分配，以及不能把那些剥夺需要的扩大的再生产作为目标对象，那么它就会更早地停滞发展。

萨斯基娅·萨森（Sassen 2010a）提出的一个问题说明了这一点。她认为，当代的原始积累是一种具体经济转变的特征，标志是"摧毁传统资本主义，以获取可以用于进一步深化先进资本主义的东西"（Sassen

2010a，24）。尽管她强调对资本主义的深化，但又指出，借助另一种转变，"后凯恩斯主义时期现在已经形成了一个清晰的制度形态。简而言之，在凯恩斯主义时期，被资本主义制度视为工人和消费者的人口不断扩张，而先进资本主义的最近阶段却没有扩张"（Sassen 2010a，24）。问题恰恰在于"凯恩斯主义的特点是重视工人和消费者，这两者对于深化资本主义都很重要"（Sassen 2010a，26）。也许因为萨森赞同的是只涉及财富再分配的原始积累的案例，而财富再分配本身并没有导致任何资本的扩大再生产，比如债务偿还及 2000 年年末爆发的次级抵押贷款债务危机，从而她没有把这些案例看作对资本的各种限制。

关键是，我把再分配剥夺过程看作衰竭的征兆，是因为这些过程表明资本难以找到扩张的途径。如果资本家找不到生产性的投资场所，他们可能就会尝试掠夺。例如，"为了保持大规模的占有世界剩余价值，资本家不得不转向金融部门获取剩余价值"（Wallerstein 2013，29）。在过去 40 年里，金融部门一直是最重要的部门，在这个部门，再分配剩余价值是通过与掠夺略有不同的机制进行的。掠夺只不过是我所说的再分配剥夺，而再分配剥夺与扩张性剥夺的增加，预示着资本积累已达到了极限。并且，由于再分配剥夺比扩张性剥夺增长要快，这更加有力地表明资本积累已达到极限。这不仅仅是一个征兆，也是这些限制的后果，还可能给资本积累造成新的困难。如果是这样，剥夺就不是对抗资本积累限制的一种方式。它实际上加深了这些困难，或者至少使困难保持不变。我们只能断定，剥夺是在个体资本家层面上应对这些限制的一种方式。从微观社会角度看，掠夺或剥夺可能会有利可图，但从宏观经济角度看，它不会产生任何效果。

我现在快速地分析一种可能性，即制度扩张也可能受到阶级斗争的威胁，因为阶级斗争可以阻止这种扩张倾向。主要因素就是抵制无产阶级化导致了劳动力短缺，这也是资本主义诞生之初的一个威胁。在新兴资本主义时期，掠夺本身并没有使被掠夺的农民和手工业者变成雇佣工人，因为他们宁愿成为乞丐、流浪者、罪犯（Federici 2004；Read 2002）。按照费德里奇（Federici 2004，10）的说法，"这是资本主义的第一次危机，比新兴经济体在其发展的第一阶段遭遇的威胁其基础的所有商业危机都要严重得多"。当然，今天的情况已大不相同，而且随着资本主义的发展，潜在的劳动力短缺已呈现另一种性质。正如我们已经提到的,不断攀升的人力成本迫使资本家不仅要寻找新的劳动者,而且还要寻找更加廉价的劳动力。这也是为什么企业越来越多地把生产从世界体系的中心转移到外围的原因。

把生产转移到外围所暴露出的不仅仅是资本主义制度没有扩张的空间的问题。资本主义扩张所到之处,除了受到土地和劳动力供给的限制外,往往还要面对那些因这些供给增加而受到损害的人们的抵制。在拉丁美洲,殖民统治时期不仅经历了侵占土地,而且从一开始侵占土地就遭到了广泛抵制,同时,农民叛乱和国家领导的土地改革使得农民成为拉丁美洲的主要政治力量(Petras and Veltmeyer 2013)。20 世纪 90 年代末以来,针对外国资本所投资的大型私营和私有化采矿、石油、采掘项目的抗议运动规模日益扩大,遍及整个拉丁美洲(Petras and Veltmeyer 2013)。在地球的另一端,历史也是惊人的相似,特别是在印度,上演着剥夺与抵抗相对立的戏剧性一幕。在印度,受到印度土邦王室的支持,英国殖民者掠夺农民的土地来供应工业、基础设施、房地产等领域的私人项目,引发了越来越多的农民暴动,导致一些项目停工、延期、迁址(Levien 2011,2013)。

剥夺及其引发的斗争揭露了资本缺乏扩张的空间,这就表明有必要在一个比古典马克思主义所考量的更广泛范围内探讨阶级斗争的概念。哈维指出,古典马克思主义对资本与劳动之间矛盾的强调,以及相应地对生产领域的关注,最终会使反对剥夺的斗争形同虚设(Harvey 2003a)。同样的抱怨让麦克·布洛维不禁发问:"哪一种经历最显著? 剥削还是商品化,前者有可能汇集工人成为跨地理范围的雇佣工人,后者汇集工人、流离失所的农民为获得水和电而斗争?"(Burawoy 2010,306 – 307)

从逻辑上讲,"反对剥夺的斗争本质上是跨越阶级的"(Levien 2013,372),然而,布洛维却主张其有差别,这种差别取决于剥夺对资本主义扩张的重要程度。"相比劳工斗争,围绕剥夺土地的斗争更不容易组织起来",因此"反对原始积累的农村运动,实际上可能对资本主义形成强有力的挑战"(Levien 2013,355,356)。我认为,这种主张会更有说服力,如果假设是正确的:资本积累越来越依赖于剥夺,旨在延缓类似于末日危机的资本主义晚期危机的到来。不过,如果说这些情况属实,"农民经常被看作是在与剥夺作斗争,工人则经常被看作是在与剥削作斗争",那么

"在某些时间点上，将会形成一种有机的联系，两个阶级会联合起来进行斗争"，这样的情况也会成真（Kaup 2013, 124）。

结 语

在本文中，我可以肯定，目前剥夺生活资料和生产资料的过程表现出资本主义生产方式本身衰竭的迹象。我讨论了三种区别，它们可能会有助于理解剥夺与资本积累之间的关系。第一种区别是导致资本积累和不导致资本积累的剥夺；第二种区别是关于作为抽象建构的资本主义和作为历史体系的资本主义；第三种区别与第二种区别有联系，无论是在世界层面，还是在其内部的某个层面，都与分析层次有关。然而，人们必须注意，特别是第二种区别，无论在抽象层面还是具体层面，都不能单独考虑一个层次。正如我们所看到的，资本主义即使具有抽象性，也是对具体事物的抽象。但我认为这并不准确，比如把资本主义看作"理想类型"。资本主义似乎更像是一个体系，即使从理论上讲，它的典型特点就是其特征的不彻底性。正是剥夺把这三种区别联系在一起。在实际存在的世界资本主义层面上，正是扩张性剥夺使资本主义既趋向于直接生产者的完全无产阶级化，又趋向于生活资料和生产资料的完全资本化。

对许多分析人士来说，2008 年爆发的世界性危机标志着在过去大约 30 年中占主导地位的资本主义监管模式的终结。有些人曾经认为，全球资本主义到了又一个耗尽积累基础的时刻，而这一时刻被认为是在 20 世纪 40 年代中期开始的那个时期结束时发生的。在 20 世纪 70 年代末和 21 世纪初发生的两次事件有一个相似之处，那就是人们都对资本主义制度的衰竭"时刻"进行了解读。根据这种分析，在每一个这样的时刻，资本主义制度都进行了维持其制度不变的改良。正如凯恩斯—福特制协定开启了资本主义重组，就是我们今天所说的新自由主义。按照这一逻辑，我们现在应该是处于第三个调整时刻，一方面，资本家、决策者和主流学者努力使制度恢复稳定，另一方面，经历了几十年的新自由主义，工人和其他社会底层人士努力维护所剩的社会保障。

我们进行分析时首先面临的问题源于一个假设，也源于一种愿望：资本主义的生产方式是永恒的。如果真能永恒，就足以解决资本主义发展过程中出现的各种不稳定。在我提到的三个时刻中，对于第一个时刻，存在这种永恒性似乎是相当合理的。不可否认，第二次世界大战后的近 30 年实际上达成了阶级共识，一方面给资本家带来了高积累率，另一方面也给工人阶级带来了相对的物质繁荣，特别是在中心国家尤为如此。然而，在第二个时刻，情况就不再是这样了，因为靠消费刺激生产增长的补救措施被剩余价值再分配这一逻辑所替代。剩余价值再分配过程的重要标志就是经济重心从生产领域转移到了金融领域（Foster and Magdoff 2009）。另一个重要标志是试图废除处于世界体系中心和外围的福利国家。

我们似乎还没有到达第三次调整的时刻，现在所采取的措施与这一逻辑也有所不同。积累的限度在危机爆发时会变得更加突出，它既不是一瞬间形成的，也不可能在危机到来时得以克服。过去的 40 年更清晰地表明，资本主义制度陷入了结构性危机。从这个意义上说，我们可以想象，重点从剩余价值的产生转移到再分配，表明资本主义遇到了自身的限度。仅靠简单的再分配过程是无法维持这一制度的。这些再分配过程对个体资本家可能有效，但作为一个整体的资本主义则需要扩张。为此，在新自由主义阶段的最近几年，我们看到了马克思所谓的原始积累的社会进程的扩张，并且我把原始积累在当代的表现形式称为扩张性剥夺。

但是，历史是由矛盾推向前进的，其中最显著的标志就是阶级斗争，我们已经到了一个冲突也在不断扩大的时刻。如果说持续不断的无产阶级化和商品化的过程是资本面临危机时所采取的应对机制，那么与这些过程作斗争就是与资本的再生产能力作斗争。如果说过去进步运动斗争的主要基础是生产关系，那么这个空间的持续扩张仍然是有必要的。资本主义的扩张及其危机给这些运动带来了挑战，同时也提供了机遇。能否抓住这一机遇取决于是否能够阻止资本采取各种手段延缓资本主义制度消亡，也取决于是否把反对剥削劳动的斗争与反对剥夺生活资料和生产资料的斗争结合起来。

参考文献

Althusser, L., (1968) 2009, "The Object of Capital", In *Reading Capital*, edited by L. Althusser and É. Balibar, London: Verso, pp. 77 – 220.

Amin, S., 2010, "Exiting the Crisis of Capitalism or Capitalism in Crisis?", *Globalizations*, 7 (1/2), pp. 261 – 273.

Amin, S., 2013, *Three Essays on Marx's Value Theory*, New York: Monthly Review.

Banaji, J., 1977, "Modes of Production in a Materialist Conception of History", *Capital & Class*, 1 (3), pp. 1 – 44.

Bin, D., 2018, "So-Called Accumulation by Dispossession", *Critical Sociology*, 44 (1), pp. 75 – 88.

Bonefeld, W., 2001, "The Permanence of Primitive Accumulation: Commodity Fetishism and Social Constitution", *The Commoner*, 2, pp. 1 – 15.

Bonefeld, W., 2011, "Primitive Accumulation and Capitalist Accumulation: Notes on Social Constitution and Expropriation", *Science & Society*, 75 (3), pp. 379 – 399.

Brass, T., 2010, "Capitalism, Primitive Accumulation and Unfree Labor", in *Imperialism, Crisis and Class Struggle: The Enduring Verities and Contemporary Face of Capitalism*, edited by H. Veltmeyer, Leiden and Boston: Brill, pp. 67 – 131.

Brenner, R., 1977, "The Origins of Capitalism Development: A Critique of Neo-Smithian Marxism", *New Left Review*, 104, pp. 25 – 92.

Burawoy, M., 2010, "From Polanyi to Pollyanna: The False Optimism of Global Labor Studies", *Global Labor Journal*, 1 (2), pp. 301 – 313.

Chakrabarty, D. 2000, *Provincializing Europe: Postcolonial Thought and Historical Difference*, Princeton, NJ: Princeton University Press.

Collins, R., 2013, "The End of Middle-Class Work: No More Escapes", in *Does Capitalism Have a Future?*, edited by I. Wallerstein, R. Collins, M. Mann, G. Derluguian, and C. Calhoun, New York: Oxford University Press, pp. 37 – 69.

Cueva, A., 1977, *El desarrollo del capitalismo en América Latina: ensayo de interpretación histórica* [The Development of Capitalism in Latin America: Essay of Historical Interpretation], México: Siglo Veintiuno.

Cueva, A., 1979, *Teoría social y procesos políticos en América Latina* [Social Theory and Political Processes in Latin America], México: Edicol.

De Angelis, M., 2001, "Marx and Primitive Accumulation: The Continuous Character of Capital's 'Enclosures'", *The Commoner*, 2, pp. 1 – 22.

Derluguian, G., 2013, "What Communism Was", in *Does Capitalism Have a Future?*, edited by I. Wallerstein, R. Collins, M. Mann, G. Derluguian, and C. Calhoun, New York: Oxford University Press, pp. 99 – 129.

Federici, S., 2004, "The Great Caliban: The Struggle Against the Rebel Body", *Capitalism, Nature, Socialism*, 15 (2), pp. 7 – 16.

Foster, J. B., and F. Magdoff, 2009, *The Great Financial Crisis: Causes and Consequences, New York: Monthly Review.

Frank, A. G., (1969) 2009, *Capitalism and Underdevelopment in Latin America: Historical Studies of Chile and Brazil*, New York: Monthly Review.

Gibbons, L., 2010, "Roots of Modernity: Primitivism and Primitive Accumulation in Nineteenth-Century Ireland", in *Back to the Future of Irish Studies: Festschrift for Tadhg Foley*, edited by M. O'Connor, Bruxelles: Peter Lang, pp. 65 – 83.

Gilbert, J., 1981, *Cuba: From Primitive Accumulation of Capital to Socialism*, Toronto: Two Thirds Editions.

Glassman, J., 2006, "Primitive Accumulation, Accumulation by Dispossession, Accumulation by 'Extra-Economic' Means", *Progress in Human Geography*, 30 (5), pp. 608 – 625.

Harvey, D., 2003a, *The New Imperialism*, Oxford and New York: Oxford University Press.

Harvey, D., 2003b, "The 'New' Imperialism: Accumulation by Dispossession", in *Socialist Register 2004: The New Imperial Challenge*, edited by L. Panitch and C. Leys, London: Merlin, pp. 63 – 87.

Harvey, D., 2006, *Spaces of Global Capitalism: Towards a Theory of Uneven Geographical Development*, London: Verso.

Jameson, F., 2011, *Representing Capital: A Reading of Volume One*, London and New York: Verso.

Kaup, B. Z., 2013, "In Spaces of Marginalization: Dispossession, Incorporation, and Resistence in Bolivia", *Journal of World-Systems Research*, 19 (1), pp. 108 – 129.

Laclau, E., 1977, *Politics and Ideology in Marxist Theory: Capitalism, Fascism, Populism*, London: New Left Books.

Levien, M., 2011, "Special Economic Zones and Accumulation by Dispossession in India", *Journal of Agrarian Change*, 11 (4), pp. 454 – 483.

Levien, M., 2013, "The Politics of Dispossession: Theorizing India's 'Land Wars'", *Politics & Society*, 41 (3), pp. 351 – 394.

Luxemburg, R., (1913), 2003, *The Accumulation of Capital*, London: Routledge & Kegan Paul.

Magdoff, H., (1973?) 2013, "Primitive Accumulation and Imperialism", *Monthly Review*, 65 (5), pp. 13 – 25.

Marx, K., (1890) 1990, *Capital: A Critique of Political Economy*, Vol. 1, London: Penguin.

McMichael, P., 1980, "Settlers and Primitive Accumulation", *Review*, IV (2), pp. 307 – 334.

Petras, J. and H. Veltmeyer, 2013, *Imperialism and Capitalism in the Twenty-First Century: A System in Crisis*, Farnham: Ashgate.

Read, J., 2002, "Primitive Accumulation: The Aleatory Foundation of Capitalism", *Rethinking Marxism*, 14 (2), pp. 24 – 49.

Sassen, S., 2010a, "A Savage Sorting of Winners and Losers: Contemporary Versions of Primitive Accumulation", *Globalizations*, 7 (1/2), pp. 23 – 50.

Sassen, S., 2010b, "The Return of Primitive Accumulation", in *The Global* 1989: *Continuity and Change in World Politics*, edited by G. Lawson, C. Armbruster, and M. Cox, Cambridge and New York: Cambridge University Press, pp. 51 – 75.

Smith, N., 1996, *The New Urban Frontier: Gentrification and the Revanchist City*, London and New York: Routledge.

Smith, P., 2007, *Primitive America: The Ideology of Capitalist Democracy*, Minneapolis: University of Minnesota Press.

Walker, G., 2011, "Primitive Accumulation and the Formation of Difference: On Marx and Schmitt", *Rethinking Marxism*, 23 (3), pp. 384 – 404.

Wallerstein, I., 1979, *The Capitalist World-Economy*, Cambridge: Cambridge University Press.

Wallerstein, I., 2000, *The Essential Wallerstein*, New York: The New Press.

Wallerstein, I., 2011a, *Historical Capitalism with Capitalist Civilization*, New York: Verso.

Wallerstein, I., 2011b, *The Modern World-System I: Capitalist Agiculture and the Origins of the European World-Economy in the Sixteenth Century*, Berkeley: University of California Press.

Wallerstein, I., 2013, "Structural Crisis, or Why Capitalists May No Longer Find Capitalism Rewarding", in *Does Capitalism Have a Future?*, edited by I. Wallerstein, R. Collins, M. Mann, G. Derluguian, and C. Calhoun, New York: Oxford University Press, pp. 9 – 35.

（此文原载于英文期刊 *International Critical Thought*
《国际思想评论》2019 年第 9 卷第 2 期）

野蛮的不平等：资本主义危机与人口过剩

[美] 威廉·罗宾逊[*]　约瑟夫·贝克尔[**] 著　肖　斌[***] 译

摘　要：世界不平等状况日益加剧，是对全球资本主义危机的一种反映，这既是一种结构性（过度积累）危机，也是一种政治性（霸权主义）危机。本文将就当前全球资本主义和全球劳动力的结构调整问题作一探讨。资本主义全球化破坏了民族国家之前的再分配政策，引发了前所未有的全球社会两极分化，增强了过度积累的压力。面对经济停滞，跨国资产阶级将目光转向了几种可维持积累的方式：金融投机、公共财政掠夺以及军事化积累。数字化正在推进新的全球资本主义结构调整，由此加剧了不稳定无产阶级化，导致剩余劳动力或过剩人口不断增多。这种"不稳定无产阶级化"包括随着劳动过程的个体化，认知型工人被原子化和孤立开来，这对工人阶级意识觉醒和全球不同层面工人阶级之间的团结提出了新挑战。这场危机蕴藏着21世纪法西斯主义和全球警察国家的风险，但也可能带来新的解放运动。这种解放运动必须同时考虑正在边缘地带和社会再生产过程中挣扎的过剩人口，以及在不稳定工作环境下进入全球资本循环的工人。

---

[*]　威廉·罗宾逊（William I. Robinson），加州大学圣塔芭芭拉分校社会学、全球研究和拉美研究教授，最新出版著作《闯入暴风雨：新全球资本主义论文集》(2019)。

[**]　约瑟夫·贝克尔（Yousef K. Baker），加州州立大学长滩分校国际研究助理教授，加州州立大学长滩分校全球中东研究项目联合主任。主要从事全球资本主义、中东问题以及反穆斯林种族主义研究。

[***]　肖斌，厦门大学马克思主义学院副教授，博士生导师。兼任中央马克思主义理论研究与建设工程专家、中国政治经济学学会副秘书长兼中国政治经济学青年智库总干事、中国历史唯物主义学会理事、中国社会科学院世界社会主义研究中心特邀研究员。

关键词：不稳定无产阶级；全球资本主义；全球不平等；剩余劳动力；资本主义危机

自从 2016 年唐纳德·特朗普（Donald Trump）当选美国总统以来，我经常听到富豪提及他们都制定了逃跑计划……有钱人在新西兰购置牧场，在巴哈马或其他地方建造避身之所，认为这样就能避免世界末日的到来。实际上，纽约甚至还有这样一家公司：它们备有船只……一旦发生政治危机或出现危险情势就会过来接这些富豪，带他们沿着哈得孙河迅速撤离，但显然需要预购"船票"（Foroohar 2018）。

社会和政府应允许或鼓励少数人保留更多的利润份额。高级管理层——比如在"镀金时代""咆哮的二十年代"和"繁荣的九十年代"——需要从不断增多的利润份额中攫取一大块，要么通过资本收益，要么是以高薪犒劳自己（Citigroup 2005，10）。

2015 年，卡地亚（Cartier）奢侈品公司的老板、亿万富翁约翰·鲁珀特（Johann Rupert）在摩纳哥"奢侈品行业峰会"上告诉观众说，机器人取代工人、穷人起来造反的前景"让我寝食难安"。他接着说，同样可怕的是面对即将到来的社会动荡，中产阶级因担心露富而不愿再购买奢侈品（Withnall 2015）。鲁珀特所属的跨国资产阶级有理由感到害怕：全球不平等方面的数据已广为人知，资本主义全球化在世界范围内造成了前所未有的社会两极分化。2015 年，全球 1% 的人口控制着全球一半以上的财富，最富有的 20% 人口拥有全球 94.5% 的财富，剩下的 80% 人口只占有全球 4.5% 的财富，他们仅仅能勉强度日（Hardoon 2015）。更重要的是，这种两极分化仍在进一步加剧。英国下议院 2018 年发布的一份报告警告称，到 2030 年，世界三分之二的财富将会落入全球 1% 的富豪之手（Savage 2018）。

如果说这种极度不平等让跨国资产阶级夜不能寐的话，那么它更让数十亿人口度日如年——他们每天都在为生存和未知的未来挣扎。此外，这种现象还反映了一种具有政治性和结构性的全球性资本主义危机。资本主义全球化破坏了 20 世纪 30 年代大萧条之后形成的再分配政策，这些政策本身就是底层阶级广泛斗争的结果，资本主义国家被迫进行了这种再分配。如今，数字化正在推动新一轮的全球结构调整，这将进一步扩大剩余劳动力的队伍，加快劳动力的"不稳定无产阶级化"。全球不平等越加剧，世界市场就会受到越多限制，整个体制也因此面临一场更严重的过度积累结构性危机。

但是，随着不平等程度的加剧以及全球资本主义无法确保数十亿人的生存，更多国家将会陷入合法性危机；而这也将推动这一体制采用更公开的镇压性社会控制和统治手段，从而进一步加剧政治和社会冲突。这种体制正在走向一场广泛的根本性危机，一种资本主义的总体性危机。我们已进入充满不确定性的动荡时期，打开了新法西斯主义和战争的潘多拉魔盒，但也为解放运动带来了新机遇。底层社会的反霸权斗争涵盖了理解新全球资本主义的本质，以及它如何重塑全球阶级关系、阶级与社会斗争的格局、意识形态以及跨国阶级团结的前景。在下文中，我们将总结全球资本主义危机和正在显现的新一轮结构调整浪潮，并以此为背景探索全球剩余劳动力的增长情况。以此为背景，我们将重新讨论"流氓无产阶级"的概念和不稳定就业形式的普遍化。最后，我们将简要评论全球阶级结构调整所面临的挑战，以及新法西斯主义对反霸权和解放运动构成的威胁。

全球资本主义危机

全球不平等加剧让约翰·鲁珀特等人倍感惊恐，但其背后的原因是什么呢？正如马克思（Marx 1972，1978）在《资本论》中所述，两极分化是资本主义制度固有的属性，因为资本家拥有创造财富的生产资料，必会尽可能多地窃取社会集体创造的财富。但是，这种不平等最终会破坏这一体制的稳定性——广大劳动人民无力购买资本主义经济所产生的财富，以至于资本家和富人占据的收入份额越来越大，劳动者所能得到的却越来越少。如果资本家无法出售（或"倾销"）种植园、工厂和办公室生产的产品，就不能实现盈利（"变现"）。在批判政治经济学中，正是这些构成了资本主义潜在的内部矛盾或过度积累的问题。资本家积累了大量剩余价值，却未找到利用这些剩余价值继续获利的渠道。因此，如果任由这种趋势发展，资本主义所固有的不断加剧的社会两极分化将诱发多种危机，包括经济停滞、衰退、萧条、社会动荡和战争。

在20世纪30年代大萧条之后的几十年间，福特—凯恩斯主义社会秩序逐渐形成,其特征包括高增长率,相当一部分工人阶级的生活水平的提高,以及全球资本主义发达核心地区的不平等现象的减少。为什么称其为"福特—凯恩斯主义"?因为是亨利·福特第一个认识到如果不引入大规模的标准化消费,新的大规模标准化生产体系("福特主义")便不可能维持下去。这意味着要为很大一部分工人阶级建立稳定的就业制度(或劳资关系),并为工人阶级提供足够多的工资,以便他们能够购买通过自己劳动创造出来的商品和服务,从而换取工人对资本的依附。随后,约翰·凯恩斯分析认为,大萧条是由财富过度集中造成的需求不足而导致的。凯恩斯认为,国家需要通过经济干预来调节市场(尤其是金融市场),并对基础设施和社会服务等公共项目进行投资,同时建立最低工资、失业保险、养老金等制度,从而刺激需求(Amin 1994;Cox 1987;Harvey 1990;Robinson 2014)。

之所以出现福特—凯恩斯主义制度,是因为工人阶级和平民阶级在19世纪末到20世纪30年代展开了大规模斗争,其中包括工人运动、民粹主义、社会主义运动、布尔什维克革命以及第三世界的反殖民和民族解放斗争。资本主义经济体系的核心国家在第二次世界大战后出现繁荣,在很大程度上要归功于福特主义生产模式、规范化的劳资关系以及凯恩斯主义的货币、预算和监管政策。国家对资本主义市场和再分配的干预,构成了20世纪中期第一世界和非殖民化后的第三世界的经济政策特征。因此,在两次世界大战和大萧条危机之后,再分配式的民族国家资本主义便从资本对劳动力的迁就演变为了社会底层的大规模动荡。

20世纪70年代的危机之后,新兴跨国资本作为新兴跨国资产阶级的一种战略开始走向世界,其目的是突破民族国家对财富积累的限制,以重建社会权力、废除福特—凯恩斯主义制度以及击退第三世界的革命浪潮。第二次世界大战后的几十年里"阶级妥协"为资本提供了良好服务。企业利润在1945—1968年大幅攀升,随后一直下降,直到20世纪80年代初,又在全球化的推动下迅速抬高(Piketty 2014,227)。企业家阶级及其代理人认为,在20世纪70年代利润率下降的情况下,平民阶级和工人阶级发起的群众斗争、提出的要求以及国家的监管,是束缚他们自由盈利和积累财富的枷锁。跨国资产阶级的形成,促成了所谓的"华盛顿共识",即通过新自由主义全面调整世界经济结构,以建立新的跨国公司秩序,并在其与工人阶级和平民阶级的斗争中采用更具侵略性的姿态。

全球化增强了跨国资本对国家和全世界平民阶级的结构性权力。面对新出现的全球资本流动，平民阶级和工人阶级在捍卫工资方面的效率一直较低。而且，各国获取和重新分配剩余价值的能力也被侵蚀，其原因是多方面的，其中包括：公共资产被私有化、递减税制和企业逃税越来越多、各国欠跨国金融资本的债务越来越多、各国为吸引跨国资本而彼此竞争、跨国资产阶级有能力通过新的数字金融系统在全球范围内实现即时转账。在这种所谓的"丧失国家主权"的背后，资本主义全球化使世界范围内阶级权力的相互关系朝着更有利于跨国资产阶级的方向变化。跨国资本能够对各个国家和被区域所限制的工人阶级施加一种新的结构性力量，由此削弱了国家获取和再分配剩余价值的能力。

但是，由于全球社会两极分化与不平等的加剧，全球化也加剧了长期存在的过度积累问题。随着私有化进程的结束，被征服和反复被征服的地区落入资本主义版图，全球市场变得饱和，以及新技术达到固定资本扩张的极限，到20世纪90年代末经济再次陷入停滞，整个体制面临着新的危机。由于财富和收入出现极端两极分化，全球市场无法吸收全球经济的产出。2008年的大衰退标志着过度积累引发了一场新的结构性危机，跨国公司现金充裕，所创利润达到历史最高水平，却找不到机会将其用于再投资并从中获利（Robinson 2018c）。

面对经济停滞，跨国资产阶级开始借助于几种方式来维持财富的积累。第一种方式是军事化积累，跨国资产阶级在战争、冲突和镇压中获得了既得利益，军事化积累由此成为一种积累手段。第二种方式是对公共财政和公共债务周期的洗劫与掠夺，这是资本主义国家财政更为普遍的一种转化方式。通过将公共财政用于企业救助、补贴和发行债券，掠夺性跨国金融资本从劳动力创造的剩余价值中攫取了更大的份额。资本主义国家的财政被重新调整，以减少甚至消除国家在社会再生产中的作用，扩大其在促进跨国资本积累方面的作用。第三种方式是全球金融赌场中疯狂的金融投机，这也是一种封闭的方式。跨国资产阶级开始投资于金融工具，而不是资助新的生产活动。发源于20世纪末的金融化，导致了一个又一个泡沫。如今，虚拟资本远远超出了商品和服务的实际产出，几乎可以肯定的是，一场新的毁灭性崩溃即将出现。尽管这三种方式有助于推动全球经济继续发展，但随着全球社会结构的崩溃，它们也进一步加剧了不平等、过度积累和政治冲突。但是现在，跨国资产阶级似乎把赌注压在了新一轮全球经济重组和通过数字化实现盈利上。那么数字化会对不平等和过度积累产生怎样的影响呢？

数字化、全球不稳定无产阶级和过剩人口

在原始积累新浪潮的推动下，随着数十亿人被剥夺财富，并被抛入全球劳动力市场，全球无产阶级化也已开始加速。当中国、印度和苏联各加盟国的工人加入全球劳动力大军，全球雇佣劳动力从1980年的15亿增长到了2006年的30亿（Freeman 2010）。这些工人在劳动力市场解除管制的情况下加入了雇佣劳动力大军。空间上的重组帮助跨国资本打破了有组织性的劳动力的地域权力约束，并在分散化、灵活化和廉价化劳动力的基础上引入了新的劳资关系。随着工人变得"灵活"，他们加入了无产阶级新的全球"不稳定无产阶级"之列，从事着兼职性的、临时性的、非正式的、非工会的、合同性的以及其他形式的不稳定的工作。虽然斯坦丁（Standing）2011年发表的一篇题为《不稳定无产阶级：一个新的危险阶级》（The Precariat：The New Dangerous Class）[①]的研究论文推广了"不稳定无产阶级"这一概念，但这个阶层不应被视为一个阶级，而应被看作一种"不稳定"的状态——其背后的驱动力是资本主义全球化导致全球工人阶级不断增多，以及几十年来从福特主义向灵活积累的转变。虽然几个世纪以来，不稳定是大多数人进入资本主义经济时所处的状态，但现在看来，不稳定无产阶级化似乎与无产阶级化的扩张密不可分，并在全球劳资关系中被制度化，该制度将白领和蓝领工作、服务工作、专业和管理工作等都纳入其中。

[①] 盖伊·斯坦丁（Standing 2011）推广了该术语，但却并非其发明者。斯坦丁的社会民主观有严重的缺陷。他认为不稳定无产阶级是"新的阶级"，而不是工人阶级的一部分，与不断扩大的工人阶级面临同样的情况。他并未将这种情况视为一种劳资关系。斯坦丁从第一世界/欧洲中心主义的角度看待全球不稳定无产阶级（我们可以称之为"方法论的西方主义"），并且似乎无法将阶级与种族、民族和文化分析结合起来。作为自由主义的拥护者，他更倾向于批评国家对市场及其社会后果监管不足，而不是批评资本导致不稳定无产阶级增加。相关讨论见"不稳定无产阶级圆桌会议"等。

数字化在一定程度上使劳动力市场的碎片化成为可能，并由此促进了空间上的分散和劳动过程的结构重组，催生了新的价值攫取形式。科技行业目前处在资本主义全球化的最前沿，正在推动着全球经济的数字化，而这是以以下几个条件为基础的：更先进的计算机和信息技术；数据（"大数据"）的收集、处理和分析；数字化在全球经济的各种应用——其中包括生产、服务和金融以及战争、社会控制和镇压系统。数字经济的兴起在很大程度上是对之前资本主义发展的兴衰周期与危机的一种回应，尤其是20世纪70年代的低迷，20世纪90年代的繁荣，2000—2001年互联网泡沫的破裂和全球经济的衰退，以及2008年的全球金融危机及其余波。面对经济停滞和过度积累，科技行业已成为闲置资本新的主要的投资出口。信息技术领域的投资从20世纪70年代的170亿美元跃升至1990年的1750亿美元，然后又在2000年增至4960亿美元。互联网泡沫在世纪之交破灭后，这类投资开始下跌，直到2008年后才再次攀升至新高，并在2017年年末突破了7000亿美元（Federal Reserve Bank of St. Louis 2017）。

20世纪80年代以来的第一代资本主义全球化创建了全球一体化生产和金融体系，而最近数字化和"平台"的兴起迅速促进了服务行业的跨国化。平台是指可让两个群体或多个群体进行沟通的数字化基础设施。随着经济活动对平台愈发依赖，科技行业对全球资本主义的战略意义越来越大。根据联合国的数据，2015年计算机和信息技术产品贸易超过2万亿美元，而相关服务出口在2010—2015年增长了40%。这一年，计算机和信息技术产品与服务占到全球GDP的6.5%，相关服务部门雇员达到1亿人。此外，全球电子商务销售额达25万亿美元，3.8亿人通过海外网站购物（UNCTAD 2017）。到2017年，服务业大约占世界总产值的70%（Marois 2017），其中包括通信、信息、数字和平台技术、电子商务、金融服务、专业技术工作，以及诸如电影和音乐等其他无形产品。

我们即将经历全球经济主要领域的"数字化洗礼"，任何东西都可数字化。如今，自动化正在从工业和金融业扩展到所有服务行业，甚至快餐业和农业。新自由主义经济学家和决策者称，数字经济将会催生高技能、高收入的工作。然而，有证据表明数字化将会加速大规模就业岗位缩减的趋势——随着跨国资产阶级为了降低工资、淘汰工人和在竞争中胜出，几乎不需要劳动力的生产过程将在整个经济活动中越来越多，而留在岗位上的劳动者将面临更多不稳定和不固定的雇佣。从短期来看，数字化可能会扩大财富积累的机会，引发新一轮的固定资本扩张。但最终，数字化将会发展到以技术取代劳动力的程度，推动成本降低为零。资本主义的所有矛盾都将愈演愈烈，利润率将会下降，投资变现问题被进一步激化。因此，新兴的数字经济无法解决过度积累的问题。

比如，自2005年以来，美国就业岗位的净增长几乎全部来自缺少职业稳定性、报酬较低的工作岗位。不稳定劳动力遵从的是所谓的"弹性工作时间"，正如施特茨曼（Starzmann 2018）所言，这通常意味着不间断的工作日程。在美国，随叫随到的临时工正在迅速取代零售、送货、餐饮和酒店行业的正式员工（Bhattarai 2018，A10）。亚马逊拥有23万劳动力和数以万计的季节工，以其仓库和物流网络中类似于血汗工厂的恶劣劳动条件而臭名昭著，被称为"低薪工作的未来"；与此同时，亚马逊首席执行官杰夫·贝佐斯于2017年成为全球首富，净资产超过1000亿美元，而另一方面数千名亚马逊员工却需要食品券来维持生计（Edwards 2013；Jamieson 2015）。实际上，数字化生产寻求的是降低工资成本、资本成本和管理成本，最终实现耐克公司所称的"把劳动力从产品中剥离出来"（Ford 2015，12）。令人深思的是，美国劳动力市场在2005—2015年共增加工作岗位940万个，其中包括910万个不稳定工作岗位，因此2005年以来的工作岗位净增长完全出自这些不稳定的工作岗位（Srnicek 2017，79）。2011年，苹果公司在北卡罗来纳州建成价值10亿美元的数据中心，但提供的全职工作机会仅50个（Ford 2015，107）。在菲律宾，10万名外包工人通过搜索和删除社交媒体（比如Google和Facebook）和云存储中的攻击性图片，每月仅赚取数百美元（Chen 2014）。然而，与全球数以百万计的呼叫中心、数据输入和软件从业者以及制造业和其他服务行业的工人一样，他们也面临着要被数字技术取代的命运（UNCTAD 2017）。[①]

在20世纪后期，有一点变得更加明显：与全球化以及计算机和信息技术相关的全球资本主义结构调整，导致了工人阶级两极分化——一部分人从事的是非技能化和常规化的工作，而另一部分人则从事高技术（据说也是高收入）工作，进入了所谓的知识工人行列。这些工人被罗伯特·赖克称

[①] 联合国贸发会议（UNCTAD 2017，62）估计，印度尼西亚和菲律宾85%的零售和服务人员面临因数字自动化而失业的风险。

为"符号分析员",而其他人则被称为非重要劳工(Aronowitz 2003;Hardt and Negri 2001;Reich 1992)。但是,数字化导致了认知型劳动力的进一步商品化,以及此类劳动力的无产阶级化和不稳定无产阶级化。这个过程涉及对认知型劳动力的实际吸纳。形式上的吸纳是指人们脱离生存资料或生产资料(比如土地或小型企业),被迫为资本工作的过程;而实际吸纳是指工人附属于资本主义生产的过程,因为这一过程是由工厂、种植园、服务业(这种情况下是通过互联网控制非重要劳工)中的资本直接控制。实际吸纳是对劳动力彻头彻尾的肉体约束、压迫和支配,因此一个人会失去所有的个人权力和自主权,用马克思的话说,就是作为"活的附属物"融入生产过程。

这些新的劳资关系具有一个重要的代际特征。"千禧一代"是第一批出生于数字世界的人们——在这个数字世界,工作不稳定正在成为一种常态,并且在缺乏抵抗不稳定无产阶级化的阶级运动的情况下,这可能变得正常化。对于许多(或许是大多数)出生于1980年至世纪之交的千禧一代来说,20世纪旨在规范工作的社会契约已成为过去,而对于被一些人称为"Y一代"的下一代来说则更是如此(Koukoulas 2016)。正是在这个时候,全球工人阶级越来越像一支由年轻人组成的世界青年大军。2016年的一份报告指出(Lord 2016):"欧洲和东亚国家正在努力应对出生率下降和人口老龄化的问题,而中东、非洲和南亚的青年人口却出现了惊人的增长。"埃及一半以上的劳动力年龄低于30岁,尼日利亚1.67亿人口中有一半在15—34岁,阿富汗、乍得、东帝汶、尼日尔、索马里和乌干达有三分之二以上人口的年龄在25岁以下(Lord 2016),印度有3亿人的年龄在15岁以下(Lord 2016)。全球青年面临着科技替代劳动力的浪潮和无人化生产的现实前景。与此同时,全球市场利用产品和服务向年轻人抛出了无穷无尽的诱惑。现在,年轻人该如何从政治层面回应这种无处不在的"消费主义文化意识形态"与失业和贫困现实之间的矛盾呢?[①]

[①] 在美国,高等教育正成为推迟失业的策略,其他地方或许亦是如此。自2001年以来,大学入学人数出现了前所未有的增长,增长人数超500万,预计到2015年,入学人数将继续攀升15%,但私立学校学杂费上涨了157%,公立学校学杂费上涨了237%(Starzmann 2018)。2018年,学生债务接近1.5万亿美元,比美国信用卡债务总额的两倍还要多(Student Loan Hero 2018)。参见索德博格(Soederberg 2014,79-132)第五章"债务主义和学生贷款产业"(Debtfarism and the Student Loan Industry)中的精彩分析。这些学生将用未来的工资来偿还这笔债务,并且在至少20个州,如果债务人未偿还债务,则可能被剥夺驾驶执照和执业执照。他们现在朝不保夕的境遇,使他们很可能在未来成为不稳定的工人,而各种培训却越来越与收入脱节。

日益贫困和彼此疏离的数字化无产阶级队伍将不断膨胀，这背后的主要驱动力是年轻的知识型工人。这种无产阶级中，越来越多的人开始在线"按需"提供数字化服务，这种方式有时被称为"人力云"。虽然他们被新自由主义经济学家和决策者称为"个体户"，但实际上却是没有任何稳定性或收入保障可言的外包合同工，完全听凭外包雇主的摆布。"共享经济"的概念给人以一种控制感和自主性，即使所涉及的工作变得更加不稳定、工作规范变得更严格。2017年，自由职业者平台（Freelancer.com和UpWork等公司）签约了500多万人提供在线远程工作。诸如机械特克网（Mechanical Turk，亚马逊旗下的劳务众包平台）之类的"微工作"网站签约了大约50万名"Turkers"（为人工智能打工的廉价工作者），他们每完成一项任务便能赚得几美分（*The Economist* 2017，55）。施特茨曼（Starzmann 2018）指出："在全世界，无数个孤单的身影投身于屏幕之前的生活，手指不停地在键盘上移动——思考、打字、创作。"布拉德利和李（Bradley and Lee 2018，642）警告说："这个年轻的'数字无产阶级'把本来应该用于革命的精力用在了其他地方，比如电脑游戏、色情、赌博、酗酒等无穷无尽的成瘾方式，以此来逃避现实工作。"

在这里，我们需要探讨这种转变对主体形式、意识以及皮埃尔·布尔迪厄所说的"习惯"的影响，即"一种后天习得的，适应特定社会条件的方法"（Bourdieu 1977，95）。① 认知型劳动力的个体化和孤立性阻碍了主体间性与阶级意识的发展。如果在工作过程之外没有一些政治动员，这种工作可能催生怎样的世界观？认知型工人可能更倾向于将自己看作中产阶级和专业阶层，而不是大多数人所属的全球工人阶级。劳动过程的碎片化和工作的分散以及不规律的劳动时间，对工人阶级的组织和工人阶级意识的发展提出了新挑战。当然，任何解放运动要想取得成功，都必须同时团结正在边缘地带和社会再生产过程中挣扎的过剩人口，以及在不稳定工作环境下正式进入全球资本循环的工人。

---

① 关于数字时代工作、社会组织、文化和意识的文献迅速发展。此处我们无法详细讨论，请参见贝当古（Betancourt 2016）和施蒂格勒（Stiegler 2017）等。

从流氓无产阶级到不稳定流氓无产阶级

从更广阔的角度来看，全球工人阶级会把在不稳定和不固定就业环境中饱受剥削的人们与被排斥在岗位之外的人们带到一起。数字化除了引发不稳定的就业形式外，预计还会使剩余劳动人口成倍增加。"工作终结""未来无工可做"以及取代人类工人的"机器人崛起"已成为学者、记者和政治家的日常话题（Aronowitz and DiFazio 2010；Srnicek 2016；Rivkin 1995）。数百万失去正式工作的人口不得不通过优步和其他"平台公司"勉强维持生计，成了非正式工和"自我雇佣"的工人。然而，2016年，优步宣布将使用自动驾驶汽车取代100万名司机（Mitchell and Lien 2016，A1）。2012年，台湾企业富士康（主要业务是组装苹果平板电脑和其他电子设备）在中国工人一波罢工后，宣布将使用机器人代替一百万名工人。随着生产率的提高，这种体制裁掉越来越多的工人。1990年，底特律三大汽车制造商的总市值达到360亿美元，拥有员工120万人。2014年，硅谷排名前三的公司市值超过1万亿美元但仅有13.7万名员工（*The Economist* 2016，9）。

数字化集聚了更多资本，加剧了两极分化和不平等，进一步扩大了剩余劳动力的队伍。在"贫民窟的星球"的平凡世界里，过剩人口在各种生存战略中苦苦挣扎。（Davis 2006）非正式行业总是以各种方式与正式行业功能性地联系在一起，比如作为向正式行业提供服务的社会再生产的堡垒。[①] 然而在全球化的背景下，正式和非正式之间的界限变得越来越模糊。过剩人口对跨国资本而言不存在直接用途。但如果把视野放大，剩余劳动力对全球资本主义至关重要，因为它给各地的工资带来了下行压力，让跨国资本对仍活跃在劳动力市场的人们有了更严格的约束。此外，正如斯威德勒（Swidler 2018）所指出的那样，资本越来越依赖于除工资关系之外的剩余劳动力压榨方法，其中包括家庭和社区中的社会再生产、计件工作、无薪劳动（比如实习和狱中劳役）、掠夺性金融和影子工作。马克思（Marx 1972，425）指出：工人阶级中就业部分的过度劳动，扩大了它的后备

[①] 参见波特斯、卡斯泰尔和本顿（Portes, Castells, and Benton 1989）的讨论等。

军的队伍,而后者通过竞争加在就业工人身上的增大的压力,又反过来迫使就业工人不得不从事过度劳动和听从资本的摆布。但是,全球化对全球资本主义的结构调整催生了一支新的全球过剩劳动力大军,它远超出了马克思所讨论的传统后备劳动力队伍。在全球化的背景下,催生剩余劳动力的过程已经进一步加快。

危机为资本提供了结构调整的机会,可以从更少的工人中压榨出更高的生产率,并加速了这一过程,而且这一过程可通过数字化以指数方式增长。与此同时,世界各地出现了新一轮的大规模原始积累,数亿甚至数十亿人口变得流离失所。近几十年来,新的计算机技术和信息技术被用于打造全球一体化的生产和金融体系,再加上新自由主义政策以及新的全球劳动力动员和利用模式,使跨国资产阶级获得超额剩余价值。跨国资产阶级以"温室"的方式征服了苏联、东欧和第三世界的新市场。中国、印度和其他所谓"新兴国家"的数亿新中产阶级消费者创造出了新的全球细分市场,推动了经济增长。但同时,由于新自由主义政策、社会清洗以及诸如"禁毒战争"和"反恐战争"——它们既是原始积累的工具,又是各个国家和地区大幅进行结构调整和融入新的全球经济的载体——等有组织暴力行动所引发的新一轮原始积累,数亿——也许数十亿——人口被迫离开了第三世界的农村地区(Paley 2014)。在 21 世纪的第二个十年,银行和机构投资者开始在全球范围内大规模抢占新土地,形成了新一轮的全球圈地运动。

所有这些因素催生了规模庞大的国内和跨国移民浪潮,使失业人口和在结构上被边缘化的人口陡然增多。根据国际移民组织的统计,2015 年的国际移民和国内移民人口分别达到了 2.32 亿和 7.4 亿(Çaglar 2015,2)。数百万背井离乡的人口中一些人被超级剥削而作为不稳定劳动力进入了全球工厂、农场和办公室,另一些人则被边缘化,变成了过剩人口,就像被打入"贫民窟星球"一样。国际劳工组织的一份报告称,2009 年全球共有 15.3 亿工人处于这种"脆弱"就业状态,超过全球劳动力的 50%。国际劳工组织还报告称,在 20 世纪后期,全球约三分之一的劳动力变得过剩,被排斥在了全球经济活动之外。[1]

---

[1] 关于弱势就业者的数字,见劳工组织(ILO 2011)。关于失业者的数字,见劳工组织(ILO 1997)。

让我们重新分析一下积累危机,将其与全球剩余劳动力的增长联系起来。通过增加资本的有机构成,资本主义竞争和阶级斗争推动了资本降低成本或提高生产率,由此造成了利润率下降的趋势(Marx 1978)。这种被称为过度积累危机的趋势是政治经济学中的"最基本法则"。我们有必要引用马克思的话来分析必需品的资本主义生产所不断繁衍出的"工业后备军"或"剩余人口",因为这种过剩人口的产生和激增是了解全球前所未有的不平等现象、基于数字化的全球资本主义结构调整导致剩余人口不断增多、全球危机呼之欲出的主要背景因素。

事实是,资本主义积累不断地并且同它的能力和规模成比例地生产出相对的,即超过资本增殖的平均需要的,因而是过剩的或追加的工人人口。因此,工人人口本身在生产出资本积累的同时,也以日益扩大的规模生产出使他们自身成为相对过剩人口的手段。工人的这种增加,是通过使一部分工人不断地被"游离"出来的简单过程,通过使就业工人人数比扩大的生产相对减少的方法造成的。因此,现代工业的整个运动形式来源于一部分工人人口不断地转化为失业的或半失业的人口……但是同现役劳动军相比,这种后备军越大,常备的过剩人口也就越多,他们的贫困同他们所受的劳动折磨成反比。最后,工人阶级中贫苦阶层和产业后备军越大,官方认为需要救济的贫民也就越多。这就是资本主义积累的绝对的、一般的规律(Marx 1972,422,424,429-430)。

对于马克思来说,为资本积累不断补充后备劳动力是"资本主义积累的一般规律"。马克思还确定了剩余劳动力的三种存在形式:流动的、潜在的和停滞的。前两种被认为是按照资本积累的周期和劳动分工的变化而进入和退出生产过程的劳动力,但第三种是结构上被推到生产过程之外的群体,也就是说在整个历史时期内,他们对资本没有直接用途。马克思倾向于把后一类人贬低为流氓无产阶级。但是,鉴于数字化能在一定程度上促使技术代替劳动力,有可能大幅降低劳动力需求(马克思所称的"可变资本")和将成本推向零值,因此全球过剩人口的增多可能是全球资本主义的一种永久性结构现象,而不是可被新的积累循环所吸收的过渡性的错位。

流氓无产阶级的概念在资本主义发展史上有着重要的源头。马克思在最初讨论流氓无产阶级时使用了贬义的术语"déclassé"(失去社会地位者），认为他们是无产阶级中的下层阶级和堕落分子——妓女、流浪者、小罪犯；是没有阶级意识的下层阶级，容易成为"反动阴谋的贿赂工具"。他把流氓无产阶级描述为"流氓、退伍的士兵、释放的刑事犯、脱逃的劳役犯、骗子、卖艺人、游民、扒手、玩魔术的、赌棍、私娼狗腿、妓院老板、挑夫、下流作家、拉琴卖唱的、捡破烂的、磨刀的、镀锡匠、叫花子，一句话，就是随着时势浮沉流荡而被法国人称作浪荡游民的那个五颜六色的不固定的人群"（Marx 1952，38）。然而，随着种族主义、殖民主义和帝国主义将数以亿计的受害者推入流离失所者、失业者和被排斥者之列，流氓无产阶级的一些负面含义开始在20世纪中叶消散。在全球资本主义体制中，流氓无产阶级现在成了一个边缘化和非正式的结构性（有时也是法律上的）群体，并拥有临时的政治代理权。在《全世界受苦的人》中，法农（Fanon 1963）将流离失所的农民称为流氓无产阶级，他们构成了反对殖民制度的潜在革命力量，但也警告说这个阶级不可预测，而且很可能会变成殖民主义者的雇佣兵。法农写道：

> 于是皮条客、流氓、失业者和小罪犯都像体格健壮的劳动者那样投入了斗争。……妓女、每月收入两英镑的女佣以及所有徘徊在自杀与疯狂之间的人们都将恢复平衡，再一次迈开步伐，在觉醒国家的伟大游行中自豪地阔步前进（Fanon 1963，130）。

在美国，黑豹党试图把黑人流氓无产阶级打造成群众性的社会基础，不过这种策略也拥有局限性和批评的声音（Booker 2005，337-362）。

但是在这个资本主义全球化的时代，在用来描述体制边缘地带的人们的时候，无论从分析意义和政治意义上来说，过剩人口这一概念，都可能是一个更高级的概念。由于全球资本不稳定，"颠沛流离"的大众中肯定存在一些不良因素，但过剩人口似乎是加快结构调整和全球资本积累进入更高阶段所导致的一种结果。过剩人口包括遭受长期结构性失业和就业不足的人们，在世界各大城市贫民窟的非正规经济中勉强糊口（或甚至连糊口都难）的人们，国际难民，因战争、压迫和自然灾害而流离失所的人们，被迫转入地下、无法进入正规劳动力市场的移民工，以及生活在布拉德利和李（Bradley and Lee 2018）所称的"世界之外的地方"的人们。在这方面，过剩人口与不稳定无产阶级共同存在，并可能在较正式但不稳定的工作岗位上进进出出。布拉德利和李指出："显然，马克思出生200年后，流氓无产阶级的构成已从流浪汉、罪犯、妓女、流放者和贱民变成了朝不保夕的工人和穷忙族，变成了合同工、临时工、零时工（打散工者），以及更绝望地变成了下层阶级或永难翻身的下层阶级。"（Bradley and Lee 2018）

我们同意他们作出的政治评估："在当代全球剥削的条件下，马克思把革命的穷苦民众和反动的流氓无产阶级区分开来的做法已站不住脚。"（Bradley and Lee 2018，641）不稳定流氓无产阶级则抓住了全球工人阶级这一理念，从而将不稳定无产阶级和过剩人口结合到了一起。

总结评论：走出灰色地带

正是这种不稳定流氓无产阶级让约翰·鲁珀特之类的群体和跨国资产阶级感到害怕，并推动了全球警察国家来遏制不稳定流氓无产阶级已经和可能发起的叛乱。全球极度不平等在政治上产生了爆炸性影响，以至于整个体制根本无法容纳过剩人口，于是转而采用了更暴力的遏制形式，这在全球警察国家这个概念中得到了反映（Robinson 2018a，2018c）。全球警察国家是指三个相互关联的发展状态。第一是由统治集团推动的无处不在的大规模社会控制、镇压和战争，目的是遏制全球工人阶级和过剩人口已经和可能发起的叛乱。在这方面，全球警察国家的核心目标是强制排斥过剩人口。第二是全球经济本身越来越多地建立在发展和部署这些战争、社会控制和镇压制度的基础之上，而这些制度只是在经济停滞时获取利润和继续积累资本的一种手段——即罗宾逊所说的军事化积累，或镇压式积累——现在这已远超出了军事凯恩斯主义的范畴。第三是正在朝着一种可被称为21世纪法西斯主义——甚至广义上的极权主义——的政治体制发展。[①]

数字化将越来越多的工人推入过剩人口之列，而资本主义体制需要卸载日渐增多的过剩人口，两者之间的矛盾形成了一种危险螺旋。从长期乃

---

① 关于21世纪法西斯主义，参见罗宾逊（Robinson 2019）。

至永久来看，大众一旦失去使用价值，就会引发如何控制这些过剩人口的政治问题。无论是在不稳定就业和过度剥削的新体制下设法保住工作的人们，还是失去工作后成为过剩人口的人们，资本主义体制都需要对这些人加强约束。全球秩序作为一个统一体，变得越来越具有镇压性和专制性。21世纪法西斯主义运动作为一种文化霸权机制获得了动力，其中涉及对焦虑、欲望的操控，对诸如债务之类的结构性（经济性）控制，以及更严厉的强制性控制。[1]

我们在此集中讨论的是过剩人口和不稳定无产阶级的问题，并不是要明确提出解决问题的方案。我们试图对当前正在重塑阶级关系和阶级意识的资本主义结构调整浪潮提出质疑，但不能做卢德主义者。这里的问题不是技术，而是资本。过剩人口的增加和不稳定性与其说是数字化所导致，不如说是资本主义问题的一种体现。如果资本不使用劳动力，劳动力就会被隔离在所谓的灰色地带，并受制于全球警察国家新的社会控制和镇压制度。灰色地带指的是介于富裕阶层和斗争阶层之间的地带；对于受到镇压性约束的不稳定流氓无产阶级来说，这个地带的管制及其他遏制措施已变得常态化。在这里，我们可以找到监狱—工业综合体、移民和难民控制系统、大规模监视、无处不在和通常带有准军事色彩的警察管制，以及对国家意识形态工具的调用——这些工具将无家可归者描绘为危险、贫穷、不配享用资源的人们，并会灌输小规模的消费主义和逃避现实的思想。

统治集团已转向通过刑事定罪来遏制过剩人口，就像对毒品和恐怖虚假战争一样。在许多情况下，刑事定罪会给予过剩人口一种结构上的和法律上的定位，就像美国政府对待地下打工的非法移民那样。2018年，丹麦政府宣布将通过一项法案，把对贫困和移民社区的歧视合法化。根据这一法案，50%以上居民为非西方移民、失业率超过40%、平均收入不及该地区55%的社区将被划分为"贫民窟"社区（BBC News 2018）。在2017年一份有关美国贫困和不平等的报告中，联合国极端贫困与人权问题特别报告员菲利普·奥尔斯顿警告说：在许多城市，无家可归者发现自己的处境

---

[1] 参见罗宾逊（Robinson 2019）和罗宾逊（Robinson 2014，158–213）第五章"监管全球资本主义"。

实际上已构成犯罪。露宿街头、坐在公共场所、行乞、随地小便以及其他各种违法行为被用来给无家可归者贴上"危险"的标签。更为苛刻和更具侵入性的监管会引发违法行为,这些行为很快变成轻罪,遭到逮捕、监禁,导致无法支付罚款并背负上刑事定罪的污点,而这反过来又会阻碍以后获得工作和住房的机会(Alston 2017)。

全球工人阶级的结构调整以及资本主义全球化对其造成的破坏,既隐藏着危险,也释放出了一线希望。那些在第二次世界大战后生活水平不断提高的民众,如今面临着资本主义全球化背景下的经济下行趋势以及不安全感和不稳定无产阶级化的进一步加剧,这些综合因素有可能瓦解发达国家在20世纪形成的霸权集团。当以改革为导向的跨国精英哀叹"中产阶级的消亡"时,他们是说工人阶级和平民阶级这些以前相对比较体面的阶层变得不稳定,以及世界各地先前的霸权集团的削弱。这种霸权集团的削弱为反霸权斗争创造了沃土,但也为这些不稳定阶层参与右翼民粹主义和新法西斯主义运动——它们常常涉及种族主义和仇外活动——创造了条件。面对新法西斯主义的威胁,人们需要建立广泛的阶级联盟或统一的政治战线。历史上,这样的战线会使左派从属于以改革为导向的"民主"资产阶级。这一次,我们认为,任何广泛的反法西斯联盟战略都必须对全球资本主义及其危机作出清晰而敏锐的分析,并争取让平民阶级和工人阶级对这种联盟行使支配权。

随着霸权集团的瓦解,统治集团内部的分裂与内斗日益加剧。跨国精英中的改革派对全球经济的脆弱性感到担忧,纷纷呼吁采取温和的再分配措施,并对全球金融体系实施跨国监管。[①] 他们还对21世纪法西斯主义的发展表示关切,并警告说极度不平等将破坏增长和盈利前景,激发民众反抗。"在当前的资本主义模式下,任由这种局面发展下去将会摧毁资本主义",安泰医疗保健公司(Aetna,市值2500亿美元)首席执行官马克·伯托里尼在2017年警告说,"当35岁以下的人口中有65%认为社会主义模式更出色时,我们就有问题了。因此,除非我们做出改变,否则这种模式就会往不好的方向改变"(Leaf 2017)。随着这一体制陷入深度危机,这些担忧可能会变得更加普遍。"危机确实存在,有时会持续几十年",格拉姆希表示,

---

① 详细讨论,参见罗宾逊(Robinson 2018b)。

"这意味着在该结构内部出现了无法解决的矛盾，而积极维护这一结构的政治力量却希望在有限程度上愈合这些矛盾"（Fonseca 2016，23 – 24）。

与跨国精英中的改革派结盟可能是重要的，但同样重要的是用超越改革派的方案来解决全球不平等问题。改革派的方案完全不够，因为它回避了权力问题和企业对地球生产资源的控制问题，而这些生产资源是全球资本主义及其危机的核心。无论采用什么方法来解决这一危机，都需要对财富和权力彻底进行再分配，以造福于绝大多数的贫穷人口。社会正义要求对全球生产和金融体系进行一定程度的跨国社会治理，这也是彻底进行再分配的首要和必要步骤，而这反过来又必须与阶级和财产关系的转变以及为最终的生态社会主义而奋斗结合在一起。虽然我们在此无法解决这些较大的问题，但反霸权斗争的部分任务就是对阶级和社会意识的成因提出质疑，如：排斥、不稳定无产阶级化、数字资本主义下工作和生活的个体化特质，以及这些劳资关系给解放斗争带来的挑战。

不稳定无产阶级和过剩人口的出现表明，全球工人阶级队伍正在扩大，这为共同的利益和实践带来了更多的机会，即使很难将这个已经被分散化和个体化了的阶级组织起来或让其自我组织起来。我们应该注意到，"传统"的产业工人阶级近年来仍在加紧斗争（inter alia，Ness 2015）。然而，不稳定流氓无产阶级既改变了这种斗争的条件，也改变了唤醒工人阶级意识和恢复集体行动能力的艰巨任务。正如阿罗诺维茨在马克思之后提醒我们的那样，"阶级形成的核心标准是一种或多种社会形式的自我组织和自我表现的能力"（Aronowitz 2003，58），也就是说要形成某种共同的身份和社会意识。

在全球资本主义的新条件下，重启解放运动的关键任务是要把经历过这种个人隔离的工人与无法罢工的工人以及在不稳定就业环境下极度脆弱的工人团结起来。不稳定流氓无产阶级所面临的形势，以及认知型工人的孤立性和个体性，表明阶级意识与集体能动性的中心必须从各个孤立的生产地点转向日常生活场景、各个社区以及政治制度。无论是在地方层面或者在世界层面，这些斗争总是在特定地方和主题下展开，比如生态、妇女权利、社会服务和社区需求，在斗争具有分散性特征的情况下，我们如何将日常生活的政治因素与外在的集体解放斗争联系起来？在正式工人开展传统斗争的同时，任何斗争都必须向排斥发起挑战、共同与不稳定工作制度作斗争。因为被排斥在外的工人无法通过罢工来斗争，所以除了罢工活动外，全球工人阶级的斗争还必须采取正确的策略来尽可能地破坏这一体制。

参考文献

Alston, P., 2017, "Statement on Visit to USA, by Professor Philip Alston, United Nations Special Rapporteur on Extreme Poverty and Human Rights", Accessed June 3, 2019, https://chrgj.org/wp-content/uploads/2017/12/OHCHR-Statement-on-US-visit-Alston-UN-SR-extreme-poverty-and-human-rights-Dec-2017.pdf.

Amin, A., ed., 1994, *Post-Fordism: A Reader*, Cambridge, MA: Blackwell.

Aronowitz, S., 2003, *How Class Works: Power and Social Movement*, New Haven: Yale University Press.

Aronowitz, S., and W. DiFazio, 2010, *The Jobless Future*, 2nd ed. Minneapolis: University of Minnesota Press.

BBC News, 2018, "Denmark Plans Double Punishment for Ghetto Crime", *BBC News*, February 27, Accessed June 3, 2019, https://www.bbc.com/news/world-europe-43214596.

Betancourt, M., 2016, *The Critique of Digital Capitalism: An Analysis of the Political Economy of Digital Culture and Technology*, New York, NY: Punctum Books.

Bhattarai, A., 2018, "Side Hustles Go Mainstream", *Los Angeles Times*, May 21.

Booker, C., 2005, "Lumpenization: A Critical Error of the Black Panther Party", in *The Black Panther Party Reconsidered*, edited by C. E. Jones, Baltimore, MD: Black Classic Press, pp. 337–362.

Bourdieu, P., 1977, *Outline of a Theory of Practice*, Cambridge: Cambridge University Press.

Bradley, J. P. N., and A. T. Lee, 2018, "On the Lumpen-Precariat-To-Come", *TripleC*, 16 (2), pp. 639–646.

Çağlar, A., 2015, *World Migration Report 2015*, Accessed June 3, 2019, http://publications.iom.int/system/files/wmr2015_en.pdf.

Chen, A., 2014, "The Laborers Who Keep Dick Pics and Beheadings Out of Your Facebook Feed", Accessed September 2, 2018, https://www.wired.com/2014/10/content-moderation.

Citigroup, 2005, "Plutonomy: Buying Luxury, Explaining Global Imbalances", Accessed October 16, 2018, https://delong.typepad.com/plutonomy-1.pdf.

Cox, R. W., 1987, *Production, Power, and World Order: Social Forces in the Making of History*, New York: Colombia University Press.

Davis, M. 2006, *Planet of Slums*, London: Verso.

Edwards, J., 2013, "Brutal Conditions in Amazon's Warehouses Threaten to Ruin the Company's Image", *Business Insider*, August 5. Accessed June 3, 2019, http://www.businessinsider.com/brutal-conditions-in-amazons-warehouses-2013-8.

Fanon, F., 1963, *The Wretched of the Earth*, New York, NY: Grove Press.

Fonseca, M., 2016, *Gramsci's Critique of Civil Society*, New York: Routledge.

Ford, M., 2015, *The Rise of the Robots*, New York: Basic Books.

Foroohar, R., 2018, "The Rich Have an Escape Plan—RAI with Rana Foroohar (5/6)", Accessed June 3, 2019, https://therealnews.com/stories/the-rich-have-escape-plan.

Freeman, R., 2010, "The Great Doubling: The Challenge of the New Global Labor Market", *The Globalist*, March 5. Accessed June 3, 2019, http://www.theglobalist.com/StoryId.aspx?StoryId=4542.

Hardoon, D., 2015, *Wealth: Having It All and Wanting More*, Accessed June 3, 2019, https://www-cdn.oxfam.org/s3fs-public/file_attachments/ib-wealth-having-all-wanting-more-190115-en.pdf.

Hardt, M., and A. Negri, 2001, *Empire*, Cambridge: Harvard University Press.

Harvey, D., 1990, *The Condition of Post-Modernity*, Cambridge, MA: Blackwell.

ILO (International Labor Organization), 1997, *World Employment Report 1996–1997*, Geneva: ILO/United Nations.

ILO (International Labor Organization), 2011, *Global Employment Trends 2011: The Challenge of Job Recovery*, Geneva: ILO/United Nations.

Jamieson, D., 2015, "The Life and Death of an Amazon Warehouse Temp", *The Huffington Post*, October 21. Accessed June 3, 2019, http://highline.huffingtonpost.com/articles/en/life-and-death-amazon-temp/.

Koukoulas, S., 2016, "The Trials of Generation Y", Accessed June 3, 2019, https://www.theguardian.com/world/series/millennials-the-trials-of-generation-y.

Leaf, C., 2017, "Aetna CEO: 'Doing Nothing, in the Current Model of Capitalism, Will Destroy Capitalism'", *Fortune*, October 27. Accessed June 3, 2019, http://fortune.com/2017/10/27/cvs-aetna-mark-bertolini-capitalism/.

Lord, K., 2016, "Here Come the Young", *Foreign Policy*, August 12. Accessed June 3, 2019, http://foreignpolicy.com/2016/08/12/here-comes-the-young-youth-bulge-demographics/.

Marois, T., 2017, "TiSA and the Threat to Public Banks", Accessed June3, 2019, https://www.tni.org/files/publication-downloads/tisa_and_the_threat_to_public_banks.pdf.

Marx, K., 1952, *The Eighteenth Brumaire of Louis Bonaparte*, Accessed June 3, 2019, https://www.marxists.org/archive/marx/works/download/pdf/18th-Brumaire.pdf.

Marx, K., 1972, "Capital, Volume One" in *The Marx-Engels Reader*, edited by R. C. Tucker, 1st ed. New York: W. W. Norton, pp. 294–438.

Marx, K., 1978, "Capital, Volume Three", in *The Marx-Engels Reader*, edited by R. C. Tucker, 2nd ed. New York: W. W. Norton, pp. 439–442.

Mitchell, R., and T. Lien, 2016, "Rides in Uber Robot Vehicles at Hand", *Los Angeles Times*, August 19.

Ness, I., 2015, *Southern Insurgency: The Coming of the Global Working Class*, London: Pluto.

Paley, D., 2014, *Drug War Capitalism*, Oakland: AK Press.

Piketty, T., 2014, *Capital in the Twenty-First Century*, Cambridge: Harvard University Press.

Portes, A., Castells, M., and L. A. Benton, eds., 1989, *The Informal Economy: Studies in Advanced and Less Developed Countries*, Baltimore: Johns Hopkins University Press.

Federal Reserve Bank of St. Louis, 2017, "Private Fixed Investment in Information Processing Equipment and Software", Accessed June 3, 2019, https://fred.stlouisfed.org/series/A679RC1Q027SBEA.

Reich, R., 1992, *The Work of Nations: Preparing Ourselves for 21st Century Capitalism*, New York: Vintage.

Rivkin, J., 1995, *The End of Work: The Decline of the Global Labor Force and the Dawn of the Post-Market Era*, New York, NY: Putnam.

Robinson, W. I., 2014, *Global Capitalism and the Crisis of Humanity*, New York: Cambridge University Press.

Robinson, W. I., 2018a, "Accumulation Crisis and Global Police State", *Critical Sociology*, Accessed June 21, 2019, http://journals.sagepub.com/doi/abs/10.1177/0896920518757054.

Robinson, W. I., 2018b, "Capitalism in the Twenty-First Century: Global Inequality, Piketty, and the Transnational Capitalist Class", in *Twenty-First Century Inequality & Capitalism: Piketty, Marx and Beyond*, edited by L. Langman and D. A. Smith, Boston: Brill, pp. 240–257.

Robinson, W. I., 2018c, "The Next Economic Crisis: Digital Capitalism and Global Police State", Accessed June 3, 2019, http://robinson.faculty.soc.ucsb.edu/Assets/pdf/RobinsonRaceAndClassArticle.pdf.

Robinson, W. I., 2019, "Global Capitalist Crisis and Twenty-First Century Fascism: Beyond the Trump Hype", *Science and Society*, 83 (2), pp. 481 – 509.

Savage, M., 2018, "Richest 1% on Target to Own Two-Thirds of All Wealth by 2030", *The Guardian*, April 7. Accessed June 3, 2019, https://www.theguardian.com/business/2018/apr/07/global-inequality-tipping-point-2030.

Soederberg, S., 2014, *Debtfare States and the Poverty Industry: Money, Discipline, and the Surplus Population*, New York: Routledge.

Srnicek, N., 2016, *Inventing the Future: Postcapitalism and a World without Work*, London: Verso.

Srnicek, N., 2017, *Platform Capitalism*, Cambridge: Polity.

Standing, G., 2011, *The Precariat: The New Dangerous Class*, New York: Bloomsbury.

Starzmann, M., 2018, "Academic Alienation: Freeing Cognitive Labor from the Grip of Capitalism", *ROAR Magazine*, June 2. Accessed June 3, 2019, https://roarmag.org/essays/academic-alienation-cognitive-labor-capitalism/.

Stiegler, B., 2017, *Automatic Society: The Future of Work*, Vol. I, Cambridge, MA: Polity.

Student Loan Hero, 2018, "A Look at the Shocking Student Loan Debt Statistics for 2018", Accessed June 3, 2019, https://studentloanhero.com/student-loan-debt-statistics/.

Swidler, E., 2018, "Invisible Exploitation: How Capital Extracts Value beyond Wage Labor", Accessed June 3, 2019, https://monthlyreview.org/2018/03/01/invisible-exploitation/.

The Economist, 2016, "A Giant Problem", *The Economist*, September 17.

The Economist, 2017, "Digital Labor: The Human Cumulus", *The Economist*, August 26.

UNCTAD (United Nations Conference on Trade and Development), 2017, *Information Economy Report*, Geneva: UNCTAD.

Withnall, A., 2015, "Cartier Boss with $7.5bn Fortune Says Prospect of the Poor Rising Up 'Keeps Him Awake at Night'", Accessed June 3, 2019, https://www.independent.co.uk/news/business/cartier-boss-with-75bn-fortune-says-prospect-poor-rising-up-keeps-him-awake-at-night-10307485.html.

（此文原载于英文期刊 *International Critical Thought*
《国际思想评论》2019 年第 9 卷第 3 期）

美国的帝国意识与军国主义意识形态

——对美国西南部一所大学的大学生的调查

[美]艾萨克·克里斯蒂安森[*]　苏海尔·古布兹[**]
贝弗利·林恩·斯蒂尔斯[***]　著　黄　安[****]　译

摘　要：有关军国主义的诸多研究成果都是审视现象本身，而非审视军国主义意识形态的决定因素。我们设计并实施了一项针对大学生的调查，并基于学生对增加军费开支、对外干预、经济制裁、反共干预政策的"必要性"的认知，创建了一个"军国主义意识形态指数"。我们还创建了一个"帝国主义意识指数"，用于衡量受访者对军费开支水平、美国干预其他国家政治制度以及国际社会对美国干预的反应的认识。我们利用回归分析法研究了帝国主义意识和军国主义意识形态之间的关系。我们还调查了主流媒体所报道的美国干预背后的真正动机和受访者的军国主义意识

---

[*]　艾萨克·克里斯蒂安森（Isaac Christiansen），德克萨斯州威奇托福尔斯市中西州立大学社会学系助理教授。研究领域包括全球健康不平等、马克思主义政治经济学和社会变革与发展。重要出版物包括发表在《世界政治经济学评论》上的《医疗保健商业化及其后果》（Commodification of Health Care and Its Consequences），以及发表在《国际思想评论》上的《健康与发展挑战：123个发展中国家的嵌套类型学》（Health and Development Challenges: A Nested Typology of 123 Developing Countries）。

[**]　苏海尔·古布兹（Suheyl Gurbuz），在北德克萨斯大学获得社会学博士学位。在德克萨斯州威奇托福尔斯市中西州立大学讲授犯罪学、研究方法、应用社会学和技术。研究领域包括心理健康问题、越轨、自杀、药物滥用、移民和政治。

[***]　贝弗利·林恩·斯蒂尔斯（Beverly Lynn Stiles），在德克萨斯农工大学（大学城）获得社会学博士学位。在德克萨斯州威奇托福尔斯市中西州立大学讲授越轨行为、性别、残疾、医疗社会学、消费主义和社会心理学相关课程。主要研究领域包括大学作弊、性少数群体、越轨的社会心理学、医助自杀和残疾。

[****]　黄安，兰州理工大学马克思主义学院副教授。主要研究方向为人的现代化。发表论文《大众传媒与良性政治生态构建》[《西安交通大学学报》（社会科学版）2015年第6期]等。

形态之间的关系。我们发现,深刻的帝国主义意识与军国主义呈负相关。同样,我们发现对主流媒体报道美国对外政策的高度信任与军国主义意识形态呈正相关。

关键词:军国主义;意识形态;帝国主义

我们的研究调查了学生对军国主义的认知水平与他们对美帝国一些基本事实的认知之间的关系。具体而言,我们考察了学生对美国军费开支水平、美国对外干预的非法性、美国干预别国选举、美国在拉丁美洲和中东推翻民选政府的认知。我们对大学生进行调查并创建了一个军国主义指数,以反映受访者对该意识形态各方面的总体看法。这个综合变量结合了受访者的各种看法,涉及所期望的美国军费开支水平、他们是否认为军费开支比社会开支更重要、美国在其他国家的军事干预"权利"、这种干预是否有益、美国是否应该推翻由共产党或社会主义政党领导的政府,以及对伊朗和委内瑞拉的制裁是否正当。我们发现,在所有模型中,对帝国的更高认知度与军国主义意识形态呈明显负相关。

我们还测试了信任主流媒体对美国对外干预和对外政策的报道是否与军国主义意识形态相关。我们的研究还发现,对主流媒体报道的信任、高度个人主义和对政府的信任与深刻的军国主义意识形态相关。

一 帝国、军国主义和认知

20 世纪,人们对帝国主义现象的关注度不断变化。从 1910 年的希法亭和 1917 年的列宁开始,马克思主义理论家开始研究竞争性资本主义如何转变为垄断金融资本。各国银行业和工业垄断部门获取原材料、廉价劳动力和超级利润的需求导致了帝国主义和殖民地争夺。在此期间,帝国主义强国瓜分世界,试图重新分配殖民地控制权,从而形成了战争威胁。列宁[Lenin(1917)2018]在此之前的著作阐明了帝国经济表现与第一次世界大战(帝国主义强国争夺帝国份额的战争)的后果之间的关系。

最近,对帝国主义的批判性学术研究往往侧重于美国主导下的地缘政治将帝国扩张与资源需求相结合以寻求全球统治地位,以及美国军事和中央情报局干预的历史,同时说明直接受益于美国干预的相关公司的关系图。例如，联合果品公司在美国推翻危地马拉的雅各布·阿本斯（Jacobo Arbenz）之后，夺回了被其土地改革分走的土地。在伊朗，莫萨德格分割了美国和英国公司所拥有的大部分伊朗石油"权利"，在盎格鲁—伊朗石油公司的压力下，美国于1953年推翻了莫萨德格（Mossadegh），此举令美国石油公司受益（Blum 2004）。其他作者（Chomsky 2018，2006，2004；Parenti 2011，1995）侧重于研究由美国跨国公司主导的全球资本主义秩序与利用经济制裁、入侵威胁、中情局干预和公开入侵等组合手段保护公司利益和全球资本主义本身的美国对外政策之间的关系。其他近期学术成就集中在帝国统治下的政治经济现象，针对借助全球劳动力储备扩张和垄断资本主导地位寻求更高剥削率的跨国公司，调查其在全球工资差别领域的套利行为（Smith 2016；Foster and McChesney 2012）。

此外，Hossein-Zadeh（2006）区分了军事帝国主义和自由贸易帝国主义，并调查了强大的"防务"承包商在公共财政方面的寄生作用。防务承包商在争取说服国会委员会不断增加军事预算的同时，通常会鼓动发动战争和采取干预行为。军工联合体由铁三角组成，包括各种非军事政治实体，例如"总统办公室、国家安全委员会、参议院和众议院武装力量委员会，以及中情局和国家航空航天局等机构"、陆海空和海军陆战队的高级将领，以及数千家防务承包公司（Hossein-Zadeh 2006，12）。这产生了巨额防务开支，其中很多开支都巧立名目，归为其他类别。例如，2009年，除了虚高的6365亿美元国防预算，Robert Higgs（2010）估计在能源部、各州政府、财政部、退伍军人事务部和国家航空航天局预算中还有3910亿美元的隐性防务开支。而且，这些高得离谱的数字并不包含对外战争费用。

尽管美国军费已经是天文数字，但许多美国人仍然支持继续增加军费开支。根据最近的盖洛普调查，31%的美国人表示美国的军费"基本适当"，另有33%的美国人表示军费不足，其余人则认为军费开支过大（Newport 2018）。支持维持现有军费开支水平或希望增加军费开支的原因可能在于对军国主义和扩张主义的明确意识形态承诺、对军事预算的实际规模认识不足或在增加军费开支方面有某种直接重大利益。鉴于防务承包公司的地理分布和显著地位，许多人的生计都与向军方供应最新武器相关。此外，政客还将用于推动实现防务承包商利益和美国金融及跨国垄断资本利益的军事力量与"国家"安全混为一谈,从而提高军费开支。有人认为削减军费开支无异于藐视军队服兵役人员,这更助长了这一现象。"鉴于军事设施和生产基地在全国范围内的广泛存在,很少政客能做到不支持持续增加军费开支,从而避免其社区或选区遭受经济损失"(Hossein-Zadeh 2006,208)。

解释美国公众默许美帝国主义统治意识形态的另一个主要原因在于美国政府鼓吹战争和美国干预行为与塑造公众认知之间的关联(Solomon 2005;Herman and Chomsky 2002)。在《制造认同:大众传媒的政治经济学》(*Manufacturing Consent: The Political Economy of the Mass Media*)中,Herman 和 Chomsky 说明了公司集中所有权和媒体控制权如何与某种反共的状态相融合。公司利益取决于广告收入和 Feed 广告,来自美国政府的专家很少提供可能损害这些利益的信息。

Herman 和 Chomsky 提出的宣传模型有助于解释对于"有价值牺牲品"和"无价值牺牲品"的差别性重视。他们解释了为何媒体经常捏造或夸大敌人的罪行,而对其优点轻描淡写或是完全忽略。以古巴、越南和尼加拉瓜为例,这些敌人通常是指单一民族国家,其真实"罪行"可能只是试图打破美国公司主导的支配地位并寻求政治经济主权。同样,这个宣传模型解释了美帝国及其盟在历史上犯下的极端罪行为何会被系统性忽视,比如印度尼西亚的苏哈托案,越南、老挝、柬埔寨、朝鲜以及美国对伊拉克、阿富汗的大规模轰炸所导致的大量人员伤亡,以及美国在萨尔瓦多、危地马拉、洪都拉斯和古巴发动的肮脏战争。有价值牺牲品是指其牺牲符合上述利益的真实或假想受害者,比如来自古巴的漂流者。无价值牺牲品是指其牺牲暴露了美帝国主义犯罪本质的受害者,如死于苏哈托政权的大约 50 万到 200 万名受害者(Herman and Chomsky 2002)。

这种现象的最新例子比比皆是。Johnson(2018)强调指出,从 2017 年 7 月 3 日到 2018 年 7 月 3 日,"自由"网络 MSNBC 对美国支持沙特阿拉伯轰炸也门只字不提,但同期对斯托米·丹尼尔斯的报道多达 455 次。应当指出的是,MSNBC 的东家通用电气(GE)是军工复合体的主要参与者,后者在 2006—2016 年获得了价值超过 280 亿美元的防务合同(*Military-Industrial Complex* 2019;Solomon 2005)。

同样,Lamrani(2015)调查了西班牙"左翼中间派"日报《国家报》

对古巴现实的系统性歪曲报道，该报夸大所谓的古巴侵犯人权行为，而忽视古巴在卫生、教育、儿童保护、环境保护和国际人道主义领域的显著成就。这是可以从 Herman 和 Chomsky 的宣传模型中推断出来的预期后果，因为古巴属于"官方敌人"。

女权主义学者强调了暴力、男权观念、全球化、军国主义意识形态和军事化之间的关联（Acheson 2014；Katz, Earp, and Jhally 2013）。Enloe（2014, 8）认为，跨国公司青睐那些准备用军事力量粉碎工人抵抗的政权，而这种军事化是全球性的，全球武器销售和美国在世界各地的庞大军事基地网络就是证明。

但高等院校有能力和义务提供可靠和批判性的历史记述，以揭示全球经济的本质，促进对帝国现实的认识。尽管这种现象无疑在全国各地的大学中存在，但 Giroux（2007）发现，军事技术与工程系的研发、大学对军方融资的日益依赖乃至与中情局相关的社会科学系教职工和系主任的数量增多之间密切相关。这些现象对于推广批判性的反帝国主义教学法并不是一个好兆头。

因此，研究民众军国主义意识形态发展趋势的文献很少。传播准确和关键信息的重要性是 Herman 和 Chomsky（2002）的批判基础。公司新闻媒体会过滤有关帝国人力成本、公司非法行为和不平等现象加剧的批判性信息，原因在于这些信息会挑起反帝国主义乃至反资本主义情绪，从而损害跨国公司、军工复合体和媒体公司股东本身的利益。尽管如此，鉴于可能存在认知失调，强烈的意识形态承诺可能会相对削弱批判性信息的影响，这些信息会减少众多美国民众的亲军国主义情绪。

本次调查的研究内容对于当前社会至关重要。战争和美国干预的人力成本非常庞大。尽管公众认知和公共政策经常存在巨大分歧（Christiansen 2018；Chomsky 2013），并且是资本主义社会的普遍特征，即不平等现象严重，政治体制被实力强大的美国跨国公司把持并在很大程度上为其利益服务，但仍须审视亲军国主义和亲帝国主义观点在何种程度上被选择性的历史和现实观念所实际驱动，这种选择性观念会忽略通常违反国际法的美国对外干预。若要确保世界实现良性、可持续和和平发展，那么研究帝国对环境和人类的影响、它的政治经济和意识形态就至关重要。

帝国的实际行动意识和军国主义意识形态之间的关系至关重要，因为它可以考察具有批判意识的教育工作者用以削弱大学生军国主义意识形态的能力。同样重要的，这是对尽职尽责为资本和美帝国服务并且不断错误描述这一事实的军国主义主流媒体进行可信度评估。

我们分解了相关要素，以此衡量军国主义和帝国主义意识之间的关联及其态度，同时还考察了包括政治倾向、种族、性别、收入水平、服兵役历史（无论受访者是否来自美国）及其政治参与度在内的控制因子。

二　假设

假设1．我们预计，帝国主义意识指数和军国主义意识形态指数之间呈明显负相关。受访者越了解美帝国主义的要素，就越了解美国相对于其他国家的惊人开支水平，军国主义意识形态就越容易减退。

假设2：根据Herman和Chomsky（2002）提出的宣传模型，对主流媒体报道的美国干预动机更加信任（如"制造认同指数"所示）的人往往会表现出更强烈的军国主义意识形态。

三　方法

（一）数据和抽样

我们设计了一项包含84个问题的调查，用于了解大学生对军国主义的看法，以及他们对美国对外政策的了解。我们建立了一个旨在反映学生态度的"军国主义意识形态指数"，涉及军费开支与干预、政治参与度、对美国对外干预的认识、对国际法的看法、政治主权、对政府的信任、政治倾向、宗教虔诚度，以及收入和财富不平等。

我们根据帝国主义意识指数和学生对主流媒体报道美国对外政策的信任度（"制造认同指数"）对军国主义意识形态指数进行了回归分析。我们就此关联考察的控制因子包括受访者对政府机构的信任度、个人主义意识形态、宗教虔诚度、政治主权观念、对国际法重要性的认识，以及他们在何种程度上将干预视为人道主义行动。其他考察包括他们在何种程度上认为美国对外干预符合全体公民的共同利益、他们的政治参与度、他们的政治倾向和若干人口统计学变量。

我们认真审核了所有问题，以剔除任何诱导受访者的可能性，确保不提出双重问题。对于态度测量，我们使用了范围介于"强烈不同意"（编码为1）和"强烈同意"（编码为5）并纳入一个中性类别的李克特量表，是非知识题则包括一个"我不知道"类别。频率的测量范围介于"从不"（编码为1）和"经常"（编码为5）之间。此项研究创建了若干综合指标变量，创建方法都是按照从低到高的军国主义水平对答复进行编码，然后累加各个变量。

无论是研究人员还是教授都无法将任何一组答复与任何特定学生的身份相关联，因此这些答复是完全匿名的。参与者可以随时中断调查。学生在2019年4月28日至2019年5月5日集中答复。我们共收集到555份答复。

在美国西南部一所大学的一项自填问卷调查中，我们利用Survey Monkey来收集答复。我们在本科班发布公告招募研究参与者。为了鼓励学生参与调查，教授为学生提供了少量额外学分。提供学分的课程多是核心课程，以确保受访者来自各个专业。在同意书的底部为学生提供了一个参加调查的链接。

我们的受访者主要是女生（68%），还有152名男生（样本的31%）和几名被认定的变性者（1%）。我们样本的最大群体（39.6%）是白人或高加索人，其次是黑人或非裔美国人（29.2%）、西班牙裔或拉丁裔（18.6%）、多种族人（5.3%）、亚裔或亚裔美国人（4.1%），最后是美洲印第安人或阿拉斯加土著人（1.2%）。仅1.8%自认为属于"其他"类别。大多数学生（73.5%）来自美国。仅有12名学生（2.4%）报告曾服兵役。

就家庭年收入估计水平而言，最大百分比（25.9%）受访者的收入水平令人沮丧，低于15000美元。15.3%的受访者收入水平介于15000美元和29999美元之间，17.8%的受访者收入水平介于30000美元和49999美元之间，15.5%的受访者收入水平介于50000美元和74999美元之间，10.2%的受访者收入水平介于75000美元和99999美元之间，9.4%的受访者收入水平介于100000美元和150000美元之间，5.9%的受访者收入水平超过150000美元。绝大多数受访者（94.9%）为历史学、社会学、全球研究或政治学以外专业。少数学生（29.7%）将自己归类为保守派、共和派或新保守派。

(二) 因变量

表1提供了该调查的描述性统计数据。本研究中所有指标（军国主义意识形态、帝国主义意识、宗教虔诚度、对政府信任度和个人主义意识形态指标）的分项描述性统计均可按要求提供。军国主义意识形态指数包括12个变量，反映了受访者对军国主义不同方面的认知（a = 0.88）。个体答复范围介于"强烈不同意"（编码为1）和"强烈同意"（编码为5）之间。这些答复的总和就是受访者的"军国主义意识形态指数"评分。分数越高，军国主义思想越严重；分数越低，军国主义思想越淡薄。军国主义的定义一般包括两个组成部分。首先是"有必要拥有强大武装力量的信念"，这往往会转化为社会应该优先考虑军费开支的信念，其次是"应该利用军费开支来取得政治或经济优势"（Cambridge Academic Content Dictionary 2019）。

表1　　描述性统计（N = 490）

调查问题/陈述	变量名	最小值	最大值	平均值	标准偏差
军国主义意识形态指数	军国主义意识形态指数	12	60	34.23	7.82
帝国主义意识指数	帝国主义意识指数	0	7	2.13	1.92
政府信任度指数	政府信任度指数	3	15	9.04	2.98
个人意识形态指数	个人意识形态指数	4	20	11.76	3.93
宗教虔诚度指数	宗教虔诚度指数	5	25	16.31	5.50
制造认同指数	制造认同指数	4	20	10.87	3.23
每个国家都有权选择自己的经济和政治制度。	尊重主权	1	5	3.91	0.83
美国应该始终遵循国际法。	尊重国际法	2	5	3.80	0.90
从军费开支中获利的公司危及世界和平。	军工复合体危险	1	5	3.47	0.93

续表

调查问题/陈述	变量名	最小值	最大值	平均值	标准偏差
美国已在中东转向军事和/或秘密干预，以保护和/或推动美国公民的共同利益。	共同利益干预	1	5	3.14	0.90
我看（或读）新闻。	新闻频率	1	5	3.13	0.91
下列哪一项描述了你的政治参与度？	政治参与	1	4	2.49	0.87

我们将各种变量纳入了基于概念和经验标准的"军国主义意识形态指数"。我们首先讨论了变量间的概念相似性，然后利用克隆巴赫信度系数检验测量可靠性，并在该项目被移出指数的情况下考察评分，从而制定出本研究所使用的指标。至于"军国主义意识形态指数"，我们在高军费开支水平中纳入了信念尺度，以广泛支持美国的一般及反共干预。根据经验，我们检查了在某项目被包含或删除情形下的克隆巴赫信度系数。

我们在综合测量中了解了对军费开支、干预主义、反共产主义和反社会主义干预的态度，以及对美国制裁伊朗和委内瑞拉的认知。我们还纳入了这样一种信念，即美国发动战争的动机是出于真正的人文关怀。在美国入侵并干预伊拉克、巴拿马、叙利亚和利比亚等国之前，这一观念已经被美国大众所接受。这种牢固关系表明，它已经成为战争策划者眼中的可获利策略。反共干预主义（Blum 2004）和麦卡锡主义（Giroux 2007）的漫长历史表明，将反共干预主义尺度纳入测量将会增强内容效度。具体而言，"军国主义意识形态指数"是针对下列问题的李克特量表答复的总和：

（1）美国政府的军费开支不充足；
（2）我认为增加军费开支是合理的；
（3）如果俄罗斯增加军事预算，美国也应增加军事预算；
（4）美国应拥有世界上最庞大的军事预算；
（5）防务开支应高于其他政府项目的开支；
（6）一旦美国利益受到威胁，美国有权对其他国家实施军事干预；
（7）美国军事干预在很大程度上有利于被其干预的国家；
（8）美国军事干预仅仅出于真正的人道主义目的；

(9) 美国应该推翻由社会主义政党领导的政府;
(10) 美国应该推翻由共产党领导的政府;
(11) 美国对伊朗的制裁是合理的;
(12) 美国对委内瑞拉的制裁是合理的。

平均值36是指11个中性答复的总和,数值高于36表示有军国主义倾向,低于36表示有反军国主义倾向。有缺失值案例将从综合测量中自动剔除。总体样本平均值为34.23,表示略有反军国主义意识形态倾向。

(三) 自变量

为了检查对美帝国主义和实际军费开支水平影响军国主义意识形态的认识程度,我们创建了"帝国主义意识指数"。该指数包括有关美国开支水平和国际事务的基本问题,用于测量受访者意识。量表对7个问题、6个是非题和1个选择题的正确回答数量进行累加。问题的设置数量大致为偶数,使得正确答案非"对"即"错",以避免受访者发现某种模式或默认偏见。是非题包括一个"我不知道"类别,以避免夸大正确答案。不正确答复和"我不知道"答复被编码为"0",正确答复则被编码为"1"。评分范围为0到7,主要集中在0、1和2。总体而言,"帝国主义意识指数"的平均分为2.13,标准偏差为1.92。该指数的克隆巴赫信度系数为0.73。向受访者提出的问题包括:

(1) 大多数联合国成员国都支持美国对古巴的制裁(错);
(2) 美国2003年入侵伊拉克违反了国际法(对);
(3) 美国的军费开支超过了中国、沙特阿拉伯、俄罗斯、印度、法国、英国和日本军费的总和(对);
(4) 关于可自由支配开支(国会和总统每年都会对此进行磋商),行政部门设有15个内阁级别机构。哪个百分比最接近国防部的可自由支付预算百分比?(选项包括10%、20%、30%、40%、50%和"不知道",正确答案是50%);
(5) 美国没有干预过其他国家的选举(错);
(6) 美国推翻过拉丁美洲的民选政府(对);
(7) 美国没有推翻过中东的民选政府(错)。

例如,自1992年古巴提出动议以来,联合国每年都以压倒性多数定期谴责美国对古巴的制裁，最近一次是在 2008 年（Lamrani 2013；United Nations 2018）。鉴于这次年度投票反映了国际社会的意愿和对美国对外政策的强烈反对，大学生就此事实的低认知水平（占受访者的 17.7%）令人震惊。

我们以 Edward Hermann 和 Noam Chomsky（2002）的驰名著作命名了"制造认同指数"。包括该指数和其他指数的所有问题的分值范围介于 1 和 5 之间，其中 1 分对应"强烈不同意"，5 分对应"强烈同意"。平均而言，数据显示学生在某种程度上对媒体报道的美国对外干预和对外政策的动机持怀疑态度。"制造认同指数"（a = 0.82）是针对下列问题的答复总和：

（1）CNN 通常会披露美国对外干预的动机；
（2）MSNBC 通常会披露美国对外干预的动机；
（3）FOX 通常会披露美国对外干预的动机；
（4）主流媒体通常能很好地解释美国对外政策的动机。

（四）控制变量

我们期待学生对美国政府机构服务于公民共同利益的信任度与军国主义意识形态呈明显正相关。对政府高度信任的受访者不大可能质疑美国对外政策的动机或防务承包商利益对军费开支的影响。为了衡量（和控制考察）这种关系，我们创建了一个量表，以便在对政府高信任度到法律犬儒主义的范围内提供一个连续统（a = 0.89）。该指数包括下列要素：

（1）我相信美国政府的行政部门是为其公民的共同利益服务的；
（2）我相信美国政府的立法部门是为其公民的共同利益服务的；
（3）我相信美国政府的司法部门是为其公民的共同利益服务的。

我们控制考察了学生宗教虔诚度与军国主义意识形态的潜在关联。尽管我们期待高宗教虔诚度与高度军国主义相关，但这种关系在理论上会呈现出任何发展方向。鉴于福音派教会的政治保守倾向，以及要在社会、宗教和政治保守主义之间建立联盟的共和党策略，我们不相信存在某种正向关联。因此，如果保守派/福音派联盟占据主导地位，其将反映为两种现象之间的正向关联。反向关联可能意味着基督教的社会福音派占据了主导地位。如果双方力量互相抵消，就会导致一种零关联。我们对这两种现象的间接相关持怀疑态度，那样的话，如果我们控制考察更为直接的军国主义驱动因素,这种关联的意义将不复存在。

为了对宗教虔诚度与军国主义的关系进行检验和控制考察,我们采用了 Koening 和 Bussing(2010)创建的"杜克大学宗教虔诚指数"。在我们的样本中,"宗教虔诚指数"的克隆巴赫系数为 0.91。使用该指数,15 分表示宗教虔诚度适中。学生往往表现出 20 分的高虔诚度(表明他们可能为该指数的每个个体元素选择"同意"和"经常"),不过最低分值为 5 分的世俗/无神论个体(6.5%)显著增加。我们在调查中采用的"杜克大学宗教虔诚指数"提出了以下问题:

(1) 我的宗教信仰是我整个生活方式背后的真正原因;
(2) 你多久参加一次教堂或其他宗教聚会?
(3) 你多久进行一次私人宗教活动,如祈祷、冥想或学习圣经?
(4) 我把我的宗教信仰努力引入我的生活中;
(5) 我在自己的人生中感觉到神明(即上帝)的存在。

个人主义无视社会结构所施加的限制,可以概括为个人对其人生结果负责的信念。在美国,个人主义仍然是一个非常重要的文化特征,也是对一个社会化世界进行非社会学了解的基本要素(Hudson 2017)。保守的意识形态会助长极端个人主义思想,倾向于对我们这个社会的收入和财富高度不平等现象给出合理化解释。个人主义对资本主义所导致的收入和财富不公平分配给出了系统性的合理化解释,可以被视为一种完全亲资本主义的意识形态。Hossein-Zadeh(2006)证明军工联合体加剧了收入和财富不平等。因此,将这些分配视为公平自然的人往往会支持高水平的军费开支,并有可能积极看待干预行为。

我们询问受访者是否认为美国的收入和财富分配是个体层级属性的结果并累加了评分,以此衡量个人主义。"个人主义意识形态指数"的克隆巴赫系数为 0.91。对直方图(未显示)进行审查可知,在个体层级素质对收入和财富分配的决定作用方面,我们的学生样本普遍倾向于"不确定"。具体而言,我们对下列问题的答复进行了衡量:

(1) 美国目前的收入分配在很大程度上反映了能力方面的自然差异;
(2) 美国目前的收入分配在很大程度上反映了职业道德方面的差异;
(3) 美国目前的财富分配在很大程度上反映了能力方面的自然差异;
(4) 美国目前的财富分配在很大程度上反映了职业道德方面的差异。

除了若干重要的人口统计学变量（种族、收入水平、性别），还有一系列反映其他要素的补充变量，旨在说明参与者如何看待对其实施检测并进行控制考察的美国对外政策和军国主义。为了衡量对政治经济主权的尊重、对国际法的尊重、对防务承包商从战争中获利从而对世界和平构成威胁的认知，以及对美国干预符合共同利益的认知，我们还询问了下列内容：

（1）每个国家是否都有权选择自己的经济和政治制度；
（2）美国是否应该始终遵循国际法；
（3）从军费开支中获利的公司是否危及世界和平；
（4）美国已在中东转向军事和（或）秘密干预，以保护和（或）推动美国公民的共同利益。

除了这些关键变量，我们考察的控制因子还包括学生的政治参与度和政治倾向。所有这些变量都被列入五分制量表，但政治参与度除外，其评分范围为1（对政治不感兴趣）—4（感兴趣并自认为是积极分子）。表1提供了相关描述性统计数据。本节的数据似乎令人鼓舞，因为学生倾向于认可国际法的重要性，认为各国享有主权，并倾向于认为防务承包商对世界和平构成威胁。

（五）数据分析与程序

我们运用OLS回归分析法解释学生中的军国主义意识形态。我们的因变量军国主义意识形态是一个区间尺度变量并呈常态分布，因此，OLS回归似乎是最适当的分析方法（Allison 1999）。我们没有发现过度离散问题。此外，未发现多重共线性给数据分析造成任何问题。我们开发了两个模型，用于考察预测变量对"军国主义意识形态指数"的影响。在模型1中，我们完成了因变量"军国主义意识形态指数"对自变量"帝国主义意识指数"和"制造认同指数"以及人口统计学控制因子的回归。在模型2中，我们还纳入了可能影响个体"军国主义意识形态"的其他控制因子。

四　结果

表2显示了我们所研究变量的二元变量关联，但将人口统计学控制因

子排除在外。通过考察这些关联，我们发现受访者观看新闻的频率和军国主义政治参与度之间并无关联。所有其他变量在预期方向上与军国主义意识形态有统计学意义上的明显关联。我们对这些关联进一步执行下文所述的检测步骤，并对两者和我们的人口统计学变量进行控制观察。

表 2 反映了预测因子之间若干值得关注的有趣关联。首先，"制造认同指数"和帝国主义意识之间存在某种适度的反向关联，表明那些相信主流媒体会披露美国对外干预背后动机的人对有关美国军费开支和帝国主义的一些最基本事实知之甚少。其次，"制造认同指数"和"政府信任度指数"之间存在更加密切的正向关联。总之，这为 Herman 和 Chomsky 的宣传模式的持续关联影响提供了证据。人们只需反思对美国（或美国/北约）军事干预伊拉克、利比亚、叙利亚的持续描述模式，该模式出于人道主义关切，但媒体选择忽视美国入侵和轰炸所造成的平民伤亡（Solomon 2007）。

值得注意的是，"帝国主义意识形态指数"与尊重他国的政治和经济主权、认为美国应该尊重国际法、认为防务承包商威胁世界和平呈正相关。帝国主义意识指数与个人主义、宗教虔诚度、对美国政府服务于人民共同利益的信任度、"制造认同指数"呈负相关。尤其是，对美国军费开支水平的认识、世界对美国封锁古巴的反对、美国推翻拉丁美洲和中东民主政体的记录以及伊拉克战争的非法性往往会削弱对美国政府的信任度。

宗教虔诚度与对媒体和政府机构的信任度呈正相关。宗教虔诚度与右翼政治倾向呈正相关。更令人不安的是，宗教虔诚度与尊重国际法、单一民族国家的政治经济主权、军火商和制造商对世界和平构成的威胁呈负相关。宗教虔诚度与军国主义意识形态以及认为这些战争符合美国人民集体利益呈正相关。因此，强调社会团结的开明宗教解释似乎正让位于更具个人主义和好战色彩的宗教解释。

（一）回归

表 3 为"军国主义意识形态指数"提供了两个可加性 OLS 回归模型。第一个模型旨在审查我们的两个中心假设，考察的控制因子仅包括人口统计学变量，第二个模型则用于检测假设，同时审查并控制考察政治参与度、宗教虔诚度、个人主义和政府信任度，以及未列入"帝国主义意识指

434　中外学者论新帝国主义

表 2　皮尔逊相关系数（N = 490）

变量	1	2	3	4	5	6	7	8	9	10	11	12	13
1. 个人主义意识形态指数	1												
2. 制造认同指数	0.32**	1											
3. 帝国主义意识指数	−0.21**	−0.24**	1										
4. 政府信任度指数	0.37**	0.39**	−0.21**	1									
5. 宗教虔诚度指数	0.20**	0.17**	−0.19**	0.17**	1								
6. 尊重主权	−0.07	−0.09	0.25**	−0.04	−0.13**	1							
7. 尊重国际法	−0.10*	−0.02	0.29**	0.01	−0.15**	0.29**	1						
8. 军工联合体危险	−0.22**	−0.15**	0.33**	−0.19**	−0.18**	0.20**	0.36**	1					
9. 军事干预符合共同利益	0.27**	0.17**	−0.02	0.21**	0.19**	0.00	−0.04	−0.11*	1				
10. 新闻报道频率	0.07	−0.02	0.24**	0.05	0.04	0.10**	0.16**	0.07	−0.00	1			
11. 政治参与	−0.05	−0.17**	0.33**	−0.05	−0.11*	0.07	0.06	0.07	−0.01	0.39**	1		
12. 右翼（不包括自由主义者）	0.15**	0.05	−0.09	0.19**	0.18**	−0.15**	−0.16**	−0.13**	0.17**	−0.01	0.04	1	
13. 军国主义意识形态指数	0.49**	0.37**	−0.39**	0.49**	0.26**	−0.21**	−0.24**	−0.38**	0.35**	−0.07	−0.10*	0.35**	1

数"的其他帝国认知的影响。通过审查每个模型可知，即使将其他变量都考虑在内，"帝国主义意识指数"也与军国主义意识形态呈反比。因此，我们对有关 H_1 的零假设不予考虑。

这两个模型对"制造认同指数"和"军国主义意识形态指数"（H_2）均有支持。人们对媒体和军国主义意识形态的信任之间可能存在直接和间接路径。例如，"帝国主义意识指数"和"制造认同指数"之间的 -0.24 相关度暗示了一个间接路径，媒体可以通过忽略有关美国军国主义本质的难以忽视的真相来宣扬军国主义。企业媒体还会直接宣扬军国主义，比如，如果五角大楼希望美国公众热衷于战争时，美国媒体会不厌其烦地宣扬战争和军国主义（Solomon 2007）。

表3　　　　军事意识形态指数 OLS 回归模型（N = 490）

	模型 1	模型 2
截距	25.39 *** (1.36)	20.10 *** (2.42)
帝国主义意识形态指数	-1.27 *** (0.16) [-0.31]	-.73 *** (0.15) [-0.18]
制造认同指数	0.75 *** (0.09) [0.31]	0.30 ** (0.09) [0.12]
尊重主权		-0.48 (0.31) [-0.05]
尊重国际法		-0.32 (0.30) [-0.04]
军工联合体危险		-1.10 *** (0.29) [-0.13]
干预符合共同利益		1.39 *** (0.28) [0.16]
个人主义意识形态指数		0.45 *** (0.07) [0.23]
政府信任度指数		0.63 *** (0.09) [0.24]
宗教虔诚度		0.09^ (0.05) [0.06]
新闻报道频率		-0.21 (0.30) [-0.02]
政治参与		0.12 (0.32) [0.01]
性别 = 男	1.84 ** (0.63) [0.11]	1.57 * (.54) [0.09]
来自美国	0.55 (0.72) [0.03]	1.59 * (0.62) [0.09]
右翼（不包括自由主义者）	4.69 *** (0.69) [0.27]	2.41 *** (0.61) [0.14]
种族 = 白人	-0.24 (0.68) [-0.02]	-0.32 (0.58) [-0.02]
服兵役	7.19 *** (1.91) [0.14]	7.06 *** (1.60) [0.14]

续表

	模型 1	模型 2
收入水平	0.29^ (0.16) [0.07]	0.13 (0.13) [0.03]
R^2	0.363	0.569
DF	8	18

注：圆括号中为包含标准误差的非标准化系数。方括号内为标准化系数。^P < 0.10；* P < 0.05；** P < 0.01；*** P0 < .001。

不出所料，个人主义意识形态和军国主义之间呈正相关。尽管将政治取向列为控制因子，但这两个模型都为假设提供了有力支持。因此，我们不认为个人主义是自由意志论的精髓且在本质上是反军国主义的。所反映出来的结果似乎是，那些认为当前的收入和财富分配是自然能力和职业道德的反映的人同时认为美国的军事装备和入侵等类似行径是在防备经济秩序所面临的威胁。

政府信任度与军国主义相关，这个结果毫不意外。因此，那些不信任政府机构的人往往表现出较低程度的军国主义意识。尽管宗教虔诚度在模型中仅与人口统计学控制因子（未显示）保持正相关，不过，如果我们引入对尊重政治经济主权、国际法、军工联合体所导致风险的程度的认知因子，这基本上会变成一种间接效应。它的影响力和效应量较小，表明它可以导致军国主义意识形态的小幅增长。

政治经济主权与军国主义意识形态之间的负相关是完全间接的。这有些令人意外，因为军国主义意识形态意味着某个帝国主义国家有意支配其他国家的政治经济模式，特别是因为我们对军国主义的操作化定义包含反共标准。在第二个模型中，尊重国际法与军国主义之间的反向关联是完全间接的。值得注意的是，大多数学生都表现出对国际法和政治主权的尊重（见表1）。

有关防务承包商威胁世界和平的认知与军国主义意识形态呈明显负相关。对军事防务承包商在战争中随着军费开支的增加而获得直接经济利益进而威胁世界和平的认识有可能导致个人排斥军国主义的思想原则。同样，认为美国干预符合美国人民共同利益的信念强化了这种观点。我们发现，学生观看新闻或其政治参与度与军国主义意识形态之间的任何关联均无支持理由。

关于人口统计学变量和军国主义之间的关系，白人身份和军国主义之间并无任何关联。我们发现男性身份与军国主义意识形态水平之间呈正相关。这可能反映出暴力行为和男权概念在美国社会存在关联，正如女权主义学者此前确认并指出的那样（Acheson 2014；Katz, Earp, and Jhaly 2013）。与开明派和未曾服兵役的学生相比，自称为保守派的学生和曾服兵役的学生表现出更高的军国主义水平。我们发现，第一种模型中收入梯度和军国主义之间的正相关显著性水平较低，在第二种模型中则完全消失。最后，与美国学生相比，国际学生报告的军国主义水平往往较低。

五 讨论

我们的研究旨在调查对美帝国主义的认知度和对企业主流媒体报道对外政策的信任度能在何种程度上预测军国主义意识形态。具体而言，我们发现受访者对帝国的认知度（例如美国的军费开支水平、美国干预外国选举、2003年入侵伊拉克的国际非法性、美国推翻拉丁美洲和中东的民选政府，以及联合国成员国压倒性反对美国对古巴实施经济制裁）越高，其军国主义意识形态水平就越低。我们还发现，对企业和主流媒体报道对外政府的高信任度与较高的军国主义水平相对应。

尽管许多学者（Parenti 2011, 1995；Chomsky 2018, 2004；Blum 2004）都强调了美国军事干预的危害性，并揭示了这些冒险行为与各种企业利益之间的关系，但是我们发现，任何研究都未曾调查对此信息的认知水平与个人军国主义信念之间的关系。尽管如此，对帝国的范围和现实的深刻认识会逐步削弱军国主义意识形态这一假设必然为这些学者和其他学者的工作提供了支持。此外，大众媒体和美国政府也在研究这一假设，这突显了对不利于军国主义和帝国的事实进行低调报道的事实。

尽管意识形态倾向非常明显的个人会抵制与其政治信仰和信念相冲突的信息，我们仍然发现，对于那些更加了解美帝国主义的人，他们的军国主义色彩不会那么浓厚，即便将其政治倾向、个人主义和对政府信任度列为控制因子也是如此。因此，如果社会学家、政治学家和历史学家采用一种批判教学法，他们就能利用一些有关美国军费开支水平和对外干预的基本事实来启发学生，从而削弱他们对军国主义的思想依附。这个观察结果强调了 Giroux（2007）对大学和军工联合体之间存在广泛联系的担忧。由于"帝国主义意识指数"只能反映出对历史和政治的大概认知，我们的研究提供了一些直接证据，证明军国主义意识形态在一定程度上是无知的产物。

因此，尽管 Herman（2018）强调"制造认同"的宣传模型从未打算指出媒体在塑造公众舆论方面的"有效性"，我们的研究结果仍然对此有所衡量。Herman 和 Chomsky（2002）认为媒体系统性忽视"无价值牺牲品"（比如由于美国入侵而丧生的伊拉克人和越南人，或被美国推翻的民选政府的人民），并低调报道有可能令美国领导人尴尬的新闻（比如国际社会一再谴责美国对古巴政策）。此外，美国企业媒体倾向于将美国战争宣扬为正义之战和出于人道主义考虑。

由此可知，对这些媒体报道的高信任度与较高的军国主义意识形态水平相关。对美国干预和（或）制裁机制的竞争性解释侧重于不同资本部门的物质利益问题（例如，意在实现哈利伯顿、洛克希德·马丁等军事承包公司的财富增长），或试图摧毁古巴、委内瑞拉等国"成功反抗"全球资本主义的实例，这些解释都被企业媒体边缘化。最后，鉴于 Herman 和 Chomsky 的宣传模型包含反共产主义，对媒体报道和对外政策的高信任度与我们的军国主义意识形态指数（包括若干反共标准）之间的正向关联值得注意。我们的结果反映出"制造认同"指数所概括的 Herman 和 Chomsky（2002）宣传模型的连续相关性。

本研究的其他重要关联进一步强调了关于美帝国主义影响军国主义意识形态水平这一本质的认知重要性。个人主义信念与军国主义意识形态相关。认为收入和财富差距及分配是个人努力结果的信念与军国主义意识形态之间的这种关联或许反映出一种更加广泛的亲资本主义意识形态，以及美国军队在保护全球资本主义方面的作用。

一旦个人认为美国的行动符合其全体公民的共同利益（无论是在总体利益上，还是对其他国家采取军事干预时），他们往往会形成较高水平的军国主义意识形态。一旦个人意识到帝国的成本和利益分配不均，军国主义意识形态就会遭到破坏。当个人意识到在帝国主义战争中被派去杀戮和送死的是穷人和工人阶级，而物质利益将被金融资本和防务承包商获得时，他们不大可能支持继续增加虚高的军事预算，也不大可能支持侵略行为。

认为防务承包商对世界和平构成威胁的（敏锐）认知与军国主义之间的反向关联同样重要。因此，了解美国军国主义政治经济学的学生更会认识到一个准备从战争和冲突中获利的行业可能是一种威胁，他们自然会反对增加军费开支和采取干预。总之，这些现象暗示了和平活动人士和教育工作者可以用来帮助削弱军国主义意识形态的相关策略。尽管如此，如何让个人达到一个足够的门槛以减少这种病态意识在广大民众中的流行仍是一个挑战。

六　局限和对未来研究的建议

本研究在几个方面都存在局限，这些局限为未来研究提供了一些途径。首先，"帝国主义意识"的概念非常有局限性。它没有对帝国主义经济层面的认知进行衡量，甚至根本没能全面衡量美国干预或战争的人力成本和社会代价。此外，"制造认同指数"本来可以大幅提高。在探讨义务警员或流行文化中的暴力电视节目与军国主义的潜在关联方面，没有进行相关衡量。最后，未来研究应纳入仇外和偏见衡量，这两种令人不安的现象正愈演愈烈。针对帝国主义现象的其他方面的衡量，可以进一步阐明应对美国军国主义意识形态的策略。

参考文献

Acheson, R., 2014, "Money, Masculinities, and Militarism", in *Gender and Militarism: Analyzing the Links to Strategize for Peace*, edited by W. P. Program, The Hague: Women Peacemaker Program, pp. 14 – 17.

Allison, P. D., 1999, *Multiple Regression: A Primer*. Newbury Park, CA: Pine Forge Press.

Blum, W., 2004, *Killing Hope: US Military and C. I. A. Interventions Since World War II*, Monroe: Common Courage Press.

Cambridge Academic Content Dictionary, 2019, *Militarism*, Cambridge: Cambridge University Press. Online edition. Accessed June 1, 2019, https://dictionary.cambridge.org/us/dictionary/english/militarism.

Chomsky, N., 2004, *Hegemony or Survival: America's Quest for Global Dominance*,

New York: Henery Holt and Company.

Chomsky, N., 2006, *Failed States: The Abuse of Power and the Assault on Democracy*, New York: Metropolitan Books.

Chomsky, N., 2013, "The U. S. Behaves Nothing Like a Democracy", *Salon*, August 17. Accessed March 1, 2020, https://www.salon.com/2013/08/17/chomsky_the_u_s_behaves_nothing_like_a_democracy/.

Chomsky, N., 2018, *Who Rules the World?*, New York, NY: Picador.

Christiansen, I., 2018, "A Left Critique of Russiagate", *Counterpunch*, March 21. Accessed July 1, 2019, https://www.counterpunch.org/2018/03/21/a-left-critique-of-russiagate/.

Enloe, C., 2014, "Understanding Militarism, Militarization and the Linkages with Globalization: Using a Feminist Curiosity", in *Gender and Militarism: Analysing the Links to Strategize for Peace*, edited by W. P. Program, The Hague: Women Peacemakers Program, pp. 7–9.

Ericsson, S., S. Jhally, and J. Katz, directors, 2016, *Tough Guise 2: Violence, Manhood and American Culture* (Motion Picture), Northampton, MA: Media Education Foundation.

Foster, J. B., and R. W. McChesney, 2012, *The Endless Crisis: How Monopoly Capital Produces Stagnation and Upheaval from the USA to China*, New York: Monthly Review Press.

Giroux, H. A., 2007, *The University in Chains: Confronting the Military-Academic-Industrial Complex*. London: Paradigm Publishers.

Herman, E. S., and N. Chomsky, 2002, *Manufacturing Consent: The Political Economy of the Mass Media*, New York: Pantheon Books.

Higgs, R., 2010, "Defense Spending Is Much Greater Than You Think", *Independent Institute*, Accessed July 1, 2019, https://blog.independent.org/2010/04/17/defense-spending-is-much-greater-than-you-think/.

Hossein-Zadeh, I., 2006, *The Political Economy of US Militarism*, New York: Palgrave Macmillan.

Hudson, W. E., 2017, *American Democracy in Peril: Eight Challenges to America's Future*, 8th ed, Los Angeles: Sage, CQ Press.

Johnson, A., 2018, "Action Alert: It's Been over a Year Since MSNBC Has Mentioned US War in Yemen", *Fariness & Accuracy in Reporting*, July 23. Accessed July 1, 2019, https://fair.org/home/action-alert-its-been-over-a-year-since-msnbc-has-mentioned-us-war-in-yemen/.

Koening, H. G., and A. Büssing, 2010, "The Duke University Religion Index (DUREL): A Five-Item Measure for Use in Epidemiological Studies", *Religions*, 1 (1), pp. 78–85.

Lamrani, S., 2015, *Cuba, the Media, and the Challenge of Impartiality*. New York: Monthly Review Press

Lamrani, S., 2013, *The Economic War against Cuba: A Historical and Legal Perspective on the US Blockade*, New York: Monthly Review Press.

Lenin, V. I., (1917) 2018, *Imperialism: The Highest Stage of Capitalism*, London: Aziloth Books.

Military-Industrial Complex, 2019, "General Electric Military Defense Contracts: The Running Total of United States Military Contracts Awarded to the Concern of General Electric (since 2007)", *Military-Industrial Complex*, Accessed July 1, 2019, https://www.militaryindustrialcomplex.com/totals.asp?thisContractor=General%20Electric.

Newport, F., 2018, "Americans Not Convinced US Needs to Spend More on Defense", *Gallup*, February 21. Accessed August 1, 2019, https://news.gallup.com/poll/228137/americans-not-convinced-needs-spend-defense.aspx.

Parenti, M., 1995, *Against Empire*. San Fransisco: City Light Books.

Parenti, M., 2011, *The Face of Imperialism*. Boulder: Paradigm Publishers.

Smith, J., 2016, *Imperialism in the Twenty-First Century: Globalization, Super-Exploitation and Capitalism's Final Crisis*, New York: Monthly Review Press.

Solomon, N., 2005, "The Military-Industrial-Media Complex: Why War Is Covered from the Warrior's Perspective", *Fairness & Accuracy in Reporting*, August 1. Accessed July 1, 2019, https://fair.org/extra/the-military-industrial-media-complex/.

Solomon, N. (Director), 2007, *War Made Easy: How Presidents and Pundits Keep Spinning Us to Death* (Motion Picture). Northampton, MA: Media Education Foundation.

United Nations, 2018, "General Assembly Adopts Annual Resolution Calling for an End to Embargo on Cuba, Soundly Rejects Amendments by United States", *United Nations: Meetings Coverage and Press Releases*, November 1. Accessed July 1, 2019, https://www.un.org/press/en/2018/ga12086.doc.htm.

（此文原载于英文期刊 *International Critical Thought*
《国际思想评论》2020 年第 10 卷第 1 期）

美国帝国主义与特朗普的破坏性行动

[新西兰] 蒂姆·比尔[*] 著 文 雅[**] 译

摘 要：唐纳德·特朗普（Donald Trump）既是美国帝国主义的破坏者，也是外交政策精英文化霸权的摧毁者。他的无能导致了"通俄门"和"通乌门"的事件纷争，建制派担心他会进一步削弱美国实力，试图将他拉下总统之位。虽然特朗普本人基本上仍在继续推进美国政策，但其作为因为缺乏连贯性而显得杂乱无序。特朗普实施的军事、经济和金融战略相对而言更为传统，然而在软实力等方面（也是美国的最大优势方面）的部署出现了严重失灵：尤其是特朗普错误地处理了帝国联盟体系，随之而来的是错失了对世界大部分地区的政府领袖和军事精英的掌控，也错失了对全球媒体及国际机构的主导地位。

关键词：唐纳德·特朗普；美国帝国主义；破坏

一 特朗普和文化霸权的破裂

事实证明，唐纳德·特朗普的参选、当选和执政过程为研究美国政治特别是美国帝国主义的学者提供了丰富的资料宝库。

---

[*] 蒂姆·比尔（Tim Beal），曾任职于新西兰惠灵顿维多利亚大学市场营销与国际商务学院。主要研究亚洲问题，尤其是亚洲与西方的关系。在东亚政策方面，特别关注美国帝国主义和朝鲜半岛方面的问题。他最近的作品包括《韩国与帝国主义》（收录于《帕尔格雷夫帝国主义和反帝国主义百科全书》，帕尔格雷夫·麦克米伦出版社 2019 年版）和《垂钓者与章鱼》（《每月评论》2019 年 11 月）。

[**] 文雅，中央财经大学马克思主义学院副教授。主要研究方向为政治哲学和观念史。著有《平等的所以然》（中国社会科学出版社 2017 年版），译作《美国政治中的系统与不稳定性》（第二译者，北京大学出版社 2011 年版）等。

美国的政治制度,以及其他类似制度之所以行之有效,是因为选民可定期在两位候选人之间作出选择,尽管候选人的立场在许多人看来相差甚大,但这些替代性政策在本质上却是相同的。此外,整个国家的主要构成要素(其中包括经济制度、政府机构、媒体、教育、军队以及所有其他软硬实力)都不是选举所能掌控的。当然,一个即将上任的政府能够作出具有重大意义的改变和决策。为了对抗苏联,尼克松可以打出"中国牌",从而扭转美国 25 年来的对华政策;乔治·W. 布什能够入侵阿富汗和伊拉克。这些行动影响巨大,其后果令决策者始料未及,甚至今天也未被完全理解,然而并未对这一制度形成真正挑战。尼克松和布什只是历史浪潮中的小角色,剧本不是他们所能驾驭的。如果尼克松没有促成中美关系正常化,其他人也会完成这一使命;乔治·W. 布什不是第一位粗暴干涉中东局势的美国总统,也不会是最后一位。

特朗普也应被看作一个客串角色,事实也的确如此,他与太多的国家机构发生了冲突,但其影响力却远不如记忆中任何一位前任总统:他没有发动新的战争,没有失败,没有胜利,也没有深刻改写与其他国家的关系,却激化了与某些地区和国家(尤其是欧洲和中国)的矛盾。但是,正是这种在美国现代史上无与伦比,在其他地方又通常显得独一无二(阿连德可能是个例外)的政治上层建筑的内部冲突,使得美国内部产生了裂痕,摧毁了文化霸权。格雷格·贾菲(Greg Jaffe)在《华盛顿邮报》撰文抱怨称,特朗普让"国家安全委员会、国务院和五角大楼……传统的专业人士基本上变成了无名小卒"(Jaffe 2019)。

总统总是谎话连篇,其他国家机构也是如此。但是在过去,这些谎话基本上还能保持"同步"。虽然各方难免会产生分歧,但能够容忍甚至鼓励各方在小问题上的各持己见已成为美国制度的一个优势,他们在重大问题上还是基本能够保持步调一致。但是现在,双方大吵大叫,持续不断地谴责对方在散布"虚假新闻"。

过去的常识已被打破,变得支离破碎。如果是葛兰西(Gramsci)会怎么做呢?

统治精英文化霸权的裂变还没有结束,这是否会导致一场严重的系统性危机尚不明确,但已有迹象表明政治制度自身已经面目全非,在选民眼中亦是如此。我们发现"我们的国家正面临分裂,真相受到质疑"(Stacey

2019)。选民越来越感到困惑和疏离："无论什么事情都无人敢信"（Tavernise and Gardiner 2019）。

国家安全委员会（NSC）是一个特别重要的战场。宾夕法尼亚大学的约翰·甘斯（John Gans）（2019）指出它已成为"美国政府中至关重要的机构"，"9·11"事件使其在冷战时期的作用得到了恢复和加强。它在美国外交政策决策过程中处于核心地位，也是美帝国最重要的总体战略制定机构。毫不意外，这里是"特朗普的支持者"和全球传统战略家之间经常发生冲突的地方。官僚机构之间经常出现的内讧让斗争变得更加复杂，新任领导人通常会清除"前朝旧臣"。比如，蓬佩奥（Pompeo）设法让其亲信、美国国务院朝鲜问题特别代表斯蒂芬·比根（Stephen Biegun）接替了蒂勒森（Tillerson）选定的副国务卿约翰·沙利文（John Sullivan）（此举会对朝鲜政策产生明显影响）（Rogin 2019）。里奇·希金斯（Rich Higgins）也是国家安全委员会派系斗争的牺牲品，2017年他被麦克马斯特（H. R. McMaster）解雇。这里面的部分原因是他是迈克尔·弗林（Michael Flynn）担任国家安全顾问时的"遗臣"，但主要还是因为他编写并私下散发了一份备忘录，他在其中声称特朗普的议程有被"深层国家"（deep state）阻挠的危险（Winter and Groll 2017）。备忘录中充斥着对"文化马克思主义"断章取义和偏激固执的指责，他用这个词来指代"'深层国家'的参与者、全球主义者、银行家、伊斯兰主义者和共和党建制派"（Higgins 2017）。这种看似不可能并且怪异的盟友混合，在他看来似乎正是"文化马克思主义"的信徒们思维混乱的特征（Wilson 2015；Manavis 2019）。尽管如此，希金斯（Higgins）还是觉察到了特朗普与"深层国家"之间的斗争，在这里我们指的是国家机构（比如文职官僚机构和军队）中相当级别的个体，以及半官方的附属机构（比如媒体和智库）中的成员。特朗普并不像希金斯所认为的那样激进，但他们在世界观方面的冲突显而易见。希金斯虽已解甲归田，斗争却仍在继续，在甘斯（Gans）看来国家安全委员会正在"自相残杀"（Gans 2019）。

在特朗普及其助手以及大多数传统精英（通常被称为"建制派"，或更具贬义意味的"高层大佬"）之间（Glaser 2017）存在更加广泛的斗争，而国家安全委员会的内部争斗不过是美国国家机构内斗的一个缩影。这场斗争涉及了国家的一切活动，在外交政策方面最为激烈。特朗普的国内政策并没有真正脱离常规。向富人减税和对穷人压榨早就是标准做法。的确，精英阶层担心一个会与"可悲之人"和被疏远者产生共鸣的人成为总统，尽管这种共鸣具有讽刺意味。民主党人，尤其是希拉里·克林顿的支持者，对特朗普"窃取"他们的选举成果感到愤怒。这导致了有关"通俄门"的猜测，即特朗普是依靠俄罗斯干预赢得了大选，这种玄乎的说法依赖的是"我们情报机构的公开结论"（Hill 2019），而非证据。当然，司法部委派罗伯特·穆勒（Robert Mueller）（联邦调查局前局长）展开的调查并未找到任何蛛丝马迹（LaFraniere and Benner 2019；Greenwald，Johnston，and Goodman 2019）。值得注意的是，没有人能拿出有力的论据来解释俄罗斯为什么更喜欢特朗普而不是克林顿，以至于其甘愿因过度干涉美国 2016 年大选而面临诸多麻烦与危险。据说所有大国都试图影响美国的总统选举。特朗普在公开场合对俄罗斯的挑衅要比克林顿少，但他不太可能显著改变美国外交政策的反俄倾向，事实也是如此（Sullivan 2019；*Reuters* 2019）。作为 1992 年总统大选的候选人，比尔·克林顿采取了非常强硬的反华路线。而比尔·克林顿入主白宫后，这种情况就发生了变化（Jenkins 2017）。倘若希拉里·克林顿在 2016 年大选中获胜，她对俄罗斯的政策可能会变得更加讲求实效。所有这些都与国内政策没有太大关系，重要的是针对特朗普的行动［质疑他 2016 年赢得大选的合法性（通俄门），以及因担心他赢得 2020 年大选而试图将其弹劾（通乌门）］被认为是外交问题，而非国内问题。美国是全球大国，其外交政策为其国内政治服务，但与此矛盾的是，美国的"家务事"却被当作外交政策问题。民主党将特朗普称为"普京的傀儡"，不是因为他对俄罗斯总统感恩戴德，而是因为攻击国内政敌最简单的方法就是宣称其外交政策"反美"，而且对对手太过软弱。

传统的精英阶层极度讨厌特朗普，其中的主要原因是他对外交政策的处理。这种反感并不是因为他的对俄政策（这些政策与其前任的对俄政策没有太大区别），而是由于他的无能。他们认为特朗普对帝国事务的管理既危险又笨拙。他那无人不知的心理缺陷（自恋、不看细节、无知和浮躁）只是问题的一部分。他不明白自己的角色是管理一个帝国，这才是根本问题所在。他认为美国是一个正在与其他所有国家展开霍布斯式战争的国家，其竞选口号"让美国再次伟大"便将这一点表露无遗。他没有意识到的是美国无论多么伟大，在很大程度上都源于它的帝国地位。特朗普破坏了美国的这一地位，例如他通过疏远附属盟友，削弱和摧毁了美国的实力。

二 美国帝国主义的特征

美帝国特立独行，在当代世界中与其他国家格格不入。它与当代世界所有其他国家（甚至与历史上的帝国）又有何不同？

（一）军事实力

美国的军事基地遍布世界各地，因计算方式不同，数量在700到1000之间。英国势力曾威震八方，乔治三世曾派马卡特尼勋爵（Lord Macartney）出使中国的乾隆宫廷，勋爵称英国为"日不落帝国"。然而英国与美国相比却是小巫见大巫。美国的许多军事基地规模较小，但也有一些基地非常庞大——美国位于韩国平泽的汉弗莱斯基地不仅距离北京最近，而且规模最大，建造成本高达108亿美元（Hincks 2018；Letman 2017）。这些基地具有双重功能。它们既是可以向其他国家发动攻击的设施，也可能在极端情况下对当地反对势力发动攻击。美国在中国和俄罗斯边界及其附近设有前沿基地，并一直延伸到美国本土。美国东西两面临海，形成了无与伦比的军事屏障。中国和俄罗斯都缺乏这种条件。但是，军事基地也会将东道国卷入美国与主要对手的战争。美国若对俄罗斯开战，必然会使用其在欧洲（土耳其对美国的忠诚度现在并不确定）以及日本和韩国的基地。面对攻击，俄罗斯必然会对这些基地展开报复，东道国自然会被卷入其中。同样，美国若决定通过战争来阻止中国"和平崛起"，那么至少韩国、日本和澳大利亚都将被卷入其中（Editorial 2019a）。

军事支出是国家军事力量最常见的衡量标准。这种估量虽并不精确，却是一种比较各国实力的便捷方法。军事支出并不能直接转化为军事力量或成功保障（尤其是在对抗人民战争方面，正如美国在阿富汗的冒险行动所表明的那样），而是一种合理指标，特别是就此处所揭示的数量级而言。

美国无疑拥有全球最高的军事预算，但这个问题在大多数评论家对美国和其他支出大国的比较中被掩盖了起来，这是一种误导。这些衡量方法是将美国及其盟国的总支出与潜在对手展开比较。"盟友"这个定义本身就有问题；比如，印度算是盟友吗？多年来，美国一直在拉拢印度加入反华同盟（因此，美国战略术语也从"太平洋地区"转变为了"印太地区"），但印度人似乎过于精明，在同美国结盟问题上不置可否（Scott 2019）。其他一些国家则相对容易搞定。如前所述，美国主要前线基地的东道国已被卷入其中。表1提供了一些军事支出的最新数据，并对军费收支作了粗略计算。并非所有盟国都会全力投入某场战争，比如，澳大利亚会在对华战争中扮演关键角色，但当与俄交战时便不会发挥什么作用。鉴于这一点和其他限制，这张表提出了几个重要问题。

美国约占整个"帝国"（empire）支出的一半，换言之，美国的盟友导致其军事预算翻了一番。就此而言，也就难怪美国建制派对特朗普政府对待盟友的方式感到愤怒。

表1显示，欧洲的北约国家本身的开支已是俄罗斯的四倍还多。即便如此，美国还在不断施压——特朗普政府甚至要求欧洲盟国将军事开支提高到其国内生产总值的2%（Kessler 2019；Sonne 2019）。

尽管军费支出巨大，但除了入侵格林纳达（人口90000人）之外，美国及其盟国自1945年以来从未取得成功，而每名士兵获得的勋章却已超过美国历史上的任何时候（Beinart 2010）。除此之外，在摧毁南斯拉夫、入侵巴拿马以及第一次海湾战争中，美军都收效甚微。"华盛顿最后一次取得真正成功是在74年前的1945年8月，他们在日本投下了两颗原子弹"（Bacevich 2019）。2019年12月，《华盛顿邮报》刊登题为"阿富汗文件"的系列文章，讨论了美国这场耗时最长的战败经历，也许是为了帮助公众做好从阿富汗撤军的心理准备（Whitlock, Shapiro, and Emamdjomeh 2019）。这场评估得到了《纽约时报》的认可，因此可被视为获得了建制派的背书（Editorial Board 2019a）。

表1　　　　　　　　　　2018年国防预算排名

国家/组织	十亿美元	帝国	占帝国费用百分比
美国	643.3	Y	48.6
北约	264.0	Y	19.9
沙特阿拉伯	82.9	Y	6.3

续表

国家/组织	十亿美元	帝国	占帝国费用百分比
俄国	63.1	A	4.8
印度	57.9	N	4.4
英国	56.1	Y	4.2
法国	53.4	Y	4.0
日本	47.3	Y	3.6
德国	45.7	Y	3.5
韩国	39.2	Y	3.0
巴西	28.0	N	2.1
澳大利亚	26.6	Y	2.0
意大利	24.9	Y	1.9
以色列	21.6	Y	1.6
伊拉克	19.6	Y	1.5

注：帝国：Y＝是（成员）；A＝对手；N＝中立。

资料来源："Military Balance 2019", *International Institute for Strategic Studies*（IISS），February 15，2019，https：//www.iiss.org/press/military-balance. Data in graphic at https：//www.iiss.org/-/media/files/publications/military-balance-2019/mb2019-defence-budgets-branded.jpg. Data calculations by Tim Beal.

然而，尽管屡战屡败、腐败猖獗，军方仍是美国社会最受信任的机构，其支持率高达74%，远超总统（37%）和国会（11%）（Hartung 2016；McCarthy 2018）。毫不奇怪，政客为军人歌功颂德是为了与之沆瀣一气，相互认同，并竞相增加军事开支。而这一行为又最终进一步强化帝国主义。

特朗普对军事力量的使用饱受建制派的批评，他们认为特朗普只是装腔作势，然后退缩到一边，从而降低了美国的信誉（DeYoung，Sly，and Dawsey 2019）。特朗普曾扬言要在2017年"彻底摧毁"朝鲜，但在2018年却对金正恩大加称赞（Lynch 2017）；他在2019年6月"声嘶力竭"要向伊朗发动进攻，随后又退缩了（Hudson，Ryan，and Cunningham 2019）。

他不愿采取可能导致美军伤亡的军事行动，并希望从叙利亚和阿富汗撤军，这让好战分子大失所望。特朗普获得的唯一喝彩是他向叙利亚发射导弹，不过是对一场捏造出来的化学战事件的夸张而无效的回应；还有就是美国知名专家法里德·扎卡瑞亚（Fareed Zakaria）在美国有线电视新闻网（CNN）宣布的那条消息，"唐纳德·特朗普昨晚正式成为美国总统"（Chasmar 2017）。

（二）经济实力

美国另一个主要的强制力工具就是经济战，为简便起见，这一术语通常被称为"制裁"。这种工具对美国政府极具吸引力。

首先，它不会造成美方人员伤亡，对方的伤亡（如果做了统计的话）则要归咎对方政府。比如，我们经常会听到，金正恩在让自己的人民忍饥挨饿（Kazianis 2019；Von Drehle 2018）。我们只有在极少数情况下才能从缝隙中看到一点点的真相，例如 1996 年哥伦比亚广播公司（CBS）在节目《60 分钟》中向时任美国驻联合国大使玛德琳·奥尔布赖特（Madelaine Albright）提问："我们听说有 50 万儿童死亡，我的意思是这比广岛原子弹爆炸死去的人还要多，这值得我们这么做吗？"奥尔布赖特回答说："我认为这是一个非常艰难的选择，但我们认为这样的代价是值得的。"（Albright and Stahl 1996）后来奥尔布赖特在自传中声称这完全是伊拉克政府咎由自取（Stahl 2007）。

其次，如果目标经济体的规模较小（通常也是这种情况），那么美国经济的相对成本就可忽略不计。美国自 1950 年开始制裁朝鲜，美国企业似乎也没有任何抱怨。然而，另一极端是当代中国，为此美国及其盟友的大小企业都在遭受损失，因此对特朗普怨声载道（Cha 2019；Editorial Board 2019b；Rubin 2019）。

尽管制裁通常不会造成危险，让美国付出的代价也很小，但通常无助于美国实现自己的既定目标（Omar 2019；Peksen 2009）。对朝鲜的制裁打击毫无成效（Kleine-Ahlbrandt 2019），结果往往适得其反（Desai 2019；Gray 2019）。制裁政策的最终目标通常被委婉地称为"政权更迭"，即由一个屈从于（至少是顺从于）美国政策的政府来取代独立政府。这通常通过美国制裁政策元老加里·赫夫鲍尔（Gary Hufbauer）所称的"去稳定"

来实现（Hufbauer et al. 2009）。制裁可能会引发阵痛和困扰，却不会产生预期结果，这是因为，目标政府认为投降比遭受制裁更糟糕（Cohen and Weinberg 2019；Johnson 2019；Yee 2019）。如下所述，制裁的"警告"功用又被美国不愿自认帝国主义的立场观点所否定。

尽管制裁难以成功，但仍受到美国政府的追捧，这是因为，与 2001 年入侵阿富汗一样，制裁也是一种低成本和安全的"有所行动"的方式。"因为感知更为重要，而且人们确信'感知'可以被管理，现实可以被创造，于是获得真正成功已成为次要的考虑因素"——正如卡尔·罗夫（Karl Rove）曾经吹嘘的那样（Suskind 2004）。

（三）金融实力

美国的金融实力在历史上前所未有，其中部分原因是它是第二次世界大战后唯一一个未衰反兴的大国。尽管遭到了其他经济体（尤其是中国）崛起的挑战，同时也受到伊拉克、伊朗和利比亚"石油美元战争"的拖累，美元仍然是世界储备货币和贸易货币（Brown 2016；Doran 2012）。美国频繁挥舞制裁大棒，这也迫使中国、伊朗和俄罗斯等国家转而使用其他货币开展贸易（Horstmann 2019；Mathews and Selden 2018）。许多人认为，美国帝国主义的命运取决于美元，帝国的命运也是如此（Hudson 2019b；Odintsov 2015）。借助于全球化和互联网，美国增强了其金融实力，对国际银行体系形成了一种钳制，将金融制裁打造成扩张美国实力的主要工具——有时是通过欧盟等代理，有时是向诸如中资银行这样的第三方施压（Arnold，Dyer，and Bozorgmehr 2016；Dehghan 2016；Kim 2017；Valentini and Nasseri 2016）。这一优势也遭遇了挑战（Johnson and Groll 2018；Lawrence 2019）。金融制裁得到了广泛应用，但截至目前主要受害者只是朝鲜，该国已被实际排除在例如全球银行间金融电信网络 SWIFT 等全球银行的体系和机制之外（Bergin 2017）。朝鲜、伊朗及其他国家作出的一个回应是探索加密货币（Brown 2018；Munster 2019）；甚至连英格兰银行行长也建议采用"可通过技术手段实现的多元化和多极化金融体系"，从而消除"依赖美元的风险"（Schomberg 2019）。这将对美国帝国主义构成严重挑战，而华盛顿也不会轻视此类问题，一位曾到平壤参加加密货币研讨会并发表演讲的美国人的被捕就是明证（Ransom 2019）。

美国金融实力的另一工具是贿赂和腐败,尽管尚无人能使用此工具在朝鲜取得成功。近年来的一个著名案例发生在阿富汗,2001年美国入侵和占领该国时采用了双管齐下的方法——轰炸塔利班和行贿北方军阀。这种手段效果奇佳,2002年,迈克尔·奥汉隆(Michael O'Hanlon)在《外交事务》中称赞道:"美国武装部队和中央情报局取得了21世纪最有可能被铭记的一项伟大的军事成就。"(O'Hanlon 2002)2019年,《华盛顿邮报》刊登的"阿富汗文件"系列文章则给出了另一个答案(Whitlock 2019)。阿富汗并不是唯一一个广泛使用贿赂的地方。2009年,美国陆军编写了一本名为《指挥官指南:金钱即武器系统》的手册(US Army Combined Arms Center 2009),以供在伊拉克使用。大卫·彼得雷乌斯(David Petraeus)将军被奥巴马政府驻阿富汗大使赖安·克罗克(Ryan Crocker)称为(美国军方)"有史以来最优秀的军人之一",前者曾声称"在这场战争中,金钱是我最重要的武器"(Crocker 2019)。

(四)软实力

实际上,美国帝国主义武器库中的主要武器是软实力,它既可以是出于两厢情愿,也可以是隐蔽的胁迫。

软实力远不止约瑟夫·奈(Joseph Nye)那套著名的自我放纵与自满的说辞,认为全世界都在仰视美国政治体制打造的奇迹(Nye 2018)。实际上,美国模式现在看上去破烂不堪。具有讽刺意味的是,这不仅是特朗普政府反复无常行为的结果,而且更可能是因为文化霸权的破裂让全世界看到了建制派试图取消特朗普的合法性和将他赶下台的种种努力。以"通俄门"及其对美国民主形象产生的影响为例:唐纳德·特朗普可能是因为外国人(这里指俄罗斯人)的阴谋诡计而赢得选举,由此违背了美国选民的真正愿望,也可能是他确实因选举人团票数超过希拉里·克林顿而成功当选,建制派试图以"俄罗斯插手美国大选"的虚假指控将其废掉,从而挟持了美国选民的真正愿望。

但美国软实力的下降也是问题的长期恶化和走向衰退的表现。美国的医疗体系经常受到强烈批评,无法与同类国家相提并论(Frakt 2018;Manjoo 2019;Musgrave 2019)。基础设施被严重忽视且状态极端恶化——"这个国家正在崩溃"(Drew 2016;Powers 2018;Sellers 2019)。美国创新已变得萎靡不振，5G 和高铁等关键领域已被中国迅速赶超（Mallaby 2018；Miles 2018）。美国教育对外国学生（特别是中国学生）的吸引力正在减弱，部分原因是歇斯底里的种族主义（Hickey 2019；MacDonald 2019）。这些问题根深蒂固，在特朗普当选总统前就已存在。

不过，美国的软实力非常强大，即使以目前的速度消耗也需要花费很长时间。尽管反乌托邦的描述越来越多，但"好莱坞效应"（Hollywood effect）——即富裕、自信和放松的国家形象——仍具有极大的影响力。美国大众文化在全球拥有其他任何国家都无法比拟的地位。软实力的三个相互关联的方面在这里显得尤其重要：美国对国际机构、全球媒体和世界各地精英的控制。

联合国是在第二次世界大战结束之际作为美国权力的工具而创立的（Gowan 2003）。尽管偶有失败，尤其是在联合国大会上，或者偶有诸如约翰·博尔顿（John Bolton）之类的偏执狂，美国在联合国安理会（UNSC）和联合国机构中仍占据着显著的主导地位（Bolton 2008）。美国操纵联合国安理会的一个典型例子是，它成功地使得朝鲜因试图发射卫星而受到了谴责和制裁，朝鲜也由此成为唯一一个因开展极其普通的和平活动（除了间谍卫星）而受到谴责的国家。相关决议提出了非常奇怪的论据，即发射采用了"弹道技术"；但正如朝鲜外务省所指出的那样，"弹道导弹技术是发射卫星的唯一手段，而且它们（联合国安理会常任理事国）发射卫星的次数比其他任何国家都多"（Korean Central News Agency of Democratic People's Republic of Korea 2013）。联合国安理会的决议是在美国与其他国家讨价还价、欺凌那些可能感到不安的国家以及屈从于其"盟友"的情况下达成的。这一切都公然违反了《联合国宪章》、国际法准则（和威斯特伐利亚体系）以及自然正义，而以上准则均认为各国在这些法律框架下享有平等的主权，主张法律面前人人平等（Beal 2016b）。

美国的势力已渗入联合国机构。根据维基解密发布的举报信息，"禁止化学武器组织"（OPCW）对叙利亚杜马镇化学袭击事件的虚假掩盖欲盖弥彰（McKeigue et al. 2019；Hayward 2019；*WikiLeaks* 2019）。2014 年，朝鲜人权调查委员会的调查依据似乎全部是韩国情报机构挑选的朝鲜"脱北者"未经证实和未受质疑的指控（United Nations Human Rights Council 2014；Asmolov 2013）。众所周知，叛逃者和难民的指控极不可靠。出于一些可以理解的原因（比如绝望、贪婪等），他们常会编造故事或夸大事实（Choe 2015；Jolley 2014；Song 2015）。如果政府不愿接纳难民，便会严格审查难民申请，但当需要宣传时，则会夸大其词，不考虑证据的严谨性。世界反兴奋剂机构（WADA）虽不属于联合国机构，事实上却沦为了一个有价值的工具，经常被用来指控中国和俄罗斯的运动员在国家默许的前提下普遍存在药物滥用，指控却从不针对其他国家（特别是美国）（Harper 2018；Maese 2019；*Russia Today* 2019）。

从某种意义上说，所有这些组织以及世界贸易组织（Bello 2019）等其他机构都是1945年后在美国监护下设立的"基于规则的国际秩序"的组成部分。"基于规则的国际秩序"大都有益于美国、有害于其对手，如果无益于自身，则美国常会无视这些规则（McCormack 2017；Hogue 2018；Scrafton 2019）。然而，过分藐视规则或更糟的像特朗普那样对规则提出质疑都是下策，因为本质上这一体系在很大程度上对美国有利（Haass 2019）。

美国软实力包含了全球许多精英的思维过程和政策，他们往往不惜牺牲国家利益来助推美国的全球战略。比如，美国意图遏制中国和俄罗斯，不惜冒着战争的危险削弱、瓦解甚至摧毁它们，这种做法对美国有利，胜利的果实将是无与伦比的全球霸权。但这对附属盟友毫无意义，而且会让它们承受不必要的代价，陷入颗粒无收的危险。美国倘若攻击中国，像日本、韩国和澳大利亚等盟友必会面临经济灾难甚至毁灭；但若美国占了上风，这些国家又能获得什么好处？同样，对俄战争只会让北约的欧洲成员国遭受毁灭性打击，而不会从中受益。然而，由于美国的软实力十分强大，这些国家的领导人绝不敢背叛。2019年12月初在伦敦举行的北约会议上，贾斯汀·特鲁多（Justin Trudeau）被拍到与一群欧洲领导人嘲笑当时并不在场的特朗普（Karni and Rogers 2019）。他们可能会在背后嘲笑美国总统，也可能会对某些细节问题争论不休（帝国权力与附属盟友之间的关系需要不断磨合），但基本上这些附属盟友对美国俯首听命（Birnbaum 2019）——至少目前仍是这种情况。随着美国实力的下降，我们可能会看到更多的抵抗，例如，也许各国在5G问题上（中国华为的5G技术领先全球）对美国压力的屈服程度将会是一个明显的指针（Nakashima 2019）。

总的来说，建制派对特朗普关于经济和金融实力的部署感到满意，而对他不愿动用军事实力（尽管他基本上在继续推进前任总统发动的战争）心怀不悦，并对他削弱了美国软实力大为光火。

（五）民主与其不自认性

美国帝国主义在历史上是非典型的，因为它以民主为基础。也许这与古代雅典和欧洲帝国的残余有一些相似之处，因为这些国家在国内实行民主，被迫放弃公开的控制；例如，英帝国成为了英联邦。然而，美国却与此不同。

这里有两个关键点。美国的民主是由两个本质相同（尤其是在外交政策和帝国主义方面）的主要政党所主导，甚至这一体系的"局外人"，比如伯尼·桑德斯（Bernie Sanders），也未质疑过帝国主义（Cooke 2016；Sanders 2019）。但与此同时，他们又是竞争激烈的对手，常常为了官位展开争夺。反对者攻击当权者的标准路数是指责当权者不够"爱国"，对所谓的敌人过于"软弱"。当然，当权者必须根据当前的国际局势和无节制行动可能带来的后果选择缓解侵略性，因此很容易受到指责。就当权者而言，他们常常会设法推翻前任的政策，这不是出于原则或宏大战略的考量，而是因为这是打造遗产的一种方式。因此，乔治·W. 布什因"与克林顿对着干"的外交政策而闻名，其结果是放弃了比尔·克林顿与朝鲜达成的框架协议，这反过来又迫使平壤继续发展核威慑力量（Sigal 2005）。特朗普撕毁了奥巴马与伊朗政府达成的伊朗核协议，导致美国外交关系始终处于紧张状态：时而看似连贯，时而又充满矛盾。

美国民主帝国主义的另一个显著特征是其不愿自认是帝国主义。不管以什么标准来衡量——它的军事力量，它对国际规则和制度的支配，它入侵或进攻其他国家的倾向，以及它将诸多国家聚合在一起形成从属等级结构的联盟体系——它都是历史上最大的帝国。大英帝国的忠实拥护者尼尔·弗格森（Niall Ferguson）称之为"不愿自认的帝国"（an empire in denial），并称它尽管拥有无可匹敌的军事实力（这里是指在中国崛起和俄罗斯复兴之前），但在他看来这种不自认性意味着它永远都不可能变得像英国那样强大（Ferguson 2003，2005）。

也许，美国帝国主义模式的最大优势在于，它给了附属精英以空间，让它们能够假装自己是独立的盟友。例如，韩国媒体在报道联合军演时，也就是在美国控制下的军事演习，或是针对中国而对韩国不利的萨德部署，都站在两个本应平等的盟国的角度来报道，且将韩国列在第一位（*Yonhap* 2016；Noh 2019）。但是，不愿自认会带来功能障碍。尼尔·弗格森进行了一些分析但并不全面。不自认性很可能是导致帝国管理不善的原因，一个拥有如此丰富资源的国家有时收获甚微，阿富汗和中东地区就是一个很好的例子。俄罗斯虽然资源匮乏但目标明确——维护叙利亚的世俗联合政府，确保其在该地区的战略地位，以及阻碍圣战主义向俄罗斯扩散——并且已经取得了巨大成功（Ignatius 2019；Trenin 2019）。此外，无论是媒体上的公开评述还是私人场合的推论，不自认性都会导致糟糕的外交政策分析，想要根据幻想的泡沫来理性讨论问题十分困难。这也限制了制裁所能产生的广泛效果。帝国通常非常强调抵抗是徒劳的和灾难性的。对不屈服的人必须给予相应的惩罚，以儆效尤。罗马的十字架成片，蒙古的骷髅成堆，而当代的美国帝国主义酷爱使用制裁等手段。然而，如果你设法说服了自己及他人，相信目标国家的糟糕局势不是由于你的制裁，而是由于受害国政府的行为（即一般所说的"管理不善"）所导致，那么制裁的警告作用就会大打折扣。

特朗普的所作所为也证实了一点，不自认性也会带来危险。美国民众不相信美国拥有一个帝国，认为帝国主义的概念与共和国的辉煌建国史风马牛不相及，当然例外主义、领导权和不可或缺性的确如此，但帝国主义不是这样。然而，尽管美国精英接受了这一说法，但仍设法创建并扩张了一个帝国。拉姆斯菲尔德（Rumsfeld）在入侵阿富汗和伊拉克后称："我们不寻求创建帝国，我们不是帝国主义者，我们从来都不是。"（Ferguson 2005）如何处理认知失调是一个很大的话题，超出了这篇文章的讨论范围；这里相关的一点是，唐纳德·特朗普尽管随时准备欺凌和威胁其他国家与人民，随时准备发动战争（经济战争或者军事战争），但他实际上相信这个神话。虽然其他总统和精英可以言行不一，无意识地管理着一个帝国同时又否认其存在，但他们似乎并不了解自己的帝国主义角色。这一点在他们的总体外交政策方针中显而易见。"让美国再次伟大"将美国摆在个体国家的位置，与其他国家形成了竞争关系。特朗普的贸易政策证明了这一点。他几乎完全专注于贸易平衡。他是一位重商主义者，既没有注意到全球化，也没有意识到美国的同盟体系。他对美国与加拿大等"盟友"

之间的贸易失衡感到怨愤，其程度不亚于对中国的恼怒（Dawsey，Paletta，and Werner 2018；Blake 2018）。他没有区分附属者和独立者，没有建立类似于英国"帝国特惠制"的制度。美国在第二次世界大战后允许其附属盟友进入美国市场和获得技术，容忍了不断扩大的贸易失衡，由此形成了自己的帝国。帝国的扩张和巩固牺牲了眼前的经济利益，这对美国非常有利。对于这一点特朗普并不了解。

三　混乱的美国，动荡的世界

2020年注定是动荡之年，危机将进一步持续和加深。如果特朗普能像所推测的那样躲过弹劾，并在11月如愿赢得连任，美国精英的文化霸权将会遭到前所未有的破坏（Parker 2019）。与帝国本身、内部及外围的摩擦（比如土耳其）可能会改写地缘政治格局（*Deutsche Welle* 2019）。特朗普总统若能连任，他将留下一个因自己无能和由此产生的政治框架混乱而衰败的帝国。如果他在此之前被强行赶下台，那么美国政府的合法性将进一步恶化。如果发动立法政变——比如再次进行弹劾或援引第二十五条修正案，宣布他"无法履行其职务的权力和职责"，将会被广泛视为对当选总统的党派攻击（Gersen 2017）。如果展开暗杀，无论真相如何，总会被许多人视为"深层国家"的伎俩。称之为"内战"似乎有些牵强，但严重和广泛的国内骚乱则是不争的事实（Jaffe and Johnson 2019；Levin 2019）。

然而，他对文化霸权的破坏、自身的无能及其飘忽不定的外交政策导致了美国的加速衰落和世界的动荡不安，这既是一种危险，同时也为建立更好的世界秩序创造了机会。

参考文献

Albright, M., and L. Stahl, 1996, "Punishing Saddam", Accessed May 12, 2019, https://www.youtube.com/watch?v=FbIX1CP9qr4.

Arnold, M., G. Dyer, and N. Bozorgmehr, 2016, "European Banks Resist Calls to Increase Business Ties with Iran", Accessed May 12, 2019, https://www.ft.com/content/acae21f2-1796-11e6-bb7d-ee563a5a1cc1.

Asmolov, K., 2013, "The UN Special Commission on Human Rights Gets to Work on North Korea", *New Eastern Outlook*, September 25, Accessed February 21, 2020, http://

journal-neo. org/2013/ 09/25/rus-k-rabote-spetskomissii-oon-po-pravam-cheloveka-v-kndr/.

Bacevich, A., 2019, "Donald Trump and the Ten Commandments (Plus One) of the National Security State", *Tom Dispatch*, October 31, Accessed February 21, 2020, http：//www. tomdispatch. com/post/176623/tomgram%3A_ andrew_ bacevich%2C_ why_ those_%22endless_ wars%22_ must_ never_ end/#more.

Beal, T., 2016a, "The Korean Peninsula within the Framework of US Global Hegemony", Accessed February 21, 2020, https：//apjjf. org/2016/22/Beal. html.

Beal, T., 2016b, "Satellites, Missiles and the Geopolitics of East Asia", in N*orth Korea：Political, Economic and Social Issues*, edited by M. Harrison, New York：Nova, pp. 1 – 118.

Beal, T., 2017, "A Korean Tragedy", Accessed February 21, 2020, http：//apjjf. org/2017/16/Beal. html.

Beal, T., 2019a, "The Angler and the Octopus", Accessed February 21, 2020, https://monthlyreview. org/2019/11/01/the-angler-and-the-octopus/.

Beal, T., 2019b, "Korea and Imperialism", In *The Palgrave Encyclopedia of Imperialism and Anti-Imperialism*, edited by I. Ness and Z. Cope, 2nd ed, Basingstoke：Palgrave Macmillan. Accessed February 21, 2020, https：//link. springer. com/referenceworkentry/10. 1007/978-3-319-91206-6_ 92-1.

Beinart, P., 2010, "Think Again：Ronald Reagan", *Foreign Policy*, June 7, Accessed February 21, 2020, http：//foreignpolicy. com/2010/06/07/think-again-ronald-reagan/.

Bello, W., 2019, "Good Riddance to the WTO", *Foreign Policy in Focus*, December 18. Accessed February 21, 2020, https：//fpif. org/good-riddance-to-the-wto/.

Bergin, T., 2017, "SWIFT Messaging System Cuts Off Remaining North Korean Banks", Accessed February 21, 2020, https：//www. reuters. com/article/us-northkorea-banks/swift-messaging-system-cuts-off-remaining-north-korean-banks-idUSKBN16N2SZ.

Birnbaum, M., 2019, "After Trump Leaves NATO Summit, Weary Diplomats Delight in What They Were Able to Accomplish on Substance", *Washington Post*, December 6, Accessed February 21, 2020, https：//www. washingtonpost. com/world/europe/after-trump-leaves-nato-summit-weary-diplomats-delight-in-what-they-were-able-to-accomplish-on-substance/2019/12/05/96cefa48-0fc0-11ea-924c-b34d09bbc948_ story. html.

Blair, C., 1987, *The Forgotten War：America in Korea, 1950 – 1953*, New York：Anchor Books.

Blake, A., 2018, "Why Trump's Admission that He Made Stuff Up to Justin Trudeau Is Particularly Bad", *Washington Post*, March 15, Accessed February 21, 2020, https：//

www. washingtonpost. com/news/the-fix/wp/2018/03/15/why-trumps-admission-that-he-made-stuff-up-to-justin-trudeau-is-particularly-bad/.

Bolton, J., 2008, *Surrender Is Not an Option: Defending America at the United Nations*. New York: Simon and Schuster.

Brown, E., 2016, "Exposing the Libyan Agenda: A Closer Look at Hillary's Emails", Accessed February 21, 2020, http://www. counterpunch. org/2016/03/14/exposing-the-libyan-agenda-a-closer-look-at-hillarys-emails/.

Brown, P. J., 2018, "Tehran Keeps Probing Crypto in Search of Sanction Relief", *Asia Times*, November 7, Accessed February 21, 2020, https://hiswai. com/technology/tehran-keeps-probing-crypto-in-search-for-sanction-relief/.

Cha, V., 2019, "US Must Factor Collateral Damage to Allies into China Policy", *Chosun Ilbo*, October 14, Accessed February 21, 2020, http://english. chosun. com/site/data/html_ dir/2019/ 10/14/2019101401228. html.

Chasmar, J., 2017, "CNN's Fareed Zakaria: 'Donald Trump Became President' Last Night", *Washington Times*, April 7, https://www. washingtontimes. com/news/2017/apr/7/fareed-zakaria-donald-trump-became-president-last-/.

Cho, Y., 2019, "Trump Would 'Feel Insulted' If N. Korea Launches Missile", *Chosun Ilbo*, December 19, Accessed February 21, 2020, http://english. chosun. com/site/data/html_ dir/2019/12/19/ 2019121901895. html.

Choe, S., 2015, "Prominent North Korean Defector Recants Parts of His Story of Captivity", *New York Times*, January 18, Accessed February 21, 2020, https://www. nytimes. com/2015/01/19/world/asia/prominent-north-korean-defector-shin-dong-hyuk-recants-parts-of-his-story. html.

Choe, S., 2019, "Time Is Running Out for Trump's North Korean Diplomacy, Analysts Say", *New York Times*, November 28, Accessed February 21, 2020, https://www. nytimes. com/2019/ 11/28/world/asia/north-korea-trump-nuclear-talks-deadline. html.

Cohen, D. S., and Z. A. Y. Weinberg, 2019, "Sanctions Can't Spark Regime Change", *Foreign Affairs*, April 29, Accessed February 21, 2020, https://www. foreignaffairs. com/articles/united-states/ 2019-04-29/sanctions-cant-spark-regime-change.

Cooke, S., 2016, "Does Bernie Sanders' Imperialism Matter?", *Counterpunch*, January 9, Accessed February 21, 2020, http://www. counterpunch. org/2016/01/05/does-bernie-sanders-imperialism-matter/.

Crocker, R., 2019, "I Served in Afghanistan: No, It's Not Another Vietnam", *Washington Post*, December 13, Accessed February 21, 2020, https://www. washingtonpost.

com/opinions/i-served-in-afghanistan-no-its-not-another-vietnam/2019/12/12/72b958f0-1d1d-11ea-b4c1-fd0d91b60d9e_ story. html.

Crowley, M., and D. E. Sanger, 2019, "In New Talks, US May Settle for a Nuclear Freeze by North Korea", *New York Times*, June 30, Accessed February 21, 2020, https://www. nytimes. com/2019/ 06/30/world/asia/trump-kim-north-korea-negotiations. html.

Dawsey, J., D. Paletta, and E. Werner, 2018, "In Fundraising Speech, Trump Says He Made up Trade Claim in Meeting with Justin Trudeau", *Washington Post*, March 15, Accessed February 21, 2020, https://www. washingtonpost. com/news/post-politics/wp/2018/03/14/in-fundraising-speech-trump-says-he-made-up-facts-in-meeting-with-justin-trudeau/.

Dehghan, S. K., 2016, "Europe's Big Banks Remain Wary of Doing Business with Iran", *Guardian*, January 24. Accessed February 21, 2020, http://www. theguardian. com/world/2016/jan/24/ europes-big-banks-remain-wary-doing-business-with-iran.

Desai, U., 2019, "Numbers Show Joke Is on the US, Not Huawei", *Asia Times*, November 15, Accessed February 21, 2020, https://www. asiatimes. com/2019/11/article/numbers-show-joke-is-on-the-us-not-huawei/.

Deutsche Welle, 2019, "Germany, EU Decry US Nord Stream Sanctions", Accessed February 21, 2020, https://www. dw. com/en/germany-eu-decry-us-nord-stream-sanctions/a-51759319.

DeYoung, K., E. Cunningham, and S. Mekhennet, 2019, "'I Have Lost Hope for My Life': Iranians Describe Hardships as Trump Expands Sanctions", *Washington Post*, June 30, Accessed February 21, 2020, https://www. washingtonpost. com/world/national-security/i-have-lost-hope-for-my-life-iranians-describe-hardships-as-trump-expands-sanctions/2019/06/30/0f7d689a-9a86-11e9-8d0a-5edd7e2025b1_ story. html.

DeYoung, K., L. Sly, and J. Dawsey, 2019, "Trump Risks Credibility with Policy That Veers between Threats and Inaction", *Washington Post*, May 17, Accessed February 21, 2020, https://www. washingtonpost. com/world/national-security/trump-risks-credibility-with-policy-that-veers-between-threats-and-inaction/2019/05/17/e6585d56-77fa-11e9-bd25-c98955 5e7766_ story. html.

Dong-A Ilbo, 2016, "N. Korean Military Spending Nearly 30% of S. Korea's: Defense Minister", Accessed February 21, 2020, http://english. donga. com/Home/3/all/26/533532/1.

Doran, C., 2012, "Iran and the Petrodollar Threat to US Empire", *New Left Project*, August 8, Accessed February 21, 2020, https://web. archive. org/web/20120811153112/http://www. newleftproject. org/index. php/site/article_ comments/iran_ and_ the_ petrodollar_ threat_ to_ u. s. _ empire.

Drew, E. , 2016, "A Country Breaking Down", *New York Review of Books*, February 25, Accessed February 21, 2020, http: //www. nybooks. com/articles/2016/02/25/infrastructure-country-breaking-down/.

Editorial, 2019a, "Chinese Ambassador to S. Korea Cross the Diplomatic Lines with His Threats", *Hankyoreh*, November 29, Accessed February 21, 2020, http: //english. hani. co. kr/arti/english_ edition/e_ editorial/919049. html.

Editorial, 2019b, "Kim Jong Un's Warning for Trump", *Foreign Policy*, November 14, Accessed February 21, 2020, https: //foreignpolicy. com/2019/11/14/kim-jong-uns-warning-for-trump/.

Editorial Board, 2019a, "Lots of Lessons From Afghanistan: None Learned", *New York Times*, December 10.

Editorial Board, 2019b, "Trump's Trade War Wreaks Havoc on the Global Economy", *East Asia Forum*, August 26, Accessed February 21, 2020, https: //www. huewire. com/trumps-trade-war-wreaks-havoc-on-the-global-economy/.

Elich, G. , 2019, "The US Tightens Its Grip on South Korea to Strengthen Its Anti-China Alliance", *Zoom on Korea*, December 11, Accessed February 21, 2020, http: //www. zoominkorea. org/the-u-s-tightens-its-grip-on-south-korea-to-strengthen-its-anti-china-alliance/.

Farley, R. , 2017, "Could America Win a War against Russia and China at the Same Time?" *National Interest*, February 3, Accessed February 21, 2020, http: //nationalinterest. org/blog/the-buzz/ could-america-win-war-against-russia-china-the-same-time-19305.

Ferguson, N. , 2003, "An Empire in Denial: The Limits of US Imperialism", Accessed February 21, 2020, http: //www. mtholyoke. edu/ ~ jwestern/ps62/11190057. pdf.

Ferguson, N. , 2005, *Colossus: The Rise and Fall of the American Empire*, London: Penguin Random House.

Feron, H. , 2019, "Two Years on, a Sobering Look at the Human Toll of the Maximum Pressure Campaign against North Korea", *Asia Disptaches*, November 26, Accessed February 21, 2020, https: //www. wilsoncenter. org/blog-post/two-years-sobering-look-the-human-toll-the-maximum-pressure-campaign-against-north-korea.

Frakt, A. , 2018, "Reagan, Deregulation and America's Exceptional Rise in Health Care Costs", *New York Times*, June 4, Accessed February 21, 2020, https: //www. nytimes. com/2018/06/04/ upshot/reagan-deregulation-and-americas-exceptional-rise-in-healthcare-costs. html.

Gans, J. , 2019, "At the National Security Council, Trump Loyalists Are at War with

Career Aides", *Washington Post*, November 22, Accessed February 21, 2020, https://www.washingtonpost.com/outlook/inside-the-national-security-councils-war-between-trump-loyalists-and-career-aides/2019/11/21/0a5c0f52-0be1-11ea-bd9d-c628fd48b3a0_story.html.

Gersen, J. S., 2017, "How Anti-Trump Psychiatrists Are Mobilizing behind the Twenty-Fifth Amendment", *New Yorker*, October 16, Accessed February 21, 2020, https://www.newyorker.com/news/news-desk/how-anti-trump-psychiatrists-are-mobilizing-behind-the-twenty-fifth-amendment.

Glasser, S. B., 2017, "Trump Takes on The Blob", *Politico*, March/April, Accessed February 21, 2020, https://www.politico.com/magazine/story/2017/03/trump-foreign-policy-elites-insiders-experts-international-relations-214846.

Gowan, P., 2003, "US: UN", Accessed February 21, 2020, https://newleftreview.org/issues/II24/articles/peter-gowan-us-un.

Gowan, R., 2019, "Three Troubling Trends at the UN Security Council", *International Crisis Group*, November 6, Accessed February 21, 2020, https://www.crisisgroup.org/global/three-troubling-trends-un-security-council.

Gray, K., 2019, "Sanctions on North Korea Are Counterproductive", *Just Security*, November 26, Accessed February 21, 2020, https://www.justsecurity.org/67473/sanctions-on-north-korea-are-counterproductive/.

Greenwald, G., D. C. Johnston, and A. Goodman, 2019, "The Mueller Report: Glenn Greenwald vs. David Cay Johnston on Trump-Russia Ties, Obstruction & More", *Democracy Now*, April 19, Accessed February 21, 2020, https://www.democracynow.org/2019/4/19/the_mueller_report_glenn_greenwald_vs.

Haass, R. N., 2019, "How a World Order Ends: And What Comes in Its Wake", *Foreign Affairs*, January/February, Accessed February 21, 2020, https://www.foreignaffairs.com/articles/2018-12-11/how-world-order-ends?cid=nlc-fa_twofa-20181213.

Harper, R., 2018, "Doping-Control in Sports and Athletics: Eyes Wide Shut", *Global Research*, January 31, Accessed February 21, 2020, https://www.globalresearch.ca/doping-control-in-sports-and-athletics-eyes-wide-shut/5627858.

Hartung, W. D., 2016, "The Pentagon's Dark Money: Billions of Federal Dollars Are Vanishing into Thin Air", *Salon*, May 29, Accessed February 21, 2020, http://www.salon.com/2016/05/28/the_pentagons_dark_money_billions_of_federal_dollars_are_vanishing_into_thin_air_partner/.

Hayward, T., 2019, "'Major Revelation' from OPCW Whistleblower: Jonathan Steele Speaking to the BBC", Accessed February 21, 2020, https://timhayward.wordpress.com/

2019/10/27/major-revelation-from-opcw-whistleblower-jonathan-steele-speaking-to-the-bbc/.

Hersh, S. M., 1991, *The Samson Option: Israel's Nuclear Arsenal and American Foreign Policy*, New York: Random House.

Hickey, C. K., 2019, "New Data Shows Slowdown in Growth of International Students in the US", *Foreign Policy*, November 20, Accessed February 21, 2020, https://foreignpolicy.com/2019/11/20/new-data-shows-slowdown-in-growth-of-international-students-in-the-u-s-china-india-saudi-arabia/.

Higgins, R., 2017, "POTUS & Political Warefare", Accessed February 21, 2020, https://assets.documentcloud.org/documents/3922874/Political-Warfare.pdf.

Hill, F., 2019, "Opening Statement of Dr. Fiona Hill to the House of Representatives Permanent Select Committee on Intelligence", *Washington Post*, November 21, Accessed February 21, 2020, https://www.washingtonpost.com/context/opening-statement-before-the-house-intelligence-committee-from-fiona-hill-former-white-house-russia-expert/1f09eb68-7869-47be-9f5a-95b86968465a/.

Hincks, J., 2018, "Inside Camp Humphreys, South Korea: America's Largest Overseas Military Base", *Time*, July 12, Accessed February 21, 2020, http://time.com/5324575/us-camp-humphreys-south-korea-largest-military-base/.

Hogue, C., 2018, "What Rules Based Order?" *Pearls and Irritations*, May 4, Accessed February 21, 2020, https://johnmenadue.com/cavan-hogue-what-rules-based-order/.

Horstmann, B., 2019, "How An Ever Sanctioning Superpower Is Losing Its Status", *Moon of Alabama*, October 4, Accessed February 21, 2020, https://www.moonofalabama.org/2019/10/how-an-ever-sanctioning-superpower-is-losing-its-status.html#more.

Hudson, J., 2019a, "As Venezuela Crisis Drags On, Pompeo Defends US Actions", *Washington Post*, April 14, Accessed February 21, 2020, https://www.washingtonpost.com/world/national-security/as-venezuela-crisis-drags-on-pompeo-defends-us-actions/2019/04/14/99042be6-5ef7-11e9-9412-daf3d2e67c6d_story.html.

Hudson, M., 2019b, "US Economic Warfare and Likely Foreign Defenses", *Counterpunch*, July 22, Accessed February 21, 2020, https://www.counterpunch.org/2019/07/22/u-s-economic-warfare-and-likely-foreign-defenses/.

Hudson, J., M. Ryan, and E. Cunningham, 2019, "'We Were Cocked & Loaded': Trump's Account of Iran Attack Plan Facing Scrutiny", *Washington Post*, June 21, Accessed February 21, 2020, https://www.washingtonpost.com/world/middle_east/trump-ordered-attack-on-iran-for-downing-drone-then-called-it-off/2019/06/21/24f4994e-93f3-11e9-aadb-74e6b2b46f6a_story.html.

Hufbauer, G. C., J. J. Schott, K. A. Elliott, and B. Oegg, 2009, *Economic Sanctions Reconsidered*, 3rd ed, New York: Columbia University Press, Accessed February 21, 2020, https://piie.com/bookstore/economic-sanctions-reconsidered-3rd-edition-paper.

Ignatius, D., 2019, "Russia Has Earned Its Success in the Middle East—Partly Thanks to Trump", *Washington Post*, October 25, Accessed February 21, 2020, https://www.washingtonpost.com/opinions/global-opinions/russia-has-earned-its-success-in-the-middle-east-partly-thanks-to-trump/2019/10/24/5652104a-f69d-11e9-8cf0-4cc99f74d127_story.html.

Jackson, V., 2018, "What Kim Jong Un Wants from Trump", *Politico*, April 30, Accessed February 21, 2020, https://www.politico.com/magazine/story/2018/04/30/what-kim-jong-un-wants-from-trump-218115.

Jaffe, G., 2019, "In Trump's Washington, the Rogue Actors Are the Real Players—And the Experts Are Increasingly Irrelevant", *Washington Post*, November 24, Accessed February 21, 2020, https://www.washingtonpost.com/national-security/in-trumps-washington-the-rogue-actors-are-the-real-players-and-the-experts-are-increasingly-irrelevant/2019/11/23/2d88edca-0d48-11ea-97ac-a7ccc8dd1ebc_story.html.

Jaffe, G., and J. Johnson, 2019, "In America, Talk Turns to Something Not Spoken of for 150 Years: Civil War", *Washington Post*, March 3, Accessed February 21, 2020, https://www.washingtonpost.com/politics/in-america-talk-turns-to-something-unspoken-for-150-years-civil-war/2019/02/28/b3733af8-3ae4-11e9-a2cd--307b06d0257b_story.html.

Jenkins, H. W., Jr., 2017, "China Was Bill Clinton's Russia", *Wall Street Journal*, March 3, Accessed February 21, 2020, https://www.wsj.com/articles/china-was-bill-clintons-russia-1488585526.

Johnson, K., 2019, "Iran's Economy Is Crumbling, but Collapse Is a Long Way Off", *Foreign Policy*, February 13, Accessed February 21, 2020, https://foreignpolicy.com/2019/02/13/irans-economy-is-crumbling-but-collapse-is-a-long-way-off-jcpoa-waivers-sanctions/.

Johnson, K., and E. Groll, 2018, "US Sanctions Weapon Is under Threat—But Not from Bitcoin", *Foreign Policy*, January 24, Accessed February 21, 2020, https://foreignpolicy.com/2018/01/24/u-s-sanctions-weapon-under-threat-but-not-from-bitcoin-blockchain-dlt-petro/.

Jolley, M. A., 2014, "The Strange Tale of Yeonmi Park", *Diplomat*, December 10, Accessed February 21, 2020, http://thediplomat.com/2014/12/the-strange-tale-of-yeonmi-park/.

Karni, A., and K. Rogers, 2019, "Trump Abruptly Exits NATO Gathering After Embarrassing Video Emerges", *New York Times*, December 4, Accessed February 21, 2020, https：//www. nytimes. com/ 2019/12/04/world/europe/trump-video-nato. html.

Kazianis, H. J. , 2019, "Freak-Out over North Korea's Missile Test Defies Rationality", *American Conservative*, May 8, Accessed February 21, 2020, https：//www. theamericanconservative. com/ articles/freak-out-over-north-koreas-missile-test-defies-rationality/.

Kessler, G. , 2019, "Trump's NATO Parade of Falsehoods and Misstatements", *Washington Post*, December 10.

Kim, K. , 2013, "Defense Intelligence Director Says N. Korea Would Win in a One-on-One War", *Hankyoreh*, November 6, Accessed February 21, 2020, http：//english. hani. co. kr/arti/english_ edition/e_ northkorea/610084. html.

Kim, O. , 2017, "Chinese Banks Suspending the Opening of Accounts for North Koreans", *Hankyoreh*, September 12, Accessed February 21, 2020, http：//english. hani. co. kr/arti/english_ edition/e_ northkorea/810667. html.

Kim, J. , and S. Yang, 2019, "Gov't Mulls Sending Troops to Support US Gulf Adventure", *Chosun Ilbo*, December 13. Accessed February 21, 2020, http：//english. chosun. com/site/data/html_ dir/ 2019/12/13/2019121301406. html.

Kleine-Ahlbrandt, S. , 2019, "Maximum Pressure against North Korea, RIP", *38 North*, October 7, Accessed February 21, 2020, https：//www. 38north. org/2019/10/skleineahlbrandt100719/.

Klingner, B. , J. J. Carafano, and W. Lohman, 2019, "Don't Break Alliances over Money", *National Interest*, November 22, Accessed February 21, 2020, https：//nationalinterest. org/blog/korea-watch/don%E2%80%99t-break-alliances-over-money-98967.

Korean Central News Agency of Democratic People's Republic of Korea, 2013, "DPRK FM Refutes UNSC's 'Resolution' Pulling Up DPRK over Its Satellite Launch", Accessed February 21, 2020, https：//www. globalsecurity. org/wmd/library/news/dprk/2013/dprk-130123kcna01. htm.

Kristian, B. , 2019, "Move US-North Korea Relations into 2020, Not Back to 2017", *Diplomat*, December 19, Accessed February 21, 2020, https：//thediplomat. com/2019/12/move-us-north-korea-relations-into-2020-not-back-to-2017/.

Kwon, H. , 2019, "Why North Korea Has Become So Cold to South Korea?" *Hankyoreh*, October 22, Accessed February 21, 2020, http：//english. hani. co. kr/arti/english_ edition/e_ northkorea/914175. html.

LaFraniere, S. , and K. Benner, 2019, "Mueller Delivers Report on Trump-Russia Investigation to Attorney General", *New York Times*, March 22, Accessed February 21, 2020, https：//www. nytimes. com/2019/03/22/us/politics/mueller-report. html.

Lawrence, P., 2019, "Weaponizing the Dollar", *Consortium News*, July 9, Accessed February 21, 2020, https：//consortiumnews.com/2019/07/09/patrick-lawrence-weaponizing-the-dollar/.

Lee, S., 2010, "Korea's Future Lies with China—Economically", *Korea Times*, June 27, Accessed February 21, 2020, http：//www.koreatimes.co.kr/www/news/nation/2010/06/116_68334.html.

Letman, J., 2017, "USAG Humphreys：The Story behind America's Biggest Overseas Base", *The Diplomat*, November 6, Accessed February 21, 2020, https：//thediplomat.com/2017/11/camp-humphreys-the-story-behind-americas-biggest-overseas-base/.

Levin, B., 2019, "Trump Threatens 'Civil War' If He's Impeached", *Vanity Fair*, September 30, Accessed February 21, 2020, https：//www.vanityfair.com/news/2019/09/donald-trump-civil-war-impeachment.

Lynch, C., 2017, "At UN, Trump Threatens to 'Totally Destroy' North Korea", *Foreign Policy*, September 19, Accessed February 21, 2020, http：//foreignpolicy.com/2017/09/19/at-u-n-trump-threatens-to-totally-destroy-north-korea/.

Lynch, C., 2019, "Russia Proposes Moving UN Meetings to Europe", *Foreign Policy*, December 13, Accessed February 21, 2020, https：//foreignpolicy.com/2019/12/13/russia-proposes-moving-un-meetings-europe/.

MacDonald, F., 2019, "The Blunder that Could Cost the US the New Space Race", *Washington Post*, June 26, Accessed February 21, 2020, https：//www.washingtonpost.com/outlook/2019/06/26/blunder-that-could-cost-us-new-space-race/.

Maese, R., 2019, "Russia Banned from 2020 Tokyo Olympics", *Washington Post*, December 10, Accessed February 21, 2020, https：//www.washingtonpost.com/sports/2019/12/09/russia-banned-tokyo-olympics/.

Mallaby, S., 2018, "Trump Is Rising to the China Challenge in the Worst Way Possible", *Washington Post*, September 30, Accessed February 21, 2020, https：//www.washingtonpost.com/opinions/ trump-is-rising-to-the-china-challenge-in-the-worst-way-possible/2018/09/30/b645a00e-c41f-11e8-b338-a3289f6cb742_story.html.

Manavis, S., 2019, "What Is Cultural Marxism？The Alt-right Meme in Suella Braverman's Speech in Westminster", *New Statesman*, March 26, Accessed February 21, 2020, https：//www.newstatesman.com/politics/staggers/2019/03/what-cultural-marxism-alt-right-meme-suella-bravermans-speech-westminster.

Manjoo, F., 2019, "The American Health Care Industry Is Killing People", *New York Times*, December 4, Accessed February 21, 2020, https：//www.nytimes.com/2019/12/

04/opinion/ healthcare-industry-medicare. html.

Mathews, J. A., and M. Selden, 2018, "China: The Emergence of the Petroyuan and the Challenge to US Dollar Hegemony", Accessed February 21, 2020, https://apjjf.org/2018/22/Mathews.html.

McCarthy, N., 2018, "The Institutions Americans Trust Most and Least in 2018", *Forbes*, June 29, Accessed February 21, 2020, https://www.forbes.com/sites/niallmccarthy/2018/06/29/the-institutions-americans-trust-most-and-least-in-2018-infographic/#2b106ba92fc8.

McCormack, G., 2017, "North Korea and a Rules-Based Order for the Indo-Pacific, East Asia, and the World", Accessed February 21, 2020, http://apjjf.org/2017/22/McCormack.html.

McKeigue, P., D. Miller, J. Mason, and P. Robinson, 2019, "How the OPCW's Investigation of the Douma Incident Was Nobbled", *Working Group on Syria, Propaganda and Media*, June 26, Accessed February 21, 2020, http://syriapropagandamedia.org/briefing-notes-3/how-the-opcws-investigation-of-the-douma-incident-was-nobbled.

Miles, T., 2018, "China Drives Stunning Growth in Global Trademark Applications, UN Says", *Reuters*, December 4, Accessed February 21, 2020, https://www.reuters.com/article/us-global-economy-innovation/china-drives-stunning-growth-in-global-trademark-applications-u-n-says-idUSKBN1O21FV.

Moran, M., 2019, "What Trump Gets Right about Alliances", *Foreign Policy*, December 5, Accessed February 21, 2020, https://foreignpolicy.com/2019/12/05/trump-right-alliances-free-riding-american-military-might-nato-japan-south-korea/.

Munster, B., 2019, "North Korea to Launch Its Own Crypto", *Decrypt*, September 18, Accessed February 21, 2020, https://decrypt.co/9364/north-korea-to-launch-its-own-crypto.

Musgrave, P., 2019, "America the Mediocre", *Foreign Policy*, August 15, Accessed February 21, 2020, https://foreignpolicy.com/2019/08/15/america-the-mediocre/.

Nakashima, E., 2019, "US Pushes Hard for a Ban on Huawei in Europe, but the Firm's 5G Prices Are Nearly Irresistible", *Washington Post*, May 29, Accessed February 21, 2020, https://www.washingtonpost.com/world/national-security/for-huawei-the-5g-play-is-in-europe-and-the-us-is-pushing-hard-for-a-ban-there/2019/05/28/582a8ff6-78d4-11e9-b7ae-390de4259661_story.html.

Nephew, R., 2019, "Furious Futility: Maximum Pressure in 2020", *38 North*, November 15, Accessed February 21, 2020, https://www.38north.org/2019/11/rnephew111519/.

Noh, J., 2019, "S. Korea, US Postpone Scaled-Down Joint Air Exercise", *Hankyoreh*, November 18, Accessed February 21, 2020, http：//english. hani. co. kr/arti/english_edition/e_ northkorea/917443. html.

Nye, J., 2018, "Donald Trump and the Decline of US Soft Power", *Project Syndicate*, February 6, Accessed February 21, 2020, https：//www. project-syndicate. org/commentary/trump-american-soft-power--decline-by-joseph-s-nye-2018-02.

Odintsov, V., 2015, "The Global De-dollarization and the US Policies", *New Eastern Outlook*, February 2. Accessed February 21, 2020, http：//journal-neo. org/2015/02/02/rus-dedollarizatsiya-i-ssha/.

O'Hanlon, M. E., 2002, "A Flawed Masterpiece", *Foreign Affairs* 81 (3)：47.

Omar, I., 2019, "Sanctions Are Part of a Failed Foreign Policy Playbook：Stop Relying on Them", *Washington Post*, October 23, Accessed February 21, 2020, https：//www. washingtonpost. com/ opinions/ilhan-omar-sanctions-are-part-of-a-failed-foreign-policy-playbook-stop-relying-on-them/2019/10/23/b7cbb1ca-f510-11e9-a285-882a8e386a96_ story. html.

Parker, K., 2019, "Spoiler Alert：Trump Is Probably Going to Win in 2020", *Washington Post*, December 18, Accessed February 21, 2020, https：//www. washingtonpost. com/opinions/spoiler-alert-trump-is-probably-going-to-win-in-2020/2019/12/17/90365376-211c-11ea-a153-dce4b94e4249_ story. html? utm_ campaign.

Peksen, D., 2009, "Why Sanctions Won't Work", *Foreign Policy*, March 3, Accessed February 21, 2020, https：//foreignpolicy. com/2009/03/03/why-sanctions-wont-work/.

Powers, M., 2018, "Robert Mueller and Donald Trump Jr. Spotted at Reagan National's Most-Hated Gate", *Washington Post*, May 27, Accessed February 21, 2020, https：//www. washingtonpost. com/news/dr-gridlock/wp/2018/07/27/robert-mueller-and-donald-trump-jr-spotted-at-reagan-nationals-most-hated-gate/.

Ransom, J., 2019, "He Gave a Cryptocurrency Talk in North Korea：The US Arrested Him", *New York Times*, December 2, Accessed February 21, 2020, https：//www. nytimes. com/2019/ 12/02/nyregion/north-korea-virgil-griffin-cyptocurrency-arrest. html.

Reuters, 2019, "Cold War Redux? US to Hold Largest Europe Exercises in 25 Years", Accessed February 21, 2020, https：//www. reuters. com/article/us-usa-nato-idUSKBN1YE24A.

Robinson, W. C., 2019, "Lost Generation：The Health and Human Rights of North Korean Children, 1990 – 2018", *Committee for Human Rights in North Korea*, October 18, Accessed February 21, 2020, https：//www. hrnk. org/uploads/pdfs/Robinson_ LG_ WEB_ FINALFINAL. pdf.

Rogin, J., 2019, "Trump is Expected to Tap North Korea Envoy for Deputy Secretary of State", *Washington Post*, September 17, Accessed February 21, 2020, https://www.washingtonpost.com/opinions/2019/09/17/trump-is-expected-tap-north-korea-envoy-deputy-secretary-state/.

Rubin, J., 2019, "Trump Sinks the Markets—and Maybe His Reelection Chances", *Washington Post*, August 6, Accessed February 21, 2020, https://www.washingtonpost.com/opinions/2019/08/06/trump-sinks-markets-maybe-his-re-election-chances/.

Russia Today, 2019, "WADA's Russia Doping Ban Is a 'War of Politics' that 'Robs Clean Athletes of Glory'", Accessed February 21, 2020, https://www.rt.com/news/475432-wada-ban-new-cold-war/.

Salmon, A., 2019, "Is Anti-Americanism Rising Again in South Korea?" *Asia Times*, December 20, Accessed February 21, 2020, https://www.asiatimes.com/2019/12/article/is-anti-americanism-rising-again-in-south-korea/.

Sanders, B., 2019, "Bernie Sanders: Deficit Hawks Once Again Show Their Hypocrisy on Military Spending", *Washington Post*, December 17, Accessed February 21, 2020, https://www.washingtonpost.com/opinions/2019/12/16/bernie-sanders-deficit-hawks-once-again-show-their-hypocrisy-military-spending/.

Schomberg, W., 2019, "World Needs to End Risky Reliance on US Dollar: BoE's Carney", *Reuters*, August 23, Accessed February 21, 2020, https://www.reuters.com/article/us-usa-fed-jacksonhole-carney/world-needs-to-end-risky-reliance-on-u-s-dollar-boes-carney-idUSKCN1VD28C.

Scott, D., 2019, "The US Indo-Pacific Command Makes Its Indo-Pacific Mark, with China in Mind", *Pacific Forum*, January 8, Accessed February 21, 2020, https://mailchi.mp/pacforum/pacnet-3-the-us-indo-pacific-command-makes-its-indo-pacific-mark-with-china-in-mind-j4mdbfzykp?e=3bc65b0609.

Scrafton, M., 2019, "The Rules-based International Order: or a 'Dead Parrot'", *Pearls and Irritations*, May 2, Accessed February 21, 2020, https://johnmenadue.com/mike-scrafton-the-rules-based-international-order-or-a-dead-parrot/.

Sellers, F. S., 2019, "It's Almost 2020, and 2 Million Americans Still Don't Have Running Water, According to New Report", *Washington Post*, December 12, Accessed February 21, 2020, https://www.washingtonpost.com/national/its-almost-2020-and-2-million-americans-still-dont-have-running-water-new-report-says/2019/12/10/a0720e8a-14b3-11ea-a659-7d69641c6ff7_story.html.

Sigal, L. V., 2005, "The Cabal Is Alive and Well", Accessed February 21, 2020, https：//apjjf. org/-Leon-V. -Sigal/1930/article. html.

Song, J., 2015, "Why Some N. Korean Defectors' Stories Fall Apart", *NK News*, September 4, Accessed February 21, 2020, http：//www. nknews. org/2015/09/why-some-n-korean-defectors-stories-fall-apart/.

Sonne, P., 2019, "Defense Secretary Urges Allies to 'Pick Up the Tab' on Pentagon Projects Defunded for Trump's Wall", *Washington Post*, September 6, Accessed February 21, 2020, https：//www. washingtonpost. com/world/national-security/defense-secretary-urges-european-allies-topick-up-the-tab-on-pentagon-projects-defunded-for-trumps-border-wall/2019/09/06/ 16ec4a2c-d0b1-11e9-9031-519885a08a86_ story. html.

Stacey, J. A., 2019, "Our Nation Is Being Torn Apart：Truth Is Questioned", *New York Times*, November 23, Accessed February 21, 2020, https：//www. nytimes. com/2019/11/23/opinion/ trump-fiona-hill-russia. html.

Stahl, L., 2007, "Albright：'Worth It'", *UncoverIraq. com*, Accessed February 21, 2020, http：//www. drewhamre. com/uncoverIraq/docAlb. htm.

Sullivan, D., 2019, "Trump Has Not Been 'Soft' on Russia：He's Been Tougher Than Obama", *Washington Post*, March 28, Accessed February 21, 2020, https：//www. washingtonpost. com/opinions/trump-has-not-been-soft-on-russia-hes-been-tougher-than-obama/2019/03/28/ 08e88a04-5194-11e9-88a1-ed346f0ec94f_ story. html.

Suskind, R., 2004, "Faith, Certainty and the Presidency of George W. Bush", *New York Times*, October 17, Accessed February 21, 2020, http：//www. nytimes. com/2004/10/17/magazine/ 17BUSH. html？_ r=0.

Tavernise, S., and A. Gardiner, 2019, "'No One Believes Anything'：Voters Worn Out by a Fog of Political News", *New York Times*, November 18, Accessed February 21, 2020, https：//www. nytimes. com/2019/11/18/us/polls-media-fake-news. html.

Trenin, D., 2019, "Russia's Comeback Isn't Stopping with Syria", *New York Times*, November 12, Accessed February 21, 2020, https：//www. nytimes. com/2019/11/12/opinion/russias-comeback-isnt-stopping-with-syria. html.

United Nations Human Rights Council, 2014, "Report of the Commission of Inquiry on Human Rights in the Democratic People's Republic of Korea", Accessed February 21, 2020, http：//www. ohchr. org/EN/HRBodies/HRC/CoIDPRK/Pages/ReportoftheCommissionofInquiryDPRK. aspx.

US Army Combined Arms Center, 2009, *Commander's Guide to Money as a Weapons System*, North Charleston：CreateSpace Independent Publishing Platform.

Valentini, F. B., and L. Nasseri, 2016, "Europe's Banks Are Staying Out of Iran",

Bloomberg，May 3，Accessed February 21，2020，http：//www. bloomberg. com/news/articles/2016-05-03/europe-s-banks-haunted-by-u-s-fines-forgo-iran-deals-amid-boom.

Von Drehle，D.，2018，"Kim Jong Un Is Suddenly Talking about Peace. Here's Why"，*Washington Post*，March 6，Accessed February 21，2020，https：//www. washingtonpost. com/opinions/kim-jong-un-is-suddenly-talking-about-peace-heres-why/2018/03/06/06df171e-217f-11e8-86f6-54bfff693d2b_ story. html.

Whitlock，C.，2019，"Consumed by Corruption：The US Flooded the Country with Money—Then Turned a Blind Eye to the Graft It Fueled"，*Washington Post*，December 9，Accessed February 21，2020，https：//www. washingtonpost. com/graphics/2019/investigations/afghanistan-papers/ afghanistan-war-corruption-government/.

Whitlock，C.，L. Shapiro，and A. Emamdjomeh，2019，"The Afghanistan Papers：A Secret History of the War"，*Washington Post*，December 9，Accessed February 21，2020，https：//www. washingtonpost. com/graphics/2019/investigations/afghanistan-papers/documents-database/.

WikiLeaks，2019，"OPCW Douma Docs"，Accessed December 14，2019，https：//wikileaks. org/opcw-douma/.

Wilson，J.，2015，"'Cultural Marxism'：A Uniting Theory for Right-Wingers Who Love to Play the Victim"，*Guardian*，January 19，Accessed February 21，2020，https：//www. theguardian. com/ commentisfree/2015/jan/19/cultural-marxism-a-uniting-theory-for-rightwingers-who-love-to-play-the-victim.

Winter，J.，and E. Groll.，2017，"Here's the Memo That Blew Up the NSC"，*Foreign Policy*，August 10，Accessed February 21，2020，https：//foreignpolicy. com/2017/08/10/heres-the-memo-that-blew-up-the-nsc/.

Wroughton，L.，and D. Brunnstrom，2018，"At UN，US at Odds with China，Russia over North Korea Sanctions"，*Reuters*，September 28，Accessed February 21，2020，https：//www. reuters. com/article/us-northkorea-usa-un/at-u-n-u-s-at-odds-with-china-russia-over-north-korea-sanctions-idUSKCN1M725O.

Yee，V.，2019，"US Sanctions Cut Deep，but Iran Seems Unlikely to Budge"，*New York Times*，May 12，Accessed February 21，2020，https：//www. nytimes. com/2019/05/12/world/middleeast/us-iran-sanctions-rouhani. html.

Yonhap，2016，"S. Korea，US Reach Decision to Deploy THAAD Defense System in Korea"，Accessed February 21，2020，https：//en. yna. co. kr/view/AEN20160708003651315.

Yoo, K., and J. Noh, 2019, "US Continues to Push Expand Scope of Crisis Management in Future CFC", *Hankyoreh*, October 30, Accessed February 21, 2020, http://english. hani. co. kr/arti/ english_ edition/e_ international/915158. html.

（此文原载于英文期刊 *International Critical Thought*
《国际思想评论》2020 年第 10 卷第 1 期）